문화비평과 과정학

김채수 저

보고사

머리말

본인이 우리 학계에 『21세기 문화이론 – 과정학』(1996)을 내놓은 것은 꼭 10년 전의 일이다.

본인은 21세기 글로벌 시대의 문화이론으로서 문화연구의 방법론이자 문화비평의 사상이라 할 수 있는 「과정학」을 학계에 내놓은 이래 그 「과정학」적 관점을 취해 문학연구와 관련되는 여러 문화적 현상들을 고찰해 왔다. 본서 『문화비평과 과정학』이 바로 그 결과물이다.

「과정학」적 관점이란 무엇인가? 「과정학」이란 무엇인가? 도대체 그것이 어떤 것이기에 인간 집단들의 생활방식이나 가치체계라 할 수 있는 「문화」까지를 비평의 대상으로 삼을 수 있다는 말인가? 이러한 물음은 「과정학」이 제시하는 문화비평의 사상적 기반이란 무엇이며, 다양한 인간들의 문화들을 비평할 수 있는 그 기준이란 과연 어떤 것인가, 라고 하는 물음으로 압축될 수 있다.

모든 인간들이 같은 지구 위에 존재해 있다, 라고 하는 것이 문화비평의 사상적 기반이라면 사상적 기반일 수 있고, 또 문화비평의 기준이라면 기준일 수 있다. 저 아프리카 대륙의 인간도 저 아메리카 대륙의 인간도 또 이 아시아 대륙의 인간도 같은 지구 위에 처해 있다. 그렇기 때문에 그들이 다 같은 인간들로 인식된다. 다시 말해서 우리가 그들을 같은 인간들로 받아들일 수 있는 가장 확실한 논리적 근거란 그들이 같은 지구 위에 존재해 있다고 하는 사실이다. 그런 의미에서 그들이 같은 지구 위에 존재해 있다고 하는 바로 그것이 우리가 지구촌 여기저기, 혹은 이 시대 저시대의 여러 문화들을 비평해 갈 수 있는 사상적 기반으로 받아들여지지 않을 수 없고, 또 우리 인간이 다 같이 처해 있는 지구 바로 이것이 문화 비평의 기준으로 받아들여지지 않을 수 없는 것이다.

문화란 중력과 온도가 다른 우주의 공간을 이동해 감으로써 끊임없이 변화해 가는 그 지구 위에 처해 있는 인간들이 자신들의 존재의미를 백분 향유해 가기 위해 취해낸 존재방식이다. 과정학이란 지구가 중력과 온도가 다른 우주공간을 이동해 가는 과정과 지구의 표면이 접촉해 있는 우주가 절대공간으로 팽창해 가는 과정, 바로 이 두 과정들을 주축으로 해서 그러한 문화를 연구해 비평한다고 하는 입장을 가리킨다.

비유적으로 말해 문학비평가가 걸상에 앉아 책상위에 놓여 있는 문학작품을 읽고 그것을 분석하고 비평해 간다고 한다면, 과정학적 입장을 취하는 문화비평가의 경우는 우주위에 놓인 지구를 내려다 보고 끊임없이 변화해 가는 바로 그 지구의 표면에 처해 있는 인간들에 의해 일으켜지는 다양한 문화적 현상들을 고찰 분석해 내서 그것들을 일으켜 가는 인간들의 문화의식과 그들의 문화적 존재방식들을 비평해 가는 입장을 취한다고 하는 것이다.

본서의 타이틀로 취해진 「문화비평」이라는 말은 「과정학」이라고 하는 이상과 같은 학문적 특성을 근거로 해서 취해진 것이다. 한편, 최근 우리들의 문화적 주체에 대한 인식도 변화해 가고 있다. 근래까지의 인간들의 문화에 대한 인식은 그것이 어떤 한 개인에 의해 창조되는 것이 아니고 어떤 특정 지역이나 특정 시대, 혹은 특정 계층의 인간집단들에 의해서 이루어지는 것으로 생각되어 왔었다. 그러나 개인의 주체성이 최대한 인정되는 최근에 와서는 개개인들의 개성들이 그들의 문화를 만들어 간다는 인식이 일반화되어 나옴에 따라「문화비평」이라는 말도 허용되고 있는 분위기가 조성돼가고 있다.

이러한 과정학적 입장을 취해 행해지는 구체적 작업들이란 비평가가 문화를 구성하는 각 장르들을 넘나들고, 또 국경들과 문화권들을 넘나들고, 더 나아가 시대들을 넘나들면서 행해가지 않을 수 없다.

본서의 글들은 바로 그러한 과정학적 차원에서 여러 문화적 현상들을 논한 것들이다. 그것들은『21세기 문화이론 - 과정학』(1996) 이후에 출판된 본인의 단행본들에 엮이지 않은 것들로서, 다른 학자들과 공저의 형태를 취해 발표했던 논문 두 편도 수록된다.

본인은『21세기 문화이론 - 과정학』출판 이후「과정학」을 일반화시키기 위한 방법으로 다음과 같은 두 가지 작업에 착수하였다. 하나는 사상으로서의「과정학」을 공론화시켜 보려던 작업이었고, 다른 하나는 21세기 글로벌 문화 연구의 방법론으로서의「과정학」을 확립시켜보려는 작업이었다.

그 작업의 하나는 우선 소설『은밀한 준비』(전 3권, 2001년 초판 보고사, 2002년 제2판 과정학사, 2002년 폐간)의 창작 작업을 통해서였다. 본인이 소설 창작을 통해 사상으로서의「과정학」을 공론화시켜 보려 했던 것은 J. P. 사르트르(1905-1980)가 자신의 실존주의 사상을 일반화시켰던 방법으로부터 취한 것이다. 그는 자신의 실존주의 사상을 공론화시키기 위한 방안으로, 실존주의 사상을 정립시켜 그것에 입각해 자신의 삶을 실현시켜 보려는 한 인간을 주인공으로 한 『구토』(嘔吐, 1938)라고 하는 소설을 창작해 발표했다. 그러나 그 소설은 그렇다 할 반향을 불러일으키지 못했다. 다시 그는 자신의 실존주의 사상을 해설한 철학서를 저술해『구토』의 출간으로부터 5년 만에『존재와 무』(1943)를 출판했다. 그의 실존주의 사상은 그 철학

6

서를 통해 비로소 공론화되어 나왔고, 그것을 계기로 해서 그의 실존주의 사상을 소설화시켰던 소설 『구토』도 저자의 생각대로 그 진가가 제대로 평가되어 나가게 됐던 것이다.

본인은 사르트르가 자신의 실존주의사상을 허구화시켰던 소설보다 자신의 사상을 해설한 철학서를 더 늦게 출판했던 바람에 그의 실존주의 사상의 공론화 과정에 차질이 있었다는 점을 감안해,「과정학」을 해설한 『21세기 문화이론 – 과정학』을 먼저 출판하고 그 후 5년 만에 소설 『은밀한 준비』를 출간했었던 것이다. 그러나 그것은 출간 1년 만에 문제가 되어 결국 본인이 폐간시켰다.

그 다른 하나는 『21세기 문화이론 – 과정학』이 제시하는 여러 문화 연구의 방법론을 이용해서 본인의 전공분야인 일본문학과 관련된 여러 문화적 현상들을 실제로 연구, 분석, 비평해 보려는 작업이었다. 다시 말해 본서는 그러한 작업들의 결과물들이 하나로 엮어진 것이다. 따라서 본서 『문화비평과 과정학』은 10년 전에 나온 『21세기 문화이론 – 과정학』의 실천서라 할 수 있다.

본서는 제3부로 구성된다. 제1부는 과정학이론 편, 제2부와 제3부는 그러한 이론에 입각해 여러 문화적 현상들이 연구, 분석, 비평된 것들이다.

본서가 출판되는 과정에서 여러모로 수고해 주신 분들이 계신다. 그 분들께 본 지면을 통해 감사드린다.

2005년 2월

저 자

목 차

제1부

과정학

과정학이란 무엇인가

서 론

　『제50집 최신 시사상식』(박문각, 1996. 6)의 「신용어·주요용어」란에 「과정학」(processology)란 말이 취급되었다. 그것이 그 난에 취급된 것은 본인의 저서, 『21세기 문화이론 과정학』(교보문고, 1996. 2)이 출판된지 4개월만의 일이다. 그 책이 출간된 이래 본인은 각계로부터 "과정학이란 어떤 것인가?"에 대한 문의를 받아왔다. 아마도 그것은 말할 것도 없이 졸저의 출간을 계기로 「조선일보」 등의 일간신문들, 출판저널 등의 「화제의 책」, 「신간소개」, 「서평」란 등을 통해서 클로즈업되었기 때문이었을 것이다.

　사실상, 본인은 1980년대 초부터 본인의 전공분야 「일반문학이론」 "Theory of General Literature"를 통해서 「문학에서의 과정」에 대해 주목해 왔다. 1990년대로 넘어와서는 「문화현상에서의 과정」에 주목하기 시작해 과정의 입장에서 문화현상의 본질과 그 원리를 추구해 나오는 과정에서 『21세기 문화이론 과정학』을 발표했던 것이다.

　졸저 출간의 준비과정에서 문예이론연구회편 『과정학과 문예이론』(セソン출판사)의 시리즈가 1992년 2월부터 연간 2회씩 출간되었다. 사실은 그것이 출간된 시점에서부터도 본인 주위의 몇몇 학자들과 학생들로부터 과정학의 개념설명을 요구받아왔다. 그러나, 본 논문의 타

이틀, 「과정학이란 무엇인가」로 해서 「과정학」의 개념을 정리해 봐야겠다는 생각까지는 하지 않았다. 그러다가 『21세기 문화이론 과정학』 출판이후, 여러 분야의 사람들에 의해 반복적으로 개념설명을 요구받게 됨으로써 본 타이틀로 글을 하나 써야겠다는 필요성을 느끼게 되었다.

본고는 그러한 필요성에 입각해서 과정학이 어떠한 학문인가를 알아보려는 사람들에게 그것을 간단명료하게 설명해 준다는 취지에서 본 학문의 성립배경과 성립논거, 본 학문의 연구대상과 연구방법 등을 중심으로 작성한 논문이다.

1. 서구인의 우주체험과 문화의식

지난 20세기가 자본주의, 사회주의, 공산주의 등과 같은 정치적 경제적 사상에 지배되었던 시대였다고 한다면, 앞으로의 21세기는 문화에 대한 사상에 사로잡힐 시대로 진단된다. 다시 말해, 21세기의 시대적 이념은 문화사상이 될 것이라는 것이다. 그 이유는 대략 다음과 같이 설명될 수 있다.

산업혁명이래 줄기차게 산업화(the industrialization)를 추진해오던, 서구의 선진국들이 산업화의 한계성을 자각하게된 것은 1960년대 전반으로 이야기되고 있다. 그들의 산업문명을 적극적으로 받아들여, 그들의 뒤를 바짝 쫓던 일본의 경우는 1970년대 전반으로 알려져 있고, 한국의 경우는 1980년대 후반으로 잡아 볼 수 있다.[1]

서구인들에 있어서의 산업화의 원래의 취지는 인간의 절대빈곤상태로부터의 탈피를 위한 물품의 대량생산 체제의 확립에 있었다.[2] 그러나 산업화를 통해 형성된 물품의 대량생산 체제는 우선 자본가 중심의 사회체제와 노동자 중심의 사회체제를 산출시켜 결국 국내외 사회를 두 체제 중심으로 양분화시켜 나갔다. 그 결과 국내는 19세기 초부터 자본가계급과 노동자계급의 투쟁장으로 전환되어 나왔고, 국제사회는 자본주의체제와 공산주의체제와의 투쟁장이 되었다. 그러한 투쟁과정에서 서구인들은 20세기 후반으로 들어와서 62년의 쿠바 위기 등을 통해서 지구상의 전인류를 핵의 공포 속으로까지 몰아넣었다. 그뿐만 아니라 산업화의 목적달성의 수단으로서의 물품의 대량생산체제는 인간들의 절대빈곤상태로부터의 탈피하고자 하는 목표를 달성했는데도 불구하고, 목표달성의 과정에서 상대적 빈곤상태를 야기시켜 나갔다. 이상과 같은 식으로 산업화가 전개되어 나옴에 따라 그러한 산업화에 대한 부정적 입장이 제기되었다. 전세계를 핵의 공포 속으로 몰아넣은 62년 쿠바위기, 1963년 미국의 케네디대통령의 암살, 동년 1963년부터의 히피족 활동개시, 1967년의 히피문화유행 및 대학분쟁 등이 그 구체적인 실례들이다.

　서구인들은 20세기 후반으로 들어와 산업화과정에서의 이와 같은 역사적 사건과 사회적 상황을 직면해오면서, 다른 한편으로는 또 다른 차원의 문명사적 사건을 경험하게 된다. 1960년대 후반 중엽부터의 미소 양대진영의 대기권 밖으로의 우주진출이 바로 그것이다. 그러한 우주진출은 다음과 같이 이루어졌다. 우선 소련이 1957년 10월 최초로 인공위성 제1호 발사에 성공한다. 그러자 미국도 그 다음해 인공위성 제1호 발사를 성공시킨다. 그 후 1959년에는 소련의 인공위성 제2호가 달에 착륙하게 된다. 그 다음 1960년 4월에는 미국의 인공위성 타이로스1호가 대기권 밖의 초고공에서의 지구의 표면 촬영에 성공하게 되고, 다음해인 61년 4월에는 소련이 세계최초의 유인(有人)우주선을 발사한다. 이러한 일련의 우주탐험과정들을 거쳐서 1969

년 미국의 유인우주선이 달에 착륙하게 된다.

이와 같이 산업사회에서의 물품의 대량생산체제가 빚어낸 자본주의체제와 공산주의체제를 토대로 한 미소 양대 진영들의 1960년대 말까지의 우주개발은 전인류의 관심을 지상으로부터 대기권 밖의 우주로 몰아가서, 그곳으로부터 인간들에게 인류가 공존해있는 지구의 모습을 보여줌으로써 전세계를 대립적 관계에서 우호적 관계로 전환시켜갔다. 1960년대 후반 서구에서의 양대진영의 냉전으로부터의 해방으로의 전환이 그 한 예이다. 그뿐만이 아니다. 인간들은 그러한 우주체험과정에서 취해낸 우주 속의 지구의 모습과 그 위에서 존재해있는 자신들의 모습들에 대한 직시를 계기로 인간이 지상에서의 만물의 영장이라는 인간 중심적 시각을 버리고, 무한한 우주 속의 한 존재에 지나지 않는다는 우주중심적 시각을 세워가게 되었다. 이와 같이 서구인들에 있어서 인간중심적 시각이 해체되고 우주중심적 시각이 정립되어 나옴에 따라, 그 전의 인간중심적 시각을 통해 확립되어 나왔던 기존의 산업화는 그 한계성이 자각됨으로써 그것은 또 다시 또 하나의 새로운 단계로 전환해 나오게 되었던 것이다.

물품의 다량생산에 적합한 사회체제를 취해왔던 산업사회가 이상과 같은 새로운 차원의 우주체험을 통해서 전환해 온 사회를, 우리는 소위 후기산업사회(the post-industrial society)라 부르고 있다. 인간의 새로운 차원의 우주체험이 산업사회를 후기산업사회로 전환시켰다고 한다면, 그 후기산업사회의 특성은 인간의 새로운 차원의 우주체험에 대한 내용으로부터 찾을 수 있다. 앞에서도 언급한 바와 같이, 인간은 대기권 밖의 우주로 진출해 나가, 그곳으로부터 우주 속의 인간이 존재해있는 지구를 볼 수 있게 됨으로써, 비로소 인간자신들을 우주 속의 한 미미한 존재로 인식하게 되었다. 당시 산업사회를 살아갔던 서구인들에게 있어서의 그러한 인식은 다음과 같은 것들에 대한 의식들을 불러일으켰던 것으로 고찰된다. 지나친 인간중심주의에 대한 자각의식, 지구상에서의 인간의 공존의식, 지나친 분화현상에 대한 자각의식, 우주 속에서의 생명의식 등이 그것들이었다. 보다 구체적으로 말해서, 우선 인간들은 자신들이 처해있는 지구가 우주 속에 저 달과도 같이 덩실 떠있는 존재임을 확인하고 자신들이 광대 무한한 우주 속의 하나의 보잘 것 없는 한 존재에 지나지 않는다는 것을 깨닫고, 자신들이 가지고 있던 지나친 욕망이나 야심을 정화시켜 나갔다. 다음으로 인간들은 자신들이 하나의 공만 한 지구 위에서 다같이 공존해 있다는 사실을 확인하고, 이 우주 속에서의 하나의 동일한 운명공동체라는 것을 인식하게 된다. 그럼으로써 그동안의 대립적이고 투쟁적인 삶의 태도를 지양하고 화합적인 삶의 자세를 취하려는 방향으로 나갔다. 그 다음으로 인간들은 자신들이 처해 있는 지구의 모습을 보고서 지구상의 인간과 자연, 서양과 동양 등이 하나로 보이고, 그것들의 차이가 불분명하다는 생각을 하게 됨으로써, 분화를 지양하고 종합적 시각을 취하게 된다. 마지막으로 인간들은 이 우주 속에서 자신들과 같은 형태를 취한 생명체가 자신들밖에 존재하지 않을 것이라는 생각을 갖게 된 나머지, 생명에 대한 의식과, 생명체로서의 인간이 이 우주 속에서 생존해 가기 위한 수단으로서 만들어진 문화에 대한 의식 등을 새로운 차원에서 자각하게 되었던 것이다.

　서구인들의 새로운 차원의 우주체험을 통한 이와 같은 의식전환은 자신들의 산업사회를 후기산업사회로 전환시켜 놓았던 것이다. 후기산업사회란 우선 경제적 측면에서 접근해 볼 때, 기본적으로 산업자본가인 생산자중심의 사회에서 소비자중심의 사회로 전환해 나온 사회이다. 한편 생산자는 상품의 양적 추구를 지양하고 질적 향상과 서

비스 활동을 통해서 소비를 조장시켜 절대적 빈곤으로부터 빠져나온 인간들을 상대적 빈곤상태로 몰아가고, 소비자는 그러한 양질의 상품과 서비스 등을 통해서 문화적 삶을 실현해 가는 사회이다.[3] 정치적 측면에 있어서는 자본주의체제와 공산주의체제와의 대립이 와해된 사회이다. 주민들의 주민운동을 통해 정치적 문제를 해결해 가려는 사회이다. 학문적 측면에서는 학문분야들의 장르가 해체되어 분야들의 경계가 불분명해진 사회이다. 자연과학과 인문과학의 구분이 불분명해지고, 인문과학분야에 있어서의 각 영역들의 구분이 불분명해진 사회이다.

이와 같이 후기산업사회는 기존의 생산중심의 자본주의 체제에 의해 산출된 경제적 정치적 학문적 체제가 해체되고, 소비중심의 사회로 전환해 온 사회이다. 소비중심의 사회에서의 인간에 있어서의 가장 전형적인 문화적 행위는 소비행위임에 틀림없다. 그러한 의미에서 후기산업사회는 소비문화사회이다.[4] 지금까지 그러한 소비문화사회로서의 후기산업사회는 포스트모더니즘과 후기구조주의라고 하는 두 용어로 특징지워진다. 이 경우의 포스트모더니즘은 후기산업사회의 문화적 특징을 이루는 표현양식의 특징으로부터 취해진 말이다. 후기산업사회의 표현양식의 특징은 건축물, 가구, 복장 등과 같은 생활용품이나 조각품, 회화, 문학작품 등과 같은 예술품들로부터 쉽게 찾아질 수 있다. 그런데, 그러한 표현양식의 특징은 후기산업사회이전의 산업사회, 즉 산업혁명이후 대량생산중심의 산업화를 지향해오던 사회가 산출해낸 것들과의 비교를 통해서 취해진 것이다.[5] 이 경우, 포스트모더니즘의 표현양식을 산출한 후기산업사회에 대비되는 산업사회는 산업화과정의 사회, 혹은 산업화된 사회를 의미한다. 따라서 서구에서 1960년대부터 시작된 후기산업사회에 대립되는 산업사회는

프로테스탄트들에 의한 산업혁명이 시작된 1760년대 이후의 사회를
지칭하는 말이다. 이렇게 볼 때, 엄격히 말해서 산업사회란 시기적으
로 19세기 사회일 수도 있고, 20세기전반의 사회일 수도 있다. 번역어
'산업사회'의 원어인 'the industrial society'라는 용어는 그 내용상에
있어서나 용법상의 측면에서 'the modern society'라는 말에 대응되
어질 수 있는 말이다. 그것은 'the modern society'가 「근대사회」로
번역되어 산업혁명이후의 사회를 가리키기도 하고, 「현대사회」로 번
역되어 20세기이후의 사회를 가리키기도 하기 때문이다.

　다음의 후기구조주의란 용어는 후기산업사회의 시대적 이념이나
사상의 특징으로부터 취해진 말이다. 따라서 이 말은 서구에서의 후
기산업사회의 형성과정에서 일반화되어 나온 문화와 그 문화적 특성
을 일관하는 사상을 지칭하는 말이다. 이 사상을 주도해간 자는 지식
혁명이라 일컬어지고 있는 1968년 프랑스의 5월혁명을 전후해서 나
타난 쟈끄 데리다(Jacques Derrida, 1930~2004) 등으로 이야기되고 있
다. 그는 지식혁명 바로 전해에 출판한 3권의 책, 『목소리와 현상』
『글쓰기와 차이』『그라마톨로지』를 통해서 서구의 현대문명에 대한
자신의 견해를 내놓았다. 그에 의하면, 서구의 현대 유럽문명은 크리
스트교의 형이상학적 세계관을 토대로 성립된 문명으로서, 그 크리스
트교의 형이상학적 세계관은 크리스트교에서 신과 말과 로고스를 같
은 차원의 것들로 보고 있듯이, 언어가 말과 글로 되어 있는 것이라
할 때 말을 기초로 해서 성립된 세계관이라고 하는 것이다.[6] 데리다
의 이와 같은 생각은 20세기 초 F.소쉬르(Saussure, 1857~1913)의 『일
반언어학강의』(1916) 등에 의해서 제기된 언어구조를 통한 사회현상
이나 문화현상을 분석하는 입장인 구조주의와 관련되어서 나온 말이
다. 소쉬르가 파악해낸 기호의 기본구조는 언어기호를 비롯한 모든

기호는 기호내용 signifié (signified)와 기호형식 signifiant (signifier)로 되어 있다는 입장에 기초한다.

소쉬르의 이와 같은 기호관은 언어를 가장 전형적인 기호로 파악하고, 그 언어기호의 음운법칙의 분석을 통해서 취해진 것이다. 데리다에 의하면 서구의 신과 인간, 영혼과 육체, 유심론과 유물론, 자본가와 노동자 등과 같은 이원론적 논리는 크리스트교의 이원론적 세계관의 바탕이 된 말의 그러한 이원론적 구조에 기초하고 있다는 것이다. 그러나 언어의 원형은 영상을 자극시켜 의사를 전달하는 말과 같은 청각기호에 기초한 것이 아니라, 영상 그 자체에 기초하여 성립된 글과 같은 시각기호에 기초한다는 입장을 취해서, 서구의 현대문명이 다른 문화권의 인간들에게도 받아들여질 수 있는 보편성을 확보하기 위해서는 청각 기호를 기초로 해서 성립되어 나온 서구의 유럽 중심의 이원론적 세계관을 해체시켜야 한다는 입장을 천명하고 나왔다.[7] 그리고 그는 서구인들이 그러한 이원론적 세계관의 구체적인 해체방법으로서 말 중심의 청각 기호관을 버리고, 글 중심의 시각기호관을 받아들여야 한다는 입장을 제시하였다. 그는 그러한 입장을 기초로 해서 『문자학』이라 번역할 수 있는 『그라마톨로지』(*De la Grammatologies*, 1967)를 내놓게 된다. 따라서 이 『그라마톨로지』라는 명칭은 청각기호관을 기초로 한, 담화론(discours)의 내러톨로지(narratology)에 대비시켜서 붙여진 것으로 파악된다.

2. 현대 서구 사회에서의 문화현상과 의미현상

데리다는 『그라마톨로지』에서 그림문자를 언어기호의 원형으로 파악하여 그것을 통해서 언어기호현상의 핵심이라 할 수 있는 의미작용

(signification)의 원리를 규명하여, 모든 언어는 기호 내용과 기호 형식으로 되어 있다는 소쉬르의 언어기호관을 해체시켜 나간다. 그에 의하면 문자 A가 어떤 의미를 갖으려면, 우선 그것이 다른 문자와의 차이가 지각되어져야 한다. 그 경우에 한해서만이 그림문자 A는 의미를 가질 수 있다는 것이다. 이와 같이 언어기호의 의미는 그러한 차연(差延), 즉 차이지각과정(différance)을 통해 이루어진다.[8] 다시 말해서 어떤 기호는 그 기호가 다른 기호들과의 차이가 지각될 때 비로소 의미가 만들어진다는 것이다. 그러한 의미에서 기호는 그 기호의 고유의 의미는 갖고 있지 않으며, 기호는 모든 기호가 내용과 형식으로 되어 있다는 이원론적 언어관으로는 설명되지 않는다는 것이다.

이와 같이 데리다와 같은 시각기호론자들에 의하면, 인간이 하나의 기호로부터 의미를 생성하기 위해서는, 두 가지 조건을 갖추고 있어야 하는 것으로 판단된다. 하나는 우선 인식 주체의 의식이 어떤 기호에서 기호 A쪽으로 공간적 이동을 행해야 하고, 그 다음으로 그것이 그러한 이동을 통해서 타 기호들과 기호 A와의 차이를 감지해야 한다는 것이다.

인식주체의 의식이 어떤 인식대상으로부터 인식대상 A로 이동하는 과정에서 인식대상A의 의미가 생성되어 나오게 되는데, 그 현상은 또 다음과 같이 설명될 수 있다. 인식주체에 의한 어떤 인식대상과 인식대상A와의 차이감지는 두말할 것도 없이 인식 주체의 인식대상A와의 접촉의 결과로서 행해지는 인식주체의 인식대상A에 대한 어떤 판단결과에 의한 것이다. 그렇다면, 인식주체에 있어서의 그의 그러한 판단행위의 본질은 무엇인가? 인식주체에 있어서의 어떤 인식대상에 대한 판단행위란 결국 인식주체에 대해 인식대상이 어떤 의미를 갖는가에 대한 판단이다. 이 경우의 판단은 우선 인식주체가 인식대상의 특성을 파악하고, 다음으로 그것이 인식주체 자신과 어떻게 관련되어 있는지를 파악하는 과정을 통해 이루어진다. 인식주체에 있어서의 자신과 인식대상과의 관련성에 대한 관심의 본질은 인식주체가 어떻게 하면 인식대상과 한 몸이 될 수 있을까, 그것과 보다 조화로운 관계를 취해갈 수 있을까, 내지 그것과 조화될 수 있을까에 대한 관심이다. 이렇게 볼 때, 인식주체의 인식대상들의 차이지각과정을 통한 의미작용의 본질은 인식주체가 인식대상과의 조화를 추구해가는 방법인 동시에, 그 방법을 통해서 그와 같은 조화가 실현되는 과정에서 취해지는, 인식주체에 있어서의 존재의미의 향유행위로 이해된다.

후기산업사회에서와 같이 내세가 부정되고 현세가 중요시되는 그러한 세계에서의 인간의 삶의 목적은 인간의 세계를 구성하는 구체적인 것들과의 접촉을 통해서 그러한 접촉과정에서 취해지는 의미를 읽어내 그것을 향유해 가는 것이라 정의될 수 있다.[9] 이러한 삶의 과정에서의 우리들의 바램은 보다 풍요로운 의미의 향유임에 틀림없다. 그렇다면 서구의 후기산업사회에서의 이상적인 삶의 방법은 어떠한 것인가? 인간들이 풍요로운 의미를 향유하려면, 우선 인간들은 구체적인 대상들과의 접촉을 갖아야 한다는 것이다. 다음으로 현재의 접촉대상으로부터 가능한 한 많은 대상들로 의식이동을 시켜서, 그 다음으로 접촉대상의 차이를 의식해 낼 수 있는 인간과 세계에 대한 폭넓은 지식을 축적해 가는 것이다.

서구에서의 후기산업사회의 인간들은 이와 같은 방식으로 자신들의 삶을 실현해 보려고 했던 사람들이다. 후기산업사회를 통해 부상해 나온 문화에 대한 관심의 일반화 현상은 이들의 그러한 삶의 의지를 통해 이루어졌다고 볼 수 있다. 그러한 의미에서 삶의 의미를 만끽하려는, 서구의 후기산업사회의 인간들은 생산중심의 경제체제보다는 소비중심의 경제체제를 선택해, 생산의 근면성보다는 소비의 미덕을 향유해 갔던 것이다.[10] 또, 그들은 정치·경제·사회면 등에서 자신들을 제약시키는 기존의 모든 체제들을 해체시켜 나갔고, 보다 많고 다양한 정보들과의 접촉을 통해서, 보다 다양한 많은 지식을 취하기 위해 다양한 장르의 벽을 허물어갔다. 보다 많은 다양한 것들과의 만남을 위해, 국경과 문화권을 넘어 여행을 떠났다. 따라서 후기산업사회에 있어서 인간들의 이러한 존재의 의미향유방법에 의해 산출된 것들은, 탈중심적이고 비대칭적이며 유동적인 것들이었다. 그러한 특징들이 확대되어 나옴에 따라서 1990년대로 들어와서는 그것들이 인간의 차원에서는 더 이상 의미파악이 불가능한 것으로 인식됨으로써, 후기구조주의나 포스트모더니즘에 대한 비판들이 일기 시작했다.[11] 그것은 서구의 후기산업사회에서 탈중심, 비대칭, 유동성들이 한없이 확대되어 나와 무질서한 것으로 이해됨으로써, 그것들이 더 이상 미적 의미를 불러일으키지 못하게 되었기 때문이다. 그렇다면, 이와 같은 서구의 후기산업사회의 철학적 근거를 제시했던 후기구조주의의 한계성은 어떻게 극복될 것인가?

　이상에서 파악한 바와 같이, 후기구조주의의 한계성은 인간의 의식과 의식의 대상과의 관계 속에서 일어나는 의미작용으로부터 찾아질 수 있다. 앞에서 짚은 바와 같이 인간에 있어서의 의미작용은 인간의 의식과 의식대상과의 접촉과정에서 일어나며, 또 인간의 의식이 서로 다른 의식대상들을 이동해 가는 과정에서 만들어지는 차이지각의 과정에서 만들어진다. 따라서 인간이 끊임없이 존재의 의미를 향유하려면, 상상을 통해서든 동작을 통해서든 인간의 의식이 끊임없이 서로 다른 대상들로 이동해 가면서 그것들의 차이를 지각해 가야 한다. 그렇지만 만일 인간의 의식이 의식 대상들의 사이를 이동하지 못하게 되면, 배로 밤바다를 달릴 경우처럼 지루함을 느끼게 되고, 만일 인간의 의식 대상들 사이를 이동은 해가지만, 속도가 너무 빨라 인식대상들의 차이들을 지각하지 못하게 되면 현기증이 나고 의식대상들의 배열이 무질서하게 느껴진다.

인간의 의식이 서로 다른 의식대상들 사이를 이동해 가지 못하게 되는 경우는 다음의 두 가지이다. 하나는 인간 자신에게 자신의 의식을 이동시킬 힘이 없을 경우이다. 예컨대, 상상작용이 불가능하다든가, 책이나 자신의 주위를 볼 힘이 없다든가, 걸어가거나 뛰어가며 사물을 볼 힘이 없다든가, 타고 갈 배나 자동차나 비행기가 없을 경우이다. 다른 하나는 상상력을 발휘해도 상상되는 것이 없는 경우라든가, 혹은 이동하면서 볼 힘은 있지만, 볼 대상들이 없을 경우이다. 본인이 여기에서 논하고자 하는 것은 서구의 후기산업사회의 인간들이 이상의 경우들을 직면하게 됨으로써, 결국 그들에게 후기 구조주의의 한계성이 드러나게 되었다는 것이다. 그렇다면 인간은 어떻게 소비문화의 한계성을 극복해 가면서 끊임없이 존재의 의미를 향유해 갈 수 있을 것인가?

인간에 있어서의 문화적 활동이 환경에 대한 적응활동이나 환경과의 보다 이상적인 조화관계의 추구활동이라 파악해 볼 때, 후기산업사회에 있어서의 환경이란 소비중심 사회환경이다. 보다 구체적으로 말해서, 산업사회 이전에 있어서의 문화는 자연환경에 대한 인간의 적응체계로 파악되고, 후기산업사회 이전의 문화는 생산중심 사회에 대한 인간의 적응체계로 파악되며, 후기산업사회로 들어와서의 인간의 문화적 활동은 소비중심 사회에 대한 적응활동으로 각각 파악된다.[12]

그렇다면 후기산업사회로 들어와서 인간의 문화적 활동은 상품소비활동을 주축으로 해서 이루어진다고 말할 수 있다. 인간이 소비중심 사회에 적응해간다는 것은 무엇인가? 소비란 생산자에 의해서 만들어진 상품들을 소비자가 사서 사용하는 행위를 말한다. 소비중심의 사회에 있어서의 인간의 삶의 의미는 여러 생산자들에 의해 만들어진 상품들을 소비해가는 과정에서 생성되어 나온다. 이 경우 소비자의 소비과정은 많은 상품들로부터 그 상품들의 차이들을 발견해서 자신들에게 적합하다고 생각되는 것을 선택해서 사용해 가다가 어느 시점에 가서 그것을 버리고 다시 보다 적합한 것을 구입해 사용해 가는 과정이다. 그 과정 중에서 가장 스릴 있는 순간은 쓰던 것을 버리고 그것보다 더 낫다고 생각이 드는 것을 구입하는 순간이다. 그러나 소비자들의 하루하루가 다 그러한 스릴 있는 순간들로 점철되는 것은 아니다. 그들의 대부분의 시간들은 보다 더 나은 것의 구입을 위해 언제 어디서라도 상품들의 차이들을 지각해 가는 순간들로 엮어진다. 보다 더 좋은 것을 찾아보기 위해 소비자들은 이곳저곳을 두리번거려 본다. 이 상점 저 상점, 이 도시 저 도시, 이 나라 저 나라를 찾아가 본다. 쇼핑여행을 떠나는 것이다. 소비자들은 이곳저곳을 방문해 가면서 이것저것의 차이들의 분별을 통해서 그것들의 가치를 느껴가며 삶의 의미를 느낀다. 이렇게 볼 때 후기산업사회 인간들의 문화적 활동은 주로 상품들과 그것들의 차이들을 찾아내는 데 있어서 사용되는 교통수단들을 통해서 이루어진다.

이와 같은 측면에서 생각해 볼 때 서구의 후기산업사회의 하나의 시대적 이념이라 할 수 있는 후기구조주의가 그 한계성을 드러내기에 이르렀다는 것은 후기산업사회의 인간들의 의식대상인 상품들과 그 의식작용의 지속을 가능케하는 교통수단의 면에서 그 한계성이 드러났다는 것을 의미한다. 그렇다면 앞으로 인간들은 어떻게 서구 후기산업사회의 그러한 소비문화의 한계성을 극복해 가면서 끊임없이 삶의 의미를 향유해 갈 수 있을 것인가? 이러한 물음은 현재 서구인들에게 던져진 것이기도 하고, 바로 우리 동아시아인들에게 던져진 물음이기도 하다.

앞에서도 언급했듯이, 현재 동아시아는 일본을 위시로 하여 1960년대 후반부터의 생산중심의 산업사회체제의 한계성에 대한 자각을 통해 소비중심의 후기산업사회로 들어서 있다. 동아시아는 근대이후 줄곧 서구로부터 생산중심의 산업사회체제와 생산활동중심의 생활패턴을 받아들여 왔다. 1960년대 이후에 와서도 동아시아는 서구의 소비중심의 후기산업사회체제와 소비중심의 생활패턴을 받아들여 왔다. 그런데 현재 서구의 후기산업사회는 자기들 중심의 인류문화건설에 대한 한계성을 해체시켜야 한다는 입장을 취하고 있다. 그렇다면 그들의 대안은 무엇인가? 어떤 대안을 가지고 서구는 자신들의 서구중심의 문화체계를 해체시키자는 것인가? 그 대안이란 두 말할 나위도 없이 크리스트교문화권 이외의 전 지구상의 다른 문화권들이 다 받아들일 수 있는 것을 잡아내서 그것을 토대로 해서 인류공동의 어떤 보편적 문화체계를 정립시켜 그것을 통해서 서구인 자신들의 삶을 실현시켜 가는 것일 수밖에 없을 것이다. 그러나 서구인들은 그러한 대안을 가지고 있는 것 같지 않다. 그들이 설혹 그러한 대안을 가지고 자신들 중심의 문화권을 해체시켜 간다 하더라도, 그들이 그러한 대안을 실현시켜 나가기에는 긴 시간이 소요되는 상당히 많은 단계를 거쳐야 할 것이다. 그렇다면 서구로부터 후기산업사회체제를 취해온 우리 동아시아인은 이 시점에서 어떻게 할 것인가?

3. 서구의 후기구조주의와 21세기 동아시아

　서구의 후기 산업사회의 사상적 배경을 이루었던 후기구조주의 사상가들이, 자신들의 형이상학적 세계의 기반이 되었던, 말을 기초로 한 청각기초관을 버리고 문자를 토대로 한 시각기초관을 받아들이게 되었다. 그것은 자신들의 형이상학적 세계관을 토대로 성립된 유럽중심주의의 사회체제를 가지고서는 이 지구상에서 더 이상 생존해 갈 수 없다는 사실을 깨달았기 때문인 것으로 생각된다. 그래서 서구의 현대 지성인들은 자신들의 유럽중심주의의 토대를 거부하고 타 문화권의 인간들에게도 적용될 수 있는, 보다 근본적인 인간사회질서의 토대를 추구해갔다. 그 결과 그들은 그동안 자신들의 백색신화의 기초를 제시했던 그들의 청각기호 바로 그 속으로부터 문자를 발견해냈고, 또 그 문자 속에서 그림문자와 그것의 모체인 사물들의 형상(形象)을 발견해냈던 것이다. 그러나 애석하게도 그들의 관심은 그 형상의 모체들까지는 이르지 못했다. 다시 말해서 그들의 형상들 너머에 초롱초롱한 그것들의 원형들까지는 발견해내지 못했던 것이다. 형상들의 모체란 대자연의 세계를 구성하는 자연물들이다. 그들은 자연물들의 세계까지는 그들의 관심을 펼쳐가지 못했던 것이다. 여기서 본인이 말하고자 하는 것은 서구의 현대지성인들이 자신들의 형이상학적 세계관의 토대를 해체시키고, 그 밑에 깔려있는 전인류사회를 일관할 수 있는 사물들의 형상들까지는 발견했으면서도, 그 형상들을 일관하는 어떤 질서나 법칙에까지는 관심이 미치지 못했다는 것이다. 그 결과 서구의 후기구조주의는 그 한계성을 드러내지 않을 수 없게 되었던 것이다.

　그러면, 여기에서 우리는 어떻게 해야 할 것인가? 서구의 지성들이 서구 중심의 세계를 해체시키려는 의도는 자기들 중심의 세계를 포기한다는 것은 결코 아니다. 그것은 문화 사상 중심의 시대에서 전 지상의 모든 문화권들을 일관하는 어떤 보편적 질서를 자신들의 손으로 발견해 보려는 의도에서였다. 그러나 그들에게 있어서 그러한 일은 결코 쉬운 일이 아니다. 우리는 지난 1세기 반 동안 그것들을 연구해 온 결과 그들이 그러한 일을 해내지 못할 것이란 사실을 잘 알고 있다. 따라서 이제는 우리가 나설 수밖에 없다. 왜냐하면, 그러한 일을 하기에는 그들보다도 우리 동아시아인이 훨씬 더 유리한 입장에 처해 있기 때문이다. 그렇다면 그 이유는 무엇인가?

현재 우리 동아시아인들은 산업사회가 만든 산업문화 속에서 살아가고 있다. 그런데 현재 우리가 향유해가고 있는 산업문화는 영국, 프랑스, 독일 등의 근대 서유럽인들에 의해서 산출된 문화이다. 그렇다고 해서 근대 서유럽인들이 그것을 독자적으로 만든 것은 결코 아니다. 서유럽인들이 스페인, 포르투갈, 이탈리아, 등의 근세 서·남부 및 남부 유럽인들에 의해 이루어진 르네상스 문화를 서부유럽인들이 받아들여서 산출해낸 문화이다. 근세 서·남부 및 남부 유럽의 르네상스 문화도 마찬가지이다. 르네상스문화는 근세 서·남부 및 남부 유럽인들이 중세 후반 오리엔트 지방으로의 십자군 원정을 통해서 받아들인 문물들을 기초로 해서 산출된 것이다. 그 다음 로마, 그리스 등의 중세 동남부유럽의 크리스트교 문화도 중세 동남유럽인들이 동지중해 지방의 문화를 받아들임으로써 성립됐다. 이와 같이 현재 우리가 향유하는 산업문화의 성립과 전개과정을 통해서 말해 볼 때, 그것의 각 단계는 각 단계의 산출주체세력이 우선 외부의 타문화로부터 침략을 받아, 그것을 물리치는 과정에서 그 침입해온 타문화보다 더 보편성이 있는 강한 문화를 산출해 냄으로써 이루어졌던 것이다. 이와 같은 사실을 고려해 볼 때, 서구인에 의해서 만들어진 산업문화보다도 더 일반화될 수 있는 보편적 문화는 금후 동아시아인들에 의해 산출될 것으로 여겨진다. 그동안 동아시아인들은, 고대 그리스인, 중세 로마인, 근세 남서유럽인 등이 그러했듯이, 우선 인접하는 강한 타 문화권으로부터 침략을 받아서 그것을 이겨내 보려는 하나의 방법으로, 미국이나 서유럽과 같은 인접하는 서양의 강한 타 문화권으로 유학을 떠나서 그곳에서 그들의 강점을 배워왔다. 이러한 점에 있어서 현재 동아시아인은 전 지상을 상대로 한 어떤 보편적인 문화를 산출해 내는데 있어서 서구보다 더 유리한 여건에 처해 있는 것이다. 이외에도 동아시아인은 또 하나의 유리한 여건을 가지고 있다.[13]

　선고대이래 한결같이 동아시아인은 후기 산업사회 이후 서구인들이 탐구해온 문화적 삶을 추구해왔다. 그러한 이유로 인해 현재 동아시아인들은 서구의 후기산업사회가 탐구해 오다가 실패한 산업문화를 인계받아, 그것을 우리 동아시아의 문화적 유산과 융합시켜 21세기의 전인류에게 무리없이 받아들여질 수 있는 어떤 것으로 전개시켜 갈 수 있는 저력을 가지고 있다. 현대 동아시아가 그러한 유리한 여건을 가지고 있다는 의미에서 앞으로의 21세기는 동아시아 중심의 세계가 전개될 것이고, 그러한 세계는 문화사상을 시대적 이념으로 하는 세계가 될 것으로 전망된다. 인간에게 있어서의 문화적 삶이란 앞에서도 언급했듯이, 인간이 구체적 사물들과 접촉해가면서 그 접촉과정에서 생성되는 의미를 향유해가며 살아가는 삶이다. 인간에 있어서의 문화가 자신이 처해있는 환경과의 보다 이상적 조화관계의 추구과정이라 말해볼 때, 인간에 있어서의 문화적 삶의 기초는 일차적으로 자연계를 이루는 구체적 자연물들과의 접촉을 통해서 이루어지는 것으로 이해된다. 우리 동아시아인들의 삶의 양식은 서구인들과는 달리 바로 이 자연물들과의 이상적 조화관계를 추구해오는 과정에서 성립된 삶의 양식이다. 그러한 의미에서 서양은 문명이고 동양은 문화라는 말을 이야기해 왔다. 그렇다면 우리는 이러한 문화적 유산과 서구에 대한 이해를 바탕으로 서구의 현대지성들과 동아시아의 지성들이 모두 다 받아들일 수 있는 문화적 삶의 철학적 배경은 어떻게 정립될 수 있는가?

4. 문화현상과 과정학

현대 서구인들에 있어서의 문화적 삶의 초석을 이루는 자연이란 현대 우주 물리학 등에 의해 드러내진 자연이다. 이에 대하여 현대 동아시아인들에 있어서의 자연은 인간이 그동안 지상의 자연물들과의 조화를 추구해오는 과정에서 취해낸 도덕적 자연이다. 우리의 일차적 작업은 이 두 자연관을 종합하여 새로운 자연관을 정립시키는 일이다.

서구의 현대 우주물리학자들의 자연관은 근세 서구의 코페르니쿠스의 지동설을 시발로 한 회전하는 천체들로 이루어진 자연관이다.[14] 이는 회전 이동해가는 천체들로 구성된 우주를 중심으로 해서 성립된 자연관이다. 이에 대하여 동아시아의 자연관은 인간의 삶의 공간을 구성하는 자연물들과 더불어 끊임없이 변해가는 인간을 중심으로 해서 성립된 자연관이다. 이상의 두 자연관을 종합해서, 우리의 존재를 인식해 볼 때 우리는 비존재공간으로 우주가 팽창·소멸해나가는 과정과 맞물려서 지구가 우주공간을 이동해 감으로 인해 끊임없이 변화해가는 지구상의 자연물들 속에서 살아가는 존재가 우리라는 사실을 받아들이게 된다.[15] 이러한 입장에서 인간에 있어서의 문화란 무엇인가라는 물음을 제기해 볼 때, 그것은 다름이 아니고, 지구가 비존재공간과의 합일을 지향해 가는 우주와 맞물려 우주공간을 이동해가는 과정에서 끊임없이 변화해가는 지구적 환경에 대한 인간의 한 적응체계로 이해된다. 보다 구체적으로 말해서 인간에 있어서의 문화란 지구가 이동해가는 우주공간들의 온도와 그 공간들을 엮고 있는 중력 상의 차이들로 인해서 지구상에 일어나는 변화들에 대한 인간들의 적응체계라는 것이다. 이러한 측면에서 생각해 볼 때, 인간에 있어서의 문화현상은 지구의 우주공간이동과 맞물려 일어나기 때문에, 인간에 있어서의 문화에 대한 이해나 접근은 지구의 우주공간의 이동이라는 인식의 축을 통해서 이루어져야 한다는 점이 강조된다. 그 경우에 있어서만이 지구의 우주공간 이동과 맞물려 일어나는 지구상의 문화현상이 제대로 파악될 수 있을 것으로 생각된다. 그리고 그러한 인식의 축을 통해서 파악된 문화이론만이 동과 서를 넘어 지상의 모든 인간이 받아들일 수 있는 것이 될 수 있을 것으로 판단된다.

동과 서에서 다 같이 받아들여 질 수 있고 현재도 받아들여지고, 앞으로도 받아들여질 수 있는 하나의 보편적인 문화이론이란 모든 인간이 사물들과의 접촉들 과정에서 생성되는 의미들을 지속적으로 풍요로이 향유해 갈 수 있는 이론이다. 또 그것은 지속적으로 사물들의 의미들을 생성시키고 그것들을 풍요로이 향유해 갈 수 있는 사물들에 대한 인간의 태도정립이론이다.

앞에서 언급한 바와 같이 서구의 후기구조주의는 서구인에게 있어서의 존재의미의 생성작용이 쇠퇴되거나 정지됨으로써, 그 한계성이 드러났다. 그 경우에 있어서의 의미생성의 쇠퇴나 정지는 인식의 주체가 인식대상들로부터 더 이상 어떤 차이를 의식해내지 못할 경우에 일어난다. 우리가 우리의 관심을 어떤 대상으로부터 다른 어떤 대상으로 이동시키는 이유는 어떤 대상과 다른 어떤 대상과의 사이에서 어떤 차이를 발견해서 그것을 통해서 그 관심대상의 의미를 생성해 내기 위해서이다. 이와 같이 인간은 자신과의 접촉대상들로부터 의미를 생성해 내기 위한 하나의 방법으로 자신의 몸을 끊임없이 이동시킨다. 그러나 그것은 인식대상들로부터 의미들을 지속적으로 생성해 낼 수 있는 이상적인 방법이 아니다. 왜냐하면 인간의 이동에는 한계가 있고 인간의 인식 대상도 한정되어 있기 때문이다. 그렇다면 인간이 어떤 공간을 이동한다는 것은 무엇인가? 인간이 어떤 대상들을 인식하는 이유는 결국 무엇인가? 등과 같은 물음에 대한 근원적 이해를 통해서 문제를 풀어갈 수밖에 없다.

기차를 타고 가노라면, 산이 보이고 강이 보인다. 우리에게 산이 보이는 것은 들을 보고 있었기 때문이고, 우리에게 들이 보이는 것은 산을 보고 있었기 때문이다. 그리고 우리에게 강이 보이는 것도 마찬가지이다. 우리가 들을 보고 있었기 때문에 그것이 보였던 것이다. 이와 같은 현상은 우리가 대형스크린 앞에서 영화를 볼 때도 일어난다. 전자의 여행은 인식대상들이 나열된 공간 앞에 놓인 인식의 주체를 이동시키는 것이고, 후자의 영화는 인식의 주체 앞에 놓인 인식의 대상들을 이동시킨다는 면에서 차이가 있다. 그렇지만 그것들은 인식주체나 인식대상을 변화시켜 그것들의 차이들을 발견해서 인식주체와 인식대상들의 의미를 생성해 내려는 작업이라는 의미에서는 동일하다. 그러나 본인이 여기에서 언급하고자 하는 것은 후기 산업사회에서의 대표적인 이와 같은 의미생성작업은 인위적인 것으로서 한계가 있다는 것이다.

그렇지만 우리가 우리의 인식의 축을 지구의 우주공간의 이동과정으로 취해봤을 경우에 있어서는 문제는 달라진다. 우리는 우리의 존재의 공간으로 선택한 지구의 모든 자연물들의 세계가 온도와 중력이 다른 우주공간을 시시각각으로 이동해감에 따라 변모해가는 사실을 감지할 수 있다. 우리는 그러한 끊임없이 변모해가는 자연물들 속에서 그것들과 더불어 변모해 감으로써, 또 다른 차원의 자연물들의 차이들을 찾아내서 인간의 존재의미를 향유해 갈 수 있다. 이렇게 볼 때, 인간에 있어서의 우주공간을 이동해가는 지구는 끝없는 의미생성의 자동기계로 인식되고, 비존재공간과 합일을 지향해가는 우주야말로, 그러한 의미생성의 원동력으로 인식된다. 이상과 같은 측면에서 생각해볼 때, 전 지구상의 모든 문화현상은 우주의 비존재공간과의 합일과정과 그 과정 속에서의 지구의 우주내 공간이동과정을 통해서 이루어지기 때문에 이상의 두 과정을 인식의 축으로 하여 그것이 이해되어져야 한다는 입장이 취해진다. 따라서, 본인은 원과정(the original process)이라 불리우는 지구의 우주내공간이동의 과정과, 대과정(the great process)이라 할 수 있는 우주의 비존재공간과의 합일과정을 통해서 지구상에서 일어나는 인간의 문화현상의 원리를 해명해 보자는 학문을 과정학[16]이라고 명명했다. 현대문학이라는 것이 예술의 한 영역으로써 인식되기 보다도 문화의 한 영역으로써 인식되고 있는 상황 속에서, 섬문화라든가, 한국문화라든가, 동아시아문화 등과 같은 말이 쓰여지게 되어, 지금까지 우리들의 문화현상에 대한 연구는 주로 같은 언어를 사용하고 있거나, 같은 종교를 믿고 있는 어떤 한정된 인간집단의 사람들이 살아가는 한정된 어떤 영역을 단위로써 이루어져 왔다. 그 경우에 있어서 문화현상에 대한 연구목적은 그 한정된 인간집단의 문화가 다른 여러 집단의 그것들과 어떻게 다른가에 그 중점이 놓여있다. 한편, 인류문화라는 말이 있다. 그것은 우리들이 인간이 살아 온 여러 지역을 단위로 해서 인간문화를 문제시해 왔다는 것을 나타내는 것이라 할 수 있다. 여기에서 본인의 주장은, 금후 문화현상에 대한 연구는 지금까지와 같이 어떤 특정의 인간집단과의 지역을 단위로 이루어져 있다든가, 그 목적을 그 특정집단과의 특정 지역의 인간의 문화적 특성을 해명하는 데에 중점을 둔다는 입장을 버리고, 지역상의 전인간이라든가, 지구를 단위로 해서 이루어져야 하며, 또 그 목적도 인간과 지구와의 관계방식에 대한 이해를 통해서 인간성을 해명하는 것에 중점이 두어져야 한다는 것이다. 우리들의 이런 문화연구의 입장이 과정학을 가지고 확립된다는 것이다.

지구상에서 일어나는 인간의 문화현상과, 그것의 원리를 규명하기 위해 취해진 두 과정, 대과정과 원과정들과의 관계는 어떻게 설명될 수 있는가? 다시 말해서, 지구상에서 일어나는 인간의 문화현상이 대과정과 원과정을 통해서 일어난다면, 그것은 두 과정들과 어떻게 관련되어 있는가? 우리는 이와 같은 문제들을 규명해냄으로써 인간에 있어서의 문화현상의 본질이 무엇이며, 인간에 있어서의 보다 풍요로운 존재의 의미가 어떻게 생성될 수 있을 지에 관해서 파악할 수 있다.

서구의 생산중심의 산업사회에서의 문화에 대한 일반적 개념은 인간의 환경에 대한 적응체계로 정의되었다. 그러다가 소비중심의 후기 산업사회로 들어와서 그 개념은 하나의 의미체계로 정의되어 나왔다. 그것은 생산중심의 산업사회에 있어서의 인간의 삶이 자연환경이나 사회적 환경에 적응해나가는 것으로 인식된 반면, 소비중심의 후기 산업사회에 있어서의 인간의 삶이 자연이나 사회 속에서 자신의 존재의미를 향유해 나가는 것으로 인식되었기 때문이다. 이렇게 볼 때, 인간에 있어서의 자신의 삶에 대한 의미의 향유체계도 크게 말해서 자신의 환경에 대한 보다 차원 높은 적응체계의 한 예로 간주될 수 있다. 그렇다면 문화가 이와 같이 인간의 환경에 대한 적응체계로 파악되는 이유는 무엇인가? 이 지구상에서의 문화현상은 인간을 통해서 일어나는 현상이다. 특히 인간의 의식현상 내지 정신현상을 통해서 일어나는 현상이다. 그렇다면, 인간에 있어서의 의식이나 정신이란 무엇인가? 이 지구상에서의 의식이나 정신현상은 생명체를 통해서 이루어진다. 보다 구체적으로 말해서 그것들은 생명체의 생명작용을 통해서 일어나는 생명현상의 하나다. 정신이 생명체들 중 오직 인간에게만 존재한다고 본다면, 아마도 그것은 생명체에 있어서의 의식의 함축형태로 이해될 수 있다.

20세기 초 러시아의 생리학자 I.P. 파블로프(Pavlov)는 생리현상의 법칙으로 정신현상을 설명해보려는 취지에서, 현재 우리에게 소위 타액(唾液)조건 반사로 잘 알려진 실험을 행했다. 즉, 그는 개에게 벨소리를 울린 후 먹이를 주는 일을 반복하다보니까 나중에 가서는 벨소리만 울려도 개가 타액(침)분비를 하더라는 것이다. 우리는 이 타액조건반사실험을 통해서 다음과 같은 사실을 확인할 수 있다 우선 개라고 하는 하나의 생명체에 있어서의 벨소리는 먹이가 나온다는 하나의 싸인이다. 아무것도 없는 개장에 갇힌 개가 인간이 던져주는 먹이를 먹는다는 것은 개가 자신의 생명을 유지하기 위한 하나의 유일한 수단이다. 그것은 개가 개장이라고 하는 특수한 환경 속에서 살아남기 위한 하나의 방법이다. 어떠한 상황에서 먹이가 나오는지에 대하여 개는 신경을 써야한다. 그런 신경을 써가는 과정에서 개는 벨소리가 난 후 먹이가 나온다는 것을 터득하게 된다. 이 경우 개에게 있어서의 그러한 터득과정은 바로 그러한 환경 속에서의 일종의 적응과정으로 파악된다. 개에 있어서의 이 실험에서의 벨소리는 먹이가 나온다는 하나의 완전한 신호이다. 실험의 요지는 바로 여기에 있다. 자극을 주면 신호의 내용이 수반하는 어떤 생리현상을 일으켰다고 하는 사실이다.

이 사실은 다음과 같은 두 가지 진리를 제시해 준다. 우선, 하나는 생명체에 있어서의 의식작용이나 인간에 있어서의 정신현상은 외부로부터의 반복적 자극에 대한 일종의 반복적 반응현상이라고 하는 것이다. 다른 하나는 그러한 의식작용이나 정신현상은 생명체나 생명체로서의 인간이 환경과의 적응과정에서 형성되어 나왔다고 하는 것이다.

이러한 사실에 대하여, 유심론자들과 관념론자들은 반대 입장이다. 유심론자들은 인간이란 영혼을 갖는 존재로 인간의 내부에 존재하는 그 영혼에 의해 조절되어 가는 존재로 파악한다. 즉 인간이란 이미 내부에 프로그램을 가지고 있는 존재라고 생각하기 때문이다. 그들은 그 프로그램을 신이 인간의 몸 속에 불어넣어 주었다고 하는 혼이나 혹은 세포 유전인자 등과 같은 것으로 생각할지 모른다. 그러나 우리는 여기에서 다음과 같이 그들을 설득해 볼 수 있다. 인간에 있어서의 의식이 환경과의 접촉을 통해서 받는 반복적 자극에 대한 반복적 반응들을 기초로 해서 형성된 것이라면, 인간의 정신이나 영혼은 그러한 반복적 자극에 대한 반복적 반응들이 인간의 혈육을 통해서 대대로 전승되는 과정에서 세포들과 유전인자들로 축적되어 나타나는 현상으로 이해된다. 따라서 인간에 있어서의 정신작용이나 영적 체험도 결국은 외부로부터의 자극에 대한 하나의 차원 높은 반응이라고 말할 수 있다.[17] 이러한 입장에서 생각해 볼 때 가장 경험을 많이 해본 자가 가장 상황을 잘 대처해 간다는 말은 맞는 이야기이다. 인간이 동물들 중에서 가장 두뇌가 발달된 것은 지상을 이동해 다니며 가장 많은 자극을 받았기 때문이다.

문화현상을 일으키는 인간의 의식이나 정신작용이 이상과 같이 인간의 생명작용과 관련되어 있다면, 인간의 생명작용의 근저는 또 무엇과 어떻게 관련되어 있는가? 즉 생명작용은 무엇을 기초로 해서 일어나는가? 인간이 다른 생명체들과 차이가 있다면, 그것은 두뇌가 발달되어, 다른 생물체보다 다양한 반응양식들을 갖고 있다는 것 정도일 것이다. 모든 생명체의 생명작용은 물질현상을 통해서 일어난다. 따라서, 지구상의 모든 생명체는 지구의 물질현상을 통해서 성립, 전개되어 나왔다. 지구는 태양을 비롯한 우주의 무수한 별들로부터 빛을 받으며 그것들과의 역학적 관계를 통해서 우주공간을 이동해 간다. 지구의 그러한 화학적 물리적 환경을 통해서 탄생, 진화해 나온 것이 지구상의 생명체들이다. 그렇다면 지상의 그러한 생명체들을 산출한 지구는 이 우주 속에서 어떻게 성립되어 나와 어떤 우주적 환경에 처해서 어떻게 우주공간을 이동해 가고 있는 것인가?

현대 우주과학자들에 의하면, 지구는 태양 등으로부터 떨어져 나온 물질인 우주진들이 결합되어 이루어진 것으로 되어 있다. 그렇게 성립된 지구가 우주공간을 이동해 가는 것은 우주 속의 물체들과의 역학적 관계와 우주를 구성하는 광자들의 산란현상을 통해서 일어난다. 이 경우의 역학적 관계란 자신의 질량만큼 타 물체들을 잡아당기는 힘, 즉 중력작용을 말한다. 광자들의 산란현상이란 직진하는 에너지 덩이들의 충돌현상들을 의미하는 것으로서, 그것들의 산란도가 높은 공간은 온도가 높고 낮은 공간은 온도가 낮다. 광자들이 산란하는 공간에 존재하는 물체는 열평형의 원칙 하에서 산란도가 높은 공간에서 낮은 공간으로 이동한다. 현재의 우주공간은 대폭발(the big bang) 때 사방팔방으로 퍼져 나간 광자들의 산란광장이다. 즉 전자장(電磁場)이다. 광자들의 산란으로 인해 현재의 우주공간의 온도는 대략 우주 밖의 절대공간의 온도(-273.5℃)보다 약 3℃ 높은 -270℃로 측정되고 있다.

이렇게 볼 때 현재 지구는 천체들 사이의 중력자(重力子)들이 작용하여 우주공간을 이동해 가는 존재라고 할 수 있다. 우주공간을 이루

는 광자들은 비존재공간이라 할 수 있는 절대공간으로 빛의 속도로
퍼져나간다. 지구는 그러한 우주를 구성하는 광자들로부터 영향을 받
아 우주공간을 이동해 가는 존재이다. 그렇다면, 그러한 지구를 탄생
시키고 그것을 변화시켜온 우주란 과연 어떤 존재인가? 한마디로 그
것은 우리를 지배하는 물리적 법칙이 존재하는 공간을 가리킨다. 현
재 지구가 처해있는 우주는 물질들로 이루어진 천체들과 물질들의 최
소단위라 할 수 있는 광자들로 구성된 존재이다. 물질들로 이루어진
천체들은 중성자보다도 더 작은 초고밀도·초고온의 우주가 대폭발을
일으켜 광자들로 분해되어 절대공간으로 팽창되어 나가는 과정에서
광자들이 결합되어 생성되어 나온 것들이다. 광자들이란 질량을 0으
로 하고 진동수를 V로 해서 공간을 초속 30만Km의 속도로 이동하는
hv(h는 프랭크 상수)의 에너지 덩이를 말한다. 이 경우 진동수가 크면
파장이 짧고 진동수가 작으면 파장이 크다. 따라서 광자의 진동수가
아주 커지면 질량을 갖는 입자로 되어 물질이 되고, 반면 진동수가 아
주 작아지면 파장이 커져 비존재로 소멸되어 버린다. 광자들은 이 우
주공간 속을 직진해 가다가 다른 광자들이나 물질들과 충돌하게 되는
데, 그 경우 서로 부딪힌 광자들이 상대 광자들에 대하여 직진, 반사,
굴절, 흡수 등의 현상들을 일으켜 진동수가 커진 것들로 되어 나오기
도 하고, 작아진 것들로 되어 나오기도 해서, 결국 그것들이 입자들로,
물질들로 되어 나오기도 하고, 공간으로 소멸되어 버리기도 한다. 그
래서 우주는 이렇게 그러한 물질들과 그러한 광자들로 이루어져, 현
재 절대공간과 합일을 이루어 가는 과정에 처해 있는 존재이다. 우주
로 하여금 비존재와의 합일을 가능케 함으로써 대과정과 원과정의 존
재를 창출해 낸 것은 우주를 구성하는 광자의 특성 그 자체이다. 그러
한 의미에서 우리는 광자를 과정인자로 명명해 볼 수 있다. 이와 같이

우주는 광자의 특성을 기초로 해서 이루어 졌다. 따라서 과정인자라고 하는 광자들로 이루어진 우주의 모든 존재들과 현상들도 광자들의 특성을 통해 일어난다. 그러한 이유로 인해 우주 속의 모든 물질현상과 그것을 통해서 일어나는 지구의 물질적 현상, 그것을 통해서 일어나는 지구상의 생명현상, 그 생명현상을 통해서 일어나는 인간의 의식현상과 정신현상, 또 그것들을 통해서 일어나는 문화현상들도 다 광자의 특성을 통해서 설명될 수 있다. 또 그러한 현상들의 상호관련성들도 다 그것의 특성을 통해서 설명될 수 있는 것이다. 광자의 특성으로 그러한 것들을 설명해서 인간이 이러한 세계에서 이런 식으로 살아가고 있다는 사실을 밝혀가는 작업이 바로 과정학이다.

결 론

현재 우리가 존재해 있는 세계는 바로 이상과 같은 광자라고 하는 이동에너지들로 엮어진 유기적 세계이다. 그런 세계에서 우리는 책, 가구, 건물, 사람, 숲, 저 건너편의 산, 강, 하늘, 태양 등과 같은 개물들에 싸여 살아가고 있다. 우리가 눈 앞에 있는 것을 조금만 의식해 본다 하더라도 우리는 그것들이 순간순간 변해가는 것을 감지할 수 있다. 우리가 어떤 것들을 조금만 생각을 해 본다 하더라도 우리는 자신들이 그것들과 더불어 끊임없이 변해가고 있다는 사실을 깨닫게 된다. 우리가 이와 같은 의식과 생각을 가지고 방안 창가나 혹은 벤치에서 그것들을 바라보는 행위는 우리가 백마를 타고 시시각각으로 변해가는 스크린을 바라보는 것과도 같은 것이다. 만일 현재 우리가 열적산란도가 다른 우주공간을 줄기차게 이동해가는 지구 위에 존재해 있다는 사실을 생각해 낸다면, 사물들을 바라보는 우리의 각도나 생각이 사뭇 달라진다. 우리가 창밖의 것들을 바라보는 행위는 우리가 달리는 기차 위에서 달리는 말을 타고 시시각각으로 변해가는 스크린의 화면들을 감상하는 것과도 같은 행위이다. 게다가 비존재공간과 합일을 지향해가는 우주와 맞물려 우리가 처해 있는 지구가 이동해 가고 있다는 사실을 한번 생각해 보자. 우리가 벤치에 앉아 건너편 산을 바라보는 것은 바다를 달리는 배의 표면을 달리는 기차 속에서, 우리가 말을 타고 달리며, 변해가는 스크린의 화면들을 보고 있는 것과 같은 것이다. 이와 같이 사실상 우리는 예컨대 밤바다를 달리는 배 위에서, 그 위를 달리는 기차 속에서, 그 속을 달리는 말을 하나 타고 변해가는 스크린의 화면들 앞에서 살아가고 있는 존재이다. 사물들의 의미가 인식주체와 인식대상의 공간이동에 의해서 만들어지는 차이들의 식별 과정에서 생성되어 나온다는 사실을 감안해 볼 때, 현재 우리가 처해 있는 공간은 우리가 의식을 가지고 생각을 하고 마음을 열고 사숙해 가면 일부러 어떤 인식의 대상을 찾아다니지 않아도 사물들의 의미가 무수히 튀어나오는 공간이라는 사실을 깨닫게 된다. 이와 같이 우리의 어떤 사물에 대한 의식이나 생각이 곧바로 그 사물의 의미로 전환되어 나올 수 있는 것은 우리가 우리로 하여금 차이식별을 가능케 하는 변화무쌍한 유기적 세계 속에서 존재해 있기 때문이다.

그렇다면 이와 같은 세계 속에서 우리가 풍요로운 존재의 의미를 향유해 갈 수 있는 방법은 무엇인가? 그것은 첫째, 현재 우리가 처해 있는 이상과 같은 변화무쌍한 유기적 세계의 실체를 보다 명확히 규명해 내서 하나의 새로운 세계관을 정립하는 일이다. 우리는 그러한 세계관을 과정론적 세계관이라 명명해 볼 수 있다.

서구는 근대로 들어와서 생물학, 유전의 법칙, 진화론, 화학 등의 학문을 성립시켜 그동안 대립적 관계에 있던 인간과 자연과의 관계를 연구해 가기에 이르렀다. 그러한 과정에서 인간도 자연의 일부라는 사고가 형성되어 나옴으로써 유물론적 세계관이 나오게 되고, 이에 대한 반대 입장을 취하는 사람들을 통해서 관념론적 세계관이 성립되어 나오게 되었던 것이다. 유물론적 세계관은 인간의 의식대상인 자연이나 혹은 자연을 구성하는 물질과 그 물질을 인식하는 의식과의 관계를 추구하는 데 있어서 물질을 가지고 물질과 의식을 통일시켜 보려는 입장을 취하는 인간들의 세계관이다. 즉, 우리 인간이 처해 있는 세계는 물질로 이루어졌기 때문에 물질로 통일될 수 있다는 입장이다. 다시 말해서 물질과 의식과의 통일성은 물질에서 찾아질 수 있는 입장이다. 그러한 입장에 의하면 인간의 의식현상도 물질현상의 한 발전단계로 파악된다.

이에 대하여 관념론적 세계관은 물질과 의식과의 통일성을 의식으로부터 찾는다는 입장의 세계관이다. 이와 같은 세계관들에 대하여 과정론적 세계관은 과정인자인 광자에 의해 물질과 의식이 통일 될 수 있다는 입장의 세계관이다. 다시 말해서, 물질현상이나 의식현상은 광자의 직진, 반사, 굴절 등으로 인해 일어난다는 입장이다. 물질은 서로 다른 파장들을 한 광자들이 엉겨서 이루어진 것이고, 의식은 광자들로 이루어진 전기화학적 현상으로 일어난다.[18] 물질과 의식으로 이루어지는 의식현상도 광자와 물질 사이에서 일어나는 직진, 반사, 굴절을 통해서 일어난다. 광자는 공간을 초속 30만km로 진행해가는 과정상의 존재로 특징지워진다. 광자는 그러한 진행과정상의 존재이기 때문에 항상 다른 것들과 충돌해서 그러한 물리적 현상을 일으킨다는 입장이다. 의식이 물질에 의해 설명되고 물질이 의식에 우선한다는 입장의 인간을 유물론자라 한다면, 물질이 의식에 의해 설명될 수 있고, 또 의식이 물질에 우선한다는 입장의 인간을 관념론자라 말한다. 그렇다면, 본인은 물질도 아니고 의식도 아닌 광자로 물질과 의식을 설명해낼 수 있다는 입장의 인간이다. 이러한 의미에서 본인은 과정론자이다. 본인이 여기에서 말하고자 하는 것은 과정론자들에 의해서만 우리가 처해있는 유기적 세계가 우리의 존재의미를 생성해내는 자동기계로 인식될 수 있다는 것이다.

인간의 정신현상, 사회현상, 물질현상의 법칙을 변증법적으로 설명하려는 입장들이 있다. 변증법적 유물론자들이 그들이다. 변증법이란 정(正), 반(反), 합(合)의 원리를 통한 자연·사회·사유의 일반적 운동법칙과 발전법칙을 말한다. 근대이후 변증법은 마르크스와 레닌 등에 의해 유물론적 변증법으로 확립되어 나왔다. 이 경우에 있어서의 변증법은 의식으로부터 독립된 객관적 실재의 보편적 운동법칙과 발전법칙을 의미하는 객관적 변증법과, 객관적 실재가 인간의 의식과 사유에 반영된 주관적 변증법으로 구별된다.[19] 그런데 본인이 여기에서 말하고 싶은 것은 물질현상, 사회현상, 정신현상을 설명하려는 변증법의 정, 반, 합의 원리가 광자의 직진, 충돌, 반사의 법칙에 기초한다라고 하는 것이다. 다시 말해서 변증법의 원리는 광자의 특성을 통해서 성립되어 나왔다는 것이다. 마르크스, 레닌의 유물론적 세계관이 변증법적 유물론을 기초로 해서 성립되어 나왔다면, 본인의 과정론적 세계관은 광자적 과정론을 기초로 해서 성립된 것이라 말할 수 있다.

둘째, 우리는 그러한 과정론적 세계관을 토대로 우리 인간이 변화무쌍한 유기적 세계 속에 존재해 있다는 사실을 관념화시켜 그것을 하나의 사상으로 확립해 나가는 일이다. 우리는 그것을 토대로 해서 인간의 존재환경인 그러한 유기적 세계와의 보다 이상적 조화 관계를 맺기 위한 하나의 방법으로서, 우리의 의식이 우주로 나가 지구를 내려다보고, 또 우주 밖의 비존재공간으로 나가서 우주를 내려다보고 그것을 통해 지구를 들여다볼 수 있는 시각을 확립해서 우리의 마음 속에 우주와 지구를 안치시켜 가는 일이다. 그래서 우리는 지구와 지구 밖의 우주와의 정신적 차원의 유기적 관계를 맺어가는 일이다. 우주 속에 존재해 있고 우주는 내 마음 속에 있다는 의식을 관념화시켜, 내 마음 속에 있는 우주를 나만큼 길러내고, 그 우주 속의 지구에 있는 나를 우주만큼 길러내는 것이다. 그러한 작업을 통해 내가 우주이고, 우주가 나인 경지를 확립시켜 가는 일이다. 그러기 위해서는, 우선 데카르트식의 인식방법, 즉 '나'를 통해서나 '나'를 중심으로 해서, 즉 '나'를 인식의 축으로 해서 사물을 의식하려는 입장을 폐기해야 한다. 그 대신 지상에서 일어나는 현상들을 의식할 때는 비존재와의 합일을 지향해 나가는 우주와 그것과 맞물려 회전해 나가는 지구를 인식의 축으로 해야하고, 우주에서 일어나는 현상들을 의식할 때는 비존재와의 합일을 지향해 팽창해 나가는 우주를 인식의 축으로 해야 한다. 다시 말해서 지상에서 일어나는 어떤 현상을 의식하거나 이해하려할 때는 팽창해 나가는 우주와 그것과 맞물려 회전해나가는 지구를 통해서 그것을 의식하거나 인식하려 해야한다는 것이다. 또, 우주에서 일어나는 어떤 현상도 팽창해 나가는 우주를 통해서 이해되어야 한다는 것이다.

그 이유는 다음과 같다. 인간의 의식은 물질로서의 인간의 우주체험과 생명체로서의 인간의 지구 체험을 통해서 형성되어 나왔다. 인간이 어떤 것을 인식한다는 것은 그러한 체험과정에서 형성된 의식을 통해서 이루어진다. 이 경우의 의식이란 의식의 표층뿐만 아니라 그것의 심층에 내재된 잠재의식이나 무의식 부분은 물론 의식의 틀까지를 가리킨다. 우리가 현재의 나를 축으로 해서 사물을 의식할 경우,

내가 어떤 것을 의식하는 것은 현재 나의 관심을 통해서 그 어떤 것을 의식하는 격이 된다. 그러나 우리가 팽창해가는 우주와 그것과 맞물려 회전해나가는 지구를 축으로 해서 어떤 것을 의식할 경우, 그것은 인간의 모든 경험을 통해서, 다시 말해서 인간의 현재까지의 모든 관심들을 통해서 그것을 의식하는 격이 된다. 이와 같은 측면에서 생각해 볼 때 우리가 팽창해가는 우주나 회전해나가는 지구를 축으로 해서 사물을 인식하고자 하는 것은 원래 우주의 모든 것들과 지구상의 모든 것들이 그러한 비존재와의 합일을 향해 변해가는 우주와 지구를 통해서 형성되어 나왔고 그것들을 인식하는 인간의 의식도 그것들을 체험해 나오는 과정에서 형성된 것이기 때문에 그러한 식으로 인식해야 그것들을 가장 정확하고 객관적으로 인식할 수 있기 때문이다. 우리가 우주의 팽창과정과 지구의 이동과정이라고 하는 두 과정을 통해서 사물을 인식하려할 경우에 있어서의 우리는 우리의 의식을 구성하는 모든 부분들을 작동시켜 나가게 될 것이다. 그 경우 우리의 모든 의식이 되살아나서 우리가 어떤 것을 의식할 때는 물론, 의식을 하지 않을 경우에 있어서도 우리는 우리를 둘러싸고 있는 사물들과 총체적으로 맺어져 있는 상태에 이르게 될 것이다. 다시 말해서 우리가 그러한 입장에서 우리를 둘러싸고 있는 사물들을 인식하게 될 때 우리는 현재의 우리를 축으로 해서 사물을 인식할 경우 보다, 보다 더 이상적 조화관계가 이루어 질 것이라는 것이다.

우리가 그러한 입장에서 사물을 인식할 경우 그러한 조화관계가 이루어 질 수 있는 논리적 근거는 무엇인가? 그것은 우리가 현재 우주를 인식할 수 있는 것은 인류나 생명체가 이 지상에 태어나기 이전에서 우리가 물질 상태로 해서 우주를 경험해 왔기 때문이고, 우리가 지구상에서 일어나는 모든 현상들을 인식할 수 있는 것은 우리가 그동안 지구체험을 해왔기 때문이다. 그러한 의미에서 우리가 대과정과 원과정을 축으로 해서 사물을 인식할 경우에 있어서만 가장 건전하고 가장 풍요로운 사물들의 의미생성작업이 가능해지고, 그러한 작업을 통해서만이 우리와 우주와의 이상적 조화관계가 추구될 수 있다는 것이다. 우리에게 주어진 과제는 우리의 이러한 유기적 세계를 구성하는 것들의 차이들과 그것들의 유기적 관계를 규명해내 그것들에 대한 지식을 통해서 우리의 존재를 유기적 세계와 조화시켜 가는 일이다. 그렇다면 우리는 어떠한 방법으로 그것들의 차이들과 그것들의 유기적 관계들을 규명해 낼 수 있는가?

인간과 인간을 감싸고 있는 세계와의 접촉이나 만남은 세계를 이루는 구체적인 인식대상들을 통해서 이루어진다. 그러한 인식대상들이 인식주체들에 대하여 어떤 의미를 지시(指示)하는 것들이라 하여, 서구의 20세기 기호론자들은 그러한 인식대상을 기호(記號)라 명명해왔다. 본인도 인간에 있어서의 모든 인식대상들이란 인간에 대하여 어떤 의미를 지시하는 것들이라는 입장을 받아들인다. 그렇지만 본인은 인간의 그러한 인식대상을 꼭 기호라 불러야 할 이유는 없다고 본다. 그 이유는 우리에게는 우선 그것이 생소한 말이기 때문이다. 본인은 기호라는 말 대신 '표현'이라는 말을 써도 무방하다고 본다. 왜냐하면 우리에 있어서의 어떤 인식의 대상들은 우리에게 반드시 어떤 의미들을 지시하기 때문이다. 이렇게 해볼 때 우리인간에 있어서의 세계는 무수한 사물들의 표현들로 구성되어 있다는 말을 해 볼 수 있다. 따라서 우리들의 세계와의 접촉이나 만남은 표현을 통해서 이루어진다. 그 접촉이나 만남의 의미도 표현들의 차이 분별을 통해서 생성되어 나온다. 우리들의 어떤 것에 대한 지식도 그것과 다른 것과의 표현들의 차이 지각을 통해서 이루어진다. 우리는 그러한 표현을 통해 세계

로 침잠해 들어가 그것과의 합일을 추구해 갈 수 있다. 또 그 과정에
서 우리 속에 들어 온 세계를 키워나갈 수 있다. 이와 같은 측면에서
생각해 볼 때, 동아시아 주도의 21세기에 있어서의 문화연구는 표현
에 대한 연구가 중심이 될 것으로 전망된다.

주

1) 산업사회에서 후기산업사회로의 전환은 일반적으로 냉전체제의 해체, 공산주의
   사회주의 운동 퇴조, 탈이념화, 중산(中産)계급의 형성, 고도성장의 종인, 시민 주
   민운동의 전국적 확산, 사생활주의 확대 등을 통해서 이루어 진 것으로 이야기되
   고 있다.
2) Max Weber 『프로테스탄티즘의 윤리와 자본주의정신』(박정수역, 문예출판사),
   25~26면.
3) Fredric Jameson 「포스트모더니즘과 소비사회」(김동욱편 『포스트모더니즘의
   이해』, 문학과 지성사, 1990), 241~244면.
4) 일반적으로 서구에서의 포스트모더니즘은 후기산업사회의 문화적 논리로 이해
   되고, 자본주의대 사회주의의 입장에서 산업사회의 전개양상을 파악하려는 자들
   에게는 그것이 사회주의에 대한 이데올로기적 대항자로 이해된다.
5) Ihab Hassan 『포스트모더니즘 개론』(정정호 외편, 한실출판사, 1991), 174~
   175면.
6) Jacques Derrida, *Of Grammatology*, translated by G. C. Spirak, The Johns
   University Press, 1976, pp.31~32.
7) Jacques Derrida, *Margins of Philosophy*, translated by Alan Bass, The
   University of Chicago Press, 1982, pp.45.
8) 상동서, 1~5면.
9) Jean-François Lyotard, 「포스트모더니즘이란 무엇인가」(김동욱편 『포스트모
   더니즘의 이해』, 문학과 지성사, 1990), 280면 참조.
10) J. Habermas, 「모더니티와 포스트모더니티」(상동서), 287~289면 참조.
11) Richard Rorty, Is Derrida a Transcendental Philosopher?, in *DERRIDA:*

A Critical Reader, Ed.by David Wood, Uk: Blackwell Publishers, 1992, pp.1~4 and p.235. / E.Gaède 外 『포스트모더니즘의 도전』(김경연 외·편역, 1992, 다민), 243~254면 등 참조.

12) Chris Jenks, 『문화란 무엇인가?』(김윤용 역, 현대미학사, 1996), 21면.

13) 지금까지 지구상의 인류문화의 중심은 구석기시대의 아프리카대륙, 신석기시대의 서아시아지방, 고대의 그리스지역, 중세의 로마지역, 근대 18~19세기의 서유럽지역, 그리고 현대 20세기의 아메리카대륙으로 옮겨왔다. 그것은 중심문화권과 인접해 있는 주변문화권의 사람들이 중심문화권의 문화를 받아들여, 자신들의 문화와 접합시켜서, 자신들의 그것보다도 더욱 강한 문화, 즉 보다 보편적문화를 만들어냄으로써이다. 근대 19세기후반이후 동아시아인들은 바다 건너편의 이문화를 열심히 받아들여, 그것을 자신들의 그것과 접합시켜 왔다. 그리고, 동아시아 사람들은 바다 건너편의 것보다 훨씬 강한 것을 만들어낼 수 있게 되었다. 그 결과, 금후 지구상의 인류문화의 중심은 당연 아메리카대륙보다 유라시아대륙의 동안(東岸)으로 옮기게 되었다.

14) 현대물리학에서 말하는 우주란, 크고 작은 각종의 천체, 우주진, 빛 등의 이동하는 여러가지 존재로 되어 있다는 것을 가르킨다.

15) 비존재공간 : 천체, 우주진, 빛 등의 여러 존재로 구성된 우주를 둘러싼 공간

16) 김채수 『21세기 문화이론 과정학』(교보문고 : 1996), 162면.

17) 헤겔의 경우 그는 그의 『역사철학강의』에서 역사의 궁극적 주체를 「세계정신」 'Weltgeist'라 부르고 그 정신의 본질을 인간의 자유의지로 파악하고 있다. 그는 세계사를 성립 전개시켜 온 세계정신은 인간의 자유의지가 고대에 동방의 중국에서 유럽으로 이동해 오는 과정을 통해서 성립되어 나온 것으로 파악하고 있다.

18) John R. Anderson 『인지심리학』(이영애 역, 을유문화사, 1995), 26~27면.

19) Gustav A. Wetter 『변증법적 유물론』(강재윤 역, 명문당, 1988), 347~349면 참조.

글로벌시대 과정학과 인문과학

1. 현대인의 존재양식 - 과정

19세기는 프랑스 대혁명과 나폴레옹전쟁을 계기로 성립한 내셔널리즘의 시대였다. 20세기는 제1차 세계대전을 전후로 성립한 인터내셔널리즘의 시대였다. 그렇다면 앞으로의 21세기는 전지구주의, 다시 말해 글로벌리즘의 시대라고 이름 붙일 수 있을 것이다. 전지상주의 시대의 인문과학은 어떤 형태를 하고 나타나는 것일까. 이것이 본고의 주안점이다.

현재 전지구상에서 문화의 중심지는 서구에서 동아시아로 이동하고 있다. 따라서, 이제부터의 전지상주의시대의 문화는 동아시아문화의 측면에서 파악되는 문화가 될 것이다. 그렇다면 그러한 문화는 무엇을 토대로 성립하는 것일까. 먼저 이 점을 분명히 하기 위해, 현대인의 삶의 방식의 특징부터 살펴보기로 하겠다.

현대인은 여러 가지 과정 속에서, 자신들의 삶을 실현시키고 있는 것을 자각하기 시작했다. 이러한 자각은 먼저 개인의 삶으로 구성된 사회가 한층 더 기계화, 조직화, 단계화, 체계화되는 과정에서 생겨난 현상이다. 또한 전문적인 차원에서도 인간의 의식이나 의식의 대상 등이 각각의 과정에 의해 형성된다고 하는 사실이, 여러 분야의 연구 성과에 분명히 나타나, 이러한 자각은 한층 더 심화되고 있다.

글로벌시대 과정학과 인문과학

이렇게 현대인은, 각각의 삶의 방식이 여러 차원의 과정을 통해 구성된다고 하는 것뿐만 아니라, 인간의 삶의 방식과 그것의 토대 자체가 원래 여러 차원의 과정에 의해 만들어지고, 인간의 삶의 의미는 그러한 과정을 통해서만 감득될 수밖에 없다는 사실을 자각하게 되었다. 그래서 우리 현대인에게 과정이라는 것이 하나의 관념으로 부상하게 된 것이다. 그런 이유로, 과정은 하나의 신으로써 인식되어지고 있다. 삶은 과정이다. 이것은 인간의 삶이 과정을 통해, 파멸된 수도 있고 구제될 수도 있다고 하는 의미가 깃들어져 있는 단어이다. 과정의 결과에 대한 도를 넘는 집착이나 무관심이 결국 삶을 파멸의 길로 몰아넣는 것처럼, 과정 자체에 대한 도를 넘는 애착이나 반대도 삶을 파멸로 이끌어 간다. 현대인은 이러한 과정에 집착하지 않을 수 없는 시대를 살아가고 있고, 그 반면 과정에 지나치게 무관심한 시대를 살아가고 있다. 어떤 현대인은 시지프스의 인생을 걷고 있고, 또 어떤 현대인은 마약중독환자와 같은 삶을 선택하여 살아가고 있다. 이러한 의미에서, 현대인에게는 우리에게 부여된 무수한 과정을 어떻게 관리해 가야하는가라는 문제가, 곧 우리는 어떤 식으로 삶을 살아가야 하는가라는 물음과 동일한 문제로 인식되어진다.

이러한 생각에 의하면, 각각의 삶의 방식을 떠받치는 모든 과정에 충실히 대처함으로써 자기 자신의 인생에 의미를 부여해 갈 때, 인간에 있어 과정이란, 하나의 관념의 차원을 넘어, 하나의 사상으로 전환할 수 있게 된다. 이렇게 현대인의 과정에 대한 관심은 하나의 사상으로까지 심화되고 있다. 또한, 현대인에게 있어서, 이러한 사상적 차원으로서의 과정은 하나의 방법론으로서도 정립될 수 있는 가능성을 보여주고 있다. 현대인에게 있어, 어떤 대상에 대해 알고 있다는 것은, 그 대상에 대해 어떤 종류의 과정을 알고 있는 경우를 의미한다. 보다

체계적인 지식이 아니라면 만족할 수 없는 현대인에게는, 예를 들어 어떤 사람의 학력을 알고자 할 경우, 그가 어느 대학을 나왔는가라고 하는 정보에 대해서는 흡사 무관심이다. 어느 고등학교를 나와, 어느 중학교, 그리고 어느 초등학교를 졸업했는가 하는 정보까지도 알려고 노력한다. 이처럼, 언제부터인가 현대인은 어떤 사건에 대한 일종의 과정을 분명히 해서, 그 사물의 특성과 본질을 파악하려고 하는 경향이 생겨났다. 따라서, 현대인에게 과정이란, 현대, 사상적 차원과 방법론적 차원으로 인식되어 나오고 있다. 그렇다면 이러한 경향은 어떤 지적 상황 속에서 생겨난 것일까.

일본의 명치유신 이후, 동아시아는 서구의 문물을 적극적으로 받아들여 왔다. 동아시아에서 근대화가 가장 빨랐던 일본은, 화혼양재의 입장에서 서구의 문물을 받아들였다. 하나의 입장을 표명하는 화혼양재는, 자국의 정신과 서양의 기술을 융합시키면, 서구의 것보다 훨씬 멋진 것, 결국 일본의 문물이 생겨난다고 하는 의미를 내포하고 있다. 이에 대해, 중국과 한국은 처음에 서구의 문물을 받아들이는데 단호히 반대했다. 그러한 중국은 청일전쟁의 패배를 계기로 해서 일본의 메이지유신을 배워, 일본식 근대화를 촉진시켰다. 한국의 경우는 그동안 중국만을 의지해 왔으나 중국이 청일전쟁에 패하자, 러시아 쪽으로 기울었다. 그러나 러시아도 러일전쟁에서 일본에 패하자, 자연히 한국도 일본을 통해 서구의 문물을 자발적으로 받아들이기에 이르렀다. 이렇게 해서, 기본적으로 러일전쟁 이후부터는 일본을 통해 일본식으로 동아삼국이 서구의 근대문물을 적극적으로 받아들이게 된 것이다.

이렇게 동아삼국의 서구문물에 대한 기본적인 수용 처세는 화혼양재의 선상 위에 있으나, 그래도 각국에 따라 어느 정도 차이가 보여진다. 일본의 경우는 일본의 전통문화를 축으로 해서, 서구의 문물을 받아들였고, 육할의 전통문화에 사할의 서구문물을 융합시켰다. 중국의 경우, 대대로 계승하고 있는 전통의 문물과 서구의 문물을 반반으로 해서 두 종류의 문물을 융합시키는 자세를 취했다. 한국은 전통문화를 버리고, 서구의 문물을 서서히 받아 들여가는 형식을 취했다. 이런 과정 속에서, 지금 일본은 기술적인 측면에 있어서, 서구의 것보다 몇 단계 격이 있는 문물을 만들기까지 이르렀다. 그리고 중국은 전통과 외래의 융합방식이, 한국은 전통을 버리지 않고도 외래의 문물을 받아들일 수 있는 자세가 각각 확립되었다. 이러한 동아삼국의 근대화는 현재, 일본은 동아시아의 기술과 서구의 기술과의 융합이라고 하는 측면에서, 중국은 공산화라고 하는 서구와의 제도적 융합의 측면에서, 그리고 한국은 기독교화와 같은 서구와의 정신적 융합의 측면에서 그 특이성을 나타낸다고 말할 수 있을 것이다.

현재까지 동아시아가 받아들인 서구의 문물은 대개 다음과 같다.

2. 통시적 변화와 공시적 구조

서양인에게 있어서 변화에 대한 관심은 르네상스를 기점으로 해서 나타났다고 생각되어진다. 물론, 서구가 기독교화하기 이전의 고대 그리스·로마 시대는 예외이다. 서구 유럽의 기독교인들은, 십자군전쟁과 몽고군의 서측원정 등을 계기로 만들어진 후의 약 1세기 동안, 동아시아와 최초의 직접적인 교섭을 통해, 자신들의 신국(神國)을 상대적으로 인식하게 되었다. 이러한 과정에 있어서, 그들은 지리상의 발견, 산업혁명, 종교개혁 등을 통해, 자신들이 처한 상황을 십분 변화시켜 갔다. 즉, 서양인들은 지상 이동을 통해 그동안, 유럽의 기독교인들에게, 신이 인간을 위해 자연을 창조해 주셨다라는 의미에서 자연과 인간의 관계는 대립적인 관계라고 인식되었고, 또한 인간과 인간자신이 처해 있는 자연은 신에 의해 창조되었다고 하는 해석에 따라, 인간은 흙에서 벗어날 수 없는 존재이고, 또한 그것들은 변화할 수 없는 존재로서 인식되어 왔다. 인간은 원죄를 짊어진 존재이고, 지상은 천사들이 살고 있는 천국에 대한 대립관념으로 죄인이 살고 있는 저주받은 토지로 인식되었다. 이러한 측면에서 보면 유럽근세의 르네상스인의 관심은 시간적으로는 신이 재림할 것이라고 하는 미래에서 신이 존재하지 않았던 과거로, 공간적으로는 신이 존재했던 천상에서 신이 존재하지 않는 지상으로 이동해 왔다. 그들의 이러한 변화 의식이 지향했던 모델은 시간적으로는 과거의 심저에 존재해 왔던 것이고, 공간적으로는 지상에 존재하는 자연물 그 자체였다. 그 결과, 근세 서양인들은 먼저, 시간적으로 과거의 로마 제국의 군주제를 모방해, 절대군주체제를 확립시켰고, 그 다음으로 그리스의 민주제를 모방해서 의회정치를 확립시켰다. 그러한 과정에서 서구에서는 시민혁명이 일어나 근대사회로 이동해 갔다.

일반적으로 서구에서의 근대의 기점을 프랑스 대혁명으로 보고 있다. 그것을 경계로 서구에서는 새로운 각도에서 인간과 자연과의 관계가 인식되기 시작했고, 그에 의해 새로운 차원에서 이들의 관계가 정립되었다. 근세의 서구에서는 물리적 자연을 통해 인간과 사회가 이해되어 왔다면, 근대에서는 생물학적 자연을 통해 인간과 사회가 이해되어 왔다. 그것은 19세기 J.B.라마르크의 『동물철학』(1809)을 선험으로 한 진화론에서 보지 않으면 안 될 것이다. 그동안, 기독교인들은 식물과 동물의 종은 신에 의해 창조된 것이므로, 종의 수는 결코 변하지 않으며, 창조 이후 새로운 종은 없다고 하는 입장을 고수해 왔다. 그러나 라마르크에 이르러, 종의 변화와 생물의 진화가 주장되었던 것이다. 서구에서 이렇게 성립된 진화사상은 17세기 후반 이후 뉴턴의 만유인력의 법칙 발견, 18세기 후반 산업혁명 등으로 인한 자연에 대한 세심한 고찰의 결과로써 성립된 것이다. 19세기 이전에는 만유인력 등의 물리적 법칙을 통해 태양, 지구, 달, 식물, 동물 등의 반복적 변화를 발견할 수 있었다. 그러나 종 자체의 변화까지는 발견할 수가 없었다. 예를 들어, 달은 그 모습이 변할 수 있지만, 그 변화에는 주기가 있기 때문에, 달 그 자체가 어떻게 생성되어, 앞으로 어떻게 모습을 감출 것일까는 알려고 하지도 않았다. 그러나 라마르크 이후, 종 자체가 변화한다고 하는 사실이 판명되자, 인간은 그것이 무슨 종에서 파생되어, 무슨 종으로 변화해 가느냐고 하는 것으로 관심을 쏟게 되었다. 그 결과, 인간은 시간의 변화를 통해 사물이 어떻게 변화해 가는 가에 대해 관심을 품게 되었다. 결국, 통사적 차원에서 사물을 파악하려고 하는 인식이 일반화되었던 것이다. 다시 말해, 시간의 변화 과정을 따라 사물이 어떻게 변화해 가고 있는가를 파악하고, 그 변화 양상의 특징을 통해 사물의 본질을 파악하려는 방법을 시도하게 된 것이다. 그 극단의 예가 19세기 말의 역사주의이다.

이렇게 지상에 존재하는 생물들의 종의 변화를 통대로 해서 성립한 진화사상은 19세기 서구인의 사상을 지배하기에 이르렀다. 그러나 이후 곧, 이 진화사상을 토대로 한 과학사상이 성립되고, 새로이 그것을 토대로 한 자연과학, 인문과학, 사회과학, 문화과학 등이 성립되었다. 이렇게 해서 사상적으로 지상세계를 구성하는 자연물들의 모형과 그것들의 변화에 대한 세심한 고찰을 통한 인간의 문제 해결을 의미하는 리얼리즘이 출현하게 된 것이다. 원래 영어의 "science" 「과학」은

「지식」을 의미하는 라틴어 "scientia"를 어원으로 한다. 따라서, 근대가 물리적 자연을 토대로 성립된 것이라면, 근대는 생물학적 자연을 기초로 성립한 것이라고 이해된다. 18세기 말에서 「과학」의 의미가 단순한 경험을 통해 얻어질 수 있는 주관적 지식과는 대립하는 구체적인 실험과 연구를 통해 얻은 객관적 지식으로 전환되었다. 인간이 충분한 경험과 지식을 통해 객관적인 지식을 얻은 것은 자연물, 즉 태양, 달, 지상의 식물, 동물, 바위, 물과 같은 인간의 외측 세계를 형성하는 것들이다. 따라서 당시에 객관적 지식의 의미로 사용되었던 과학의 의미는 자연에 대한 지식의 의미를 기반으로 성립된 것이다. 그리고 그 후에 체계적 지식의 의미로 사용되었던 과학의 의미는 지산의 생물의 종이 시간의 추이를 따라 변화는 현상을 기반으로 둔 지식의 의미를 토대로 성립한 것이다. 한편, 사회현상, 인간의 정신현상, 문화현상 등에 관심을 품은 학자들도, 사회와 인간의 정신, 문화 등도 생물현상의 경우처럼 지상에서 일어난 현상이고, 또한 그것들이 지상에서 일어난 현상인 이상, 생물들이 종의 변화를 통해 진화해 가듯, 어떤 법칙 하에서 변화해 간다고 생각하였다. 이러한 생각에서 사회, 인간의 정신, 문화 등도, 자연과학의 경우와 같이 그것들의 변화 법칙을 객관적, 체계적으로 파악할 수가 있고, 또한 그렇게 하지 않으면 안 된다고 하는 주장이 등장하기 시작했다. 즉, 통사적 입장에서 사회, 인간의 정신, 문화 등의 변화양상을 파악하려고 하는 입장이 사회과학, 정신과학, 문화과학 등에 의해 성립되었다. 19세기 초반, 과학은 자연과학이라고 하는 개념에서 완전히 탈피하였고, 그러자마자 사회과학이 19세기 중반에, 그리고 정신과학과 문화과학이 19세기 말에 자연과학의 대립개념으로 성립되었다.

20세기를 맞아, 또한 새롭게 현재까지와는 다른 사물의 인식방법이 성립되었다. 인간의 이러한 인식방법은 지상에 존재하는 인간과 사물과의 근본적인 관계, 사물과 사물간의 관계체계에 대한 공시적인 차원의 구조에 대한 관심에서 출발했다. 그러나 이러한 공시적 차원의 인식방법은 그 하부단계에 있어서 20세기를 통해 다음과 같은 삼단계로 전개되어 갔다.

제1단계는 E.러셀의 『논리학연구』(1900~1901)의 현상학, F.소쉬르의 『일반언어학강의』(1916)의 구조주의 언어학, J.P.사르트르의 『존재와 무』(1943)의 실존주의 등을 거쳐, C.레비 스트로스의 『친족의 기본구조』(1947)의 프랑스 구조주의 이전까지라고 간주할 수 있다. 20세기 전반에 성립한 이런 학문들에서는 기본적으로 공시적인 측면에서, 이 지상에 존재하는 인간과 사물과의 존재론적 인식론적 관계, 사물과 사물의 연관관계 등, 예를 들자면 러셀의 현상학에서의 의식의 지향성, 소쉬르의 구조주의 언어학에서의 「언어행위」(langue)와 「발화행위」(parole), 「연합(蓮合) 또는 범례연관(範例連關)」(associatif paradigmatique)와 「연사연관(連辭連關)」(syntagmatique), 사르트르의 「즉자(則者)」(en soi), 「대자(對自)」(pour soi) 등이 중점적으로 문제시되었다.

제2단계는 20세기 중반, 레비 스트로스의 『친족의 기본구조』(1947)부터 R. 바르트의 『서술문학의 구조분석』(1961)의 「내러톨로지」(narratology) 등을 거쳐 데리다의 『그래머톨로지에 관해』(1967) 이전까지로 파악할 수 있다. 이 경우도 공시적 측면에서 인간과 사물, 사물간의 관계를 파악한다고 하는 입장을 취하고 있어, 20세기 전반의 학문과 변함을 없다. 그러나 이 단계에 이르러 지상에 존재하는 인간과 사물들에 의해 만들어진 공간, 즉 입체적 공간을 일관하는 구조(構造) 질서를 파악하는 입장으로 특징지워진다. 예를 들자면, 레비 스트로스의 「근친결혼금지」와 「집단끼리의 여자 교환」과의 관계, 바르트의 「담화」(discours), 「스토리」(historie) 등이 중점적으로 다루어졌다. 그러나 마지막 단계인 20세기 후반은, 데리다의 『그래머톨로지』에 이르러 드디어 공시적 측면으로 접근하면서, 인간과 사물, 혹은 사물 간의 종적질서가 문제시되었다고 파악할 수 있다. 전 단계의 담화 공간을 이루는 언어관은 청각언어관이었다. 청각언어관에서 대표격은 말 언어이다. 말 언어라는 것은, 듣는 이와 말하는 이가 서로 마주보며, 또는 음성을 통해 내용을 주고받는 의사전달방식을 말한다. 올바른 의사전달방식은 말하는 이와 듣는 이와의 대화의 순번 등을 시작으로 한, 올바른 구적 질서의 확립에 의해 이루어진다. 그러나 후기구조주의의 경우에 만들어진 공간은 시각언어관을 토대로 해서 성립해 왔다. 시각기호의 하나인 문자기호를 이용한 의미작용은 독자와의 종적질서가 형성됨으로 인해 가능해진다. 이러한 독자와 시각기호간의 의미작용은 독자의 세계의 시각적 체험에 의해, 그리고 시각기호 속에 침몰된 의미를 분명히 하는 것에 의해 가능해진다. 이렇게, 독자와 문자기호가 종적으로 더 깊이 침몰되면 될수록, 독자는 문자의 세계를 초월해, 그 뒷면에 내재되어 있는 생물학적 차원과 물질적 차원의 세계까지 인간의 존재영역을 확장해, 인간존재의 본질을 보다 깊이 파악할 수 있는 자세가 확립되었다.

3. 동아시아 시대의 인문과학 - 과정학

이상, 서구의 문물은 지난 2세기 동안, 동아시아인들에게 절대적인 것으로 인식되어왔다. 그러나 전에도 지적했다시피, 오늘날 서구 문물은 동아시아의 지성인들에게 상대적인 것으로 인식되기 시작했고, 또

한 선택적으로 받아들여지고 있다. 그 이유를 다음과 같은 측면에서 설명할 수 있을 것이다. 먼저 동아시아인들은 그동안, 서구의 문물을 열심히 받아들여 왔다. 전에도 지적했다시피, 한국인의 경우는 한국의 정신을 버리고 서구의 정신을 받아들여 왔으나, 현대에 이르러서는 한국의 전통적 가치를 버리지 않고도, 서구의 정신을 충분히 받아들일 수 있는 체제가 갖추어졌다. 즉, 한국은 가치체계가 서로 다른 문화권의 문화를 수용해서, 그것들을 충분히 소화해 낼 수 있는 정신적 역량을 갖춘 나라로 성장한 것이다. 그 결과 한국은 이제까지의 동아시아의 정신적 토대의 중심적 역할을 충분히 수행할 수 있는 가능성을 내재한 나라가 되었다.

반면, 현대 서구의 지성을 지배하던 후기구조주의는 그 한계에 직면하고 있다. 그 한계를 탈피하는 방법의 하나로써, 동양에 눈을 돌리고 있는 상황이다. 이제까지, 후기구조주의는 인간과 사물이 만든 입체공간 속에 내재된 종적질서를 향해 안으로 안으로 들어가고 있다.

그렇다면, 현재 후기구조주의가 추구하는 인간과 사물의 종적질서는 지금부터 어떤 모습으로 새로운 질서를 모색해 갈 수 있을 것인가. 인간은 문자 기호를 통해 인간의 모든 역사적 체험 등을 구현할 수 있다. 그것만이 아니다. 인간은 눈에 보이는 대자연의 나뭇잎, 모래 알갱이, 하늘을 유유히 떠다니는 구름 등을 통해서 과거부터 현재까지의 인간의 모든 자연 체험을 구현할 수가 있다. 또한 그러한 문자기호와 자연물의 기호를 통해서 인간이 아직 의식적 차원에서 체험한 적이 없는 생물학적, 생리학적 세계의 의식을 파악할 수 있다.

19세기가 되어, 과학이 자연과학의 의미로부터 완전히 분리, 독립하고, 인간의 정신현상에 대한 연구와 결합되는 과정에서, 자연과학은 인문과학과 대립적인 입장을 취하게 되었다. 그 결과 인문과학을 통한 인간정신의 이해와 자연과학을 통한 자연에 대한 이해는 단절적인 것이 될 수밖에 없었다. 그러나 사실 인간은 자연의 산물이고, 그 대신 자연은 인간에 의해서 밖에 이해될 수 없는 존재이다. 이렇게 자연과 인간은 불가분의 밀접한 관계이다. 그러나 오랜 기간, 서로 대립적인 입장으로 자연과학은 자연현상만을, 인문과학은 인간의 정신현상만을 연구해오던 과정에서, 자연과 인간에 대한 연구는 제한되지 않을 수 없는 상황이 되었다. 그리고 단절은 차츰차츰 서로를 이해할 수 없는 존재로 만든 것이다. 그 결과, 자연은 파괴되고 인간은 파멸하고 허무의식에 사로잡혀, 생의 의미도 소실해 버릴 정도의 극단에 이르게 되었다.

그러나 처음 자연과학에서 인문과학이 분리되거나, 또는 과학이 인간정신에 대한 연구와 결합되었던 과정을 깊게 주목해 관찰해 본다면, 자연과학과 인문과학은 결코 대립적인 관계가 아님을 알 수 있다. 인문과학이 대항으로 하는 인간의 정신은, 자연과학에게 창조력을 기반으로 한 가설을 제공해 주었다. 그 대신 자연과학은 인간의 창조를 거름으로 태어난 가설의 검증 방법을 제공해 주었다. 다시 말해 인문과학에게 끊임없이 자신의 방법론을 제공해 주었다. 그러므로 자연과학과 인문과학은 서로 상보적 관계에 있다고 말할 수 있을 것이다.

그렇다면 이천년대의 인간들이 주목해야 할 관념은 대체 무엇이란 말인가. 관념, 즉 입장, 보다 구체적으로 말해서, 하나의 확실한 입장을 통한 사상이자 방법론은 어떠한 것이 될 것인가. 우선, 그것은 현재 대립적인 관계에 있는 자연과학과 인문과학을 일관할 수 있는 관념이어야 한다. 다음으로는 전에도 언급한대로, 현재의 후기구조주의의 한계를 탈피할 수 있는 관념이어야 한다. 그렇다면 그것은 어떤 것이고, 어디서 어떻게 성립하는 것인가. 먼저, 그것은 자연과 인간의 조화를 추구해 온 동아시아의 문화를 토대로 한 것임에 틀림없다. 그리고 그동안의 서구의 정신까지 적극적으로 수용하고, 특히 동아시아 중앙에 위치함으로서, 동아시아인들의 공통성을 보다 깊게 갖추고 있는 한국인이 정신을 토대로 해서 모습을 드러낼 수밖에 없다. 지상의 모든 문화권의 인간들에게 무리 없이 받아들여질 수 있는 객관성이 보장된 사상. 동아시아는 유교, 도교, 샤머니즘, 신도, 불교 등의 다양한 정신적 유산이 구축되어 있다. 이러한 사상은 인간의 생명과 자연과의 조화 관계를 추구해 가는 과정에서 생겨난 관념이다. 인간의 생명과 자연의 본질은 바로 움직임이다. 움직임을 통해 문제가 해결되어 왔고, 그것이 일으킨 모든 문제를 탈피해 온 모습이 곧, 그러한 관념이다. 이러한 의미에서, 21세기의 동아시아시대는 과거를 통해 인간의 존재의 의미를 창조하려고 했던 입장이 대세를 이룬다고 생각된다. 세 번째로 현재, 인문과학의 커다란 관심대상으로 떠오른 우주와도 관계가 있고, 현대물리학의 기초가 된 아인슈타인의 상대성이론을 매개로 나타난 것일 것이다.

이런 조건을 충족시키는 것은, 전에 우리가 제시한 바 있는, 현대인에 있어 태양과 같이 떠오르는 과정이라고 하는 관념이자 입장, 다시 말해 그것들이 심화되었던 사상이고 또한 방법론이라고 말하는 것이 고찰된다. 인간에 있어 과정은 생명에서부터 찾을 수가 있다. 생명과 움직임 - 주체가 이동하는가, 객체가 이동하는가 - 에 대한 자각에서부터 확인할 수가 있다. 그러면 생명의 근원이란, 이 우주 속에서 움직임의 근원에 대한 이해를 심화시킴으로써 파악될 수 있다. 현재 이 지상의 모든 생명체계의 움직임, 물체들의 이동, 물질들의 변화 등은 태양계, 은하계 등의 공정과 자전과 맞물리며 돌고 있는 지구의 우주 공간이동에 의해 생성된다. 이러한 우주 공간 속에서 모든 천체들의 변화와 이동은 광자들의 활동이 행해지는 우주공간과 광자가 존재하지 않은 허공과의 열적 평형상태가 일어나는 과정에서 만들어진다. 결국, 우주와 비우주, 존재와 비존재와의 합일과정에서, 우주 속 천체들의 변화와 이동이 행해지는 것이다. 그 결과, 우주 속에서 생명의 근원은 결국 일정한 속도로 우주공간을 이동하고 있는 광자 속에서 찾아질 수 있고, 또한 생명의 본질도 광자의 특성을 통해 찾아질 수가 있다. 이러한 입장에서 생명의 본질을 파악하고, 이 지상에서 일어나는 모든 현상들을 거시적으로는 지구의 우주공간의 이동과정을 통해, 미시적으로는 광자의 미시공간이동을 통해 파악해 보려고 하는 이장이 다름아닌「과정학」이다.

 지구의 우주공간의 이동양식을 통해 인간의 정신현상을 바꾸려는 지상의 모든 현상을 파악하는 것은 구조주의와 후기구조주의의 방식과는 전혀 차원이 다른 방식이다. 예를 들어, 후기구조주의까지는 인간과 사물의 토대인 지상이 정지된 평면 또는 공간으로서 인식되어 왔다. 그러나「과정학」의 경우 인간이 존재하고 있는 지상공간은 우주공간이동을 통해 인식되는 공간이며, 우주공간을 이동하는 '이동공간'으로 인식된다. 즉, 점과 선, 평면으로 구성된 삼차원의 공간을 넘어, 거기에 시간이 개입된 사차원의 세계라고 인식되는 이동공간인 것이다. 따라서 인간 존재의 토대이고, 인간이 자기 삶을 실현시키는 이 지상공간은, 오늘에 이르러서야 있는 그대로 사차원의 움직임이 있는 공간으로 인식되어 이 세계에 나온 것이다. 인간은 원래 이러한 사차원의 세계에 살면서, 사실을 깨닫지 못하고 삼차원의 세계만을 살고 있다고 생각하여, 인간에게 일어난 모든 문제를 삼차원의 것으로 해결하려고 해 온 것이다.

「과정학」에 있어서, 지상의 모든 물질은 생물과 무생물의 차원으로

만 분류되지 않는다. 지상의 모든 존재들은 일정한 속도로 공간을 이동하는 파장이 다른 무수한 광자들의 결합물이다. 이 광자들은 끝없이 직진, 반사, 굴절 등의 운동을 행해가는 과정에서 서로 결합해 온 존재들인 것이다. 거시적인 차원에서 파악된 지구의 우주공간이동과 그 이동하는 지상공간에 존재하는 모든 것들은 과정을 구성하는 최소단위라 할 수 있고, '과정인자' 혹은 '과정소'라 불리는 광자의 공간이동과정에 의해 일관되어진다.

우리들이 지상뿐 아니라 우주공간에서 일어나는 모든 현상을 지구의 우주공간이동과정과 광자의 공간이동과정을 통해 설명하려고 시도한 것은 1990년 이후의 일이다. 「과정학센터」에서는 현재, 이러한 입장을 '과정학'(processology)라고 이름 붙이고, 사상적 측면과 방법론적 측면에서 그 정립을 행해가고 있다.

제2부

문학 연구

문학연구의 목적과 방법

1. 문학이란 무엇인가

수업에서나 강연에서 혹은 대화 중에서 인간이란 무엇인가? 역사란 무엇인가? 사랑이란 무엇인가, 라는 식의 물음이 교수나 강연자나 대화의 상대자들로부터 수없이 제기되는 것을 겪어왔다. 그러나 그들로부터 단 한번도 명쾌한 해답을 들어본 적이 없다. 그렇지만 불행하게도 나는 배워야 하고 비판해야 할 학생의 신분이었기 때문에, 그래도 그런 수업을 받아와야 했고, 이제는 이것저것 다 들어주어야 할 처지의 신분이기 때문에, 지금도 그런 강연장 등을 드나들고 있다. 그런데 나는 근래에 와서 이런 생각을 하게 되었다. 문제는 그들 교수나 강연자나 대화의 상대자들이 무능했었기 때문에 아니라 내자신의 무지에 있었다라고.

인간이란 무엇인가, 의 물음에 대한 보다 보편거인 답을 구하기 위해서는 사실은 우선 인간의 의식이 잡아낸 이 지구상의 하나하나의 모든 사물들과 질서들의 특징들을 파악해서 할 것이다. 그래서 그들은 그 파악되어진 하나하나의 모든 특징들을 우리들에게 낱낱이 드러내보여야 할 것이다. 역사란 무엇인가? 사랑이란 무엇인가? 의 경우에 있어서도 마찬가지이다. 우선 기록된 모든 사건들을 우리들에게 제시하고 그들 사건들의 모든 특징들을 낱낱이 설명해야 할 것이다.

이 지구상에서 지금까지 사랑했던 모든 사람들의 언행들을 하나하나 드러내서 그 언행들의 특징을 통해 해답을 찾아내야 할 것이다. 다시 말해서 사실상, "인간" "역사" "사랑"과 같은 개념들은 인간의 구체적 사물들에 대한 일련의 체험들을 통해서 만들어진 일종의 관념들이다. 따라서 이 관념들의 의미를 파악하기 위해서는 그 관념들을 만들어낸 인간의 구체적인 사물들에 대한 체험들의 특징을 찾아내야 한다는 것이다. 결론적으로 말하면 관념들의 의미는 그들 관념들을 형성해낸 인간들의 역사적 체험들의 특징들을 통해서 파악되어질 수밖에 없다는 것이다. 그래서 설혹 한 교수가 자신의 인간에 대한 모든 체험들을 우리들에게 제시하며 인간이란 무엇인가를 설명해간다 하더라도 우리들은 언제나 그로부터 명쾌한 답을 얻을 수 없다는 것이다. 왜냐하면 그의 인간적 체험이란 만인의 그것들에 배해 한낱 미미한 존재에 지나지 않기 때문이다. 그리고 설혹 그가 그의 모든 인간적 체험들을 드러내서 인간이 무엇인가를 설명하려했고 그것은 자기의 문제의식을 극복해가는 과정에서 겪은 체험들이기 때문에 그의 수업을 듣는 학생들의 문제의식과는 차원이 다르기 때문이기도 하다 지금 이렇게 생각해보면 나는 근래까지 그들로부터 너무 많은 것을 요구했던 것 같다. 사실 우리들은 남들에게 명쾌한 답을 줄 수 있을 정도로 폭넓고 깊이 있게 인간적 체험들을 할 수는 없는 존재이다. 설혹 한 가지 것을 깊이 있게 체험했다. 하더라도 결국 인간들은 자기의 입장에서밖에 체험할 수 없으며, 또 그것을 자기의 입장에서 말할 수밖에 없다. 사실상 나는 근래에 와서야 비로소 이와 같은 것을 깨닫게 되었다. 자신의 학생시절을 돌이켜보면서 십수년전의 그분들처럼 이제는 내 자신도 지적 욕망의 화신들 앞에서 문학이란 무엇인가에 대하여 자문해 본다. 이와 같은 측면에서 생각해 볼 때 문학이란 무엇인가에 대한 나

의 해답은 결국 문학연구에 대한 내 자신의 체험을 통해서 말 할 수
밖에 없고, 또 나의 입장에서 말할 수밖에 없다는 것을 미리 이야기해
둔다. 영어에 "What are you?"라는 말이 있다. "너는 무엇이냐?"라
는 말이다. 그런데 보다 엄격히 이 말의 의미를 파악해보면 "너의 직
업은 무엇이냐?"의 뜻이다. 이 경우 질문자의 질문의도의 진의는 이
사회에서 혹은 이 교실에서 "너"의 역할이 무엇인가를 알아보기 위한
질문이다. 이렇게 "무엇"이라고 하는 의미에는 "역할"이라고 하는 뜻
이 내재되어 있는 것으로 보아야 할 것 같다. 이것은 결국 무엇을 의
미하는 것인가? 사실 "무엇"이라는 말 자체에는 "역할"이라는 의미가
내재되어 있는 것은 아니다. 단지 그것을 우리가 어떤 사물의 본질을
파악함에 있어서 한 단체나 전체 속에서의 그것의 역할을 알게 모르
게 우선적으로 의식하게 된 데서 일어나는 현상으로 보아야 할 것이
다. 이와 같은 측면에서 생각해 볼 때 문학이란 무엇인가의 물음은 결
국 사회 속에서의 문학의 역할은 무엇인가? 즉, 인간들이 살아가는
사회 속에서 문학은 어떤 역을 담당하고 있는가, 인간역사의 발전과
정에서 문학은 어떠한 역할을 담당해 왔는가? 문학은 나의 삶속에서
어떠한 역할을 있는가, 등의 말로 치환되어진다.

　그러면 우선 문학이 인간과 어떻게 관련되어 있는가의 문제에서부
터 생각해 보기로 한다. 우리 인간들 중에는 문학작품을 창작하는 작
가, 그 문학작품을 읽는 독자, 그리고 작품이나 작가나 독자 등을 평
한다든, 그들을 평할 가치기준을 설정하려는 비평가(문학평론가), 이들
중의 어느 한 부분, 혹은 전체를 대상으로 하여 문학의 본질을 파악해
보려는 문학연구자 등이 있다. 이렇게 인간들은 작품을 쓰고, 읽고,
그것을 평하고, 또 그들의 본질을 파악해보려는 과정에서 문학과 관
련되어 있는 것이다. 따라서 흔히 우리가 문학이라 말할 경우에 있어

서의 문학이란 작자의 창작활동, 독자의 독서활동, 비평가의 비평활동, 연구자의 문학연구 활동 등을 총괄하여 비칭한 말이다. 그러면 이와 같은 문학세계의 구성요소들의 통칭으로서의 문학의 사전적 의미부터 고찰해 보도록 하자.

한자문화권의 경우 중국에서의 "文學"이란 단어가 쓰여지기 시작한 것은 기원전 5~4세기경의 등에서부터이다. 한국의 경우는 국문학자들이 아직 연구를 하지 않았기 때문에 전혀 알 길이 없다. 일본의 경우는 일본에 『論語』가 전해진 이후에 나온 일본의 최초의 한 시집 『카이후우소오』(懷風藻, 751)에서부터 쓰여지기 시작된다. 이 시기에서의 "文學"은 "學問", 보다 구체적으로 말하면 "文"에 관한 학문의 의미로 쓰여졌다. 그 후 중국에서는 3~5세기의 위진(魏晋) 시대에서부터는 학문의 의미로도 물론 쓰여져 가면서 또 한편으로는 진수(233~297)의 『삼국지』의 "위의 왕찬전"(魏의 王粲傳)에서와 같이 유학(儒學) 현학(玄學), 사학(史學)에 대응되는 즉 시가, 소설, 희곡 및 이들에 관한 학문으로서 쓰여지기 시작하였다. 일본에서의 이와 같은 현상은 9세기 중반의 『카이후우소오』가 편찬된 무렵에서부터 시작되었다.[1] 이렇게 볼 때 일본의 경우 "文學"의 의미는 그것이 쓰여지기 시작된 시점에서부터 "학문"이란 의미로 쓰여지면서 동시에 역시 정치, 종교로부터 독립된 학문의 뜻으로서 사용되었다는 말이 된다. 그 후 "문학"은 근대에 와서 일본의 니시 아마네(西周, 1829~1297)에 의해 Literature의 번역어로 사용되기 시작되고 또 그것이 중국에서 1910년대의 신문학운동과 정에서 그대로 받아들여져 현재의 문학의 의미로 사용되기에 이르렀던 것이다.[2] 현재 우리가 문제삼는 Literature의 번역어로서의 "문학"의 의미는 예술체계 속의 한 양식으로서의 확립된 언어를 표현매체로 하는 언어예술, 즉 문예로 일단 파악되어 진다.

그러면 우리가 현재 사용하고 있는 언어예술의 한 양식오로서의 "문학"의 원어 Literature는 로마자문화권 속에서 어떠한 의미로 변화되어 나왔다. 이 말의 의미는 "문자" 혹은 "문자로 쓰여진 것"을 의미한다. 따라서 로마자문화권 속에서의 문학의 원래의 의미는 "문자" 혹은 "책"의 뜻으로 파악되어 진다. 그 후 그것은 14~15세기의 르네상스시대에 와서 순수인문학의 뜻으로 쓰여지기 시작하였다. 인간의 문자활동이 신에 의한 활동이 아닌한 그것은 결국 인간, 즉 인간의 보편성을 문자로 표현하는 학문이라는 뜻으로 쓰여졌던 것이다.[3] 그러나 그 후 그것은 18세기 말 국민국가의 형성과정에서 국민의 정신, 정서, 감정, 상상 등을 표현한 문학작품 및 그의 창작행위로서 파악되어 지게 되었다.[4] 그 후 그것이 예술체계 속의 한 양식으로서 파악되기 시작된 것은 리얼리즘 소설문학이 나타난 19세기 초반부터였다.[5]

이상과 겉이 한자문화권과 로마자문화권을 대상으로 하여 "문학"의 사전상의 의미를 간단히 고찰해 보았다. 그 결과 "문학"의 본질은 언어에 의한 표현내용과 표현방법에 있다는 확신이 든다. 표현재용의 측면에서 생각해 볼 때 문학은 종교로부터 정치, 철학, 역사로부터 도덕, 사상으로부터 끊임없이 분리되어 예술 쪽으로 나왔다. 따라서 표현 내용의 측면에서 문학의 본질을 고찰해 볼 경우 결국은 예술작품이 궁극적으로 표현하려하는 것이 무엇인가라는 물음으로부터 해답을 구할 수밖에 없다. 일반적으로 예술가는 우리들의 생활 속에서 무엇인가를 직관해서 색이나 돌이나 음이나 문자 등으로 그것을 표현하여 감상자에게 제시한다. 감상자는 그것으로부터 무엇인가를 느끼게 마련이다.

이 경우 예술가가 직관한 것은 무엇이며 감상자가 느낀 것은 무엇인가? 그것은 물론 각양각생일 수 있다. 그러나 하나 확실한 것은 그것이 인간에 의해 감지된 것인 한 그것은 어디까지나 인간화된 것들이라는 것이다 이렇게 생각해 볼 때 인간은 결국 인간화된 것 밖에 감지할 수 없으며 인간에 의해 감지된 것들만이 인간의 것이며 바로 그것이 인간 자신이라는 생각이 든다. 이렇게 생각해 볼 때 인간은 결국 인간 자신들에 의해 감지된 인간 자신밖에 표현할 수 없다는 결론에 이르게 된다. 사실 역사의 새벽이래 인간들의 궁극적 관심은 인간의 본질규명에 그 초점이 맞추어졌으며 인간을 표현해 온 문학의 궁극적 기능도 인간의 본질을 언어로 드러내는 데 있어 왔다고 볼 수 있다. 그런데 문제는 인간의 본질이 끊임없이 새로운 측면에서 파악되어져 왔다는 것이다 인간 본질을 표현하려는 방법상의 변화의 구체적 실례가 문학장르의 탄생과 사멸, 동일 문학장르에 있어서의 표현, 내용과 표현형식의 변화 등이다. 이와 같은 측면에서 생각해 볼 때 시가, 소설, 희곡, 평론, 수필 등의 현존하는 문학장르들의 역할이 인간존재의 본질을 드러낸다라고 하는 측면에서는 같다고 볼 수 있지만, 그것을 드러내는 방법이 면에 있어서는 각각 다르다는 것이다. 문학장르의 하나인 시가의 경우에 있어서도 인간존재의 본질을 표현하는 방법상의 차이가 가령 정형시와 자유시, 서정시와 서사시 등의 차이를 만들었다고 말할 수 있다. 이와 같이 인간의 본질 규정이 달라짐에 따라 그의 표현방법이 달라져 왔는데 결국 그것은 무엇을 의미하는가 하면 그것은 다름 아닌 문학이 인간에게 있어서 인간의 존재 모습을 보다 리얼하게 인간자신들에게 드러내 보여줌으로써 인간들에게 삶의 방향을 일깨워주고 이적충동을 불러 일으켜주는 역할을 담당해 왔다는 것을 말해주고 있다는 것이다.

2. 문학연구의 목적

인간의 사회에서 이상과 같은 역할을 담당하고 있는 문학을 우리들이 연구한다는 것은 결국 무엇을 의미하는 것인가? 즉 우리들에게 있어서 문학연구란 무엇인가? 앞에서도 지적했듯이 문학은 인간의 작품창작행위, 작품감상행위, 작가·작품·독자의 관련성을 파악하려는 문학 연구행위 등으로 이루어진다. 이와 같이 생각해 볼 때 문학연구행위는 인간의 문학행위를 구성하는 주요한 요소들 중의 하나이다.

인간의 문학연구행위란 창작행위나 독서행위와 어떻게 다른가? 한마디로 말하여 창작이란 인간 존재의 참모습을 드러내 보이는 행위이다. 독서 행위란 작가에 의해 드러내 보여는 인간의 참모습을 감상하는 행위이다. 이에 대하여 연구자의 문학연구는 작가는 어떻게, 그리고 왜 작품을 창작하며, 독자는 어떻게, 그리고 왜 작품을 감상하는가? 등을 연구하는 행위이다. 작가의 창작방법과 그의 목적, 그리고 독자의 작품 감상방법과 그의 목적 등을 파악하기 위해서는 구체적 작가·작품·독자들의 접근을 통해서만이 가능하다. 예를 들면 이광수는 왜 그리고 어떻게 『무정』을 쓰게 되었는가를 파악해야 한다. 그러기 위해서는 일차 적으로 『무정』을 분석하여 『무정』이 독자에게 그것을 어떻게 제시하고 있는가에 대한 고찰이 있어야 한다. 이와 같은 고찰에 대한 결과가 보가 객관적이기 위해서는 작품이 쓰여진 당시의 작가의 사상, 가정환경, 시대상, 당시 그 작품에 대한 독자들의 반응과 그때 이래 그것에 대한 독자들의 반응들이 어떻게 변해 왔는지 고찰해 봐야 한다. 그러나 『무정』에 대한 고찰만으로는 이광수의 창작수법이나 문학주제가 무엇인가를 충분히 객관적으로는 이광수의 창작수법이나 문학주제가 무엇인가를 충분히 객관적으로 이광수의 창작수법이나 문학주제가 무엇인가를 충분히 개관적으로 파악할 수 있다. 따라서 『흙』 등의 다른 작품들의 관해서도 같은 수법으로 고찰되어져야 한다. 그 다음 그것들을 종합적으로 고찰 한 후라야만 비로소 이광수의 창작수법과 창작목적, 그리고 이광수의 독자들의 감상방법과 감상목적이 이해되어 진다. 그러나 이광수문학의 이해만을 가지고는 근대 한국 문학의 존재이유를 논할 수는 없다. 김동인, 김소월 등의 문학에 대한 이해도 있어야 한다. 설혹 한국의 근대 문학에 대한 이해가 있었다고 해서 문학이란 이런 것이라고 단언할 수는 없다. 일본, 중국, 더 나아가서는 서구의 근대문학에 대한 이해도 있어야 한다. 또 근대문학만으로도 부족하다. 왜냐하면 앞에서 지적한대로 시대가 변함에 따라 문학도 변해왔기 때문이다. 그래서 문학의 본질에 대한 보다 객관적 이해를 위해서는 그 다음 시대의 문학과 그 전 시대의 문학에 대한 이해도 있어야 한다.

문학을 이해한다는 것이 이렇게도 어려운 것인가? 우리는 『무정』을 읽지 않았어도, 고대 희랍이 지구 어디에 붙어 있었는지를 알지 못해도, 문학에 대하여 어느 정도 알고 있지 않은가 사실은 그렇다. 문학을 연구해 공부하려는 학도들에게 말할 수 있는 단계에까지 오는데에 있어서는 상당한 노력과 정열이 필요하다. 그렇지만 우리가 현재 문학에 대하여 어느 정도 이야기할 수 있는 까닭은 그동안 적어도 15년 이상의 소정의 교육과정을 통하여 알게 모르게 동서고금 두루두루 상당한 양의 작품들을 읽어 왔다. 그리고 한평생 한 작가를 혹은 한 시대의 문학을 연구해 온 사람들의 말도 직접 간접으로 상당히 들어 왔다. 그래서 우리들은 대강 문학이 무엇인지, 다시 말해서 우리의 삶의 과정에서 문학이 어떠한 역할을 하고 있는지에 관해서 대강 이해하고 있는 것이다. 그러나 문제는 여기에 있다. 우리의 입장에서 인식되어지지 않은 것은 진리일 수 없다. 이 경우『우리』란 독특한 인지능력과 문제의식 등을 갖는 존재들이다. 원래 사물은 우리들의 문제의식이 극복되어지는 과정에서만 인지되어 진다. 그러한 의미에서 우리들에게 나타난 사물은 우리들의 문제의식과의 관련 속에서만 진실성을 갖게 되고, 그 사물의 존재 조건이라고 말할 수 있는 우리들의 문제의식을 인정할 때에만 우리는 우리의 삶을 구성하는 사물들 속에서 우리들의 생명을 발견할 수가 있다. 따라서 우리가 우리들의 문학 속에서 우리들의 생명을 발견하기 위해서는 우리들의 문제의식의 측면에서 문학을 연구해야 한다는 것이다. 이러한 차원에서 생각해 볼 때,『무정』은 언제나 우리들의 시각에서 보여진 것만이『무정』일 수밖에 없고 그것이야말로 그 작품의 생명이며 바로 우리들의 생명이 되는 것이다. 그래서 우리들은 과거보다 더 진실되고 영원한 생명을 위하여 우리들의 문제의식의 차원에서 다시『무정』을 연구하는 것이다. 그러나 문제는 우리 자신들이 과거의 사람들보다 더 세밀하고 포괄적일 때만이 풍요로운 현재를 향유할 수 있다. 그러한 측면에서 우리들의 문학연구는 과거의 사람들의 것보다도 더 치밀하고 포괄적이어야 한다는 것은 지극히 당연하다. 그러나 우리들의 수명은 한정되어 있어 한평생 많은 것을 다 치밀하고 포괄적으로 연구할 수는 없다. 그래서 자기의 숨소리, 생각, 더 나아가서는 정신 등을 집어넣을 수 있는 문학연구란 대학과정의 경우 예를 들면 자기 차원에서의『무정』의 주제 파악 정도이다. 다시 말해서 한 작가의 한 대표적 작품의 주제파악 정도가 대학의 학사학위로서 요구되고 있다. 석사학위는 한 작가의 한 대표적 작품의 문학적 표현양식의 특징 파악 정도이다. 그 다음 박사학위로서는 한 작가의 대표작들의 주제와 문학적 표현 양식의 특징 파악을 통한 그 작가의 문학관 파악 정도일 것이다. 그 후 박사학위

소지자는 어느 대학의 전임이 되어서 자신이 연구한 한 작가를 축으로 하여 그 작가와 관련된 작가들, 혹은 그와 동일 계열 장르의 작가들, 혹은 그의 전후시대, 더 나아가서는 동일 문화권의 작가들 쪽으로 연구 경력을 펼쳐가면서 문학에 대한 이해를 깊게 하게 된다.

그러한 이러한 측면에서 생각해 볼 때 문학연구란 결국 무엇을 의미하는 것인가? 연구란 사물에 대한 일종의 현상파악을 의미한다. 그러한 의미에서 문학연구는 문학평론이나 문학비평과 구분된다. 문학평론이나 문학비평은 같은 말로 보아도 무방하다. 꼭 차이점을 지적할 필요가 있다면『평론』은『미술평론』『음악평론』『정치평론』등의 경우처럼 여러 학술 분야에서 두루 쓰인다. 그러나『비평』의 경우는『문학비평』의 말에만 한정되어 쓰여지는 경향이 있다. 이렇게 볼 때『문학비평』의 말이『문학평론』보다 전문적 용어로 쓰여지고 있는 것이 사실이다. 따라서 한사람의 평론활동에 있어서의 평론의 대상을 문학작품에 국한시켰을 경우 그를 우리는 문학비평가, 혹은 비평가라고 부른다. 그러나 그의 평론 대상이 반드시 문학에만 국한되어져 있지 않았을 경우 우리는 그를 평론가라고 하며 가령 그가 미술을 평했을 경우 그 평론을 미술평론이라 한다. 이와 같은 사실을 감안해 볼 때 문학연구란 무엇인가의 문제를 논함에 있어서는『문학평론』이라는 용어보다는『문학비평』이라는 용어가 더 적절한 것 같다. 그러면 우선 여기서 문학비평이란 무엇인가에 대하여 생각해 보기로 하자.

엄밀하게 말하여 문학비평은 문학비평연구와 문학비평활동으로 나누어서 생각할 수 있다. 문학비평연구란 문학작품과 그것에 관한 평론, 특정의 문학작품이나 그 작품의 작가나 독자에 관한 연구 논문 등을 통하여 비평의 기준을 만들어내는 작업이다. 문학비평활동이란 작품에 대한 가치판단작업이다. 공자의『논어』와 아리스토텔레스의『시학』이래 우리들은 문학작품들을 평해 왔다. 그 평론들은 주로 문학작품의 가치를 논한다든가 그 가치를 판단할 비평의 기준을 제시한다든가, 혹은 문학 그 자체의 가치를 찾아내려는 것들이었다. 이와 같이 문학비평의 본질은 어디까지나 가치판단에 있다고 볼 수 있다. 예를 들면 하나의 문학작품을 비평하려 할 경우 우선 거기에는 감상, 분석, 해석 등의 단계 등을 거쳐야 한다. 그다음 이러한 단계를 거쳐서 반드시, 무엇이 좋았다. 무엇이 아쉽다. 어떠한 측면에서 가치가 있다. 등의 가치판단의 단계를 가져야 하다. 이에 반하여 문학연구의 경우는 문학연구의 경우는 무엇보다도 가치판단단계가 생략되어진다. 예를 들면『무정』을 연구할 경우『무정』연구자의 임무는 가능한한『무정』과 관련된 모든 현상을 과학적으로 밝혀내는 작업이다.

예를 들면『무정』을 쓰기까지의 이광수의 지적 성장과정을 분명히 해본 다던가『무정』창작의 동기를 가능한한 분명히 해보다던가『무정』의 성립과정을 분명히 해본다던가 이광수의『무정』창작의 동기를 가능한 분명히 해본다던가『무정』작품내 세계의 인간관계를 분명히 해본다던가, 작품내 세계의 사건의 전개 과정을 분명히 해본 다던가『무정』이 발표될 당시의『무정』에 대한 독자들의 반응을 분명히 해본다던가 등의 이들 하나하나의 작업 모두가『무정』에 관련된 현상을 밝히는데 훌륭한 연구가 될 수 있다. 더 나아가서 연구의 대상을 이광수문학으로 설정했을 경우 이광수문학을 구성하는 요소들 사이의 현상을 파악하는 것이 이광수문학 연구이다. 이와 같이 문학 연구란 문학을 구성하는 요소들 사이에 내재된 일종의 질서파악의 작업이다.

이렇게 생각해 볼 때 엄밀한 의미에 있어서의 문학연구란 보다 보편적인 비평기준을 설정하기 위한 전초작업으로서 비평연구의 전단계 작업으로 고려되어진다. 이러한 측면에서 생각해 볼 때 문학연구라고 하는 개념도 협의의 문학연구와 광의의 문학연구로 나뉘어 고찰되어진다. 전자의 경우는 보다 보편적인 비평기준을 설정하기 위한 자료로서의 문학을 구성하는 특정분야들에 대한 집중연구를 의미한다. 그렇다면 문학연구의 목적은 무엇인가? 이와 같은 물음은 인간들의 문학을 대상으로 한 질서파악 작업의 목적이 무엇인가라는 말로 대치되어진다. 이것은 다음의 세 가지 차원에서 생각되어 질 수 있다. 일차적으로 우리들은 문학에 내재된 질서파악의 작업을 통해서 문학의 본질을 파악하고 그것을 통하여 문학적 가치기준을 세우려는데 그 목적이 있다. 문학적 가치기준을 세우려는 목적은 인간의 삶을 가치있는 것으로 인식시켜 줄 수 있는 창작품을 만들어내고 또 그것들을 통해서 보다 의미있는 삶을 실현해가며 또 그러한 삶을 창조해가기 위해서이다. 이차적으로는 보다 의미있는 삶을 창조한다는 것은 결국 무엇을 의미하는가라는 문제에서부터 생각해 볼 수 있다. 산다고 하는 것은 엄밀한 의미에서 하나의 생명 작용이다. 이 경우 생명의 본질은 인간에게 보다 알맞은 질서파악 작용이다. 따라서 문학연구자에게 있어서의 문학연구는 자기의 삶의 실현방법이고 자기 존재의 실체를 발견해가는 과정이다. 우리들이 바라는 양질의 삶이란 아직 드러나지 않은 생명현상의 실체를 발견해감으로써 생명의 무한함과 경이로움을 즐기며 살아가는 삶이다. 따라서 문학연구란 문학을 통한 인간생명의 탐구활동으로 볼 수도 있다. 이러한 측면에서 생각해 볼 때 궁극적 차원에서의 문학연구는 생명활동, 즉 삶의 실현 그 자체를 목적으로 하고도 있다. 이간에 있어서의 삶의 본질이란 한 구체적 장소에서 무언가를 위해서 혹은 보다 거시적으로 본다면 맹목적으로 움직이고 있는 모습 그 자체일 것이다. 우리들은 우리들이 삶을 포기하지 못하는 한 언제 어디서나 무엇인가를 하지 않으면 안 된다. 이것이 인간의 존재조건이다. 그래서 우리들은 할 일이 없을 때 쉬어야 한다. 쉬기 위해서 누워야 한다. 눕기 위해서 몸의 위치를 바꾸어야 한다. 눈을 감아야 한다. 생각을 해야 한다. 잠을 자야 한다. 혹은 잠이 안 올 때는 책이라도 본다. 책은 재미있다. 그래서 그 다음날 읽다 남은 부분을 마저 읽는다. 그 다음은 같은 작가가 쓴 다른 작품들을 사서 읽는다. 그러는 과정에서 그들 작품들을 통해서 우리들은 무엇인가를 하나 둘 깨닫게 된다. 우리들은 그 깨달음을 마음 속 깊숙한 곳에 새겨 두던가, 혹은 글로 적어 두고 싶은 심정이 있다. 그래서 그것을 적게 되는데 그것을 글로 적어가는 과정에 그것이 보다 명확해지고 자신의 생각도 명확해 진다. 그것이 반복되는 과정에 자신의 사물을 대하는 입장이 정립되고 삶의 방법도 확립된다. 이와 같이 문학연구의 궁극적 목적은 삶의 실현 방법의 확립과 그것을 통한 풍요호운 삶의 실현 그 자체로 생각되어 진다.

3. 문학연구의 방법

문학연구는 문학을 대상으로 한 일종의 질서파악을 목적으로 한다라고 이해해 본다면 우리들의 다음 단께의 문제는 당연, 보다 적합한 질서파악의 방법은 무엇인가로 옮겨진다.

다시 말해서 문학연구란 문학을 대상으로 하는 연구를 말한다. 연구의 기본성격이 연구대상으로부터 일어나는 현상을 파악하여 그 현상의 기본 성격을 이해하는 것이라면 문학연구도 문학으로부터 일어나는 현상을 파악하여 그의 기본 성격을 이해하는 것으로 보아야 할 것이다. 그런데 문학을 구성하는 기본요소는 작가, 작품, 독자 등이다.

작가는 창작행위를 통해서 문학현상에 참여한다. 작가의 창작행위의 결과로서 나타난 작품은 기호제공을 통하여 독자와 관련된다. 독자는 독서행위를 통하여 문학현상에 참여한다. 이와 같은 측면에서 생각해 볼 때 문학현상이란 작가의 창작행위와 독자의 독서행위로 이루어져 있다. 따라서 우리가 문학현상을 파악한다는 것은 결국 작가의 창작현상과 독서현상을 파악한다는 것이다. 작가의 창작현상이란 작가의 창작의지와 작품사이에서 일어나는 현상이다. 독서현상이란 작품과 독자의 독서의지 사이에서 일어나는 현상이다. 따라서 문학의 본질은 결국은 이들의 현상파악을 통한 작가의 창작의지와 독자의 독서의지의 성격규명을 통해서 파악되어진다. 그런데 문제는 역사적으로 여러 측면에서 그들 의지들의 성격규명방법이 행해져 왔다는 것이다. 예를 들면 로마자 문화권의 경우 그들의 성격규정은 작가의 실체를 파악하는 방법을 통해서 이루어졌다. 즉 작가론을 통한 문학의 본질파악방법이다. 그 다음으로는 뉴크리티시즘의 경우에서와 같이 작품에 내재된 질서파악을 통해서이다. 즉 작품론의 입장이다. 최근에는 스트락철리즘의 경우에서와 같이 독자의 작품과의 의미작용의 연구를 통해서이다. 즉 독자론의 입장이다.

그런데 문제는 문학의 본질을 파악하려는 이와 같은 문학연구의 방법은 언어기관의 변천과 함께 변화되어 왔으며 그 나름대로의 장점과 한계성을 가지고 있다. 그리고 금후의 문학연구도 문학의 본질을 규명해 내는 쪽으로 방향을 잡아 과거의 문학연구방법의 한계성을 끊임없이 극복해 가고 있다. 그러한 의미에서 나는 여기에서 우리 한국인 혹은 동아시아인의 능력에 알맞고 또 우리 동아시아문학의 본질을 파악하는데 보다 적합하다고 생각되는 동아시아문학의 연구방법의 하나를 제시해 본다.

　우선 다시 한번 사람들이 왜 작품을 쓰고 또 왜 그것을 읽는지를 생각해 보다. 그 이유를 밝혀내는 데 있어서 가장 좋은 자료는 역시 그 사람들이 쓴 작품이고 그 사람들이 읽는 작품들이다. 결국 인간은 자기 자신밖에 이야기할 수 없으며 자기 자신밖에 볼 수 가없다. 다실 말해서 인간은 자기 자신이 가지고 있는 어휘와 용법, 그리고 감정과 지식과 사상을 가지고 사물의 특징을 파악할 수밖에 없으며 독자의 경우도 자기 자신의 지식과 인간적 체험을 가지고 작품내용을 파악할 수밖에 없다. 우리가 작품의 내용을 파악하는데 있어서 그 작품을 통하여 작가가 의도한 내용을 파악하려는 것은 작품의 내용파악을 위한 기초작업들 중의 하나이다. 따라서 엄밀한 의미에서의 독자의 개념은 작품을 통해서 작가가 말하려하는 이야기를 파악한 사람들을 중심으로 한 독자들을 의미한다고 보아야 할 것이다. 이와 같은 측면에서 생각해 볼 때 작자의 창작의지와 작품을 일관하는 질서와 독자의 독서의지는 그 본질적 차원에서 생각해 볼 때 같은 성격의 것을 생각되어진다. 그러나 우리는 작자의 창작의지의 실체도 독자 자신의 문제의식 차원으로부터의 작품세계의 재구성의지의 실체도 직접적으로 잡아낼 방법은 없다. 결국은 작품을 통해서만 잡아낼 수밖에 없다. 사실은 작품의 내용과 그의 표현 양식은 작자자신의 이야기하려는 냉용과 그것의 표현방법으로서 결국 그것들은 작자자신의 문제의식의 초극의지의 구현상으로서 파악되어진다. 따라서 우리들은 작품의 내용과 그의 표현 양식의 본질을 파악하려는 방법으로서 작가의 표현내용과 표현의지, 독자의 독서 내용과 독서의지 등의 본질을 파악할 수 있다.

　그렇다면, 우리들은 어떻게 작품내용과 작품형식의 본질을 파악할 수 있을까? 우선 작품형식이란 작품내용의 표현형식으로서 어떻게 하면 독자에게 작품의 내용을 효과적으로 표현할 수 있을까에 관한 작자의 문제의식에 의하여 좌우되어진다. 따라서 작품의 표현형식은 작자의 표현하려는 내용과 작품내용을 만드는 독자의 관심과의 상관관계 속에서 만들어진다. 작품의 표현형식도 본질적 측면에서 생각해 보면 작품내용의 일부로서 작품 내용으로부터 찾아 낼 수 있는 작품 내용으로부터 찾아낼 수 있는 작품이 갖는 가장 본질적 내용으로 고려되어 진다. 그렇다면 과연 우리가 자품형식으로로부터 작품형식의 내용을 분석해 낼 수 있는 것인가? 그렇다면 우선 작품에 있어서의 표현형식이란 구체적으로 무엇을 의미하는 것인가부터 생각해 보자. 소설의 경우 그것의 가장 기본적 표현형식은 작가가 가공의 인물을 설정하여 그로 하여금 작자자신의 이야기를 독자에게 들려주는 방법이다. 이 경우 작가가 독자에게 자신의 이야기를 들려주는 표현방법은 문학적 표현형식 이전의 인간의 언어에 의한 의사전달방법의 기본적 형식이다. 이상과 같은 작품형식에서의 순수한 문학적 표현형식이란 가공의 인물을 통한 작의 자기표현방법이다. 그런데 문제는 작가가 어떤 이야기를 할 것인가에 따라서 어떤 가공의 인물을 설정할 것인가의 문제가 결정된다는 것이다. 이렇게 생각해 볼 때 작품의 내용이 결국은 작품의 형식을 지배한다는 생각이 든다. 그렇다면 작품내용의 기본적 성격파악을 통해서도 우리는 문학의 본질을 파악할 수 있다는 입장이 성립된다.

그러면 우리는 어떤 방법으로 문학작품의 영원한 주제를 파악할 수 있을까? 앞에서도 지적했듯이 작품의 내용은 작품의 표현형식과 표현 내용의 두 측면에서부터 파악되어질 수 있다. 전자의 경우, 작품의 표현형식으로부터 찾아낼 수 있는 작품의 영원한 주제는 역시 작가가 가공의 인물을 설정하고, 독자가 그것을 인정함으로써 비로소 작품이 작품내용을 갖게된다는 사실을 감안해 볼 때 그것은 역시 작가와 독자의 그들 자신들의 현실에 대한 강한 허구의식에 의식에 의해서 드러내진 것으로 고려되어 진다. 이러한 측면에서 생각되어질 때 작품의 영원한 주제는 작자자신의 현실과 자신의 생, 혹은 인간의 존재 그 자체에 대한 허구의식의 극복의지에 의해서 그려내진 것으로 파악되어진다. 그렇다면 작가의 존재에 대한 허구의식은 어떤 경우에 만들어지는 것인가? 그것은 가 작품들의 내용파악을 통해서 충분히 검출되어질 수 있다.

우리가 작가의 창작의도나 독자의 독서의도를 찾아내기란 그렇게 쉬운 일이 아니다. 그러나 작품의 내용을 파악한다는 것은 결코 어려운 일은 아니다. 그런데 사실은 작품내용의 기본골격은 작자에 의하여 만들어진다. 한 작품내 세계의 주인공의 고민이나 세계관이 기본적으로 작자에 의해서 만들어진다고 볼 때 사실 그것들은 작자자신의 문제의식의 극복과정에서 창출되었고, 또 특수한 작품을 제외하고는 대부분의 작품들 속의 주인공의 문제의식이 작자자신의 문제의식을 토대로 하여 나왔다는 것은 두말할 나위도 없다. 그런데 문제는 바로 여기에 있다. 작자자신의 문제의식은 좁게는 자기 자신과 자기 자신의 환경과의 불화로부터, 크게는 자기의 사상과 자기시대 사상과의 불화로부터, 더 나아가서는 자신과 세계와의 불화를 극복하려는 의지의 산물이라는 것이다.

이러한 측면에서 생각해 볼 때, 작가의 문제의식의 이면에는 작자의 자기 자신의 현실과 생에 대한 허구의식과 그의 극복의지가 내재되어 있음을 알 수 있다. 작자의 문제의식이 자신과 현실과의 불화관계의 극복과정에서 나온다고 본다면, 그러면 어떻게 자신과 자신의 현실로부터 불화가 생겨나는 것일까? 가령 인간은 자신의 현실과 일체가 되어 있다던가, 혹은 그것과의 조화관계 속에서는 인간은 자기의 현실로부터 갈등을 느끼지 않는다. 아무런 문제의식을 느끼지 않는다는 말이다. 그러한 상황 속에서는 인가네 있어서의 현실은 자기의 일부이고 자신의 생명의 일부분으로 인식되어 진다.

그러나 인간이 그러한 상황 속에서 외부로부터 어떤 충격을 받았을 경우 그 충격으로부터 영향을 받은 부분은 그 충격으로부터 영향을 받지 않은 부분과는 다른 어떤 질서체계를 만들게 된다. 다시 말해서, 외부로부터 영향을 받은 부분이 변화를 초래했다는 것이다. 따라서 외부로부터의 충격이 있기 이전에는 하나였던 것이 외부로부터의 충격으로 인해 분화가 일어났다는 말이다. 그래서 분화를 초래한 두 개체는 서로 다른 질서 체계를 유지하게 되고 또 완전히 분화되지 않은 부분이 공동으로 관할되는 과정에서 변화부분과 변화하지 않은 부분 사이에 알력이 생기게 되는 것이다. 그러나 어떠한 개체도 그러한 알력을 유지하려 들지는 않는다. 개체는 알력을 느끼지 않았던 원래의 상태, 혹은 모순이 없는 새로운 현실창조를 통하여 자신의 생명을 확장시켜 나가려 한다. 이것이야말로 생명개체의 생명활동이 본질이다.

인간은 자연에서 태어나 자연에서 살다가 자연으로 되돌아간다. 이 경우 인간은 어떠한 형태로든지 자연과의 조화관계 속에서 그들의 삶의 방법을 만들어 왔다. 한 집단의 인간이 한 특정한 장소에 살면서 그들의 생활방법을 창조해 갔을 경우 그들의 생활방법은 한 특정한 장소에서의 그들의 삶의 영위과정에서 생겨난 그들의 문제의식의 극복과정으로부터 나온 것으로서 그들에게 생활방법이나 그들의 제도나 문화나 사회는 그들 자신의 생명의 일부분들이다. 또 자연과 그들의 생활방법과 사화와를 일관하는 질서체계야말로 그들에게 있어서는 그들 자신들의 생명체계에 해당된다.

그러나 그들이 삶을 영위하는 특정한 장소의 밖으로부터 만들어진

생활방법이나 사회제도 등이 그 특정한 장소의 것들과 접촉했을 때, 그 접촉부분은 보다 포괄적 질서체계를 위하여 기존의 질서체계를 버리고 외부의 가치체계를 수용하게 된다. 그 융합과정에서 외부로부터의 침투력이 거셀 경우에 자신의 생존유지를 위해서는 기존의 가치체계를 버리고 외부의 가치체계를 수용하게 된다. 그러나 문제는 바로 여기에 있다. 한 인간집단에 있어서 자신들이 만든 기존의 질서체계는 자신들의 생명의 일부분으로서 그 집단이 그것들을 체념한다는 것은 그 집단의 구성원들에 있어서는 그들 생명의 일부를 절단해내는 것이 된다. 따라서 그 기존 질서체계의 체념과정에서 그들은 고통을 느끼지 않을 수 없다. 자신의 생명의 일부분을 상실했다고 하는 관념으로부터 그들은 자신의 생과, 자신의 생의 일부라고 생각해 왔던 자신의 현실에 대하여 허무를 느끼지 않을 수 없다. 이처럼 가치체계가 단절되면 단절될수록 그들에게 있어서의 단절의식은 더욱 심화되어 결국 그들은 생이란 허무 한 것이다, 혹은 현실은 허구에 지나지 않다라는 관념에 사로잡히게 되는 것이다. 이러한 상황에 이르게 되면 자신의 존재나 자신의 현실에 허구라고 생각하는 관념에 사로잡힌 인간들은 허구의 세계의 사랑할 수밖에 없으며 하구만을 진실로 생각할 수밖에 없다. 따라서 생과 현실에 대한 허구의식에 떨어져 있는 인간들은 허구의식의 극복방법의 하나로 허구의 세계를 창출하고 허구의 세계를 통해서만 허구의식에 빠진 자신들의 모습을 발견해 가고 있다. 이와 같은 측면에서 생각해 볼 때, 작자와 작품과 독자를 일관하는 질서체계는 인간의 생의 허무의식에 대한 극복의지에 의해서 만들어 졌다고 고려되어 진다.

　문학의 본질을 인간의 생에 대한 허구의식의 극복의지의 산물로서 파악해 본 나의 견해는 앞으로의 문학연구에 있어서의 나의 가설에 불과하다. 지금부터의 나의 작업은 가설과 결과사이에 놓인, 즉 문학의 본질이 인간의 자기 자신의 생에 대한 허구의식의 극복의지에 있다고 하는 가설의 실증작업이 될 수밖에 없다. 그 작업방법으로서 사실은 동아시아 혹은 일본의 모든 작품들을 대상으로 하여 하나하나 그 명제를 실증시켜 나간다면 가장 이상적인 것이다. 그러나 그러기에는 나의 생은 너무도 짧다. 그래서 나는 다음과 같은 방법을 생각해 보았다.

앞에서도 지적했듯이 동아시아나 혹은 동아시아를 이루는 중국·한국·일본의 각국은 외부로부터 새로운 가치체계의 물결이 몰아쳐 올 때마다 새로운 가치체계의 혼돈이 일어나게 된다. 그리고 그곳에서는 그 혼돈의 극복과정에서 새로운 양식의 문학과 문학의 새로운 주제가 출현하게 되었다. 이와 같은 현상을 감안해 볼 때 우리는 외부로부터의 동아 삼국에 언제 어떠한 가치체계가 물결쳐 왔는가를 검토하여 그것을 통해서 얻어낸 동아 삼국의 외부와의 접촉과정을, 동아 문학에 있어서의 시대구분의 지표로 설정할 수 있다는 것이다. 그 경우 동아 문학의 시대구분은, 『고대』『중세』『근세』『근대』『현대』로 상정되어 진다. 이 경우에 있어서 고대문학에 의해 재구성되는 과정에서 파악되어질 수 있다. 다음의 중세문화의 특징은 철기문화가 인도의 불교문화 및 중앙아시아의 사라센 문화를 수용해가는 과정에서, 근세문학의 특징은 유교, 불교문화가 서구의 중, 근세 기독교를 받아들이는 과정에서, 근대 문학의 특징은 서구의 근대문화를 수용해가는 과정에서 각각 파악되어 질 수 있다는 것이다.

각 시대의 구체적 접근 방법으로는 각 시대를 대표하는 문학장르를 중심으로 하여 각 문학장르의 발생, 전개, 소멸과정과 각 장르의 대표작들의 주제들에 대한 고찰을 통해서 각각의 시대이념과 시대를 대표하는 문학장르의 표현양식의 본질, 대표작품들의 주제 등의 파악을 통하여 그들의 본질을 일관하는 질서를 파악해 보는 방법이다. 그러한 측면에서 생각해 볼 때, 동아 문학에 있어서의 허구성의 특징이 이해되어질 수 있다는 생각이 든다.

주

1) 鈴木修伙『文明のことば』(日本広鳥文化評論出版, 1981), 118~137면.
2) "Literature"가 「文学」으로 최초로 번역된 것은 일본의 메이지 시대의 사상가 니시 아마네(西周, 1828~1897)에 의해 영어백과사전이 번역되는 과정에서 만들어진 『하쿠가쿠렌칸』(百学連環, 1870~1887)에서였고, 그 번역어가 노신(魯迅)에 의해 중국으로도 들어가 쓰여지게 되었다(그의 수필집 『且介亭雜文』)고 일반적으로 알려져 있다. 그러나 니시 아마네가 『하쿠가쿠렌칸』의 저술과정에서 재중 독일 선교사 로브샤이드 Rev. Lobscheid의 『英華字典』(1866~1869, Hong Kong Daily Prex)을 참고하였을 가능성이 높다는 설이 있는데, 『영화자전』에 "Literature"를 「文学」으로 이미 번역하고 있었다. 이와 같이 생각해 봤을 때, "Literature"의 번역어로서의 「文学」이 중국에서 일본으로 건너가서 일반화되었고, 또 그것이 다시 중국으로 들어가 중국에서도 일반적으로 쓰여졌을 가능성도 높다는 것을 지적해 둔다.
3) Terry Eagleton, *Literary Theory*, Oxford, Basil Blackwell, 1983, pp.1~4.
4) 小西甚一編『文学概念の変遷』(東京, 図書刊行会, 1977), 183~184면.
5) 상동서, 207~216면.

대학에서의 문학연구 : 목표설정과 실현방법

서 론

현재 우리 대학사회는 여러 측면에서의 대내외적 추세와 맞물려 대학교육의 개혁을 단행하지 않을 수 없는 상황에 처해 있다. 이러한 시점에서 우리사회에서 현재까지 대학이 전담해 오고 있는 문학연구에 대한 실황을 파악해 보고 그것을 참고로 해서 새로운 시대에 걸맞는 문학연구의 목표를 설정하고 그것의 실현 방법을 정립해 본다는 것은 보다 바람직한 방향으로 문학연구와 문학교육의 개혁이 이루어 질 수 있다는 면에서 가치 있는 일로 생각된다. 그러한 의미에서 본인은 본 논문을 통해 현재 대학에서의 문학연구의 실황, 문학의 개념과 문학연구방법, 인간에 있어서의 문학적 행위와 표현행위, 표현연구와 방법론 등을 고찰해 봄으로써 대학에서의 문학연구의 목표설정과 그 실현방법을 제시해 보기로 한다.

현재 문학이란 말은 대개 두 가지 의미로 쓰이고 있다. 하나는 시·소설·희곡·수필·평론 따위의 문예작품들이나 그것들의 속성의 의미로서이다. 다른 하나는 그러한 문예작품들이나 그것들의 속성을 연구하는 학문의 의미로서이다. 「문학연구」라는 말의 경우에 있어서의 「문학」의 의미는 전자의 문예작품들이나 그것들의 속성을 가리킨다.

문예작품이나 문학작품의 속성은 인간과 어떻게 관련되어 있는가? 문예작품은 인간의 창작행위를 통해서 생성되어 나온 것인데, 이 경우의 인간의 창작행위란 문예작품의 속성을 문예작품으로 구체화시키는 작업에 동원되는 행위이다. 그런데, 이 경우에 있어서의 문예작품은 인간의 독서행위를 통해서 비로소 문예작품으로 태어나는 존재이고, 이 경우의 인간의 독서행위란 인간이 문예작품의 속성을 파악해 내는데 동원된 행위이다.

이와 같이 문예작품이나 그 속성을 가리키는 문학은 작가의 창작행위와 독자의 독서행위를 통해서 인간과 관련되어 있다. 이렇게 볼 때 문학연구란 창작행위의 주체자인 작가, 그의 창작행위의 산물인 작품, 독서행위의 주체자인 독자 등에 대한 연구를 말한다. 다시 말해서, 문학연구란 작품, 독자 등의 유기적 관련성에 대한 연구를 가리킨다.

현재 이와 같은 문학연구는 어떻게 이루어지고 있는가? 현재 이와 같은 문학연구를 행하고 있는 자들은 주로 대학에 소속을 두고 있는 문학도들과 그들을 지도하는 문학교수들이다. 현재 대학에서의 그들의 소속은 언어를 단위로, 국문학과, 중문학과, 일문학과, 영문학과, 불문학과 등으로 하위분류되어 있어, 그들은 그 소속학과를 통해서 문학을 연구해가고 있다. 예컨대, 국문학도와 국문학교수는 국문학과에서의 국문학연구를 통해서, 일문학도와 일문학교수는 일문학과에서의 일문학연구를 통해서 문학을 연구해가고 있다. 각 소속학과에서의 이와 같은 각국문학의 연구는 대체로 다음과 같이 행해진다. 우선 소속학과 문학도들은 소속학과 교수들의 지도를 받아, 전공언어를 통한 언어 표현능력을 배양해서 그것을 가지고, 전공언어로 표현된 문장들을 해독해서 문학을 연구해간다. 소속학과 교수들의 경우는 자신이 전공한 언어를 가르쳐가면서 그 언어로 표현된 문장들을 가지고 문학을 연구해가고 있다.

이와 같이 현재의 문학연구는 대학에서 문학전공 학도들과 문학전공 교수들에 의해 이루어지는 데, 그들에 있어서의 문학연구 목표는 대개 다음과 같다.

우선 문학전공 학도들의 경우, 학부에서는 전공언어로 된 문학작품들을 골라서 그것들의 작품내 세계들에 대한 분석을 통해서 그것들의 주제들을 파악해 보는 수준이다. 석사과정 레벨에서는 전공언어로된 작품들을 골라 그것들의 작품내세계, 그 작품들의 성립과정, 그 작품들에 대한 독자들의 반응 등에 대한 고찰을 통해서 작품들의 주제들을 파악해 보는 것이다. 그 다음 박사과정 레벨의 경우에 있어서는 자신이 전공하는 언어를 사용하는 나라의 어떤 한 작가를 골라서 그 작가가 쓴 작품들의 주제나 표현형식들의 특징을 파악해서 그것들을 통해서 그 작가의 정신세계를 규명해보려는 수준이다. 문학전공 교수들의 경우는 근대나 근세 등의 시대나, 혹은 소설이나 시 등의 장르 등을 단위로 해서, 어떤 한 시대의 문학자들의 정신세계나 표현형식 등의 특징을 파악하던가, 혹은 어떤 한 문학장르의 성립 및 전개양상 등을 파악해서 그 시대의 정신이나 그 문학장르의 본질을 파악해 낸다. 그 다음, 그것을 토대로 해서 다른 시대나 다른 장르들에 대한 연구를 통해서 그 전공언어를 사용하는 민족의 민족정신이나 그 민족의 표현양식 등의 본질을 파악해 낸다고 하는 것이다. 국민이나 민족 레벨에서의 문학연구, 즉 국문학 차원에서의 문학연구가 바로 그것이다.

이와 같이 현상황하에서의 문학연구는 어떤 한 나라의 언어습득이나 어떤 한 작품의 주제 파악이나 혹은 한 작가의 정신세계, 더 나가서는 어떤 한 나라의 민족정신이나 그 민족의 언어표현의 특징 등의 파악 수준에 그 목표가 주어져 있는 실정이다. 그러나, 이와 같은 식으로 우리가 문학을 연구해 간다고 할 때, 한 문학연구자가 한 평생을 해 간다고 해 봤댔자, 일반적으로 우리가 생각해 볼 수 있는 문학연구의 목표에는 이르지 못한다. 문학연구의 목표가 문학의 본질이 이해되는 시점에 놓여지는 것이라면, 문학전공 교수가 한 평생 문학을 연구해서 일국의 민족정신과 그 민족의 표현양식의 특성을 파악했다 하더라도 문학의 본질적 파악이 행해지는 단계까지는 이르지 못했다고 볼 수 있다. 현재와 같은 식으로 문학이 연구될 경우 일반적으로 우리가 생각해 볼 수 있는 문학연구의 목표는 한 문학전공자에 의해서 모든 나라들의 민족정신과 그들의 표현양식의 특성이 파악되어짐으로써 비로소 그에게 인간의 정신세계와 그 표현양식의 특징이 파악되는 시점에나 놓여질 수 있다고 생각되기 때문이다.

이와 같이 현재 우리 문학연구자들이 취하고 있는 문학연구의 목표는 어떠한 레벨에서도 문학의 본질이 이해되는 지점에 놓여 있지 않다. 그 결과 현재 대학에서의 문학전공자들은 사실상 방황하고 있다. 자신들이 무엇을 하고 있는지도 정확히 잘 모를 때가 있다. 문학전공자는 문학전공학과에 들어와서 무엇을 습득해야하고, 무엇을 어떻게 연구해 가야할지 잘 모르고, 소정의 과정을 밟고 졸업을 하고 나가는 시점에 있어서도 자신들이 무엇을 하고 나가는지도 잘 모른다. 예컨대, 영문과나 일문과를 졸업한 영문학 전공자나 일문학 전공자에게 영문학이나 일문학이 무엇이고, 문학이 무엇이냐고 물어 보곤 하면, 사실상 그들은 자신있는 대답을 하지 못한다. 그러면 그들에게 무엇을 얼마나 배웠느냐고 물으면, 영어나 일본어를 배워서 그것을 좀 할 줄 안다라고 말할 정도이다. 만일 영문과나 일문과에 들어와 영문학이나 일문학을 하는 주된 이유가 영어나 일어를 유창하게 하는 것이라 생각했다면, 그것은 잘못된 생각이다. 왜냐하면, 만일 그 학생이

4년간의 등록금을 가지고 그 나라에 가서 일년만 말을 배우게 되면 이곳에서 4년간 하는 것보다 더 유창하게 할 수 있기 때문이다.

그렇다면, 문제는 어디에 있는가? 문학도들 자신들에게 있다고는 볼 수 없다. 무엇보다도 대학에서의 문학연구가 영어, 일본어, 중국어 등과 같은 단위로 해서 개별적으로 행해짐으로써 문학연구의 목표와 방법이 잘못 설정되어 있는데 문제가 있다. 그 다음으로 대학의 문학연구 커리큘럼과 문학전공교수의 교수법에도 어느 정도 문제가 있다. 문학도들에게도 문제가 있다면 아마도 그것은 그들이 원하지 않는 학과에 들어와서 원치 않는 것을 전공하고 있다는 것이다.

현재 대학에서의 문학도는 국문과학생들을 제외하면 전부다 외국어문계열 학생들이다. 만일 그들의 학업목표가 해당 외국어 마스터에 두어져 있지 않다면, 그러면, 그것은 어디에 두어져 있는 것인가? 어떤 연구이든간에 그것들은 그 연구당사자는 물론 사회적으로도 그 연구가치가 인정되어 질 수 있는 것이라야 한다. 그런데, 현재 문학을 전공하고 있는 외국어문계열의 학생들은 해당 외국어의 습득이나 해당국의 문화적 이해정도에 자신들의 전공에 대한 가치를 인정할 정도이지, 그 이외의 어떠한 것에 대해서도 자신들의 전공에 대한 가치를 인정하려 하고 있지 않다. 따라서 문제는 자신들의 전공이 문학인데도 불구하고 그것을 전공해가고 있는 자신들의 행위에 대해서 가치를 인정하지 않는다는 것이다. 이와 같이 현재 대학에서 행해지는 문학연구는 문학전공자 자신들에게도 그 가치가 인정되고 있지 않으며, 문학전공자들을 지도하며 문학을 연구해 가고 있는 문학전공교수들의 연구업적들도 우리가 일반적으로 받아들일 수 있는 문학연구의 차원에서는 그 가치가 별로 인정되지 않고 있다. 이와 같이 대학에서의 문학도와 문학교수가 자신들의 문학연구 활동의 가치를 인정하려 하지 않는데, 사회에서 문학연구자들의 연구 성과를 평가해 준다고 하는 것은 상상해 볼 수도 없는 일이다. 현재 어떠한 창작자나 독자도 대학에서의 문학연구 활동을 인정하려 하지 않는다. 그 이유는 간단하다. 그들이 작품을 창작하고 작품을 읽어 나가는데 있어서 문학연구의 논문들이 어떠한 도움도 주지 못한다고 생각하기 때문이다. 그렇다면 우리는 대학에서의 문학연구의 목표를 어떻게 설정해야 하는가? 또 그 목표에 이를 수 있는 가장 합리적이고 이상적 대학교육 개혁의 방법은 무엇인가? 이 물음에 대한 적절한 답을 모색해 보기 위해서 본인은 우선 현재까지 서구에서의 문학에 대한 정의와 그 연구방법을 고찰해 보고, 그것을 통해서 현실적으로 그 가치가 인정될 수 있는 앞으로의 문학연구의 목표와 방법을 제시해 보기로 한다.

1. 문학의 개념과 문학연구 방법

현재까지의 문학의 개념과 문학연구의 방법은 다음과 같이 세 단계를 통해서 변천해 왔다. 1800년대 초 서구에서 낭만주의가 성립되어 나온 시점을 획으로 해서 그 이전까지를 제1단계로 잡아 볼 수 있다. 제2단계는 낭만주의의 성립을 계기로 해서 그 이후부터 1960년대 후반 서구에서의 후기구조주의 성립 이전까지로 잡혀진다. 제3단계는 그 이후이다.

제1단계에서의 문학의 개념은 근세로 들어와서, 동아시아가 고대 말 인접 문화권인 인도로부터 동아시아에 들어와 정착한 불교문화의 가치체계로부터 벗어나고, 서구가 인접문화권인 오리엔트지역으로부터 서구에 들어와 정착한 그리스도문화의 가치체계로부터 벗어나 보려는 노력의 과정에서 성립되어 나왔다. 이 경우에 있어서의 문학의 개념은 주로 「학문」의 의미로 쓰여졌던 것으로 고찰되었다. 제2단계에서의 문학의 개념은 근대시민사회와 시민중심의 문화가 형성되어 나오는 과정에서 성립되어 나왔다. 이 경우의 문학의 개념은 「언어를 매체로 한 예술의 한 영역」의 의미로 쓰여졌다. 제3단계에서의 문학 개념은 종교나 사상을 달리하는 각 문화권의 인간들은 물론 지상에 존재하는 모든 생명체들, 다시 말해서 모든 인간과 모든 생명체가 공유할 수 있는 하나의 문화가 형성되어 나오는 과정에서 성립되어 나온 개념이다. 이 경우에 있어서의 문학은 「기호를 매체로 한 문화의 한 영역」의 의미로 쓰이고 있다. 다음은 이와 같은 문학의 개념이 어떻게 성립되어 전개되어 나갔으며, 그러한 개념 하에서의 문학연구는 어떻게 이루어졌는지에 관해서 고찰해 본다.

1) 학문의 한 영역으로서의 문학과 문학연구

학문(學問)이란 한마디로 말해서 어떤 밝혀진 사실들을 습득해서 그것을 가지고 모르는 것들을 물어서 알아간다는 의미이다. 근래에 와서는 「연구」라는 말이나 영어의 'study'라는 말이 「학문」의 의미로 쓰여지고 있다.

이와 같이 「연구」나 'study'의 의미를 갖는 학문으로서의 문학의 개념은 동서를 막론하고 「문자」라고 하는 어원을 토대로 성립되어 나왔다. 영어 'literature'나 불어 'littérature' 등은 라틴어 'litteratura'로부터 나왔다. 이 경우 라틴어 literatura는 littera, 즉, 「문자」를 의미하는 'litter'를 기초로 해서 성립된 것이다. 라틴어 'litteratura'가 'literature'로 해서 영어로 들어 온 것은 14세기 경으로서, 당시 그것은「독서(reading)를 통해서 쌓은 교양(the polite learning)」의 의미로 쓰여졌다. 동아시아에서의「文學」이란 말의 가장 오랜 용례는『논어』에서 보이는데, 당시의 의미는「文에 대한 연구」의 의미로 쓰였다.[1]

이와 같이 서구나 동아시아의 경우에 있어서의 문학의 의미에는「문」(文)이나「문헌」(文獻)의 의미가 내포되어 있다.「문」(文)의 원래의 의미는「글자」의 의미로「말」에 대응되는 말이다. 인간에 있어서의 말이란 상대방에 대한 직접적 의사전달 수단이기는 하지만, 시간과 공간에 대해서는 한계성을 지닌 의사전달 수단이다. 그러나「글」의 경우는 상대방에 대하여 간접적 의사전달 수단이기는 하지만, 시간과 공간에 대한 말의 한계성을 보충해 주는 의사전달수단이다. 그래서 글은 시간적으로는 생각을 후대에 전달하고 공간적으로는 먼 곳에 있는 사람들에게 생각을 전달하는 수단이다. 이렇게 글은 옛사람의 생각이 담겨진 그릇이고, 먼 곳에 있는 인간들의 생각이 들어있는 그릇이다. 인간에 있어서의 학문이란 그러한 글속에 담긴 옛사람들이나 타지에 있는 인간들의 생각들을 끌어내서 그것들을 가지고 모르는 것을 밝혀내 가는 작업을 말한다.

제1단계에서의 이러한 작업은 주로 귀족층의 인간들에 의해서 행해졌다. 귀족층이란 왕손, 관료, 성직자 등으로 이루어진 계층으로서 사회적으로 주로 정치를 담당한 계층이다. 왕손들은 글을 통해서 선왕들의 치정경험을 전달받고, 관료들은 글을 통해서 중앙정부로부터 멀리 떨어진 지역들의 인간들의 생각을 수집하고, 성직자들은 글을 통해서 하나님의 말씀을 들어가며 백성들의 정신을 순화시켜 갔다. 그러한 과정에서 보다 튼튼하게 국가의 기강을 확립시킬 필요성이 요망되어 나왔고, 글에 대한 내용이 현세인 입장에서 주관적으로 해석되어 나옴에 따라, 새로운 차원에서의 고문헌에 대한 연구가 출발되었다. 서구에서의 근세 르네상스 시기의 인문(人文)학, 동아시아에서의 17~18세기 중국에서의 복명학자(復明學者)들의 고증학(考證學), 한국에서의 실학(實學), 일본에서의 국학(国学) 등이 바로 그것이다.

서구에서의 르네상스 시기의 인문학은 서구가 11세기에서 14세기에까지의 약 3세기동안, 서구로부터 십자군원정을 통한 비크리스트교문화권 침략과 중앙아시아의 몽고족으로부터의 유럽원정을 통한 크리스트교문화권 침략 등을 계기로 새로운 문화권들과 접하게 됨으로써, 유럽의 기강이 흔들리게 되자, 그리스도문화가 성립되어 나오기 이전 그들의 토대가 되었던 로마·그리스의 정신을 재생시켜 보려는 과정에서 성립되어 나왔다. 동아시아에서의 중국의 고증학, 한국의 실학, 일본의 국학도 동아시아의 각국들이 북으로부터의 몽고족의 침략과 남으로부터의 크리스트교문화의 전파로 인해 국세가 흔들리자 자신들의 민족들의 아이덴티티를 찾는 과정에서 성립되어 나왔던 것이다. 그런데 중국의 고증학은 서구의 르네상스문화, 특히 서구의 고전 연구의 방법론이 선교사들을 통해서 중국에 전달되어 그것의 영향을 받아 성립되어 나온 것으로서, 외래문화인 불교가 중국에 들어오기 이전의 한(漢)민족의 정신체계를 드러내 보려는 학문과 그 학문적 방법론을 말한다. 한국의 실학과 일본의 국학은 중국의 고증학의 영향을 받아 성립되어 나온 것이다. 한국의 실학의 경우는 중국의 한국학에 완전히 덮여 있던 과거보다 그것에 덜 덮여 있는 당시를 중요시하였다. 일본의 국학의 경우는 근세의 일본 국학자들이 과거의 외래문물인 불교나 한문학, 혹은 당시의 서구근세문화나 대륙의 주자학보다는, 일본민족 자신들의 정신문화가 가장 꽃피어 났다고 생각되었던 헤이안시대(平安時代, 794~1185)의 정신을 중시한 나머지 그러한 정신들을 핵으로 해서 새로운 민족정신을 정립해보려는 과정에서 성립되어 나왔던 것들이다. 그러한 학문들은 과거의 자신들의 민족정신들에 대한 지식의 습득을 통해서 자신들의 민족정신을 정립해 보려는 것에 있으며 그러한 목표달성의 방법론은 문헌을 통해서 자신들의 세계에 대한 도덕적 체계를 역사적으로 정리해 보려는 입장이었다. 이와 같이 학문으로서의 문학은 선인(先人)들의 사회에 대한 윤리관, 사회와 자연으로 이루어지는 인간세계에 대한 도덕관, 인간의 세계체험의 결과로서 만들어지는 신이라고 하는 관념에 대한 그들의 입장 등에 관한 지식을 추구하는 학문이었다.

이상과 같이 제1단계에서의 문학의 개념은 문헌들을 통한 지식추구의 한 수단으로서의 학문의 의미로 쓰여졌고, 그러한 의미로서의 문학에 대한 연구는 주로 고전연구로 정착되어 나왔고, 그 고전연구의 방법론은 과거의 자신들의 문화를 역사적으로 이해해 보려는 문헌학적 방법이었던 것이다.

2) 예술의 한 영역으로서의 문학과 문학연구

일반적으로 예술(藝術, Art) 이란 미(美), 즉, 아름다움을 창조해 내는 인간활동을 가리킨다. 어떤 물건의 제작기술(製作技術, technique)의 의미로 쓰여져 왔던 예술의 의미가 인간에 있어서의 미의 창조활동으로 전환해 나온 것은 서구의 경우는 대개 I. 칸트(1724~1804)이후의 일로 이야기되고 있다. 동아시아의 경우는 1890년 전후 일본에서 영어 'art', 불어 'art', 독일어 'Kunst' 등이 「예술」로 번역되어 나온 이후의 일이다. 앞에서도 언급했듯이, 문학이 사회나 국가에 대한 윤리의식, 인간세계에 대한 도덕의식, 신에 대한 입장 등을 정립수단의 역할로부터 벗어나서 미의 창조수단의 역할을 맡게 된 것은 서구에서

18세기 말 19세기 초 근대시민사회와 근대 시민사회문화가 형성됨으로써였다. 문예사조사의 측면에서 말할 것 같으면 18세기 중후반의 고전주의에서 18세기 말·19세기 초의 낭만주의로 넘어오는 과정에 서였다. 이와 같이 문학은 낭만주의 이후부터 언어를 매체로 한 예술의 한 영역으로 개념화되어 나왔던 것이다.

18세기경부터 정립되어 나왔던 예술의 개념이 미의 창조활동이라면, 인간에 있어서의 그러한 창조활동은 어떻게 이루어지는 것인가? 창조(創造)란 처음으로 어떤 것을 만드는 일을 의미한다. 예술이 미의 창조라 할 경우, 인간의 예술적 행위란 처음으로 어떤 아름다움을 만들어 내는 행위를 의미한다. 그렇다면, 인간에 있어서의 어떤 것을 만드는 행위란 무엇이며, 「아름다움」과 같은 관념은 어떻게 만들어 지는가? 인간이 어떤 것을 만들려면, 반드시 감각을 통해 지각될 수 있는 어떤 자료가 필요하다. 집을 지으려면 감각에 잡히는 나무와 돌과 같은 재료들이 필요하고, 요리를 만들려면, 쇠고기, 양파, 고추가루, 후추 등과 같은 자료들이 필요하다. 일단 그 자료들이 잘 배합되어 하나의 집이 만들어지고 하나의 요리가 만들어 졌을 때, 우리는 그 만들어진 집이나 요리에 대해서 어떤 판단을 가해서 자료들의 하나하나로부터는 느껴질 수 없는 하나의 새로운 느낌을 느끼게 된다. 그 경우 그 만들어진 것이 우리의 욕망을 충족시켜 좋다고 판단될 때 우리는 그것을 아름답다, 미적 가치가 있다, 음식으로 말할 것 같으면 맛있다, 라고 말하게 된다.

문학이란 언어를 매체로 한 예술의 영역이라 말하는 것은 문학이 인간의 언어활동을 통해서 미를 추구해가고, 문학작품이 언어로 만들어진 예술작품으로 생각되기 때문이다. 이와 같이 문학이 언어를 통해서 아름다움을 추구하고, 또 그것을 통해서 아름다움을 표현해 왔다는 면에서 음이나 색으로 미를 추구해 그것들로 아름다움을 표현해 내는 음악이나 미술 등과 더불어 예술의 한 장르로 일컬어져 왔다는 것이다.

이와 같이 문학이 인간의 언어를 매체로 한 예술의 한 영역으로 개념화되어 나오자, 문학에 대한 연구방법도 전환되어 나왔다. 우선 문헌학으로부터 작가론으로의 전환이 그것이고, 그 다음으로 그것이 작품론으로, 담화론으로 전개되어 왔다. 작가론의 확립은 문학이 언어예술로 취급된지 30여 년만인 1830년대에 프랑스의 비평가 생트 뵈브(1804~1869)의 당대작가들의 시평(時評)들『월요한담』(1851~1870) 등에 의해서 이루어졌다. 그는 작가가 쓴 작품들이나 문장들, 혹은 그 작가에 대해서 알고 있는 사람들의 말들을 자료로 해서 작가의 정신세계를 밝혀내서 그것을 통해서 예술의 본질을 규명해보려 했었다. 그러한 의미에서 그와 같은 작가론 연구자에 있어서의 작품은 작자의 언어로 표현된 작가의 정신세계의 구현상으로 이야기되었다. 또 그러한 측면에서 작가론자들의 문학연구는 지금의 시점에서 말할 것 같으면, 예컨대「이광수론」,「헤밍웨이론」,「가와바타 야스나리론」 등으로 되어 나왔다. 문학사의 연구도 그와 같은 작가론자들에 의해서 시작되어 오늘날에 이르고 있다.

그러나 그러한 작가론은 아무리 연구해도 정답이 나올 수 없다는 이유로 20세기 초로 들어와서 작품론으로 전환해 나왔다. 작품론의 확립은 1920년대 유라시아대륙에서의 V.쉬클로프스키(1893~1964), R.야콥슨(1896~1982) 등에 의한 러시아 포멀리즘, 아메리카류에서의 J.C.랜썸(1888~1974), A.테이트(1899~1979), R.워런(1905~89) 등에 의한 뉴크리티시즘운동 등으로 이루어 졌다. 작품론이란 작품을 창작한 작가의 정신세계에서 작품의 예술성을 찾으려는 입장이 아니라, 작품

그 자체에서 그것을 찾으려는 입장이다. 그것은 일차적으로 작품을 이루는 언어들의 의미들을 철저히 분석해 내서 그것들로 하나의 작품 세계를 형상화시켜, 그 다음으로 그 형상화된 세계를 통해 예술의 본질을 이해한다는 입장이다. 이 작품론자들에 있어서 작품은 작품자체 내의 하나의 유기적 구조를 가지고 독자의 상상력을 불러일으키는 하나의 유기체로 인식되었다. 그러한 측면에서 그들의 연구는 예컨대, 이광수의 『무정』론, 헤밍웨이의 『노인과 바다』론, 가와바타 야스나리의 『설국』 등의 형태로 나타났다. 그러나 그 후 그러한 작품론은 작품 내 세계가 연구자의 주관에 의해 해석되는 경향이 짙어지자, 1950년대 중반에 와서 그것에 대한 학문성의 결여가 지적되어 나왔다. 그러자 작품론은 1960년대에 프랑스에서 부상한 「담화론」(discours)에 자리를 양보하게 된다.

담화론은 1950년대 후반에서 60년대의 구조주의(structuralism)의 물결을 타고 나타나, 로랑 바르트의 「이야기의 구조분석 서설」(1966) 등을 통해서 확립되어 나온다. 그 이전의 작가론이나 작품론의 연구자들은 언어, 즉 말이나 글속의 내용을 통해서 예술의 본질을 이해해 보려 했었다. 다시 말해서 그들은 작가가 한 말이나 작가가 쓴 글들의 내용을 통해서 예술의 본질을 이해해보려 했던 것이다. 이렇게 볼 때 작가론이나 작품론의 연구자들은 작가의 정신세계나 작품세계의 내용물들을 가지고 예술의 본질을 규명해 보려했던 것이다. 그러나 담화론의 연구자들은 언어의 본질을 의미전달의 수단으로 규정짓고, 그 언어의 원형을 글에서가 아닌 말로부터 찾아내서, 말의 의사전달 방법, 즉 말의 의사전달의 과정이나 그것의 구조 등을 규명해서 그것을 통해서 미적 의식의 생성원리를 파악해 보려 했다. 그래서 그들은 작품들이 독자로부터 불러일으키는 미적 의식의 생성원리에 대한 파악을 통해 예술의 본질을 이해해 보려 했던 것이다. 이 경우에 있어서의 작자는 작품의 내용을 쓴자가 아니고 그것을 독자에게 말하는 자이다. 내레이터라고 하는, 작자의 현실세계에서나 작품내 세계에서의 가공의 인물을 통해서 독자들에게 이야기하는 자로 인식된다는 것이다. 이와 같은 담화론을 기초로 해서 성립된 문예이론을 「서술학」(narratology)라고 한다. 이 담화론자들에 있어서의 작품은 작자와 독자와의 의사전달 과정을 통해서 만들어지는 작자와 독자와의 합작물로 인식된다. 이러한 입장에서 연구된 문학논문은 「작품구조」론, 「내레이터」론, 「작자·작품·독자의 내적 관계」론 등이 열거될 수 있다.

3) 문화의 한 영역으로서의 문학과 문학연구

서구에서 1960년대 중반까지만해도 문화는 「인간의 자연에 대한 적응체계」로 개념화되어 있었다. 그러나 1968년 소위 '5월혁명'을 계기로 형성되어 나온 후기구조주의(post-structuralism)라고 하는 하나의 물결을 타고, 인간의 자연에 대한 적응체계로서의 문화에 대한 개념은 「하나의 의미체계」라는 말로 전환되어 나왔다.

문학을 문화의 한 영역으로 파악하고 문화를 하나의 의미체계로 개념지워 볼 때, 문학이란 문화하고 하는 하나의 커다란 의미체계를 구성하는 하나의 장르이다. 그렇다면, 문학은 무엇을 매체로 하는 문화의 한영역인가? 문화가 하나의 의미체계로 개념화된 것은 구조주의가 후기구조주의로 전환되어 나와, 그것이 확립되는 과정에서 이루어졌다. 그런데, 서구에서의 구조주의는 F.소쉬르의 『일반 언어학강의』(1916)를 통해 정립되어 나왔다. 청각기호를 대표하는 말의 경우, 그것은 음과 그 음에 의해서 전달되는 의미로 되어 있다. 기호학자로서의 소쉬르는 언어를 가장 대표적인 기호로 파악하고, 모든 언어기호를 말의 음에 해당되는 부분을 기호형식(signifiant, signifier)이라 하였고, 그 음의 의미를 나타내는 부분을 기호내용(signifié, signified)이라 하였다. 이 경우 기호형식인 말의 소리와 그 소리의 의미는 화자가 만들고 또, 화자에 의해서 만들어진 소리와 그 소리의 의미가 현장에서 청자에 의해, 화자가 현장에서 전달하려고 했던 바로 그것으로 확인되어 나온다. 따라서 사실상 말을 대표로 하는 청각기호는 기호형식과 기호내용으로 구성된 것으로 볼 수 있다. 그러나 J.데리다는 청각기호의 대표격인 말속에서 형상(形象)을 발견해 낸다. 그에 의하면, 인간이 말을 통해 자신의 의사를 전달한다는 것은 결국은 형상을 전달한다고 하는 것이다. 따라서 그는 인간에 있어서의 언어의 본질은 청각으로 감지되는 말보다는 시각으로 감지되는 글에 있다는 입장임을 취했다. 그래서 그의 그러한 시각중심의 언어관은 '5월 지식혁명'전해인 1967년 출판된 그의 『그라마톨로지』를 비롯한 3권의 저서들을 통해서 정립되어 나왔다. 시각기호의 대표격인 글의 경우, 독자는 글의 기호형식으로부터는 청자의 경우처럼 제약을 받지만, 글의 기호내용으로부터는 어느 정도 자유로운 몸이 된다. 다시 말해서 글의 내용을 만들어 낼 수 있는 권한을 갖게 된다는 것이다. 그러한 의미에서 글의 내용은 독자에 의해 생성된다는 말들을 하고 있다.

이와 같이, 말과 같은 청각기호는 기호형식과 기호내용으로 이원화시켜서 생각할 수 있지만 글과 같은 시각기호는 그렇게 이원화시켜 생각해 본다하더라도, 기호내용은 기호형식들의 차이들에 대한 지각을 통해 형성되어 나오기 때문에, 독자는 기호형식들의 차이들을 지각해서 비어 있는 기호형식 속에 내용물들을 투입시켜야 한다.

그런데, 본인이 여기에서 논하려는 요점은 구조주의는 청각기호중심의 언어관을, 후기구조주의는 시작중심의 언어관을 토대로 해서 성립되어 나왔다는 것이다. 이와 같이 시각기호를 기호로 해서 나온 후기구조주의시대에서의 문학작품은 기호형식만으로 이루어진 시각기호들로 이루어진 것이라는 의미에서 하나의 텍스트로 인식된다. 독자는 그러한 시각기호들로 텍스트를 통해서 그것과 관련된 모든 것들의 의미를 생성해 낼 수 있다. 이와 같은 의미에서 이 후기구조주의 시대에 있어서의 문학은 기호를 매체로 한 문화의 한 영역으로 개념화되어 나왔다. 이 경우, 문화가 하나의 의미체계라 한다면, 문화현상이란 하나의 의미현상이다. 그리고 문화연구는 의미현상을 파악하고 의미체계를 추구해가는 작업이다. 문화의 한 영역으로서의 문학에 대한 연구도 다름아닌 기호를 매체로 해서 일어나는 의미현상을 규명하고 의미체계를 추구해가는 하나의 작업이다. 그런데, 그러한 의미현상의 규명과 의미체계의 추구는 기호로서의 언어에 대한 연구와 기호 그 자체에 대한 연구를 통해서 이루어 졌다. 이와 같이 후기구조주의시대에서의 문학연구는 기호론을 통해서 이루어 졌던 것이다.

인간에 있어서의 기호(記號, sign)란 무엇인가? 언어기호란 말은 언어가 기호의 일종이란 말이다. 그렇다면, 언어의 어떤면 때문에 그것이 기호로 취급된다는 말인가? 다시 말해서 언어가 기호로 취급되는 이유는 무엇인가? 우선 기호에 대한 개념은 가장 간단히 말해서 「어떤 것은 어떤 다른 것을 나타내거나 의미하거나 상징한다」 'something stands for something else'라는 말을 통해 요약될 수 있다. 소쉬르는 모든 기호는 앞의 말의 경우에 있어서와 같이, 「어떤 것」에 해당되는 기호형식과 「어떤 다른 것」에 해당되는 기호내용으로 되어 있다고 했다. 또, 후기구조주의 자들의 언어관에 절대적인 영향을 끼친

덴마크의 언어기호학자 L. 옐름슬레브의 경우는 모든 기호는 앞에서 언급한 「어떤 것」에 해당될 수 있는 표현형식(expression form)과 「어떤 다른 것」에 해당될 수 있는 내용형식(content form)으로 되어 있다고 했다.

언어가 기호로 취급되는 것은 그것이 바로 그러한 구조를 취해 이루어진 것이기 때문이다. 어떠한 언어도 그것이 말이든 글이든, 단어든, 문장이든 간에 의미를 나타내는 형식과 그 형식에 의해서 드러나는 어떤 의미로 구성된다. 기호가 어떤 의미의 전달수단이라면, 언어야말로 가장 대표적 기호이다. 그러나 내가 여기에서 말하고자 하는 것은 언어가 가장 대표적인 기호이기는 하지만, 기호가 언어는 아니라는 것이다. 이것은 무엇을 의미하는가 하면 인간에 있어서 어떤 의미를 전달하는 수단이 언어뿐만이 아니고 언어이외의 다른 수단들도 있다는 것이다. 기호론자들은 인간에게 존재하는 의미전달의 모든 수단들의 총체를 기호라 명명했던 것이다. 그런데 우리가 여기에서 궁극적으로 말하고 싶은 것은 바로 이것이다. 후기구조시대이후의 문학은 앞에서 우리가 말한 바로 그러한 기호를 매체로 한 것이라는 의미에서 문화의 한 영역이라는 것이다. 문학이 언어를 매체로한 존재가 아니고 기호를 매체로 한 존재로 개념화 될 때 문학에 대한 연구란 다름이 아니고 의미작용(signification), 다시 말해서 기호작용에 대한 연구이다. 그러한 의미에서 이 시대의 문학은 하나의 의미체계나 기호체계로 일컬어지는 문화의 한 영역이라는 것이다. 인간에 있어서의 기호현상이란 인간에게 주어지는 기호형식에 의해 기호내용이 생성되고 또 그 생성된 내용에 의해 새로운 기호형식이 만들어지는 현상을 의미한다. 우리가 현재 이야기하는 시나 소설 등과 같은 문학작품들은 그러한 기호형식과 기호내용으로 이루어진 문화라고 하는 의미체제를 추구해 가는 텍스트들에 불과하다. 그것들은 일종의 문화기호들에 불과하다. 후기구조주의 시대의 문학작품은 그러한 기호들로 이루어진 문화라고 하는 하나의 커다란 기호체계이다.

2. 인간의 문학적 행위와 표현행위

이상과 같이, 문학은 글을 매체로한 학문의 한 영역으로 출발해서 언어를 매체로 한 예술의 한 영역으로, 기호를 매체로 한 문화의 한 영역으로 전개해 나왔다. 이에 따라서 문학연구의 경우도 글이라 하는 문장이나 그것으로 이루어진 문헌들에 대한 연구, 즉 문헌학으로부터 출발해서, 작가론·작품론·담화론으로, 기호론으로 전개해 나왔다. 그렇다면, 이상과 같이 개념화되어 연구되어 온 문학의 본질은 무엇인가? 즉, 인간에 있어서의 문학적 행위란 무엇이며, 그 본질은 무엇인가?

문헌학 중심의 문학연구가 성립된 것은 인간의 문학적 행위가 문헌을 읽고는 그 속에 담긴 지식을 취해내는 행위로 인식됨으로써였다. 그러나 작가론 중심의 문학연구는 문학적 행위가 주로 작가의 창작행위로 인식됨으로써 이루어진 것으로 이해된다. 이에 대해서 담화론 중심의 경우는 문학적 행위가 화자와 청자가 어떤 관념을 주고받는 대화행위로 인식되었고, 기호론 중심의 연구는 그것이 인간의 의미파악행위를 인식됨으로써 이루어진 것으로 파악된다. 이렇게 볼 때, 이상과 같이 인식되어 왔던, 인간에 있어서의 문학적 행위는 한마디로 창작행위와 감상행위로 요약될 수 있다. 그렇다면, 인간에 있어서의 창작과 감상행위란 어떠한 것인가? 우리는 이것에 대한 고찰을 통해서 인간의 문학적 행위의 본질이 어떠한 것인가를 파악해 낼 수 있다.

1) 창작행위와 감상행위

인간의 문학적 행위로서의 창작행위는 인간이 언어나 기호로 어떤 작품세계를 창작하는 행위이다. 인간이 언어나 기호로 어떤 세계를 창작한다는 것은 인간이 그것들로 어떤 세계를 창작한다는 말이다. 그렇다면, 인간에 있어서의 말이나 이야기를 행하는 행위란 어떤 것인가? 다시 말해서, 말이나 이야기는 어떻게 행해지는가? 화자가 청자에게 말이나 이야기를 하려면, 우선 화자는 청자에게 전달할 말이나 이야기의 내용을 가지고 있어야한다. 만일에 말할 내용을 가지고 있지 않으면, 우선 그것을 만들어야 한다. 화자에게 있어서의 그 내용은 현실세계에서의 경험을 통해서 만들어진 것을 이미 준비해가지고 있다던가, 아니면 말이나 이야기를 하려고 하기 전에 마음속에서 만든다던가, 혹은 말이나 이야기를 하면서 만들어 간다. 그런데 그 말이나 이야기의 내용은 영상을 뼈대로 한 어떤 관념의 형태로 만들어지는 것으로서 화자가 현실세계에서의 여러 가지 것들에 대한 경험들을 통해서 취한 것들이 의식의 세계 속에 저장되었다가 끌어내져 엮어진 것이다. 따라서, 우리가 어떤 말이나 이야기를 하기 전 그것을 준비한다는 것은 의식의 세계 속에 자료로 저장된 생각이나 영상들을 끌어내서 하나의 관념으로 만들어내는 작업이다. 이것은 마치 의식 속에서 행해지는 글쓰기 작업과도 같은 작업이다. 그래서 화자는 자신의 마음속에 만들어진 생각의 뭉치를 청각기호를 통해 청자에 전달한다.

청자가 화자로부터 어떤 말이나 이야기를 듣는 행위는 어떠한 것인가? 청자가 화자로부터 말이나 이야기를 듣는 행위는 청자가 화자로부터 말이나 이야기를 들어가며 자기 자신의 의식 속에 저장되어 있던 영상들이나 그것들을 핵으로 해서 뭉쳐져 있는 관념들을 끌어내서 하나의 커다란 관념의 세계를 만들어가는 작업이다. 사람들의 글쓰기 행위도 바로 그러한 것이다. 글쓰기란 우선 필자가 자신이 글로 나타내려고 하는 것을 마음속에서 만들어내서, 그 다음 그는 그것들을 꺼내서 글로 엮어서 보다 섬세한 하나의 관념의 세계로 만들어 가는 작업이다. 이상과 같이 생각해 볼 때, 인간에 있어서의 말하기·듣기·쓰기·읽기 등의 행위는 본질적으로는 같은 것으로 파악된다. 즉, 현실세계에 대한 경험을 통해서 취한 어떤 영상이다. 그것을 핵으로 해서 뭉쳐 있는 관념들을 주체의 의식세계로부터 끌어내서 그것으로 하나의 커다란 관념세계를 만든다는 면에서 같다는 것이다. 그런데 본인이 여기에서 말하고자 하는 것은 인간의 창작행위도 바로 이와 같은 행위들의 경우처럼, 창작주체의 의식 속에 저장된 여러 영상들과 관념의 뭉치들을 의식세계로부터 취해 내서 그것들을 가지고 하나의 형상세계를 만들어 가는 행위이다. 인간의 감상행위도 창작행위와 마찬가지이다. 그것도 감상의 주체가 자신의 현실에서의 작품과의 접촉을 계기로 해서 감상자의 내면세계로부터 작품의 형상들에 의해 불러일으켜진 영상들을 가지고 어떤 형상세계를 만들어 가는 행위이다. 그러면 창작자나 감상자가 하나의 형상세계를 만드는 이유는 무엇인가? 인간이 어떤 것을 상상해 보는 것은, 그것을 보고 싶은데 볼 형편이 안되기 때문에, 그것을 상상해 보는 것이다. 인간이 현실적으로 어떤 것을 볼 형편이 안되기 때문에 그것을 상상해 보는 것은 그것을 상상해봄으로써 볼 형편이 안 되는 현실을 받아들이기 위해서이다. 다시 말해서, 창작자나 감상자가 자신들의 의식의 세계에서 그들 식으로 어떤 현상을 만들어 보는 이유는 그들이 그들의 마음에 흡족할 정도로 만들어져 있지 않은 것들이 존재하는 현실세계를 받아들이기 위해서이다.

창작자나 감상자는 하나의 작품을 창작할 때나, 그것을 감상할 때 두 차례 감흥된다. 첫 번째는 의식세계에서의 욕망에 의해 만들어 진 형상과의 접촉이 이루어지는 순간이다. 욕망에 의해 만들어진 형상과의 접촉이 이루어져 욕망이 해소됨으로써 허구의 세계가 사그러지고 현실의 세계가 받아들여지는 과정에서의 현실을 이루는 구체적인 대상들과의 접촉이 일어나는 순간이다.

이상과 같은 측면에서 파악해 볼 때 우리는 인간에 있어서의 작품의 창작행위나 감상행위가 인간의 어떤 표현행위를 기초로 해서 성립되어 나왔다는 것을 알 수 있다. 왜냐하면, 우리가 어떤 것을 표현한다는 것은 어떤 것들을 듣거나 보고 그것들을 가지고 우리들의 욕망을 충족시켜 줄 수 있는 어떤 것을 만들어 내는 행위이다.

2) 표현의 본질

인간에 있어서의 표현이란 무엇인가? 이것에 대한 답은 인간이 자신이 경험한 것들을 가지고 자신이 원하는 것들을 만들어 내는 이유를 규명해냄으로써 얻어 질 수 있다.

일반적으로 인간에 있어서의 표현행위란 자기 자신의 느낌이나 생각을 나타내 보이는 행위를 말한다. 이 경우, 말이나 음악의 경우처럼 소리로 나타내 보이는 경우도 있고, 미술의 경우처럼 색이나 형상으로 나타내 보일 때도 있고, 글이나 암호문 등의 경우처럼 문자나 기호로 나타내 보일 때도 있다. 이와 같이, 인간에 있어서의 표현행위는 여러 종류의 감각적 대상들을 가지고 인간의 어떤 느낌이나 생각을 타자에게 나타내 보이는 행위를 말한다. 이 경우 한 인간이 자신의 생각을 나타내 보이기 위해서는 그러한 감각적 대상들을 가지고 어떤 형상이나 형태를 만들어야 한다.

인간은 왜 자신의 생각을 나타내 보이려 하는 것인가? 인간이 자신의 생각을 나타내 보이려는 것은 무엇인가? 또 인간이 자신의 생각을 나타내 보이기 위해서 감각적 대상들로 어떤 것을 만드는 이유는 무엇인가? 인간은 외부로부터 어떤 자극을 받았을 때, 그 자극이 어떠한 것인지 성격규정을 하게 된다. 그런데, 그 성격 규정은 인간 자신이 외부로부터의 여러 다양한 자극들에 대한 총체적 경험에 근거해서 이루어진다. 인간에 있어서의 어떤 것에 대한 생각은 그러한 성격규정의 과정에서 이루어진다. 인간은 어떤 것을 말이나 글로 표현해 내거나 행동에 옮기기 전에 우선 그것에 대하여 생각을 해보고, 그것과 관련되어 일어날 수 있는 것들을 상상해 본다. 그 다음 단계에서 인간은 필요성이 있다고 생각될 때 자신이 생각한 것을 말이나 글로 표현해내거나 행동에 옮기게 된다. 이 경우, 우리가 외부로부터 어떤 자극을 받고 그 자극과 관련된 어떤 것을 생각한다든가 상상해 본다는 것은 자극을 받기 이전의 자신과 자극을 받은 후의 자신과의 어떤 이상적 관계정립을 모색해 보기 위함이다. 또, 인간이 자신의 생각이나 자신이 상상해 본 것을 타자에게 말이나 글로 표현한다든가 행동으로 실행해 보는 것도 결국은 외부로부터 자극을 받은 이후 자기와 자기의 외부세계와의 어떤 이상적 관계정립을 모색하기 위해서이다.

이와 같이 인간은 항상 외부로부터 자극을 받아가며 살아간다. 자극을 받으면 인간은 자극을 받기 이전의 자기와 그것을 받은 이후의 자기와의 어떤 이상적 관계정립을 모색하고, 또 인간은 자극을 받은 이후의 자기와 자신의 외부세계와의 어떤 이상적 관계를 정립시키기 위한 하나의 방법으로 자신의 생각을 표현해 내게 되는 것이다. 이상과 같이 생각해 볼 때, 인간이 생각의 레벨에서나 현실세계의 레벨에서 사물들의 형상이나 사물들 그 자체로 어떤 물건이나 사건을 만든다는 것은 결국은 인간이 자기 자신이 처해 있는 세계와의 보다 이상적 관계를 모색해 가기 위해서이다.

그러면, 다음으로 인간이 자신의 생각을 형상화시키고 또 그것을 감각적 대상으로 표현해 낸다는 것은 무엇인가? 그것은 일차적으로 자기 자신의 내면세계를 내려다보는 자기 자신이나 자기 자신의 외면세계에 존재해 있는 인간들에게 자신의 내면세계의 실상을 전달하기 위해서이다. 그러면, 인간이 어떤 것을 상상해본다던가, 자기 자신의 생각을 상대방에게 전달하는 목적은 무엇인가? 인간이 상대방에게 자신의 생각을 감각화시켜 전달하는 것은 우선 일차적으로 상대방에게 자극을 가하는 행위이다. 자극을 가하는 사람으로 말할 것 같으면, 상대방에게 그러한 자극이 필요하다고 생각했기 때문에 자극을 가했던 것이다. 그러나, 상대방으로 말할 것 같으면, 그에게 필요한 자극일 수도 있고 그렇지 않은 것일 수도 있다. 인간은 이 세상에서 존재하기를 원하는 한, 항상 무수히 크고 작은 자극들을 받아야 한다. 상대방의 측면에서 말할 것 같으면, 표현이란 그러한 자극들 중의 하나이다.

인간에 있어서의 자극이란 무엇인가? 그것은 구체적인 감각적 대상들과의 접촉을 통해서 취해진다. 인간은 그러한 자극을 통해서 어떤 느낌을 느끼게 되고, 또 그 자극을 통해서 어떤 생각을 하게 된다. 그렇다면 인간은 왜 자극을 통해서 어떤 느낌을 느끼게 되는가? 즉 인간에 있어서의 느낌이란 무엇인가? 모기에 물리면 따가움을 느낀다. 설탕을 먹으면 달다. 바다를 보면 마음이 열린다. 그림 「저녁종」

을 보면 마음이 숙연해 진다. 자기를 칭찬하는 말을 들으면 기분이 좋아진다. 노래 「아리랑」을 들으면 마음이 애잔해 진다. 비극 「오이디프스왕」을 보면 정신이 맑아진다. 사람에 따라, 경우에 따라 다소 다른 느낌을 느끼게는 되지만, 대개 인간들은 자신들에게 자극을 주는 어떠한 것들에 대해서 비슷한 느낌을 느끼게 된다. 그런데, 그러한 사물들이 자극을 통해 우리에게 주는 어떤 느낌이라고 하는 것은 다름이 아니고 우리에게 있어서는 그 사물들의 의미라고 하는 것이다. 우리가 어떤 구체적인 물체들로부터 느끼는 느낌은 우리가 어떤 단어나 문장을 보고 취하는 의미와 같은 것이다. 그런데 본인이 여기에서 말하고 싶은 것은 인간이 그러한 사물로부터 취하는 느낌이나, 혹은 언어와 같은 기호들로부터 취하는 의미라고 하는 것이 다름 아니고 인간과의 그러한 대상들과의 보다 이상적인 관계의 추구수단이라고 하는 것이다. 이상과 같은 측면에서 생각해 볼 때, 인간에 있어서의 표현이란 인간이 자신을 둘러싸고 있는 세계와의 이상적 조화관계를 추구해가기 위한 최고의 수단으로 파악된다.

3) 표현과 문학연구

인간에 있어서의 표현이란 인간이 자신의 느낌이나 생각을 어떤 감각적 대상으로 구체화시켜 그것들을 타자들에게 전달해서 그 타자들과의 보다 조화로운 관계를 맺으려는 행위이다. 그러한 의미에서 인간에 있어서의 표현이란 타자들과의 조화로운 관계의 추구수단이다. 표현자는 자기가 전달할 필요가 있다고 생각하는 어떤 내용을 표현상대에게 전달한다. 이 경우 표현자가 표현상대에서 어떤 내용을 전달하는 것은 표현자 자신만을 위한 것일 수도 있고, 표현상대를 위한 것일 수도 있고, 쌍방 둘다를 위한 것일 수도 있다. 이렇게 볼 때, 표현자가 상대방에게 어떤 내용을 전달하는 행위들은, 총체적으로 말할 것 같으면, 결국 쌍방과의 보다 조화로운 관계를 맺어가기 위한 것으로 이해된다.

인간은 그러한 표현행위를 매개로 하여 타자들과의 관계를 맺어간다. 모든 인간들은 표현자들인 동시에 표현상대들이다. 또, 인간의 모든 느낌이나 생각들은 어떤 감각적 대상들로 형상화됨으로써 인간의 의식세계에서나 현실세계에서 존재하게 된다. 인간의 그러한 것들이 현실세계에서 어떤 감각적 대상들로 표현되어가는 과정을 우리는 문화라 말한다. 표현상대의 입장에서 취해지는, 현실세계에서의 인간의 어떤 것들에 대한 감상행위는 사실은 의식세계의 레벨에서는 어떤 것에 대한 형상화작업을 통해서 자기 자신에 대한 표현이 행해지는 과정에서 이루어진다. 이와 같이 감상은 표현에 내포되고 표현은 감상에 내포되어 있다. 이에 대하여 현실세계에서의 표현행위는, 의식세계에서는 감상이 행해지는 과정에서 이루어진다. 이와 같이 현실세계에서의 감상은 의식세계에서 표현을 통해 이루어지고, 또 현실세계에서의 표현은 의식세계에서의 감상을 통해 이행해진다. 이와 같은 입장에서 파악해 볼 때, 감상은 표현에 내포되고, 또 표현은 감상에 내포되어 있다. 그러한 면에서, 표현과 감상은 별도로 존재하는 것이 아니고, 공존하는 것이며, 결국 그것들은 같은 것으로 이해된다.

인간에 있어서의 다른 인간들과의 관계가 상호간의 이와 같은 표현행위를 통해서 성립되듯이, 인간의 자연과의 관계도 인간의 자연에 대한 입장과 자연의 인간들에 대한 표현을 통해서 이루어진다. 인간이 자연에 대하여 어떠한 입장을 취하느냐의 문제는 자연이 인간에 대하여 어떤 표현을 하고 있느냐의 문제에 달려 있다. 이상과 같이 인

간에 있어서의 표현은 인간과 세계와의 조화로운 관계의 추구수단이
다. 그렇다면, 그것은 인간의 자연에 대한 적응체계라든가, 의미체계
등으로 개념화된 문화와는 어떻게 관계되어 있는 것이가? 인간에 있
어서의 문화가 자연에 대한 적응체계라든가 의미체계로 개념화되었
다는 것은 인간에 있어서의 표현체계야말로 다름아닌 문화체계라고
하는 의식을 바탕으로 하여 이루어졌다는 것을 의미한다. 앞에서도
언급한 바와 같이 표현물로서의 어떤 기호가 기호형식과 기호내용으
로 이루어졌듯이, 표현도 표현형식과 표현내용으로 이루어진다. 예컨
대,「바다가 보인다」라고 하는 문장이나,「파란 신호」 등이라든가 이
웃집에서 들려오는「피아노 소리」라든가 서쪽에서 밀려오는「먹구
름」 등의 경우, 우리들은 그것들과의 시각이나 청각적 접촉을 통해서
그것들로부터 어떤 의미를 취해서 어떤 느낌을 갖게 된다. 이 경우 우
리들의 그러한 표현물들과의 시각적 청각적 접촉은 우리들의 현실세
계에서 일어나는 현상들이다. 그런데 우리들의 그것들과의 그러한 시
각적 청각적 접촉은 표현물들의 표현형식의 부분을 통해서 이루어진
다. 이에 대하여 인간의 표현물들로부터의 내용파악은 현실세계에서
의 그러한 감각적 접촉을 계기로 해서 의식세계의 차원에서 일어나는
현상이다. 인간의 자연에 대한 적응문제는 인간과 자연과의 감각적
접촉이 행해지는 현실세계의 차원에서 다루어지는 문제이다. 즉, 인간
의 자연에 대한 적응체계는 인간의 신체를 구성하는 감각기관들과 표
현물들의 표현형식들은 접촉이 이루어지는 현실세계의 차원에서 추
구되어 온 것이다. 이에 대하여 인간에 있어서의 의미현상은 현실세
계에서의 그러한 접촉을 통해서 의식세계의 차원에서 일어나는 현상
이다. 의미체계도 바로 그러한 의식세계의 차원에서 추구되어 온 것
이다.

　이상과 같이 고찰해 볼 때 인간에 있어서의 문화적 행위도 인간의 표현행위를 통해서 이루어진다는 것으로 이해되어 온 것으로 파악된다. 이렇게 볼 때 우리가 문학을 문화의 한 영역으로 파악할 경우, 그것은 표현을 매체로 했을 경우이다. 우리가 문학을 언어를 매체로 한 예술의 한 영역으로 파악했을 경우, 그 경우에 있어서의 문학연구는 언어표현에 대한 연구를 통해서 이루어졌듯이 문화의 한 영역으로서의 표현에 대한 연구도 인간에 있어서의 표현에 대한 연구를 통해서 이루어질 수 있다. 인간에 있어서의 표현이란 한 마디로 말해서, 인간을 둘러싸고 있는 감각적 대상들로부터 그 감각적 대상들의 특성을 결정짓는 것들을 끌어내서 그것들을 감각적 대상들로 구체화시켜 감으로써 인간과 세계와의 조화로운 관계를 추구해 가는 행위이다. 문학연구는 바로 인간의 이러한 표현행위를 연구해 가는 것을 본질로 하고 있다.

3. 표현연구와 방법론

1) 표현연구의 목적

　문화의 한 영역으로서의 문학에 대한 연구는 문화현상이 표현현상을 통해서 이루어진다는 의미에서 표현에 대한 연구를 통해서 이루어져야한다는 것이다.

　인간은 여러 종류의 표현물들로 구성된 세계 속에서 존재해 있다. 따라서 인간은 그러한 표현물들의 표현들을 통해서 성립되어 나온 존재이다. 이 경우, 표현의 주체라고 하는 측면에서 생각해 볼 때 그것은 돌, 모래, 산, 하늘 등과 같은 무생물들의 표현, 풀, 나무 등과 같은 식물과 나비, 소 등과 같은 동물들의 표현, 그리고, 각종의 인간들의 표현들 등으로 이루어졌다.

우리가 예컨대 모래와 같은 무생물이나 나비와 같은 생물을 연구한다는 것은 무엇인가? 그것은 우리의 감각을 통해서 포착되는 모래나 나비의 특성들에 대한 고찰을 통해서 그것들이 그러한 특성들을 취하게 된 원인들을 규명해서 그것을 통해 자연을 이해하고 또 그것을 통해 결국 인간을 이해하려는 것이다. 보다 구체적으로 말해서, 예컨대 우리의 감각에 잡힌 모래의 특성파악을 통한, 모래에 대한 이해는 모래가 자연을 구성하는 하나의 요소라는 의미에서 자연을 이해해가는 하나의 단계나 과정이기도 하다. 그러나 인간이 자연을 이해하려는 궁극적 목적은 무엇인가? 그것은 앞에서도 언급했듯이 인간의 존재가 자연을 구성하는 여러 존재들의 표현들로 이루어졌기 때문에 자연에 대한 이해를 통해서 인간의 존재를 이해하기 위해서이다.

인간이 인간자신의 존재를 이해하려는 이유는 무엇인가? 그러면 인간이 어떤 존재를 이해한다는 것은 무엇을 의미하는가? 우리가 어떤 것에 대한 존재를 이해했다고 하는 것은 그것의 공간적 좌표와 시각적 좌표가 파악되었다고 하는 것이다. 예컨대, 어떤 물체나 어떤 사건이 있었다고 할 때, 그것이 언제 어디에 있었다던가, 언제 어디에서 일어났다라는 것을 파악하게 되면, 우리는 그것을 기초로 해서 그것이 존재하는 어떤 세계를 구상해서, 그 세계와 그것과의 관계양상을 상상해 봄으로써 그것을 이해한다고 하는 것이다. 이와 같이, 인간이 인간자신의 존재를 이해한다고 하는 것은 인간자신이 어떠한 세계에 어떻게 처해 있는가를 이해한다는 것이다.

그러면, 왜 인간은 자기 자신이 처해 있는 장소가 어떠한 세계이며 자기 자신이 그 세계와 어떻게 관련되어 있는가를 파악해 보려 하는 것인가? 인간은 자신이 처해 있는 세계가 어떠한 세계인가를 이해하게 되면, 그 세계에 대해서 자신의 명확한 입장을 가질 수 있다. 인간이 자신이 처해 있는 세계에 대해서 명확한 입장을 갖는다는 것은 인간과 인간자신이 처해 있는 세계와의 관계가 명확해진다는 것이다. 인간과 세계와의 관계가 명확해 진다는 것은 인간이 처해 있는 세계 속에서의 인간의 삶의 목적, 방법, 의의 등이 명확해 진다는 것을 의미한다.

이와 같이 인간의 표현연구의 궁극적 목적은 인간이 처해 있는 세계의 실체를 규명해 내서 그 속에서 존재해 있는 인간과 그것과의 이상적 관계를 정립해 보려는데 있다. 예컨대, 내가 살고 있는 도시, 내가 만나가는 사람, 내가 읽어가는 책 등에 대한 연구는 인간의 감각에 잡히는 그것들의 특징들에 대한 파악과 그러한 특징들을 가능케한 원인들을 규명해서 그것들과 인간과의 이상적 관계를 모색한다는 것이다. 하나의 문학작품을 연구한다는 것은 우리의 감각에 잡힌 언어표현들의 특징을 파악해서 그것의 원인들을 규명해내는 것으로서 우리가 그러한 원인을 규명해 내는 것은 그것을 창출한 사회나 그 사회에서 살아가는 인간들과의 이상적 관계를 추구해 보기 위해서이다. 우리가 우리 앞의 어떤 사람의 표정을 읽어내는 것은 결국은 그 사람과의 보다 나은 관계를 모색해 보기 위해서이다.

우리가 우리들 앞의 사람들의 말에 귀를 기울이고 또 그들의 말에 대답을 해주고, 우리 주위를 바라다보고 향기를 맡아보고, 옷을 입고, 세수를 하고, 인사를 하고, 구두를 닦고, 식사를 하고, 숨을 쉬는 것들도 다 우리가 우리를 둘러싸고 있는 세계와 우리 인간과의 조화로운 관계를 맺어가기 위해서이다. 그것은 인간이 인간을 둘러싸고 있는 세계를 구성하는 존재들의 표현형식들로부터 표현내용을 취해내, 또 그러한 존재들의 표현형식들을 통해서 자신의 존재의 의미를 표현해 냄으로써 이다.

2) 표현연구의 방법

연구란 연구대상에 내재된 어떤 질서를 파악해내는 행위를 말한다. 연구방법이란 연구대상에 내재된 어떤 질서를 도출해내는 방법을 가리킨다. 다시 말해서, 연구대상에 내재된 어떤 질서를 도출해내기 위한 접근방법을 의미한다. 따라서, 첫째로 연구대상에 내재된 질서파악방법은 인간의 감각에 의해 파악된 연구대상의 특성과 결코 무관치 않다. 예컨대, 한 작가의 사생관을 연구하려면, 그 작가의 작품들 중에서 죽음을 소재로 한 작품들을 찾아서 그것들을 분석하는 것이 합당하다. 또 20세기소설의 표현양식의 특성파악에 관한 연구는, 우선 19세기의 리얼리즘소설들과는 다른 20세기소설의 특성이 잘 나타나 있는 소설을 골라야 하고, 그 다음으로 그 특성을 잘 잡아낼 수 있는 각도에서 접근해가야 한다. 상징적 표현들이 산재해 있다는 점에 있어서 작품이 표현상의 특징을 갖는다고 한다면, 우리의 그 작품에 대한 연구는 비유표현의 측면에서 접근되는 것이 가장 합리적이다. 둘째로, 표현에 대한 연구방법은 연구대상으로서의 표현이 행해졌던 시각과 깊게 관련된다. 표현이란 표현의 주체가 표현상대에 대하여 어떤 입장을 취할 때, 비로소 성립된다. 따라서 우리의 표현에 대한 연구는 그 표현이 행해졌던 시각을 고려해서 방법이 모색되어야 한다. 예컨대, 작가는 어떤 입장에서 자신이 처해있는 세계에 그것을 표현했는가에 대한 명확한 이해를 통해서 표현에 대한 접근방법이 모색되어져야 한다는 것이다.

보다 근본적인 차원에서 말할 것 같으면, 인간은 자신의 입장에서 사물을 바라볼 수밖에 없으며, 자신의 입장에서 그것을 이해할 수밖에 없다. 그와 마찬가지로 인간의 자신의 입장에서 자신이 표현하고자 하는 것을 표현할 수밖에 없다. 연구자의 경우도 마찬가지이다. 연구자는 자신의 입장에서 연구의 대상에 접근해 갈 수밖에 없다. 따라서 연구자가 어떤 표현물을 연구하려면, 우선 연구라는 표현물이 어떠한 시각에서 표현되었는가를 검토해야 하고, 그 다음으로 그러한 검토를 토대로 해서 자신의 연구대상에 대한 입장, 즉, 연구대상에 대한 접근의 시각을 정립시켜야 한다.

끝으로 연구자는 자신이 왜 그것을 연구하고 있는지에 대한 명확한 목적을 가지고 있어야 한다. 연구는 그 목적이 가장 효과적으로 달성될 수 있는 차원에서 접근되어져야 한다. 우리가 표현되어진 어떤 것에 관심을 갖는 것은 그 표현물로부터 어떤 정보를 얻기 위해서이다. 그렇다면, 그 정보란 어떠한 정보인가? 인간에 있어서의 최대의 관심은 미래(未來)에 대한 관심이다. 인간은 항상 변해가는 존재이다. 변화를 통해서 현재에 이르는 존재이다. 그런데 인간의 관심의 기반은 자신이 앞으로 어떻게 변해 갈 것인가에 대한 관심이다. 인간에 있어서의 최대의 변화는 역시 죽음이다. 그런데 인간에 있어서의 그러한 죽음이 언제 어떻게 찾아올지는 어떤 누구도 예측하지 못한다. 인간에 있어서의 그러한 죽음은 항상 미래에 존재한다. 현재 인간이 행하는 어떠한 일도 미래의 어느 한 시점에서 일어날 죽음이라고 하는 대변화와 무관치 않다. 왜냐하면, 인간은 언젠가는 반드시 도래할 죽음에 대한 의식을 통해서 현재를 구성하는 것들을 의식하기 때문이다. 완전한 단절로 인식되는 죽음에 대한 의식을 어떻게 극복해 나가는가? 죽음에 대한 그러한 의식의 극복양식이 다름아닌 인간에 있어서의 문화라고 말하는 사람들도 있다. 이와 같은 측면에서 생각해 볼 때 우리가 어떤 것에 관심을 갖는다든가, 어떤 것을 연구하는 목적은 우리의 미래가 어떻게 전개되어 갈지에 대한 정보를 얻기 위한 것이다.

그러한 의미에서 어떤 목적의식을 갖는 연구자는 연구대상으로부터 목적을 실현할 수 있는 어떤 정보를 얻어내려 한다. 그러면, 연구자는 연구대상으로부터 그러한 정보를 어떻게 취해낼 수 있는가? 그것은 연구대상의 성립과정과 그것의 전개과정을 규명해 봄으로써 이다. 이와 같은 측면에서 파악해 볼 때, 인간이 어떤 것을 연구한다고 하는 것은 연구대상의 성립과정과 전개양상의 과정을 규명하는 것이고, 인간에 있어서의 어떤 것의 성격 파악은 그것의 성립과 전개양상 과정의 파악을 통해서 이루어지는 것으로 이해된다.

사실상, 이 지구상에서의 인간의 모든 의식대상은, 인간의 존재가 그러하듯이, 어떤 과정을 통해서 성립되어 나왔고 전개되어 나왔다. 지구상에서의 우리의 감각에 잡히는 모든 대상들은 지구가 온도가 다른 우주공간을 이동해가는 과정을 통해서 성립되어 나와서 변화해 가는 존재들이다. 또 지구상에서 바라다 보이는 밤하늘의 별과 같은 모든 존재들도, 태양, 태양계, 은하계들이 서로 맞물려 우주공간을 이동해가는 과정에서 생성되어 변화해 가고 있는 존재들이다. 이와 같은 측면에서 파악해 볼 때, 우리는 의식대상의 성립과 변화의 과정을 밝혀서 우리와 의식대상과의 이상적 관계를 맺어갈 수 있다는 면에서 표현에 대한 연구에 있어서의 과정규명이라고 하는 것이 방법상의 측면에서 궁극적으로 요구된다.

3) 방법론과 세계관

과정규명이라는 차원에서의 어떤 대상에 대한 연구는 연구대상의 특수성이 고려되어 취해진 방법론은 아니다. 그것은 우리의 감각에 잡힌 모든 대상들의 일반적 특성이 고려되어 취해진 방법론이다.

현재 방법론에는 크게 나누어 2종류의 방법론이 있다. 일반방법론과 개별방법론이 그것이다. 일반방법론이란 인간과 세계와의 이상적인 관계를 추구해 간다는 차원에서의 방법론이다. 개별방법론이란 여러 특수한 것들로 한정된 구체적 개인으로서의 연구자와 구체적인 개물로서의 연구대상과의 어떤 조화로운 관계를 모색한다는 차원에서의 방법론이다. 이와 같이 이 개별방법론은 연구자와 연구대상의 특수성이 고려됨으로써 성립된 방법론이다. 그러나, 어디까지나 그것은 일반방법론을 기초로 해서 성립되어 나온 것이다. 예컨대, 문학연구에 있어서의 작가론, 작품론, 독자론, 기호론 등은 다 개별방법론들이다. 시대의 변천에 따른 인간들의 관심들이 변화해 감으로써 성립되어 나온 것들이다. 그러나, 이 개별방법론들은 주어진 구체적인 자료들로부터 어떤 공통성을 찾아냄으로써 그 자료들을 지배하는 어떤 법칙을 파악해 내려는 귀납적인 방법을 통해서 나온 방법론들이다.

현재 우리에게 잘 알려진 일반방법론으로는 연역법적 방법론과 귀납법적 방법론이다. 연역법적 방법론은 세계는 신에 의해 창조되었으며, 인간은 신에 의해서 창조된 바로 그러한 세계에서 살고 있는 존재라고 하는 세계관과 인간관이 지배했던 시대에 성립되어 나온 방법론이다. 이에 대하여 귀납법적 방법론은 세계는 어떤 원리에 의해 만들어 졌으며, 인간은 그 원리에 의해 만들어진 세계 속에서 존재해 있다는 세계관과 인간관이 지배하는 시대의 방법론이다.

금후는 어떠한 일반방법론이 성립되어 나올 것인가? 이것은 금후 인간들이 어떤 세계관을 정립시킬 것인가의 문제이기도 하다. 현대인의 관심은 구조에서 과정으로 전환해 나오고 있다. 그것은 인간이 지구내 세계에서 일어나는 문제를, 지구내의 인간중심의 시각에서 접근해온 입장을 버리고, 지구 밖의 우주의 시각에서 접근해 보려는 입장을 취함으로써이다. 지구 밖의 우주의 시각에서 지구상에서 일어나는 현상들을 접근한다는 것은 지구의 공자전을 통한 우주공간이동, 그것이 맞물려 있는 태양과 태양계의 공자전을 통한 우주공간이동, 또 그것이 맞물려 있는 은하계의 공자전을 통한 우주공간이동 등을 통해서 지구상에서 일어나는 현상들을 이해한다는 입장이다. 인간의 그러한 입장은 현대우주물리학에 의해 설계된 팽창우주론이 현대인들에게 받아들여짐으로써 나오는 입장이다.

사실상, 현재 우리가 처해 있는 세계는 현재까지 우리의 감각에 잡힌 모든 대상들을 가지고 구상해 볼 때, 다음과 같은 우주론은 기초로 해서 성립된 세계이다. 현재 우리가 존재해 있는 우주는 150억년 전 중성자보다도 더 작은 초고밀·초고온의 한 점으로 응축되었다가 갑자기 대폭발을 일으켜 탄생해 나와 현재 절대공간으로 팽창해 나가고 있는 존재이다. 그렇게, 폭발해서 팽창해나가는 우주는 광속직진을 통해서 반사·굴절·회전 등의 현상을 일으켜 가는 광자들로 구성된 존재이다. 그런데 광자란 우주 속에서 질량을 0으로 하고 진동수는 V로 해서 광속 직진하는 에너지입자이다. 그것들은 우주 속에서 항상 진동수가 다른 광자나 물질들과 충돌해서 진동수가 다른 존재들로 변모해 나간다. 그 경우 진동수가 0에 가까운 것들은 절대공간속에 흡수되어 버리고, 진동수가 무한에 가까운 것들은 질량을 갖는 물질로 되어 변모해 나온다. 현재 우주는 이러한 광자들과 그것들의 응결체들인 물질로 구성되어, 광속으로 사방팔방의 절대공간으로 퍼져나가고 있다. 그래서 그것은 절대공간과의 합일상태를 추구해나가고 있다. 이와 같이 우리가 처해 있는 우주는 비존재공간과의 합일을 추구해가고 있는 존재이다. 우리가 처해 있는 지구가 우주공간을 이동해 가는 것도 그것이 태양계, 은하계 등의 공자전운동 등을 통해서 비존재와의 합일을 추구해가는 과정과 맞물려 있기 때문이다.

현재 우리는 이상과 같은 세계 속에서 존재해 있다. 인간의 연구활동에 있어서의 일반적 방법론이 세계관의 정립과 그 세계에 대한 인간의 확고한 입장정립을 기초로 해서 확립된다고 한다면, 현재 우리에게 있어서의 가장 보편적인 문학연구방법은 우리가 처해 있는 세계가 바로 이상과 같은 세계라는 것을 명확히 파악해서 그것에 대한 자신의 입장을 정립하여 그것을 기초로 해서 자신이 연구해 보려는 대상에 접근해가는 방법이다.

결 론

문학은 표현이다. 그러한 의미에서 인간의 문학적 행위는 표현행위이고, 문학연구는 표현연구이다. 인간에 있어서의 표현이란 인간의 감각에 잡히는 대상들의 의미를 파악하고, 그러한 의미파악과정에서 생성되는 느낌이나 생각을 인간의 감각적 대상으로 구상화시키는 작업이다. 이렇게 볼 때, 인간에 있어서의 표현은 인간과 세계와의 매개수단이다. 인간에 있어서의 세계는 사회와 자연으로 구성된다. 인간은 표현을 통해서 사회를 구성하는 사람들과 만나가고 자연을 구성하는 자연물들과 접해 간다. 이 경우의 표현은 인간에 의해서 표현된 표현과 사회 내지 자연에 의해서 표현된 표현으로 이루어지는 표현이다. 예컨대, 인간은 언어표현, 얼굴표정, 복장이나 헤어스타일 등의 표현 등을 통해서 타자들과 만난다. 또, 인간은 예컨대, 장미의 경우, 그것의 색깔이나 모형, 가시, 향기 등을 통해서 그것과 접하게 된다.

우리가 우리와 세계와의 매개수단을 연구하는 목적은 우리와 세계가 보다 조화로운 관계를 정립해가기 위해서이다. 예컨대, 우리와 타자와의 가장 대표적인 매개수단들 중의 하나는 역시 언어이다. 우리가 어떤 사람에게 어떤 말을 한다거나 글을 쓴다는 것은 우리가 그 사람과의 보다 이상적 관계를 맺어보기 위해서이다. 그런데 문제는 우리가 상대방에게 말을 하고 글을 쓴다고 해서 상대방과 이상적인 관계가 꼭 수립되는 것은 아니다. 경우에 따라서는 관계가 더 악화될 때가 있다. 그래서 우리는 그것을 잘 사용해야 한다. 그러기 위해서는 우리는 그것의 사용법을 연구해야 한다. 우리는 그것의 사용법 연구를 언어연구, 또는 언어표현연구라 한다.

이상과 같은 측면에서 파악해 볼 때 현재, 한국의 대학의 각 어문학과에서의 문학연구는 그 목표가 잘못 설정되어 있음을 알 수 있다. 현재 어문계열학과에서의 문학연구는 해당외국어의 습득과 그것을 통한 해당 언어국의 국민적 정서나 감정, 더 나가서는 그 나라의 민족정신 등의 이해에 그 목표가 두어져 있다. 문학의 연구가 표현에 대한 연구라면, 대학의 각 어문학과에서의 문학연구는 그 해당언어의 습득이나 그 언어에 대한 고찰을 통한 표현연구가 되어야 한다. 또 대학의 각 어문학과에서의 그러한 연구는 학생들이 해당언어의 습득을 통해서 보다 다채로운 표현생활을 영위해 간다고 하는데, 그 목표가 두어져야 한다. 이것은 바로, 설혹 해당언어의 마스터에는 실패했다 하더라도, 그 학과의 수업을 통해서 다채로운 표현생활을 영위해 갈 수 있

는 능력을 갖추게 되었다면 그것은 그것대로 어문계열학과의 학습목
표에 도달했다고 할 수 있다고 볼 수 있을 것이다. 예컨대, 어떤 학생
이 일어일문학과에 들어와서 일본어로 자신의 생각을 충분히 구사할
실력을 갖추게 되지는 못했다 하더라도, 그가 그 학과의 소정의 과정
이수를 통해서 자신이 처해 있는 세계와 이상적 관계를 모색해 갈 수
있는 표현력을 배양했다고 한다면, 그것은 그 학과의 학습목표에 도
달했다고 봐야 한다는 것이다. 우리가 어문학과에서 외국어를 배우는
것은 보다 다채로운 표현생활을 위해서 표현수단을 하나 더 취해 보
려는 것에 지나지 않다. 따라서 외국어문계열 학과의 학습목표는 해
당언어습득이나 해당언어연구를 통한 다채로운 표현능력의 함양이다.
　이상과 같이 생각해 볼 때, 금후 대학에서의 문학연구의 목표는 자
신이 처해 있는 세계와의 보다 조화로운 관계를 모색하기 위한 방법
으로서의 표현력의 함양으로 파악된다. 이와 같이 그러한 표현력의
함양으로 문학연구의 목표를 파악해 볼 때, 문학연구의 방법은 인간
과 세계와의 조화로운 관계의 정립방법을 통해서 찾아낼 수 있을 것
으로 고찰된다. 다시 말해서, 문학이란 표현이고, 그러한 의미에서 문
학연구는 표현에 대한 연구이다. 인간에 있어서의 표현이란 자신의
느낌이나 생각을 자신의 주위 사람들에게, 말이나 얼굴표정이나 노래
등으로 나타내고, 또 상대방의 그러한 것들로부터 그것들의 의미를
파악하는 행위이다. 그런데 인간의 삶은 바로 이러한 표현행위들을
통해서 이루어진다. 그러한 의미에서 인간에 있어서의 표현이란 다름
아닌 삶의 실현방법 그 자체이다. 이렇게 볼 때, 인간에 있어서의 문
학연구의 방법은 다름아닌 바로 표현을 통한 삶의 실현을 연구하는
방법이라고도 말해 볼 수 있다.
　이와 같이 설정되는 문학연구의 목표가 어떻게 해야 효과적으로 실

현될 수 있는가? 현재 한국의 대학에서의 문학연구는 어문계열학과 들에 의해 행해지고 있다. 그것도 각 학과가 단위가 되어 독자적으로 행해지고 있다. 이와 같은 문학연구방법은 문학을 민족정신이나 국민정신의 계발수단으로 이해했던 자들에 의해서 시작되었던 민족주의 나 국수주의가 인간의 정신을 지배했던 근대 초의 문학연구방법, 즉 국문학연구의 방법으로부터 나온 것이다. 문학은 인간에 의해 행해지는 문화나 인간 그 자체에 대한 이해수단이다. 그러한 의미에서 문학은 언어뿐만 아니라 사회, 역사, 지리, 철학, 심리학 등과 같은 인문과학은 물론이고 생물학, 물리학과 같은 자연과학과도 깊게 관련되어 있다. 따라서 우선 어떤 외국어 습득을 위해서 설립된 어문학과로부터 문학을 해방시켜야 한다. 그러기 위해서는 영문학과나 일문학과와 같은 각 어문학과를 강좌단위들로 해체시키고 그것의 상위단위로 앞에서 제시한 문학연구의 목표가 이상적으로 달성될 수 있는, 여러 관련 강좌들로 구성된 예컨대, 문학부와 같은 하나의 대학을 만들어야 한다. 현재 거론되는 학부제가 하나의 방법이 될 수 있다.

주

1) 『論語』의 「先進」에 「文學, 子游子夏」(문학에는 자유와 자하였다)

소설문학 장르의 표현양식과 그 주제 도출법

서 론 : 문학연구와 문학작품의 주제 도출법

우리들 중에는 시, 소설, 희곡, 수필, 평론, 등과 같은 글들을 쓰는 사람들이 있다. 또 그것들을 읽는 사람들이 있다. 그들은 왜 그와 같은 글들을 쓰는 것일까? 왜 그들은 그러한 글들을 읽는 것일까? 우리에게 있어서의 문학연구의 목적은 바로 이러한 물음들에 대한 답을 찾아내서 인간 생활에 있어서의 문학이 어떠한 역할을 수행해 가는지를 명확히 규명해 내는 데 있을 것이다.

우리는 이와 같은 물음에 대한 답을 어떻게 도출해 낼 수 있을까? 어떤 사람이 어떤 작품을 쓰는 이유를 알아보기 위해서는 그 사람으로부터 그 작품을 쓰는 이유를 직접 들어 볼 필요도 있지만, 그보다도 더 필요한 것은 그가 처해 있는 사회적·역사적 상황, 그에 의해서 쓰여지는 작품의 내용 등에 관한 것들을 파악해 보는 일일 것이다. 또, 어떤 사람이 작품을 읽는 이유를 알아 볼 경우에 있어서도 마찬가지이다. 즉, 그로부터 직접 그 이유를 들어 볼 필요도 있지만, 그보다도 중요한 것은 그가 처해 있는 사회적·역사적 상황, 그 작품의 내용 등을 고찰해 보는 것이 더 중요할 것이다.

이와 같이 작자의 창작 이유와 독자의 독서 이유를 규명하는 데 있어서 반드시 필요한 자료는 첫째가 작자와 독자가 처해 있던 사회적·역사적 상황이고, 둘째가 그들에 의해서 쓰여겼고 읽힌 작품이다. 이 경우, 작자의 사회적·역사적 상황에 대한 고찰은 필요하다면 사회학자나 역사학자들의 도움까지도 받아야 할 것이다. 그렇다고 해서, 그들로부터 작자와 독자의 사생활들에 관한 것까지는 결코 기대할 수 없다. 게다가 독자의 경우는 작자의 경우처럼 한 사람이 아니다. 그들은 무수히 많다. 따라서 그들의 하나하나에 대한 사회적·역사적 상황을 다 파악하기란 결코 불가능하다. 그러한 이유 등으로 인해 우리는 문학작품의 내용을 통해서 작자와 독자가 처해 있던 사회적·역사적 상황을 찾아내는 경우가 많다. 왜냐하면, 일반적으로 작자는 자신이 처해 있는 사회적·역사적 상황을 자료로 해서 작품세계를 만들고, 독자 역시 자신이 처해 있는 사회적·역사적 상황을 통해서 작품을 읽어 가기 때문이다. 이와 같이 문학작품은 작자와 독자의 사적 생활이나 사회적·역사적 상황을 찾아내는 데 좋은 자료가 된다. 그러나 우리가 문학작품을 소재로 해서 문학을 연구하는 경우 그러한 것은 부수적인 것에 지나지 않다. 문학작품이 우리 문학 연구자들에게 줄 수 있는 최대의 의미는 우리들이 작자의 창작 이유와 독자의 독서 이유를 규명해 내는 데 있어서 가장 확실한 자료가 되어 주고 있다고 하는 점이다.

작자는 작품을 통해서 자신이 하고자 하는 것을 세상에 이야기하려 한다. 독자는 작품을 통해서 자신이 취하고자 하는 것을 취하려 한다. 이와 같이 작자에게 있어서의 작품이란 자신이 말하려고 하는 내용의 전달수단이다. 또, 독자에게 있어서의 작품이란 자신이 자신의 현실세계로부터 취하고자 하는 어떤 내용의 한 수취수단이다. 이 경우, 작자가 작품을 통해서 독자에게 전달하려고 하는 내용과, 독자가 작품으로부터 수취하려는 내용이 결코 일치되지 않는다. 왜냐하면, 작자가 전달할 마음이 없는 것까지도 소재에 묻혀 전달될 수 있으며, 또 독자는 세상에 대한 자신의 개인적 체험을 통해서 작품으로부터 자기 자신도 모르게 자연히 어떤 의미를 수취하기 마련이기 때문이다. 이처럼, 작품에는 분명히 작자가 의식적으로 독자에게 전달하려는 내용이 분명히 내재되어 있기는 하지만, 또 그 외에도 작자의 의도와는 관계없이 작품으로부터 독자에게 전달될 수 있는 많은 정보들이 내포되어 있다. 그런데 작품에 내포된 그러한 정보들은 독자의 지적 능력에 의해 도출된다고 하는 것이다.

작품이 독자에게 전달되는 내용, 즉 독자가 작품으로부터 도출해내는 정보, 이것을 우리는 작품의 주제라고 한다. 우리는 바로 이 작품의 주제파악작업을 통해서 작자가 세상에 전하려는 이야기와 독자가 작품으로부터 수취하려는 이야기를 파악할 수 있고, 그것들을 자료로 해서 작자의 창작 이유와 독자의 독서 이유를 고찰해 낼 수가 있는 것이다. 문학연구자에 있어서의 작품의 주제파악은 작가론이나 독자론을 위한 기초적 작업이다. 예컨대, 우리가 섹스피어, 타골, 두보, 소월, 가와바타 야스나리 등이 희곡이나 시나 소설을 쓰게 된 이유를 알아보고, 그들의 정신세계가 어떠했는지를 밝혀보고, 또 그들의 작품들을 애독했던 독자들이 그것들을 왜 애독했는지를 알아보기 위해서 주제가 어떠한 것인지를 우선 파악해야 한다. 이와 같이 작품의 주제파악을 중심으로 해서 행해지는 문학연구를 우리는 작품론이라한다. 그런데, 우리가 여기에서 말하고자 하는 것은 작가론이나 독자론, 또 그러한 것들을 기초로 해서 행해지는, 문학현상에 모든 대한 연구가 다 이 작품론을 기초로 해서 이루어진다고 하는 것이다. 따라서 문학을 전공하는 학부생과 대학원생들의 문학수업은 작품들의 주제파악 방법의 습득에 그 목표가 주어진다. 문학작품의 주제파악 방법은 다양할 수 있다. 그것은 우선 장르에 따라서도 다를 수 있고, 작품들이 창출된 문화권이나 시대에 따라서도 다를 수 있다. 본인이 여기에서 제시하려는 문학작품의 주제파악 방법은 금세기의 가장 대표적 문학장르인 소설문학작품의 경우이다. 본고는 소설문학작품의 주제파악 방법 제시에 그 목적을 두고, 그 방법제시의 수순으로서 우선 제시되는 방법론의 설득력 확보의 한 방법으로, 세계 문학사적 측면에서의 소설문학 장르의 성립과 그 전개양상을 파악하고, 그것을 기초로 해서 소설문학 장르의 표현양식 등에 대한 고찰을 통해서 소설문학작품의 주제파악 방법을 제시하기로 한다.

1. 근대소설과 전근대소설

1) 서구의 근대소설의 성립과 전근대소설

우리는 일반적으로 소설문학을 근대 시민사회를 살아가는 인간들의 정신적 산물로 파악하고 있다. 사실상 소설문학 장르는 근대시민사회와 근대국민국가를 구성하는 시민정신과 국민정신의 계발수단으로 그 역할을 수행해 왔다. 그러한 소설문학 장르는 1642년 영국의 청교도혁명, 1688년 명예혁명 이후의, 예컨대, 데포의 『로빈손 크루소』(1719) 등을 시발로 해서 나온 소설들을 통해서 성립되어 나온다. 그 후 그것은 근대 시민사회가 확립되는 시기에 쓰여진, 프랑스의 플로베르의 『보봐르 부인』(1857) 등을 통해서 확립되어 나온 것으로 되어 있다.

근대 소설문학 장르의 효시격인, 데포의 『로빈손 크루소』는 그 전의 어떤 소설문학 장르를 기초로 해서 성립되어 나온 것인가? 『로빈손 크루소』는 상인의 아들로 아버지의 충고를 받아들이지 않고 선원이 된 로빈손 크루소가 조난을 당해 무인도에 표착해서 그 곳에서 28년간 원시적 생활을 해 나가다 구출되어 귀국하는 이야기이다. 그런데, 이 작품이 그 이전의 작품들과 구분 지어지는 것은 이 작품의 소재가 이전의 역사적 사실(史實)로부터 기반으로 해서 취해진 것이라든가, 누군가로부터 전해들은 것들로부터 취해진 것이 아니고, 작자 자신이 처해 있던 당대의 현실 세계에서 실제로 일어난 사건으로부터 취해진 것이라고 하는 것이다.[1] 작자는 작자자신의 시대에 5년간이나 무인도에서 지낸 일이 있는 스코틀랜드의 선원, A. 셀커크(Selkirk, 1676~1721)를 모델로 해서, 본 작품을 창작하였던 것이다. 그 결과 본 작품 이야기는 그 이전의 다른 어떤 작품보다도 작자 자신의 체험담처럼 리얼하게 사실적으로 기술되어졌다. 그러한 면에 있어서 본 작품은 이전의 다른 작품들과 구분되어졌던 것이다.

작자가 어떤 한 독특한 인간을 설정해서 그를 통해서 작자 자신의 이야기를 해 가는, 본 작품의 서술형식은 물론 그 이전의 소설작품으로부터 취해진 것이다. 그러한 서술형식을 취하고 있던 가장 전형적 소설은 악자(惡者)소설이라 불리워지는 스페인의 피카레스크 소설 형식을 취해서 성립된 세르반테스의 『돈키호테』(1605~1615)이다. 영국의 17세기 후반·18세기 전후반은 16세기와 17세기후반의 스페인·네덜란드의 근세문화와의 접촉을 통해서 이루어졌다. 그 과정에서 데포의 문학이 피카레스크 소설로부터 영향을 받았던 것이다. 피카레스크 소설이란 이베리아반도의 스페인에, 지중해 북안의 이탈리아 지방으로부터 일어난 르네상스운동의 바람이 불어닥침으로써 성립되어 나온 소설형식이다. 그것은 『라사릴료』(1554)로 시작해서 17세기 중반까지 유행했다. 그 소설의 표현형식은 피카레스크 소설의 효시작

『라사릴료』에서 그 작품의 내레이터로서의 한 작중인물, 라사로라고 하는 어린소년이 맹인, 거지 등과 같은 악자들을 만나서 그들로부터 당한 고충과 그들의 행태들을 하나하나 이야기해 가고 있듯이, 작품의 내레이터로서의 한 작중인물이 서로 다른 어떤 장소들을 방문해서 그것들의 특성들을 자신의 체험담을 이야기해 가듯이 이야기해 가는 형식을 취하고 있는 것으로 특징 지워진다. 사람들은 악자소설들의 그러한 특징을 취해 그 소설을 모험편역소설(冒險遍歷小說)이라고도 한다. 이 피가레스크 소설의 표현 내용은 그 당시 스페인 소설들이 가공의 기사(騎士)이야기를 다루었던 것과는 달리,『돈키호테』의 경우처럼 기사들의 이야기를 풍자해 가는 내용의 것들로 특징 지워진다.[2]

그러면, 이와 같은 피카레스크 소설의 표현형식은 그 이전의 어떤 소설형식을 기초로 해서 성립되어 나온 것인가? 피카레스크 소설을 산출시킨 이베리아반도는 8세기 초, 아프리카 북부로부터 북상해 온 이슬람세력의 손아귀에 떨어지고 만다. 그 후, 이베리아반도는 이슬람문화가 침투되고, 또 12세기 중엽부터는 국토회복운동이 일어나, 그를 받아들이는 과정에서 사랑과 무용(武勇)을 다룬 기사이야기라 할 수 있는 로망스라는 소설장르를 창출시킨다. 라틴어에 대하여 만중어라 할 수 있는 로망스어(속라틴어, 프랑스어의 전신)로 씌어진 작품들로서, 동아시아문학의 차원에서 말할 것 같으면 전기소설(傳奇小說)에 해당될 수 있는 소설장르이다. 이와 같은 이베리아반도에서 최초로 성립해 나온 로망스는 그 후 11세기 말에서부터 시작된 십자군전쟁 중 이슬람문화가 침투되는 과정에서 프랑스, 영국 등에서도 성립되어 나왔다.

본 피카레스크 소설을 산출시킨 이베리아반도의 경우보다, 약 2세기 빨리, 이탈리아와 영국 쪽에서도, 지중해 북안 쪽에서 14세기 초부

터 출발한 르네상스의 물결을 타고 그전 로망스와는 다른 새로운 형
태의 소설양식이 출현하였다. 그러나 그것들은 본 피카레스크 소설과
는 정반대의 서술형식을 취해 출현한 소설이 있었다. 본 피카레스크
소설의 원형 추적의 한 단계로서 우선 그것에 관한 것부터 논하기로
한다. 14세기 말 영국에서는 이탈리아로부터의 르네상스 운동의 붐을
타고 쵸서의 『캔터베리 이야기』(1393~1400)가 성립되어 나왔고, 또
이탈리아에서는 그보다 먼저 14세기중엽 봇카치오의 『데카메론』(1349)
이 출현하였다. 이들 두 작품들은 자국의 구어(口語) 즉, 영어와 이탈
리아어로 쓰여졌다고 하는 것이 이전의 문학작품들과 차이를 보인다.
또 이야기의 서술형식의 면에 있어서도, 본 두 작품들은 이전의 것들
과 차이를 보인다. 『캔터베리 이야기』의 경우는 다음과 같은 서술형
식을 취하고 있다.

  본 작품은 프롤로그, 본문, 에필로그의 세 부분으로 되어 있다. 프
롤로그에서는 작자 「나」가 직접 얼굴을 드러내서 작품을 읽어 갈 독
자에게 본 『캔터베리 이야기』가 쓰여지게 된 경위를 서술한다.[3] 작자
는 본 프롤로그를 통해서 이야기의 서술형식을 제시한다. 작자 「나」
는 자기가 캔터베리로의 순례를 작정하고 한 여관에 투숙했는데, 그
곳에서 29명의 서로 직업이 다른 동행인을 만나게 되었다는 것. 그런
데, 그 곳의 여관 주인의 제안에 의해서, 여로의 권태를 덜기 위해 캔
터베리까지 갔다 오는 동안에 각자가 가는 동안 이야기 두 자리, 오는
동안에 또 두 자리씩을 하게 되는데, 다음에 행해지는 이야기들이 바
로 그들에 의해 행해진 이야기들이라는 것이다. 그들에 의해 이야기
가 다 끝나자 작자는 에필로그에서 다시 얼굴을 드러내 이야기를 정
리한다. 한편, 보카치오의 『데카메론』은 「귀부인들에게 올리는 머리
말」과 본문의 이야기들로 되어 있다. 작자는 「귀부인들에게 올리는

머리말」을 통해서 독자에게, 『데카메론』을 이루는 이야기가 성립된 경위를 밝힌다. 즉, 작자는 당시 유행했던 흑사병을 피해서 교외의 한 화려한 별장으로 피난을 갔다는 것. 그런데 그 곳에서 10명의 남녀가 모여 10일 동안 매일 이야기를 한 자리씩 했는데, 그 이야기들이 바로 『데카메론』의 이야기들이라는 것이다.[4] 사람들은 이와 같은 서술 형식을 소문서술형 계열의 작품이라 말하고 있다.

이상과 같이 파악해 볼 때, 이상의 세 작품들이 18세기 초부터 서구의 크리스트교문화가 이슬람세력의 이베리아반도 침입과 그 결과로 인한 그곳에서의 국토회복운동추진, 십자군전쟁 등을 통해서 그 후 그것들은 르네상스의 바람을 타고 근세 신민계층이 형성되어 나오는 과정에서 확립된 것들이라는 점에 있어서는 공통점을 갖는다.[5] 그러나 근세 이베리아반도의 피카레스크 소설의 서술형식과 근세 서유럽과 지중해 동북 지방의 「소문으로 들은 이야기」의 의미로 출발된 노블의 서술형식과는 전혀 다르다. 피카레스크의 경우는 내레이터로서의 한 작중인물이 서로 다른 대상들이나 장소를 이동해 다니면서 그것들의 특성들을 이야기해 가는 형식이다. 이에 반해서 노블의 경우는 내레이터로서의 한 작중인물이 그의 앞에 나타나서, 자신이 들은 이야기나 경험한 것을 그에게 이야기하는 것을 다시 독자에게 들려주는 형식을 취하고 있다. 그렇다면, 이와 같이 서로 다른 두 유형의 서술형식은 어디로부터 유래된 것인가?

2) 『아라비안나이트』의 성립과 소설문학의 서술내용

피카레스크가 출현한 이베리아반도와 노블이 출현한 서유럽의 영국과 동남부 유럽의 이탈리아는 십자군전쟁(1096~1271) 이후 등의 이슬람문화권 등과의 접촉을 계기로 이탈리아 지방을 중심으로 해서 일어난 르네상스운동의 물결을 타고 근세를 맞이한 지역들이다. 그러한 점에서 두 지역은 공통점을 갖는다. 그러나, 그 이전, 이베리아반도에 위치한 스페인의 경우는 이슬람 문화권에, 이탈리아와 영국은 크리스트교 문화권에 각각 속해 있었다는 점에 있어서 차이점을 갖는다. 우리는 흔히들 크리스트교 문화를 사막문화의 산물로 보고 있다. 그러나 이슬람 문화와 그것을 비교해 볼 때 꼭 그렇지만도 않다. 이슬람 문화야말로 순수한 사막문화의 산물이다. 그 출현 배경이야 어떻든 간에 근세이전의 서구의 중세 크리스트교 문화는 중농주의 정책을 통해서 확립되었고, 오리엔트의 중세 이슬람문화의 경우는 중상주의정책을 통해서 확립되어 나왔다. 그것은 설혹 크리스트교문화가 사막문화권에서 출현했다 하더라도 농경문화권인 유럽에 들어가서 현대의 형태로 확립되어 나왔고, 이슬람문화의 경우는 사막문화권에서 출생해서 계속 사막문화권에서 확립해 나온 문화이다. 이러한 점을 감안해 볼 때, 피카레스크는 사막문화권을 통해서 성립된 이슬람문화권에서 르네상스운동의 물결을 타고 출현한 것이고, 노블의 경우는 농경문화권의 크리스트교문화권에서 르네상스운동의 물결을 타고 일어난 소설장르이다. 중세 말, 이탈리아지방에서의 르네상스운동의 출현은 십자군전쟁을 계기로 크리스트교문화가 인접하는 이슬람문화권과의 접촉을 통해서 이루어졌다 할 수 있다. 그런데, 본인이 여기에서 논하고자 하는 것은 그러한 상황들 속에서 로망스를 기조로 해서 출현한 노블과 피카레스크의 경우도 오리엔트의 이슬람문화, 그 문화권으로부터 들어온 소설의 양식 등과의 접촉을 통해서 이루어졌다고 하는 것이다.

당시 오리엔트의 이슬람 문화권으로부터 전래된 가장 대표적 소설은 『아라비안나이트』(千夜一夜이야기)였다. 이 소설은 십자군전쟁 이후 동북부 지중해지방에서 일어난 르네상스운동의 물결을 타고서, 러시아의 중심이 키에프에서 모스크바로 이동하는 13~14세기에 이미 슬라브어로 번안되어 러시아 문학에 들어왔다.[6] 원래 『아라비안나이트』의 이야기는 6세기 이전에 인도문화권에서 성립되어 나온 것으로 연구되어 있다.[7] 그 후 6세기 오리엔트의 사산조페르샤에 전래되어 『천자리 이야기』로 불리워졌는데, 그 후 8세기 경에 와서 이슬람사상을 통해서 재구성되어 나와 『천밤 이야기』로 불리워졌고, 그 후 그것은 이라크, 시리아, 이집트 등에서 전래되어 왔던 설화들이 가미되어, 십자군전쟁을 통해 서구의 그리스도 문화권으로 전래되기 직전인, 12세기에 이르러서는 현재의 『천야일야 이야기』로 불리워지게 되었던 것이다.[8] 이 작품의 마지막 마무리는 피카레스크가 성립되어 나왔던 16세기 초 이집트의 마므르크조가 오스만·터키제국에 항복될 무렵에 이루어졌던 것으로 보고 있다. 이와 같이 『아라비안 나이트』는 농경문화권인, 인도의 불교문화권을 통해서 성립되어, 사막문화권인, 오리엔트의 이슬람 문화권을 통해서 확립되어 나온 것이다. 16세기 초, 피카레스크에 영향을 끼친 형태의 것을 가지고 우선 그 서술내용을 말해 보면, 대략 다음과 같다.

본 작품은 작품의 프롤로그에 해당되는 「샤리야르왕과 그 아우 이야기」 및 그 속의 「황소와 노새 이야기」, 본체에 해당되는 「세 개의 사과 이야기」에서 「알리바바와 40인의 도둑」까지의 이야기, 「에필로그」의 세 부분으로 대별된다. 내레이터는 「샤리야르왕과 그 아우 이야기」 및 「황소와 노새 이야기」에서 「아라비안나이트」의 이야기가 행해지게 된 경위를 서술한다. 즉, 내레이터는 프롤로그에 해당되는 두 이야기를 통해서 다음과 같이 이야기하고 있다. "우리들보다 먼저 세상을 떠난 사람들의 행동이나 말은 진실로 오늘날 사람들에게 좋은 본보기가 되고 있다." "그런데 여기에 이와 같은 본보기의 하나로서 유명한 전설과 불가사의한 이야기를 엮은 <천일야화>라 일컬어지는 것이 있어, 그 가운데는 다음과 같은 내용의 것이 있다." 옛날 인도와 중국의 섬들에 사산왕조(사산왕조는 A.D. 641년 아랍인의 정복으로 막을 내렸다)의 대왕이 있었다. 그에게는 두 명의 아들이 있었는데, 아버지가 죽은 후 왕위에 오른 형, 샤리야르(Shahriyar)는 동생, 샤자만을 오랑케의 땅 사마르칸트의 왕으로 책봉하였다. 그로부터 20년 만에 형은 아우의 얼굴이 보고 싶었다. 형은 동생에게 사신을 보내 데리고 오도록 했다. 동생은 형의 청을 듣고 형에게로 오다가, 형에게 가지고 갈 선물 하나를 잊은 것을 기억하고 집으로 되돌아간다. 그는 자신이 도착한 집에서 자기부인이 흑인 하인과 알몸으로 동침하는 장면을 목격하게 된다. 그는 그 자리에서 칼로 그들의 몸을 두 동강이 내버리고 다시 형의 집으로 향한다. 그는 형 집에서 머물고 있던 중, 형이 사냥을 나갔다. 아우는 창 아래 유원지에서 왕비와 왕의 후궁들이 남자들과 알몸으로 뒹굴고 있는 것을 발견한다. 아우는 그 장면을 발견하고, 자기보다 모든 면에서 더 나은 형이 이런 상황에 처해 있다니, 형이 자기보다 몇 배 더 불행하다는 사실을 깨닫고, 자신이 불행하다는 생각을 떨쳐버리기로 마음먹는다. 아우는 사냥에서 돌아온 형에게 형 집에 오기 직전 자기에게 있었던 일과, 형이 사냥을 떠난 후 자신이 형 집에서 목격한 것들을 이야기한다. 그 후 형은 자기 눈으로 왕비와 후궁들의 부정행위를 직접 목격한 다음, 그들은 왕위 따위는 어떻게 되든 알 바 없다며, "자기들과 똑같은 불행을 맛 본 인간들을 만나자, 못 만나게 되면, 죽어버리자."라며 슬그머니, 왕국의 뒷문을 빠져나간다. 그들은 마신(魔神)을 남편으로 삼은 한 여인이 잠자는 사이에, 자기들을 유혹해 오는 것을 보고, 그들은 마신이 자신들보다 더 불행하다는 사실을 깨닫는다. 그리고나서 그들은 왕궁으로 돌아와서 한 대신에게 왕비를 체포해 참살할 것을 명령하고, 형은 후궁들과 그들의 파트너들을 참살해 버린다. 그리고, 그는 대신에게 밤마다 처녀를 불러오게 해서 잠자리를 같이 하고는 이튿날 아침에는 그들을 꼭 죽여 버린다. 그러는 과정에 동생은 자기의 왕궁으로 돌아갔고, 대신이 왕에게 데리고 갈 처녀는 더 이상 구할 길이 없었다.

그래도 왕이 대신에게 처녀를 데려오라 하자, 대신은 자기의 두 딸을 데려가야 했다. 그렇지 않을 경우 대신의 목이 날아간다는 것은 지극히 당연한 일이었다. 그러한 사실들을 두 딸, 샤라자드(Shahrazad)와 두냐자드는 다 잘 알고 있었다. 큰딸은 한사코 반대하는 아버지를 밀치고, 왕에게로 나간다. 그녀는 그날 밤 동생을 왕과 자기의 침실로 불러들여, 동생으로 하여금 왕과 자기에게, 지금까지 한 번도 들어 본 적이 없는 즐겁고 재미있는 이야기를 들려 줄 것을 청하도록 한다. 그리고나서 샤라자드는 왕과 동생에게 이야기를 시작한다.

다음의 본체는 큰 딸, 샤라자드가 왕의 침실에서 왕과 동생에게 들려주는 이야기로 시작된다. 그 이야기는 「세 개의 사과 이야기」였다. 샤라자드가 「세 개의 사과 이야기」를 해 가는 과정에서 동이 텄다. 그러자, 그녀는 내일 밤에 들려주기로 하고 이야기를 중단하고, 셋은 잠을 청했다. 왕은 중단된 이야기를 듣기 위해 이튿날 아침 그녀를 죽이지 못한다. 그렇게 해서 그 「세 개의 사과 이야기」는 20일 이상 계속되었고, 또 그 「세 개의 사과 이야기」 속의 한 주인공이 이야기를 해 가는 형식을 취해 그 다음의 「페르시아인 알리」의 이야기가 계속되었다. 그래서 샤라자드의 이야기는 천일밤이나 계속되었던 것이다.

마지막의 「에필로그」에 와서 내레이터는 다음과 같은 이야기를 하고 있다. 샤라자드는 그동안 샤리야르왕의 아이를 셋이나 낳았다. 샤라자드는 「마루프의 이야기」를 끝내고 왕에게 엎드려, "왕이시여, 저는 당신의 첩입니다. 저는 천일동안이나 밤마다, 옛이야기라든가 오늘날 교훈으로 삼을 만한 이야기 등을 들려주었습니다. 그러니 제가 당신께 한 가지 소원을 드려도 될까요?"라고 묻는다. 그의 소원은 자기들의 아이들에게 내리는 선물로서 자신으로 하여금 참수의 운명을 면케 해 달라는 것이었다. 왕은 그렇게 부탁하는 그녀에게, 자기는 아이들이 태어나기 전에 이미 그녀를 용서하고 있었다는 이야기를 한다. 그리고 왕은 모든 신하들을 불러, 샤라자드와의 일을 간단히 설명하고, 이제 자기의 행위를 참회하고 더 이상 무고한 목숨을 끊지 않을 것이며 대신의 딸을 왕비로 맞을 것이라 말한다. 이어서, 내레이터는 왕이 연대기 작자와 필경사들을 불러서 자신과 왕비사이에 있었던 일을 자세히 기록케 하여 그것을 「천야일야」라 명명했다고 서술하고 있고, 또 그것이 30권으로 이루어져 창고에 보관되었는데, 후세에 한 명군(明君)이 나타나, 우연히 보물창고에 들어갔다가 그것을 발견해 그것을 읽은 다음, 전권을 필사해서 세상 모든 나라에 널리 펴도록 명령했다는 것도 서술하고 있다.

3) 『아라비안나이트』와 소설문학의 원형

본 작품은 서술형식의 측면에서 분류해 볼 때 「프롤로그」에 해당되는 작품의 첫머리 부분 및 작품의 끝부분의 「에필로그」와 그 사이의 본체 부분으로 양분된다. 작품의 첫 부분과 끝부분은 작품 밖의 내레이터가 작품 밖의 독자를 청자로 해서 서술한 부분이다. 이에 대하여 본체부분은 작중세계에서의 내레이터로서의 작중인물이 역시 작중에서의 청자로서의 작중인물에게 행해진 이야기들로 엮어진 부분이다. 이 경우, 작중세계에서의 내레이터로서의 작중인물은 샤라자드이고, 그녀의 이야기를 듣는 청자는 샤리야르왕과 끝에 가서 그 왕의 동생 샤자만왕과 결혼하게 되는 샤라자드의 동생, 두냐자드이다.

작중세계에서의 이야기꾼, 샤라자드에 의해 행해진 이야기들의 다수는 그 이야기들 속의 어떤 인물들에 의해서 행해졌다. 다시 말해서, 샤라자드의 이야기가 제시하는 세계 속에는 어떤 사건이 일어나고 있는데, 그 사건을 일으켜 가는 인물들 중의 어느 하나가 이야기를 해가고 있고, 또 그 인물들 중에는 그 이야기의 청자가 존재하고 있다는 것이다. 예컨대, 이러한 현상은 작품의 첫머리를 이루는 「샤리야르왕과 그 아우 이야기」에서도 나타나고, 본체의 첫머리, 「세 개의 사과 이야기」에서도 나타난다. 「샤리야르왕과 그 아우 이야기」의 전반부의 내레이터는 작품 밖의 독자를 상대로 한 작품밖의 내레이터였다. 그러나, 그 후반부에 가서 대신(大臣), 샤라자드의 아버지가 그의 딸, 샤라자드에게 자기의 말을 듣도록 하기 위해서 「황소와 노새 이야기」를 해주게 되는 데 그 경우에 있어서의 내레이터는 아버지가 되고 청자는 그 딸이 된다. 또 아버지가 딸에게 들려준 그 「황소와 노새 이야기」속에서 그 이야기의 주인공이라 할 수 있는 상인이 나온다. 그 이야기 속에서 상인은 자기의 비밀을 자기의 아내에게 이야기를 해가는 부분이 있다. 또 이 대목에 와서는 상인이 내레이터가 되고, 그의 아내가 청자가 되어 있다. 「세 개의 사과 이야기」의 내레이터는 샤라자드이고, 청자는 왕이다. 그러나, 그 이야기의 끝에 가서 그 이야기 속의 주인공인 교주가 그의 신하 자파르에게 이야기를 시키는 바람에 그 다음에 이어지는 이야기 「페르시아인 알리」에 와서는 신하 자파르가 내레이터가 되고 교주가 청자가 된다.

이상과 같이 본 작품의 서술형식을 고찰해 볼 때, 그 특징은 다음과 같이 파악된다. 우선, 본 작품은 작품 밖의 내레이터, 작중내레이터, 작중 내레이터의 이야기 속의 내레이터, 또 그 내레이터의 이야기 속의 내레이터 등, 계층적 다수 내레이터와 그것들에 대응되는 다수 청자들을 갖는다. 이 경우, 이야기의 사건이 진행되는 과정에서 작품 밖의 내레이터는 작중내레이터와 대치되고, 또 그것은 이야기 속의 내레이터와 대치된다. 그러나 본 작품의 내레이터와 청자는 작중내레이터, 샤라자드와 작중 청자 샤리야르왕을 고정축으로 해서 이동해 다닌다는 점이다. 소설의 기본적 서술구조는 일반적으로 농경문화의 산물이라 할 수 있는, 작품 속의 한 인물로서의 내레이터가 자기의 면전에 찾아왔다가 다시 사라지는 인간들을 이야기해 가는 서술형식과, 사막문화의 산물이라 할 수 있는, 작품 속의 "나"의 경우와 같이 한 시점인물로서의 내레이터가 서로 다른 장소나 인물을 방문해 가면서 그것들에 대한 자신의 체험을 이야기해 가는 서술형식의 두 유형이 존재한다. 본 작품의 경우는 두 유형의 복합형이라 할 수 있는데, 우리는 이와 같은 서술구조를 취하고 있는 작품을 삽화형 서술구조를 취하고 있는 작품이라 말해 볼 수 있다.

둘째, 본 작품의 서술형식은 작중의 한 인물인 내레이터가, 또 하나의 인물인 청자에게 어떤 이야기를 해 가는 식의 서술형식을 취하고 있다는 점이다. 셋째는 내레이터에 해당되는 한 인물이 청자에 해당되는 또 하나의 인물에게 어떤 이야기를 해 가는 바로 그 사건이 본 작품 작품의 현재진행사건의 축을 이루고 있다는 점이다. 넷째, 작중내레이터가 작중청자에게 하는 이야기는 문제성이 있는 두 사람의 관계를 이상적 관계로 전환시켜 갈 수 있는 내용의 것이라고 하는 점이다. 본 작품에서의 주인공은 내레이터 샤라자드의 이야기를 듣는 왕 샤리야르이다. 본 작품의 뼈대를 이루는 기본적 사건은 샤라자드가 샤리야르왕에게 밤마다 이야기를 해 가는 사건이다. 그런데 그 사건은 작품의 프롤로그 부분에서 청자 샤리야르왕이 왕비와 후궁들의 부정행위로 인해 깊은 상처를 받음으로써 발생된다. 사건의 진행은 내레이터가 자기여자의 부정행위로 상처를 받은 왕에게 그의 상처가 치유될 수 있는 이야기를 해 줌으로써 이루어진다. 그 사건의 진행방법은 우선 청자로 하여금 그 이야기의 내용에 관심을 갖게끔 해서 내레이터를 참살시킬 시간적 여유를 주지 않음으로써이다. 상처받은 청자가 관심을 가지고 재미있게 들어갈 수 있는 이야기란 청자에게 상처를 입힌 사건과 관계가 깊은 이야기이어야 하고, 청자가 또 그 이야기의 내용으로부터 어떤 지혜를 얻어내서 자신의 상처를 치유해 갈 수 있는 것이라야 했다. 적대적 관계에 있는 청자에게 자신의 목숨을 맡겨 놓은 내레이터는 청자에게 그러한 이야기를 해줌으로써 청자와 내레이터와의 관계는 결국 이상적으로 맺어진다.

내레이터가 청자에게 들려주는 이야기들은 우선 아내의 부정행위로 상처받은 청자보다 아내의 부정행위로 인해 더 불행해진 인간들의 이야기들이다. 그 다음으로 그것들은, 선한 인간들과 백성을 잘 다스려 가는 훌륭한 왕들의 이야기, 그 다음은 당면한 불행으로부터 탈출해 나갈 수 있는 지혜가 담긴 이야기들이었다. 첫 번째의 경우는 작품의 프롤로그 부분에서의 불행에 빠진 샤리야르왕 자신의 처세 방법으로부터도 찾아진다. 왕은 왕비의 부정행위를 목격하고, 자신을 자신의 불행으로부터 구제하기 위한 방법의 하나로 아내의 부정행위로 인해 자기보다 더 불행해진 인간들을 만나 그들로부터 이야기를 들어보기 위해 동생과 함께 궁정의 뒷문을 살짝 빠져나간다. 그래서 그들은 자기의 아내의 부정행위로 인해 자기들 못지않게 불행하다고 생각된 마신의 경우를 손수 체험하게 된다. 그들은 그 체험을 계기로 해서 마음 속으로 각자 자기들이 앞으로 어떻게 해야겠다는 플랜을 짜게 되고, 그 플랜에 의거해서 왕궁으로 돌아와 그야말로 거사를 치르게 된다. 또 동생의 경우도 마찬가지이다. 그가 형 집으로 오기 직전 집에서 당한 불행으로 인한 그의 우울증은 형 집에서 형수의 부정행위를 목격하고 그래도 자신이 형보다 더 행복한 인간이라는 생각을 갖게 됨으로써 해소되어 갔다. 내레이터 샤리자드의 이야기 속의 주인공들도 마찬가지이다. 이야기 속의 한 이야기꾼으로부터 자기보다 더 불행한 인간들의 이야기를 듣고 자기들 불행을 치유해 가는 자들이다.

본 작품 밖의 내레이터도 작품 밖의 청자, 즉 독자들에게 작품의 「프롤로그」에 해당되는 부분에서 이렇게 말하고 있다. "우리들보다 먼저 세상을 떠난 사람들의 행동이나 말은 진실로 오늘날 사람들에게 좋은 본보기가 되고 있다"라고. 또 그 내레이터는 독자 우리들에게, 프롤로그에 해당되는 부분에서 그러한 "본보기의 하나로서 유명한 전설과 불가사의한 이야기들이 엮어져 본 작품『천일야』가 성립되어 나왔다."라고 이야기하고 있고, 또 「에필로그」에서는 "이 『천일야』의 이야기는 후세에 한 명군(明君)에 의해 발견되어 온 세상에 전파되었다"라고 말하고 있다.

나의 불행은 나보다 더 한 남의 불행을 들어봄으로써 치유될 수 있다. 나는 이 세상을 살다가 간 무수한 인간들의 한 사람 한 사람과 결코 다를 바 없는 존재에 불과하다. 따라서 현재의 나의 불행은 선인들 한 사람 한 사람의 불행과 결코 다를 바가 없다. 선인들 중에는 나보다 얼마든지 더 불행했던 인간도 있었음에 틀림없다. 이야기의 본질은 내가 나보다 더 불행한 인간들의 이야기를 들어봄으로써 나의 불행으로부터 벗어날 수 있는 지혜를 얻는다고 하는 것이고, 이야기의 성립은 샤라자드의 경우처럼 자신의 불행으로부터 벗어나기 위한 하나의 방법으로 더 큰 불행을 저질러 가는 인간들에게 그들보다 더 불행했던 사람들의 이야기를 들려줌으로써 그들의 구제를 통해서 자신의 불행을 구제해 가려는 강한 의지에 의해서이다. 본 작품은 우리에게 이러한 이야기를 하고 있다.

2. 소설문학 장르의 성립배경

1) 『아라비안나이트』와 동아시아의 전근대소설

『아라비안나이트』를 성립시킨 인도의 불교·힌두교문화가 동아시아에 들어온 것은, 마케도니아의 알렉산더대왕(356~323, BC)이 인도의 인더스 강유역까지 정벌해 들어오는 과정에서 인 물결이 중국의 황허강 상류의 실크로드로 밀려 들어옴으로써부터였다. 그 후 1세기를 전후해서는 그 통로를 통해서 인도의 대승불교가 들어온다. 한편, 그 무렵을 전후해서 인도의 동해안과 중국의 남부연안지방을 잇는 해로가 이용되기 시작되어, 인도의 소승불교가 그 통로로 밀려나왔다. 그 후 아라비아지방에서 상인 모하메트(570~632)에 의해 이슬람교가 성립되어 나와, 북쪽으로 북상해 나갔다. 그래서 그 후 이슬람 세력은 7세기 중반에 사산조페르샤를 무너트리고 다마스커스를 점령해서 우마이야왕조를 열었다. 그 후 그것은 서쪽으로는 이집트, 이베리아반도로, 동으로는 이란, 인도지방으로 그 세력을 확장시켜 나갔다. 그 과정에서 6세기 이전에 인도에서 성립되어 6세기경에 인도로부터 현재의 이란지역에 위치했던 사산조페르샤에 들어간 『아라비안나이트』는 그 후 그곳을 점령해 번성해 갔던 이슬람 문화를 타고 정립되어 나왔고, 또 그것을 정립시킨 이슬람 문화는 8세기경에는 이란지방으로부터 중국서북지방으로 전파되어 나왔다. 한편, 인도지방으로 퍼져나간 이슬람문화는 인도, 동남아, 남부중국연안의 해로를 통해서 상해지방으로 전파되어 나왔던 것이다.

이와 같이 중국은 대략 1세기를 전후해서 인도로부터 불교문화를 받아들여 그 후 6조(六朝, 220~589)를 통해 유교국에서 불교국으로 전환해 나왔다. 중국의 인도로부터의 불교문화의 수입은 승려들에 의한, 산스크리트어로 된 불전의 한역을 통해 이루어졌다. 따라서 당시 중국에서의 불교전파는 상류층의 인간들에 의해 주도되었다. 6조를 통해서 불경이 상류층의 주도하에서 중국의 각 지역으로 전파되어 나가는 과정에서, 상류층을 중심으로 「지괴」(志怪)라고 하는 단편소설장르가 형성되어 나왔다. 또, 이슬람문화가 상인층을 통해서 중국에 유입해 들어 온 당중기(唐中期, 唐 : 618~907)부터는 상류층으로부터는 「지괴」를 이어받아 「전기」(傳奇)라고 하는 문언단편소설장르가 출현했고, 사원을 드나드는 민중층으로부터는 「변문」(變文)이 출현하게 되었다. 초기의 전기(傳奇)소설은 「지괴」의 내용을 벗어나지 못하다가 9세기로 들어와서 「재자가인」(才子佳人)의 세계를 추구해 나갔다. 「변문」이란 승려들이 불법을 전파시킬 목적으로 민중들에게 해주는 이야기를 가리킨다. 그 후, 중국은 송(宋, 960~1279, 開封時代를 北宋, 臨安<杭州>時代를 남송(南宋:1127~1297)이라 한다.)에 이르러, 중국의 인도 · 이슬람세계에 대한 문호를 육로로 통했던 황허강 상류지방에서부터 해로로 통하는 장강하류지방으로 전환시키고, 인도와 이슬람 세계와의 왕성한 해외무역을 열어 나갔다. 그 과정에서, 그동안 황허강 유역에 대하여 피지배적 입장을 취해오던 장강유역의 인간들이 부상하고, 또 해로를 통한 인도 · 이슬람세계와의 해외무역이 왕성해 졌다.

그 과정에서 민중층으로부터 상인계급이 부상해 나오게 되었는데, 그러한 사회적 변동상황에서 민중층으로부터, 이전의 「변문」의 흐름을 이어받아 강창(講唱)으로부터의 구어(口語)의 백화(白話)문학이 출현했다.[9] 이것은 당대의 시정(市井)의 사건에서 소재가 취해진 단편 인정담이라 할 수 있는 「소설」(小說)이나, 삼국이나 오대(五代) 등의 사실(史實)을 각색한 장편 역사담이라 할 수 있는 「강사」(講史)를 강창사(講唱師)가 강설(講說)할 때 대본으로 쓰여졌던 「화본」(話本)을 통해서 성립되어 나왔다.

서민층으로부터 나온 구어 소설문학은 명(明, 1368~1644)의 후기로 들어와서 「화본」형태의 작품을 기초로 해서 「소설」로부터 두개의 구어 단편소설집, 『삼언』(三言)과 『이박』(二拍)이 나왔고, 「강사」로부터는, 명대의 사대(四大) 장편소설, 『삼국지연의』(三國志演義), 『수호전』(水滸傳), 『서유기』(西遊記), 『금병매』(金瓶梅)가 성립되어 나왔다. 그 후 청대(清代, 1644~1912)로 들어와서는 명대의 사대 장편소설을 이어 받아, 『유림외사』(儒林外史)와 『홍루몽』(紅樓夢)이 나왔다. 한편, 당(唐)대의 문언 단편소설인 「전기」(傳奇)의 계승은, 명대의 구우(瞿佑, 1341~1427)의 『전등신화』(剪燈新話, 21편), 청대의 삼대(三大)소설의 하나라 일컬어지는 것으로서 430편의 문언 단편소설들로 된 「요재지이」(聊齊志異)」에 의해서 이루어진다.

한국의 소설문학은 중국의 사대부층의 문언 단편소설의 영향을 받아서 김시습(金時習, 1435~1493)의 한문 문언 단편집 『금오신화』(金鰲新話)로 출발된다. 그 후 일본으로부터의 임진왜란(1592) · 정유재란(1598), 북방으로부터의 정묘 · 병자호란(1627~1636) 등으로 인한 사회적 혼란을 치룬 분위기 속에서 한글로 쓰여진, 허균(許筠, 1569~1618)의 『홍길동전』(洪吉童傳), 김만중(金萬重, 1637~92)의 『구운몽』(九

雲夢) 등이 출현한다.

일본의 소설문학은 중국의 6조의 지괴와 당대(唐代)의 변문 등으로 부터 영향을 받아 성립되어 나온『다케토리 모노가타리』(竹取物語)로 출발된다.[10] 그래서, 그 모노가타리 문학장르는『겐지 모노가타리』 (源氏物語, 1000년 전후)로 확립되어 나온다. 그 후는 무로마치 시대(室 町時代, 1392~1573)로 와서, 중국의 명의 구어 단편소설집,『삼언』과 『이박』의 영향을 받아 단편소설집『오토기조시』(御伽草子)가 출현한 다. 그래서 그것은 에도시대 초기까지 대표적 소설 문학장르로 취급 되었다. 그러다가 16세기 중엽이래의 근세서구세력인 크리스트교 문 화와의 접촉, 임진왜란(1592) 이전의 대륙의 유교문화와의 접촉을 계 기로 해서 무사층으로부터 출발해서 서민층으로 퍼져나간 형태로 해 서 식자층이 형성되어 나왔다. 그 과정에서 가나문으로 쓰인「가나조 시」(仮名草子)라고 하는 장·단편 소설장르가 출현했다. 조닌(町人)층 을 중심으로 아래로부터 상인층이 형성되어 나와, 그것이 상류의 무 사계층에까지 파급되는 과정에서 17세기 후반에서부터「우키요조 시」(浮世草子) 등과 같은 장편소설 장르가 출현했고, 그것의 뒤를 이 어서 에도 중기에 단편 소설장르로,「샤레혼」(洒落本), 에도 후기에 와서는「우키요조시」의 장편소설장르를 이어받아,「곳케이본」(滑稽 本)이 단편소설장르,「샤레혼」을 이어 받고, 또 그것을 이어받아「닌 조본」(人情本)이 출현한다. 그 후 동아시아의 전근대소설은 서구로부 터의 근대소설과의 접촉을 통해서, 중국의 경우는 만청소설(晚淸小說), 일본은 정치소설, 한국은 만청소설과 정치소설과의 접촉을 통해서 신 소설(新小說) 등의 형태를 거쳐서 근대소설로 전환해 나왔다.

2) 소설문학 장르로 상업문화

동아시아의 전근대의 소설문학은 대강 이상과 같이 파악된다. 이와 같은 파악을 통해서 고찰해 볼 때, 동아시아에서의 전근대의 소설문학은 동아시아의 유교문화가, 『아라비안나이트』를 성립시킨 인도문화와 그것을 확립시킨 이슬람문화와의 접촉을 통해서 성립되어 나왔고, 또 그 문화권들과의 지속적인 접촉을 통해서 전개되어 나갔던 것으로 이해된다. 인도와 서아시아의 『아라비안나이트』가 동아시아에 언제 어떻게 전래되어 그것이 어떤 사람들에 의해 읽혀졌다고 하는 사실까지는 밝혀지고 있지 않다. 그러나 본인이 여기에서 확실히 말할 수 있는 것은 인도나 중국의 승려들이나 서아시아의 상인들이나 중국의 상인들에 의해, 『아라비안나이트』의 내용과 그 서술형식이 일찍이 동아시아에 전래되어, 동아시아의 소설문학의 성립과 발전에 절대적 영향을 끼쳤을 것이라고 하는 것이다. 동아시아의 유교문화권에서는 인도로부터 불교문화가 들어오기 전까지만 해도 서술문학은 성립되어 나오지 못했다. 그 이유는 유교를 기초로 해서 성립된 동아시아문화는 원래 소설문학의 토양이 아니었기 때문이다. 유교란 농경사회를 이루는 집단으로부터 나온 사상이다. 농경사회란 정착생활을 기초로 해서 형성된 사회로서 혈연을 통해서 이루어진 사회이다. 또 그들의 생활은 그 사회를 이루는 구성원들 간의 상부상조를 통해서 이루어진다. 그래서 그들은 남이 자기보다 잘 되는 것을 보았을 때 기뻐하고, 남이 자기보다 불행한 상황에 처하게 되었을 때 슬퍼하는 인간들이다. 그래야만이 그 사회 속에서 살아남을 수 있다. 아라비안나이트의 작중인물들의 경우처럼 남이 자기보다 더 불행한 상황에 처해 있는 것을 듣거나 목격했을 때 자기가 자기의 불행으로부터 "해탈"해 나올 수 있는 그런 인간들이 결코 아니다. 원래 유교사회는 남이 자기보다 더 잘 됐을 때 기뻐하고 못됐을 때 슬퍼하는 그러한 도덕적 의식으로 엮어진 사회이다. 즉, 불심의 중핵으로 자비(慈悲)를 내세우는 불교가 지향해 가는 바로 그런 사회였다.

원래 불교는 힌두교의 전신(前身)인 브라만교로부터 나왔다. 브라만교는 중앙아시아를 원적지로 한 아리안족이 이란지방으로부터 인더스강 유역을 거쳐 갠지즈강 유역으로 이동해 가는 과정에서 성립된 종교이다. 요는 브라만교, 불교, 힌두교 등을 산출시킨 인간들은 이동생활을 했던 사막문화 출신들이었다는 것이다. 이동생활을 하는 인간들은 자기들이 남들에게 해줄 말도 많고 또 남으로부터 듣고 싶은 말들도 많다. 남으로부터 이야기를 들어서 자기를 새롭게 발견해야 기뻐하고 또 남들에게 자기가 알거나 직접 체험해서 깨달은 이야기를 들려주어 그들이 움직여야 기뻐하는 인간들이다. 소설과 같은 서술문학은 바로 그런 인간들에 의해서 이루어진 사회로부터 출현되었던 것이다.

카타르시스를 통해 해탈을 기도하는 인간들은 우선 말이 많다. 피지배층의 인간이나 약자는, 지배층이나 강자가 불행한 상황에 처해 있을 때 마음이 후련해진다. 희망이 보이기 때문이다. 피지배층의 인간이나 약자는 지배층의 인간이나 강자에게 할 말이 많고, 할 이야기가 많다. 또, 지배층의 인간이나 강자는 피지배층이나 약자를 다스려 가야 하기 때문에 그들로부터 들어 볼 말도 많고, 또 그들에게 할 말이나 이야기도 많다. 남으로부터 어떤 이야기를 듣고 그 이야기의 내용으로부터 어떤 지혜를 얻어 자신의 지나친 욕망을 포기해서 자신이 불행하다고 생각해 온 자신에 의해 만들어진 하나의 관념으로부터 해탈해 나옴으로써 항상 새로운 삶을 살아가는 인간들의 삶이 바로 지배층이나 강자들의 삶이다. 소설과 같은 서술문학장르는 바로 그러한 피지배층과 지배층, 강자와 약자들이라고 하는 의식을 가지고 살아가는 인간들로 구성된 사회로부터 나온 문학장르이다.

본인이 여기에서 말하고자 하는 것은, 바로 그러한 삶의 방법이 인도와 서아시아로부터 동아시아에 전래해 들어오자, 당시의 사회가 피지배층과 지배층, 강자들과 약자들로 사회가 양분되어 나가는 상황이었기 때문에 그러한 삶의 방법이 받아들여짐으로써, 결국 그것을 받아들인 인간들을 통해서 소설과 같은 서술문학장르가 성립되어 나와 발전해 나갔다고 하는 것이다. 덧붙여, 인도문화와 이슬람문화를 통해서 나온 서술문학장르와 그 문학장르를 산출시킨 그들의 문화가 동아시아에 전래되어 그것들로부터 영향을 받아 동아시아의 서술문학장르가 성립되어 나왔기 때문에, 동아시아의 서술문학장르의 기본적 양식도, 인도와 서아시아 산물 『아라비안나이트』의 그것과 유사하다고 하는 것이다.

3) 전근대소설의 전개양상

앞에서 고찰한 바와 같이, 『아라비안나이트』의 서술형식은 『데카메론』이나 『캔터베리 이야기』 등과 같은 노블과 『돈키호테』와 같은 피카레스크와의 복합형이다. 『아라비안나이트』와 노블 및 피카레스크와의 관계는 앞에서도 언급했듯이 『아라비안나이트』의 서술형식은 사막지역의 상업문화권인 이슬람문화권을 통해서 나왔다. 즉 그것은, 한 주인공이 여러 지역이나 여러 인물들을 찾아다니면서 그것들에 대한 자신의 체험을 서술해 가는 형식을 취하는 피카레스크로부터 나왔고, 농경지역의 농경문화를 통해서 확립되어 나온 중세 유럽의 크리스트교 문화권으로 들어가서는, 한 주인공이 그에게 찾아오는 어떤 인물들의 특성을 서술해 가는, 노블의 형태로 전환해 나왔다라고 하는 것이다. 이 경우와 마찬가지로, 『아라비안나이트』의 서술형식이 동아시아로 들어와서는 노블과 피카레스크의 두 서술형태로 해서 정착되었다 하는 것이다. 동아시아는 앞에서 언급한 바와 같이 당중기를 기점으로 해서 인도, 서아시아의 문호가 황허강 상류를 통하는 북의 육로에서 장강하류를 통하는 남의 해로로 바뀌어졌다. 그 시기를 전후해서 동아시아는 이슬람의 상업문화와 접촉을 갖게 된다. 그러한 접촉이 이루어지는 시점에서 동아시아에 서술문학장르가 형성되어 나왔는데, 그것들이 바로 당의 전기(傳奇), 일본의 『다케토리 이야기』, 송의 화본소설 등이다. 이 경우 그들의 서술형식은 노블과 피카레스크의 복합형이거나, 또는 송대에 화본소설로 성립되어 명대에 연의(演義)소설로 전개해 나온 『수호전』의 경우와 같이 피카레스크형이었다. 그러나, 그 후 그것들은 동아시아의 농경 사회 속에서 정착화 되는 과정에서, 중국의 명·청의 『삼국지』를 비롯한 회장소설, 일본의 『겐지 이야기』 등의 경우처럼 노블형으로 전환해 나왔다. 그러다가, 근세로 들어와서 동아시아가 일본을 통해서 이베리아반도의 포루투칼, 스페인들을 선두로 해서 서구의 상업문화를 받아들이는 과정에서는 기존의 노블형의 서술형식이 피카레스크형으로 전화해 나왔던 것이다. 한국의 최초의 한글소설로 이야기되는 『홍길동전』, 일본의 우키요조시의 대표작 『호색일대남』(好色一代男) 등이 그 대표적 경우이다. 전근대소설은 다음의 3단계를 거쳐서 전개되어 나왔다.

그 첫 단계는 서구의 크리스트교문화권과 동아시아의 유교문화권의 사이에 위치해 중상주의를 통해서 성립된 이슬람문화권이 형성되어 나오기 이전 단계이다. 이 단계에서의 소설문학 장르는 만족들이 확립되어 그들이 서로 투쟁해 가는 과정에서 성립되어 나온, 지배계급에서의 신화, 피지배계급에서의 전설 등의 단계에 머물러 있었다. 이 단계에서의 신화나 전설은 서에서는 라틴어, 동아시아에서는 한문에 의해 각각 기록되었다. 신화나 전설단계의 소설은 전달자들이 말이나 글을 통해서 그것들을 자신들이 들은 그대로의 내용을 전달하게 됨으로써 성립된 것이다. 그 다음은 이슬람세력이 성립되어 나와 그것이 서의 크리스트교문화와 동의 유교문화로 확장해 가, 양 문화권과 충동해 가는 과정에서 성립되어 나온 단계이다. 신화난 전설단계의 소설장르는 이 단계를 통해서 설화(說話)나 전기(傳奇)로 전환해 나왔고, 또 그것은 서의 로망스, 중국의 화본(話本)소설, 일본의 모노가타리 등으로 발전해 나왔다. 이 단계에서의 소설은 각 민족들의 언어체계가 정립되어 나와 그 언어를 통해서 표현되었다. 그러나 그의 주된 표현방식은 말을 통한 서술이었는데, 서술자에 의한 서술내용이란 청자의 홍미가 불러일으켜지는 과정에서 서술자의 생각에 의해 굴절되어진 것이었다.

마지막 단계는 서의 크리스트교문화와 동아시아의 유교문화가 그동안 그 사이에 끼어 있던 이슬람세력을 제치고 직접적 접촉을 갖게 됨으로써 성립된 단계이다. 이 단계에 와서 소설은 서의 노블, 피카레스크, 동아시아의 연의소설, 오토기조시, 우키요조시 등으로 발전해 나와 서술(敍述)문학에서 기술(記述)문학으로 전환해 나왔다. 그래서 그것들은 근대소설의 토대를 제시했던 것이다.

3. 근·현대소설의 성립과 전개양상

1) 근대소설의 성립배경

근대소설은 앞에서 언급한 데포의 『로빈손 크루소』(1719) 등으로로부터 시작해서 플로베르의 『보봐르 부인』(1857)으로 정립되어 나온 것으로 이야기되고 있다. 서구에서의 근대는 영국의 청교도혁명(1642)과 명예혁명(1688), 프랑스대혁명(1789) 등의 시민혁명, 영국의 산업혁명(1762) 등의 시작으로 시발된 산업혁명 등을 통해서 성립되어 나와 1850년대를 전후해 산업자본주의 사회의 정립을 기점으로 확립되어 나왔다. 이러한 혁명을 일으킨 인간들은 그동안 지배층으로서 군림해 오던 귀족사회의 가치체계와 피지배층으로서 존재해 오던 서민층의 가치체계에 대한 동시적 체험 과정에서 사회적 갈등, 삶의 모순 등을 느껴 제3의 가치체계를 창출시켜 보려는 인간들이다. 근대소설 문학 장르는 바로 이러한 인간들에 의해 주도되어 갔던 산업자본주의 사회의 성립과 발전과정을 통해서 성립, 발전해 나왔고, 그러한 서술문학 장르를 구성하는 하나하나의 작품들의 허구세계들도 그러한 인간들에 의해 창출되어 나왔던 것이다. 근대 산업자본주의는 사막사회를 배경으로 해서 성립된 상업중심문화가 십자군전쟁이후 서구 농업중심사회로 전파해 나와 그 곳에서 농경문화와 융합됨으로써 성립되어 나온 사상이다.

사막지대를 배경으로 해서 나온 상업중심사회의 대표적 인간은 낙타 등에 얹혀있는 상인에 비유되고, 농경지대를 배경으로 해서 나온 농업중심사회의 대표적 인간은 마을 정자나무 밑의 할아버지에 비유될 수 있다. 상인은 오아시스들을 찾아다니며 물건을 팔고 사야 한다. 이에 반해서 할아버지는 그곳에 앉아서 쌀장사, 고추장사, 소금장사,

엿장사 등과 상대를 해야한다. 상인이 집에 도착하면 아내와 아이들을 불러 놓고, A오아시스에 가서 겪었던 일, B오아시스에 가서 겪었던 일, C오아시스에 가서 겪었던 일을 차례로 들려준다. 그러나, 그 할아버지는 밤에 사랑채로 나와서 그에게 참외를 깎아 주는 할머니에게 쌀장사, 달걀장사, 소금장사들에게서 들은 이야기를 해준다.

산업자본주의 사회의 대표적 인간은 어떤 한 일식집 주인아저씨와 같은 인간일 수 있다. 아저씨는 저녁때는 음식점 카운터에 앉아서 여러 손님들을 맞이한다. 나가서 싱싱한 생선들을 이집 저집 다니면서 사 와야 한다. 이와 같이 산업자본주의 사회의 인간들은 자신의 일터에서, 할아버지의 경우처럼 여러 사람들을 접해야 하고, 또 그 일터로부터 벗어나서, 그 일터에서 하는 일을 유지해 가기 위해서 상인의 경우처럼 이곳저곳을 찾아다니며 다양한 인간들을 접해야 한다. 그래서 아빠가 집에 들어가면 아내와 아이들에게 식당에서 생선요리를 만드는 직원들, 식당을 찾아 온 손님들, 생선시장의 생선장사들의 이야기를 해준다. 바꾸어 말해서, 산업 자본주의사회의 아이들은 아빠로부터 일터에서 만난 여러 사람들의 이야기와 시장에서 일어나는 여러 사건들의 이야기를 동시에 듣는다는 것이다.

근대 산업사회의 인간들은 식당 아저씨의 경우처럼 남들로부터 무엇인가를 구입해서 그것을 가지고 무엇인가를 만들어서 그것을 남들에게 팔아 생활해 가는 인간들이다. 이 경우, 생산품이란, 연필이나 종이컵 등과 같은 일상 필수품일 수도 있고, 그림이나 악보 등과 같은 예술품일 수도 있다. 또 그것은 논문이나 책 등과 같은 학문적 업적일 수도 있다. 더 나가서 그것은 교육자에 의해서 양성되는 학생들일 수도 있다. 이와 같이 근대사회의 인간들은 어떤 물건을 생산하기 위해서 한 곳에서 서로 다른 인간들을 접해야 하고, 또 그곳에서 자신들이 만든 물건들의 매매를 위해서 이곳저곳을 방문해 다니면서 다양한 인간들을 만나야 한다. 그래서 근대산업사회를 살아가는 인간들의 이야기들은 자기의 직장에서 함께 일을 하는 여러 인간들이나 그 곳을 찾아오는 여러 다양한 인간들, 또는 그 직장을 벗어나서 출장지에서 만난 여러 인간들에 관한 이야기들로 이루어진다.

근대소설은 바로 이러한 인간들로 구성된 사회를 통해서 형성되어 나온 산물이다. 그러한 소설작품들이 바로, 근대 서구의 데포의『로빈손 크루소』와 플로베르의『보봐르 부인』, 동아시아의 일본의『부운』, 한국의『무정』, 중국의『광인일기』등과 같은 작품들이다.

2) 근대 소설의 서술양식과 주제

재료를 싸게 사서 그것으로 좋은 물건을 만들어 그것을 좋은 가격으로 팔려는 인간이 바로 근대산업사회의 인간이라면, 근대소설은 바로 그렇게 살아가는 사람들에 의해서 쓰여지고 읽혀지는 작품이다. 그렇기 때문에 근대소설은 그러한 인간들의 이야기이다. 따라서 근대소설에서 그려지는 인간들은, 우선 어떤 한 장소에서 서로 다른 인간들을 만나가다가, 그 다음 그곳으로부터 다른 장소들로 이동해 다니면서 또 다른 인간들을 만나 가다가, 결국 원래의 장소로 되돌아오는 인간들이다. 혹은 우선 어떤 장소들을 방문하며 그 곳의 인간들을 만나가다가, 그 다음 어떤 장소에 와서 그 곳에 머물면서 또 다른 인간들을 만나다가, 결국 그 곳을 떠나 다른 곳으로 가는 인간들이다. 이처럼 근대소설의 내레이터는 이러한 한 인간이나 혹은 몇몇의 인간들을 서술해 가는 것으로 특징 지워진다.

그러한 인간을 그린 대표적 작품들이 바로 근대소설의 전형적 작품

들이라 할 수 있는 『보봐르 부인』(1857)과 『더버빌가(家)의 테스』(1891)
이다. 『보봐르 부인』이 그려내는 인물은 마담 보봐르이다. 본 작품의
내레이터는 그렇게 움직이는 그녀를 중점적으로 그려내고 있는데, 보
다 구체적으로 말하면, 제1부에서는 샤를르 보봐르와 마담 보봐르가,
제2부에서는 마담 보봐르와 그의 정부 루돌프가, 제3부에서는 마담
보봐르와 그녀의 또 다른 정부 레옹이 주로 그려져 있다. 본 작품의
내레이터는 작품세계의 밖에서 전지전능의 눈으로 작품세계와 그 속
의 인물들의 내면세계까지를 내려다보며 그것들을 기술해 가는 내레
이터이다. 이 작중세계 내에는 『아라비안나이트』에서의 샤라자드와
같은 내레이터나 샤리야르왕과 같은 청자, 또 『데카메론』과 『캔터베
리 이야기』에서의 내레이터이면서 청자인 작자 「나」와 같은 인물들
은 제거되어 버렸다. 『아라비안나이트』, 『데카메론』, 『캔터베리 이야
기』의 경우에 있어서는 이들 작품들 속의 내레이터들의 이야기를 우
리 독자들이 그들 작품들 속의 청자들의 귀를 빌려서 들을 수밖에 없
었다. 그러나 『보봐르부인』에 와서 우리 독자들은 비로소 작품 밖에
서 전지전능의 입장을 취해서 작품세계를 이야기하는 내레이터의 입
을 통해서 작품세계의 이야기를 직접 들을 수 있게 되었던 것이다. 이
경우 작품 밖의 내레이터는 마담 보봐르뿐만 아니라 그의 남편 샤르
르 보봐르도 그녀와 동격의 입장에서 기술해 나갔다. 그러나 『테스』
의 내레이터는 작품세계의 밖에서 전지전능의 입장을 취해서 테스만
을 따라다니면서 그의 언행, 그녀 앞에 펼쳐진 세계, 그녀의 생각과
감정 등을 기술해 갔다.

　『아라비안나이트』는 샤라자드와 그녀의 이야기를 밤마다 들어가는
샤리야르왕과의 이야기로 볼 수 있다. 이 경우 샤라자드는 작중내레
이터이고 왕은 작중청자이다. 이 작중세계의 주인공은 청자 샤리야르

왕이다. 작품의 내용은 샤리야르왕은 내레이터의 이야기를 듣고 여자에게 받은 상처를 치유하고 내레이터와 이상적 관계를 갖게 되고 명군이 된다는 이야기이다.『데카메론』과『캔터베리 이야기』의 주인공들은 작품세계 속에서 내레이터의 역을 맡아 작중인물들의 이야기들을 하나하나 다 들어가는「나」로 등장한 인물들로서, 작품들은 그들이 작자 자신들이라는 것을 독자들에게 의식적으로 드러내 주고 있다. 그러나 근대소설,『보봐르 부인』과『테스』에 와서는 작중내레이터와 작중청자는 작품세계로부터 나와 버린 것이다. 다시 말해서, 작중의 내레이터와 청자가 작품세계 밖으로 나와서 작품세계 밖에서 작품세계를 이야기해 가고 그 이야기를 들어가는 내레이터와 독자로 전환해 나옴으로써 작품세계를 구성한 하나하나의 이야기들이 하나하나의 독립된 작품으로 확대되어 나와, 결국 이전의 작중이야기들 속의 주인공들이 작품의 주인공으로 등장하게 되었다는 것이다.

근대산업사회의 인간들은 남에게 어떤 이야기를 할 때, 남으로부터 어떤 이야기를 들을 때, 이전시대에 일어났던 이야기나 남들에게 일어났던 일들을 말하거나 들으려 하지 않고, 자신이 직접 체험한 일을 상대방에게 이야기하려 하고 상대방이 직접 당했던 일들 들어보려 했다. 왜냐하면 그러한 이야기들만이 현실성이 있는 이야기이기 때문이다. 따라서 근대의 작가들은 자신들의 당대에 일어난 사건들이나 자신이 직접 체험한 것들을 독자들에게 이야기하지 않으면 안되었던 것이다. 이 경우, 작자는 자신이나 자신들의 이야기를 할 수밖에 없는데, 자신이 자신의 이야기를 해 나갈 경우, 내레이터, 독자, 작품 속의 주인공은 작자 자신인 셈이 된다.

그렇다면, 이 두 작품의 내레이터들은 작품 밖의 독자들에게 작품세계 속의 주인공들의 무엇을 보여주려고 했던 것인가?『보봐르 부인』과 『테스』의 내레이터들은 주인공들의 생각과 감정, 그것들에 사로잡혀 있는 그들의 행동, 그 행동을 제약시키고 또 그것을 자극시키는 사회적 상황들을 서술해 나가고 있다. 내레이터들은 줄기차게 주인공들의 뒤를 따라 다니며 그것들을 서술해 냄으로써 그것들이 어떻게 변화해가서 결국 어떤 결과들을 도출해 내는지를 독자들에게 보여주고 있다. 그래서 내레이터들은 결론적으로 독자들에게, 그러한 결과가 주인공들에게 나오게 된 원인이 무엇인가를 이야기해 준다. 전자는 시대적 변화에 의해 불러 일으켜진 보봐르 부인의 지나친 감정이 그녀를 파멸에 이르게 했고, 후자의 경우는 결국 사회적 변화가 그녀를 파멸시킨 것으로 이야기하고 있다. 이들 두 작품들의 경우와 같이, 근대소설들은 근대인들이 전근대와 근대, 상류사회와 하류사회를 동시에 살아가는 과정에서 겪게 되는 시대적·사회적 모순을 드러냄으로써 인간과 사회와의 관계를 그려나갔던 것이다.

3) 현대소설의 서술양식과 주제

근대 산업자본주의 사회의 인간들은 20세기로 들어와서 새로운 차원에서 세계와 자신들과의 관계를 발견해 나갔다. 19세기의 인간들은 자신들과 사회와의 관계, 즉 자신들의 육체와 사회적 환경과의 관련성을 문제시해 왔다. 그래서 근대 19세기의 소설들은 사회적 환경과 맞물려 있는 인간들의 육체가 파멸되어 가는 과정을 그려 나갔다. 소설가는 그러한 과정을 독자들에게 보여줌으로써 인간을 지배해 가는 것이 다름 아닌 바로 사회적 환경이라는 것을 말하려 하고 있었다. 그러나 20세기로 들어와서, 제임스, 프로이트, 베르그송 등의 심리학자들에 의한 인간의 의식에 대한 연구가 행해짐으로써, 사회란 다양한 생각들을 갖은 인간들로 구성되어 있고, 그러한 인간들은 사회적 환경의 지배를 받아가는 것이 아니라, 인간 자신들의 의식에 지배된다는 입장을 취해 의식과 세계와의 관계를 문제시해 갔다.

　20세기의 현대로 들어와 작가들은 인간들의 의식의 세계를 기술해 나갔다. 작자가 인간의 의식세계를 가장 잘 기술해 갈 수 있는 방법으로는 자기 자신의 의식세계를 기술해 가는 것이다. 그 결과 작자는 자신의 내레이터로서의 「나」와 작중인물로서의 「나」를 기술해 간다는 서술형식을 취해 나왔던 것이다. 이러한 서술형식은 밤에 일기를 쓰는 필자로서의 「나」가 필자의 기술대상인 낮의 「나」를 기술해 나가는 형식과 동일하다. 이 경우 필자로서의 「나」는 어디까지나 현재의 「나」이다. 그러나 기술 대상으로서의 「나」는 과거의 「나」들이다. 이렇게 작자가 자신을 주인공으로 해서 작자자신인 「나」를 기술해 나갔던, 가장 대표적 작품이 바로 프랑스의 M · 프루스트(1871~1922)의 『잃어버린 시간을 찾아서』(1913~22)였다. 이 작품은 작자가 작자 자신인 「나」를 주인공으로 해서 「나」의 의식세계를 그려나간 작품이다. 이 경우에 있어서의 「나」의 의식세계란 작자자신이 지금까지 자신이 처한 세계에 대한 체험을 통해서 취한 작자자신의 과거의 기억들로 이루어진 세계이다. 이와 같이 작자가 자신의 과거의 기억들로 이루어지는 의식세계를 기술해감으로써 현대소설의 서술양식은 성립되어 나왔던 것이다. 그러나 그 후, 그것은 작자가 자기 자신 「나」를 주인공으로 설정해서 「나」의 과거를 기술해 가는 것이 아니라, 자신을 제3자로 설정해서 전지전능의 입장에서 제3자의 의식의 움직임을 기술해 나가는 쪽으로 전환해 나왔다. 영국의 V. 울프(1882~1941)의 『등대』(1927)가 그 대표적 예이다. 작자 울프는 자신을 램지부인으로 설정해서 어떤 한 구체적 현실에 처해있는 그 램지부인의 의식의 움직임을 전지전능의 입장에서 기술해 갔던 것이다. 이 경우 램지부인의 의식은 그녀의 현재와 과거를 넘나들면서 이동하는데, 작자는 그 의식의 이동과정을 정확히 기술해 갔던 것이다.

이와 같은 현대소설의 서술양식은 J.P. 사르트르(1905~1980)의 『구토』(嘔吐, *La Nausee*), A. 까뮈(1913~1960)의 『이방인』(*L'etranger*, 1942) 등에 와서 확립된다. 『구토』는 작자가 자신의 분신이라 할 수 있는, 이 세계에서의 자신의 존재이유를 모르는 로캉탱이란 한 지식인을 주인공으로 설정해서 그가 일기를 써 가는 형태를 취해 작품세계를 서술해 가고 있다. 『이방인』은 작자가 역시 자신의 분신이라 할 수 있는, 이 세계에서의 존재의 의미를 완전히 포기한 「나」를 기술해 나가는 형식을 취하고 있다. 이 두 작품에 있어서의 주인공들의 관심은 자신과 자신이 처한 세계와의 조화로운 관계를 어떤 형태로든지 간에 창출해 보려는 쪽에 놓여 있다. 따라서 그들의 의식은 그들의 의식내 세계와 의식 밖의 세계를 드나든다. 본 작품들은 그렇게 두 세계를 드나드는 의식을 기술해 갔다. 즉 주인공의 생각들을 그려가면서 그 생각을 촉발시킨 현실세계를 이루는 대상들을 그려갔던 것이다.

그 후 이러한 서술형식은 1950년대로 들어와서 N. 사로트(1902~1999), A. 로브그리예(1922~), M. 뷔토르(1926~) 등의 소위 「앙티로망」(Anti-Roman, 反小說), 즉 「누보 로망」(Nouvea-Roman, 신소설)의 제창으로 또 다른 차원으로 전개해 나왔다. 반소설의 작가들의 공통된 주장은 지금까지 인간들은 인간적 시각에서 사물을 기술해 온 결과, 인간과 사물과의 사이에 관념이 끼어들어 인간이 세계로부터 유리되어 있다고 하는 것이다.[11] 따라서 인간과 세계와의 관계가 회복되려면, 작가가 사물을 기술해 가는데 있어서 어떤 인격의 시각에서 그것을 해석해 가는 식으로 기술해 갈 것이 아니라, 보다 객관적 시각에서 그려가야 한다는 것이다. 그러한 의도하에서 쓰여지기 시작된 것이 N. 사로트의 『마르트로』(1953), 『프라네타리움』(1959), 로브그리예의 『고무』(1953), 『질투』(1957) 등과 같은 소설들이다. 누보로망은 『질투』에 와서 그 수법이 정립되었다고 볼 수 있는데, 이 경우의 서술수법은 다음과 같다. 열대지방에서 바나나밭을 경영하는 A부부가 있는데, 그 부부는 이웃집 바나나밭 주인 프랑크 부부와 사이좋게 지내고 있다. 프랑크는 몸이 약한 부인을 집에 두고 A부부집을 방문해 와서 부인과 재미있게 이야기를 나누다 간다. 식사 후 테라스에서 부인과 커피를 마실 때에는 프랑크의 의자와 부인의 의자는 맞붙어 있고 남편의 의자는 떨어져 있다. 어느 날 프랑크가 좀 떨어진 항구에 자동차로 갈 일이 있다고 한다. 부인이 자기도 볼일이 있다면서 같이 간다. 그들은 그 다음날 그 후에 집에 돌아온다. 저녁에 식사를 하고 돌아오는데 자동차의 고장이 생겨서 아침까지 기다려야 했다 한다. 이 작품에서의 시점인물이자 주인공은 A부인의 남편이다. 그는 작품 속에서 절대 모습을 드러내지 않는다. 그러나 독자는 그의 눈을 통해서 A부부와 프랑크와의 관계를 고찰해 간다. 가능한 한 객관적 입장에서 그들의 언행을 고찰해 간다. 이와 같이 이 작품에서 작자는 시점인물과 그 시점인물의 문제의식을 명확히 규정해 놓은 다음 독자가 판연히 다 알 수 있는 문제의식에 사로잡힌 그 시점인물을 통해서 작품세계를 독자들에게 드러내고 있다. 이 작품에서의 경우처럼 누보로망의 작품들은 어떤 문제의식에 사로잡혀 있는 시점인물을 설정해서 그를 통해서 그의 면전에 펼쳐지는 현상들을 객관적으로 드러내 보이는 서술형식을 취하고 있다.

이상과 같이 20세기 현대소설의 서술형식을 파악해 볼 때 그것들의 서술양식은 그 작품들이 독자들에게 이야기하려는 내용과 깊게 관련되어 있음을 알 수 있다. 20세기의 현대소설들은 인간과 인간이 처해 있는 세계와의 이상적 관계를 추구해 왔다. 『잃어버린 시간을 찾아서』는 현재를 상실한 인간이 의식 속에 숨겨진 과거의 세계들을 되찾아내서 그것들을 통해서 상실된 현실과의 관계를 재정립시켜 보려는 인간을 그려내고 있다.[12] 『등대』는 내면의 세계를 소중히 여겨가는 인간이 자신의 폭력적 현실세계와의 이상적 관계를 끊임없이 추구해 가는 인간을 그리고 있다. 『구토』와 『이방인』의 경우에 있어서, 전자는 현실세계에서 존재이유를 모르는 인간이 존재의 의미를 찾아가는 인간을, 후자는 존재의 의미를 상실한 인간이 현실세계를 살아가는 모습을 그려내고 있다. 『질투』의 경우는 자기의 눈앞에서 버젓이 이웃집 남자와 놀아나고 있는 것을 지켜보면서 자신도 모르게 절망 속으로 빠져들어 가는 한 인간을 독자들에게 드러내 보여주고 있다. 이와 같이, 이들 소설들은 인간과 자신이 처해 있는 세계와의 관계를 문제시해 왔다.

4. 소설의 존재양식과 주제 도출법

1) 소설 장르의 존재양식

『아라비안나이트』를 소설문학 장르의 원형으로 정립시킨 이란·이슬람문화가 동아시아의 유·불교문화권과 유럽의 크리스트교문화권에 전파해 나간 것은 차례에 걸쳐서였다. 우선, 그것은 이슬람교가 성립된 직후인 8~9세기경이고, 그 다음은 십자군전쟁이 끝나기 직후인 14~15세기경이다. 8~9세기경 이슬람문화의 이베리아반도로의 전파는 로망스라고 하는 소설장르를 산출시켰고 동아시아로의 전파는 전기(傳奇)소설을 산출시켰다. 일본에서는 중국으로부터의 전기소설의 전래를 계기로 모노가타리(物語)소설이 성립되어 나왔다. 십자군전쟁 이후의 14~15세기경의 경우는 이베리아반도에서 피카레스크 소설, 이탈리아반도에서 노블을, 동아시아 경우에 있어서는, 우선 중국에서 회장(回章)장편소설들을, 일본에서는 오토기조시를 산출시켰던 것이다. 그 이슬람문화와의 접촉을 계기로 해서 유럽과 동아시아에서의 근대소설은 근세에 성립해 나온 바로 이러한 소설장르들을 기초로 해서 성립되어 나왔던 것이다.

이와 같은 근세소설을 기초로 해서 성립된 소설문학 장르는 서민층, 그 중에서도 상인층으로부터 나왔다. 하고싶은 말들이 많은 사람들로부터 나온 것이다. 앞에서 언급했듯이, 하고 싶은 말들이 많은 사람들은 듣고 싶은 말들도 그 만큼 많다. 따라서, 그것은 하고 싶은 말도 많고 듣고 싶은 말도 많은 사람들 사이에서 출현한 문학장르라는 것이다. 이와 같이 우리가 존재해 있는 이 세상에서의 소설문학 장르의 탄생은 하층의 인간들과 상층의 인간들이 서로 더불어서 살아가게 된 사회적 환경이 성립되어 나온 시점에서 자신들의 생각들을 알리고 또 상대방의 생각들을 파악해 가는 과정에서 이루어진 것이다.

하고 싶은 말들이 많은 사람들은 하고 싶은 말들이 적은 사람들보다 세상에 대한 경험을 많이 한 사람들일 수 있다. 즉, 꼭 해야할 말들이 많은 사람들은 세상에 대한 지식들을 많이 가지고 있는 사람들일 수 있다. 뿐만 아니라, 소설문학 장르의 창출자들은 『아라비안나이트』의 작중 내레이터 샤라자드의 경우처럼, 자신들이 알고 있는 것들을 이야기하지 않을 수 없는 운명에 처해 있었던 사람들이었다. 샤라자드는 자신이 죽어야 할 차례가 왔다는 것을 알고 있었다. 그렇지 않으면 자기 아버지가 자기를 대신해 죽어야 할 상황이었다. 또 자기뿐

만 아니라 자기와 같은 그 나라의 모든 처녀들이 살해되어가야 할 판
이었다. 그러한 상황에서 샤라자드는 자신을 구제하고 아버지를 구제
하고 자기와 같은 이 세상의 모든 처녀들을 구제하기 위한 하나의 방
법으로 살인자의 침실로 들어가 그와 동침을 해가며 이야기를 해 갔
던 것이었다. 우선 내레이터는 왕의 관심을 끌 수 있고 그 이야기의
뒷부분을 더 듣고 싶어하는 호기심을 자아내는 이야기를 해야했다.
그러기 위해서 내레이터는 청자, 왕이 어떤 내용의 이야기를 원하고,
어떤 식으로 이야기를 해야할지를 궁리해야 했다. 나의 이야기의 내
용과 방법이 왕의 관심을 끌어갈 때만이 나의 생명은 붙어 있게 되고,
그렇지 않으면 나의 생명은 없어진다는 그런 상황에서 내레이터는 청
자에게 이야기를 해 가는 것이었다. 내레이터는 그의 이야기의 내용
과 그 내용의 표현방법으로 자신의 생명을 연장시켜 나갔다. 내레이
터의 생명이 유지되어 간 것으로 보아, 그녀의 이야기에는 분명히 내
용이 있었고 방법이 있었음이 틀림없다.

이와 같이 모든 소설작품들은 그것들이 독자들에게 전하려는 내용
을 가지고 있다. 또 그것들은 그 내용의 전달방법을 가지고 있다. 이
경우, 소설작품들이 독자들에게 전달하려는 내용은 독자의 관심과 깊
게 관련된 것들이고 그것의 전달방법은 독자들의 지식수준과 깊게 관
련되어 있다.

작자는 독자들에게 하고 싶은 이야기가 있어서 소설을 창작하고,
독자는 소설로부터 취하고 싶은 것이 있어서 그것을 읽는다. 이렇게
볼 때, 작자에 있어서의 소설이란 자기 자신이 독자들에게 하고 싶을
이야기를 하는, 자기 자신의 표현수단이다. 이 경우, 작자에 있어서의
자기 이야기의 표현방법이란 작자가 전지전능의 신이나 혹은 어떤 인
간 등과 같은 제3자를 설정하여 그의 입장에서 자기의 세계와 그 세

계에 처해 있는 자신을 독자들에게 있는 그대로 드러내 보여서 독자들로 하여금 자신의 처지를 판단하게 하는 방법이다. 이와 같이 소설은 작자가 자기를 이야기함에 있어서 자기의 입장에서 하는 것이 아니고 제3자의 시각을 통해서 이야기해 간다고 하는 서술양식을 취한다. 바로 그 점에 있어서 우리는 소설을 허구(虛構), 즉 픽션이라 말하고 있다. 이와 같이 소설의 기본적 서술양식은 작자가 제3자의 입장에서 자기 자신을 독자에게 표현해 가는 수법이다. 따라서 모든 소설에는 제3자의 입장에서 작가자신을 이야기해 가는 내레이터가 있고, 그 내레이터의 이야기를 듣는 청자나 독자가 있다. 즉, 소설의 서술양식은 내레이터와 그에 의해 서술되는 서술내용과 서술되는 내용을 듣는 청자나 독자로 이루어진다는 것이다.

이 경우, 작자에 있어서의 자기 자신을 노정시켜가는 에너지는 작자가 자신이 처해 있는 세계와의 이상적 관계를 모색해 보려는 의지의 일종이다. 또, 그것은 하나의 세계를 가지고 있는 작자가 작자와는 또 다른 세상을 갖는 독자와의 조화로운 관계를 추구하려는 의지의 일종으로도 파악된다. 이러한 점을 고려해 볼 때 작자에게는 작자 자신의 세계가 있고 독자에게는 독자 자신의 세계가 존재해 서로 다른 세계에 처해 있는 두 인간들이 조화관계를 추구해 가는 과정에서 작품세계가 창출되어 나왔다는 것이다. 이렇게 창출된 작품세계에는 작자와 독자에 의해 창출된 인물들이 있다. 그 인물들 중에는 작품세계의 밖에 존재하는 내레이터와 독자를 연결시키는 시점인물이나 그 시점인물의 역할을 하는 인물이 있다. 내레이터는 그를 통해서 작품세계를 서술해 가고 독자는 그를 통해서 작품세계로 들어간다. 이 경우, 시점인물이나 그 시점인물의 역할을 하는 인물이 주인공일 수도 있고 그렇지 않을 수도 있다. 『아라비안나이트』에서의 샤리야르왕, 『데카메론』과 『캔터베리 이야기』에서의 「나」, 『돈끼호테』에서의 돈끼호테, 『로빈손 크루소』에서의 로빈손 크루소, 『잃어버린 나를 찾아서』에서의 「나」, 『등대』에서의 램지부인, 『구토』에서의 로깡뗑, 『질투』에서의 A부인의 남편 등이 시점인물이거나 그 역할을 하는 인물들이다.

이 시점인물과 시점인물의 역할을 하는 인물은 작품세계의 중심적 사건의 중앙에 위치해 있는 인물이다. 그 인물은 『구토』의 로깡뗑이나 『이방인』에서의 「나」의 경우처럼 작품세계를 열어주고, 또 그것을 닫아준다. 또 그는 작품세계에서 중심적 사건을 일으켜 가고 또 그 자신의 작품세계에 대한 체험을 통해서 새로운 사실을 깨달아가고, 그러한 깨달음을 계기로 이전과는 새로운 차원에서 사건에 개입해 들어가 중심적 사건을 전환시켜 나가는 인물이다.

2) 소설작품에서의 주제의 내재양식

주제란 작품이 독자에게 제시하는 어떤 관념을 말한다. 독자는 어떤 소설을 알고 무엇인가를 깊게 생각하게 되거나 깨닫게 된다. 작품이 그것을 다 읽은 독자에게 무엇인가를 생각게 한다든가 깨닫게 하는 그 어떤 것을 우리는 작품의 주제라 말하고 있다.

서론에서도 언급했듯이 작자가 작품을 통해서 독자에게 제시하려하는 그 어떤 것이 독자가 작품을 통해서 얻는, 바로 그것일 수는 없다. 왜냐하면, 독자는 우선 자신이 처해 있는 세계체험을 통해서 얻은 직·간접적 지식을 통해서 작품세계로부터 작품이 제시하는 관념을 취해내기 때문이다. 그렇다고 해서 작자가 작품을 통해서 독자에게 제시하려는 관념이 완전히 무시되어도 좋다는 뜻은 아니다. 우리가 작품으로부터 주제를 파악해내는데 있어서 그 주제파악의 방법론적 측면에서 그것은 분명히 하나의 좋은 자료가 될 수 있다. 그렇다고는 해도 본인이 여기에서 역설하고 싶은 것은 폭넓은 독서 경험과 자신이 처해있는 세계와 작품세계에 대한 폭넓은 체험을 한 독자라면 설혹 그가 작품을 통해서 작자가 독자에게 전달하려는 메시지에 대하여 전혀 아는 바가 없다 하더라도 그 독자는 그 작품으로부터 작자가 전달하려고 의도했던 것은 물론 작자자신이 의식하지 못했던 것까지도 끌어낼 수 있다고 하는 것이다.

그렇다면, 독자가 작품으로부터 취해내는 작품의 주제는 작품의 어디에 내재되어 있는가? 앞에서도 언급했듯이, 작자는 자신이 독자에게 전하고 싶은 메시지를 보다 설득력있게 전하기 위해, 제3자의 입장에서 자기 자신을 서술해 간다. 즉, 제3자의 입장에서 자신과 자신이 처해 있는 세계를 서술해 간다는 것이다. 그와 같은 측면에서 자신을 서술해 갈 때, 제3자란 작품세계를 서술해 가는 내레이터가 되고, 서술대상인 자기 자신은 작품의 시점인물 아니면 주인공이 된다. 이 경우 작자자신의 세계는 바로 시점인물이나 주인공이 처해 있는 작중세계가 되는 것이다.

이와 같이 작자는 자신이 독자에게 어떤 이야기를 하기 위해서 내레이터로 둔갑해 나왔고, 작품세계의 주인공으로 환신해 나왔다. 이와 같은 측면에서 파악해 볼 때, 작자가 독자에게 하려는 이야기의 내용은 작품세계 밖의 내레이터와 작품세계안의 시점인물 혹은 주인공과 깊게 관련되어 있다. 이 경우에 있어서 작자가 제시하는 작품내용과 관련된 내레이터란 내레이터의 작품세계의 서술시각과 깊게 관련된다. 이 경우 내레이터의 시각이란 결국 어떤 시각을 갖는 내레이터인가,라는 것이다. 내레이터의 부류는 다양하다. 어떤 것은 작품세계내의 모든 인물들을 공평히 취급하는 자도 있고, 어떤 것은 한 인물만을 따라다니는 것도 있다. 또 어떤 것은 인물들의 내면세계까지 들어가는 것도 있고, 외면세계만을 서술하는 것도 있다. 이러한 내레이터의 시각은 작자가 독자에게 전달하려는 내용과 깊게 관련되어 있는 것이다. 시점인물 혹은 주인공이 작자가 제시하려는 내용과 깊게 관련되어 있다는 것은 우선 작자가 어떤 인간으로 작품세계에 등장했으며, 그가 등장하는 세계는 어떤 세계냐,라고 하는 것이다. 다음으로 시점인물 혹은 주인공이 어떤 문제의식에 사로잡혀 있느냐, 고 하는 것이다. 셋째로 그가 어떤 사건을 일으켜 가며, 그가 일으켜 가는 사건과 그 사건을 일으켜 가는 그의 몸이나 의식이 어떻게 변해가느냐,라고 하는 것이다. 세 번째와 관련시켜, 그의 문제의식이 어떻게 성립되어 나와, 어떻게 전개되어 나가서 어떻게 해소되었는가, 그에 의해서 일으켜진 사건은 어떻게 발단되어 어떤 과정을 거쳐서 결말에 이르게 되었는가의 문제이다. 이상과 같이 파악해 볼 때, 작자가 독자에게 제시하려는 내용은, 내레이터의 시각, 시점인물 혹은 주인공의 직업성격, 그의 문제의식, 그 문제의식과 그것이 일으켜 가는 사건의 성립 및 전개과정, 그것들의 발단·전환·결말 등에 내재되어 있는 것으로 고찰된다. 그렇다면, 작자가 독자에게 제시하려는 내용파악이 작품의 주제파악의 단서나 자료일 수 있다면, 독자는 작자 차원의 작품의 주제가 내재된 것들에 대한 파악을 통해서 자신이 필요로 하는 주제를 도출해 낼 수 있을 것으로 고찰된다.

3) 작품의 주제 도출법

모든 소설작품들은 그것들이 지니는 고유의 주제들을 독자들에게 제시할 수 있다. 이것은 우리들이 그 소설들이 지니는 고유의 주제들을 독자로부터 끌어낼 수 있다는 말이다.

  그것은 어떻게 가능한 일인가? 모든 작품들은 내레이터, 작중세계, 작중세계의 인물들, 그 인물들의 문제의식, 그 인물들의 문제의식들이 일으켜 가는 사건들, 그 인물들의 문제의식들과 그것들이 일으켜 가는 사건들의 변화과정, 그 변화과정들을 이루는 발단·발전·전환·결말 등의 요소들로 구성되어 있다. 그러한 점에 있어서는 대부분의 소설작품들은 대동소이한 양상을 취하고 있다. 그러나 그러한 요소들의 하나하나의 내용물들은 제각기 다르다. 그러한 이유로 인해 모든 소설문학작품들은 그들 고유의 주제들을 가질 수 있는 것이다.

  따라서 우리가 어떤 구체적인 작품의 주제를 파악하기 위해서는 우선 이상에서 제시한, 소설문학 장르를 구성하는 기본적 요소들의 특성을 파악해야 한다. 첫째, 우리는 작자가 어떤 내레이터를 설정했는지를 파악한다. 또, 그것과 관련시켜서 어떤 시점인물이 설정되었는지, 다시 말해서 어떤 인물이 시점인물인지, 혹은 어떤 인물이 시점인물의 역할을 행해가고 있는지를 파악한다. 왜냐하면, 작자는 내레이터와 시점인물을 통해서 독자에게 작품세계를 제시하기 때문이다. 이 경우, 우선 우리는 내레이터와 시점인물이 어떻게 관련되어 있는지, 시점인물과 주인공은 여타의 인물들과는 어떻게 관련되어 있는지를 파악한다. 그 다음으로 시점인물이나 혹은 그 시점인물의 역할을 하는 인물은 작품의 사건들과 어떻게 관련되어 있으며 중심적사건은 어떤 사건인지를 파악한다. 끝으로, 이와 같은 고찰을 바탕으로 해서 작품의 이야기가 누구의 이야기인지를 판단한다. 둘째, 「누구」의 이야기가 작중세계에서 어떻게 발단되어 어떻게 전개되어 나갔는지를 파악한다. 다음 그것을 기초로 해서 그 사건이 「누구」의 어떤 사건인지를 판단한다. 셋째, 「누구」의 「어떤」사건이 어느 시점에서부터 서술되기 시작했는지를 고찰하고, 그 서술이 진행되어 가는 사건, 즉 과거 혹은 현재의 진행사건이 어떻게 발단되어 어떻게 발전, 전환해 결말에 이르렀는지를 파악한다. 다음, 진행사건의 전환점은 어디이며, 그것의 전환양상을 고찰한다. 결론으로「누구」의「어떤」사건의 발단·발전·전환·귀결의 과정과 그 사건의 전환양상에 대한 특성 파악을 통해서 그「어떤」것의 본질이 어떠한 것인지를 이해한다.

이상과 같은 측면에서 한 소설작품을 고찰해 그 작품의 주제를 도출해 볼 경우, 우리는 연구자의 그러한 작업을 흔히 작품론이라 한다. 우리가 어떤 구체적 작품, 예컨대『아라비안나이트』나 혹은『설국』의 주제도출을 시도할 경우, 우리는 아직 드러나지 않은 주제를 도출해 내는 것이 상례이다. 재삼 언급하건대, 작중세계나 그것을 일관하는 작품의 주제란 독자나 연구자의 지적 능력에 비례해서 개시된다. 그것은 작품이 지니는 주제는 무한하다는 말이기도 하다. 따라서『아라비안나이트』나『설국』에 대한 우리의 접근 시각이 새롭기만 하다면, 우리는 반드시 이들 작품들로부터 지금까지 이야기되지 않은 새로운 주제를 도출해 낼수가 있는 것이다. 예컨대, 아직까지 내레이터 샤라자드와 청자 샤리야르와의 관계양상의 파악을 통해서『아라비안나이트』를 논한 적이 없을 경우, 우리는 「『아라비안나이트』론 - 샤라자드와 샤리야르와의 관련양상에 대한 고찰을 통해서-」, 혹은 「『아라비안나이트』의 주제고찰- 샤라자드와 샤리야르와의 관련양상을 통해서-」로 해서『아라비안나이트』의 작품론을 시도할 수 있다.

이 경우, 우리는『아라비안나이트』의 작품론의「서론」을 통해서는, 샤라자드와 샤리야르와의 관련양상에 대한 고찰을 통해서 작품의 주제를 도출해보겠다는 입장을 명확히 밝히고,「본론」에 가서, 우선 (1) 내레이터, 시점인물, 중심적 사건 등의 관련성, (2) 스토리, (3) 진행사

건 등에 대한 고찰을 행하고 그리고 나서 그것을 기초로 해서 샤라자
드와 샤리야르와의 관련양상을 파악한다. 그 다음「결론」에 와서는,
새롭게 파악된 샤리자드와 샤리야르와의 관련양상을 통해서 작품의
주제를 파악하고, 한 단계 더 나가서 작자의 사상, 작자의 시대적 상
황뿐만 아니라, 독자와도 관련시켜서 작품의 주제를 객관화시켜 볼
수 있는 것이다.

결 론 : 작품론과 작가론

각 문화권에서의 소설문학 장르는 각 문화권으로부터 종교문화가
성립되어 나와서 그것이 타문화권으로 전파되어 나가는 과정에서 성
립되어 나온 것으로 파악된다. 예컨대, 인도에서의 『아라비안나이트』
는 인도에서 AD1세기에 불교가 치정수단으로 받아들여져 그것이 일
반화되어 불교문화가 성립되는 과정에서 성립되어 나왔고, 또 그것은
인도에서 성립된 불교문화가 오리엔트의 이란지방으로 전파되어 나
가는 과정에서 『아라비안나이트』도 그 곳으로 전파되어 나갔던 것이
다. 한편, 불교문화는 인도에서 육로로 동아시아의 유교문화권으로도
전파되어 나갔는데, 그것이 유교문화권에서 정착되는 과정에서 지괴
(志怪)소설이 성립되어 나왔다.

그 후, 7세기 전반에 오리엔트의 아라비아지방에서 성립된 이슬람
종교가 8~11세기에 걸쳐 유럽의 크리스트교문화권, 인도문화권, 동
아시아문화권 등으로 전파해 나갔는데, 그 과정에서 유럽문화권에서
는 로망스소설장르가 동아시아문화권에서는 전대의 지괴소설을 이어
받아 전기(傳奇)소설장르가 성립되어 나왔고, 서민층으로부터는 설화

(說話)·화본(話本)소설이 성립되어 나왔다. 일본의 경우는 9세기경에 와서 대륙으로부터의 전기(傳奇)·설화·화본소설 등의 영향을 받아 모노가타리(物語)소설이 형성되어 나왔다. 그 후 서구에서의 십자군전쟁이 끝난 후인 14세기로 들어와서 이탈리아지방에서 노블소설장르가 탄생했고, 16세기로 들어와서는 피카레스크 소설장르가 성립되어 나왔다. 한편, 동아시아에서는 13세기의 몽고의 유럽원정이 끝나고 14~15세기로 들어와서 설화·화본소설장르를 기초로 해서 회장(回章)소설장르가 형성되어 나왔고, 일본에서는 16세기에 오토기조시, 17세기 가나조시(仮名草子), 우키요조시(浮世草子) 등과 같은 소설장르 등이 성립해 나왔다. 근대 리얼리즘소설은 르네상스운동, 신대륙의 발견, 서구의 여러 나라들의 중상주의정책 등을 통한 서구의 크리스트교 문화권의 타문화권들과의 접촉의 결과로서 나타난 산업혁명을 통해서 형성되어 나왔다.

이와 같이 소설문학 장르는 철의 발명, 문자의 고안, 고대국가의 성립 등을 기반으로 해서 형성된 고대문화의 한계성이 드러남으로써 종교를 기반으로 해서 중세라고 하는 새로운 시대가 성립되어 나오는 과정에서 형성되어 나와, 그 후 각 지역을 중심으로 해서 형성된 종교문화가 타지역으로 전파되어 나가는 과정에서 정립된 문학장르이다. 종교란 신이라고 하는 존재를 인정함으로써 성립되는 신앙체계를 의미한다. 인간에 있어서의 종교적 삶이란, 인간 자신이 설정한 신이라고 하는 존재를 통해서 현세를 살아가는 삶을 가리킨다. 또, 그러한 종교적 삶은 인간 자신들이 내세(來世)라고 하는 허구의 세계를 설정해서 그 세상을 위해서 현세를 살아가는 삶을 가리킨다. 그러나, 종교인들에게 있어서의 내세란 허구의 세계가 아니다. 그들에게 있어서의 내세란 진짜의 세계이다. 현세야말로 그들에게 있어서는 허구의 세계인 것이다. 소설문학 장르는 이와 같은 종교적 삶의 성립을 계기로 성립되어 나왔던 것이다.

이와 같이 소설문학 장르는 서로 다른 둘 이상의 의미체계가 공존하게 된 상황에서, 의미체계들의 충돌이 가져온 존재에 대한 모순의식의 극복방법의 하나로 출현된 문학장르이다. 소설문학 장르의 특성은 종교적 삶을 살아가는 인간이 신이라고 하는 절대자의 존재를 인정해서 그를 통해서 자신의 현세를 살아가듯이, 작자가 어떤 가공의 인물을 설정해서 그를 통해서 자신의 삶에 대한 이야기를 형성해 간다고 하는 서술형식을 취하는 것으로 특징지워진 서술장르이다.

이와 같이 중세인들이 소설문학 장르를 창출한 것은 자신들이 처해 있는 현세가 허구의 세계로 인식되고, 그 허구의 세계를 주관하는 자가 존재한다는 의식을 바탕으로 해서 이루어졌던 것이다. 또, 중세인이 현세를 허구로 인식하고 그것을 주관하는 자가 있음을 인식하게 된 것은 자신이 처해있는 현실 속에 내재된 두 개 이상의 의미체계가 가져다 준 존재의 모순의식 때문이었다.

인간은 자신의 존재나 자신의 세계가 모순된 것으로 인식될 때, 그 모순을 극복해 보기 위한 방법의 하나로 자신의 존재나 세계를 지배하고 있다고 생각하는 존재에 대하여 모순된 자신의 존재와 세계의 실상을 보여 주는 수단이 다름 아닌 소설문학 장르이다. 따라서 소설문학 장르는 우리의 존재와 세계에 대한 어떤 정보를 갖고 있는 존재이다. 우리가 소설을 읽거나, 그것을 분석하는 것은 그것이 우리에게 시사하는 어떤 정보, 즉 어떤 내용을 취하기 위해서이다.

문학작품들이 독자들에게 어떤 내용을 제시하는지에 관한, 그동안의 파악작업은 서구에서 지난 20세기 초·중반에 성립·정립되어 나와, 그 후 동아시아에서 전래된 뉴크리티시즘이라고 하는 비평방법을 통해서였다. 현재도 우리는 대학의 문학수업에서 뉴크리티시즘의 입장을 취해서 작품을 분석해서 그것의 주제를 파악해 본다. 지금도 그 작업은 유효하다. 왜냐하면, 문학연구의 일차적 목표가 언어의 의미파악과 언어표현능력 등의 배양에 있기 때문이고, 또 문학작품을 읽어가면서, 뜻 파악이 어려운 단어나 그러한 문장의 뜻을 파악해보고, 멋진 표현들을 찾아내서 그것들을 현실생활에서 사용해 보기 위한 일차적 단계로 그러한 표현수법을 해 본다고 하는 것은 문학연구의 일차적 목표를 달성할 수 있는 이상적 방법들 중의 하나이기 때문이다. 뿐만 아니라, 하나의 작품을 읽고 그것의 주제파악을 위해 서로 토론을 해 본다는 것은 그 토론과정에서 토론자 자신들이 자신들의 사고의 주관성을 발견할 수 있는 좋은 기회를 갖게 되고, 자신들의 생각을 정리해서 그것을 언어로 표현해 볼 수 있다는 점에 있어서도 문학연구의 목적에 완전히 부합된다. 작품을 읽고 그것의 주제파악에 대한 원활한 토론이 이루어지기 위해서는 우선 학생들이 주제파악의 방법론을 가지고 있어야 한다. 또, 어떤 수업에서는 어떤 작품의 주제를 파악해 리포트를 제출하라는 경우도 있다. 이 경우에 있어서도 주제파악의 방법론이 요구된다. 더 나가서 졸업논문으로 주제파악을 중심으로 하는 작품론이 요구되는 경우도 있다.

본인이 본고를 통해서, 소설문학 장르의 성립과 전개양상에 대한 고찰을 통해서 제시한 작품의 주제 도출법은 그러한 경우들에 소용될 수 있는 작품론들 중의 하나이다. 대학에서 외국문학을 연구하는 학도들에게 있어서의 주제파악을 중심으로 한 작품론과 같은 문학연구 방법은 연구 환경상의 여러 측면을 고려해볼 때 가장 실용적인 방법인지도 모른다. 문학연구자에 있어서의 일차적 자료는 문학작품이다. 어떠한 연구에 있어서도 연구자의 일차적 작업은 일차적 자료의 수집과 그것의 철저한 분석이다. 우리가 어떤 일차적 자료의 분석과정에서 어떤 새로운 사실을 발견했을 경우, 그것을 논리화시켜 그러내 보이는 것만으로도 하나의 훌륭한 논문이 될 수 있다.

모든 연구는 연구의 대상을 필요로 하고, 그 연구대상을 놓고도 연구의 단위설정이 요구된다. 작품의 주제파악을 중심으로 한 작품론이란 문학작품을 연구대상으로 하고 하나의 작품을 연구단위로 한 연구이다. 연구의 대상을 작품을 창작해낸 작가로 하고, 그 연구의 단위를 하나의 작가로 하는 문학연구이다. 작품론이 작품을 구성하는 요소들의 유기적 관계를 밝혀서 작품의 주제를 파악해 문학의 본질을 이해해 가는 것이라면, 작가론은 이런 것이다. 즉 작품세계들을 창작해낸 작가의 정신세계나, 혹은 작가에 있어서의 허구세계를 창출해낸 에너지원을 밝혀내서 그것들을 통해서 인간에 있어서의 문학이 어떤 것인지를 이해해 가는 방법이다.

우리가 한 작가의 정신세계를 밝혀보고 그 정신세계가 어떻게 변해 갔으며, 또 그 정신세계를 일관해 갔던 것이 무엇인가를 규명해내는 가장 좋은 방법들 중의 하나는 바로 이것이다. 우선, 그의 대표작들을 몇 개 선정해서 그것들 하나하나의 주제파악을 중심으로 한 작품론을 시도하는 것이다. 그 다음으로 그 작품론들을 연대기순으로 비교고찰해 보는 것이다. 그 비교고찰을 통해서 우리는 그 작가의 정신세계의 성립과 그 전개양상을 파악해 볼 수 있고, 그러한 파악을 통해서 그 작가의 주제가 무엇이었는가를 도출해 낼 수 있다. 이상과 같이 작품론은 한 작가가 추구해 갔던 문학적 주제를 도출해 내는 작업을 축으로 해서 성립되는 작가론의 기초적 연구이기도 하다.

주

1) Moody and Lovett Revised by F. B. Millett, 『영국문학사』(이상오 외 역, 한신문화사, 1984), 278면.

2) 阿部知二 『世界文学の歴史』(河出書房新社, 1989), 77면.

3) 상동서, 15~31면.

4) 보카치오 『데카메론』(남궁우 역, 을유문화사, 1968), 11~28면.

5) 초오서 『켄터베리이야기』(김진만 역, 정음사, 1963), 5면.

6) 『ラルース 世界文学事典』(東京:角川書店, 1983), 462면.

7) 『新潮世界文学小 典』(東京:新潮社, 1967), 30면.

8) 상동서, 31면.

9) 김영덕 외 『중국문학사<상>』(청년사, 1990), 498~499면.

10) 秋山虔 編 『日本文学全史<中古>』(学灯社, 1974), 127면.

11) 알랭 로브그리에 『지나해 마리엥바드에서 질투』(민희석 역, 근역서재, 1978), 305면.

12) M. 프르스트 『잃어버린 시간을 찾아서』(김창석 역, 정음사, 1985), 32면.

소설문학의 주제 도출법 연구

서 론

일본은 근대서구와의 접촉을 계기로 서구의 근대산업자본주의를 받아들여 근대화의 길을 걷게 되었다. 그 도정에서 일본은 서구의 근대화과정에서의 인간존재의 한 표현양식의 하나로서 출현한 소설이라고 하는 문예양식을 받아들여 근대화 과정에서 겪게되는 여러 인간적 체험들을 표현해 갔다. 그것이 바로 일본근대소설이다. 본 연구는 이 일본근대소설의 주제 도출법의 정립을 목적으로 한다.

현재 한국에서의 일본연구관련 학과들의 커리큘럼을 들여다보면 어느 대학 할 것 없이 「일본근대문학」, 「일본근대소설」 등과 같은 강좌들이 개설되어 있다. 일본근대문학에 있어서의 가장 대표적인 문학 장르가 바로 이 소설이라는 의미에서 「일본근대문학」담당자들은 주로 일본근대소설들을 자료로 해서 「일본근대문학」을 이야기해 가고 연구해 가고 있다. 그러한 의미에서 「일본근대문학」은 「일본근대소설」로 대치될 수 있다. 이 「일본근대문학」과 구분되는 「일본고전문학」도 일본문학, 일본문화 등의 연구에 있어서 중요한 과목이다. 그렇지만, 대학의 이들 모든 학과들이 「일본고전문학」을 다 개설해 놓고 있지는 않다. 개설해 둔 대학들의 경우도 학기나 학년마다 강좌를 열지 않는 경우가 허다하다.

이처럼 「일본근대소설」은 수도권의 4~5개 대학을 제외한 전국 모든 대학에 개설되어 있는 과목이고, 일본 연구 학과들의 경우에 있어서는 사실상 가장 긴요한 과목이다. 그뿐만 아니다. 연구대상으로서의 일본근대소설은 일본과 중국의 전근대소설은 물론 서구의 근대소설로부터 직접적 영향을 받아 성립되어 나왔고, 또 그것은 한국과 중국의 근대소설 성립에도 커다란 영향을 끼쳤다. 문학의 한 장르로서의 일본근대소설은 일본의 근대산업자본주의 사회의 인간을 표현해내는 가장 대표적 장르이다.

이와 같은 점들이 고려되어 일본문학연구자들은 말할 것도 없고 한국이나 중국의 근대문학을 연구하는 자들, 근대화와 인간성을 연구해가는 학자들 등에 있어서 일본근대소설은 가장 핵심적 연구테마이고 중요한 연구대상들 중의 하나임이 틀림없다.

이들 연구자들의 일본근대소설에 대한 일차적 관심은 일본근대소설 작품들의 주제에 대한 관심이다. 다시 말해서, 그들은 무엇보다도 일본근대소설 작품들이 어떤 인간들의 어떤 면들을 어떻게 표현해내고 있는지를 알아보기 위해서 그것들에 대해서 관심을 갖게 됐다는 것이다. 다른 모든 문학작품들이 그러하듯이, 일본근대소설 작품들도 그것들을 대하는 특정독자들에 대해서 어떤 의미들을 갖는다. 우리는 그 의미들을 일본근대소설 작품들의 주제들이라 말할 수 있다. 일본 근대문학 연구자들은 일차적으로 그것들의 주제들을 파악해 그것들을 가지고 일본의 근대사회나 근대문화, 혹은 그것들과 관련된, 동아시아의 근대화 과정에서의 여러 사회나 근대문화, 혹은 그것들과 관련된, 사회적 현상이나 문화적 현상을 논해 가는 것이다. 그러한 의미에서 일본근대문학자들에 있어서의 일본근대소설의 주제파악작업은 일본근대문학연구 뿐만 아니라 동아시아의 근대화와 인간성 연구의 기초적 작업인 셈이다.

그런데, 문제는 일본근대소설의 주제파악이라고 하는 것이 쉬운 작업이 결코 아니라는 데 있다. 그것이 쉽지 않다는 것은 다음과 같은 이유 때문이다. 모든 말이나 글들은 그것들을 대하는 특정인들에 대하여 특정한 의미들을 갖는다. 일본근대소설 작품들이 그러한 말이나 글들로 이루어진 것들인 한 그것들을 대하는 특정인들에 대해서도 어떤 특정한 의미를 갖지 않을 수 없다. 예컨대, 『설국』은 그 독자가 그것을 쓴 작자, 그 작자의 시대적 상황, 그것의 작중세계를 구성하는 것들 등에 대해서 알고 있는 것만큼 그 독자에 대해서 의미를 갖는다는 것이다. 이것은 작품의 주제가 독자의 경험이나 지적능력에 따라서 달리 파악될 수밖에 없다는 것을 의미한다. 그럼에도 불구하고, 일본근대문학연구자들에 있어서의 일본근대소설의 주제파악 목적이란, 파악된 주제들의 향유 그 자체에 있는 것이 아니라, 파악된 주제들을 가지고 일본의 근대사회나 근대문화, 더 나가서는 근대일본과 관련된 한국이나 중국의 사회적 문화적 현상들을 설명해 내는데 있다. 그렇기 때문에 일본근대문학의 연구자들이 합리적으로 당시의 사회적 문화적 현상들을 설명하려면, 무엇보다도 먼저 그들이 일본근대소설들로부터 대다수의 독자들이 공감할 수 있는 어떤 보편적 주제를 도출해야한다는 것이다.

그렇다면, 일본문학 연구자들은 어떻게 일본근대소설로부터 그러한 보편적 주제를 도출해 낼 수 있는 것인가? 예컨대, 우리들에게 어떤 영어문장의 구조가 정확히 파악되지 못했을 경우 그 문장들의 의미는 분명 잘못 파악되기 쉽다. 이와 마찬가지로 여러 다양한 문장들로 이루어지는 소설의 표현양식이 제대로 이해되지 못하고, 그 구체적 소설작품들의 표현구조가 잘못 파악될 때, 그 작품의 주제는 분명 잘못 파악될 수 있다. 따라서 제3자들에게 공감될 수 있는 작품의 어떤 주제가 도출되려면, 우린 그 작품의 표현양식에 대한 이해와 구체적 소설작품들의 표현구조가 제대로 파악되어져야 한다. 다시 말해서, 우리가 일본근대소설 작품들로부터 대다수의 독자들이 공감할 수 있는 어떤 주제를 도출해 내려면, 소설들의 기본적 표현양식에 대한 이해와 일본근대소설들의 기본적 표현구조 파악을 바탕으로 작품들의 분석이 행해져야 한다는 것이다. 소설은 작자가 어떤 가공의 인물을 설정해서 그의 어떠한 일면이 어떻게 변화해 가는가를 독자들에게 보여줌으로써 그것을 통해서 작자자신이 독자들에게 하고 싶은 이야기를 해나가는 것을 그 표현양식으로 하고 있는 문학장르이다.[1] 본 연구는 이와 같은 시각에서의 소설문학의 기본적 표현양식에 대한 이해를 토대로 해서 일본근대소설의 주제 도출법을 정립해 보고자 한다.

1. 내레이터에 관한 검토

우리가 어떤 작품의 주제를 도출하려면 우선 이 작품이 어떤 이야기, 즉 무엇에 관한 이야기인가를 파악해야 한다. 그러기 위해서는 문제를 어떤 사람의 이야기인가로 구체화시켜 볼 수 있다. 또 그것은 작중세계와 관련시켜, 작품에 등장하는 인물들 중 누구의 이야기인가로 문제를 더욱 구체화시켜볼 수 있다. 소설문학의 기본적 표현양식의 하나는 작가가 어떤 가공의 인물을 설정해서 그를 통해서 자신이 독자들에게 하고 싶은 이야기를 행해 가는 서술양식이다. 작가는 자신이 설정한 어떤 가공의 인물을 통해 자신이 말하고자 하는 것을 서술해 간다. 그 경우, 그는 내레이터라고 하는 존재를 상정해서 그를 통해서 그 가공의 인물을 이야기해 가게 된다.[2] 따라서, 우리가 작품의 서술구조를 검토함에 있어서, 우선 취해야 할 수순은 소설의 서술구조상에서의 작자와 내레이터의 역할과 그들의 관련성에 대한 고찰이다. 다음은 내레이터와 예의 가공의 인물 즉, 내레이터의 서술대상인물과의 관련성. 그 다음은 주된 서술대상인물인 시점인물 내지, 중심인물 등과의 관련성, 그들의 역할, 그들에 대한 서술과정 등에 대한 검토이다.

1) 작자와 내레이터

소설문학작품의 서술체계를 구성하는 요소로서의 작가란 소설작품의 창작자이다. 다시 말해서, 그는 글로 허구의 세계를 만들어내서 그것을 통해서 자신이 처해 있는 세계에 대한 자신의 생각이나 감정을 독자에게 전달하는 자이다. 이처럼, 소설의 서술체계의 측면으로 말할 것 같으면, 작가란 글이라는 전달수단으로 만들어진 작품을 매개로 존재하는 독자에 대한 상대적 존재이다. 그런데, 작가에 있어서의 작품의 창작행위나 독자에 있어서의 작품의 독서행위는 본질적 측면에서 말할 것 같으면 인간의 모든 행위들이 그러한 듯이, 그들이 그들 자신의 생활환경과의 보다 이상적 관계를 추구해보기 위한 행위들임에 틀림없다. 이러한 측면에서 작가에 있어서의 작품이란 작가가 자신의 현실세계와의 보다 바람직한 관계를 추구해보려는 한 의지의 산물이고, 독자에 있어서의 그의 독서행위의 결과로 창출된 작품세계도 결국은 일종의 그러한 산물이다. 그렇게 볼 때, 작가와 독자에 있어서의 자신들의 작품세계의 창출에너지가 존재하게 되었다는 것은 그들과 그들 자신들이 처한 세계와의 사이에 어떤 갭이 생겼다든가, 그들과 그들이 처한 세계와의 관계에 어떤 문제가 내재해 있다는 것을 의미한다. 인간은 자신이 처해 있는 상황이 변했을 때, 그 변화된 상황과의 새로운 관계를 모색하기 위한 하나의 방법으로 어떤 말들을 하게 된다. 작가에 있어서의 작품을 쓰는 행위도 일종의 그러한 발화행위이다. 이와 같은 측면에서 파악해 볼 때, 작가나 독자 역시, 인간과 그의 생활환경과의 사이에 발생된 문제가 극복되는 과정에서 탄생된 존재이고 그들에 의해 만들어진 작품 역시 그러한 문제의 극복과정에서 산출된 물건이다. 이렇게 볼 때, 작가와 독자란 자신이 처해 있는 세계에서 발생한 문제를 글을 통해서 해결해 보려는 의지를 갖은 인간이다.

그렇다면, 작가는 어떠한 식으로 자신과 자신의 현실세계와의 사이에서 야기된 문제를 극복하려고 하는 존재인가? 소설의 서술체계를 구성하는 요소로서의 내레이터가 바로 이 문제와 관련되어 있다. 소설의 서술체계 내에서의 내레이터는 작가가 자신과 자신의 현실세계와의 사이에서 야기된 문제를 극복하기 위해 창안해 낸 것으로서 작가와 그의 현실세계를 동시에 바라다 볼 수 있는 어떤 시각을 취해서 그것들을 서술해 가는 존재이다.[3] 이와 같이, 내레이터는 작가와 그의 현실세계와의 대립관계 속에서 창출되어 그것들이 훤히 내려다보이는 시점에서 그것들을 이야기해 가는 존재이다. 이렇게 볼 때, 작자는 어디까지나 자신이 처해있는 물리적 세계에 둘러싸인 한 육체적 존재이다. 그러나 내레이터는 그러한 육체적 존재와 비교되는 어떤 영적, 내지 초월적 존재이다. 작자가 시간과 공간으로부터 제약을 받는 하나의 구체적이고 개인적인 존재라면, 내레이터는 그러한 것들로부터 자유로운 어떤 관념적이고 집단적 존재이다.[4] 이렇게 볼 때, 작가는 시공으로부터 자유로운, 그러한 관념적인 집단적 존재를 통해 자신과 자신의 현실세계를 독자에게 드러내 보임으로써 자신과 자신의 현실세계와의 사이에 내재된 문제를 극복해 보려고 하는 존재이다.

그러면 작가가 그러한 식으로 자신과 자신의 현실세계와의 사이에서 야기된 문제를 풀려고 했다는 것은 결국은 무엇을 의미하는가? 그것은 결국 작가란 바로 이렇게 생각하는 존재라는 것을 의미하는 것은 아닌가? 인간에 있어서의 어떤 문제란 자기나 자기의 세계를 자기자신이나 자기자신의 세계로부터만 바라봄으로써 자기자신과 자기자신의 세계에 대해 잘못 인식됨으로써 야기된다. 따라서 우리는 어떤 집단적 존재나 초월적 존재를 통해 우리 자신들을 드러내 보임으로써 문제를 해결해 갈 수 있다.

이상과 같은 측면에서 생각해 볼 때, 우리가 일본근대소설 작품의 주제를 도출해 내는데 있어서 취해야 할 수순은 우선 작가의 현실세계와 작가의 정신세계에 대한 이해이다. 보다 구체적으로 말해서, 우선 일본의 근대는 일본인들에게 어떻게 도래했는가, 일본의 근대사회와 일본인들과의 사이에는 어떠한 긴장관계가 형성되어갔는가 등에 대한 이해가 있어야 한다.[5] 다음으로 주제도출대상작품을 쓴 작가가 처해있던 당대의 사회적 현실과 그의 개인적 생활환경, 그 작가의 문학적 경향 등에 대한 이해가 있어야 한다. 그것들에 대한 이해를 토대로 해서 그 다음 그것들의 대비관계의 결과로 출현된 작품의 내레이터의 특성에 대한 파악이 행해져야 한다.

좀 더 세분해서 말하면, 우선 작가의 현실세계와 작가에 대한 이해와 그것들의 관련양상에 대한 이해 등이 있어야 한다. 다음으로 작자의 창작시점과 작품세계에서의 내레이터의 서술시점과의 관련성의 파악들을 통한 작자와 내레이터와의 관련양상에 대해 파악해야 한다. 그 다음으로 어떤 내레이터인지에 대한 파악이다. 즉, 우선 「나」를 서술해 가는 내레이터인가 「그」를 서술하는 내레이터인가를 파악할 필요가 있다. 다음으로 「나」나 「그」가 현재 처해있는 상황을 서술해 가는지, 그들의 과거를 서술해 가는지, 그 중의 어느 것을 더 많이 서술해 가는지를 파악할 필요가 있다. 그 다음으로 그들의 생각이나 의식의 움직임 등과 같은 내면의 세계에 대한 서술인지 그들을 둘러싸고 있는 외면세계에 대한 서술인지에 대해서도 고찰해 볼 필요성이 있다.

그렇다면 이와 같이 작자의 정신적 의지와 그의 현실세계와의 대립적 관계가 극복되는 과정에서 탄생된 내레이터의 주된 관심대상들은 어떠한 것들인가? 내레이터는 그것들을 어떠한 식으로 서술해 갔는가?

2) 내레이터의 서술대상과 시점인물

작품의 내레이터는 무엇을 어떤 식으로 서술해 가는가? 이 문제에 대한 규명도 작품의 서술체계를 규명해내는 작업 중의 하나이다.

내레이터의 서술대상은 내레이터가 시공을 초월해 내려다보는 세계 속의 인간들과 그들을 둘러싸고 있는 세계이다. 이 경우, 내레이터는 작품세계의 인간들로부터 어떤 인물을 주된 서술대상으로 설정해 그 인물과 그를 둘러싼 세계를 서술해 간다. 대부분의 소설들은 두 종류 중 어느 한 서술방식을 취한다. 우선 하나는 내레이터가 작중세계의 외부에 위치해 있는 자기자신에 서술시점을 고정시켜 놓고 그 시점에서 취해지는 작중세계를 서술해 가는 형식이다. 다른 하나는 내레이터가 작품세계의 서술시점을 어느 인물의 시각에 고정시켜 놓고 그의 시각을 통해서 잡아낸 작품세계를 서술해 가는 형식이다.[6] 전자의 경우, 내레이터는 인물과 세계를 서술해감에 있어서 내레이터 자신의 눈을 통해서 인물과 세계를 서술해 가는 데 작중세계에서 움직이는 어떤 인물들을 중심으로 해서 작중세계를 서술해 간다. 그 경우, 어떤 인물에 대해서는 길게 서술하고 어떤 인물에 대해서는 짧게 서술한다. 또 어떤 인물에 대해서는 그 인물의 생각이나 의식의 이동까지를 서술한다. 또 내레이터는 어떤 인물에 대해서는 그를 지속적으로 따라다니며 그가 말하고 보고 듣고 하는 것들을 서술해 낸다. 작품세계에는 그와 같이 내레이터가 지속적으로 따라다니면서 다른 어떤 인물들보다도 더 많은 시간을 할애해서 서술해 가는 인물이 존재한다. 우리는 그 인물을 주된 서술대상인물이라 말한다.

일본근대소설은 메이지 10년대의 정치소설을 기초로 해서 메이지 20년대부터 출발되는 것으로 이야기된다. 이 정치소설의 효시라 불려지는 도다 긴토(戶田欽堂)의 『조카이하란』(情海波瀾, 1880)의 경우, 내레이터의 서술시점은 외부에 놓여 있고, 그의 주된 서술대상인물은, 오켄(阿權)이다. 소단편인 이 작품은 5장으로 구성되어 있다. 제1장은 오켄, 제2장은 오켄과 민지(民次), 제3장은 마사부미(正文), 제4장은 민지, 제5장은 오켄의 장이라 할 수 있다. 그렇게 볼 때, 오켄의 이야기로 시작해서 오켄의 이야기로 끝나고, 또 오켄에 관한 서술이 가장 많이 다루어졌다는 것을 근거로 해서 생각해 볼 때 이 작품의 주된 서술대상인물은 오켄이라는 것이다. 일본근대소설의 효시라 이야기되는 후타바테이 시메이(二葉亭四迷)의 『부운』(浮雲, 1887), 일본 근대자연주의 소설의 효시라 말하는 시마자키 도손(島崎藤村)의 『파계』(破戒, 1906) 등의 내레이터도 외부시점을 취하고 있는 소설들이다. 내레이터의 서술대상들의 서술량을 근거로 파악해 볼 때 『부운』의 중심인물은 분조(文三)이고, 『파계』의 경우는 우시마츠(丑松)이다.[7]

이와는 반대로 어떤 작품들은 내레이터가 서술시점을 작중세계의 어느 인물에 고정시켜 그 인물의 시각으로 잡아낸 세계와 그 시점인물의 생각 등을 서술해간다. 일본근대소설들 중에서 서구에 가장 널리 알려진 나쓰메 소세키(夏目漱石)의 『고코로』(心, 1914), 소설의 신(神)으로 알려진 시가 나오야(志賀直哉)의 대표작 『암야행로』(暗夜行路, 1921~37), 노벨문학상 수상작 가와바타 야스나리(川端康成)의 『설국』(雪国, 1935~1948), 1950년대의 사회주의 문학의 대표작 김달수(金達寿)의 『현해탄』(玄海灘, 1952), 1960년대 전반의 대표작들 아베 고보(安部公房)의 『모래의 여자』(砂の女, 1962), 이노우에 미츠하루(井上光晴)의 『지상의 인간군』(地の群れ, 1963), 오에 겐자부로(大江健三郎)의 『개인적 체험』(個人的な体験, 1964) 등의 내레이터도 내부시점을 취해 작품세계를 서술해 가고 있다. 『고코로』의 시점인물은 「나」이다. 『암야행로』와 『설국』은 겐사쿠와 시마무라이다. 『현해탄』의 시점인물은 서경태와 백성오 두 사람이다. 이 작품의 내레이터는 작품세계를 12장으로 나누어서 서술해가고 있는데, 제1, 3, 5, 7, 9, 11장의 여섯 장은 서경태의 눈을 통해서, 제2, 4, 6, 8, 10, 12장의 여섯장은 백성오의 눈을 통해서 잡아낸 세계를 서술해가고 있다. 『모래의 여자』의 경우는 31절로 되어 있다. 제1절은 「우리들」, 제2~31절은 쥼페이를 통해서 서술되고 있다. 『지상의 인간군』은 11장으로 되어 있는데, 제1, 6, 8, 9, 11장의 다섯장은 우난 찌카오. 제2, 4장의 두장은 이에유미 야스코, 제3, 5, 7장의 세장은 쯔야마 노부오, 제10장은 우난 히데코를 시점인물로 취하고 있다. 『개인적 체험』의 시점인물은 버드이다.

이와 같이 작품의 내레이터가 시점인물을 통해서 작품세계를 서술해 갈 경우, 내레이터는 시점인물의 눈과 귀 등과 같은 의식기관을 통해서 잡아낸 시점인물을 둘러싸고 있는 세계를 서술해 가면서 시점인물을 둘러싸고 있는 세계와의 접촉을 통해서 시점인물의 내면세계로부터 일어나는 다양한 생각들을 서술해 간다.

3) 서술과정과 중심인물

내레이터 자신의 시각에서 작품세계를 서술해가든, 작중세계의 인물의 시각에서 작품세계를 서술해가든, 내레이터는 작중세계의 어떤 인물들의 생각이나 행동, 그들을 둘러싸고 있는 세계 등을 서술해 가는 존재이다. 이 경우, 어떤 내레이터는『설국』의 경우처럼 한 인물만을 따라 다니며 그들의 생각이나 행동, 그들을 둘러싸고 있는 세계를 서술해 낼 경우도 있고, 또 어떤 경우는『현해탄』의 경우처럼 두 사람을 시점인물로 설정해서 번갈아 가면서 그들의 생각과 그들의 현실세계를 서술해 가는 경우도 있다.『지상의 인간군』과 같은 경우도 있는데, 이 경우는 내레이터가 서로 다른 문제의식들을 지닌 여러 시점인물들을 설정해 놓고, 번갈아 가면서 그들의 내외면 세계를 서술해 간다. 이 경우, 작품의 이야기가 누구의 이야기인가를 파악하기 위해서는 우선 내레이터가 누구에 관해서 가장 많은 서술을 하고 있는가를 파악해야 하고, 다음으로 누구를 주된 서술대상인물로 설정해서 작중인물들과 그들의 세계를 서술해 갔는가를 검토해야 한다. 그 검토방법으로는 첫째 각장은 누구를 주된 서술대상인물이나 시점인물로 취하고 있는가를 검토하여, 그것을 자료로 해서 누구에 관한 서술이 가장 많은지를 검토한다. 둘째, 제1장과 마지막장은 누구를 주된 서술대상인물 혹은 시점인물로 취하고 있는가를 검토한다. 셋째, 누구를 지속적으로 혹은 반복적으로 서술해 갔는지를 검토한다. 우리는 이와 같은 검토들을 통해서 분석대상 작품의 이야기가 누구의 이야기인지를 파악해 낼 수 있다.

앞에서 제시한 일본근대소설들의 경우처럼 일본근대소설들의 경우에 있어서는 작중의 주된 서술대상인물이나 시점인물이 대부분 바로 중심인물이 된다. 그런 의미에서 우리가 분석대상의 작품으로부터 주된 서술대상인물이나 시점인물이 쉽게 파악된다면, 작품으로부터의 중심인물 찾기란 전혀 문제될 것이 못된다. 그러나, 『현해탄』이나『지상의 인간군』등의 경우처럼, 주된 서술대상인물이나 시점인물이 두 사람 이상인 경우 누가 이 작품의 중심인물인가를 판단해 내기란 그리 쉬운 일이 아니다. 그 경우 우리는 상기와 같은 수순으로 작품의 서술과정을 검토하는 것이 바람직하다.『조카이하란』의 경우, 상기와 같은 측면에서 작품의 서술과정을 검토해 볼 때 주된 서술대상인물은 전5장 중 세 장에 걸쳐 서술된 오켄이고, 『부운』의 경우는 분조이다. 『현해탄』의 경우는 서경태와 박성오에 관한 서술량이 동일하고, 서경태의 이야기로 시작해서 백성오의 이야기로 끝난다. 이러한 점을 감안해서 우리는 이 작품의 중심인물을 서경태와 백성오, 두 인간으로 보아야 할 것이다. 따라서, 『현해탄』의 이야기는 서경태와 백성오의 이야기로 보아야 할 것이다. 태평양전쟁이 발발해 그것이 제2차대전으로 확대되어 나가는 당시 그때까지 서로 다른 길을 걸어온 두 한국인의 이야기이다. 네 사람의 시점인물들을 통해 서술된『지상의 인간군』은 그 시점인물들이 전부 당시 사람들로부터 차별대우를 받는, 원폭의 피해자, 부락민, 조선인 등의 피차별민들이라는 측면에서, 피차별민들의 이야기라 할 수 있는데, 이 경우 누구를 중심으로 한 피차별민들의 이야기인가 하면 어머니가 부락민인 우난 찌카오를 중심으로 한 그들의 이야기이다. 왜냐하면 우선 네 사람의 시점인물들 중에서 그가 제1장과 마지막장의 시점인물로 받아들여졌기 때문이다.

『파계』, 『고코로』, 『암야행로』, 『설국』, 『모래의 여자』등 주된 서술대상인물이나 시점인물을 하나로 취하는 작품들의 경우, 그 주된 서술대상인물이나 시점인물이 바로 작품세계에서의 중심인물이 된다. 그러나 어떤 연구자들은 『부운』의 주인공을 오세이로,『고코로』의 주인공을 선생으로,『설국』의 주인공을 고마코로,『모래의 여자』의 주인공을 모래여자로 보고 있다. 이것은 바로『부운』의 이야기를 오세이의 이야기로,『고코로』의 이야기를 선생의 이야기로 본다는 것이고,『설국』을 고마코의 이야기로,『모래의 여자』를 모래여자의 이야기로 본다는 것이다. 우리가 일본근대소설 작품들 속의 주된 서술대상인물들이나 시점인물들이 작가 자신들의 화신들이라는 점을 감안해 본다면 일본근대소설 작품들의 이야기는 두말할 나위도 없이 그것들을 쓴 작가 자신들의 이야기라는 입장이 취해진다. 주된 서술대상인물이나 시점인물의 상대역을 작품의 중심인물로 본다는 것은 납득될 수 없는 시각이다.

2. 사건에 대한 검토

제1장의 내레이터에 대한 검토가 결국 작품의 이야기가 누구의 이야기인가에 대한 문제를 해결하기 위한 작업, 즉 작중세계에서의 중심인물을 찾아내는 작업이었다면, 본장의, 사건에 대한 검토는 제1장에서 찾아낸 그 중심인물의 무엇에 관한 이야기인가에 대한 문제를 해결하기 위한 작업이다. 그 검토작업은 우선 작중세계를 구성하는 요소들과 그것들의 관련양상에 대한 고찰로 시작될 수 있다. 다음으로 그것은 진행사건의 성립배경과 그 완료사건에 대한 고찰을 거쳐서, 그 다음으로 진행사건의 발단과 그 전개양상에 대한 고찰을 해서

마무리 될 수 있다.

1) 작중세계의 구성요소와 그 관련양상

어떤 작품에도 그 작품에는 작중세계가 있다. 그 작중세계는 작중인물들, 그들이 처해 있는 구체적 시간과 공간, 작중인물과 그들이 처해있는 시공간을 묶는 인물들의 행위들과 생각들, 그것들로 구성된 사건들 등으로 구성되어 있다.

우리가 이러한 것들의 고찰을 통해서 작품의 내용이 중심인물의 무엇에 관한 이야기인가를 파악하기 위해서는 우선 작중인물들에 대한 고찰이 요망된다. 그들에 대한 고찰이란 우선 그들이 어떠한 인간들이며, 다음으로 그들의 관련양상은 어떠한가, 그 다음으로 그들의 관련양상이 어떻게 변해 가는지, 등에 대한 파악이다.

다음으로 작중세계의 시간적 배경에 대한 고찰이 요망된다. 작중세계에 내재된 시대는 어느 시대인가? 그 시대적 특성은 무엇인가? 작중세계에 내재된 시간은 언제부터 언제까지인가? 등에 대한 고찰이다. 또, 오전이나 오후 낮이나 밤 등과 같은 시간적 대립이나, 한 시간이나 하루 혹은 일년 등과 같은 시간의 단위들이 작품의 시간구성에 어떻게 이용되어졌는가 등에 대한 고찰도 행해질 수 있다.

셋째로 작품의 공간적 배경에 대한 고찰이 요망된다. 공간적 배경은 어디인가? 그것은 얼마나 넓은가? 집안과 집밖, 국내와 국외 등의 안팎관계, 땅과 하늘, 육지와 바다, 도시와 농촌, 도쿄와 고향 등과 같은 공간상의 대립적 구도가 어떤 식으로 이용되고 있는가? 등에 대한 검토이다.

넷째, 작중인물들의 행위들은 어떠한 행위들인가? 그들의 생각들은 어떠한 생각들인가? 그들의 그러한 행위들과 생각들은 어떻게 관련되어 있는가? 또 그것들은 어떤 사건들을 만들어 가는가? 또, 그들의 행위들은 어디에서 어디로 이동해 가는가? 그 이동방식은 어떠한가? 또 그들의 생각들은 어떤 대상들에서 어떤 대상들로 이동해가며 그 생각들의 이동양식은 어떠한가? 등에 대한 고찰이 필요하다.

우리가 예컨대, 『조카이하란』의 이야기가 누구의 어떤 이야기인가를 파악하려면, 우선 이 작품의 작중인물들, 오켄, 민지, 마사부미가 국가권력의 실권자인 천황, 국민, 정부를 각각 상징하는 인물들이라는 사실을 알아야한다. 다음으로 이 작중세계의 시간적 배경이 1880년으로 되어 있는데, 이 시기가 민권운동의 열기가 고조되어 나왔던 시기였다는 것을 파악해야 한다. 또 작중세계의 공간적 배경이 도쿄의 야나기바시의 유곽, 스미다가와 강변의 한 요정, 시내 한복판의 한 별장 등으로 되어 있다는 것도 파악해야 한다. 또 국가권력의 실권자인 천황을 상징하는 오켄의 관심이 국민을 상징하는 민지 쪽으로 이동하고 민지의 관심도 오켄으로 이동한다. 그러나 정부를 상징하는 마사부미가 민지를 비롯한 바쿠후세력을 상징하는 기생 얏코와의 관계를 폭로함으로써 오켄과 민지와의 결합을 방해한다. 그러자 민지는 얏코와의 관계를 정리하기로 결심하고 오켄은 민지와 결혼하는 꿈을 꾸게된다. 이상과 같은 것들에 대한 검토를 통해서 우리는 『조카이하란』의 이야기가 기생 오켄의 민지와의 사랑의 이야기로서, 또 그것이 국가권력의 실권자인 천황을 상징하는 오켄과 국민을 상징하는 민지가 결합해야 한다는 이야기가 아닌가 하는 쪽으로 감을 잡아갈 수 있다.

『설국』의 경우, 작중인물들은 시마무라, 고마코, 요코, 고마코의 약혼녀였다가 요코의 애인이 된 유키오, 유키오의 어머니 등이다. 시마무라는 도쿄 시타마치 출신이다. 부모가 남긴 유산으로 무위도식해

가는 인간이긴 하지만 부모도 생존해 있지 않고, 결혼은 했지만 아이
들도 없는 고독한 인간이다. 그 외의 인물들도 부모들이 없고 출신도
불분명하고, 가정도 없이 살아가는 외로운 인간들이다.

　시간적 배경은 이렇게 설정되어 있다. 어느 시대인지는 불분명하다.
그러나 시마무라의 눈에 잡힌 설국의 온천장 풍물들의 특징들을 가지
고 파악해 볼 때 1930년대로 상정된다. 작중세계에 내재된 시간은 시
마무라가 처음 설국을 방문한 어느 봄서부터 그 다음 다음해의 첫눈
이 내린 11월경까지 약 2년 반동안이다. 중심인물 시마무라는 그간
세 차례에 걸쳐 설국을 방문하는데, 첫 번째는 오월 신록의 계절, 두
번째는 그 해 가을에서 겨울로 넘어가는 11월, 세 번째는 그 다음해
여름에서 가을로 넘어가는 9월이다. 이처럼 이 작중세계의 시간적 배
경의 특징은 환절기라고 하는 것이다. 공간적 배경은 중심인물 시마
무라가 사는 도쿄와 그가 환절기마다 방문하는 그의 여자들이 있는
설국의 온천장으로 되어 있고, 중심인물이 환절기마다 도쿄에서 설국
의 온천장을 세차례에 걸쳐 방문하는 것으로 되어 있다. 시마무라는
도쿄와 설국을 오가면서, 또 설국의 온천장에 머물면서 그 세계를 구
성하는 고마코, 요코와 같은 인간들, 단풍, 눈, 산 등과 같은 자연물
등을 바라보고 그것들을 생각하고 느껴 가는 것으로 되어 있다. 이와
같이 우리는 『설국』의 작품세계를 구성하는 이와 같은 요소들과 그거
들의 관련양상들의 특성에 대한 고찰을 통해 『설국』의 이야기가 중심
인물 시마무라의 어떤 이야기인가를 이해해 갈 수가 있는 것이다.

2) 진행사건의 성립배경과 완료사건

　그 작중세계에서 각 인물들은 어떤 행동들을 행해가고 있고, 그들

의 행동들은 어떤 일들을 이루어 나간다. 그리고 물리적 시간이 흘러 감에 따라 그 일들은 어떤 크고 작은 사건들을 만들어간다. 우리는 시간적으로나마 공간적으로 작중세계 전역에 걸쳐 행해진 작중인물들의 행위들이나 일들의 결합체를, 작중세계의 사건이라 부른다. 그런데, 작중세계의 사건은 내레이터의 서술을 통해서 우리 독자들에게 나타나게 되는데, 이 경우 내레이터가 사건을 처음부터 서술할 경우와 중간부터 서술할 경우가 있다. 일본근대소설의 경우는 말할 것도 없고 대부분의 서구 소설도 후자의 형태를 취해 서술되어 왔다.[8]

내레이터가 작중세계의 사건을 서술함에 있어서, 앞에서 언급한 바와 같이, 작중세계 밖에 존재하는 자기자신의 시각에서 그것을 서술할 경우와, 작중인물 중의 어느 한 인물을 택해 그에게 서술시점을 고정시켜 서술해갈 경우가 있다. 전자의 경우, 내레이터의 서술시점은 내레이터가 사건을 서술하고 있는 현재라고 하는 시점에 고정된다. 그러나 후자의 경우는『고코로』,『설국』등과 같은 소설의 경우처럼 내레이터의 서술시점이 작중세계의 사건이 끝난 후의 어느 한 시점에 고정되어 그 시점을 현재로 해서 그 이전에 일어난 사건을 서술해 가는 형식을 취한다. 따라서 전자의 경우에 있어서 사건은 현재형으로 서술되고, 후자의 경우는 과거형으로 서술된다. 다시 말해서 전자의 경우는 현재 진행되어 가는 사건을 서술해 가는 형태의 서술방식이고, 후자는 사건이 끝난 어느 한 시점에서 봤을 때 과거 어느 한 시점에서 시작해 진행되어 나왔던 사건을 서술해 가는 형태의 서술방식이다.

이렇게 볼 때, 우리는 그것들이 현재진행이든 과거진행이든 간에, 내레이터에 의해 서술되는 사건들이 내레이터의 서술행위와 어떠한 형태로든지 간에 깊은 연관성을 갖는 것으로 생각된다. 그러한 측면에서 진행사건과 진행사건 이전의 사건, 소위 완료사건과는 엄연히 구분된다.

진행사건에는 앞에서 언급한 바와 같이 내레이터가 작품의 제1장에서부터 진행해 가는 사건을 현재형으로 서술해 가는 현재진행사건과, 그것을 과거형으로 서술해 가는 과거진행사건이 있다. 이 경우 이 진행사건에서의 「진행」의 의미는 사건이 작품 첫머리에 서술됨으로써 시작되어 물리적 시간의 흐름을 타고 진행되어 나간다는 의미에서의 진행을 뜻한다. 이에 대하여 완료사건이란 그러한 진행사건이 발단된 시점을 기점으로 했을 때 이미 그 이전의 완료사건을 의미한다.

진행사건의 성립은 그 진행사건이 발단되기 이전에 이미 완료의 형태로 존재하는 사건, 즉 완료사건을 배경으로 해서 성립되어 나온다. 따라서 진행사건의 성립배경에 대한 검토는 완료사건의 철저한 고찰을 통해서 행해 질 수 있다.

완료사건에 대한 검토는 우선 진행사건이 발단되기 이전에 이러한 여러 소사건들을 물리적 시간의 흐름에 따라 배열해 본다. 다음 그 사건의 발생과 전개양상을 검토해 보고, 그 사건이 어떤 식으로 결말이 났는지를 파악한다. 그 다음 그 사건이 중심인물과 어떻게 관련되어 있는지를 검토해 본다.

『조카이하란』의 완료사건은 국가권력을 상징하는 오켄이 국민을 상징하는 민지를 몰랐던 시기에 그들 세계에서 일어났던 사건이다. 그러나 그들의 만남이 이루어짐으로써 그들이 만나기 이전의 사건은 끝나게 되고 그들 사이에 새로운 사건이 성립된다. 그 사건이 바로 진행사건이다. 우리가 여기에서 오켄과 민지가 만나게 됨으로써 진행되기 시작되는 새로운 사건이 어떻게 성립되게 되었는지에 대한 고찰은 오켄과 민지와의 만남이 있기 이전에 그들의 세계에서 어떠한 일들이 있었는지에 대한 검토를 통해서 행해질 수 있다는 것이다. 『설국』의 진행사건은 시마무라가 온천장으로 고마코를 만나러 가는 길목에서 요코를 발견하게 되는 것으로 시작된다. 이 경우, 시마무라와 요코와의 만남이 계기가 되어 진행사건이 발단되는 데, 이 진행사건이 성립되는 배경을 이해하려면 그들이 만나기 이전에 그들에게 있었던 일들에 대한 면밀한 고찰이 요망된다. 우리는 그러한 진행사건의 성립 배경에 대한 충분한 이해를 통해서만이 비로소 진행사건이 전개되는 과정에서 일어나는 시마무라와 고마코와의 재회 등과 같은 소사건들의 의미가 제대로 파악될 수 있는 것이다.

3) 진행사건의 발단과 전개양상

진행사건이란 작품의 제1장에서 진행되어 종장에서 끝나는 사건을 말한다. 우리는 이 사건의 진행과정에 대한 고찰을 통해서 작품세계를 구성하는 사건이 어떤 사건인가를 파악해 낼 수 있다.

인간의 행위들로 구성되는 모든 사건들에는 처음과 끝이 존재하고 그 사이에 중간이 존재한다. 우리는 모든 사건들의 진행과정 상의 특성을 파악해 그 사건의 처음은 어떻게 출발했고 끝은 어떻게 끝났는지를 검토해볼 수 있다. 또 그렇게 출발한 그 사건이 어떤 과정을 거쳐 그러한 결말에 도달했는지를 알아보기 위해서 중간과정을 검토해볼 필요가 있다.

이와 같이 진행사건에 대한 고찰은 사건의 발단, 그것이 결말에 이르는 중간과정, 그 사건의 결말에 대한 검토를 통해서 이루어 질 수 있다. 그러한 구체적 검토는 완료사건을 검토할 때와 마찬가지로 시간의 추이에 따라서 중심인물을 축으로 해서 발단 전개되어 나간 진행사건의 진행과정을 고찰해 보는 것이다.

진행사건의 발단은 완료사건의 결말과 중심인물과의 관련 속에서 행해진다. 따라서 진행사건의 발단에 대한 검토는 완료사건의 결말에 대한 중심인물의 입장이나 의지가 어떠한가에 대한 고찰을 통해서 행해질 수 있다. 다음, 진행사건의 결말에 이르는 과정에 대한 검토는 물리적 시간의 흐름에 따른 중심인물과 그를 둘러싸고 있는 인물들 및 물리적 세계 등과의 관련양상의 변화과정을 고찰하는 것이다. 그 다음 진행사건의 결말에 대한 고찰은 중심인물과 그를 둘러싸고 있는 것들과의 관계가 어떤 식으로 끝나는가에 대한 고찰이다.

진행사건의 이러한 진행과정은 작품의 세계가 작자의 현실세계를 기초로 해서 성립된 것이라는 관점을 받아들여 볼 때, 작자 자신이 자신의 새로운 현실세계를 받아들여 가는 과정이기도 하다. 이것을 보다 확대시켜 말해 본다면 일본근대소설 작품세계들에 있어서의 진행사건은 일본인이 기존의 자신들의 세계를 버리고 새로운 현실세계를 받아들여 가는 과정이기도 하다. 이러한 측면에서 파악해 볼 때 일본근대소설 작품세계 속의 진행사건의 진행방식은 그 작품의 작자나 혹은 일본근대 작가들의 자신들의 새로운 현실세계의 수용방식이기도 하다.

『조카이하란』의 진행사건은 제1장에서의 중심인물 오켄이 민지와 만남으로써 발단된다. 그래서 그것은 제2장에 와서의 그들의 연극감상과 제3장에서의 부호 마사부미의 개입을 통해 한 단계 더 발전되어 나온다. 제4장에 와서 마사부미의 계략으로 오켄과 민지와의 밀약, 민지와 기생 얏코와의 관계 등이 신문에 발표되어 그들의 관계는 민지가 그동안 사귀어왔던 얏코를 정리하게 됨으로써 결혼할 수 있는 관계로 전환해 나온다. 진행사건은 그들의 그러한 결합을 계기로 결말 쪽으로 전환해 나와 제5장에 와서 오켄이 민지와 결혼한 꿈을, 그 꿈이 실현될 수 있다는 암시를 주는 노래소리를 들으며, 꾸게 됨으로써 결말에 이르게 된다.『부운』의 진행사건은 분조가 기숙사에서 숙부의 집으로 들어와서 오세이와 한 집에서 있으면서 모 관청의 관리로 출근하게 됨으로써 발단된다. 즉, 진행사건은 분조와 오세이가 만나게 됨으로써 발단된다. 그 다음 그것은 그들 사이에 숙모가 개입해 들어와 그들의 관계가 사랑의 관계로 맺어짐으로써 한 단계 더 발전되어 나온다. 그러나 그것은 그들 사이에 노보루가 개입해 들어 와 두 사람의 그러한 관계는 분조의, 시대와 사물에 대한 새로운 인식이라는 결말에 이르는 쪽으로 진행되어 나온다.『파계』의 진행사건은 천민출신 우시마츠가 자신의 하숙집에서 천민출신 우시마츠가 오히나타가 출신이 발각되어 쫓겨나는 것을 보고 렌겐지로 하숙집을 옮긴 후, 출신을 숨기라는 아버지의 당부를 기억하고 자신의 신분을 감추려는 생각을 해 감으로써 발단된다. 다음 진행사건은 아버지의 죽음, 렌타로와의 만남 등을 계기로 한 단계 더 발전된다. 그러나 그것은 결국 그의 출신이 직장에 알려지고 자신의 천민신분을 밝히고 살아가는 렌타로의 죽음을 계기로 자신의 신분을 고백함으로써 전환해 나온다. 그래서 그것은 우시마츠의 일본출국으로 결말에 이르게 된다.

우리는 이상과 같은 검토들을 통해서 작품들의 이야기가 중심인물의 무슨 이야기인가를 파악하게 된다. 예컨대『조카이하란』의 작품세계의 구성요소와 그것들의 관련양상, 진행사건의 성립과 완료사건 등에 대한 고찰을 통해, 비로소 우리는『조카이하란』의 이야기가 기생 오켄의 민지와의 사랑의 이야기이며, 더 나아가 국가권력의 실권자인 천왕이 한벌정부를 버리고, 바쿠후세력과의 관계를 끊어가는 국민을 받아들여 가는 이야기임을 이해해가게 된다는 것이다.

3. 전환점과 그 전환양상에 대한 검토

우리는 어떤 대상을 면밀히 관찰하고 나면 관찰에 쏟은 노력의 보상으로 그 대상에 대해서 어떤 판단을 내리게 된다. 중심인물의 어떤 이야기에 대한 우리의 판단은 그 이야기가 어떻게 나가다가 어떤 식으로 전환해서 어떻게 끝나는가에 대한 이해를 통해서 가능하다. 본장은 그러한 판단 기준의 확보를 위해 중심인물의 어떤 이야기가 어떤 사건을 계기로 결말 쪽으로 어떻게 전환되어 어떻게 끝났는가에 대한 검토방법을 제시하는 장이다. 그 검토과정은 우선 진행사건 상에서의 전환점의 위치를 파악해내는 것으로 시작해야 한다. 다음은 그 전환점의 구조와 구성요소에 대한 고찰이 필요하며 그 다음으로 전환점의 전환양상에 대한 검토가 요망된다. 그러한 과정을 거쳐서 우리는 작중세계의 중심인물의 어떤 이야기가 우리에게 무엇을 이야기해주고 있다는 것을 판단해 낼 수 있다.

1) 사건의 전환점과 전환점의 위치

일본근대소설의 대부분은 사소설(私小說)의 형태를 취한다는 말이 있다. 이 말을 받아들일 때, 작중세계의 중심인물은 그 작품세계를 창작한 작가에 대응되고 작중세계는 그 작가가 처해 있는 작가의 현실세계에 대응될 수 있다. 작가의 현실세계는 그 작가가 자기자신의 현실세계 속에서 작품세계라고 하는 하나의 허구세계를 창출해 냄으로써 작가에 의해 비로소 받아들여진다. 이것은 작가가 자신의 현실세계를 받아들이기 위한 한 방법으로 작품세계를 창출해낸다는 말이기도 하다. 또, 이것은 심리적 측면에서 생각해 볼 때, 작가가 자신의 현실세계를 작품세계로 재구성시켜 자신의 현실세계를 받아들인다는 말이기도 하다. 작가가 자신의 현실세계를 받아들이기 위해 자신의 현실세계를 작중세계로 재구성시켰을 경우, 작자는 자신의 현실세계의 어느 부분에 손을 댄 것인가? 작자에 있어서의 그의 현실세계가 받아들여질 수 없는 세계이고 작중세계가 받아들여 질 수 있는 세계라면, 두 세계의 차이는 어느 부분에 있는 것인가? 작가에 있어서의 작품세계가 작가에 의해 받아들여질 수 있는 세계라면, 그것은 작중세계가 처음과 끝이 존재하는 세계이고 작중세계의 사건에 결말이 만들어져 있기 때문이다. 그러면, 그런 결말은 어떻게 해서 만들어지는가? 작가의 현실세계 속에서의 모든 사건에는 사실상 결말이란 존재하지 않는다. 사건의 끝은 다른 사건들과 연결되어 있고 또 그것은 새로운 사건을 만든다. 작중세계 속에 존재하는 결말은 다시 한번 더 말하건대, 작가가 자신의 현실세계를 받아들이기 위해 작가가 작중세계를 창출해내는 과정에서 만들어낸 것이다. 요컨대, 작가가 받아들이기 거북한 자신의 현실세계를 받아들이기 위해 자신의 상상의 차원에서 그것을 개조해냈다는 것이다. 그런데, 가장 많이 개조된 부분이 바로 작중세계의 결말부분이라는 것이다. 이 경우, 작중세계의 결말부분은 작중세계의 사건의 결말을 근간으로 해서 이루어지는데, 그 사건의 결말은 반드시 사건의 전환을 통해 이루어진다. 따라서 작자의 작품세계의 창작의도를 규명해 낼 수 있는 가장 확실한 자료는 작중세계의 사건의 전환점이다.

작품의 주제는 작가의 작품세계의 창작의도와 깊게 관계되어 있다. 따라서 작품의 주제는 작가의 작품창작의 의도에 대한 파악을 통해 도출될 수 있다. 그러한 의미에서 작품이 우리에게 제시하려는 내용에 대한 파악은 사건의 전환점의 위치파악을 일차적 수순으로 해서 행해질 수 있다. 우선 작중세계를 구성하는 사건의 전환점은 진행사건의 발단부분과 그것의 결말부분의 사이에 위치한다고 말할 수 있다. 다음으로 만일 우리가 진행사건의 발단부분 다음에 그 진행사건의 발전단계를 상정해볼 수 있다면, 전환점의 위치는 그 발전단계와 결말부분 사이에 위치한다. 대부분의 진행사건은 그것이 발단되어 발전단계를 거쳐 전환점을 맞게 되고 그것을 계기로 결말에 이르게 된다. 따라서 우리가 작품세계의 진행사건 속에서 전환점의 위치를 찾을 수 있는 가장 손쉬운 방법은 어떤 사건이 그 진행사건을 그러한 결말에 이르게 했는가, 즉 작품의 끝머리에서의 진행사건의 결말을 가져온 사건을 찾아내는 방법이다.

『조카이하란』의 진행사건은 오켄과 민지와의 결론을 위해 결합해가는 사건이다. 그런데, 그 사건은 종장인 제5장에서 오켄이 그녀와 민지의 만남을 방해해 왔던 마사부미가 그들의 결혼을 축하해주는 장면을 꿈꾸다가 그 꿈으로부터 깨어나서 그 꿈을 실현시켜 줄 수 있는 민권운동의 노래소리를 듣게 되는 것으로 끝난다. 이와 같이 이 작중세계의 사건의 결말은 오켄과 민지와의 결혼 가능의 상태로 끝났다. 작중세계에서 그들의 관계를 그러한 상태로 전환시킨 사건은 그 전장인 제4장에서 마사부미가 오켄과 민지와의 밀약과 민지와 얏코와의 관계를 신문에 폭로함으로써 민지가 얏코를 단념하고 오켄을 자신의 결혼상대자로 받아들인다는 결심을 하게 된 사건이다. 이 작중세계의 사건의 전환점은 바로 이 소사건이 일어난 지점이다. 『고코로』의 경우, 진행사건은 학생「나」가 자신에게 남긴 선생의 유서를 다 읽음으로써 끝났다. 따라서 학생이 선생의 유서를 읽어가는 행위는 선생의 자살을 계기로 해서 학생에게 일어난 사건이다. 이러한 관점에서 파악해 볼 때『고코로』의 전환점은 선생의 자살과 그것을 계기로 선생의 유서를 읽어가면서 선생의 자살원인을 깨닫게 되는 것으로 파악된다.

2) 전환점의 구성요소와 그 기본구조

작중세계의 사건의 전환점도 작자자신의 현실세계의 어떤 사건의 전개양상이 기초가 되어 만들어 진 것이다. 앞에서도 언급했듯이, 작중세계는 인간들과 환경으로 구성되어 있다. 이 경우 인간들은 자신들이 처해 있는 환경과의 보다 이상적 조화관계를 추구해보려는 수단들로 자신들로부터 행위와 생각을 창출해 내고, 환경으로부터 물건들이나 도구들을 만들어 낸다. 작중세계의 사건이란 작중인물들 내지 그 인물들의 어떤 행위들이나 생각들, 작중인물들이 처한 환경 내지 그 환경 속의 어떤 물건들이나 도구들 등으로 이루어진다. 그러나 그러한 것들로 구성되는 사건의 전환점은 서로 상반되는 그러한 요소들로 구성되고 또 그러한 것들로 구성되는 그 전환점의 구조는 다음과 같은 특징을 취한다. 그것은 기본적으로 둘 이상의 대립되는 인간들의 충돌과 그 충돌사건을 접한 중심인물의 정신적 자각이라는 구조를 취하고 있다. 이 경우 어떤 작품의 경우는 대립되는 인간의 충돌사건 대신에 중심인물의 어떤 대상과의 접촉이나 어떤 사건에 대한 체험 등으로 대치되어 있다. 이렇게 볼 때 전환점의 구조는 일반적으로 인물들의 대립관계의 전환과 그것을 통한 중심인물의 의식상의 전환이라는 기본적 구조를 취하고 있다.

『부운』의 전환점은 분조와 오세이로 구성되어 있고, 또 그것은 15회에 서술된 분조와 오세이와의 싸움과 그 싸움을 계기로 한 분조의 오세이에 대한 새로운 인식전환이라는 구조를 취하고 있다. 전환점을 구성하는 요소의 하나로서의 분조는 바쿠후의 하급무사집안출신의 후예이다. 이에 대하여 오세이의 경우는 메이지 혁명정부의 일본의 서양화정책을 통해 무비판적으로 받아들여진 서양 물문과 서양문화

찬양자이다. 이와 같이 전환점은 일본의 전통적 가치체계와 서구화된 근대 일본사회의 가치체계로 구성되어 있다. 중심인물 분조는 그러한 사건과 의식전환을 계기로 16회에 와서 세계와의 새로운 관계를 정립해보려는 쪽으로 입장을 정리한다. 『파계』의 전환점도 구시대의 아버지와 신시대의 이노코 선생으로 구성되어 있다. 그래서 그것은 제20장에 서술된 이노코 선생의 죽음과 그것을 계기로 한 중심인물 우시마츠의 고백 결심이라는 구조를 취하고 있다. 『암야행로』의 전환점은 제4장 18~20에서 서술된, 중심인물 겐사쿠의 대산체험과 그 체험을 계기로 한 아내 나오코에의 새로운 인식이다. 이 경우 전환점은 겐사쿠의 자신의 아내의 부정행위에 대한 의식 등과 같은 사회에 대한 의식과 대자연에 대한 의식 등으로 구성되어 있다.

『설국』의 전환점은 중심인물 시마무라가 세 번째로 설국의 온천장을 방문해서 고마코의 심부름을 하러 온 요코와 독대하는 사건이다. 시마무라는 그 사건을 계기로 자신을 사랑하는 고마코를 버리고 요코를 받아들일 수 없다는 것을 깨닫게 된다. 이 경우 전환점은 고마코와 요코, 시마무라의 고마코에 대한 감정과 요코에 대한 감정, 구와 신, 애정와 매력, 도덕과 비도덕, 현실과 비현실, 도쿄와 설국, 몸과 마음 등으로 구성되어 있다. 『모래의 여자』의 전환점은 제3장 31절에 서술된 중심인물 니키 쥼페이의 물의 발견 사건과 그것을 계기로 한, 쥼페이의 인간에 대한 적대적 의식의 공동체의식으로의 전환이라는 구조를 취하고 있다. 이 경우 전환점은 물과 모래, 타인의식과 공동체의식 등으로 구성되어 있다.

3) 전환점의 전환양상

앞에서 언급한 바와 같이 작중세계에서의 사건의 전환은 중심인물이 자신의 현실세계의 어떤 것들을 버리고 어떤 것들을 받아들이는 과정에서 일어난다. 이 경우, 우리가 앞에서 검토한 바와 같이 전환점은 중심인물과 그를 둘러싸고 있는 인물들의 행위들로 이루어지는 행위상의 전환과 그 행위상의 전환을 계기로 중심인물의 의식 상 전환으로 이루어졌다. 이 경우의 행위상의 전환은 두 사람 이상의 인간군들이 대립적 관계를 취해 어떤 사건을 일으켜 그것을 발전시켜 가다가, 어느 시점에 가서 대충돌을 일으켜 한 쪽이 깨짐으로써 그들의 대립적 관계를 통해 발전되어 나왔던 사건이 하나의 결말로 방향을 잡는 현상을 말한다. 다음의 의식상의 전환은 중심인물이 그러한 행위상의 전환현상에 대한 체험을 계기로 그동안 미처 몰랐던 사실들을 깨닫게 됨으로써 자신의 의식이 전환되어 나오는 현상을 의미한다.

중심인물은 이러한 행위상의 전환과 의식상의 전환을 계기로 자신의 현실세계의 어떤 부분에 대한 과감한 포기를 통해 그동안 받아들이지 못했던 자신의 현실을 받아들이게 된다. 작품의 사건은 그러한 전환양상을 취해서 결말에 이르게 된다.

이와 같이 대부분의 일본근대소설의 중심인물들은 어떤 자각을 통해 그동안 받아들이지 못해온 자신의 현실을 받아들이는 쪽으로 전환해 나온다. 이 경우, 중심인물에게 그 자신의 현실수용의 계기를 마련해준 어떤 자각은 반드시 대립되는 두 세력의 충돌이나 그것으로 인한 어떤 희생이 치루어짐으로써 이루어진다. 이렇게 볼 때 전환점의 전환양상은 어떤 희생을 계기로 한 자각과 그 자각을 계기로 한 현실수용의 형태를 취하고 있다.

『조카이하란』의 경우, 제4장에서 가나요미 신문의 가십난에 민지와 오켄과의 밀약, 민지와 얏코와의 관계 등이 폭로된다. 이것은 기생인 오켄이나 정치를 하려는 민지에게는 현실적으로 말해 커다란 타격을 준 사건이다. 민지는 그러한 희생을 통해 얏코와의 관계를 정리하고 기생인 오켄을 자신의 배우자로 받아들일 생각을 굳히게 된다. 그 결과 작중세계의 사건은 정치가 민지와 기생 오켄과의 결혼이 행해지는 현실이 작중인물들에 의해 수용되는 쪽으로 전환된다. 『부운』의 경우에 있어서의 희생은 분조와 오세이와의 다툼과 그것으로 인한 혼약파기이다. 그것을 계기로 한, 분조의 오세이에 대한 새로운 인식이 행해진다. 또, 그것을 계기로 분조는 오세이가 없는 현실을 수용해 가는 쪽으로 전환해 나온다. 『파계』의 전환점에 있어서의 희생은 이노코 선생의 죽음이다. 우시마츠의 고백 결심은 이노코 선생의 죽음을 계기로 이루어진다. 우시마츠는 그것을 계기로 고백을 결심하게 되고 자신이 에타출신이라는 사실이 알려진 자신의 현실을 받아들여 미국 이민을 계획한다. 『고코로』의 전환점에서의 희생은 선생의 죽음이다. 중심인물 「나」는 우리에게 선생의 유서를 읽어가면서 선생의 자살원인을 파악해감으로써, 선생의 자살원인과 깊게 관련되어 있는 인간의 에고이즘이 만연된 자신의 현실세계를 받아들이게 될 인물로 상상된다. 『암야행로』의 경우에 있어서의 희생은 겐사쿠의 대산 등정에서의 발병이다. 중심인물 겐사쿠는 자신의 발병 체험을 계기로, 사회, 삶, 아내의 부정행위 등을 대자연을 상징하는 대산(大山)이라고 하는 시각을 통해 다시 한번 생각해 볼 기회를 갖는다. 그 결과, 겐사쿠는 할아버지와 어머니 사이의 부정으로 비롯된 자신의 출생, 아내의 부정 등이 엄존하는 자신의 현실을 받아들이는 쪽으로 전환된다. 『설국』에서의 희생은 시마무라에 대한 고마코의 사랑이다. 고마코는 자신이 사랑하는 시마무라를 놓치지 않으려고 술자리에 들어가서도 시마무라에게 요코를 통해 자신이 시마무라를 사랑한다는 싸인을 보내게 된다. 그러나 시마무라는 고마코의 그러한 단심을 져버리고 고마코의 심부름을 하러온 요코를 자기방에 앉혀 놓고 그녀에게 자기 식으로 사랑을 고백하게 된다. 그러나 중심인물 시마무라는 자신의 그러한 행위를 계기로 고마코를 버리고 요코를 취해서 그녀를 도쿄로 데리고 나갈 수 없다는 것을 깨닫게 된다. 시마무라는 그러한 자각을 계기로 고마코나 요코와 같은 어떤 사랑의 대상이 존재하지 않은, 자신의 현실세계를 받아들인다는 쪽으로 마음을 가다듬고 자신의 부인이 있는 도쿄로의 회귀를 생각한다.

결 론

본인은 본론을 통해서, 우리가 일본근대소설의 주제를 도출하려면, 우선, 작품의 서술구조를 검토하고, 다음으로 작품의 사건을 검토한 다음, 그 사건의 전환점과 그 전환양상을 검토해야 한다는 입장을 제시했다. 앞에서 언급한 바와 같이, 우리가 작품의 주제도출을 위한 한 수순으로 우선 작품의 서술구조를 파악하는 것은 작품의 이야기가 누구의 이야기인가를 파악하기 위해서이다. 다음으로 작중세계의 사건에 관한 검토는 작품 속의 이야기가 누구의 어떤 이야기인가를 파악하기 위해서다. 그 다음으로 사건의 전환점과 전환양상에 대한 검토는 누구의 어떤 이야기가 어떤 과정을 거쳐서 어떻게 끝난다는 이야기인가를 파악하기 위해서다.

작품 속의 이야기가 누구의 어떤 이야기이고, 그것이 어떤 과정을 거쳐서 어떻게 끝난다는 사실이 우리에게 파악되면, 우리는 작품이 우리에게 무엇을 이야기하려 하는지에 관해서 생각하게 된다. 즉, 작품의 주제에 관해서 생각하게 된다는 것이다.

독자에 있어서의 작품의 주제란 이상과 같은 수순을 통해 파악된 작품의 내용뿐만 아니라 그 작품을 창작한 작가의 시대적 배경, 작가의 생활환경, 독자의 그것들의 유기적 관계를 파악해 낼 수 있는 지적 능력 등을 통해 드러난다.

일본근대소설에 있어서의 시대적 배경은 어떠한가? 일본은 근대서구산업자본주의 세력들로부터의 안전을 유지해가고, 또 그들과의 대등한 관계를 정립시키기 위한 하나의 방법으로 어쩔 수 없이 근대서구산업자본주의를 받아들인다. 그래서 그들은 그것을 기존의 자신들의 전통문화와 접목시켜서 근대서구산업자본주의 문명보다도 더 우수한 것을 만들어 본다는 입장을 취해 나온다. 그 과정에서 일본은 기존의 자신들의 전통문화로부터 버릴 것은 과감히 버리고 또 근대서구산업자본주의 문화로부터 취할 것은 취해서 일본의 전통문화와 근대서구산업자본주의 문화를 융합시켜 나갔던 것이다.

이와 같이, 일본근대소설의 시대적 배경으로서의 근대는 일본의 전통문화의 일부가 폐기되고 근대서구문화가 수용되고, 그것이 또 일본의 전통문화와 서구로부터 수용된 근대서구문화가 충돌되고 접목되어 일본에 새로운 문화가 형성되어 나온 시기였다. 그러한 시대적 상황은 현재가지도 별로 변하지 않았다고 볼 수 있다. 일본은 미국의 페리제독 내항이후 한결같이 미국을 위한 근대서구자본주의 세력들로부터 정치력과 국방력의 측면에서 제약을 받아왔고, 또 경제적 사회적 문화적 측면에서 문호개방을 강요당해 왔다. 그래서 일본은 그러한 서구와의 대결방법의 하나로 대동아공영권 정립을 내세웠고, 태평양전쟁을 일으켜 갔다. 그 서구로부터 자유로워 보려는 일본의 그러한 노력은 실패로 돌아갔다. 일본은 현재까지도 서구자본주의국가의 맹주인 미국과의 경제적 측면에서의 보이지 않는 전쟁을 계속해 가고 있다. 일본의 근대소설은 일본의 바로 이러한 현실을 바탕으로 해서 성립되어 나왔고, 또 그러한 현실을 배경으로 해서 전개되어 왔다. 앞에서도 언급한 바와 같이, 일본의 근대작가는 자신과 자신이 처해 있는 그러한 현실을 바탕으로 해서 작중세계를 창출해 갔던 것이다. 이 경우, 작가의 작중세계의 창출에너지는 작가자신의 현실세계를 엮어가는 근대서구산업자본주의 문화와 일본의 전통문화의 대립과 갈등 등을 극복해 가는 과정에서 나왔다. 이 점을 감안해 볼 때, 작중세계를 서술해 가는 내레이터의 탄생과 작중세계의 투시력, 그의 서술방법 등도 작가가 자신의 현실세계를 구성하는 근대서구산업자본주의 문명과 일본의 전통문화와의 대립과 갈등 등의 극복의지나 극복양식과 깊게 관련되어 있음을 알 수 있다.

또 근대서구문화와 일본의 전통문화와의 대립이 작가의 현실세계에서 어떤 사건을 야기시키고, 또 그러한 대립적 요소들이 융합되어 새로운 형태들이 탄생되는 과정에서 작자의 현실세계의 사건들은 새로운 형태로 전환해 나와 어떤 결말에 이르게 된다. 작가는 자신의 그러한 현실세계를 바탕으로 해서 작중세계를 창출해 낸다. 이러한 점을 감안해 볼 때, 그러한 현실을 토대로 해서 성립된 일본의 근대소설 작품 속의 사건에 대한 검토는 바로 그러한 점들에 대한 충분한 고려를 통해서 행해 질 수밖에 없다.

일본의 근대사회의 그러한 현실을 통해서 나온 일본의 근대소설은 중세서구사회가 근세·근대 서구사회로 전환해 나오는 과정에서 탄생된 근세·근대서구 소설양식을 받아들여 성립된 것이다. 서구의 근세·근대 소설양식은 사실 따지고 보면, 서구의 신중심의 사회체제가 인간중심의 사회체제로 전환해 나오는 과정에서 구시대와 신시대와의 대립이 극복되어 나오는 과정에서 정립된 것이다. 이러한 점들을 감안해 볼 때, 근대소설 작품의 주제도출은, 본론을 통해서 제시한 바와 같이 자신들이 처해있는 근대사회의 특성과 그 체험양식을 바탕으로 해서 행해질 수 있는 것이다.

주 \

1) 서구의 구조주의시대와 후기 구조주의와의 구분 하에서의 소설 연구는 서술학(Narratology)으로 정립되어 나왔다. 이 서술학적 입장에서의 소설장르는 "The Narrative"로 명명되어 본문의 경우처럼 정의되고 있다.
   G'erard Genetle, *Narrative Discourse*, Tran. by Jane E.Lewin, Cornell Univ. Press, Ithaca, 1972. 주네트 외 『현대 서술이론의 흐름』(석경정 외 역, 솔, 1997) 등 참고.
2) Wayne. C. Booth, *The Rhetoric of Fiction*, The Univ. of Chicago press, 1961.
3) 어떤 것을 체험한 자가 그것을 체험하지 않은 자에게 이야기해 가는 서술형식이 소설의 서술형식의 원형일 수 있다. 이 경우 체험자는 체험하지 않은 자에 대해 신적 입장을 취할 수 있다. 문학적 표현형식·표현내용·표현방식이 주술(呪術)로부터 나왔다는 입장은 이러한 측면에서 이해될 수 있다.
4) Wayne C. Booth는 그러한 의미에서 *The Rhetoric of Fiction*(p.67)에서 내레이터를 작자의 「제2의 자아」 "Second Self"라 말하고 있다.
5) 사회의 구조와 소설의 형식과의 관계는 소설사회학적 입장에서 널리 연구되고 있다.
   로네 지라르 『小說의 理論』(김윤식 역, 삼영사, 1979) 부록참고 요망.
6) 川端康成 『小說의 構成』(東京: 三笠書房, 1941), 172~173면.
7) 김채수 편저 『소설의 주제도출법』(박이정, 1998)에서 다른 작품들 참고요망.
8) 김채수 『가와바타 야스나리 研究』(고려대 출판부, 1989), 104~105면.

문학사기술의 성립과 전개양상

1. 유럽과 동아시아에서의 국문학사기술의 성립과정

현재 우리들은 크게 나누어 3종류의 문학사들을 접할 수 있다.

우선은 한국문학사나 일본문학사 혹은 미국문학사나 러시아문학사 등의 경우와 같이 한 민족이나 국가를 기술대상의 단위로 한 문학사들이다. 다음은 유럽문학사나 동아시아문학사 등의 경우처럼 하나의 문화권을 기술단위로 해서 쓰여진 문학사들이다. 나머지는 세계문학사의 경우처럼 전 지상을 대상으로 해서 기술된 문학사들이다.[1]

그러면 이와 같은 문학사들은 어떻게 성립되어 나왔는가? 그것들은 어떻게 기술되고 있는가?

첫 번째의 경우, 한 민족을 대상으로 해서 쓰여진 문학사를 민족문학사라 하고, 한 국민을 대상으로 한 문학사를 국민문학사라 한다. 한 국가를 단위로 해서 쓰여졌다는 측면에 있어서 민족문학사나 국민문학사는 공통성을 가진다. 그러나 민족문학사가 한 민족국가가 성립해서 전개되어 나오는 과정에서 쓰여진 문학작품들을 중심으로 한 것인데 대하여, 국민문학사의 경우는 국민국가가 형성되고 전개되어 나오는 과정에서 쓰여진 작품들을 중심으로 기술되었다는 점에서 차이점이 있다. 민족문학사는 고대라고 하는 시대가 형성되어 나오는 과정에서 성립되어 나왔다. 이에 대하여 근대의 성립과정에서 국민국가는 형성되어 나왔다. 이러한 점을 감안해 볼 때, 시대적으로 민족문학사는 근대 이전이, 국민문학사는 근대 이후가 각각 중심이 되어 쓰여진다는 점에 있어서도 차이점이 있을 수 있다. 그런데 이와 같은 차이점들을 바탕으로 분리되어 명명되는 민족문학과 국민문학의 의미가 전부 포용된 것으로서 국문학이라고 하는 명칭이 있다. 그래서 나는 지금부터 편의상 민족·국민문학이라고 하는 명칭대신에 국문학이란 명칭을 사용하겠다.

이와 같은 민족문학사나 국민문학사의 연구는 18세기 말·20세기 초에 유럽에서 시작되었다. 당시 근대국민주의국가와 그것의 정신적 토대인 민족주의가 형성되어 전개해 가는 과정에서 국문학사가 기술되어 나왔던 것이다. 이와 같이 문학사의 연구는 영국의 토마스 워튼(Thomas Warton)의 『12세기에서 16세기 말까지의 영시사』(*The History of English Poetry from the Twelfth to the Close of the Sixteenth Century*, 1774~1781) 등으로 출발하여, H. 테느(Hypolitte Taine)의 『영국문학사』(*Histoire de la littérature anglaise*, 1864) 등에 이르러 정착되어 나온다.

동아시아에 있어서의 국문학사의 기술은 미카미 산지(三上參次)·고즈 구와사부로(高津 楸三郞)의 『일본문학사』(日本文學史, 1890) 등으로 출발되어, 오와다 다케키(大和田建樹)의 『일본문학사』(和文學史, 1892)와 『일본대문학사』(日本大文學史, 1899~1900) 등을 통해 정착되었다. 그런데 일본에서의 이와 같은 문학사 기술은 H.테느의 『영국문학사』 등과 같은 서구의 문학사 기술의 영향을 받아 이루어졌다.[2] 한편 중국에서의 국문학사의 기술은 일본으로부터 영향을 받아 임전갑(林傳甲)의 『중국문학사』(中國文學史, 1910) 등을 선두로 성립되어 나와, 사무량(謝无量)의 『중국대문학사』(中國大文學史, 1918)에 와서 확립되어 나왔다.[3) 한국의 경우도 일제하에서 일본 쪽의 영향 하에 안곽(安廓)의 『조선문학사』(1922)를 시발로 이루어졌다. 그러나 한국에서의 국문학사의 기술은 해방후 이명선(李明善)의 『조선문학사』(朝鮮文學史, 1948), 김사엽(金思燁)의 『조선문학사』(朝鮮文學史, 1948) 등을 통해서 정착되어 나왔다.

이와 같이 국문학사의 기술은 그것이 성립되어 나온 유럽의 경우에 있어서는 19세기 초에, 그것의 영향 하에서 출발한 동아시아의 경우에는 20세기 초에 와서 각각 성립되었다.

유럽에서는 그동안 대내적으로는 영국에서의 청교도혁명(1642)과 명예혁명(1688) 등을 통해 국민의 신분상의 평등화가 추진되기 시작하여, 프랑스대혁명(1789) 등을 통해서 평등주의가 형성되어 나왔다. 한편 대외적으로는 나폴레옹전쟁(1800~1814) 등을 통해서 민족주의가 형성되어 나왔고, 또 그러한 과정에서 유럽인들에게는 인류의 세계사적 전진의 파악방법에 있어서 새로운 입장이 제시되었다. 그때까지 유럽인의 정신을 지배해 왔던 보편적이며, 이상주의적 역사에 대한 비판적 입장이 바로 그것이었다. 그러한 비판적 입장의 논거는 당시까지 자신들이 연구해왔던, 보편적이며 이상주의적 역사가 국가별 개별성이 고려되지 않은 차원에서 이루어져 왔기 때문이다.[4) 다시 말해서 18세기 말~19세기 초 유럽에서는 평등주의와 민족주의가 형성되어 나오는 과정에서 국민적 개별성을 통해서 인류의 보편적이며, 이상주의적 역사가 파악되어야 한다는 역사적 인식이 성립되어 나왔다는 것이다.

유럽에서의 국민문학사는 그러한 역사적 인식이 성립되어 나오는 과정에서 기술되기 시작하였다. 그래서 19세기의 유럽인들에게 있어서의 역사는 산업화의 전개과정에서 성립되어 나온 실증주의에 입각한 사실(事實)위주의 기술 쪽으로 기울었던 반면, 문학사의 경우는 민족주의를 토대로 한 정신사(Geistesgeschichte)의 한 부류로서 기술되기에 이르렀던 것이다.[5]

그러한 의미에서 당시 유럽의 문학연구자들에게는 민족·국민문학사를 집필해 본다는 것이 그들 자신들에게 최대의 명예를 가져다 줄 수 있는 작업이라고 생각되었다.[6] 그러한 이유로 인해 유럽에서의 19세기는 문학사기술의 전성기였었다.[7]

이상과 같이 문학사연구가 성립되어 나온 19세기, 유럽에서의 국문학사의 기술은 그 민족혼과 국민정신의 계발수단으로 성립되어 나왔던 것이다. 그러한 이유로 문학사에 있어서의 시대구분은 자연 그 민족의 성립과 전개과정을 토대로 이루어졌다.[8] 다시 말해서 그 민족혼과 국민정신의 성립과 전개과정을 지표로 해서 문학사가 기술되었던 것이다.

동아시아의 경우에 있어서도 문학사의 기술은 민족주의의 부상과 함께 성립되어 나왔다. 동아시아에서의 민족주의는 아편전쟁(1840~42)을 시발로 한 근대 서구세력의 동침을 계기로 성립되어 나왔다. 근세 말 동아시아는 서구열강들에 비해 우선 무력에서 열세였다. 그래서 동아시아인들은 무력에서의 열세를 만회하기 위한 한 방법으로서 민족정신과 국민정신을 일깨워 갔던 것이다. 동아시아에 있어서도 그 계발수단의 하나로서 문학사가 기술되어 나왔던 것이다. 이 경우에 있어서 대외적 측면에서의 서구세력과의 대항과정에서는 민족정신을, 대내적 측면에서의 수구세력을 해체시키는 과정에서 국민정신을 각각 계발시켜 갔다. 이 점에 있어서는 서구와 크게 다를 바 없다. 그러나 유럽의 경우는 국민정신의 함양을 전제로 민족정신을 계발해 갔는데 비하여 동아시아의 경우는 피침략자의 입장이었기 때문에 침략세력을 막기 위한 민족정신의 함양을 전제로 국민정신을 배양해 갔던 것이다. 따라서 동아시아에 있어서의 문학사기술은 유럽의 경우보다 훨씬 더 민족정신의 계발에 역점이 주어졌다. 이점에 있어서 서구와 동아시아의 차이가 있다. 그러한 의도 하에서 기술된 민족·국민문학사는 중국이나 한국의 경우처럼 민족을 지배해 왔던 왕조의 변천과정이나 일본의 경우처럼 정치적 무대의 변화과정을 시대구분의 지표로 해서 기술되었다.

이와 같이 유럽에서의 국문학이 민족정신보다는 국민정신계발에 역점을 두었다는 것은 유럽이 근대민족국가를 형성할 당시 인류에 있어서의 보편성의 추구수단의 하나로서 민족이나 국가를 생각했었기 때문이었던 것으로 고려된다. 그러한 이유로 인해 민족정신보다는 국민정신계발에 더 역점을 두었던 유럽의 국문학은 일반문학이나 세계문학의 일환으로서의 국문학이라는 방향을 가지고 있었다. 그러나 동아시아의 경우에 있어서의 국문학은 지리상·언어상의 구별에 의해서 규정된 문학으로 방향지워졌던 것이다. 이와 같은 차이점이 동서 간의 국문학에 내포되어는 있지만 그 공통점의 차원에서 고려해 볼 때 국민정신의 성립과 전개과정이나 민족을 지배해 온 왕조나 정치적 무대의 변천과정 등이 시대구분의 지표가 되어 기술된 문학사는 유럽에 있어서는 19세기 말까지 그 가치가 충분히 인정되었고, 동아시아에 있어서는 현재까지도 문학수업의 주된 텍스트로 쓰여지고 있다.

20세기에 들어와서 유럽에서의 국문학사기술은 일반문학이나 세계문학의 일환으로서의 국문학사라고 하는 애당초의 입장이 한층 더 고려되어 이루어졌다. 그 구체적 방법의 하나가 국가간의 영향관계를 통해서 이루어지는 세계주의라고 하는 차원에서 국문학사를 기술해 간다는 입장이다. 이와 같은 입장에서 기술될 수 있는 국문학사에 대한 구체적인 문학연구방법이 다름아닌 바로 비교문학(La littérature comparée)이라고 하는 문학의 한 연구이다.[9]

유럽에서의 이 비교문학의 연구는 19세기 말 영국의 H.M.포즈네트(Posnett)의 문학이론서 『비교문학』(*Comparative Literature*, 1886), 독일의 막스 코호(Max Koch)의 「비교문학잡지」(*Revue de littérature comparée*, 1887)의 간행 등에 의해 그동안의 국문학이 지향해 온 민족주의를 세계주의 쪽으로 전환시켜 보려는 의도에서 출발되었다.[10] 그러나 그것은 20세기 초로 들어와 영·불·독의 삼국간의 문학교섭의 역사를 분명히 해서 유럽문학이나 세계문학의 일환으로서의 국문학을 기술해 보려는 방향으로 전환되어 나왔다.[11] 그러한 국가간의 영향관계사의 측면에서 국문학의 특성을 규명해 보려는 비교문학이라는 문학연구의 한 새로운 영역과 방법론이 성립해 나옴에 따라서 그러한 비교연구의 시각에서 접근된 국문학사의 기술은 동일문화권문학이나 세계문학의 일환으로서 보다 확고히 보편성을 확보해 갔던 것이다.[12] 그러한 과정에서 동일문화권문학이나 세계문학의 일환으로서의 국문학들 간에 내재된 공통성들을 토대로 일반문학이라고 하는 또 하나의 문학연구영역과 연구방법이 성립되어 나왔다.[13] 이상과 같이 유럽에서는 20세기로 들어와서 우선 국문학의 한 연구방법론의 하나로 비교문학이 성립되어 나왔고, 다음으로 비교문학의 차원에서 기술된 민족·국민문학사들을 토대로 유럽문학사가 성립되어 나왔다. 그 다음은 유럽문학, 즉 유럽이라고 하는 한 문화권문학의 차원에서 연구된 각국문학들의 공통성들을 토대로 일반문학이 성립되어 나왔던 것이다.

이렇게 볼 때 비교문학이란 국제화시대에서의 유럽에서의 국문학연구방법의 하나이고, 일반문학이란 크리스트교문화를 토대로 형성된 유럽문화권과 같은 한 동일문화권문학의 연구방법의 하나이다. 그런데 20세기 전반까지만 하더라도 유럽인들에게 있어서의 유럽문학이란 전세계의 문학을 대표할 수 있는 것으로 생각되었다. 그러한 의미에서 당시 유럽인들에 있어서의 일반문학은 세계문학연구의 방법론으로도 생각되었다. 이렇게 해서 그동안 한 민족이나 국가의 차원에서 연구되었던 국문학사가 20세기 전반에 걸쳐서 비교문학연구를 통해서 연구됨으로써 결국 전 유럽문학의 시각에서 국문학사가 연구되기에 이르렀던 것이다. 그 후 그러한 측면에서의 국문학연구는 20세기 후반에 들어와서 일반문학연구를 통해 접근됨으로써 세계문학의 시각에서 국문학이 연구되기에 이르렀던 것이다.

2. 유럽에서의 문학사기술의 전개

서구에서의 문학사연구는 그 첫 번째 단계에서는 국문학사의 확립에 그 목표가 주어졌다. 둘째 단계부터는 각 국문학들을 토대로 유럽문학사의 확립에 그 목표가 주어졌다.

세 번째 단계부터는 유럽문학사를 토대로 세계문학사의 확립에 목표가 주어졌던 것이다. 이 경우 유럽에서 유럽문학의 차원에서 국문학이 연구되는 과정에서 비교문학이 성립되어 나왔고, 세계문학의 차원에서 국문학 및 유럽문학이 연구되는 과정에서 일반문학이 성립되어 나왔던 것으로 이해된다. 한편, 18세기 말·19세기 초에 성립되어 나와 19세기를 통해서 확립되어 나왔던 국문학연구는 민족정신, 국민정신 등의 인간의 정신현상의 차원에서 이루어졌다. 그래서 당시의 유럽인들은 문학의 본질을 인간의 정신현상의 측면에서 규명해 내려 했고 문학사도 정신사의 한 갈래로 파악했던 것이다. 정신사 (Geistesgeschighte)란 역사를 단지 경험적 사실의 인과관계로 보지 않고, 하나의 정신적 힘에 의해서 일관되는 역사적 이념의 자기전개 과정으로 관찰하려는 입장이다. 이 분야의 개척자로는 독일의 폭풍노도(暴風怒濤)운동의 선도자이며 『인류역사철학고』(1784~1791)로 유명한 J.G.헤르더(Herder, 1744~1803), 관념철학의 대표자로 알려진 G.W.F.헤겔(Hegel, 1770~1831), 작가론의 개척자로 알려진 비평가로서 작가들의 내면적 소상을 파헤쳐 정신의 박물학 체계를 세워보려 했던 C.A.생트 뵈브(Sainte-Beuve, 1804~69), 19세기에 들어 인류의 전체성의 관념을 기초로 세계사 기술의 가능성을 제시한 W.딜타이 (Dilthey, 1833~1911) 등을 들 수 있다. 이에 대하여 19세기 말·20세기 초에 성립되어 나온 유럽문학이나 그것의 확립과정에서 나온 비교문학의 차원에서 연구된 국문학은 주로 문화현상의 측면에서 연구되었다. 이 경우에 있어서의 문학의 본질은 사회현상에서 언어현상에 이르기까지의 문화현상의 차원에서 파악해 보려는 입장이었다. 문학사적 측면에서 접근된 F.롤리에(Loliée)의 『비교문학사』(1910), 언어현상을 토대로 성립되어 나온 러시아형식주의 문학이론(1910대~1930대) 등이 그 대표적인 예가 될 것이다. 20세기 후반에 들어서 시작된 세계문학연구나 그것의 확립과정에서 성립된 일반문학의 시각에서 연구된 국문학은 생명현상의 측면에서 접근되어 왔다. 즉 문학의 본질을 문화인류학이나 생명현상의 측면에서 규명해 보려는 입장이었던 것이다. R.웰랙(Wellek)과 A.워렌(Warren)의 『문학의 이론』(*Theory of Literature*, 1949), 미국의 전 아메리카 「현대어학회」(*Modern Language Association*)에 의한 『비교문학·일반문학연감』(*the Yearbook of Comparative and General Literature*, 1952)간행, 「프랑스비교문학회」의

「일반문학과 관념의 역사」에 관한 토론(1956), N.프라이(Frye)의 『비평의 해부』(1967) 등이 그 대표적인 예이다.

그렇다면 이와 같은 측면들에서 연구되었던 문학사들은 어떠한 차원에서 시대구분들이 이루어졌던 것인가? 우선 고대, 중세, 근세 등과 같은 인간의 보편적 정신사를 기초로 하는 시간의 원근법이 대개 이용되었다. 그러나 그 후 국민국가의 성립과 확립과정에서 기술되어 나온 국문학사의 경우에 있어서는 근대민족국가와 그것을 토대로 성립되어 나온 근대국민국가 등의 성립 및 확립과정상에서의 왕조나 왕권교체가 지표가 되어 기술되었다. 다음의 20세기로 들어와서의 유럽이라고 하는 동일문화권의 차원에서의 문학사의 시대구분은 고전주의, 낭만주의, 자연주의 등의 사조의 성립과 전개과정을 지표로 해서 이루어졌다. 20세기 이후로 들어와 세계문학의 시각에서 쓰여진, 국문학사에 있어서의 시대구분은 예를 들면 18세기, 19세기, 20세기 등의 식으로 한 세기를 단위로 하여 이루어진 것으로 파악된다.

이상이 서구에서의 국문학사의 기술방법의 성립과 전개과정이다. 그렇다면, 이에 대하여 하나의 동일문화권 문학사로서의 유럽문학사와 전세계를 상대로 한다는 의미가 내포되는 세계문학사의 기술은 어떻게 성립되어 나왔나? 현재 동아시아인들에게는 「동아시아문학」이나 「동아시아문학사」라는 말이 일반적으로 쓰여지고 있다. 이것은 분명히 서구인들에 의해 불려지기 시작되었던 명칭이다. 그것을 동아시아인들이 그대로 받아서 쓰고 있다. 이것은 바로 무엇을 의미하는가 하면, 근대이래 동아시아인들은 자신들이 생각하는 동아시아인들이 아니라 서구인에 의해 비쳐진 자신들이 자신들이라는 생각을 알게 모르게 해왔다라고 하는 것이다. 그러나 유럽인들은 자신들이 생각해 온 자신들을 자신들이라고 이름 붙여 왔다. 그래서 원래는 유럽인들에게

「유럽문학」이나 「유럽문학사」와 같은 말들이 없었다. 이 말들은 근대에 들어와 비유럽인들, 특히 미국인들을 비롯한 비유럽인들에 의해 불리워짐으로써 성립되어 나온 것이다. 그것은 유럽인들에게 있어서는 비유럽인들에 비친 자기들을 자기들로 생각해 볼만한 역사적 현실을 가지지 않았었기 때문인 것으로 파악된다. 그래서 문학분야에서는 P.아자르(Hazard)의 『유럽의식의 급변』(*La crise de la conscience européenne*, 1935)을 전후해서 일반화되어 나왔던 것으로 이해된다.

유럽에 근대민족국가가 싹트기 시작한 것은 르네상스 전후였다. 그것이 싹트기 이전까지만 해도 유럽인들에 있어서의 유럽은 크리스트교로 묶인 하나의 나라이자 세계였었다. 그러나 그들에게 민족국가의식이 형성되어 나옴에 따라서 유럽인들에게는 크리스트교인에 대한 의식보다는 국민에 대한 의식이 보다 강하게 작용해 왔다. 그러한 과정에서 국문학이 성립되어 나왔었던 것이다. 그렇다고 해서 유럽인들에 있어서 같은 문화, 같은 세계에 살고 있는 동류의식이 완전히 없어져 버린 것은 아니었다. 그것은 그들에게 비유럽세계가 발견되어감에 따라 그것 나름대로 형성되어 나왔다. 그러한 의식은 자신이 살고 있는 유럽이 비크리스트교 문화권지역에 대한 크리스트교 문화권지역이라는 의식을 통해 형성되어 나왔다. 그런가하면 세계란 크리스트교 문화권지역인 유럽과 비크리스트교 문화권지역으로 이루어져 있는데, 그 중심은 크리스트교 문화권지역이라는 의미에서 유럽이야말로 세계의 중심이고 그것이야말로 바로 세계라는 의식이 형성되어 나왔다.

이와 같이 유럽인들에 있어서는 민족주의와 국민주의를 통해 개별성을 추구해 가는 한편, 크리스트교 문화권지역 및 그 지역을 중심으로 한, 전지상 등에 대한 의식을 통해 보편성도 추구해 갔다. 여기에서 크리스트교 문화권지역이란 바로 자신들이 살고 있는 유럽을 의미한다. 그러나 그들에게 있어서의 유럽이란 세계의 중심이라는 의식이 강해서 유럽을 세계로 의식해버린 나머지, 유럽문학을 세계문학으로 파악해 왔다. 그러한 전통은 괴테의 세계문학(Weltliteratur)에 대한 개념에서부터 시작되어 사실은 19세기 말까지 지속되었던 것으로 이해된다. 이와 같이 그들에게 있어서 국문학이 민족 및 국민의식이 성립해 전개되어 나가는 과정에서 형성되어 나왔다면, 세계문학의 경우는 그들이 자신들의 크리스트교문화권지역인 유럽을 세계의 중심으로 만들어 가는 과정에서 성립되어 나온 것으로 이해된다. 그렇다고 해서 그들에게 있어서의 영·독·불문학의 도합을 세계문학으로 보지는 않았다. 그들에게 있어서의 19세기 말까지의 비교문학이 국민국가 성립 이래의 영·독·불문학의 비교가 중심이 되었었다면, 세계문학의 경우는 국민국가성립 이래의 영·독·불문학에 고대의 그리스·로마문학 등을 합친 경우를 의미하였다. 이와 같은 측면에서 고찰해볼 때 사실상 19세기 말까지의 세계문학은 그들 차원에서 생각한 세계적 고전문학으로서의 세계문학, 즉 당대의 모든 유럽민족국가들의 국민들은 물론 고금의 모든 인간들에게 읽혀질 수 있는 문학을 의미하였다. 다시 말해서 민족과 시대를 초월하는 보편적 인간의 원상을 추구하는 문학을 의미했던 것이다. 그러나 20세기로 들어와 제1차 세계대전을 통해 유럽인들에게 자신들이 살고 있는 유럽지역이 상대적으로 인식됨으로써 비유럽인들의 정신도 인정하지 않을 수 없게 되었다. 이러한 상황 속에서 유럽인의 세계관이 전환되어 나옴에 따라 세계문학에 대한 의미도 세계의 최고봉인 작품군이라는 의미로부터 국별(國別)문학들을 총합한 문학이라는 의미가 파생되어 나왔다. 세계문학에 대한 이러한 개념은 독일인 A.바움가르트너(Baumgartner)의 『세계문학사』(*Geschichte der Weltliteratur*, 전7권, 1897~1912)와 런던의

윌리암 하이네만(William Heineman) 사에 의해 19세기 말부터 출판된 『세계문학소사』(*Short Histories of the Literatures of the World*, 전15권) 등을 통해서 성립되어 나왔다. 이 경우에 있어서의 세계문학사는 권별로 기술된 각국의 문학사들의 총합형태이다. 그런데 세계의 최고봉인 작품군이라는 의미로서의 세계문학에 대한 개념을 토대로 해서는 국적을 넘어 가장 훌륭한, 가장 넓게 읽히는, 영향력이 강한 문학작품군인 세계문학전집이, 후자의 개념으로부터는 각국문학들을 총합한 형태의 세계문학사전 등이 나오게 되었다. 이러한 과정에서 영국, 미국 등에서 문학연구의 방법론을 평생 연구해 갔던 영국인 R.G. 몰튼(Moulton, 1849~1924)의 『세계문학』(*World Literature*, 1911), 독일의 문학사가 F.슈트르히(Strich)의 『괴테와 세계문학』(*Goethe und die Weltliteratur*, 1946) 등과 같은 세계문학에 대한 연구들도 이루어졌고, 이에 따라 세계문학사들도 쓰여졌다. 독일의 시인이며 번역가인 A.H. 클라분트(Klabund, 1890~1928)의 『세계문학사』, 미국의 문학연구가 존 머씨(John Macy)의 『세계문학사』(*The Story of the World's Literature*, 1925) 등이 그러한 것들이다.

이러한 문학사들은 다음과 같이 기술되었다. 우선 이들 문학사들은 자신들의 문화권인 유럽문화권이 형성되어 나온 과정을 중심으로 해서 쓰여진 것들로서, 현재 동아시아인의 시점에서 말할 것 같으면 세계문학사라기보다는 서구문학사로 분류될 수 있는 것들이다. 시대구분에 있어서는 다음과 같다. 우선 유럽은 크리스트교화되기 이전을 한 시기로 잡았다. 그 다음 유럽이 크리스트교화되어 나오는 시기를 또 하나의 시기로 보고 있다. 그 다음은, 크리스트교화된 유럽이 비크리스트교화 지역과의 접촉을 통해서 신중심의 크리스트교문화가 인간중심의 과학문화로 전환되어 나온 시기를 또 하나의 시기로 하고 있다. 역사의 경우처럼 우선 일차적으로 제1기를 고대, 제2기를 중세, 제3기를 근대로 하고, 그 다음 그것을 기초로 왕조나 국가의 성립과 패망의 연대순에 따라서 각 왕조나 각국의 문학사들이 배열되고 각 왕조나 각국의 문학사는 유럽인들의 차원에서 보았을 때 최고봉의 작품들로 엮어지는 식으로 기술되어 나갔던 것이다.

이상과 같이 유럽에서의 문학사는 주로 국문학사와 세계문학사의 이름으로 기술되어 나왔다. 비교문학사와 같은 이름으로도 기술되어 나온 경우도 있다. 국문학사는 크리스트교문화권이라고 하는 동일문화권을 통해서 성립된 일반성을 기초로 해서 개별성을 확립시켜 나갔다. 이에 대하여 세계문학사는 국문학사의 개별성을 토대로 해서 일반성을 확립시켜 나갔다. 이와 같이 유럽에서의 문학사기술은 유럽문화권의 차원에서 국문학사와 세계문학사가 이루어졌던 것이다. 그러한 이유로 인해 유럽문화권문학사, 혹은 유럽문학사라는 명칭으로는 거의 문학사가 기술되지 않았다. 적어도 유럽인들에게 있어서는 그럴 필요가 없었다. 그래서 20세기 이전까지만 해도 유럽에는 유럽문학사라는 명칭은 거의 찾아보기 힘들다.

3. 동아시아에서의 문학사기술의 전개

이상과 같이 국문학 및 국문학사는 18세기 말에서 19세기 초 유럽인들에 의해 중세 이래 크리스트교문화권을 바탕으로 형성되었던 유럽문화권을 유지시켜가는 과정에서 성립되어 나왔다. 극단적으로 말하면 유럽의 각국들이 상호협력하여 때로는 서로 경쟁적으로 동아시아를 침략하는 과정에서 이루어졌던 것이다. 세계문학의 경우도 20세기로 들어와 유럽각국들이 전세계를 자신들의 속국으로 만들어가는 과정에서 성립되어 나왔다. 이에 대하여 동아시아의 경우는 19세기 말·20세기 초에 유럽각국들로부터 침략을 당하는 과정에서 국문학사가 형성되어 나왔고, 세계문학에 대한 연구와 세계문학사의 기술은 20세기 후반 제2차 세계대전이 종결된 상황 속에서 성립되어 나왔다. 따라서 같은 국문학사, 세계문학사라 하더라도 동아시아의 경우는 유럽의 경우와 차이가 있다. 가장 현저한 차이는 다음과 같은 상황 속에서 발생하였다.

유럽인들의 국민의식은 대내적 차원에 있어서는 신(新)과 구(舊)의 투쟁과정에서 성립되어 나왔다. 민족의식의 경우도 초기에는 나폴레옹전쟁을 통해서 유럽의 대내적 차원에서 성립되어 나왔다. 그러나 나폴레옹전쟁 이후부터 그것은 유럽각국들의 동아시아책략과정에서 확립되었다. 그러한 이유로 인해서 유럽인들의 민족의식에는 유럽이라고 하는 한 문화권내에서의 각 민족들간의 침략 및 경쟁관계를 통해서 이루어진 면도 있지만 이(異)문화권의 민족들을 침략, 지배해가는 과정에서 이루어진 면도 내포되어 있었다. 따라서 동아시아인으로서 말할 것 같으면 유럽인들에 있어서의 민족의식은 이 문화권의 국민들에 대해서는 유럽이라고 하는 동일문화권의식으로도 작용될 수 있을 것으로 고찰된다. 그러나 동아시아의 경우에 있어서는 서구가 침입해 오는 과정에서 하나의 유·불교문화권을 형성해 왔던 한·중·일의 3국은 동일문화권의 차원에서의 결속이 불가능했었다. 근대 유럽세력이 동아시아에 침입해 들어오기 전까지만 해도 동아시아의 맹주는 중국이었다. 중국 자신은 말할 것도 없고 한국과 일본도 그렇게 생각해 왔었다. 그러나 제1차 아편전쟁(1840~42)과 제2차 아편전쟁(1856~58)을 통해서 중국이 영국을 비롯한 서구열강의 반식민지로 떨어지고, 동남아시아의 일부가 프랑스를 비롯한 열강들에 제1차 사이공조약(1862) 등에 의해 점령당하자, 일본은 재빨리 중국을 버리고 서구를 받아들인다. 그러한 일련의 과정이 일본에서는 주로 미국에 의해 주도되고 미일화친조약(1854), 미일수호통상조약(1858,4), 안세이(安政) 5개국조약(동년,9), 메이지유신(1868) 등으로 이어졌다. 일본이 그러한 태도를 취하게 된 것은 우선 일본으로서는 중국의 경우처럼 서구의 식민지로 전락할 수는 없다는 것이었다. 중국과 같은 지경을 당하지 않기 위해서는 무엇보다도 서구로부터 많은 것을 배워서 그것을 가지고 서구의 위협으로부터 벗어나야 한다는 것이었다. 다음으로 서구로부터 배운 것을 중국보다도 더 빨리 동아시아의 것에 접목시켜서 서구의 것보다 더 강한 것을 만들어서 그것을 가지고 한국과 중국을 손아귀에 넣고 그것을 발판으로 해서 서구와 대항한다는 것이었다. 일본의 근대화는 그러한 각본에 의해서 이행되어 갔다. 이렇게 볼 때 일본의 근대화의 과정에서 일본인들에 의해 성립되어 나온 민족·국민의식은 서구의 열강들로부터의 안전과 동아시아에서의 우위를 도모해가는 과정에서 성립되어 나왔다. 다시 말해서 일본인들에 있어서의 민족의식은 서구라고 하는 이문화권의 국가들로부터의 침략을 받아가는 과정과 동아시아라고 하는 동일문화권의 국가들을 침입해가는 과정에서 성립되어 나왔다. 이에 대하여 중국과 한국의 경우는 이문화권국가들로부터도 동일문화권의 일본으로부터도 침입을 받아가는 과정에서 근대의 민족·국민의식이 형성되어 나왔던 것이다.

이와 같이 동아시아인들은 서구의 이문화권의 침입에 대해서 같은 문화권국가들로서 공동운명체의식을 가지고 협력해서 대항해 본 적이 한번도 없었기 때문에 동아시아인들에게 있어서의 민족·국민의식에는 동일문화권국가의식이 내포되지 않는다. 다시 말해서 동아시아인들에 있어서의 민족·국민의식은 동일문화권의식이 해체되는 과정에서 성립되어 나왔지, 서구의 경우처럼 그것이 근대화과정에서 재구성되어 나오는 과정에서 성립되어 나오지 않았다. 그러했기 때문에 동아시아아인들의 민족·국민의식은 동일문화권의식의 시각을 통해서 잡혀진 것이 아니다. 따라서 동아시아인들에 있어서의 민족·국민의식은 동아시아라고 하는 동일문화권의식과 유기적 관련성을 갖고 있지 않다. 그것은 오직 문자 그대로 자신들의 민족의식만을 토대로 하여 성립되어 나온 것이다. 그러한 이유로 인해 민족의식을 토대로 성립되어 나온 국문학사의 기술에 있어서도 그러한 측면에서 이루어 졌다. 사실상 동아시아문학은 유교문화가 성립, 확립되어 나가고 불교문화가 전래해서 토착화되어 가고 또 근래에는 서구문물이 전래해 와서 그것이 수용되는 과정에서 형성되어 나왔다. 그랬음에도 불구하고 동아시아에 있어서의 민족·국민문학은 자신들의 국가만을 단위로 해서 기술되어 나왔다. 국문학사의 기술에 있어서의 시대구분도 그것이 쓰여지기 시작된 이래 최근까지 왕조사의 변천이나 자국의 정치무대의 중심지의 변천을 기준으로 하여 성립되어 나왔다. 그러한 이유로 인해, 동아시아가 엄연한 하나의 문화권인데도 불구하고 그것을 하나로 수렴할 수 있는 시각이 형성되어 나오지 못했다. 그것은 우선 앞에서 지적한 대로 유럽의 동아시아침략에 대한 동아시아 각국들의 입장이 달랐기 때문인 것으로 파악된다.

그러나 그러한 시각이 최근에까지도 확립되어 나오지 못하고 있는 것은 20세기 후반으로 들어와 다시 한번 서구에 의해서 주도되는 국제적 정세에 휘말려 들어가야 했기 때문이다. 그 과정은 대략 다음과 같다. 메이지유신을 단행해 서구문물을 재빨리 받아들여 우선 그것으로 청일전쟁 등을 일으켜서 중국, 한국을 침략한다. 그 후 일본은 청일전쟁에서의 승리로 얻어낸 전쟁배상금을 가지고 산업혁명을 일으키고 또 그것을 기초로 근대 이후 동서의 첫 충돌로 이야기되는 노일전쟁을 일으킨다. 그것도 승리로 이끈다. 그 결과 일본은 서구의 제국주의 열강들의 대열에 끼어들어 그들과 함께 대륙침략을 자행해 나갔다. 일본으로서는 한국, 중국을 점령한 후 그것을 발판으로 해서 대서구전을 치를 계산이었다. 일본은 그러한 속셈을 만주사변(1931), 중일전쟁(1937), 태평양전쟁(1941) 등을 일으킴으로써 그대로 드러냈다. 또 그러한 과정에서 대동아공영권이라는 말도 나왔다. 일본이 서구와 대항하기 위해서는 다른 동아시아의 국들과 대동아공영권을 결성해야 한다는 입장에서 시작됐지만 그 결성은 한국과 중국의 입장에서 말할 것 같으면 일본의 속국화를 의미했었다. 그러한 대동아공영권 결성을 추진해 갔던 일본은 20세기로 들어와 서구의 맹주로 부상한 미국과의 대결에서 패배하고 만다. 패배의 원인은 자원의 부족으로 이야기되고 있다.

이와 같이 종전까지의 동아시아의 3국 관계는 제1단계에서는 서구열강들의 동아침입으로 인해 서구열강들에 대하여 서로들 다른 입장을 취함으로써 뿔뿔이 흩어지기 시작했었다. 다음 제2단계 들어와서는 일본의 대륙침략으로 인해 한일 및 중일관계는 숙적으로 떨어진 대신 한중관계는 같은 공동의 운명체 의식을 갖게 되었다. 그러나 종전을 계기로 해서 1917년 미국의 제2차 세계대전참전과 러시아혁명의 성공으로 인해 세계가 자유진영 대 공산진영으로 양분되어 나와, 결국 전후에 와서 중국의 공산화(1949), 한반도의 분단(1948), 6.25사변(1950) 등으로 인해, 동아시아도 자유진영과 공산진영으로 양분되었다. 일본과 남한은 미국을 중심으로 한 자유진영에 중국과 북한은 소련을 중심으로 한 공산진영에 편승되었다. 그러한 과정에서 일본과 남한은 1965년에, 일본과 중국은 1972년에 각각 국교를 정상화한다. 그러나 일본과 중국의 사이에 위치한 한반도는 남북으로 양분되어 동아시아는 한반도를 중심으로 80년대 말까지 냉전체제가 유지되었다. 1990년에 와 한국은 공산진영을 대표하는 소련과 국교를 정상화한다. 1992년에 와서는 중국하고도 국교를 정상화 했는데 남한과 북한만은 아직까지도 동족간의 이념적 대결을 면치 못하고 있는 상황에 놓여 있고 북한과 일본과도 현재까지 국교를 정상화시키지 못하고 있는 실정이다.

이와 같은 상황으로 인해 최근까지 동아시아에서는 국가간의 만족 감정들은 그 골이 깊을 대로 깊어져 왔다. 그래서 동아시아의 각 국민들에게는 동아시아라고 하는 동일문화권 민족의식은 성립되어 나오지 못했다. 그 결과 유럽의 경우처럼 유럽문화권의 차원에서 국문학사는 기술되지 못했고, 자국의 차원에서만 기술될 수밖에 없었던 것이다. 국문학사에 있어서의 시대구분도 대부분이 다 각국에 있어서의 왕조의 변천이나 정치적 중심지의 변화과정을 기준으로 이루어져온 실정이다. 이와 같은 상황이었기 때문에 동아시아문학사와 같은 동일문화권 문학사란 기술될 리 없었다. 세계문학사의 경우도, 유럽의 경우는 20세기 초경부터 기술되기 시작되었다. 그러나 동아시아의 경우는 일본을 시발로 전후에서부터 시작되었다.

동아시아민족들에 있어서의 세계에 대한 인식은 제1차 세계대전 종결 이후부터 설립되어 나온 것으로 고찰된다. 그것은 일본의 제1차 세계대전의 참가(1914), 전쟁종결 후의 일본의 침략주의에 대항하는 미국과 러시아의 부상(1919) 그들의 부상에 대한 한국과 중국의 기대 등을 통해서 성립되어 나왔다. 그러한 과정에서 1926년 존 머시의 『세계문학사』 등이 일본에 번역, 소개되고 긴다이샤(近代社)의 『세계

희곡전집』(世界戱曲全集, 전41권, 1927~1930), 신초샤(新潮社)의 『세계문학전집』(世界文学全集, 전58권, 1927~1932) 등이 편찬되어 나왔다. 그 후『세계문예대사전』(世界文芸大辞典, 中央公論社, 1936)과 같은 것도 편찬되어 나왔다. 그러나 일본인들이 세계에 대한 인식이 일반화되기 시작된 것은 패전(1945) 이후로 고찰된다. 그러한 과정에서 문학잡지「세계문학」(世界文学, 世界文化社, 1946~1950), 『세계문학사전』(研究史, 1954), 세계문학사의 일종인 아베 도모지(阿部知二)의 『세계문학의 흐름』(世界文学の流れ, 河出書房新社, 1963) 등이 편찬되어 나왔다. 이에 대하여 한국인들 쪽에서 세계에 대한 관심은 제2차 세계대전과 6.25사변을 통하여 국민적 레벨로 부상해 나왔다. 그러한 과정에서 문학계에서의 세계문학에 대한 관심이 일반화되어 나왔는데, 그것은 50년대 후반으로 들어와서부터로 고찰된다. 1950년부터 출간되기 시작된 삼중당문고의 세계문학 시리즈, 강범우 編『세계문학사전』(이문당, 1958) 등의 편찬을 계기로 세계문학에 대한 관심이 높아져, 1960년대로 들어와서는 정인섭의 『세계문학산고』(1960) 등을 시발로 세계문학에 대한 연구가 출발되었다. 그래서 1970년대로 들어와서는 백철 등에 의해 세계문학사가 수록된『세계문학대사전』(원문각, 1972), 조용만『세계문학소사』(박영사, 1974) 등이 나왔고, 잡지「世界의 문학」(민음사, 1976) 등이 출간되어 나왔다.

중국민족의 세계에 대한 인식은 5.4운동(1919)이후「서구」에 대한 의식으로 성립되어 나와, 1950년대 후반부터 인도에 대한 관심도 첨가되었다. 그러다가 1970년대 후반 문화대혁명 종결 이후부터 일반화되어 나온 것으로 고찰된다. 그래서 80년대로 들어와 문학계에서도 세계문학에 대한 연구가 본격적으로 시작되었다. 그동안 중국에서의 세계문학에 대한 연구는 모순(茅盾)의 『西洋文學通論』(1930)을 시발로 서양문학, 동서문학, 중서문학 등에 대한 연구의 형식을 통해서 이루어졌다. 중국인들에 있어서의 세계문학연구에 대한 인식은 1920년대에서부터의 서구문학연구에 대한 필요성에서부터 출발해서 1950년대 후반에 이르러서는 인도문학에 대한 관심도 가지게 되어 계선림(季羨林)의 『중인문화관계논총』(中印文化關係論叢, 人民出版社, 1957) 등이 나온다. 그 후 80년대로 들어와서 류헌표(劉獻彪) 외 編 『노신과 중일문화교류』(魯迅 中日文化交流, 湖南人民出版社, 1981)를 시발로 해서 일본문학에 대해서도 관심을 갖게 됨으로써 비로소 세계문학연구에 대한 인식이 일반화되어 나왔던 것이다. 그런데 1980년대로 들어와서 세계문학은 비교문학의 형식을 통해서 연구되기 시작 됐다. 그 결과 정판룡 外의 『세계문학사』(연변출판사, 1989) 등이 출판되어 나오기에 이르렀던 것이다.

이상의 경우에서의 세계문학사의 기술은 그 성립기에 있어서는 각국 문학사들의 기술을 총합한 형태였었다. 그러나 그 후 그 기술양식이 정착되어 나오는 과정에서 우선 일본이나 한국의 경우처럼 고대, 중세, 르네상스기, 근대, 현대나 중국의 경우처럼 고대, 중세, 르네상스기 17세기, 18세기, 19세기, 20세기로 시대구분이 행해졌다.

다음의 각 시기는 각 문화권들과 그것들을 구성하는 국가나 왕조의 성립과 패망시기가 기초가 되어 각국과 각왕조의 각 해당시기의 문학사가 채워지는 식으로 기술되어 나왔다.

이와 같이 동아시아에 있어서의 세계문학사의 기술은 서구인의 세계문학사의 기술방법을 토대로 이루어졌다. 그러한 이유로 그것은 서구문학사 중심의 세계문학사 기술의 형태를 취하고 있다. 동아시아에 있어서의 이와 같은 세계문학사의 기술은 모든 서구문학에 대한 단순한 관심으로부터 출발했다가, 그것이 외국문학들에 대한 관심으로 확장되어 나오자 문학사대 세계문학사라는 형식을 취함으로써 확정되어 온 것으로 고찰된다. 다시 말해서 자신들의 국문사학을 세계문학사로부터 빼버림으로써 서구중심의 세계문학사를 기술해가고 있다는 것이다. 그러나 서구의 세계문학기술의 경우는 오히려 자신들의 민족, 국민문학을 토대로 해서 세계문학사를 기술해가고 있다. 동아시아 민족들의 이와 같은 세계문학사의 기술형식은 그들 자신들의 민족·국민문학과 인접국의 문학과의 관계를 연구해오지 못했기 때문인 것으로 파악된다. 그 이유는 민족·국민문학과 세계문학들의 연구가 근대 서구의 동아침략을 계기로 동아시아민족들이 서구문학을 이해해가는 과정에서 성립되어 나왔기 때문에 동아시아민족들은 서구문학을 알아보고 그들과의 관계를 파악해 보려는 데만 관심이 있었지, 자신들의 문학들 간의 관계파악에 관심을 가져 볼만한 여유가 없었기 때문이다. 그러한 이유로 인해, 서구에서 국문학이 세계문학으로 일반화되어 나오는 과정에서의 한 디딤돌이 되었던 비교문학연구가 동아시아에 있어서는 거의 이루어지지 못해왔다.

일본의 경우는 현재까지도 비교문학연구에 대해서는 지극히 소극적이다. 그 이유는 자신들의 문학을 영향관계 측면에서 연구해 볼 때 근대 이후는 서구문학으로부터 근대 이전은 대륙으로부터 영향을 받아 성립되어 나왔다는 사실이 밝혀짐으로써 민족·국민문학의 토대가 된 민족적 자긍심이 손상될 여지가 있다고 판단하고 있기 때문인 것으로 고려된다. 그렇다고 해서 일본에서 비교문학연구가 성립되어 나오지 않은 것은 아니다. 일본에 비교문학연구가 시작된 것은 패전 이후이다.[14] 그러나 그것은 극히 소극적 차원에서 이루어지고 있는 실정이다. 패전 후 일본에서 올림픽이 개최된 것은 1964년의 일이다. 그러나 일본에서의 국제비교문학대회는 1990년에야 개최되었다. 이것은 서구의 문학자들과 비교해 봤을 때 일본문학연구자들이 비교문학에 대해서 얼마나 소극적 입장을 취해왔는가 하는 사실을 단적으로 보여준 것이라 할 수 있다.

한국에서의 비교문학연구는 1959년 6월 한국비교문학회 창건을 계기로 1960년에서부터 서울대학교 국문과의 근대문학연구자들을 중심으로 시작되었다.[15] 그들의 주된 관심영역은 서구의 근대문학이 일본을 거쳐 한국으로 들어온 경로를 밝히는 것이었다. 그래서 그 후 그 분야에 일부의 독일문학, 프랑스문학, 영미문학을 연구하는 학자들이 가세하였고 또 서울대학교 국문과의 고전문학연구자와 중문과의 고전문학연구자들에 의해서 한국고전문학이 중국문학으로부터 받은 영향을 분명히 해 보려는 비교문학의 연구분야가 성립되어 나왔다. 그러한 과정에서 백철 등에 의해서 1959년 신구문화사에서 R.웰랙과 R.P.워렌『문학의 이론』의 번역 등을 통해 일반문학도 소개되기 시작되었다. 1980년도에 들어와서 고려대학교 박사과정에 비교문학연구과정이 설치되었다. 이 경우는 미국문학과 한국문학을 연구한 학자에 의해 주도되어 왔다. 장차 그것은 결국 각국문학들의 공통성을 문제시하여 문학의 일반적 이론을 연구해가는 일반문학 쪽으로 방향을 취해 전개해 나가게 될 것이다. 그것은 한국문화가 갖는 관념성과 일반성을 체계화시켜 한국문화에 결여된 개별성을 배양해 나가야 할 것이고, 그의 구체적인 방법의 하나가 문학이론연구일 것이다.

중국에서의 비교문학연구는 1980년대로 들어와서 그 필요성이 인식되어 나와서 1918년에 북경대학에 「비교문학연구회」가 성립되고, 1983년에 북경대학을 비롯한 명문대학의 대학원에 비교문학과정이 설치되었다. 1984년에는 「중국비교문학학회」가 성립되어 나왔다.[16] 이렇게 해서 현대 중국은 국가의 정책적 측면에서 비교문학연구가 장려되고 있다. 그 이유는 중국은 1960년대 초부터 문화대혁명에 휩쓸려 20년 동안 중국의 모든 학문이 외국과 단절된 상태였었다. 문화대혁명이 끝난 1970년대 말 중국의 문학연구자들은 국제사회에서의 자신들의 학문적 좌표를 찾아가는 하나의 방법으로서 비교문학을 적극적으로 받아들이게 되었던 것이다.

이와 같은 측면에서 파악해 볼 때 현재 동아시아에서의 비교문학연구는 일본의 경우는 세계의 일본화라는 입장에서 이루어져가고 있고, 한국의 경우는 자신의 토대를 찾아가며 자신과 현재로서는 세계의 중추적 역할을 해가는 서구를 연결시켜 국제사회로 나와 보려는 차원에서 이루어지고 있다. 중국의 경우는 국제사회에서 자신들의 정치적 차원에서든 문화적 차원에서든 자신들의 위치를 확인해보려는 측면에서 행해지고 있는 실정이다. 이와 같은 측면에서 파악해볼 때 현재 동아시아에서의 비교문학은 보다 깊고 폭넓은 민족주의의 토대를 구축해 가는 하나의 도구로 이용되고 있다. 물론 동아시아에서의 이와 같은 비교문학의 국수주의적 성격은 서구로 말할 것 같으면 그것이 성립되어 나올 초기단계의 경우와 유사한 것처럼 보인다. 그러나 사실은 그렇지 않다. 서구의 경우는 같은 크리스트교문화라는 토대를 찾아 그것을 바탕으로 국문학을 정립해 보고 자신들의 국문학들의 특성을 찾아가는 과정에서 비교문학이 성립되어 나왔다. 그러나 동아시아의 경우는 자신들의 문화적 배경이 유불교인데도 그것의 공통기반을 확인해서 그것을 토대로 자신들의 국문학의 특성을 찾아가려는 입장이 아니다. 그래서 서구의 경우처럼 한 문화권이나 세계문학의 차원에서 민족·국민문학이 파악될 수 있는 어떤 일반성을 찾아서, 그것을 토대로 일반문학이나 세계문학을 성립시키려는 쪽으로는 아직 방향지워지지 않은 것으로 고찰된다.

4. 문학사기술의 현황과 전망

이상과 같이 현재까지의 서구와 동아시아에서의 국문학사와 세계 문학사는 문화적 우월주의나 민족주의에 의해 굴절되어 기술되어 왔다. 유럽의 경우는 초기에는 민족이 단위가 되어 국문학사가 기술되어 나왔다. 그러나 민족을 단위로 한 문학사의 기술에는 한계가 있다는 것을 자각하고서부터는 유럽이라고 하는 동일문화권의 시각에서 각국문학사를 기술해 가려는 입장이 성립해 나왔다. 그러한 과정에서 성립해 나온 국문학의 연구방법이 바로 비교문학이다. 한편 세계문학사의 측면에서도 국문학사는 연구되었다. 그 과정에서 성립되어 나온 것이 일반문학이었다. 그런데 유럽인들에 있어서의 동일문화권의식이란 동아시아와 같은 다른 문화권들과의 비교를 통해서 형성되어 나왔던 것으로서 공시적 측면에서 파악된 유럽을 기초로 해서 성립되어 나왔다. 다시 말해서 당시 그들에 있어서의 동일문화권의식이란 자신들의 크리스트교문화에 대한 의식과 다른 지역들에 비해서 훨씬 더 산업화되고 시민사회화된 지역으로서의 유럽지역에 대한 의식을 말한다. 이에 대하여 유럽인들에 있어서의 세계의식은 19세기 말까지만 하더라도 고대 이래 유럽민족들이 형성되어서 전개되어 나오는 과정에서 설립되었던 국가들의 총합정도로 파악되었다. 그래서 유럽인들의 세계문학사는 동아시아인들로 말할 것 같으면 일종의 유럽문학사와 같은 것이었다. 그러나 그 후 그들에게 자신들과 다른 또 다른 문화권들의 문화들을 발견해가는 과정에서 유럽인들은 모든 문화권 문학사들의 총합의 형태를 취해 세계문학사를 기술해가고 있다. 이와 같이 유럽인들은 유럽문화권의 측면에서 국문학사를 기술해 내는데는 성공했어도 전지상의 모든 문화권을 토대로 한 세계문학의 측면에서의 국문학사를 기술해 내는데까지는 성공하지 못하고 있다. 그것은 무엇보다도 전지상의 모든 문화권을 기초로 한 세계문학사를 기술해 낼 수 있는 시각을 갖고 있지 않기 때문이다. 그 이유는 자신들의 서구중심으로 세계를 파악하려는 입장을 버리지 못하는데서 오는 것으로 고려된다.

이와 같이 서구의 문학연구자들은 국문학사와 세계문학사와 세계문학사를 일관할 수 있는 어떤 기술방법을 가지고 문학사들을 써가고 있지 못하다. 이점에 대하여는 동아시아의 경우를 유럽에 비교해서 말할 것 같으면 19세기 말에서 20세기 초의, 국문학사에서 세계문학사로 넘어가는 단계에서 문학연구의 방법론으로서의 비교문학이 요망되는 시기에 처해 있다고 볼 수 있다. 유럽은 국문학연구에서 세계문학연구로 전개되어 나오는 과정에서 유럽이라고 하는 그들에게 공통된 유럽이라고 하는 동일문화권이 발견되어 사상적 전개과정의 측면에서 그것의 시대 구분이 이루어져 유럽민족문학의 공통성이 확보되어 나갔다. 이러한 점들을 감안해 볼 때 동아시아의 국문학사가 민족주의로부터 벗어날 수 있는 제1차적 단계는 유불문화권으로 맺어진 동아시아문화의 전개과정의 차원에서 각국문학사들이 조명되어져야 한다. 그래야만이 동아시아의 민족문학사들이 유기적으로 맺어질 수 있고 그러한 유기적 관계를 바탕으로 해서 그 민족문학사들이 하나의 동아시아문학사를 형성할 수 있기 때문이다. 다음 단계로 동아시아민족들은 국문학사가 전지상의 레벨에서 기술될 수 있고, 더 나아가서 동아시아문학사가 그러한 시각에서 기술될 수 있는 세계문학사의 기술방법을 창안하는 일이다.

이상과 같이 동서문학사가 하나의 보편적 시각에서 조명될 수 있는 각도를 확보하기 위해서는 첫째로 각 민족·국민성들의 공통점을 기초로 성립되는 동일문화권들을 단위로 하는 유럽문학사나 동아시아 문학사와 같은 동일문화권 문학사가 쓰여져야 한다. 다시 말해서 동일문화권내의 각국문학사들의 상호관련성들을 기초로 해서 동일문화권 문학사를 기술해야 한다는 것이다.

두 번째로 그러한 동일문화권 문학사들의 상호관련성들을 파악해서 모든 동일 문화권문학사들을 일관해 볼 수 있는 전지상 레벨의 어떤 문학사를 기술해야 한다는 것이다. 그러한 문학사의 기술방법은 국문학사, 동일문화권 문학사, 세계문학사를 일관할 수 있는 하나의 시대구분의 기준을 창안해내야 할 줄로 생각된다. 이러한 문학사의 기술방법에 따른 시대구분에 관한 문제는 20세기 이후 문학사의 쇠퇴에 대한 돌파구의 하나로서 적잖은 문학연구자들에 의해 논의되어 왔다. 우선 한국의 문예연구자들에게 비교문학연구자로, 뉴크리티즘 문학의 이론가로 잘 알려진 르네 웰랙(René Wellek)과 오스틴 워렌(Austin Warren)은 이 문제에 대해서 『문학의 이론』(*Theory of Literature*, 1949)의 「문학사」부분에서 다음과 같이 말하고 있다.[17] 생물학에는 2가지 형태의 변화가 있다. 알로부터 어미로의 변화와 물고기의 두뇌로부터 인간의 두뇌로의 변화이다. 이러한 변화들은 자연에 있어서의 종(種)들의 변화들을 통해서 유추해볼 수 있고, 자연현상에 있어서의 종들의 변화는 문학현상의 변화에서의 장르의 변화에 대응된다. 그런데 장르의 변화는 시대의 변화에 의해서 이루어진다. 다시 말해서 시대가 문학을 진화시킨다. 그렇다면 문학사에서는 어떤 변화를 기준으로 해서 시대구분을 행해왔는가. 초기의 대부분의 문학사들은 정치적 변화를 기준으로 해서 시대를 구분해 왔다. 그러나 최근에 와서는 연력의 세기들이나 왕들의 통치에 의한 해묵은 구분들을 버리고 인간의 정신적 활동들로부터 파생되어 나온 명칭들을 지닌 시대들을 통해서 이루어지고 있다. 「낭만주의시대」, 「사실주의시대」 등이 바로 그러한 것들이다. 그러나 문학사에서의 이러한 식의 시대구분에는 문제가 있다. 문학사는 단순히 인류의 정치적, 사회적 또는 지성적 발전의 수동적인 반영이나 복사로서 파악되어서는 안되기 때문이다. 첫째 문학에서의 시대는 순전히 문학적인 척도에 의해 확립돼야 한다. 둘째는 한 시대는 하나의 이상적인 혹은 추상적인 유형이나 일련의 등급의 개념들이 아니라, 어떠한 예술작품도 결코 완전히는 실현시킬 수 없는 규범들의 전반적인 체계에 의해 지배된 시간의 한 부분이며, 또 그러한 시대는 규범들의 한 체계에서 또 다른 체계로 옮겨가는 변화들을 추적하는 데서 성립한다. 이러한 측면에서 생각해볼 때 「낭만주의시대」, 「사실주의시대」와 같은 식으로의 시대구분은 지양되어야한다. 그러한 의미에서 우리는 문학사의 새로운 이상과 그 이상의 실현을 가능케 해 줄 새로운 방법들을 정밀화해가야 한다. 이상이 웰랙과 워렌의 당시의 문학사의 시대구분에 대한 기본적 입장이었다. 문학사와 문학사의 기술에 대한 이들의 이와 같은 입장은 쇠퇴기에 처해 있는 문학사와 문학사의 기술에 대한 20세기 전반의 문학이론가들의 기본적 입장으로 고려된다. 그들의 그러한 입장에 대하여 그로부터 20년 후 서구인들에게서 그러한 입장에 대한 하나의 반응이 나왔다. 이 반응은 20세기 후반 문학사에 대한 서구의 문학연구자들의 일반적 입장으로 이야기되고 있다. 독일인 H.R.야우스(Jauß)의 『挑戰으로서의 文學史』(*Literatugechichte als Provokation*, 1970)가 바로 그것이다.[18] 야우스는 현재 문학사는 150년간이나 침체일로에 있는 실정이라며 다음과 같이 문학사의 혁신방법을 제시하고 나왔다. 문학사의 혁신은 역사적 객관주의의 선입견을 헐어버리고 전통적인 생산미학과 서술미학을 하나의 수용미학과 작용미학 안에 포함시킴으로써만이 가능해진다. 문학의 역사성은 사후(事後)의 사건들로 취급되는 문학적 사실들의 연관에 입각하는 것이 아니라, 독자를 통한 문학작품의 선행적 경험에 기인한다.[19] 새로운 작품의 출현은 독자의 반응이라는 분광기, 다시 말해서 비평의 판단이라는 분광기를 통해서 역사적으로 구체화될 수 있다.[20] H.R.야우스의 이와 같은 문학사의 혁신방법은 결국은 작품과 독자와의 의미현상을 통해서 문학현상을 파악하려는 입장으로부터 나온 것으로 판단된다. 다시 말해서 그가 제시한 문학사의 혁신방법은 작가의 작품창작활동과 작품의 표현내용이나 표현방법 등을 토대로 해서가 아니라 작품에 대한 독자들의 반응들을 토대로 해서 문학사를 써야한다는 것이다. 그로 말할 것 같으면 문학사란 작품에 대한 독자반응사라야 한다는 것이다.

문학사가 성립되어 나왔던 19세기 말, 19세기의 문학사기술은 작가의 작품창작활동을 바탕으로 해서 기술되었고, 또 이 경우에 있어서의 문학사의 시대구분은 작가의 창작활동사건과 관련된 정치적 사건들을 토대로 이루어졌다. 다음 20세기로 들어와서의 문학사의 기술방법은 미국을 중심으로 한 뉴크리티즘과 소련을 중심으로 한 러시아포멀리즘이 지배했던 전반의 반세기 동안의 작품의 내용과 그것과의 유기적 관련성을 갖는다는 표현의 특징을 바탕으로 해서 이루어졌다. 특히 20세기로 들어와서 뉴크리티즘과 러시아포멀리즘이 형성되어 나오는 과정에서는 작품의 내용의 측면에서, 다시 말해서 낭만주의니 사실주의니 하는 이념이나 문학사조의 전개과정이 토대가 되어 시대구분이 이루어졌다. 그러나 그 후 20세기의 전반이 끝날 무렵 문학사의 시대구분의 지표로서의 이념이나 사상은 문학에 있어서는 작품의 내용과 직접적으로 연결되어 있는 것이 아니라 작품의 표현을 통해서 연결되어 있기 때문에 작품의 표현형식의 변천과정이 문학사의 시대구분의 지표가 되어야 한다는 입장이 제기되었다. 바로 그것이 르네 웰랙과 오스틴 워렌과 같은 학자들이 제시했던 입장이다. 조동일 교수가 『한국문학과 세계문학』과 『동아시아문학사 비교론』[21] 등을 통해서 제시한 민족문학사와 세계문학사를 일관한다는 문학사의 시대구분 기준도 후기뉴크리티즘시대의 문학연구자들이 제시한 입장, 즉 표현형식의 변천과정이 문학사 시대구분의 기준이 되어야 한다는 입장을 토대로 해서 성립되어 나온 것으로 고려된다.[22] 조 교수는 각국의 문학은 「구비문학」, 「공동문어문학」, 「민족어기록문학」의 단계들을 거쳐 전개되나왔기 때문에 이들 3단계를 기초로 해서 국문학사의 시대구분이 이루어 질 때에 그 문학사가 세계문학사속에서의 보편성을 확보할 수 있다는 입장이다. 이와 같이 조 교수가 제시한 국문학사와 세계문학사를 일관할 수 있는 시대구분의 지표는 표현수단이다. 표현수단도 작품의 표현내용에 대응되는 표현형식속에 내포되어 질 수 있는 성질의 것이라는 의미에서 조 교수의 시대구분의 지표가 뉴크리티즘의 문학연구자들이 요구해 왔던 것들 중의 하나로 고려된다는 것이다. 조 교수는 자신의 그러한 시대구분기준의 제시에 대하여 자신이 『한국문학과 세계문학』을 세계에서 최초로 시도한 것이라고 말하고 있다.[23] 사실상 그렇다. 그러나 조 교수의 그러한 시대구분기준에는 적잖은 문제들을 내포한다. 우선 조 교수는 그러한 시대구분기준을 취하면서 다음과 같은 입장도 취하고 있다. 「문학사가 공동문어를 사용하기 전의 고대문학, 공동문어시대의 중세문학, 공동문어 청산 후의 근대문학으로 크게 나누어지고, 고대문학의 자기중심주의, 중세문학의 보편주의, 근대문학의 민족주의가 서로 구별된다는 것이 『한국문학통사』에서 한 한국문학사의 시대구분인데, 지금까지 살펴본 바와 같이 세계문학사에 널리 적용될 수 있다.」[24]라

고. 우선 우리는 여기서 조 교수의 이러한 언급을 기초로 해서 다음
과 같은 사실을 알 수 있다. 문학이「구비문학·공동문어문학·민족
어기록문학」으로 전개되어 나왔다는 조 교수의 생각이 토대가 되어
성립된 조 교수 자신의 문학사에서는「고대문학」이「구비문학」의 단
계로 취급된다는 것을 알 수 있다. 그리고 그 다음의「중세문학」은
「공동문어시대의 문학」에 해당되는 것으로 되어 있다. 그렇다면 여
기에서 조 교수가 파악한「고대문학」에서의「고대」의 개념은 무엇인
가? 일반적인 역사에서의 시대구분의 용어로서의「고대」는 철기와
문자가 발명되어 그것이 사용되기 시작된 시기를 기점으로 한 시대로
개념화되어 있다. 이러한 개념을 바탕으로 했을 때「구비문학」의 단
계는「고대문학」의 이전 단계에 해당된다. 이 문제와 관련시켜 다음
과 같은 점도 제기될 수 있다. 동아시아나 유럽에서 공동문어문학시
대는 어떻게 도래했는가? 이점을 분명히 해봄으로써 우리는「고대」
에 대한 조 교수 특유의 개념을 파악해 볼 수 있을지 모른다. 조 교수
는「한문은 중국에서 전래된 문어이다.」[25]라 하고, 중국으로부터 한
자가 한국에 들어와 쓰여지기 시작한 시기를 기점으로 해서 한국의
문학은 고대문학인 구비문학이 중세문학인 공동문어문학으로 전환되
어 나왔다는 입장을 취하고 있다. 또 조 교수는「이와 같은 원리에 따
라 고대문학과 중세문학을 구분하는 방법을 한문의 본고장인 중국에
도 적용된다. 한문은 중국의 고대문학을 기록하는 데 쓰이다가, 기원
전 202년에서 기원 후 220년까지의 漢제국에서 여러 민족이 함께 사
용하는 공동문어로 바뀌고, 589년에서 907년까지의 수당(隋唐)제국
에서 보편적 가치관과 세련된 표현의 격식을 갖추었다.」[26]라고 서술
하고 있다. 이와 같이 중국문학사에서의「공동문어문학」시대가 漢민
족이외의 민족이 한문을 사용하게 됨으로써 도래된 것이라면, 중국문

학사에 있어서의 구비문학시대는 중국에서 한민족을 중심으로 한자가 쓰여졌던 시기도 내포되어 있는 것으로 이해된다. 그렇다면 한국문학사에서의 공동문어문학시대는 기록문학의 성립을 계기로 출발된다고 파악되는데, 중국에서의 그것은 한국의 경우처럼 기록문학의 출발을 계기로 해서 성립되어 나온 것으로 결코 파악되지 않는다. 이것은 라틴어를 공동문어로 한다고 하는 유럽문화권의 경우에 있어서도 그대로 적용되는 문제이다. 조 교수의 견해에 따르면 고대 그리스의 문학들도 구비문학시대의 문학들로 파악해야 한다. 이것이 조 교수의 시대구분의 기준을 받아들여 봤을 경우 직면해야 할 첫 번째의 문제이다.

두 번째로 직면해야 할 문제는 시대구분 기준의 지표가 된 표현수단의 특징을 통해서 그 표현수단의 한 특징을 토대로 해서 구분된 그 시대의 문학작품들의 내용상의 공통적 특징을 어느 정도까지 이야기해 낼 수 있느냐의 문제이다. 다시 말해서 어떤 문학작품도 그 작품이 갖는 표현과 내용상의 특성에 의해서 그 본질이 형성되어 나온다. 그러한 본질은 그 작품이 처해 있는 시대성, 즉 시대정신과 깊이 관련된다. 예로 「구비문학」의 경우를 가지고 이야기해보면 조 교수가 지시하는 「구비문학시대」의 경우, 일반적으로 이야기되는 구비문학작품으로써만이 가질 수 있는 작품의 내용이나 본질이 어느 정도 조 교수의 「구비문학시대」의 특징이나 그 시대정신과 깊이 관련되어 있는지에 대해 의문이 제기된다.

셋째로는 구비문학시대, 공통문어시대, 민족어기록문학시대를 구성원 각국민 문학사들의 시대들을 비교해 볼 때 그 출발시점과 기간의 면에 있어서의 현격한 차이들로 인해 각 국민문학사들 간의 공통된 시기가 좀처럼 찾아지지 않는다. 예를 들면 일본에서의 「민족어기록문학」시기는 말의 측면에서 본다면 중국의 한자의 음을 빌어 일본의 노래를 기록한 『만요슈』(万葉集)가 성립되어 나온 8세기 후반으로도 볼 수 있다. 표기의 측면에서 본다면 가나(仮名)표기가 성립되어 나온 9세기 후반부터로 볼 수 있다. 이에 대하여 한국의 경우는 이두에 의해 향가가 쓰여진 시기부터로도 볼 수 있고, 한글이 창제된 15세기로도 볼 수 있고, 또는 한글이 일반화되어 나온 17세기 혹은 20세기로도 볼 수 있다. 중국의 경우는 「민족어기록문학」시기를 구분해 내는 작업 그 자체가 불가능하다. 어느 시기에서부터 보아야 하는지를 판단하기 조차도 어렵다. 왜냐하면 고대부터 지니고 있던 한문이야말로 중국인에게는 민족어에 해당되기 때문이다. 이러한 측면에서 생각해 볼 때 조 교수가 제시한 문학사의 시대구분의 기준으로서의 「구비」, 「공동문어」, 「민족어」는 세계문학사의 시대구분의 기준으로서는 훌륭한 기준이 될 수 있다. 그러나 민족, 국민문학사, 동일문화권 문학사, 세계문학사 등을 일관해 줄 수 있는 기준으로는 한계가 있는 것으로 고려된다.

그렇다면 국민문학, 동일문화권 문학사, 세계문학사가 일관될 수 있는 문학사의 시대구분기준은 어떻게 설정될 수 있는가? 유럽에서의 근대국민문학의 출발 이래 문학연구는 「작가」, 「작품」, 「독자」 등을 중심으로 해서 전개되어 나왔다.[27] 일반적으로 「작가」중심의 문학연구는 19세기 전후반을 거쳐서, 「작품」중심의 연구는 20세기 전반을 통해서, 「독자」중심은 20세기 후반을 통해서 이루어졌다. 그러한 과정에서 소위 작가론, 작품론, 독자론과 같은 연구방법이 성립해 나왔다. 작가론이란 문학과 작품의 본질은 작가의 정신 속에 내재되어 있기 때문에 작가의 정신세계를 통해서 문학과 작품의 본질이 파악되어져야 한다는 입장이다. 다시 말해서 작가론이란 작가의 창작정신을 규명해서 문학의 본질을 파악하려는 입장이다. 그런데 19세기 당시의 문학연구자들은 작가의 창작정신은 시대정신과 깊이 관련되어 있다는 입장에서 시대정신의 변천을 통해서 이루어지는 정치적 변화의 과정을 시대구분의 기준으로 해서 문학사를 기술해왔던 것이다. 작품론의 경우는 작품 내에 문학과 작품의 본질이 내재되어 있다는 입장에서 작품을 통해 그것들의 본질을 규명하려는 입장이었다. 그런데 작품 속에 내재된 문학의 본질이란 작품의 언어표현의 특징을 통해서 파악된다고 생각했다. 이 경우, 당시까지의 서구인은 모든 언어는 표현내용과 표현형식으로 이루어진다는 언어관을 가지고 있었다. 그리고 그들은 처음에는 표현내용이 표현형식을 지배한다는 생각에서 작품의 내용의 특징을 문제시했었다. 그러나 그들의 그러한 생각은 표현형식이 표현내용을 지배해 간다는 입장으로 변화해 나왔다. 그래서 앞에서도 지적했듯이 R.웰렉과 A.워렌 같은 비평가들은 표현형식의 변천과정을 통해서 문학사기술의 토대가 이루어져야 된다는 입장을 밝혔던 것이다. 거듭 지적하건대 조 동일교수의 문학사의 시대구분기준은 그러한 차원에서 시도된 것으로 이해하고 싶다. 그러나 20세기 후반으로 들어와서 그들의 언어관은 그러한 이원론적 언어관에서 표현형식과 표현내용은 양분될 수 없다는 입장으로 전환되어 나왔다.[28] 언어의 내용은 그 언어를 해독하는 독자에 의해 생성되어 나온다는 입장으로 전환되어 나왔던 것이다. 다시 말해서 담화론(discours)과 서술학(narratology)을 기초로 성립된 청각기호관에서 텍스트(text)이론과 문법학(grammatology)을 기초로 한 시각기호관으로서의 전환이다. 이러한 전환으로 인해 구조주의가 후기구조주의로 전환되어 나왔다. 이러한 언어관이 성립되어 나오는 과정에서 그러한 언어관을 토대로 성립되어 나온 것이 바로 독자론이다. H.R. 야우스의 문학사론은 바로 이 독자론을 기초해서 성립되어 나왔던 것이다.

　이상과 같이 서구에서 문학연구는 작가중심에서 작품중심을 거쳐서 독자중심으로 전개되어 나왔다. 우리는 이제 이들의 작가론, 작품론, 독자론을 총체적으로 파악할 수 있는 어떤 새로운 단계를 만들어야 할 시점에 처해 있다. 작가론이란 정치적, 사회적 현상과 깊게 관련된다. 작품론은 언어표현과 관련되어 있고, 독자론은 의미작용, 미학과 관련되어 있다. 이러한 의미에서 이제는 정치적, 사회적, 언어적, 미학적인 모든 현상들을 일관하는 어떤 현상을 통해서 문학의 본질을 파악해야 할 시점에 놓여 있다는 것이다. 그렇다면 그러한 현상을 일관할 수 있는 차원의 현상은 어떠한 것인가? 나는 인간에 있어서의 문화현상이야말로 그러한 현상이 아닌가 생각한다. 문화란 하나의 개인이나 단체, 혹은 민족이나 국가를 혹은 특정지역이나 지방을 초월해서 이 지상의 모든 인간들에 의해서 이루어지는 현상이다. 서로간의 영향과 내발을 통해서 인간의 차원으로 대자연의 모든 질서를 재구성시켜가는 현상이다. 앞으로의 문학사기술은 이 전지상에서의 서로간의 영향과 내발을 통해서 전개되어 나올 인간문화의 변천과정을 토대로 해서 이루어질 수도 있다. 그렇다면, 우리는 어떻게 전 지상을 단위로 한 문화의 변천과정을 파악해 낼 수 있을까? 한국문학사나 일본문학사와 같은 국문학사, 동일문화권 문학사, 더 나아가서는 지상의 공간을 인간의 문화공간으로 전환시켜 나오는 과정에서 창출된 모든 문학들을 대상으로 하는 지상문학사와 같은 세계문학사 등을 일관할 수 있는 한 어떤 시대구분의 기준을 창안해내는데 있어서 바로 이것이 최대의 관건일 것 같다.

주

1) 이것들은 「각 시대」, 「장르」, 「소재」, 「주제」 등을 하부단위로 하여 「한국근세
문학사」, 「동아시아 근대문학사」, 「세계현대문학사」, 「한국소설사」, 「동아시아근
대소설사」, 「세계현대소설사」, 「한국전쟁 문학사」, 「동아시아전쟁 문학사」, 「세
계전쟁 문학사」, 「한국속문학사」, 「동아시아속문학사」, 「세계속문학사」 등으로도
기술된 것들이 있거나, 그렇게 기술될 수 있다.

2) H.테느는 그의 『영국문학사』의 서문을 통해서 「인종」 race, 「환경」 milieu, 「시
대」 moment 가 문학의 특징을 결정한다는 뜻에서 그 3요소를 토대로 문학사를
기술한다는 입장을 밝히고 있다. 미카미 · 다카즈는 『日本文学史』의 서문을 통해
서 그의 그러한 입장을 모방해서 「인종」, 「환경」, 「시대」 대신에 「國民固有의
特性」, 「身外의 現像」, 「時運」을 끌어 들여 그들의 문학사 기술의 기본입장을
밝히고 있다.

3) 중국의 국문학사는 임전갑에 의해 『중국문학사』 등이 간행되기 전에 이미 일본
과 영국에서 비중국인들에 의해 간행되어 나왔다. 후루시로 타다요시(古城貞吉)
의 『지나문학사』(支那文学史,1897), 헐버트 질 Herbert A. Giles의 『중국문학
사』 A History of Chinese Literature(1901) 등이 그러한 것들이다.

4) H.R.야우스 『挑戰으로서의 文學史』(장영태 역, 文學과 知性社, 1983), 155~156
면 참조.

5) 상동서, 160면 참조.

6) 상동서, 151면 참조.

7) 상동서, 151면 참조.

8) 사이토 이사무(斉藤勇)편 『世界文学辞典』(東京: 研究社, 1954)의 「各國文學
史」부분, 백철 外편 『세계문학대사전』(원문각, 1972)의 「각국문학사」부분, 동서
문화연구소편 『비교문학총서1 - 문학 · 장르 · 문학사-』(계명대학교출판부, 1979)
의 「문학사의 시대구분」 등 참조.

9) 「비교문학」 'La littérature comparée'이라고 하는 말은 1829년 프랑스의 베르
망(Abel Francoir Villemain)에 의해 처음으로 사용되었다. 이 말이 문학용어의
개념으로서 정착된 것은 생트 뵈브 Sainte-Beuve의 『월요한담』 Causeries du
lundi(1849~1870)에 의해서였다. 그 의미는 중세의 크리스트교를 배경으로 성
립되어 나온 세계주의의 시각에서 파악되었다.

10) Marius-François Guyard, LA LITTERATURE COMPAREE, Presses
Universitaires de France, 1951, pp.12~20.

11) P.Van Tieghem, La Littérature comparée, Paris: Librairie Armand Colin,

1931, pp.19~32.

12) S.S.Prawer, *COMPARATIVE LITERARY STUDIES*, London: Duckworth, 1973, pp.12~30.

13) 원래 「일반문학」 'littérature générale'라는 말은 비교문학이 국가간의 비교를 통한 한 민족이나 국민문학의 특수성을 강조해 보려는 쪽으로 관심을 가져 가려는 입장에 대해서 그의 공통성을 문제시해 가려는 입장을 기초로 해서 성립된 비교문학을 가리켰다. 20세기에 들어와서의 국문학의 연구방법의 하나로 비교문학을 확보시킨 폴 방 티겜(Paul Van Tieghem)에 의해 처음으로 쓰여진 말이다. 그는 『비교문학』 *La littérature comparée*(1931)을 통해서 문학의 장르, 형식, 주제의 역사 등도 일반문학연구에 포함시켰는데, 그 후 국문학이 주로 일반문학의 차원에서 연구됨으로써 문학에 있어서의 장르, 형식, 주제의 역사가 일반문학의 주된 연구영역으로 자리잡게 되었다.

14) 일본에 「일본비교문학회」가 창립된 것은 1948년 5월의 일이다. 그 후 일본에서의 비교문학연구는 1953년 도쿄대학에 「비교문학, 비교문화과정」이 설치됨으로써 도쿄대학을 중심으로 이루어져왔다. 그 다음 1970년대로 들어와 쓰쿠바(筑波)대학에 「일본문학 연구과정」이 설치되어 비교문학연구는 또 하나의 단계로 전환되어 왔다.

15) 한국의 비교문학의 성립과 전개에 대하여는 김학동 증보판 『비교문학이론』(새문사, 1990), 98~100면 참조.

16) 北京大學比較文學硏究所編 『中國比較文學硏鑒』(北京:北京大學出版社, 1986), 450~455.

17) 참고본은 Rene Wellek & Austin Warren, *Theory of Literature*, 3ded.New York: Harcort, Brace and world, 1962이다. 한국에서는 백철 등에 의해 1959년 이래 여러 출판사에서 번역되어 나왔다.

18) 이것은 장영태 교수에 의해 「문학과 지성사」에서 1983년 『挑戰으로서의 文學史』로 번역되어 나왔다.

19) H.R.야우스 『挑戰으로서의 文學史』(장영태역, 문학과 지성사, 1983), 179~180면.

20) 상동서, 186~187면 참조.

21) 이 책은 일본, 중국, 한국의 각국의 국문학사들을 시대구분방법 등의 기술방법을 중심으로 해서 비교 연구한 연구서이다. 따라서 책의 내용의 측면에서 고찰해 볼 때 이 서명은 『동아시아국문학사비교론』이어야 할 것 같다. 「유럽국민문학사비교론」이라는 말은 있을 수 있다. 그러나 「유럽문학사비교론」이란 말은 「유럽문학사」를 「동아시아문학사」와 같은 부동문화권문학사와 비교했을 경우에나 쓰여

질 수 있다.

22) 조동일 『한국문학과 세계문학』(지식산업사, 1991)의 「한국문학사의 시대구분과
  세계문학사」(76~95면), 『동아시아문학사비교론』(서울대학교출판부, 1993)의 「제
  3장 문학사 전개 비교 가능성」의 「공통된 시대구분 모색」(309~321면) 부분 등
  참조.
23) 조동일 『동아시아문학사비교론』, 312면.
24) 조동일 『한국문학과 세계문학』, 94면.
25) 상동서, 79면.
26) 상동서, 79~80면.
27) 김채수 「서구의 문학연구방법의 전개과정」(『가와바타 야스나리硏究』, 고려대
  학교출판부, 1989), 353~408면 참조.
28) 김채수 『후기구조주의를 넘어서』(세손, 1992), 32~33면 참조.

근세소설의 근대소설로의 전환양상
- 일본 문학의 경우를 통해 -

서 론

본 연구는 일본의 근세소설이 어떻게 근대소설로 전환해 나왔는가에 대한 고찰을 통해 근세소설과 근대소설과의 관련양상을 파악하는 것을 목적으로 한다.

이제 현대인들은 정치적이거나 경제적 삶을 지양하고 문화적 삶을 통해서 자신들의 존재의 의미를 향유해보려는 입장을 취해가고 있는 것 같다. 그래서 그런지 현대는 다른 어느 때 보다도 자신들의 문화적 정체성이 요구되는 시대이다.

최근까지 동아시아인들은 자신들의 문화적 체험을 통해 형성시켜온 자신들의 가치체계가 근대화 과정에서 단절되어 버렸다는 생각들을 많이 해왔다. 그랬는가? 사실 여부야 어쨌든지 간에 최근에 들어서 동아시아인들 사이에는 단절로 보기보다는 굴절로 봐야한다는 사람들이 나오고 있다. 그런가 하면, 혹자는 단절이 아니라 연속이라는 생각을 하는 사람들도 많이 나오고 있다.[1]

본 연구는 이와 같이 전근대와 근대와의 관련성에 대한 서로 다른 견해들이 공존하게 된 사실에 착안해 우리의 정체성 회복 작업의 일환으로 한국·중국의 경우와 관련시켜 일본의 경우를 통해 근세소설과 근대소설과의 관련성을 규명해 보고자 한다.

근·현대인들에 있어서의 소설문학이란 자신들의 가치체계를 추구해 가는 최대의 수단이다. 동아시아인들이 현재 접하고 있는 소설문학이란 동아시아인들이 서구의 근대물문들을 받아들이는 과정에서 성립시킨 것으로 이야기되어 왔다. 따라서 근래까지의 동아시아에서의 근대소설문학의 성립은 서구의 근대소설문학으로부터의 영향이라고 하는 관점에서 고찰되어 왔다. 근래까지 동아시아인들은 동아시아의 근대화를 서구의 근대 문명과 연결시켜 파악하려는 입장을 취해왔다. 그러한 시각에서 동아시아의 근대화가 인식되는 한 동아시아의 전통문화와 근대 문화와의 관계는 단절로 파악될 수밖에 없다. 그러나 근래로 들어와서 동아시아의 근대화는 동아시아의 전통문화와 어떻게 관련되어 있는가에 대한 문제들이 활발히 토론되어 나왔는데, 그러한 토론은 동아시아에서보다는 유럽, 미국 등의 서구 학회에서 훨씬 더 활발히 행해져 왔다. 동아시아인들로 하여금 동아시아의 근대화를 서구의 근대화와 연결시켜 파악케 한 것은 서구인들이었다. 존 K.페어뱅크 外 『東洋文化史上·下』(全海宗外 번역, 을유문화사, 1969, 원전초출, 1964)가 그 좋은 예들 중의 하나가 될 것이다. 그러나 근래로 들어와서 전근대와 근대와의 관련성을 규명하려는 연구들이 활발히 이루어지고 있다.(예, 大石愼三郎外 『江戶時代と近代化』筑摩書房, 1991 등과 같은 업적물) 그러한 관점에서 고찰되는 근대소설과 근세소설과의 관계는 사실상 단절로 파악될 수밖에 없다. 본인은 동아시아인의 근세소설이 서구의 근대소설과의 접촉을 통해서 어떤 형태로 변형되어 근대소설로 정착되어 나왔는가에 대한 고찰을 통해 전근대소설과 근대 소설과의 관련성을 규명하기로 한다.

기존의 문학에 대한 연구는 문학을 예술의 한 장르로 받아들여 예술적 현상에 대한 이해의 폭을 넓히기 위한 한 방법으로 작가의 정신세계·작품의 주제 등을 파악한다는 입장을 취해 왔었다. 그러나 근래는 본인은 문학을 문화의 한 장르로 받아들여 문화적 현상에 대한 이해의 폭을 넓히기 위한 방법으로 사회·작가·작품·독자 등의 관련성을 규명해 보려는 쪽으로 전환해 나왔다.

근대 이후 한국에서의 문학연구는 최근에까지 국가나 민족이라고 하는 시각에서 연구되어 왔었다. 한국문학, 일본문학 등이 바로 그러한 것들이다. 그러나 본인은 본고를 통해서 한국문학이나 일본문학이라고 하는 하나의 국문학적 차원의 문학연구를 지양하고 동아시아라고 하는 하나의 문화권적 차원에서의 문학적 현상을 고찰해 보려고 한다.

동아시아의 근세문학의 한 장르를 이루는 근세소설은 동아시아가 근대화되는 과정에서 근대서구로부터 들어온 서구의 근대소설과의 접촉을 계기로 해서 근대소설로 전환해 나왔다. 중국에서의 근세소설도 서구의 근대소설과의 접촉을 계기로 만청(晚淸)소설(新小説이라고도 한다)이란 단계를 거쳐 근대소설로 나왔고, 한국의 경우도 신소설이란 단계를 거쳐 근대소설로 나왔다. 그런데, 동아시아의 근대화과정에서 출현한 중국의 만청소설이나 한국의 신소설은 사실은 일본의 정치소설로부터의 적잖은 영향을 받아 성립되어 나왔던 것들이다. 그런데, 일본에서의 근세소설의 근대소설로의 전환은 다름 아닌 바로 이 정치소설의 단계를 거쳐 전환해 나왔던 것이다.

근대화가 시작되기 직전의 일본의 근세소설은 닌조본(人情本)소설이 주류를 이루었었다. 또 그 닌조본소설의 대표작은 『슌쇼쿠 우메고요미』(春色梅児誉美, 1832)이다. 그런데 닌조본소설은 근대화과정에서 서구로부터 들어온 근대소설들과의 접촉을 계기로 『조카이하란』(情海

波瀾, 1880)을 효시로 한 정치소설로 변형되어 나왔고, 또 그것은『우
키구모』(浮雲, 1887)를 효시로 해서 근대소설로 전환해 나왔던 것이다.
이러한 점들을 감안해서 본인은 우선 동·서에서의 소설문학 장르
의 성립과 전개양상을 고찰해 보고, 다음으로 일본의 근세소설에 있
어서의 닌조본소설과 그의 대표작『슌쇼쿠 우메고요미』의 문학사적
위치를 파악한 다음, 끝으로 근대화과정과 관련시켜 정치소설과 그
효시작『조카이하란』, 근대소설과 그 효시작『우키구모』등을 고찰해
봄으로써 일본의 근세소설의 근대소설로의 전환양상을 규명해 보기
로 한다. 더 나가서, 그것을 토대로 해서 동아시아에서의 근세소설의
근대소설로의 전환양상도 상상해 봄으로써 동아시아의 근대화과정에
서의 전통 문화와 근대와의 단절의식을 재검토해 보기로 한다.

1. 동·서의 소설장르

1) 서구에서의 노블소설장르의 성립

우리가 현재 일반적으로 말하는 소설문학 장르란 작가가 자신이 처
해 있는 일반 시민들의 일상생활 속에서 사용되는 말들에 의해 그들
의 현실세계에서 일어나는 사건들을 소재로 해서 쓴 작품들을 가리킨
다. 이런 식으로 그 특성이 이야기 될 수 있는 소설문학작품이 동아시
아에 출현한 것은 전근대(前近代)의 농공상(農工商)을 중심으로 형성
된 근대 시민계급이 형성되어 나온 시점으로, 일본의 경우는『우키구
모』(浮雲, 1887)이고 한국은『무정』(1917), 중국은『광인일기』(狂人日
記, 1918)로 이야기되고 있다. 그런데 일본에서의『우키구모』의 출현
은 쓰보우치 쇼요(坪内逍遙, 1859~1935)의『소설신수』(小説神髄, 1885)

와 그것을 기초로 해서 성립된 『우키구모』(浮雲)의 저자 후타바테이 시메이(二葉亭四迷)의 『소설총론』(小說総論, 1886)에 의해 제시된 소설이론을 배경으로 해서 성립되어 나왔다. 쇼요가 그의 소설이론서 『소설신수』에서 말하는 「소설」이란 그 자신에 의해 「소설」로 번역된 영어의 "novel"을 가리킨다.[2]

서구 문화권에서 현재 우리가 일컫는 「노블」(novel)소설문학이란 문학장르가 정립해 나온 것은 청교도혁명(1642)·명예혁명(1688) 등을 통한 시민계급의 부상 과정에서 이루어진 D.데포의 『로빈슨 크루소』(1719), S.리차드슨의 『파멜라』(1740), H.필딩의 『톰 존스』(1749) 등의 출현을 계기로 해서였던 것으로 이야기되고 있다.[3] 영국에서 이러한 작품들이 출현하기 이전까지만 하더라도 영국을 비롯한 서구에는 십자군전쟁(1096~1291) 이전부터 농업을 주업으로 하는 서유럽 대륙의 내부지방을 중심으로 해서 형성되어 나온, 기사와 궁녀와의 사랑을 소재로 하는 로망스(romance)라고 하는 소설장르가 산문문학의 장르를 대표해 가고 있었다.[4] 그러다가 『로빈슨 크루소』 등과 같은 작품들이 출현한 시점에 와서는 실생활과 보다 밀접히 관련되어 있고 분량의 면에서 좀 더 짧은 "novel"이란 문학장르와 대립적 형태를 취해 갔었다.[5] 그러다가 18세기 후반으로 들어와서는 novel이란 장르가 산문문학의 주류로 등장하게 되었던 것이다.

그렇다면 서구에서 "novel"이란 문학장르는 어떻게 성립되어 나왔던 것인가? 영어 "novel"이란 단어가 「산문으로 쓰여진 상당히 긴 이야기」란 뜻으로 쓰이게 된 것은 16세기 후반 경으로 되어 있다.[6] 16세기 중반까지만 해도 영어 "novel"은 「새로운」"new"의 뜻으로만 쓰였다. 그러나 그것은 당시 "novella"라 불려졌던 이탈리아의 보카치오의 『데카메론』(1344~1353)을 구성하는 단편들로부터 힌트를 얻

어 그러한 뜻으로 쓰여지게 됐던 것이다.[7]

"novella"가 이탈리아에서 단편소설 장르의 의미로 쓰여지게 됐던 것은 십자군전쟁(1096~1291)이 끝난 이후부터로 고찰된다. 그전까지만 해도 "novella"란 말은 뉴스 등과 같은 「신기한 일」을 의미했었다. 십자군전쟁중 크리스트교 세계와 이슬람세계가 지중해를 통해서 전쟁과 무역활동을 전개시켜 나가는 과정에서 그러한 전쟁과 상업 활동의 중심지에 처해 있던 이탈리아인들은 이쪽저쪽에서 실용적 정보는 물론 신기한 이야기들까지도 쉽게 접해갈 수 있었다. 당시 이탈리아인들은 그러한 상업 활동을 해 가는 과정에서 접하게 되는 신기한 이야기를 「소화」(小話)라 했는데, "novella"는 십자군전쟁이 끝나고 활발한 교역활동이 전개되어 나가는 과정에서, 전쟁 중 생겨났던 바로 이 「소화」에 뉴스와 같은 실용적 정보가 가미됨으로써 새롭게 탄생된 산문문학 형태를 가리킨다.

이 경우, 소화의 소재는 고대 그리스·로마의 전설, 종교적 설화, 남프랑스에서 유래된 기사도 이야기, 동방으로부터 유래된 설화 등이었다. "novella"는 바로 이러한 것들을 소재로 하는 소화에 현실성이 첨가됨으로써 성립되어 나왔던 것이다.

이렇게 해서 1300년대 전반에 성립된 "novella"는 그 후 14~16세기의 르네상스기를 통해 지중해 중심의 상업 활동이 서로는 스페인·포르투갈의 이베리아반도를 지나 영국·프랑스 등으로, 동은 페르샤·인도, 극동 등으로 확장되어 가는 과정에서 영국의 J·초서의 『캔터베리이야기』(1393~1400), 스페인의 세르반테스의 『돈키호테』(1605~1615), 『로빈슨 크루소』(1719) 등을 거쳐 현재의 장편소설의 형태로 발전해 나왔던 것이다.

2) 동아시아에서의 소설의 성립

동아시아에서 영어 "novel"이 「小説」로 번역된 것은 쓰보우치 쇼요(坪内逍遥)의 『소설신수』(小説神髓, 1885~1886)의 『서언』(緒言) 등에서부터였다.[8]

그렇다면 당시 영어 "novel"에 대응되었던 「小説」은 동아시아에서는 어떤 뜻으로 쓰여져 왔으며, 또 그 「小説」문학의 장르는 어떻게 성립되어 전개되어 나왔던 것인가. 동아시아에서의 「小説」이란 말은 전국시대(戰國時代, 403~221, BC)에 편찬된 것으로 알려진 『장자』(莊子), 후한(後漢)의 반고(班固, 32~92)가 편찬한 『한서』(漢書) 등에서부터 발견된다.[9]

이 경우 「小説」은 군자(君子)들의 경전(経伝)에 대하여 소인(小人)들의 이야기라는 의미로 쓰였다. 다시 말해 군자들의 언행을 기록한 것을 경전이라 했고 소인들의 언행을 기록한 것을 소설이라 했다는 것이다. 그런데, 소인들의 언행에 관한 이야기가 글로 기록되어 결국 「소설」이라고 하는 하나의 문학장르로 성립되어 나오게 됐다는 것은 정치적 이유 때문이었다. 당시 왕은 민심을 알아볼 목적으로 패관(稗官)을 두어 그들로 하여금 민간에서 떠도는 백성들의 이야기들을 수집해 기록해 오도록 했다.[10] 그래서 패관들은 백성이 사는 세계로 들어가서 그들이 모이는 골목이나 거리나 장터머리에서 들은 소인들의 특이한 언행을 글로 적어 왕에게 보고했다. 동아시아에서의 소설은 바로 그 패관들에 의해 쓰여진 글로부터 그 기원이 유래됐다고 보고 있다.[11]

이 경우 패관에 의해 수집된 항간의 이야기들이란 민간의 이야기들이고 그 이야기들은 민간들에 있어서의 기이(奇異)하고 신기(神奇)한 이야기들이었음에 틀림없다. 그러했던 관계로 한대(漢代, BC206~ AD222)에서 「小說」이란 이름이 붙여진 글들은 주로 신선(神仙)사상에 기초한 전설이나 설화로 볼 수 있는 것들이었다.[12] 그 다음 위진 남북조시대(222~589)로 들어와서는 한대(漢代)에 소설이란 이름으로 쓰여졌던 글들이 「괴상한 이야기의 기록」이란 뜻인 「지괴」(志怪)란 이름으로 붙여질 수 있는 글들로 쓰여져 나왔다. 그래서 현재 그것들이 지괴(志怪)소설이라 불려지고 있는데, 그것들이 쓰여진 것은 1세기 경에 중국에 들어왔던 불교가 일반화되는 과정에서였다.[13] 상류층의 지식인들은 불교를 접해 가는 과정에서 내세관을 접하게 됨으로써 현세에 대한 관심보다는 초현실적인 신비로운 괴상한 일들에 대해 관심을 갖게 된다. 그래서 그들은 자신들이 외부로부터 들은 그러한 이야기를 자신들의 입장에서 글로 정리해 갔는데 후대에서 그들에 의해 쓰여진 그런 글을 지괴라 했던 것이다. 그러다 당대(唐代, 618~907)로 들어와서 상류층으로 상승해 보려는 꿈많은 서민층의 일부가 이전 어떤 인간사회에서 일어났었다고 전해지는 괴이(怪異)한 일들을 자료로 해서 어떤 이야기를 창작해 가게 됐다. 현재 사람들은 그것을 「전기소설」(傳奇小說)이라 부르고 있다.

송대(宋代, 979~1271)로 들어와서는 서민층에서 화본소설(話本小說)이 등장하게 됐다. 이 화본소설의 성립경위는 대략 이렇다. 당대(唐代) 장안 거리에는 절에서 나온 승려들이 일반 서민들을 상대로 불경을 이야기해 갔다. 그 때 승려들은 서민들에게 보다 효과적으로 불경의 내용을 전하기 위해 만든, 산문과 운문을 섞어서 만든 「변문」(變文)이라고 하는 이야기의 대본을 보고 이야기를 해 갔었다. 그러다가 송대에 이르러 상인들을 중심으로 도시 서민층이 형성된다. 그러자, 사람들이 많이 모이는 시장같은 곳에서 사람들을 모아 그들에게 재미있는 이야기들을 해 주고 밥을 먹고사는 설화인(説話人)이라고 하는 인간들이 나타나게 됐다. 그들 역시 사람들에게 보다 효과적으로 자기들의 이야기들을 해 주기 위해서 화본(話本)이라고 하는 대사본을 준비했었다.

이 경우 설화인은 한 장소에서 매일매일 같은 이야기를 해갈 수는 없었다. 왜냐하면 매일매일 찾아오는 인간들이 같은 사람들이 많았기 때문이었다. 그래서 그들은 전날 이야기와의 연쇄적 형태를 취해 이야기를 해가야 했었다. 송대 후기로 와서는 화본이 사람들에게 읽혀져 화본소설이란 말이 생기기 시작했다. 그러다가 명대(1368~1664)에 와서 연쇄성을 띤 화본들이 많은 사람들에게 읽혀짐으로써 『삼국지연의』(三國志演義), 『수호전』(水滸伝), 『서유기』(西遊記) 등과 같은 「회장소설」(回章小說)내지 「연의소설」(演義小說)들이 나오게 됐고, 명말에 가서는 그것들을 바탕으로 해서 『금병매』(金瓶梅, 1610년 초판)와 같은 창작소설이 나오게 됐었다.

청대(清代, 1664~1911)로 와서는 당대 사회로부터 소재들이 취해져 오경재(吳敬梓, 1701~1754)의 『유림외사』(儒林外史), 조설근(曹雪芹, 1719~1864)의 『홍루몽』(紅樓夢) 등이 창작되어 나온다.

이처럼 중국의 소설문학은 육조(六朝)에서부터 발달되어 나온 지괴(志怪), 전기(傳奇) 등의 문언(文言) 단편소설 계열, 송대에서부터 설화인들에 의해 행해지는 설화들 중의 하나인 소설(小說)의 화본은 기초로 해서 출발한 백화 단편소설, 강사(講史)를 기초로 해서 성립된 백화장편 연의소설 등의 계열로 이루어졌다.[14]

한국과 일본의 경우는 어떠한가? 한국에서 찾아질 수 있는 「小說」이란 말은 이조 초의 학자 양성지(梁誠之, 1415~1482)의 『동국골계전서』(東國滑稽伝序) 등에서부터 발견된다.[15] 이 경우 「소설」은 『장자』에서 나오는 「小説」의 의미로서 군자들의 경전에 대한, 「소인들의 하잘 것 없는 이야기」, 즉 잡기(雜記)의 뜻으로 쓰였다.[16] 한국에서의 소설문학은 「소설」이란 말이 쓰여지기 시작했던 무렵 중국의 육조의 지괴, 당의 전기(傳奇) 등의 문어단편소설 계열의 영향 하에서 김시습(金時習, 1435~1493)의 『금오신화』(金鰲神話) 등으로 출발한다. 그 후 그것은 임진왜란(1592) 이후 중국 명대의 연의소설, 『수호전』, 『금병매』 등 『금고기관』(今古奇觀)의 영향을 받아 성장해 나온다.[17] 그러한 과정에서 최초의 한글소설이라 할 수 있는, 허균(1569~1618)의 『홍길동전』 등을 비롯해서 김만중(金萬重, 1637~1692)의 『구운몽』(九雲夢, 1689) 등의 한글소설들이 쓰이게 된다.[18]

일본의 경우 「小説」이란 글자가 처음 보이는 것은 요사노 부손(与謝蕪村, 1716~1783)의 하이카이(俳諧)에서부터로 고찰된다.[19] 당시 일본인들에게 「小説」이란 문학장르가 주목되기 시작되었던 것은 중국어 연구의 교재로서 수입된 백화소설이 애독되기 시작됨으로써였다. 그래서 일본의 독서인들에게 「小説」이란 말이 정착된 것은 1625년경에 편찬된 중국의 백화 단편소설 『삼언』(三言)과 그 직후에 쓰여진 『이박』(二拍) 등의 중국의 백화단편 소설집들로부터 초역(抄譯)된 『소설정언』(小説精言, 1743), 『소설기언』(小説奇言, 1753), 『소설수언』(小説粹言, 1758)의 간행을 계기로해서였다.[20] 근세 후기에서의 요미혼(読本)의 장르는 쓰가 데이쇼(都賀庭鐘, 1748~1773)의 『고콘키담 하나부사조시』(古今奇談英草紙, 1749)로 시작되는데, 바로 이 장르가 중국의 백화소설로부터 영향을 받아 성립된 것이다.[21]

이상과 같은 측면에서 파악해볼 때, 동아시아에서의 「小説」이란 말은 다음과 같이 쓰여져 왔던 말로 고찰된다. 이 말이 중국에서 쓰여지기 시작된 것은 선진(先秦) 때부터로 「소인들의 특이한 언행들」 등

의 의미였다. 그러나 그 후 송대로 와서 그것은 「소인들의 이야기」라
는 의미를 기본으로 해서 「일반인들의 특이한 언행을 소재로 해서 엮
어진 이야기」로 전환해 나왔고, 19세기 전반 경에 와서는, 「작자의
상상에 의해 사실(事實)을 구성해서 세태·인정 등을 그대로 드러내
고, 또는 사실(史實)을 부연한 문장」의 의미로 쓰이게 됐다.[22] 한국에
서는 17세기 중반 경에서부터 쓰이기 시작했고 그것은 중국의 선진
때부터 쓰여진 「소인들의 하찮은 말들」의 의미를 이어받아 「잡기」
(雜記)의 의미로 쓰여 나왔다. 일본의 경우는 18세기 초부터 쓰이기
시작했는데, 그 의미는 중국에서 명대 이후에 형성된 작가가 처해있
는 사회로부터 소재를 취해내서 「소인들의 이야기」의 의미를 이어받
아 「시중이나 거리에서 생긴 일이나 화제 등을 기술한 산문체의 문
장」의 의미로 쓰였다.[23]

3) 동서에서의 사회적 변동과 소설문학 장르

이상과 같이 동서에서의 소설의 의미와 소설문학의 성립 및 전개양
상을 고찰해볼 때, 우리는 소설문학에 대해 다음과 같이 정리해볼 수
있다.

현재 우리가 접하고 있는 소설문학은 4단계를 거쳐 변화해 나왔다
고 볼 수 있다. 제1단계는 고대국가의 성립과정에서 출현한 신화소설
이다. 국가가 성립되어 그 국가를 중심으로 통일된 문자가 사용됨으
로써 그때까지 구승되어 왔던 이야기들이 기록되기에 이르렀다. 호머
의 『일리야드』·『오딧세이』(BC 850년경)와 일본의 『고지키』(古事記,
712), 중국의 『산해경』(山海經, BC 1100경~BC 221경)과 한국의 『삼국
유사』(1285) 등의 것들이 그 예이다. 이야기들이란, 개국의 주체가 신

(神)이었다든가, 신과 맞먹는 어떤 영웅이었다는 내용의 것들이었다. 이렇게 볼 때, 신화소설은 「신」들이나 영웅들 혹은 그들 출신의 왕이나 왕족의 이야기이다. 이 단계에서의 사회적 구조란 기본적으로, 왕가, 왕의 실무진들인 관료그룹, 서민층 등으로 구성되었다. 이 경우, 관료그룹은 일반서민들 출신들이다. 이렇게 볼 때, 고대사회의 기본적 구조는 서민들을 기반으로 해서 성립된 왕가와 왕가로부터 보호를 받고 살아가는 서민층으로 이루어져 있었다고 보여진다. 이 경우, 왕가와 서민들과의 관계는 왕가의 서민들에 대한 관심과 서민들의 왕가에 대한 관심들을 기초로 해서 이루어졌다. 따라서, 신이나 영웅출신의 왕과 왕가 등에 대한 이야기라 할 수 있는 신화소설도 따지고 보면 서민들의 왕가에 대한 관심과, 왕의 서민들에 대한 관심들이 기초가 되어 형성된 문예장르로 볼 수 있다. 이 신화소설은 중세로 들어와서 왕족과 승려 등을 중심으로 귀족층이 형성되어 나오는 과정에서 서민층으로부터 전설을 소재로 해서 설화소설로 변형해 나갔다.

제2단계에 와서는 왕족, 관료, 무사, 승려들을 중심으로 귀족층이 형성되어 나오는 과정에서 귀족들의 이야기를 다룬 소설들이 나오게 됐다. 중국의 지괴(志怪), 전기(傳奇) 등의 문언(文言)소설, 한국의 한문소설, 서구의 로망스, 일본의 모노가타리(物語) 등과 같은 것들이 바로 그러한 것들이다.

제3단계는 근세로 들어와서 도시를 중심으로 상인·공인 등과 같은 전문가들을 중핵으로 한 도시 시민층이 형성되어 나오는 과정에서 기존의 로망스류와는 또다른 소설장르가 형성되어 나왔다. 서구의 노블, 중국의 화본·연의소설, 한국의 한글소설, 일본의 오토기조시(御伽草子)·가나조시(仮名草子)·우키오조시(浮世草子) 등과 같은 소설들의 출현이 바로 그것이다.

켜, 허구의 삶과 허구의 세계를 보다 충실히 받아들이게 하는 수단이다. 그러나 인간에 있어서의 그러한 수단으로서의 소설은 시대적 변화로 인한 사회적 구조의 변천에 따라서 허구의 창작법이 바뀌어 왔다. 그렇다면, 일본의 근세소설은 어떻게 근대 사실주의 소설로 전환해 나왔던 것인가?

2. 일본 근세소설의 존재 양상

1) 일본 근세소설의 성립배경

일본의 근세소설은 가나조시(仮名草子), 우키요조시(浮世草子), 요미혼(読本), 단기본(談義本), 구사조시(草双紙)·사레혼(洒落本)·곳케이본(滑稽本)·닌조본(人情本) 등의 소설장르 등으로 이루어져 있다. 그렇다면 이들의 소설장르들은 어떻게 해서 성립되어 나왔던 것인가? 우선 그것들의 성립배경부터 고찰해보기로 한다.

일본은 6세기부터 대륙으로부터 유·불교를 받아들여 유·불교를 기초로 해서 봉건적 사회체제를 확립시켜 나갔다. 그러한 과정에서 일본은 16세기 중반 서구의 근세 르네상스 문화와 접촉을 갖게 된다. 1543년 철포를 갖은 포르투칼인의 일본 규슈 남단 밖 섬 다네가시마(種子島) 도착, 1549년 성경을 몸에 지닌 스페인인 성 프란시스코의 사비에르 남 큐슈 사츠마한(薩摩藩)의 가고시마(鹿児島) 도착 등이 바로 그것이다. 이들 서구 근세 르네상스 세력의 동진 목적은 선교활동과 해상무역이었다.[24]

일본의 중세 가마쿠라 바쿠후(鎌倉幕府, 1185~1333)는 서구의 근세 르네상스 문화가 침투되는 과정에서 멸망하고, 아즈치 모모야마(安土

桃山) 정권이 들어선다.[25] 아즈치 모모야마 정권을 창출시킨 오다 노부나가(織田信長, 1534~1582)는 서구의 르네상스 세력을 통해 받아들인 철포를 가지고 불교 교단이 갖고 있던 군사력을 제거해 버린다. 그러한 과정에서 노부나가가 모살되자, 그의 부하였던 히데요시(秀吉, 1536~1598)가 정권을 장악해 서구의 르네상스 물결을 타고 들어온 철포를 가지고 1592년 임진왜란을 일으킨다. 히데요시의 조선침략의 목적은 국내를 안정시키기 위한 목적이었던 것으로 이야기되고 있다.[26] 수십년 동안 계속되어 왔던 전쟁 때문에 싸움으로 단련된 무사가 당시 일본에는 넘쳐흘렀다. 그래서 그는 명(明)의 정복을 목표에 두고 서부 일본에서 16만을 동원해서 선발대 둘을 만들어 열렬한 불교 신자인 가토 기요마사(加藤淸正)와 그에 못지않게 크리스트교 신앙에 열렬했던 고니시 유키나가(小西行長)로 하여금 선발대를 지휘케 해서 조선을 침공케 했던 것이다. 결국 그는 국내 최대의 불만세력으로 차후 자신의 정권에 도전해올 가능성이 농후한 불교 세력과 크리스트교 세력을 이용해 조선을 손에 넣고 명도 침공해 보겠다는 생각에서 임진왜란을 일으켰던 것이다.[27] 그는 1597년 정유재란 그 다음해 사망한다. 그러자 그의 동맹자 도쿠가와 이에야스(德川家康, 1542~1616)가 동부 일본을 기반으로 해서 에도 바쿠후(江戶幕府, 1603~1868)를 일으킨다. 그는 쇄국정책을 취해 크리스도교도를 일본으로부터 완전 추방시켜 버리고 근세 서구세력의 일본유입을 철저히 관리해 가는 한편, 조선침략 과정에서 일본에 끌려온 이퇴계 계열의 신유학자를 통해 일본에 알려진 주자학을 치정이론으로 받아들여 농업 중심의 사회체제를 정립시켜 나갔다.[28] 그는 중앙집권체제를 확립시키기 위해 우선 사회계급을 무사, 농민, 공인, 상인의 네 계급으로 정비시켰고, 한(藩) 제도와 산킨코타이(參勤交代)제도를 실시해 갔다.

한(藩)이란, 한주(藩主)인 다이묘(大名)의 영지(領地)에 기초한 지방 행정의 자치단위이다.[29] 상킨코다이제도란 인질(人質)제도의 일종으로, 다이묘들을 크게 이군(二群)으로 구분해서 그 이군이 교대로 일년씩 에도에 와서 참근(参勤)하는 제도이다. 에도 바쿠후가 철저한 쇄국정책을 취해 갔다고는 했지만 완전한 고립을 피하기 위해서, 중국인과 화란인들로 하여금 나가사키(長崎)항을 출입케 했고 조선인들로 하여금은 쓰시마(対馬島)의 출입을 허락해 놓고 있었다.

무사들의 신분적 세습이 행해지는 과정에서 무사들의 수가 늘어남에 따라 무사들에게 돌아가는 녹읍(禄邑)이나 녹봉이 줄어들어 무사 신분 출신들의 농·공·상 신분으로의 전락이 불가피해져 갔다.

산킨코다이제도의 실시가 다이묘(大名)들이 각자 수천 명씩의 부하들을 데리고 에도에 와서 상주하다 가는 것으로 이루어졌기 때문에, 에도에는 그들을 치다꺼리하는 사람들을 중심으로 해서 이루어진 조닌(町人)사회가 형성되어 나왔고, 전국 각지에서는 도카이도(東海道) 등과 같은, 에도로 통하는 도로망이 형성되어 나왔다. 그 결과, 농업을 기반으로 해서 정립되었던 한제도와 산킨코다이제도는 결국 에도, 도카이도, 오사카, 교토 등을 상업 중심지역으로 전환시켜 나갔다. 17세기 후반부터는 중국의 청으로부터 직접 들어온 유교문화가 일본사회에 퍼져나갔고,[30] 또 그러한 과정에 일본 지식인들 사이에서 대륙으로부터 들어온 유교에 대한 반감이 일기 시작해,[31] 결국 18세기로 들어와서 일본사회에는 에도를 중심으로 해서 중국 중심과 일본 중심이라는 새로운 가치체계가 형성되어 나가는 한편, 에도, 도카이도, 오사카, 교토 지역의 조닌층을 중심으로 해서 새로운 조닌문화가 형성되어 나오게 됐던 것이다.

이렇게 농업 중심의 사회가 조닌층을 중핵으로 한 상인중심의 사회로 전환해 나가는 과정에서 에도바쿠후는 에도시대 말기인 1853년에 서구의 근대 산업자본주의 세력으로부터의 문호개방을 강요당해 결국 그 다음해 문호를 개방하게 된다. 그것을 계기로 그 후 일본에서의 도자마한(外樣藩) 세력은 서구의 근대 산업자본주의 세력의 도래를 배경으로 해서 천황을 앞세워 대륙의 주자학을 배경으로 해서 나왔던 에도 바쿠후를 타도하고 신정부를 건설한다. 그래서 일본은 근세 말 양학자(洋學者)들의 대서양(對西洋)에 대한 기본입장이었던 화혼양재(和魂洋才)의 정신에 입각해 근세의 주자학이나 중세의 불교문화의 가치체계를 지양하고 고대의 천황중심의 정치체제를 끌어내서 그것을 기반으로 해서 서구의 근대 산업자본주의문화를 수용해 갔던 것이다.

2) 일본근세소설 장르의 성립과 전개양상

일본에서의 중세 후기의 소설 장르는 무사와 승려 중심의 귀족사회를 배경으로 해서 나온 모노가타리(物語) 계열의 군키모노가타리(軍記物語)가 주류를 이루고 있었다. 그러나 중세 후기인 무로마치(室町, 1333~1573) 이후 명과의 공식적 조공관계(朝貢関係)를 갖게 된 이후 감합무역(勘合貿易)이 행해지고,[32] 근세 서구 문물이 전래된 이후 상업이 발달되어 서민층이 부상되어 나오는 과정에서 오토기조시(御伽草子)로 불리우는 단편소설 장르가 형성되어 나왔다. 일본의 근세소설 장르는 바로 이들 군키모노가타리와 오토기조시의 흐름을 이어받아 성립되어 나왔다.[33] 근세 일본의 무사들은 도쿠가와바쿠후가 조선으로부터 들어온 주자학을 그들의 치정이론으로 받아들임으로써 글을 모르는 무사가 글을 아는 무사로 전환해 나갔다. 이처럼 일본의 근세는 기본적으로 기존의 내세중심의 불교문화를 버리고 현세중심의 유교문화를 받아들여가는 시대이다. 그러한 시대의 초기에 나타난 소설의 장르가 바로 가나조시(仮名草子)이다.

가나조시는 모노가타리소설장르와 오토기조시 소설장르를 이어받아 도쿠가와바쿠후 설립을 계기로 해서 형성되어 나온 신흥무사층으로부터 나온 것으로 고찰된다. 따라서 가나조시는 유교문화와 그것을 배경으로 해서 나온 문무를 겸비한 무사중심사회를 정립시켜가기 위한 수단이라는 성격이 짙은 소설장르이다.

이것은 근세 초기의 백여 년간 일본의 소설장르를 대표해 갔다. 그러다가 그것은 1682년 우키요조시(浮世草子)의 성립을 계기로 해서 그 대표성을 상실해가게 된다. 우키요조시는 중세 후기 오토기조시의 계열을 이어받아 오사카, 교토 지역의 조닌사회로부터 나와 백여 년간 지속되어 간다.

근세 전기가 오사카, 교토를 중심으로 했다면, 근세 후기는 에도를 중심으로 해서 이루어졌다. 그런데 오사카·교토 중심의 근세 전기에서 에도 중심의 근세 후기로 넘어가는 과정에서 근세 중기부터 우선 오사카·교토 무사층 지식인들을 중심으로 해서 의리를 강조하는 조선의 주자학을 버리고 인정을 강조하는 중국의 양명학을 적극적으로 받아들이려는 움직임이 성립된다.[34]

한편, 에도 조닌들을 중심으로 해서는 유불교가 일본에 들어가기 이전 일본인들의 종교였던 신도(神道)를 복원시키려는 움직임이 일기 시작했다. 전자의 중국의 양명학을 적극적으로 받아들이려는 무사층 지식인들의 움직임을 배경으로 해서는 요미혼(読本)이란 장르가 성립되어 나온데 반해서, 후자의 일본의 고대문화를 끌어내 보려는 조닌 출신의 지식인들을 중심으로 해서는 단기본(談義本)이 성립되어 나왔다.[35] 따라서 이들 장르들은 교훈성과 계몽성이 짙은 작품들로 이루

어졌다. 그런데 이런 요미혼과 단기본의 소설 장르들은 에도 중심의
문화가 정립되어 나온 근세 중기까지 건재하게 된다.

한편 근세 중기부터 에도를 중심으로 어린이와 여성을 대상으로 하
여 아카혼(赤本), 구로혼(黑本), 아오혼(青本), 기뵤시(黄表紙), 고칸(合
巻) 등으로서의 순서로 구사조시(草双紙)라고 하는 소설장르가 근세
전기의 가나조시 계열을 이어받아 나타났다. 그리고 에도의 조닌층을
대상으로 해서는 근세 전기의 우키요조시 계열을 이어받아서는 근세
중기의 단기본에 이어 샤레혼(洒落本)이 출현했다. 그 다음 근세 후기
로 들어와서는 조닌층을 대상으로 샤레혼의 계열을 이어받아 곳케이
본(滑稽本)이 출현했고, 구사조시의 계열을 이어 받아서는 무사층과
조닌층을 대상으로 닌조본(人情本)이 나타났다.

이상에서와 같이 일본의 근세소설은 근세 초기는 오사카·교토를
중심으로 해서, 근세 중기는 오사카·교토와 에도를 중심으로 해서,
근세 말기는 에도를 중심으로 해서 새로운 장르들이 성립되 전개되어
나왔고, 무사와 조닌이란 두 사회적 신분의 계층을 배경으로 해서 성
립 전개해 나갔다. 그러다가 근세소설의 장르가 근세 후기의 중반에
와서는 닌조본으로 해서 통일되어 나왔던 것이다.[36]

3) 닌조본(人情本)과 일본근세소설

일본 근세소설의 연구자들은 닌조본의 효시를 짓펜샤 잇쿠(十返舎
一九, 1765~1831)의 『세이담미네노 하츠하나』(清談峰初花, 1819)로 보
고 있다.[37]

일본 근세소설 장르에 있어서의 닌조본 전단계는 『우키요 도츄히
자구리게 초편』(浮世道中膝栗毛初編, 1802)을 효시로 하는 곳케이본(滑

稽本)이다. 또 곳케이본 전단계인 샤레혼이 작중세계의 무대를 유곽으로 한정시키고 있었음에 비해, 곳케이본의 경우는 작중세계를 유곽 내로 한정시키지 않았다. 곳케이본은 샤레혼이 취하는, 유곽에서의 유녀와 객과의 대화를 통한 우스운 이야기의 표현이라는 형식을 취해서, 작자의 여행 체험을 바탕으로 해서 각지를 떠도는 한 인물과 그가 각지에서 만나는 인간들과의 대화형식을 취해 우스운 이야기들을 서술해 갔다. 이 경우 중심인물은 조닌출신의 인간이고 그가 만나는 인간들은 지방의 조닌 내지 서민들이다. 따라서 곳케이본의 이야기는 조닌 내지 서민들의 이야기이다. 샤레혼의 경우에 있어서는 유곽을 방문한 객이 어디까지나 무사층 내지 조닌층의 인간들이었다. 이 점에 있어서도 곳케이본은 이전의 샤레혼과 달랐던 것이다.

곳케이본의 전단계인 샤레혼의 주제는 무사나 조닌이 유곽에서 유녀와 재미있게 놀 때 그 놀이(遊戱)를 어디까지나 놀이로 끝내야지 유녀에게 마음을 준다든가 해서 게이샤에게 빠져드는 것은 바보다라고 하는 것이다. 따라서 샤레혼이 추구했던 미적 관념은 유곽의 세계나 유녀의 마음을 꿰뚫어야 한다는 의미의 「우가치」(穿ち) 또는 「쓰」(通)였다. 상대방들로 하여금 상대방들의 속을 꿰뚫어보게 함으로써 웃음을 자아내게 했던 것이 샤레혼의 주된 수법이었다. 그러다가 어떤 단계에 와서 샤레혼은 유곽의 유녀와 손님 사이에서 행해지는 우스운 이야기들과 유곽 내 인간들의 애환 등을 표현해가게 된다. 그 후, 전자의 경향은 결국 곳케이본으로 발전해 나왔고 후자의 경우는 남녀간의 사랑을 주제로 하는 닌조본으로 나왔던 것이다.

닌조본의 효시작으로 알려진 『세이담미네노 하츠하나』의 내용은 대강 이렇다. 포목점을 하는 후쿠마츠(福松)씨 집에 양자로 들어갔던 샤고로(捨五郎)가 후쿠마츠씨의 첩에게서 태어난 후쿠타로(福太郎)에게 집을 맡기려고 일부러 방탕한 생활을 한다. 샤고로는 그 결과 양부모로부터 의절을 당했다는 형식을 취해 허혼자 오쿤을 집에 두고 조슈(上州)로 간다. 그는 그곳에서 성공을 해서 에도로 돌아와 우연히 허혼자 오쿤과 재회하게 된다. 그에게는 조슈에 머슴을 살 때 자기를 사모했던 여자가 있었고, 에도에 내려온 후에도 그를 좋아하는 여자가 있었다. 그러나 그는 양부모와의 의리를 생각해 그녀들을 받아들이지 못해왔었다. 그는 허혼자 오쿤을 아내로 받아들인다. 이처럼 본 작품의 무대는 유곽으로부터 벗어나 있고, 남녀의 정을 그리고 있다. 또 본 작품은 양부의 의리와 애인의 인정과의 사이를 오가는 남자를 그리고 있다.

근세소설의 연구자들은 다메나가 슌스이(為永春水, 1790~1843)의 『슌쇼쿠 우메고요미』(春色梅児誉美, 1832)를 닌조본의 전형으로 보고 있다. 작품의 내용은 대강 이렇다.

본 작품의 중심인물은 17, 8세의 젊은 청년 단지로(丹次郎)이다. 그는 어렸을 때 요시와라(吉原)의 한 유곽, 가라고토야(唐琴屋)로 양자로 갔던 자였다. 그 집에는 양부모 외에, 단지로의 허혼자로서 단지로보다 두 세살 적은 그 집 딸 오쵸(お長)가 있었고, 가오마담 고노이토(此糸), 게이샤 요네하치(米八), 머슴 기헤이에(鬼兵衛) 등이 있었다. 가라고토야의 주인 부부가 죽자, 머슴 기헤이에는 가라고토야를 차지하기 위해, 이전 가라고토야의 머슴이었던 쥬베에(忠兵衛)와 짜고, 단지로를 쥬베의 주인집으로 양자를 보내 버린다. 단지로는 두 번째로 양자를 갔던 집에서 그 집 머슴 쥬베에의 술책에 넘어가서 막대한 빚을 지고 결국 그 집으로부터 빚을 받으려는 사람들을 피해 그 집을 나와 에도의 혼죠 강변의 한 저습지대에서 살게 된다.

단지로는 가라고토야에 있을 때 그 집의 게이샤 요네하치와 정이 통했던 사이였다. 단지로가 그런 곳에서 숨어 살게 되자 그를 좋아했던 요네하치가 그를 찾아서 생활비를 대주며 그가 숨어 사는 집을 드나든다. 단지로는 그런 곳에 숨어 살면서 요네하치로부터 경제적 도움을 받아가며 유곽을 드나든다. 그 과정에서 그는 그를 찾기 위해서 유곽 등에서 갖은 고생을 다하고 있는 허혼자 오쵸를 만난다. 단지로는 결국 관원(官員)의 도움으로 누명을 씻게 되고 또 그의 신분이 무사출신이라는 것도 밝혀진다. 그래서 그는 오쵸를 정부로 받아들이고 요네하치를 첩으로 삼는다.

이와 같이 이 작품의 무대는 샤레혼처럼 유곽에 한정되어 있지 않다. 에도의 전 지역은 물론 시골까지를 무대로 하고 있다. 작품에서 단지로와 허혼자 오쵸는 의리로 맺어져 있고 단지로와 유녀와는 인정으로 맺어져 있다. 단지로는 허혼자 오쵸를 버리고 요네하치를 택하려 하지만 가라고토야의 양부모와 맺은 의리 때문에 오쵸를 버리지 못한다. 요네하치를 버리고 오쵸를 택하려 하지만 그놈의 인정 때문에 그러지도 못한다. 그는 그러한 의리와 인정과의 갈등이 빚어내는 삶의 수렁 속으로 빠져든다. 그러다가 그는 결국 오쵸를 부인으로, 요네하치를 첩으로 받아들임으로써 사건이 일단락 마무리된다.

일본의 근세소설에서의 닌조본의 문학사적 위치는 다음과 같이 고찰된다. 우선 그것은 오사카·교토지역을 중심으로 해서 출현했던 소설장르와 에도지역을 중심으로 해서 나온 소설장르의 결합형태를 취하고 있다. 다음으로 그것이 추구하는 미적 관념에 있어서 근세소설이 추구하는 교훈성 및 해학성과 중세소설이 추구해 왔던 모노노아와레와의 결합형태를 취해 나왔다. 그 다음으로 그것은 무사층의 소설과 조닌층의 소설이 결합된 형태를 취하고 있다. 본 닌조본은 그 전형적 작품 『슌쇼쿠 우메고요미』가 보여주고 있듯이, 남녀간의 사랑에 있어서의 무사의 의리와 조닌의 인정과의 충돌로 만들어지는 심적 갈등을 주제로 취하는 소설장르이다.

작자 다메나가 슌스이는 조닌출신이다. 본 작품은 서구의 근대 리얼리즘 소설의 경우처럼 작자가 처해있던 당대로부터 소재를 취해 쓴 작품이다. 당시 주로 요미혼이나 샤레혼 등을 읽는 남성들은 물론이고 여성들까지를 독자로 끌어들여 쓴 작품이다.[38] 이와 같이 본 닌조본 소설이 여러 근세소설장르들의 통합적 형태를 취해 나왔다는 의미에서 근세소설의 연구자들은 본 작품을 근세 일본의 최초의 풍속소설로 보고 있다.[39]

3. 일본 근대소설의 성립과정

1) 일본 근대사회의 형성과정

무사중심의 사회에서 조닌중심의 사회로 전환해 나오던 일본의 근세는 1854년 미국과의 미일화친조약 체결을 계기로 서구의 근대세력과의 접촉을 갖게 된다.

서구의 근대세력이란 시민혁명 등을 통해서 형성된 국민주의국가의 정치적 체제와, 산업혁명을 통해서 나온 근대 산업자본주의의 경제적 체제 등을 취한 세력들이다.

일본의 근세 바쿠후는 이러한 서구의 근대세력의 일본 침투를 막기 위해 철저한 쇄국정책을 취해 왔었다. 그러나 일본의 근세 바쿠후는 자신들의 종주국으로 생각해 오던 중국이 아편전쟁(1840~42)으로 근대 서구의 식민지상태로 떨어지는 것을 목격하고 그들과의 대항이 무모하다는 것을 깨달은 나머지 그들의 문호개방 압력에 밀려 미국을 비롯한 근대 서구 국가들과 화친조약(1854), 통상조약(1858) 등과 같은 불평등조약들을 맺게 됨으로써 근대 서구세력의 손아귀로 떨어져 들어가게 된다. 그동안 근대 서구세력을 막아오면서 그들을 연구해 왔던 서남부의 도자마한(外樣藩) 세력들은 그동안 에도 바쿠후의 세력으로부터 푸대접을 받아오던 교토의 천황가를 앞세워 메이지 혁명(1868)을 일으켜 바쿠후 세력을 타도한다. 일본에서의 메이지 혁명이란 바쿠후정권 아래서 천대를 받아오던 도자마한 세력이 일본의 고대를 배경으로 해서 정립돼 나온 천황가와 손을 잡고 조선·중국의 대륙세력을 배경으로 해서 확립되었던 바쿠후 세력을 타도하고 서구의 근대 세력을 끌어들여 일본의 고대와 서구의 근대를 융합시켜 서구의 근대세력보다도 더 강한 일본을 만들어 보겠다는 목적에서 행해진 혁명이었다.

메이지 혁명의 주체적 세력들은 혁명이 일어난지 6년만인 1873년 자신들의 주도권 쟁탈전 과정에서 한국을 정벌할 것인가 말 것인가의 정한론 문제가 대두되어 결국 두 파로 갈린다. 메이지 혁명 때 동원했던 무사들의 불만 해소의 방법으로 한국정벌에 나서야 한다는 입장에 대하여 당시 바쿠후에 의해 저질러진 불평등조약 개정을 위해 서구 순방중에 있던 이와쿠라(岩倉) 사절단 일행은 만일 국내에 남아있는 자들이 한국정벌을 단행할 경우 그들의 정치력이 강화될 것이라는 생각 끝에 그들의 주장에 반대입장을 표명해 나왔었다.[40] 그러한 과정에서 메이지 혁명을 주도했던 네 한들 사이에서 조슈(長州)·사츠마(薩摩)와 도사(土佐)·히젠(肥前)과의 대립적 관계가 형성되어 나와 결국 도사한의 이타가키 타이스케(板垣退助) 등이 하야해 그 다음 해인 1874년에 정부에 「민선의원설립 건백」(民選議院設立建白)을 제출하게 된다. 그리고나서 그들은 고향인 도사한에 내려가 「릿시샤」(立志社)

등을 창립해 민권운동을 전개시켜 나갔다. 그러한 운동은 1877년 (M10) 세이난(西南)전쟁 이후 2, 3년간 절정에 달한다. 그러자, 정권을 주도하고 있던 사츠마(薩摩)·조슈(長州) 출신의 정치가들은 1881년 (M14) 천황으로 하여금 10년 후인 1890년(M23)을 기해 국회를 개설한다는 칙서를 발표케 하며 사츠·조슈 출신 이외의 고관들을 정부로부터 축출시켜 버린다.

이와 같이 메이지 혁명을 일으켜 정권의 주도권을 장악한 세력들은 서구의 근대문명을 적극적으로 받아들여가면서 서구의 근대세력과 맺었던 불평등조약을 개정하고 대륙에서 행해지는 식민지 쟁탈전에 적극적으로 뛰어든다. 그렇게 함으로써 그들은 서구의 근대 세력들로부터의 안정과 그들과의 대등한 관계를 맺어가기 위해서 국권운동을 전개시켜 나갔다. 이에 대해서 다같이 메이지 혁명을 일으켰지만 주도권 쟁탈전에서 밀려난 세력들은 정권의 주도권을 장악한 세력들로부터 자신들의 정치적 이권을 얻어내기 위한 방법으로 민권운동을 전개시켜 나갔다. 그러다가 민권운동의 세력들은 1884년(M17) 12월 조선에서의 갑신정변을 계기로 1886년(M19) 5월 일본에서의 서구 근대 세력들과의 제1회 조약개정회의의 개최 등을 계기로 민권운동을 국권운동으로 전환시켜 나갔다.[41]

2) 정치소설의 성립과 『조카이하란』(情海波瀾)

메이지유신 이후 새로 출현한 최초의 소설장르가 바로 정치소설이다. 그것은 도다 긴도(戸田欽堂)의 『조카이하란』(情海波瀾, 1880)의 출현을 계기로 해서 그 후 10여 년간 일본의 소설장르를 대표해 간다. 그러면 그 정치소설은 어떻게 출현했으며 그 다음의 사실주의 소설장르와는 어떻게 연결되어졌는가?

일본에는 메이지 혁명을 전후로 해서 서구의 근대계몽사상 등이 소개된다. 우선 메이지유신 직전부터 후쿠자와 유키치(福沢諭吉, 1834~1901)의 『서양사정』(西洋事情, 초편 3책은 1866, 외편 3책은 1868, 2편 4책은 1870년에 간행) 등에 의해 서양의 문물이 소개되었다. 후쿠자와 유키치는 후다이한(譜代藩)이었던 나카즈한(中津藩)의 난학자(蘭学者)였다. 그는 1860년, 61~62년, 67년의 세 번에 걸쳐 바쿠후의 구미사절단에 번역관으로 수행한 바 있었다. 후쿠자와는 그 구미체류 때 얻은 견문을 자료로 해서 서구 근대의 정치·경제·사회·문화 등을 소개한다. 그 다음 그는 『학문의 권유』(学問ノスヽメ, 1872~76) 등의 저서를 통해 서구의 계몽사상을 소개해 간다. 서구에서의 계몽사상이란 17, 8세기에 근대 시민층이 대두해서 그들 중심의 시민사회를 형성시켜가는 데 있어서의 추진력이 됐던, 합리주의적 사고에 기초한 각 분야의 사상들을 가르친다. 후쿠자와는 그 책을 통해서 인간의 평등과 독립을 강조하고, 봉건적 도덕을 배척했다. 일국(一国)의 독립은 개인의 독립에 기초하고 일신(一身)의 독립은 학문을 통해서 이루어지기 때문에 학문이 급선무라는 입장을 제시했다.[42]

『학문의 권유』보다 일년 앞에 나왔던 나카무라 게이우(中村敬宇, 1832~91)의 『서국입지편』(西国立志編, 1872)과, 『학문의 권유』와 같은 해에 나왔던 『자유의 이론』(自由之理, 1872)도 당시 베스트셀러가 됐던 책들로서 서구의 계몽사상 소개서들이었다. 나카무라 게이우는 1866년 바쿠후의 해외 유학생 파견 인솔자로 도영해서 프랑스를 경유하여 68년에 귀국했다. 『서국입지편』은 그가 귀국시 친구로부터 증정받은 영국의 사회개량가 S.스마일즈(Samuel Smiles, 1812~1904)의 『자조론』(自助論, 1859, *Selp-Help*)을 번역한 책이다. 「하늘은 스스로

돕는 자를 돕는다」(天ハ自ラ助クルモノヲ助ク、Heven helps those who help themselves)로 시작되는 이 책은 동서고금의 인물들 수백명에 대하여 입지전(立志伝)을 기술한 책으로 당시의 청년들에게 커다란 정신적 영향을 주었다. 『자유의 이론』은 영국의 경제 철학자 J.S. 밀(John Stuart Mill, 1806~73)의 『自由論』(1859)을 번역한 책이다.[43]

메이지유신 이후 서양의 계몽사상은 이상과 같이 이들 두 사람들을 선두로 해서 소개되기 시작했다. 메이지유신 직후부터의 이러한 서구의 계몽사상의 전파를 타고 서구의 근대화 과정에서 쓰여져 나왔던 서구의 문학작품들도 번역되어 나왔다. 그 효시작은 1876년(M9)에 나온, 영국의 J.반얀(John Bunyan)의 『천로역정』(*Pilgrim's Progress*, 1678~84)이었다. 그것에 이어 그 다음해에는 섹스피어의 『베니스의 상인』(*Merchant of Venice*)이 번안되어 나왔고, 또 그 다음해인 1878년경부터는 프랑스의 *J.베르느*(*Jules Verne*)의 『80일간 세계일주』(八十日間世界一周, *le Tour du monde en quatre-vingts jours*, 1873) 등이 가와지마 쥬노스케(川島忠之助, 1853~1938)에 의해 번역되었다. 영국의 정치가이면서 소설가였던 E.G.B. 릿튼(Edward George Bulwer Lytton, 1803~73)의 『어네스트 말트라버즈』(*Earnest Maltralvers*, 1837) 및 그 속편 『아리스』(*Alice*, 1838)가 오다 슌이치로(織田純一郎, 1851~1919)에 의해 『화류춘화』(花柳春話, 1878~79)로 번역되어 왔던 것이다.[44]

이렇게 서구의 계몽사상을 소개하고 그 계몽운동을 일으켜가는 과정에서 쓰여졌던 작품들이 번역되어 나와, 그것들이 읽혀짐에 따라 그것들이 결국 1874년(M7) 「민선의원설립 건백서」의 제출을 계기로 불 붙었던 자유민권운동의 이론적 배경을 이루게 된다. 그러한 작품들의 내용물들을 기름으로 해서 타오른 자유민권운동은 1879년(M12),

1880년을 기해서 절정에 달했는데, 그 절정기에 소위 정치소설이라 불리는 소설장르가 그 자유민권운동의 실천수단으로 창출되었던 것이다.

정치소설의 효시작 『조카이하란』(情海波瀾, 1880·M13)의 출현은 바로 이 자유민권운동이 최고조에 달했을 때 이루어졌던 것이다.

『조카이하란』의 주인공은 야나기바시(柳橋)의 기생 오켄(阿権)이다. 그녀에게는 그녀를 손에 넣으려는 부호(富豪) 고쿠부 마사부미(国府正文)와 와코쿠야 민지(和国屋民次)라고 하는 정객(情客)이 있다. 마사부미와 민지는 오켄을 놓고 서로 대결양상을 벌여간다. 그러한 상황에서 오켄의 마음은 민지에게로 기운다. 그러자, 민지는 때가 오면 그녀를 부인으로 받아들이겠다는 약속을 한다. 그 후 마사부미와 그 일파의 술책으로 민지와 오켄의 은밀한 사랑이 신문의 가십난에 폭로된다. 그러자 민지는 오켄과 얏코를 놓고 고심한다. 민지는 오켄에게 때가 되면 그녀를 부인으로 받아들이겠다고 했던 약속을 저버리지 않으려고, 그동안 만나왔던 얏코(奴)란 기생과의 관계를 청산하고 오켄을 부인으로 받아들일 결심을 한다. 한편 오켄은 꿈을 통해서 민지와의 결혼을 그려본다. 이러한 것들을 근거로 해서 고찰해볼 때, 민지의 얏코와의 결별과 오켄과의 결합은 시간문제로 생각된다.

이 작품에서의 「정해」(情海)란 「정해」(政海), 즉 「정치의 바다」, 다시 말해서 정치의 세계에 비유되어 있다. 작중세계에서의 오켄(阿権)은 자유민권의 「권」(権), 와코쿠야 민지(和国屋民次)는 일본국민(日本国民), 고쿠부 마사부미(国府正文)는 전제정부(専制政府), 히쿠츠야 얏코(比久津屋奴)는 비굴한 노예근성(卑屈な奴隷根性)에 각각 비유된다.[45]

이 경우 작품 속에서 일본국민에 비유되는 민지가 자유민권에 비유되는 오켄을 결국 부인으로 받아들인다는 것은 의리(義理)의 문제이다. 그 민지가 비굴한 노예근성을 상징하는 얏코와 결별한다는 것은 인정(人情)의 문제이다. 또 자유민권에 비유되는 오켄으로서도 과거에 만나왔던, 전제정부에 비유되는 마사부미와의 결별은 인정의 문제이고, 일본국민인 민지와 결합한다는 것은 의리의 문제이다. 이처럼 본 작품의 소재는 사회적 대의(大義)에 기초한 의리를 주축으로 한 민권운동, 사적 감정에 기초한 인정을 주축으로 한 남녀관계의 이야기로부터 취해진 것이고, 사건의 기본구조는 그러한 의리와 인정과의 갈등에 기초한 대립적 구조를 취하고 있다.[46]

이와 같은 측면에서 파악해볼 때 『조카이하란』은 에도시대 후기의 닌조본(人情本) 소설로부터 그 계열의 소설이 취하는 소재와 기본구조 등을 취해 내서, 자유민권운동의 정신을 전파시켜 보려는 수단으로 성립되어 나왔던 것으로 이해된다. 이 작품을 효시로 해서 성립된 정치소설 장르의 소설들은 기본적으로 본 작품과 유사한 소재와 구조를 취해간다.

3) 근대소설의 성립과 『우키구모』(浮雲)

이렇게 자유민권운동의 실천수단으로 성립된 정치소설은 서구의 근대 시민사회가 정립되는 과정에서 나온 서구의 정치소설들이 번역됨으로써 한 층 더 발전되어 나온다. 일본의 정치소설의 발전에 영향을 끼친 것은 『프랑스혁명 기원 : 서양혈조폭풍』(仏国革命起源 : 西の洋血潮の暴風, 1882・M15)과 『허무당실전기 : 기슈슈』(虚無堂実伝記: 鬼啾啾, 1884~1885・M17~18) 등이다. 전자는 민선의원건백서를 제출했던 이타가키 다이스케의 「애국공당」(愛国公党), 1881년(M14) 「자유당」(自由党) 결성 등에 참가해서 서양의 실례에 자극을 받아 자신이

의식적으로 정치소설가가 되어보려는 뜻을 가졌던 사쿠라다 모모에(桜田百衛, 1859~83)에 의해 A. 듀마(Alexandre Dumas, pére, 1802~70)의 프랑스혁명의 서막을 그린 『어떤 의사의 회상록』(1852)이 의역된 것이다.[47] 후자는 역시 자유당 계열로, 병사한 사쿠라다 모모에의 뒤를 이어받으려는 미야자키 무류(宮崎夢柳, 1855~1889)에 의해 스테푸냐쿠의 『지저의 러시아』(地底のロシア)의 영역본이 입수되어 러시아의 허무당 활동을 소개하기 위한 목적으로 그 작품의 줄거리를 중심으로 해서 그 자신에 의해 창안된 작품이다.[48]

정치소설의 장르는, 민권운동이 국권운동으로 전환되어 나오는 과정에서 이들 작품들을 기초로 해서 『경국미담』(経国美談, 전편 1883, 후편 1884)과 『가인의 기우』(佳人之奇遇, 초편 1885, 제2편 1886, 제3편 1887, 제4편 1888, 제5편 1891, 제6~8편 1897) 등이 출현되어 정치소설의 장르가 정립된다. 정치소설은 그들 작품의 출현을 계기로 그 후 2, 3년간 정치소설의 전성기를 맞는다. 이렇게 해서 정치소설은 그러한 정립을 계기로 전성기를 맞게 되는데, 그 시점에서 근대 사실주의소설의 효시작, 『우키구모』(浮雲, 1887)가 출현된다.

후타바테이 시메이(二葉亭四迷, 1864~1909)의 『우키구모』는 쓰보우치 쇼요(坪内逍遥, 1885~86)가 근대 사실주의소설 이론서 『소설신수』(小説神髄, 1885~86)에서 제시하는 이론에 기초해서 쓰여진 작품으로 이야기되고 있다. 쇼요는 『소설신수』에서 소설을 미술의 경우처럼 예술의 한 장르로 보고 그 소설에 내재하는 고유의 원리를 존중해야 한다 하면서, 소설을 다른 어떤 장르의 수단이나 방편으로 삼아서는 안 된다는 입장을 제시하고 있다.[49] 그의 이와 같은 입장은 서구에서의 18세기 말에서 19세기 초에 나타난 낭만주의의 물결을 타고 성립되어 나온 문학관을 받아들여 정립시킨 입장이다. 그가 그러한 문학관

에 입각해서 예술과 소설과의 공통성을 지적함으로써 소설이 어떤 장르의 수단이나 방편이 되어서는 안 된다고 주장했던 것은, 당시의 소설장르를 대표하고 있던 정치소설이 민권·국권운동의 수단으로 존재한다는 사실을 염두에 두고 했던 말이었다.[50] 그는 「소설의 주안」(小説の主眼) 부분에서 「소설의 주뇌는 인정이다. 세태풍속은 그 다음이다. 인정이란 어떠한 것인가. 말하건대 인정이란 인간의 정욕으로서 소위 백팔번뇌 바로 이것이다.」[51]

쇼요 자신은 그의 그러한 소설이론에 근거해 중편소설 『도세쇼세이가타기』(当世書生気質, 1885~86)를 발표한다. 여기에서의 「인정」(人情)이란 기생과 서생간의 연애로 구체화되어 있다. 후타바테이는 『우키구모』의 제1편을 쇼요와의 합작품 형태를 취해 발표한다. 그것은 후타바테이의 『도세이쇼세이가타기』에 연이어 쓰여진, 쓰보우치의 『여동생과 등거울』(妹と背かがみ, 1885~86)의 틀을 취해서 『우키구모』를 창작했었기 때문이 아닌가 한다.[52] 『여동생과 등거울』에서의 「인정」은 다츠조(達三)와 오츠지(お辻)와의 사이의 애정이다. 『우키구모』에서의 인정은 분조(文三)와 오세이(お勢)간의 애정이다. 이 경우 주인공 분조는 허혼자 오세이에 대한 의리와 인정 사이에서 끝없이 고뇌해가는 인간으로 묘사되어 있다.

후타바테이는 『우키구모』 집필 전년 「소설총론」(小説総論, 1886)을 발표한다. 그는 『소설신수』 속의 쓰보우치의 문학예술론과 묘사론을 받아들여, 소설이란 예술의 일종이기 때문에 진리를 학문의 경우처럼 추상적으로 제시하는 것이 아니고 「형상」(形象)에 의해 구체적으로 제시하지 않으면 안되고, 그러기 위한 방법이란 「모사」(模写) 이외에는 없으며, 이 경우에 있어서의 모사란 「실상」(実相)을 빌려서 「허상」(虚相)을 드러내는 일이라는 입장을 취하고 있다.[53] 그는 자신의 그러한 소설론에 입각해『우키구모』(제1편 1887, 제2편 1888, 제3편 1889)를 썼던 것이다.

작품의 무대는 작자 자신이 처해 있던 1886년경 당시의 도쿄이다. 주인공 분조는 시골의 한 사족(土族)의 아들로서 일찍이 아버지를 여의고 도쿄로 올라와 숙부집에서 기숙, 우수한 성적으로 학교를 졸업하고 하급관리가 된다. 그러자 숙부모는 분조가 장녀 오세이(お勢)를 아내로 취해줄 것을 원하는 눈치였고 또 오세이도 그것을 원하고, 시골의 분조 어머니도 반대하지 않는 입장이어서 분조도 오세이를 결혼 상대로 생각해가게 된다. 그러던 어느 날 분조는 감원정책으로 인해 실직된다. 그러나 숙모는 분조와 같은 직장에서 잘 나가는 노보루(昇)에게로 오세이를 주려고 한다. 오세이도 어머니의 뜻을 받아들인다. 분조는 다른 것은 다 제쳐 놓더라도 노보루가 처세술만 발달된 인간이기 때문에 오세이가 그를 결혼 상대자로 받아들여서는 결코 안 된다고 생각한다. 그렇지만 그는 이러지도 저러지도 못하는 상태에서 고민해 간다.

근대사실주의의 효시작으로 이야기되는『우키구모』는 다음과 같은 두 가지 측면에서 그 특징이 파악된다. 하나는『우키구모』가 서구에서 근대시민사회가 형성되는 과정에서 나온 근대사실주의 소설의 문학관과 표현형식에 기초해 쓰여졌다고 하는 것이다. 다른 하나는 정치소설로 이어져 나온 전근대의 닌조본소설의 소재와 사건의 기본구조 등이 취해져 쓰여졌다고 하는 것이다. 전근대의 닌조본소설, 근대초의 정치소설, 그 다음의 사실주의소설로 이어지는 작품의 소재와 사건의 기본구조 등은 그 사회에서의 인간들 간의 의리(義理)와 인정(人情)의 갈등문제로부터 취해진 것들로 고찰된다.[54]

『우키구모』가 서구의 근대사실주의소설의 문학관과 표현양식으로부터 실제로 취한 것들은 어떠한 것들인가? 쓰보우치와 후타바테이가 취한 서구의 근대사실주의소설의 문학관의 핵심은 소설을 윤리체계의 정립수단으로 보지 않고 예술장르의 하나로 본다고 하는 것이다. 소설이 정치소설의 경우처럼 윤리체계의 정립수단으로 취급될 때 그것은 반드시 권선징악의 형태를 취하게 된다. 그러나 소설이 예술의 한 장르로 취급될 경우 그것은 미적 의식의 창출수단으로서의 역할을 수행하게 된다. 그 경우 소설은 권선징악의 형태로부터 해방되어 나온다. 『우키구모』는 권선징악의 형태를 취하고 있지 않다. 사람들은 그러한 면에서 그것이 이전의 정치소설과 맥을 달리하고 있으며 서구의 근대사실주의 소설과 연결되어 있다고 하는 것이다.

그런데 문제는 바로 여기에 있다. 권선징악의 형태로부터 해방되어 있는 것은 서구의 근대사실주의 소설뿐만이 아니다. 일본근세 말의 닌조본 소설도 그것이 남녀간의 애정을 그려냄으로써 독자들로부터 해학과 슬픔의 감정을 불러일으키는 수단이었다는 점에 있어서 권선징악의 형태로부터 해방되어 있는 것이었다. 그리고, 앞에서 우리가 말했던 바와 같이 『우키구모』의 성립에 초석이 되었던 『소설신수』에서 「소설의 주뇌」를 「인정이다」라고 말하고 있는데, 이 경우에 있어서의 「인정」이란 다름아닌 「닌조본」의 「닌조」(人情)를 가리키는 말이다. 이것은 바로 무엇을 의미하는가? 『우키구모』의 예술성이 서구의 근대사실주의 소설로부터 취해졌을 뿐만 아니라 일본의 근세말의 닌조본소설로부터도 취해졌다는 증거가 아니겠는가?

『우키구모』가 서구의 근대사실주의 소설로부터 취했다는 표현양식들이란 「사실적 표현」이라고 하는 양식이다. 사실적 표현이란 작가가 자신에게 보이고 들리는 바로 그것들을 가지고 작품의 세계를 만든다고 하는 그러한 입장에서 비롯된 표현법이다. 작가의 그러한 입장은 시민중심의 사회가 도래한 필연적 결과에 기인한다. 시민의 한 사람으로서의 작가는 자기들 중심의 세계를 만들어야 한다는 입장을 취하게 된다. 그러기 위해서는 무엇보다도 우선 시민의 시각과 감각으로 사물을 지각했을 때 잡히는 것을 그대로 드러내야 한다는 것이다. 그러니까 우선 무엇보다도 시민중심의 사회를 성립시키려는 시민의 입장에서 세계를 볼 수 있는 시각을 정립시켜야 했었다는 것이었다. 그러한 입장이 취해지는 과정에서 시민의 시각에서 바라 봤을 때 잡히는 세계들, 예컨대 시골풍경이나 도쿄의 거리풍경 등 우선 있는 그대로의 것들을 있는 그대로 그려내고, 또 시민들이 일상생활에서 하는 말투를 사용해서 작품세계를 이야기해 가야 한다는 입장이었다. 풍경의 발견, 언문일치 등이 바로 그것이었다. 이와 같은 관점에서 논해볼 때 『우키구모』의 표현양식은 메이지 혁명을 계기로 한 시민 중심사회의 도래와 깊게 관련되어 있음을 알 수 있다. 그런데 근래까지 우리들은 메이지 혁명을 프랑스대혁명과 같은 서구의 시민혁명과만 연결시켜서 논해왔다. 그러나 근세말에 메이지 혁명이 일어날 수 있었고, 또 그것이 성공을 거둘 수 있었던 것은 메이지 혁명과 같은 시민혁명이 일어날 수 있었던 사회적 여건이 조성되어 있었기 때문이었다.[55]

결 론

이상과 같이 고찰해볼 때, 일본의 근세소설은 단절이라기보다는 굴절 내지 연속이라는 형태를 취해 근대소설로 전환해 나왔다는 입장이 취해진다.

일본의 근세소설의 근대소설로의 전환양상에서 파악될 수 있는 연속성은 근세후기의 닌조본소설, 그것과 근대소설과의 가교적 역할을 했던 정치소설, 그 다음으로 이어지는 근대소설 등의 기본구조가 인정, 즉 인간과 인간 사이에 존재하는 가장 대표적인 감정이라 할 수 있는 남녀간의 애정(愛情)의 문제로부터 일어나는 사건을 주축으로 해서 이루어져 있고, 또 이와 같은 남녀간의 애정사건들의 주인공들의 고뇌가 의리와 인정이라는 서로 대립되는 두 관념의 충돌로부터 나오고 있다고 하는 것이다.

사람들이 일본의 근세소설의 근대소설로의 전환양상을 단절로 파악해왔던 것은 다음과 같은 두 가지 차원에서의 오해로부터 기인됐었다.

첫째, 사람들은 소설이 근대산업자본주의의 정착과정에서 정립된 문학장르라는 의미에서 그것을 근대산업자본주의 사회를 살아가는 인간들의 자아정립과 자아계발의 수단으로 이해해 왔다. 그러나 그것은 그렇지 않다. 그러한 오해는「소설」을 "novel"의 역어로만 보고 메이지 혁명 이후의 소설을 서구의 "novel"쪽으로만 연결시켜 온데서 기인된다. "novel"의 역어인「소설」이란 말은 중국의 경우 이미『금병매』(金瓶梅, 1610년 초판)의 출현을 전후해서부터 작자의 상상력으로 사실(事實)을 재구성해 세태인정을 드러내고, 또 역사적 사실을 부연해 사람들의 흥미를 불러일으키는 산문이라는 현대적 의미로 쓰여왔던 것으로 고찰된다.

소설장르는 서구의 근대자본주의사회의 산물이 아니고 인간의 생각이나 감정을 문자로 기록하기 시작했던 이래 인간의 감정이나 생각들의 암시적 표현을 핵심으로 하는 시와 같은 장르와 함께 존재해 나온 문학의 한 장르로서 예나 지금이나 인간은 자신의 한계성을 극복하기 위한 한 방법으로서 초자연적 세계를 인정해 왔고 그러한 초자연적 세계를 통해 자신들이 처해있는 현실세계를 인식함으로써 느껴지는 자신의 현실세계에 대한 허구적 의식이 또 자신들의 상상을 통해 허구의 세계를 창출해왔던 것이고, 그러한 세계를 기술해 낸 문장들이 바로 소설문학 장르인 것이다. 고대의 신화나 전설, 중세의 로망스나 설화 등도 분명히 소설장르의 일종이다. 이와 같은 측면에서 소설의 의미를 파악해 볼 때 일본의 근세소설의 근대소설로의 전환은 그것이 어떠한 양상을 취했든 간에 단절로는 결코 볼 수 없다.

둘째, 지금까지 인류의 역사가 선고대, 고대, 중세, 근세, 근대, 현대로 해서 전개되어 나왔다는 시각을 취해볼 때, 어떠한 지역이나 문화권에서의 새로운 시대의 도래는 분명히 다른 지역이나 다른 문화권의 물문과의 접촉을 통해서였다. 예컨대, 유럽에서의 중세나 근세의 도래는 다른 지역의 물문들을 받아들이는 과정에서 이루어졌다. 동아시아에서의 근대나 현대도 당시 동아시아인들이 자신들의 것 보다 더 강한 무기나 보다 편리한 생활도구를 보유하고 있던 서구 지역의 인간들로부터 그것들을 받아들임으로써 이루어졌던 것이다. 시대란 가치체계나 의미체계의 단위로 받아들여진다. 어떤 한 지역이나 문화권에서의 새로운 시대의 도래란, 결국은 어떤 한 새로운 가치체계의 성립을 통해서 이루어진다. 또 그것은 그러한 가치체계의 정립을 통해 전개되어 나간다. 이 경우 신시대의 도래로 인한 새로운 가치체계의 성립은 두말할 나위 없이 그 지역이나 문화권에 살고 있는 인간들의 가치관이나 사고방식의 전환이란 형태를 취해 이루어진다. 인간에 있어서의 어떤 인식전환이란 결국은 그것이 타의적이든 자의적이든 간에 자기성찰을 통해서 이루어진다고 볼 수 있는데, 이 경우 인간에 있어서의 최고의 자기성찰 수단은 다름 아닌 바로 소설이라고 하는 문학의 장르가 아닐까 한다. 자기성찰의 수단으로서의 소설이란, 앞에서 고찰한 바와 같이 동서고금을 막론하고 인간들로 하여금 자기 자신들의 모습과 자기 자신들이 처해있는 세상을 가능한 한 있는 그대로 드러내서, 그것들을 통해 자신들이 어떠한 존재이고 자신들이 처해있는 세계가 어떠한 곳인가를 깨닫게 하는 수단으로서의 소설을 의미한다.

이러한 측면에서 생각해볼 때, 신시대 초창기의 소설들이란 어느 시대를 막론하고 계몽성과 교훈성을 지닌다는 것은 지극히 당연한 일이다. 근세 초기에 출현한 가나조시(仮名草子), 근세 중기 오사카·교토 중심의 시대에서 에도 중심의 사회로 넘어오는 과정에서 출현한 단기본(談義本)이나 요미혼(読本) 등의 내용이 지극히 계몽적이고 교훈적이었다는 것은 바로 그러한 이유 때문이다. 서구의 근대 물문과의 접촉을 계기로 근대라고 하는 신시대가 도래되는 시점에서 제일 먼저 출현한 정치소설에 계몽성과 교훈성이 짙게 내포되어 있는 것도 바로 그러한 이유 때문에서였다.

그러나 한 시대가 도래해서 그 시대의 가치관이 정립된 이후에 출현하는 소설장르는 그 사회의 도덕이나 윤리체계의 정립수단으로서의 역할만을 수행하지는 않는다. 그것은 시대적 갈등과 관련해서 받아야 하는 다양한 강박관념을 극복해가는 과정에서 생성되는 사람들의 미적 의식의 표현수단으로 존재하게 된다. 근세소설의 출현을 가능케 했던 것들로서 중세 후기, 서구에서의 로망스, 중국의 화본 및 연의소설, 일본의 모노가타리 등은 중세의 가치체계가 정립된 이후의 소설장르들이다. 따라서 그것들은 중세의 윤리체계 정립의 수단으로서라기 보다는 그것의 향유수단으로서의 역할을 수행했던 것들이다. 이러한 측면에서 파악해볼 때, 일본의 근세 후기의 닌조본과 같은 게사쿠소설(戯作小説)들이란 다름아닌 바로 일본의 근세사회의 가치체계의 향유수단으로 이해된다. 다시 말해 그것들은 도덕적 의식의 정립수단이 아니라, 미적 의식의 창출수단이라는 것이다.

메이지 혁명의 시점으로부터 20년이 지난 1887년경에 출현한 일본의 근대 사실주의 소설도 마찬가지이다. 메이지유신 직후에 출판되어 나온 계몽물들, 메이지 10년대부터 나온 번역소설 내지 정치소설 등이 근대사회의 윤리체계의 정립수단이었다면 그 다음 근대사실주의 소설은 일본의 근대사회를 살아가는 인간들에 있어서의 미적 의식의 창출수단이었던 것이다. 이것은 소설이 새로운 시대의 초창기에는 신시대의 윤리체계의 정립수단으로서 존재하게 되고, 윤리체계가 정립된 중기로 넘어와서는 미적 의식의 창출수단으로서 존재하게 된다는 사실을 증명해 주는 또 하나의 사례에 불과하다.

이와 같이 일본의 근세소설의 근대소설로의 전환은 다른 어느 문화권들의 경우와 마찬가지로 시대적 변천으로 인해 일어나는, 소설의 신시대의 윤리체계의 정립수단으로서의 역할과 그 시대의 미적 의식의 창출수단으로서의 역할의 반복적 교차라고 하는 역사적 원리에 의해 일어났음을 알 수 있다.

요약하건대, 근세 전기에서의 소설의 역할은 근세사회의 윤리체계의 정립수단이었고, 후기에 와서는 미적 의식을 불러일으키는 수단이었는데, 근세소설이 미적 의식의 창출수단으로서의 역할을 수행해 가는 과정에서 근대라고 하는 신시대가 도래했었던 것이다. 그러자 소설은 다시 그 신시대의 윤리적 체계의 정립수단의 역할을 하게 되었고, 그 다음 단계로 접어들어 근대 서구의 학문관의 도래와는 일단 관계없이 미적 의식의 창출수단의 역할을 하게 되었다는 것이다. 일본의 근세 후기소설인 닌조본과 같은 미적 의식을 불러일으키는 게사쿠 소설이, 근대라고 하는 신시대의 윤리체계의 정립수단이었던 정치소설이라는 형태를 거쳐, 신시대의 미적 의식의 창출수단의 성격을 띤 근대사실주의소설로 전환해 나갔던 것은, 바로 이와 같은 시대적 변천에 따른 소설의 윤리적 체계의 정립수단으로서의 역할과 미적 의식

의 창출수단으로서의 역할의 반복적 교차현상에 입각했던 것이라 할
수 있다.

일본의 근세소설의 근대소설로의 전환이 그러한 원리에 입각해 전
환해 나왔는데도 불구하고, 많은 일본인들과 일본인들은 일본의 계몽
성이 짙은 정치소설을 서구의 근대화과정에서 나타났던 계몽주의와
연결시키고 또 그 다음의 근대사실주의소설을 서구의 근대소설과만
연결시켜서 생각했었다. 그랬었기 때문에 일본인들과 한국인들은 일
본의 근세소설의 근대소설로의 전환양상을 단절로만 파악하려는 입
장을 취해왔던 것이다. 그러나 이상과 같은 각도에서 일본의 근세소
설과 근대소설과의 관계를 고찰해 볼 때 그것은 단절보다는 연속이라
는 양상을 취하고 있다는 입장을 취해 볼 수 있는 것이다.

주

1) 일본문학계에서의 전근대와 근대와의 관련성에 대해서는 다음과 같은 입장들이
   제시되어 왔다. 우선 하나는, 단절로 보는 경우로서 서구의 근대자본주의문화가
   일본에 전래됨에 따라 일본의 근대문학은 전근대의「쾌락」위주의 문학관을 버
   리고 서구의 근대자본주의사상에 기초한「실용」적 문학관을 받아들여 출발했다
   는 입장이다.[前田 愛 外『日本文学新史＜近代＞』(至文堂, 1991), 44~45면], 다
   른 하나는 연속으로 보는 입장으로서 그 경우는 이렇다. 일본에서의 근대화란 서
   구 시민사회의 정치적, 경제적 체제를 받아들여갔던 것이었지, 서구의 문화까지
   는 받아들여가지 않았다는 입장이다. 다시 말해서, 일본의 근대화란, 정치적, 경
   제적 측면에서의 근대화이지 정신적·문화적 측면에서의 근대화는 아니었다는
   입장이다. 특히 문학적 측면에서는 그러한 정치적, 경제적 측면에서의 서구화 내
   지 근대화에 대한 반발로 형성된 반근대화에 대한 입장을 통해서 형성되어 갔었
   다고 하는 시각이다.[市古貞次 外『日本文学全史 近代』(学燈社, 1982), 18~19
   면]. 나머지 하나는 굴절로 보는 경우로서, 일본의 근대문학이 전근대의 무사(武
   士)층 문학으로부터의「실용」적 문학관과 쬬닌(町人)층 문학으로부터의「쾌

락」적 문학관이 분리되는 것으로 출발해서 그것들이 다시 통일되어 나오는 형태로 전개되어 나갔다고 하는 입장이다.[平岡敏夫 外 『日本文学史概説 近代編』(有精堂, 1989), 1~3면]

2) 『小説神髄』의 「緒言」 부분 참고.

3) 「소설」의 일반적 의미는 근대 시민사회가 창출해낸 산문문학장르라고 하는 작은 의미와, 사건의 제시를 통해 독자의 흥미를 불러 일으켜가는 문학장르라고 하는 큰 의미로 사용되고 있다. 여기의 「노블소설문학」에서의 「소설」은 큰 의미로서의 소설을 의미한다.

현재 일반적으로 이야기되는 문학의 한 장르로서의 소설의 본질적 의미는 허구성(虛構性)에 있는 것으로 고찰된다. 20세기 후반으로 들어와서 소설 'novel'은 fiction으로 불리워지고 있다. novel로서의 소설은 시사성(時事性)이 중요시되었다. 반면 fiction으로서의 소설은 허구성이 중요시되어 왔다. 소설에 있어서의 허구성의 본질은 작가의 자신의 현재의 삶과 자신의 현실세계에 대한 허구의식에 기초한다. 작가의 자신의 현재의 삶과 자신의 현실세계에 대한 허구의식은 자신의 현재의 삶 및 자신의 현실세계와 자신이 생각하는 자신의 삶 및 자신이 생각하는 자신의 세계와의 단절의식으로부터 생겨난다. 작가의 그러한 단절의식은 자신의 생명에 대한 단절의식의 극복방법의 하나로 작가로 하여금 자신의 현재의 삶과 자신의 현실세계의 밖에 존재한다고 상상되는 자신의 또 하나의 삶과 또 하나의 세계를 진짜의 삶과 진짜의 세계로 생각케 하고 자신의 현재의 삶과 자신의 현실세계를 허구의 삶과 허구의 세계로 인식케 함으로써 작가에게 자신의 현재의 삶과 자신의 현실세계에 대한 허구의식이 생겨나게 되는 것이다. 고대의 신화작가들은 자신들의 삶과 자신들의 현실세계를 허구와 허구세계로 인식하고 하늘(天)에 존재한다고 생각했던 신들의 세계를 진짜와 진짜의 세계로 인식한 나머지 진짜라고 생각했던 신들의 삶과 신들의 세계를 그려갔던 것이다. 중세의 서구 로망스, 중국의 전기(傳奇), 일본의 모노가타리(物語) 등의 작가들은 자신의 현생과 현실세계를 허구로 자신의 내세의 삶과 내세를 진짜로 인식한 나머지 내세의 삶과 내세의 이야기를 그려갔다. 근세의 작가들은 저 바다 너머의 어떤 나라나 세계, 그곳의 인간들을 진짜들로 인식하고 그들의 세계와 삶을 이야기해 갔다. 그러다가 근대로 들어와서 중세의 어떤 과거세계나 내세, 근세의 어떤 먼 곳의 세계보다는 작가 자신이 현재 처해있는 물리적 세계가 진짜의 세계라고 생각하게 됨으로써 자신이 현재 처해있는 세계를 그려나갔다. 그러다가 20세기 이후의 현대로 들어와서 작가들은 자신들의 내면세계가 진짜의 세계로 생각한 나머지 자신들의 내면세계를 그려나갔다. 60년대 이후로 와서는 인간에 있어서의 세계는 우주라고 생각하고 외계와 외계인들을 그려가려는 입장을 취해가고 있는 것이다.

4) 로망스란 원래는 중세유럽에서 라틴어로 쓰여졌던 것들에 대하여 라틴어로부터 파생해 나와 속어가 된 로망스어로 쓰여진 것들을 가리켜 왔다. 그러다가 그것은 12세기 무렵에 와서는 당시 궁정의 구어(口語)였던 프랑스어의 운문으로 번역된 역사적 전설이야기들을 가리키게 됐다. 그 후 그것은 고대의 역사적 전설속의 연애와 모험을 소재로 해서 만들어진 이야기로 발전되어 나왔고, 13세기말에 와서는 산문으로 쓰여지게 됐다. [Merriam Webster's *Encyclopedia of Literature*, 1995, "Romance"]

5) O·E·D의 "novel" 부분.

6) *R·H·D OF the English Language*, second Ed, "novel".

7) 상동서, "novella".

8) (1) 「我が小説の改良進步を今より次第に企図てつつ、竟には歐土の小説(ノベル)を凌駕し」

   (2) J.C. ヘボン編 『和英語林集成』(日本最初の和英辞典, 第二版, 1872)

9) (1) 「飾小說以于縣令其於大達亦遠矣」(『莊子의 外物篇』, 소설을 꾸며서 높은 벼슬을 하려는 것은 대인들에게는 거리가 멀다 할 수 있다.)

   (2) 10) 참조.

10) 공자에 의해 편한되었다고 하는 『詩経』도 백성들에 의해 불리는 가요(歌謠)가 그러한 정치적 목적으로 수집어 이루어졌던 것으로 이야기되고 있다. [新潮 『世界文學小辭典』(新潮社, 1978) 「中國文學」, 「詩」 등 참조]

11) 「小說家者流,蓋出稗官,街談巷說,道聽塗說者之所造也」(『漢書』의 「芸文志」篇, 소설의 부류는 대개 패관에서 나왔고 길머리에서나 골목에서 말하고 들은 것들로 이루어진 것이다.)

12) 金學主 『中國文學槪論』(新雅社, 1985), 415면.

13) 中國社會科學院 文學硏究所 『中國文學史 一』(人民文學出版社, 1989), 345면

14) 金學主 『中國文學槪論』, 426면.

15) 「至於稗官小說亦儒者以文章爲劇談或資博聞或因破閑皆不可無者也」(패관소설에 이르러서는 역시 유학자들이 문장으로 극적인 이야기를 만들어, 견문을 넓히는 데 이용했거나 심심풀이로 삼았으니 모두 소용되지 않는 것이 없었다.) 홍만종(洪万宗, 1643~1725)이 편찬한 『시화총림』(詩話叢林)에 수록된 「白雲小說」이란 이규보(李奎報, 1168~1241) 자신이 붙인 것이 아니라, 편자 홍만종이 이규보의 호를 따서 그의 글에 붙인 것으로 이야기되고 있다.

16) 印權煥 外 編著 『韓國文學槪論』(혜진서관, 1991), 273면.

17) 韓國古小說硏究會 『韓國古小說論』(亞細亞文化社, 1991) 343면.

18) 李相翊 『韓國小說의 比較文學的 硏究』(三英社, 1983), 119면.

19) 「たとえば小説の奇なることは諸史のめでたき文よりも興あるがごとし」(其雪影
・蕪村序)

20) 『삼언』(三言)이란 명대의 풍몽룡(馮夢龍, 1574~1646)이 편찬한 「유세명언」(喩
世明言)・「경세통언」(驚世通言)・「성세항언」(醒世恒言)을 일컫는 것으로 각 40
편, 총 120편이 수록된 백화단편집이다. 『이박』(二拍)은 그 직후의 능몽초(凌蒙
初, 1580~1644)가 편찬한 「초각박안경기」(初刻拍案警奇)와 「이각박안경기」(二
刻拍案警奇)를 일컫는 것으로 각 40편, 총 80편의 소설이 수록되어 있다. 「금고
기관」(今古奇觀)은 명대의 포옹노인(抱甕老人)에 의해 편찬되었다고 전해지는
데, 『삼언』에서 29편, 『이박』에서 11편을 뽑아 총 40편으로 이루어진 것이다. (韓
國古小說硏究會 『韓國古小說論』 343면 참고)

21) 市古貞次 外編 『日本文学全史4』(学灯社, 1979), 379면.

22) 諸橋轍次 『大漢和辞典』(大修館書店, 1984)
「小説」항목 참고. [『両般秋庵随筆』의 著者 淸梁紹壬은 道光年間(1821~1850)
에 擧人 합격.]

23) 『日本国大辞典』(小学館, 1981) 「小説」항목 참고.

24) 존 K. 페어뱅크 등, 『동양문화사 上』(전해종 등 역, 을유문화사, 1968), 34면.

25) 상동서, 751면.

26) 상동서, 762면.

27) 상동서, 상동면.

28) 이혜순, 『조선통신사의 문학』, (이화여자대학교 출판부, 1996).116면. 과 小西甚
一, 『日本文芸史IV』(講談社, 1987), 202~204면.

29) 한(藩)은 도쿠가와 쇼군(将軍)의 방계자손들에 의한 심판(親藩), 에도 바쿠후 설
립 이전에 이에야스를 주군으로 섬겼던 자손들에 의한 후다이(譜代), 에도바쿠후
설립 당시 도쿠가와측과의 동맹관계에 있었다든가 혹은 중립적 입장을 취했던
다이묘들의 자손들에 의한 도자마(外様)로 구분되었다. 에도 바쿠후에서의 한의
수는 295~265였다.

30) 小西甚一 『日本文芸史IV』, 204~205면.

31) 近代別日本文学史事典編集委員會 『近代別日本文学史事典:近世編』(東京堂出
版, 1997), 79면.

32) 감합무역이란 조공형태를 취해 행해졌던 무역을 말한다. 9세기 당에 보냈던 사
절이 중단되었던 이래 처음 행한 것으로 1404년에 협정이 이루어졌다. 그것을 계

기로 일본은 10년마다 2척으로된 사절단을 중국에 보내게 된다. [에드윈 O. 라이
샤워 외,『동양문화사 上』. 722면.]

33) 小山弘志編 『日本文学新史＜中世＞』(至文堂, 1991), 399면.

34) 중국에서는 송대(960~1279)의 문치주의 하에서 남송(1127~1279)의 건국을 계
기로 두파의 학문이 성립되어 나왔다. 하나는 주희(朱熹, 1130~1200)를 중심으
로 해서였고, 다른 하나는 육구연(陸九淵, 象山, 1139~1192)을 중심으로 해서였
다. 주희는 음양이원론(陰陽二元論)으로부터 이기이원론(理氣二元論)을 핵심으
로 하는 주자학(朱子學)을 정립시켰다. 이에 대해 육구연은 「이」(理)란 다름이
아니고 「마음이 바로 理이다」(心卽理)라는 입장을 취해 주희의 입장을 반박해
갔었다.(마쓰시마 다카히로 외 『동아시아사상사』 ＜한울, 1991＞, 71면)
　　원대(元代, 1279~1368)로 들어와서 주자학은 관학(官學)으로 받아들여져 육성
되었고, 명대(明代, 1368~1664) 중기로 들어와서는 주자학계열로부터 고문사파
(古文辭派)가 출현했다. 16세기 초 이몽양(李夢陽), 하경명(何景明) 등이 「주자학
이란 변질된 유학이다」라는 입장을 치해, 유학의 정통성을 회복시킨다는 뜻에서
「문은 반드시 진한, 시는 반드시 성당」이라는 표어를 내세워 고문의 격조를 모
방해야 한다고 주장해 갔다. 한편, 절강성(浙江省)의 왕수인(王守仁, 1472~1528)
은 육구연의 이론을 발전시켜 양명학(陽明學)을 정립시켰다. 그는 주자학이 궁리
(窮理)의 학(學)에 몰두해 쓸데없이 공리공론만을 일삼고 있었던 것에 반해서 육
구연의 「심즉리」론을 끌어내서 인간의 마음속에 존재하는 치양지(致良知)와 지
행합일을 주장해 갔다.(敏濟 『中國美學思想史第二卷』, 齊魯書社, 1989, 589면)
　　그 후 양명학은 외적인 이(理)를 중시하는 경향의 파와 내적 마음(心)을 중시하
는 파로 양분되어 나왔는데, 전자를 양명학 우파, 후자를 양명학 좌파로 부르고
있다. 우파에는 전서산(錢緖山, 1496~1574), 나홍선(羅洪先, 1504~1564), 좌파
에는 왕용계(王龍溪, 1498~1583), 왕심제(王心齊, 1483~1540) 등이 있다. 우파
는 양명학의 엄격한 윤리주의를 계승해 가려고 했던 것에 반해서 좌파는 양지(良
知) 속에 내재된 마음을 중시해 그것을 확대시키고 마음 속에 내재하는 욕망을
긍정하는 입장을 취해 갔다. 중국에서 명말에 『금병매』 등과 같은 인간의 애정을
그린 작품이 출현하게 됐던 것은 바로 양명학의 좌파들이 주장하는 바로 그러한
사상들을 배경으로 해서 나왔던 것이다. 명말 청초로 들어와서 중국은 만주족에
의해 지배되고 외부로부터는 근세 르네상스세력을 접촉해 가는 과정에서 한족출
신의 지식인들로부터 고증학파(考証學派)가 형성되어 나왔다. 복명학자(復明學
者) 황종의(黃宗義, 1610~1695), 한학자(漢學者) 고염무(顧炎武, 1613~1682)
등이 대표적 학자들이었다.
　　조선에서 주자학이 처음으로 받아들여진 것은 고려 충렬왕(1274~1308)대의 안

향(安珦) 등에 의해서였다. 그 후 그것은 유학의 철학적인 면과 군신(君臣)의 의(義)를 강조해 갔던 나머지, 조선 중기로 와서 이이(李珥, 율곡, 1536~1584)를 대표로 하는 주기파(主氣派)와 이황(李滉, 퇴계, 1501~1570)을 대표로 하는 주리파(主理派)를 성립시켜 갔고, 그것을 기초로 해서 기호학파(畿湖學派)와 영남학파(嶺南學派)를 출현시켰다. 양명학의 조선 전래는 대체로 경기지방의 주기론자계통의 학자들로 정권에서 배제된 사림(士林)들, 특히 소론(小論)계, 서자출신들을 통해서였고, 그것이 적극적으로 연구된 것은 영조대의 정제두(鄭齊斗, 1649~1736) 등에서부터였다. [이기백, 『한국사신론 개정판』(일조각, 1988), 290면]. 허균(許筠, 1569~1618)의 『홍길동전』, 김만중(金万重, 1637~1692)의 『구운몽』(九雲夢) 등은 조선에 그러한 계열의 학자들에 의해 양명학이 소개되어 전파되는 과정에서 출현한 것으로 고찰된다.

조선에서의 청의 고증학에 대응되어 질 수 있는 학문은 실학(實學)이다. 조선의 실학은 청으로부터 명말에 전성했던 양명학과 청초의 고증학 등이 전래되고 서구의 천주교와 서구의 근세물문이 소개됨에 따라 조선의 성리학자(주자학자)들이 17세기 말부터 서서히 학문의 목적을 理気의 규명으로부터 찾으려는 입장을 포기하고 경세치국(経世治國)으로부터 찾으려는 입장을 취하게 됨으로써 성립되어 나왔다. 그 결과 성리학자들의 그러한 입장은 19세기 초 정약용(丁若鏞)들에와서 확립되어 나왔다. 현재 우리는 그러한 시각에서 행해졌던 학문을 실학(實學)이라 말하고 있다.

일본에 중국 주자학이 전래된 것은 가마쿠라시대(鎌倉時代, 1192~1333) 초기 선승들에 의해서였다. 그러나 그 영향은 미미했었다. 그러다가 임진왜란·정유재란을 계기로 일본에 들어간 조선의 퇴계파 계열의 성리학을 기초로 주자학이 관학(官學)으로 성립되어 나왔다. 이어서 나카에 도쥬(中江藤樹, 1608~48) 등에의해서『왕용계어록(王龍溪語錄)』, 『왕양명전서(王陽明全書)』 등의 양명학 서적들이 접해지면서 양명학이 일본에 소개된다. 그렇게 해서 일본에는 17세기 전반에 조선을 통해 성리학이 전래되고 양명학이 소개됨으로써 전자로부터는 의리(義理)가 후자로부터는 인정(人情)이란 개념이 일본인들에 형성되어 나오게 되었다. [小西甚一, 『日本文芸史Ⅳ』(講談社, 1987), 201~202면.]

그 후는 17세기 후반의 이토 진사이(伊藤仁斉, 1627~1705), 18세기 전반의 오규 소라이(萩生徂徠, 1666~1728) 등은 명의 고문사파의 이론들을 받아들이고 또 그것을 이미 일본에 소개된 양명학이론과 연결시켜, 조선으로부터 들어온 송·명의 주자학을 배척해 가는 한편 명의 양명학계열의 유학을 받아들여 갔다. 18세기로 들어와서는 청의 고증학이 일본에 소개되어 난학(蘭学)이 성립된다.

35) 時代別文学史 事典 編輯委員会 『時代別日本文学史 事典 近世編』(東京堂 出

版, 1997), 79~80면.

36) 松田修編 『日本文学新史近世』(至文堂, 1991), 306~307면.

37) 市古貞次 外 編 『日本文学全史 4 近世』(学灯社, 1979), 409면.

38) 『春色梅児誉美』(岩波書店, 日本古典文学大系64), 21면.

39) 時代別日本文学史事典編輯委員会 『時代別日本文学史事典近世編』(東京堂, 1997), 159면.

40) 糸屋寿雄 外 『日本民衆運動史』(윤대원역, 학민사, 1984), 117~119면.

41) 高橋幸八郎外 『日本近代史論』(車泰錫訳, 知識産業社, 1981), 167~168면.

42) 『学問ノスヽメ』「第3編」,「一身独立して一国独立する事」 참고.

43) 市古貞次編 『日本文学全史近代』(学灯社, 1978), 46면.

44) 上同書, 142면.

45) 平岡敏夫 『日本近代文学の出発』(紀伊国屋書店, 1973), 45면.

46) 柳田泉 『政治小説研究上』(春秋社, 1968), 81면 참조.

47) 上同書, 123면.

48) 上同書, 159~160면.

49) 関良一 『逍遥・鴎外考証と試論』(有精堂, 1971), 28면.

50) 石田忠彦 『坪内逍遥研究』(九州大学出版, 1988), 4면.

51) 坪内逍遥 『明治文学全集16:坪内逍遥集』(筑摩書房, 1969), 16면.

52) 平岡敏夫 『日本近代小説の出発』, 128면.

53) 亀井秀雄 『二葉亭四迷』(新典社, 1986), 115~116면.

54) 「의리」(義理)와 「인정」(人情)의 문제에 있어서의 「의리」는 주자학의 이기(理氣)의 「이」(理)에서부터 나온 것으로서 조선에 들어와서 「이」는 군신(君臣)간의 의(義)로 발전되어 나왔고, 또 그것은 조선으로 들어와 발전된 주자학이 일본으로 전래되어 일본인들에 의해 소화되는 과정에서 다이묘(大名)와 무사간의 의리로 정립되어 나왔다. 그것은 결국 일본에서의 상하나 남녀간의 사회적 계약으로 전환해 나왔던 것이다.(小西甚一 『日本文芸史Ⅳ』<講談社, 1987>, 202면)「인정」은 명의 양명학에서 인간의 욕망이 긍정적으로 취급된다는 사실이 근세 일본의 유학자들에게 알려지는 과정에서 개념화되어 나온 용어이다. 그 후 그것은 남자와 여자 사이의 사적 감정인 애정의 의미로 정착되어 나왔는가 하면, 또 그 후 그것은 인간과 인간 사이의 사적 감정으로도 쓰여지게 되었다.

이렇게 볼 때 「의리」와 「인정」의 대립은 송의 주자학과 명의 양명학의 대립이자, 구와 신의 대립으로 파악된다. 또 그것은 조선문화와 중국의 명・청 문화와의 대립, 무사층에서의 상관과 부하간의 의리와 조닌의 손님들에 대한 인정과의 대립 등을 의미한다. 더 나가서 그것은 남자의 의리와 여자의 인정과의 대립, 인간들의 사회적 계약과 사적 감정과의 대립으로까지도 전개되어 나왔다.

55) 大石慎三郎「庶民社会の基礎を築いた時代」(大石慎三郎 外『江戸時代と近代化』, 筑摩書房, 1991), 谷沢永一「日本の近世は"忍び足の近代化"だった」(大石慎三郎 外『江戸時代と近代化』, 筑摩書房, 1991) 등 참고.

제3부

문화비평

한국에서의 문화연구 : 문제점과 극복방안

서 론

「한국에서의 문화연구의 문제점과 그 극복방안」은 인접국, 일본과 중국에서의 경우와의 비교를 통해 논해 진다면, 문제의 핵심에 보다 효과적으로 접근될 수 있을 것으로 생각된다. 따라서 본 테마는「동아시아 삼국에서의 자국문화와 외국문화 연구의 문제점과 그 극복방안」으로 구체화시켜 논해질 수 있다. 그러면 우선 본 테마가 이 시점에서 논해지게 된 동기부터 논해보기로 한다.

우리는 지난 10여 년 전부터 글로벌시대에 진입해 있다. 아메리카 대륙의 미국은 세계 제1의 경제력과 군사력을 바탕으로 미국 중심의 세계화를 추진해 가면서 동시에 아메리카 대륙의 나라들을 중심으로 한 지역블록화도 추진해 가고 있다. 미국은 미국 중심의 세계화 전략을 강화해 가고 있다. 이에 대해 유라시아 대륙의 서단에 위치해 있는 유럽국가들의 경우도 유럽통합의 형태를 취해 유럽지역의 블록화를 통한 글로벌화를 추진시켜 나가고 있다. 그러나 유라시아 대륙의 동단에 위치한 동아시아 삼국의 경우는 어떠한가? 글로벌화에 대한 그렇다할 공통된 어떤 입장을 아직껏 갖고있지 못하고 있는 실정이 아닌가? 이것은 동아시아의 불행이기도 하려니와 결국은 전 인류의 불행이기도 하다.

따라서 동아시아의 학자들이 동아시아의 글로벌화 전략에 대해 우리 동아시아 삼국의 공통된 입장이 취해지지 않는 원인이 어디에 있는지를, 적극적으로 논하지 않을 수 없는 역사적 상황에 처해있다고 할 수 있다.[1]

글로벌 시대가 문화의 시대로 진단되는 한 우리 문화연구자들이 동아시아의 글로벌화를 위한 기초작업으로서의 동아시아 연대와 같은, 정치적 문제에 개입해 들어가는 것은 당연한 일이다. 문화의 시대란 한마디로 정치나 경제가 해결하지 못하는 문제들을 문화가 해결해간다는 시대를 말한다. 그러한 면에서 금후 동아시아의 최대의 당면과제가 아닐 수 없는 동아시아의 연대 구축을 위한 문화연구자들의 역할은 당연 지대하다 할 수 있다.[2]

문화를 구성하는 문학, 언어, 역사, 철학, 사회 등을 연구해 온 동아시아의 학자들은 사실상 자본주의, 공산주의, 민족주의 등과 같은 일종의 정치적 이데올로기의 신봉자들에게 자신들의 삶의 실현수단들인 개인, 가족, 국가, 인류 등을 상당부분 내맡겨 왔다고 할 수 있다. 따라서 정치와 경제에 우리의 삶을 내맡긴 상태에서의 우리들의 그동안의 연구활동은 여러 측면에서 많은 문제점들이 내포되지 않을 수 없었다. 우리가 이 시점에서 그러한 문제점들을 다같이 드러내서 어떤 공통된 극복방안을 논의해 본다는 것은 실로 의의있는 일이 아닐 수 없다.

일본문화를 연구해 가는 우리가 이 문제를 가지고 이러한 논의를 해야할 어떤 특별한 이유라도 있는가의 문제도 제기될 수 있다. 지난 19세기 말 이후 동아시아에서의 근·현대화를 주도해 온 국가는 일본임에 틀림없다. 현대도 일본은 미국인들의 미국중심의 글로벌화 전략을 이용해서 금후 동아시아의 글로벌화를 일본중심으로 행해가려는 입장을 취해가고 있다.[3) 따라서 일본문화를 연구해 가고 있는 한국인들로서는 한국에서의 일본문화연구의 문제점들을 다시 한번 점검할 기회를 가질 필요가 있는 것이다.

우리가 본고를 통해 이러한 문제점들을 논하는 것은 물론 삼국간의 비교를 통해 그 차이점과 공통점을 인식한다는 것도 중요하지만, 더 중요한 것은 일본과 중국이 자국문화와 외국문화를 어떻게 연구해 가고 있는가에 대한 정확한 정보들을 얻어내서 우리가 금후 외국문화로서의 일본문화를 어떻게 연구해 갈 것인가에 대한 하나의 확실한 입장을 정리할 기회를 갖고자 하는 데 더 큰 목적이 있다고 할 수 있다.

그럼 본론으로 들어가서 한국인의 입장에서 일본과 중국에서의 자국문화와 외국문화연구의 실상들을 염두에 두고, 한국에서는 그것들이 어떻게 행해져 왔는지를 검토해서 한국에서의 문화연구의 문제점과 그 극복방안을 논해보기로 한다.

1. 문화의 일반적 개념과 문화연구

1) 문화의 일반적 개념

학술적 측면에서의 근대 이후의 문화에 대한 개념은 다음과 같은 네 단계를 거쳐서 확립되어 나온 것으로 고찰된다. 우선은 19세기 후반 서구의 문화인류학자들과 민속학자들을 통해 성립되어 나온 것으로서 어떤 민족이나 집단의 사고방식이나 혹은 그것에 의해 행해지는 「생활 방식」으로 개념지어진 것이다. 그 다음 그러한 개념은 20세기 전반의 제국주의적 상황 하에서의 현대문명에 대한 대립적 개념, 즉 지금의 시점에서 말할 것 같으면 「전통문화」의 의미로 쓰여졌었다.

그러다가 20세기 후반의 첫 20여 년간, 그러니까 정치적으로는 냉전 체제가 유지되고 학문적으로는 구조주의가 일반화되어가던 상황 하에서는 어떤 인간 집단이나 인류의 가치체계, 상상체계, 의미체계 등과 같은 「체계」의 의미로 쓰여져 왔었다. 그러나 1970년대 이후의 후기산업주의사회로 들어와서는 그것이 인간들에 있어서의 자신들의 삶의 바람직한 실현 「의지」나 행위 혹은 「수단」이라고 하는 근대 이전에 동서양에서 쓰여졌던 의미가 회복되어 나왔다.[4]

그런데 현재 한국에서는 과거 냉전기에 쓰여졌던 문화에 대한 개념을 지금까지도 그대로 사용하고 있는 학자들이 적잖다. 다시 말해서 그들에 있어서의 문화에 대한 개념은 「전통문화」의 의미로 쓰이고 있는 것이다. 예컨대 그들에 있어서의 한국문화란 한국의 전통문화를 가리키는 말이라는 것이다. 그러나 후기구조주의 이후의 탈냉전기의 인간들로 말할 것 같으면 한국의 전통문화란 말은 한국의 현대문화에 대한 대립적 개념으로 밖에는 받아들여지지 않는 것이다. 그러나 1970년대 이후 많은 문화연구자에 의해 쓰여지는 문화의 개념은 전통문화와 현대문화를 합친 의미, 즉 자신들의 삶을 보다 의미있게 실현시켜 보려는 의지 내지 그 표상들로서 받아들여지고 있는 것이다.

전통문화와 현대문화를 포괄한 의미로서의 문화에 대한 이와 같은 개념성립의 배경은 다음과 같이 추적된다. 동아시아의 유교문화권에서의 문화란 인간이 어떤 원초적 존재로 생각되는 자연 속에서 생존해 가는 인간들의 정신을 문(文)으로 계발해 가는 행위의 의미로 쓰여져 왔었다. 이에 대하여 서구의 크리스트교 문화권에서는 인간과 자연이 신에 의해 창조된 존재들이라는 의미에서 자연과 인간을 동일한 속성의 것들로 인식해 인간이 자연과 자신을 신의 영역으로 끊임없이 개발·계발해 나가는 의지활동을 문화로 파악했던 것이다. 그러나, 동아시아의 유교문화권의 인간들이 서구의 근대문물을 받아들인 이후 동아시아인들에 있어서의 문화에 대한 개념은 서구인들의 문화에 대한 의미로부터 영향을 받아, 인간들이 이 우주 속에서의 자신들의 존재의미를 백분 실현시켜 가기 위해서 인간 자신들의 정신과 그들이 처해있는 자연환경을 부단히 계발하고 개발해 가려는 의지행위 내지 수단으로 규정되어 졌던 것이다.

이상과 같이 문화의 일반적 개념을 파악해 볼 때, 예컨대 우리가 여기에서 논하려는 「한국문화」라고 하는 의미는 한국인들이 자신들의 존재의미를 백분 실현시켜 가기 위해서 부단히 자신들의 정신을 계발해가고, 자신들이 처해있는 사회적·정치적·경제적 환경의 개선과 그것들의 기초를 이루는 자연환경 등을 부단히 개발해 가는 의지작용 및 그 의지작용의 표상들을 가리킨다고 할 수 있다.

2) 문화연구와 문화연구의 목적

이상과 같이 문화의 개념을 정의해 볼 때 문화연구란 자신들의 삶을 보다 의미있게 실현시켜 보려는 인간들의 의지작용들에 의해 만들어진 물건, 제도, 언어 등의 특성들에 대한 파악을 통해 인간의 정신세계, 즉 인간의 특성 그 자체를 규명해 나가는 작업이라 말할 수 있다. 한마디로, 문화연구란 인간에 대한 총체적 연구 바로 그것이라 할 수 있다. 따라서 현재 우리가 여기에서 논하고 있는 문화연구에 있어서의, 예컨대 문학작품이나 문학논문 등으로 이루어진 문학의 장르 등은 문화의 본질을 파악하기 위한 하나의 자료에 해당되는 것이고, 문학연구도 문화연구를 위한 한 자료정리 내지 자료비평이라 할 수 있다.

그렇다면 예컨대 「한국문화연구」란 의미는 한국인들이 행해가는 그러한 의지작용의 구현상들을 연구해 가는 행위라 할 수 있다. 우리가 한국인들의 그러한 의지작용과 그러한 의지행위의 구현상들을 연구해 가는 목적은 그러한 의지행위를 일으키고 그러한 결과물들을 산출해 낸 한국인들의 사고방식, 가치체계, 상상체계, 의지체계 등의 특징을 파악해 내기 위해서이다. 우리가 한국인들의 그러한 것들의 특징을 파악하려는 목적은 결국은 우선 한국인의 특성을 이해하기 위해서이고, 다음으로 필요하다면 그들의 사고방식 등과 같은 정신적인 것들을 개선해 가기 위해서이다. 더 나가서는, 한국인의 정신세계에 대한 이해를 통해 인간을 이해해 가기 위해서인 것이다.

3) 문화연구의 방법과 단계

문화연구의 일차적 목적이 한국인과 같은 어떤 인간집단의 사고방식 등과 같은 어떤 정신적인 것들의 특징을 파악하는 것이라면 그 문화연구의 일반적 방법이란 귀납적 방법일 수밖에 없다. 예컨대, 우리가 이광수의 정신세계의 특징을 파악하려면, 그가 쓴 작품들, 그의 일기, 그가 했던 말들, 그가 살았던 집 등의 특징들을 파악해 냄으로써만이 가능하다. 한국의 개화기인들의 의식세계의 특징 파악은 당시 그들이 만들어냈던 문학작품, 회화, 신문, 의복, 가옥 등의 특징을 파악함으로써만 가능하다. 현재 문화연구의 그러한 귀납법적 방법은 일반적으로 자료수집, 자료정리, 자료비평 및 이론도출 등의 단계를 통해 행해지고 있다.

이 경우, 자료가 예컨대 신라시대의 문헌일 경우 우리는 그것을 자료정리의 단계에서 그것을 우리가 충분히 이해할 수 있는 현대어로 번역해내야 한다. 그 자료가 독일어 원문일 경우에도 마찬가지다. 자료정리단계에서 그것이 한글로 번역되어져야만 한다. 그래야 그 다음 자료에 대한 비평이 행해질 수 있기 때문이다. 다음 자료비평의 경우는 정리된 자료들이 문화연구의 목적에 입각해 볼 때 문화연구를 위한 자료로서 어느 정도 가치가 있는 것인지를 논하는 단계이다. 그 다음 이론도출의 단계에 와서는 평가되어진 자료들을 일관하는 어떤 질서를 도출해 내는 단계이다.

  이상과 같이 문화연구는 4단계를 거쳐서 그 목적이 실현될 수 있을 것으로 고찰된다.

2. 한국에서의 문화연구의 실상

1) 자료수집의 실상

  한국에서의 문화연구란 자국문화연구와 외국문화연구로 나누어 고찰해 볼 수 있다. 한국에서의 자국문화연구란 한국인이 자신들에 의해 만들어진 것들을 자료로 해서 그것으로부터 한국인 자신들의 정서표현, 사고방식, 정신양식 등의 특징들을 도출해내는 작업이다. 또, 한국에서의 외국문화연구란 한국인이 외국인들에 의해 만들어진 것들을 자료로 해서 그것들로부터 외국인들의 그것들의 특징들을 파악한다고 하는 것이다.

  그런데, 한국에서의 자국문화연구나 외국문화연구를 위한 자료수집작업에 있어서의 가장 큰 문제점은 문화연구의 목적이 자료들로부터 그것들을 만들어낸 인간들의 정신세계를 끌어내는 것인데도 불구하고 자료를 사용하지 않고, 다시 말해서 자료없이 어딘가로부터 그것을 끌어내려 한다고 하는 것이다. 연구자가 그것을 끌어냈다고 할 경우 그것은 과연 어디로부터 끌어낸 것인가? 그것은 다름 아닌 연구자 자신의 의식으로부터 끌어낸 것에 불과한 것이 아니겠는가? 그렇다면 한국인들은 연구활동에 있어서 어째서 자료수집에 그토록 인색한 것인가? 그것은 두 가지 측면에서 그 원인이 파악될 수 있다.

하나는 한국인들이 서구의 근대문물을 받아들인지 1세기가 넘었는데도 불구하고 서구에서 19세기 이후 귀납적 방법론에 기초해 성립되어 나온 실증주의가 한국사회에는 아직까지도 제대로 정착되지 못했다고 하는 점이다. 한국의 많은 사람들이 아직까지도 전근대의 산물인 연역적 사고를 행해가고 있다는 것이다. 따라서 예컨대 서구인들이나 일본인들의 입장에서 볼 것 같으면, 한국인들이 꽤나 관념적 사고를 행해가고 있다고 느끼게 될 것이다. 다른 하나는 한국인들의 경우 자신들의 민족주의 등과 같은 어떤 관념이나 이데올로기 등과 같은 사상들에 빠져있기 때문에 그것들에 빠져서, 다시 말해 그것들을 통해서 자신들의 현실을 파악하려고 하는 나머지 어떤 객관적 자료들을 통해서 자신들의 현실을 논하려 하지 않는다고 하는 것이다.

자료수집 작업에 있어서의 두 번째의 문제점은 한국인들로부터 나온 자료를 지나치게 경시해 버리고 외국인들로부터 나온 자료를 지나치게 중시한다 하는 점이다. 자국문화연구의 경우, 예컨대 한국의 고려시대문학의 연구자가 고려시대의 가요문학에 대해 논문을 썼을 경우 그 시대의 문학을 연구한 많은 학자들은 특별한 예외를 제외하고는 그의 논문을 읽어보거나 혹은 그것을 자신의 연구자료로 사용하려 한다는 것이다. 그러나 그 논문이 외국인들에게 소개되어 그들에게 곧잘 인용되어질 경우 그때야 비로소 그 논문이 한국에서 한국인학자들에게 읽혀지고 인용되어지게 된다는 것이다. 한국에서의 외국문학연구의 경우, 예컨대 어떠한 영문학자도 한글로 쓰여진 자신의 영시 연구 논문에서 다른 한국인이 쓴 영시에 관한 논문을 인용하지 않는다. 설혹 그가 영국의 한 젊은 학자의 논문을 인용하는 한이 있더라도 다른 한국인의 논문은 절대 인용하지 않는다는 것이다. 한국에서 발표된 본인의 가와바타 야스나리 문학에 관한 논문이 20 여편 있는데, 그 중의 어떠한 것도 한국의 일본문학자들에 의해 한번도 인용되지 않은 것으로 알고 있다.

자료수집상 세 번째로 지적되는 문제점은 연구자가 자신의 전공분야를 넘어서서 인접분야나 타전공분야로부터 자료를 취하지 않으려고 한다는 것이다. 예컨대, 한국에서의 가와바타 야스나리 연구자들은 가와바타 문학 속에서만 가와바타 문학의 연구자료를 취하려하고, 일본근대문학자들의 경우는 일본근대문학 속에서만 일본근대문학연구의 자료를 취하려 한다는 것이다.

그 이유는 한국의 연구자들에게는 다른 전공분야의 연구자들이 자기들 분야의 연구영역을 결코 침범해서는 안 된다고 하는 생각에 빠져있기 때문이다. 그러한 생각들로 인해 현재 한국에는 서로 다른 장르간, 시대간, 국가간, 문화권간의 비교연구의 입장이 자연스레 확립되어 나오지 못하고 있다. 따라서 현재 한국에서의 예컨대 비교문학 같은 학문은 지극히 부자연스런 학문으로 인식되고 있는 실정이다.

2) 자료정리의 실상

문화연구에 있어서의 자료정리 작업이란 각각의 자료들이 지닌 성분들의 특징을 파악해서 그것들을 어떤 항목별로 분류해 두는 작업을 의미한다. 이 자료정리는 번역작업, 분석작업, 분류 등의 작업으로 이루어진다. 각각의 자료들이 지닌 성분들의 특징을 파악하기 위해서는 우선 그 자료가, 예컨대 한문이나 고문으로 혹은 외래어로 쓰여져 있을 경우 현대어로 명확히 번역해 내지 않으면 안 된다. 그런데, 이 경우 현재 한국의 자국문화연구자들은, 예컨대 서울대 규장각 등에 많은 한적들이 산더미처럼 쌓여져 있지만, 한국어로 그것들을 번역해 보려하지 않는다고 하는 것이다.

한국의 외국문화 연구자들도 마찬가지이다. 그들은 자기전공분야의 외국서적을 번역해가지 않는다. 대부분의 대학교수의 경우 대학원 수업에서는 말할 것도 없고 학부수업에서까지도 원서를 텍스트로 사용해 간다. 그들은 자신들이 번역본을 텍스트로 하면 자신의 학문적 권위가 떨어진다는 생각을 하고 있다. 최근까지도 대학당국에서는 교수들의 학술서적번역이나 작품번역을 그들의 학문적 업적으로 인정하지 않았다. 최근까지 한국에서의 대부분의 학술서적이나 문학작품의 번역은 비전문가들에 의해 행해져 왔다. 경우에 따라 전문가들에 의해서 행해질 경우라 하더라도 그 전문성의 수준은 대학원생 정도이다. 따라서 비전문가나 대학원생들에 의해 번역된 전문서적이나 문학작품들에는 역주나 용어해설 같은 것이 좀처럼 행해져 있지 않다. 최근에 와서 교수들도 전문학술서나 문학작품들의 번역을 행해가고 있는 추세를 보이고 있는데, 이 경우 서구서적의 경우 일본어 번역판을 참조해 가는 경우가 많다.

그렇다면, 한국의 자국문화 연구자들이 자국의 한적번역이나 고문번역을 게을리해 온 이유는 무엇이며, 한국의 외국문화연구자들이 외국서적번역에 관심을 보여오지 않은 이유는 무엇일가?

우선 역사적 측면부터 생각해 볼 수 있다. 한국인들이 서구문물을 접하기 이전 한국인들에 있어서의 외국문화란 중국문화를 의미했다.

근대 이전 관리등용을 위한 과거시험의 모든 답안이 중국의 한문으로 행해졌고, 또 한문에 능통해야만이 출세가 가능했었기 때문에 한문이 숭상되고 한글이 천시되었다. 따라서 한문으로 된 중국의 서적이 특별한 경우를 제외하고는 한글로 번역될 필요가 없었다. 한국에는 근대 이전 그러한 원서를 통한 외래문물의 습득이라고 하는 역사가 있었다. 그런데다가 근대로 들어와서도 한국인들은 자신들이 서구의 외국서적들을 손수 번역할 필요성을 느끼지 못해버리고 말았다. 왜냐하면, 우선 한국은 기본적으로 일본을 통해 서구문물을 받아들여 갔고, 한일합방 이후에는 외교업무나 국제관계는 전적으로 일본인들에 의해서 행해졌고, 서구의 전문서적 번역이 행해지는 종합대학은 경성제국대학을 제외하고는 한국에 세워지지 않았었기 때문이었다. 그 결과 해방 이후까지도 한국인들은 일본인들에 의해 일본어로 번역된 서양서적 번역본들을 통해 서구의 문물을 접해오게 되었다. 한국인들의 외국서적들의 번역에 대한 이러한 역사적 체험들로 인해 현재 한국의 학자들에게는 원전사용중시와 번역경시의 풍조가 잔재해 있는 것이다.

한국의 외국문화연구자들이 외국서적 번역에 관심이 없는 또 하나의 이유는 그들이 외국서적들을 읽고 취해낸 내용들을 그대로 자기의 것으로 해서 내놓으려는 심리가 작용하고 있기 때문인 것으로 고찰된다. 그러한 심리에 감싸여 있는 외국문화연구자들은 외국서적을 번역하지 않고 원서의 내용을 축약해 자기이름으로 해서 출판해내는 경우가 적잖다. 한국의 외국문화연구자가 외국서적을 번역한다는 것은 외국인의 사상을 그대로 독자들에게 전달해 주기 위해서이다. 한국의 외국문화연구자가 외국인의 아이디어나 사상을 자기 것으로 해서 자기의 이름으로 한국의 독자들에게 제시해 가는 풍조는 한국의 학문적 풍토에서는 흔히 있을 수 있는 일이다.

자료정리의 다음 단계로서의 자료분석의 핵심적 작업은 그 자료에 내재된 어떤 관념이나 질서를 도출해 내려는 작업을 의미한다. 예컨대, 분석대상의 자료가 어떤 신문기사였을 경우 그 신문기사의 내용을 보다 객관적으로 파악해내려는 작업을 의미하고, 또 그것이 문학작품일 경우 그 문학작품을 통해 작가가 이야기하려는 내용을 보다 객관적으로 파악해내는 작업을 의미한다.

연구자가 자료에 내재되어 있는 관념을 보다 객관적으로 파악해내려면 우선 무엇보다도 자료분석의 방법론이 있어야 한다. 예를 들면 뉴크리티시즘적 방법론이라든가, 롤랑 바르트의 서술작품의 구조분석 등과 같은 구조주의론적 방법론 등과 같은 것은 자료에 내재된 관념을 보다 객관적으로 도출해내기 위한 방법론들이다. 설혹 그러한 일반화되어 있는 방법론은 아니더라도, 작자와 내레이터와의 관계, 내레이터의 서술방법, 내레이터와 시점인물과의 관계, 중심인물을 주축으로 한 중심사건의 성립과 전개양상, 전환점의 위치와 그 전환양상 등의 검토 등을 통해 각 작품이 분석되는, 작품의 주제 도출법 등과 같은 것이라도 마련되어 있어야 한다. 그러나 현재 한국의 경우에는 자료의 어떤 객관적 분석을 위한 그렇다할 방법론이 마련되어 있지 않다. 그 주된 원인은 19세기 후반의 작가중심의 분석방법, 20세기 전반의 작품중심의 분석방법, 20세기 후반의 독자중심의 분석방법 등이 거의 동시에 들어왔기 때문이고, 다음으로 그러한 방법론들을 받아들여 한국의 현실에 적합한 어떤 방법론을 정립시키지 못했기 때문이다. 그러면 어째서 그러한 분석방법론이 정립되어 나오지 못했는가? 그것은 한 마디로 한국의 문화연구자들에 있어서의 문화연구에 대한 목적이 통일되어 있지 못했기 때문이라 할 수 있다.

끝으로 한국에서의 문화연구 과정에서의 자료분류상의 문제점은 첫째는 자료분류작업 자체가 별로 행해지지 않고 있다는 것이다. 다음으로 그것이 행해진다고 하더라도 그렇다할 어떤 일정한 기준에 의해서 분류되고 있지 않다는 것이다. 셋째 한국학자들 사이에서 일반적으로 통용되어지는 기준이 있다면, 그것은 통시성 정도의 것이라 할 수 있다. 다시 말해서 한국의 문화연구자들은 주로 연대기식으로 시간의 전후관계를 기준으로 해서 자료를 정리해 가려는 입장을 취한다고 하는 것이다.

그럼 우선 한국에서의 문화연구의 과정상에서의 자료분류 자체가 도서관 차원에서나 연구그룹 혹은 개인의 차원에서 활발히 행해지고 있지 않은 이유는 무엇인가? 우선 일차적으로 지금까지 한국에는 비연구자 레벨은 물론이고 연구자 레벨에 있어서도 자료이용을 통한 연구를 행해가려는 학문적 풍토가 제대로 조성되어 있지 않다고 하는 것이다. 자료를 발굴한 주체나 자료를 수집한 주체가 자신들의 차원에서만 자료가 이용될 수 있는 것으로 인식하고 있기 때문이다. 그러니까 연구의 결과가 공공의 자산이라는 인식이 일반화 되어있지 않기 때문이다. 다시 말해서 한국의 학자들에게는 학문의 공익성이 충분히 인식되어 있지 않기 때문이라고 하는 것이다. 그 이유는 여러 측면에서 이야기될 수 있지만, 학자들에게 그렇게 인식될 수밖에 없는 것은 최근까지 대다수의 연구자들이 자비로 자신들의 연구비용을 충당해 왔기 때문이다. 다음 한국의 학자들 사이에 그렇다할 분류기준이 통용되고 있지 않는다는 인상을 주는 것은 서구나 일본 등에서 분류기준으로 통용되고 있는 테마별 분류가 한국에는 거의 행해지고 있지 않기 때문이다. 예컨대, 중국, 일본이나 미국 등의 대학도서관에서는 도서관의 직원들 차원에서 어떤 한 작가연구나 어떤 테마연구를 위한 자료수집 등이 행해지고 있고, 작가별이나 테마별로 도서가 분류되어 있다.

한국의 문화연구자들이 테마별 분류를 행해가고 있지 않는 것은 첫째, 자신들의 연구테마를 지속적으로 연구해가려는 입장을 취하고 있지 않다는 것이고, 사회적으로는 자료에 근거한 연구를 통해 어떤 문제를 해결해가려는 사고가 국민들 사이에 형성되어 있지 않기 때문이라 할 수 있다.

3) 자료비평의 실상

비평의 기준과 한국문화연구

현재 한국사회에서는 문학연구자 등과 같은 연구자라는 말과 문학비평가, 문화비평가 등과 같은 비평가라는 말들이 통용되고 있다. 그런데, 한국에서의 비평가란 말은 서구에서 크리틱으로 사용되는 말보다도, 일본에서 연구자의 대립적 개념으로 사용되는 평론가라는 말에 훨씬 더 가까운 말이라 할 수 있다. 예컨대, 문학분야의 경우 서구에서 20세기 이후 비평가란 말은 작품이나 혹은 작가·작품·독자 등으로부터 구성되는 문학 등으로부터 어떤 문학적 이론을 도출해 내는 인간들을 가리킨다. 일본에서의 평론가란 말은 신간이 나왔을 때 일간신문 등에 그것들에 관한 서평을 쓴다든가, 문학계에 어떤 주목할 만한 이슈가 있을 때, 신문이나 잡지를 통해 그것들에 관한 문제성과 가치 등을 논하는 인간들을 가리킨다. 사실상 문학에 종사하는 인간들은 그 역할의 측면에서 작품을 만들어 내는 창작자, 그것이 출판되어 나왔을 때 독자들에게 그것을 해설해 주는 평론가, 어떤 한 작가나 작품 등과 관련된 것들을 수집해서 그 작가의 정신세계를 파악해 보고 그 작품의 주제 등을 도출해보는 문학연구자, 연구자의 연구업적

등을 자료로 해서 작가, 작품, 독자 등을 일관하는 어떤 질서를 파악해내려는 이론가 등으로 이루어진다.

그런데, 현재 한국의 경우는 문학에 종사하는 사람이 작가, 연구자, 비평가 등으로 대별되어 있다. 현재 한국에서는 대개 비평가란 타이틀을 가지고 평론가와 이론가의 역할을 동시에 해가고 있다. 어떤 연구자의 경우는 평론가의 역할은 물론 이론가의 역할까지 행해가는 경우도 있고, 어떤 비평가는 연구자의 역할까지를 행하는 경우도 있다.

이처럼 현재 한국의 문학계에서는 한 사람이 세, 네 분야를 동시에 다 행해가고 있는 것이 보통이다. 이것은 극단적으로 말해 자기의 연구분야가 없다는 말일 수도 있다. 한국에서의 이러한 현상은 결국은 문학에 종사하고 있는 인간들이 자신들의 역할을 제대로 수행해 가고 있지 못하고 있다는 것을 의미한다. 또 하나의 이유는 문학의 역사가 짧은 관계로 문학연구의 분야가 아직 체계화되지 못했고, 또 현재 한국의 문학연구가 이론도출의 단계까지는 이르지 못해있는 탓도 있는 것으로 고찰된다.

현재 한국에서 연구, 평론, 이론도출 작업에 종사하고 있는 문학자들 중에서 가장 많이 알려진 인물들은 김윤식, 김우창, 백낙청, 이어령, 유종호 등과 같은 인물들이다. 이들은 10여 년 전부터 한국문학계를 대표하는 인물들로 거론되어 왔다. 이들 중 네 학자는 이, 삼십여 년 이상 문학잡지의 편집을 통해 일반인들에게도 널리 알려져 있지만, 문학전공자들에게 의해서도 한국의 문학계를 대표하는 학자들로 받아들여져 있다.

네 학자 중, 한 분의 경우 문학잡지의 편집을 통해 자신의 이름을 학계에 알린 학자는 아니다. 그는 그의 100여권 이상의 저작물과 평론활동 등을 통해 학계에 알려진 인물이다. 그가 국문학자로서 그토록 많은 저서들을 낼 수 있었던 것은 그의 남다른 근면성과 외국문학의 덕택이 아니었을까 한다. 그는 지난 달 11일 서울대 박물관 강당에서 정년퇴임 고별강연을 가졌다. 그는 그 강연에서 자신의 역사관과 문학관은 철학자 헤겔과 루카치로부터 지대한 영향을 받았다는 이야기를 비롯하여 사르트르의 말을 사용하여 문학이란 무엇인가를 정리했다. 그런가 하면 워즈워드의 시의 한 대목을 인용해 그의 고별강연을 끝냈다.

그는 분명히 그 고별강연에서 그의 역사관, 문학관이 저 헤겔과 루카치의 그것들을 통해서 형성되었다고 고백했다. 그것은 바로 그가 헤겔과 루카치 등과 같은 서구 학자들로부터 아이디어를 취해 국문학을 연구해 왔다는 말과 결코 다를 바 없다. 그의 전공분야는 한국의 근·현대문학이다. 그러니까 그는 헤겔의 역사관과 루카치의 문학관으로부터 역사적 문학적 아이디어를 취해 한국의 근·현대 문학을 논해왔다는 말인 것이다. 그의 그러한 문학연구의 방법은 헤겔이나 루카치 정도에서 끝나지 않았다. 일본의 많은 문학자들의 저서들을 접하고 그것들로부터 어떤 아이디어들을 취해 그것들을 가지고 한국의 근·현대문학을 논해갔던 것이다. 심지어는 일본의 가라타니 고진의 평론들로부터 까지도 아이디어를 취해서 한국의 근현대문학을 논해가다가 문제가 되기도 했었다.

개화기 이후 한국에는 많은 문학적 자료들이 있다. 그는 그것들을 정리해서 그것들로부터 그것들을 일관하는 어떤 관념이나 이론들을 끌어내야 했었다. 그러나 그는 그렇지 않았다는 것이다. 서구의 이론서나 일본의 어떤 문학연구서들을 읽고 그것들로부터 어떤 관념을 취해내 그것을 가지고 한국의 근현대의 문학적 자료들에 적용시켜 갔던 것이다. 그것은 바로 그가 아직 정리되어 있지 않은 근현대 한국의 근

현대의 문학적 자료들을 서구나 일본의 서적들로부터 취해낸 관념들
이나 이론들로 꿰매가는 작업이었지, 그가 한국의 문학적 자료들을
수집해 그것들을 정리해서 그것들을 일관하는 어떤 관념이나 이론을
도출해내는 작업은 결코 아니었다고 하는 것이다. 여기저기 흩어져
있는 자료들을 어떤 관념으로 꿰맨다고 하는 것은 사실은 자료수집
이상의 의미는 결코 갖지 못하는 것이라 할 수 있다.

　다음의 다른 두 분의 경우는 말할 것도 없다. 그들은 현재 대학에
서 영문학 교수로 재직해 있다. 한국문학에 대한 그들의 비평기준은
서구의 문예이론서로부터 취해진 것들이다. 그중 한 분의 경우는, 그
는 모 계간 문학잡지의 편집을 통해 한국문학계에 등장해, 주로 그것
을 통해 발표한 문학과 사회에 관한 에세이들을 엮어『궁핍한 시대의
시인』을 내놓음으로써 한국 문학계에서의 비평가로서의 하나의 확실
한 위치를 확보하였다. 그 다음 그는 그것에 이어,『지상의 척도』,『심
미적 이성의 탐구』 등을 내놓음으로써 한국의 비평문학계에서의 일인
자적 위치를 굳히게 되었다. 그의 비평문학은『시인의 보석』에 와서
완성기에 달했고,『심미적 이성의 탐구』에 와서는 완숙된 경지에 접
어들었음을 보여주고 있다.

　그의 에세이들이 거의 다 그러하듯이,『궁핍한 시대의 시인』과『지
상의 척도』에 실린 것들도 예외없이 다 한국의 문학작품들과 그것들
이 쓰여진 사회에 관한 평론들이다. 그런데 그의 그러한 평론들은 그
의 서구 문예이론서들의 탐독을 통해서 얻어낸 관념들을 가지고, 한
국의 문학작품들과 그것들이 쓰여져 나온 사회에 대한 비평들로 이루
어졌다. 그의 그러한 평론활동의 완성기의 작품『시인의 보석』의 제1
장을 구성하는 첫머리 에세이「시와 정치」는 그 이전의『지상의 척
도』속의 에세이들과 마찬가지로 레비 스트로스의『슬픈 열대』속의 한

구절이 오른쪽 상단에 올려지고, 또 그 첫 문장이 「오늘날에 있어서 모든 사람의 운명은 정치적으로 규정된다」고 하는 토마스 만의 말로 시작된다. 또 『시인의 보석』은 제1장 앞에 「서문에 대신하여」로 해서 「어둠으로부터 시작하여 : 시의 근원」이라고 하는 에세이가 놓여져 있는데, 그는 거기에서 줄리아 크리스테바의 『시어의 혁명』으로부터 아이디어를 취해내 「시의 근원」에 대한 자신의 입장을 피력하고 있다.

29편의 에세이로 구성된 『시인의 보석』속에는 그 에세이집의 에세이들을 대표한다고 볼 수 있는 「시인의 보석」이란 에세이가 들어있다. 그 에세이에는 두 개의 주(註)가 달려 있다. 하나는 "Donald J. Munro, *The Concept of Man in Early China*, Standford, 1969, p.33에서 재인용"이고, 다른 하나는 "Edward F. Edirger, *Ego and Archetype*, (Penguin Books, 1973), p.207"이다. 논자는 상기의 두 서적으로부터 아이디어를 취해 시인에게 있어서의 가장 진귀한 것이 무엇인가의 문제를 논하고 있다.[5]

이상의 두 교수들은 한국의 문학계에서 근래 20여 년 이상 최고의 비평가로서 추앙을 받아온 것 못지않게 학계에서도 최고의 학자들로서도 대접을 받아왔다. 따라서 두 학자들은 사실상 본인을 포함한 그 문하생들에게 막대한 학문적 영향을 끼쳐왔다. 그 영향들이란 다름 아닌, 외국문학의 입장에서 한국문학을 비평하고 연구한다는 시각을 한국의 문학계와 학계에 제시해 옴으로써 한국인의 시각에서 한국문학과 외국문학을 행하고 또 그것들을 그런 시각에서 연구해야 한다는 입장 정립을 줄곧 저지시켜 왔다고 하는 것이다. 다시 말해서, 국문학자의 경우는 당연히 자신이 처해있는 현실세계로부터 어떤 문제의식을 취해서 그것을 풀기 위한 방법의 하나로 한국문학을 구성하는 어떤 것들로부터 어떤 연구대상을 취해내서 그것에 대한 연구를 통해 자신의 문제의식을 해소시킬 수 있는 어떤 관념을 끌어냈어야 했다는 것이다. 그러나 그는 그렇게 하질 않았고 서구서적이나 일본서적들을 읽고서 그것들로부터 취해낸 관념을 가지고 한국문학을 구성하는 것들에 내재된 질서를 논해갔다고 하는 것이다.

또 한 분의 비평가의 경우도 영문학자로서 서구의 문헌으로부터 취해낸 이론을 가지고 한국의 문학현상들을 논해 갔었고, 또 그는 한국인의 입장에서 영문학을 연구하려는 시각을 그의 문하생들에게 아예 제시해 주지 않음으로써 한국에서의 외국문학연구로서의 문학연구의 형성에 크나큰 악영향을 끼치게 되었다고 하는 것이다. 그러한 악영향은, 사실상 한국에서의 영문학이 외국문학연구로서는 단연 선두에 위치해 있어왔다는 사실을 감안해볼 때 영문학계에 국한된 것이 아니라 한국에서의 외국의 문학·문화연구에까지 파급되었다고 말해볼 수 있는 것이다.

이상의 두 거두의 그러한 학문적 입장이 그동안 서슴없이 받아들여졌던 것은 국문학계나 영문학계를 비롯한 다른 외국문학계의 학자들도 바로 그러한 시각을 취해 자신들의 학문을 행해가고 있었다고 하는 것이다.

연구자의 시각과 한국인의 외부시점

우리가 어떤 대상의 특징을 논할 수 있는 것은 그것이 우리에게 지각되었을 경우에만이 가능하다. 또 우리에게 논의되는 대상의 특징은 우리가 그 대상을 어떤 각도에서 파악하느냐에 따라서 달라질 수 있다. 예컨대 우리가 보름달의 특성을 논할 수 있는 것은 우선 그것이 우리에게 지각되었기 때문에 가능하고, 또 그것의 특징은 우리가 그것을 육안으로 보느냐, 망원경으로 보느냐, 혹은 현미경으로 보느냐에 따라서 달리 파악된다. 이처럼 연구자에 있어서의 연구대상의 특성은 그것이 어떤 시각에서 파악되느냐에 따라서 달리 파악되어 지는 것이다. 그러한 의미에서 연구자에 있어서의 연구대상의 특성이 파악되는 시각은 그 만큼 중요한 것이라 할 수 있다.

그렇다면, 연구자가 어떤 연구대상의 특성을 파악하려할 때 취해야 할 가장 바람직한 시각은 어떤 것인가? 모든 인간은 사실상 자기 자신의 눈으로만 사물들을 바라다 볼 수밖에 없다. 다른 어떤 누구의 눈을 통해서도 사물을 바라다 볼 수 없는 것이다. 따라서 엄격히 말해 모든 인간들에게는 그들 자신들의 시각 밖에는 존재하지 않는다. 그 결과 인간들은 자신들이 자신의 시각으로 사물의 특성을 파악해 논해 가는 과정에서 상대방들과 자연 부딪치게 되는 경우가 많다. 그래서 인간들은 상대방과 서로 부딪치지 않으려는 하나의 방법으로 자기와 상대방을 동시에 다 내려다 볼 수 있는 위치에 있는 어떤 존재, 예컨대 전지전능자와 같은 존재를 상정한다든가, 아니면 자기도 아니고 상대방도 아닌 어떤 제삼자를 상정해 그 인간의 시각에서 사물의 특성을 파악하는 것이 좋겠다는 방안이 제기되어 나왔다. 그 결과 인간들에게는 「나」라고 하는 일인칭 시각 이외의 시각, 즉 전지전능자의 시각과 삼인칭의 시각이 설정되어 나왔던 것이다.

인간에 있어서의 연구의 목적은 나 한사람이나 나의 상대가 되는 사람들만을 위한 것은 결코 아니다. 그것은 나로 말할 것 같으면 제삼자의 입장에 처해있는 모든 인간들을 위한 것이다. 따라서 연구자가 마땅히 취해야 할 시각은 제삼자의 시각이어야 한다. 현재 우리는 그러한 의미에서 제삼자의 시각을 객관적 시각이라 말하고 있다.

그런데 현재 한국의 문화연구자들은 제삼자의 시각, 즉 자연과학자들이 취하는 객관적 시각을 가지고 연구대상의 특징을 파악하지 않고, 자신의 일인칭 시각이나 혹은 전지전능자의 시각을 취해 그것의 특성을 파악하려는 경우가 많다고 하는 것이다. 일본인들과 비교해 볼 때, 일본인들이 가끔 일인칭 시각을 취해 연구대상의 특징을 주관적으로 파악하려는 경향을 보이는 데 반해, 한국의 경우는 전지전능자의 시각을 취해 그것의 특징을 주관적으로 파악하려는 경향을 보이고 있는 것이다. 예컨대 일본의 연구자들은 제삼자들의 입장에서 어떤 것을 논해가다가 자신의 논리적 근거가 빈약하다는 생각이 들 경우 일인칭 시점을 취해 「라고 나는 생각한다」라는 식으로 논해간다. 한국인의 경우는 그러한 상황에 직면했을 때 신과도 같은 전지전능자의 입장에서 갑자기 「~이다」라고 단정조로 논해버리는 경우가 많다.

이러한 현상은 일본인들이 그동안 서구열강들과의 경쟁과정에서 혹은 사면이 바다로 둘러싸인 공간에서 지나치게 자기 자신들 속으로 몰입해 들어가 있었기 때문이며, 한국의 경우는 근대화 과정에서의 일본으로부터의 식민지 체험, 유엔군에 의한 해방, 이념적 대립 등을 체험해 나오는 과정에서 자신들을 지배하고 있는 어떤 절대적 존재를 상정해서 그것에 대한 관념 속에 깊숙이 매몰되어 있기 때문인 것이다.

우리가 일본인들의 일인칭 시점을 내부시점이라 한다면, 한국인들의 전지전능자의 시점을 외부시점이라 말할 수 있다. 연구자들은 나의 입장도 아니고 나의 상대방의 입장도 아닌, 다수의 제삼자들의 시각에서 어떤 것들을 파악했을 때만이 다수의 인간들이 받아들일 수 있는 어떤 보편적 결론을 도출해낼 수 있다. 그러나 한국의 연구자들은 전지전능자의 시각에서 연구대상을 파악하려할 때가 적지 않다고 하는 것이다. 그러한 시각에서 도출된 결론이란 인간의 실생활에서는 실제로 쓰여질 수 없는 것들이 아닐 수 없는 것이다.

한국인의 접근방법과 통시적 접근

연구자가 어떤 대상을 연구한다는 것은 그것을 일관하는 어떤 질서나 관념체계를 도출해 낸다는 것을 의미하고, 그것을 도출해 내는 목적은 그것의 본질을 규명해 내기 위해서이다. 그렇다면 인간들이 어떤 대상의 본질을 규명해 내려는 까닭은 무엇일까? 그것은 분명 인간들이 그 대상에 대한 본질을 파악해서 자신들과 그것들과의 관계를 정립시켜 보기 위해서임에 틀림없다. 다시 말해서 자신들과 그 대상과를 일관하는 어떤 질서를 만들어 보기 위해서이다. 인간에 있어서의 그러한 연구행위를 통한 질서체계의 창출은 인간 자신들의 생명체계의 창출행위로 의미 지워진다. 근대 이후 인간들에 있어서의 자신들의 생명체계의 창출은 19세기 이후 대상에 대한 통시적 질서의 추구, 20세기 이후 그것에 대한 공시적 질서의 추구, 20세기 후반이후 구조적 질서의 추구 등으로 전개되어 나왔다.

통시적 질서의 추구란 인간이 산업화 시대로 들어와서 인간존재의 기반을 물리적 생물학적 세계로 파악하고 그 물리적 생물학적 존재들이 역사적으로 어떻게 변화해 왔는가를 파악해 봄으로써 그것들을 일관하는 어떤 통시적 질서를 파악한다고 하는 것이다. 그러한 접근방법은 19세기 유럽에서 자연과학에서의 진화론의 성립, 인문사회계에서의 국민국가와 그것의 기초 사상인 민족주의의 성립 등을 계기로 형성되어 나왔다. 이러한 상황 하에서의 문학연구는 국민이나 민족의 정신계발과 그것을 통한 국민이나 민족의 생명체계 확립의 목적 하에 행해졌었다. 그 경우의 문학연구의 구체적 방법은 작가의 정신세계를 규명해내려는 작가론이라든가 그것을 단위로 해서 이루어지는 문학사연구였었다.

예컨대 정원이 하나 있다고 하자. 정원에는 소나무, 목련 등이 있고 정원사가 그들의 가지를 손질하고 있다. 그 정원사 옆에는 정원주인이 그것들을 바라다보고 있다고 해 보라.

19세기의 인간들이 그 정원을 논할 때는 그 정원은 언제 누구에 의해 만들어졌는가 그 소나무와 목련은 언제 누구에 의해 심어졌는가, 시기적으로 봐서 봄인가 가을인가, 아침나절인가 저녁때인가, 소나무와 목련은 몇 년 생들인가. 정원사나 주인은 나이가 얼마나 됐는가, 정원사는 언제부터 일을 하기 시작했으며, 주인은 언제 그 정원을 구입했는가, 또 그가 그 날 정원에 도착한 시점은 언제인가, 등과 같은 통시적 차원의 문제들을 규명해 그 정원의 특징을 파악해 보려고 할 것이다.

그러나 인간들은 20세기로 들어와 그러한 식으로는 사물들의 본질을 파악하려 하지 않았다. 20세기 전반기의 인간들은 공시적 차원의 질서파악을 통해서 사물들의 특성을 규명해 갔었던 것이다. 예컨대 정원은 얼마나 큰가, 거기에는 어떤 나무들이 있는가, 소나무와 목련과는 얼마나 떨어져 있으며, 그것들은 정원의 어디에 위치해 있는가, 정원사와 주인과는 얼마 정도의 거리로 떨어져 있으며, 그들은 정원의 어느 지점에 위치해 있는가, 잔디는 정원의 어느 지점에 깔려 있는가, 현재 소나무와 목련은 어떤 빛깔인가, 그것들은 정원에서 어느 정도의 너비를 차지하고 있는가, 그들은 이러한 것들을 분명히 해 봄으로써 정원의 특징을 제시해 보려했던 것이다.

그렇지만, 20세기 후반의 인간들의 사물에 대한 접근 방법은 또 다르다. 우선 그들은 어떤 대상의 구성요소, 그들의 역할, 그 대상의 구조적 특징을 규명해 간다는 입장이었다. 후반의 후기로 들어서는 정원사나 주인에게 그 정원을 이루는 것들은 어떻게 보이는가? 정원사에게 있어서의 조선 소나무는 어떤 의미를 불러일으키며, 또 주인에게는 어떤 의미를 불러일으키는가? 또, 소나무와 목련과의 거리는 그들에게 어떻게 느껴지는가? 후기구조주의자들은 바로 이런 것들을 규명해 냄으로써 정원의 특징을 파악해 보려는 쪽으로 전환해 나왔던 것이다. 그런데 본인이 여기서 말하고 싶은 것은 현재 한국의 대부분의 문화연구자들이 아직까지도 연구대상들로부터 통시적 질서 파악만을 고집하고 있다고 하는 것이다. 다시 말해서 연구대상에 내재된 통시적 질서의 파악을 통해서 그 연구대상의 본질을 규명해 보려는 입장을 취하고 있다는 것이다.

우리가 정원의 특성을 파악하는 데 있어서 그 소나무가 언제 심어졌고 그것이 몇 년생이고, 주인이 그것을 언제 샀다는가를 파악하는 것도 중요하다. 그러나 그것 못지 않게 그 소나무가 주인에게 어떤 추억을 불러일으키며 그 정원이 주인에게 어느 정도 소중한 것으로 느껴지고 있는지에 대한 파악도 그것 못지않게 중요하다고 하는 것이다. 보다 구체적으로 말해 우리가 목련이 신생대 식물이고 소나무가 그 보다 몇 억 년 전의 고생대 식물이라는 것을 파악해서 그것들로부터 어떤 의미를 창출해 보려는 것도 중요하지만 그것 못지않게 목련의 넓은 잎과 소나무의 가는 잎을 대조, 비교해 봄으로써 어떤 의미를 창출해보는 것도 중요하다고 하는 것이다.

서구의 구조주의가 동아시아에 본격적으로 도입된 것은 서구보다 20여 년이 늦은 1980년대 이후이다. 그런데, 20세기 전반 일본을 비롯한 동아시아의 국가들은 19세기 후반 이후 동아시아로 몰려 온 서구의 제국주의 세력들과 대항해 가는 과정에서 20세기 전반의 서구인들의 공시론적 입장을 받아들이지 못했다. 또, 동아시아 나라들의 민족적 대항은 20세기 후반 이후에도 지속되어 나옴에 따라 결과적으로 동아시아인들은 통시론적 시각에서 서구의 구조주의를 받아들이지 않을 수 없는 상황에 처해 있게 되었다. 그 결과 동아시아에서의 서구인들의 구조주의적 입장은 계보론이라든가 변형론 등으로 정착되어 나왔던 것이다. 그러나 연구자들의 그러한 계보추적이나 변형과정의 추적은 어디까지나 시간의 흐름을 주축으로 한 질서파악의 행위로서 통시론적 방법의 일종이라 할 수 있다.

3. 문제점들의 극복방안

1) 학문관의 전환

이상에서와 같이 한국에서의 문화연구의 실상을 파악해 볼 때, 문제점으로 지적되어 지는 것들은 한결같이 근대 이후의 한국의 정치적 현실과 깊게 관련되어 있다고 하는 것이다. 한국의 근대화 과정에서의 외국에 대한 문호개방은 외세의 강압과 국내의 정치적 현실로 인해 이루어졌었다. 일본이나 중국의 경우도 근대화 과정에서의 외국에 대한 문호개방은 외세의 강압과 국내의 정치적 현실로 인해 이루어졌다고 말할 수 있다. 그러나 일본이나 중국의 경우는 외세로부터 문호개방의 압력을 받게 되자 그 외세에 대항해 싸워보려는 세력이 내부의 지식인 집단을 중심으로 해서 단결해 나왔고, 그 지식인 집단에 의해 제시된 문호개방정책들이 국내의 집권세력들이나 정치적 세력들에 의해 받아들여짐으로써 문호개방이 이루어졌던 것이다. 다시 말해서 일본이나 중국의 문호개방은 외세를 연구해 온 학자들이나 외세를 알고 있는 지식인들의 의견들이 현실 정치에 상당히 반영되어 이루어졌다고 하는 것이다.

그러나 한국의 경우는 문호개방에 대한 학자들의 주장들이나 지식인들의 의견들이 있었기는 했지만 그것들이 하나로 모아지지 못했었고, 그들의 의견들과는 관계없이 완전 외세의 강압과 당파로 얽혀있는 국내의 현실정치에 의해 행해져 버리고 말았던 것이다. 다시 말해서, 외세에 대한 어떤 견해를 가진 학자들이나 외국을 알고 있는 지식인들이 전무했었기 때문이었던 것은 아니었고, 외세의 압력이 워낙 강했고, 또 외세들과 맞물려 있는 국내의 정치적 세력들이 목적을 달리하고 있던 두 개 이상의 외세들과 맞물려 당파적 차원에서 행해졌었기 때문으로 고찰된다.

이처럼 개화기이래 한국의 학문이나 학자는 외세라든가 당파와 얽혀있는 현실정치에 종속되어 왔다는 것이 지적된다. 따라서 국내의 정치적 현실이 바뀔 때마다 학자들의 연구대상과 그의 접근방법이 달라져 오지 않을 수 없었다. 또, 그러한 현상은 학자들이 정치와 행정에 대대적으로 줄줄이 동원되고, 또 그들 스스로가 정계진출을 희망함으로써, 더욱 두드러졌던 것이다.

이렇게 볼 때 한국에서는 꾸준히 연구만을 행해가는 학자나 연구자들의 연구결과가 현실정치에 좀처럼 반영되지 않아 왔다고 지적될 수 있다. 다른 한편으로는 학자들이 연구도중에 정계로 불려나가는 바람에 쓸만한 연구결과가 결코 나올 수 없었기 때문에 그들의 연구결과가 결국은 현실정치에 반영되지 않는다는 말로도 표현될 수 있다.

근대화 과정에서 일본이나 중국은 메이지 혁명, 신해혁명 등과 같은 혁명들을 통해 전근대적 사고체계를 청산해 나왔다. 그러나 한국의 경우는 근대화 과정에서 그러한 것을 해체시킬 수 있는 시민혁명 같은 것은 한번도 일어나지 않았다. 그 결과 전근대적 산물이라 할 수 있는 연역적 사고가 아직도 한국인들의 사고체계의 바탕을 이루고 있음으로써 한국인들에게는 철저한 귀납적 방법이나 실증주의적 방법을 통해 어떤 연구대상을 분석하려는 입장이 확고히 정립될 수 없었다.

근대화 과정에서 한국인들이 시민혁명과 같은 것을 통해 전근대적 사고체계를 해체시킬 수 없었다는 것은 한국을 식민지로 몰아갔던 외세가 근대화를 이용해 한국을 지배하려했었기 때문에 한국인들이 근대화에 대해 대대적으로 부정적 입장을 취해왔기 때문이었다.

한국에서 비평가들의 비평기준이 외국으로부터 취해져 왔다는 것이나 연구자들의 시각이 제삼자적 입장을 취하지 않고 전지전능자의 입장을 취해왔던 것도 한국의 정치적 현실과 깊게 관련되어 있다고 말할 수 있다.

근대 이후 줄곧 한국은 직간접적으로 외세의 지배를 받아왔다. 해방 이전 일본의 지배 하에 있으면서 한국은 미국, 유럽, 중국, 러시아 등과 같은 나라들의 도움을 받아서 일본의 지배로부터 벗어나 보려했었고, 그들과의 전쟁에서의 일본의 패배로 일본의 지배로부터 벗어나게 되었다. 해방이후 한국은 또 다시 한국의 의사와는 무관하게 분단 상태로 떨어지고 말았다. 그러자, 한국인들은 그러한 분단의 문제란 그것을 만든 외세에 의해 풀어질 수밖에 없다는 생각을 해왔다. 그 결과 한국인들의 의식세계나 현실세계를 논하고 비평하는 자들의 비평 기준은 외국의 것들이 될 수밖에 없었다. 또 한국인들은 통일이란 자신들의 연약한 의지에 의해 이루어질 수 있는 것이 아니고 인접하는 강대국들의 역학관계가 해소됨으로써만이 가능하다고 생각해 온 나머지, 그러한 거대한 힘을 컨트롤할 수 있는, 어떤 초월적 존재를 상정해 왔었고, 그것을 통해 어떤 문제를 해결해 보려는 입장이 한국인들에게 형성되어 나왔던 것이다. 그 결과, 가장 객관적 입장을 취해 자료들을 분석해 가야할 연구자들이 전지전능자의 입장에서 연구대상을 논하게 되는 경우가 생기게 되었던 것이다.

이상과 같이 한국인들의 연구태도나 연구방법은 한국의 정치적 현실과 직접적으로 관련되어 나왔던 것이다. 또 한국의 학자나 연구자들은 학문이나 연구가 정치의 하부구조를 이루고 있다고 인식하고 있다고 하는 것이다. 그러한 점에서 그들의 문화연구에 있어서의 가장 큰 문제점은 그들이 정치적 현실의 변화를 통해서만이 문제점들의 원인들이 해소 될 수 있다는 그들 자신의 고정 관념을 가지고 있다고 하는 것이다.

현재 한국사회에 직접적 영향을 끼치고 있는 정치적 문제는 첫째로 해방 이후 자본진영과 공산진영이라고 하는 이데올로기적 대립의 산물인 남북의 분단이라고 하는 문제이다. 그 다음은 그러한 분단체제를 조장해 온 인접 강대국들에 대한 국민들의 사대주의적 태도와 그들에 대한 반감의식의 한 형태로서의 국민들의 민족주의적 입장이다. 한국의 학자들이나 연구자들은 이러한 정치적 문제가 해결될 때만이 연구상의 여러 문제들이 해소될 수 있다하는 생각을 하고 있다고 하는 것이다.

그러나 본인이 생각하기에는 학자나 연구자들의 그러한 사고는 잘못된 것이다. 그들의 그러한 생각은 정치나 정치적 현실이 학문이나 연구를 지배해 간다라든가 학문이란 정치와는 무관하다는 생각으로부터 나온 것으로 판단된다.

2) 신자료의 사용을 통해

우리들의 그러한 생각은 근대 이후의 한국의 독특한 역사적 상황으로부터 취해진 것이라 생각한다. 한국에서의 근대 이전이나 혹은 근대 서구의 경우에 있어서는 정치가 학문을 그의 하수인으로 써가지 않았다. 근대 이전 한국은 중국, 일본 등과 함께 신유교라고 하는 주자학을 치정이론으로 받아들인 나라였다. 주자학은 학자의 연구에 의해 성립되고 체계화된 철학적 사상이다. 동아시아 삼국의 정치가들은 근대 서구의 문물과 접촉을 갖기 이전의 250~500여 년 동안 많은 학자들에 의해 연구되어 정립된 이론을 받아들여 정치를 행해갔었던 것이다.

근대 서구의 경우 소비에트 러시아를 비롯한 공산국가들은 칼 마르크스의 공산주의 이론을 받아들여 정치를 행해갔었다. 1967년 지식혁명이라 불리우는 파리5월혁명은 근대 서구의 학자들의 이론이나 연구자들의 연구물들이 그들이 속해있는 시대와 사회를 변혁시켜 가고 지배해 간다고 하는 좋은 자료가 될 수 있다. 칼 마르크스가 유물사관을 확립시켜 기존의 이상적 사회주의를 공산주의로 전환시켰던 것은 그가 기존의 경제학자들과는 전혀 다른 자료들을 사용해서 당시의 경제적 현상의 원리를 설명해 냈다고 하는 것이다. 기존의 경제학자들이 시장에서나 일상생활 속에서 경험해 갔던 것들을 바탕으로 해서 경제적 현상을 설명해 갔다면 그는 당시 정부 기관들로부터 국회에 제출되어 국회도서관에 보관된 각종의 보고서들을 자료로 했다는 것이다. 앞에서도 언급했듯이 파리 5월 혁명을 주도했던 J.데리다를 비롯한 학자들은, 그 그리스트교 문화권을 기반으로 한 유럽중심주의와 그 유럽중심주의에 기초한 드골리즘에 반대해 탈 유럽중심주의를 주창하고 나왔다. 그러나 그들의 그러한 주창은 당장 당시의 현실정치에 반영되지는 않았지만, 결국은 그들의 그러한 주창이 후기구조주의 이론으로 정립되어 나와 전 유럽 지역으로 전파해 나갔다. 또, 그것은 예술계에서의 후기모더니즘, 경제사회계에서의 후기 산업주의사회 등과 같은 개념을 만들어 냄으로써 유럽시민들의 생산중심의 사고를 소비중심의 사고로 전환시켜 나갔던 것이다. 그 결과 그들의 그러한 사고는 1980년대로 들어와서 글로벌라이제이션 등과 같은 경제적 사회적 현상을 불러일으키게 되었고, 결국은 그것이 소련 소멸로 이어졌던 것이다.

그러면 유럽에서의 후기구조주의적 사고는 어떻게 성립되어 나왔던 것인가? 현재 우리들은 후기구조주의 이론을 정립시킨 학자를 J. 데리다로 보고 있다. 그가 그러한 이론을 정립시켰던 것은 그가 유럽문화를 연구해 가는데 있어서 언어를 문화연구의 자료로 사용했다는 점에 있어서는 이전의 구조주의론자들과 마찬가지였지만, 기존의 구조주의론자들이 언어의 본질을 말로 규정해서 말을 문화연구의 분석자료로 사용했었던 점에 반해 그는 언어의 본질을 말 대신 글로 파악해 문자를 자신의 문화연구의 분석자료로 사용했었기 때문이었다고 하는 것이다. 즉, J. 데리다는 시각기호인 글을 자료로 해서 언어의 본질을 파악해 보고 그것의 특성을 통해 유럽문화를 고찰해 봤던 것이다. 그 결과 그는 그리스트교 문화를 기초로 해서 성립해 나온 유럽문화가 청각 기호인 말을 중심으로 한 언어관에 기초해 성립되어 나왔다는 것을 알아내고 유럽문화가 전인류문화의 기초가 결코 될 수 없다는 것을 깨닫게 됨으로써 말 속에 내재된 이미지를 분석자료로 받아들여 그것에 기초해 탈유럽중심주의를 주창했던 것이다.

J. 데리다와 같은 후기구조주의자들의 경우처럼 우리가 현재 우리의 연구를 좌지우지하는 우리의 정치적 현실을 타파하려면 우선 무엇보다도 연구자들이 기존의 자료들을 버리고 새로운 자료들을 사용해야 한다고 하는 것이다. 우리가 예컨대 한국문화를 연구해 가는데 있어서 이전에는 사용하지 않았던 자료들을 사용해 가게 되면, 언젠가는 분명히 서구인들의 비평기준을 버리고 우리 한국인들의 비평기준을 정립시키게 될 것이고, 연구자들이 전지전능자의 시각을 완전히

폐기시키고 제삼자의 시각도 취해가게 될 것이고, 그럴 경우에만이 학
문이나 연구가 정치의 하부구조로부터 벗어나게 될 것으로 판단된다.

3) 자료 비평의 단계에서 이론 도출의 단계로

현재 한국에서 행해지고 있는 문화연구는 사실상 문화연구의 한 단
계라 할 수 있는 자료비평의 단계에서 끝나버리고 마는 실정에 처해
있다. 그것은 문화연구자들이 문화 연구를 문화비평으로 잘못 인식하
고 있기 때문으로 판단된다. 그들의 그러한 잘못된 인식은 앞에서 언
급한 두 학자들의 경우처럼 문학교수로서 대학에서 문화의 한 장르인
문학을 연구해 가면서 문예잡지의 편집활동을 통해서 평론활동을 해
가는 학자들을 통해 이루어졌다. 예컨대 문학평론이나 문학 비평이란
한마디로 작품의 가치평가를 행하는 작업이다. 이에 대하여 문학연구
란 작가 작품 독자 등으로 이루어지는 「문학」으로부터 연구자가 처
해있는 현실세계의 인간들에게 소용되는 어떤 문학이론을 도출해내
는 작업이라 할 수 있다. 현재 한국에서의 많은 문학연구자들은 자료
비평을 목적으로 해서 문학연구를 행해가고 있는 실정이다.

그러면 그들은 왜 새로운 문학자료를 분석해내서 그것을 일관하는
어떤 질서나 이론을 도출해내는 작업을 포기하고 자료비평의 차원에
서 문학연구를 끝내버리는 입장을 택했던 것인가? 그것은 그들이 자
료분석을 통해 어떤 이론을 끌어냈다 하더라도 그것을 필요로 하는
사람들이 없다는 사실을 알고서 그 자료의 가치판단으로 끝내고 말았
기 때문이었던 것으로 판단된다. 그렇다면 연구자들이 자료분석을 통
해 도출해낸 어떤 이론이 정말 그들이 처해있는 현실세계에서 과연
무용한 지식인가? 그것은 결코 그렇지 않다. 그것은 적어도 자료비평

을 행하려는 연구자 자신들에게는 절대적으로 필요한 지식임에 틀림없다.

서구의 어떤 비평서로부터 취한 비평기준을 가지고 한국의 현실세계로부터 취해낸 어떤 자료를 비평해 가는 연구자들에 있어서는 분명히 그 분석 자료로부터 취해 낸 정보란 불필요한 것임에 틀림없다. 그렇지만 만약 비평가가 한국의 현실세계로부터 취해낸 자료로부터 도출해낸 이론을 받아들여 그것을 가지고 자신의 비평 기준을 구축해 그것으로 자료 비평을 행하려는 연구자들에게는 그 지식이 분명히 절대적으로 필요한 것임에 틀림없다. 따라서 문제는 비평활동을 해가는 연구자들이 자신의 현실세계로부터 취해낸 자료를 분석해서 그것들을 일관하는 어떤 이론을 도출해내서 그것을 자신의 자료 비평의 기준으로 삼느냐 삼지 않느냐의 문제이다. 그가 그것을 자신의 자료비평의 기준으로 삼을 경우 그것은 분명히 그 자신에게 소용되는 정보인 것이다. 현재 한국의 문화 연구자들이 자료 비평을 이론 도출의 차원으로까지 전개시켜 가려면 우선 무엇보다도 연구자들이 자료분석을 통해 자료비평의 기준을 세워 볼 수 있는 어떤 정보들을 도출해내는 것이 필요하다. 우리는 그러한 작업과정을 통해 자료비평의 일부를 이론 도출 단계로 만들어 갈 수 있는 것이다.

연구의 목표는 연구대상으로부터 연구자의 현실생활에 소용되는 어떤 이론을 도출해 내는 것이다. 그런데 현재 한국의 문화연구자들은 연구의 목적이 연구대상으로부터의 어떤 이론을 도출해 내는 것인데도 불구하고 자신들의 문화연구를 통해 어떤 문화이론을 도출해 내지 못하고 있다는 것이다. 따라서 그들은 우선 무엇보다도 연구의 목적이 연구 대상의 비평에 있는 것이 아니라 연구대상으로부터의 이론 도출에 있다는 것을 확실히 인식할 필요가 있는 것이다.

결 론

한국의 문화연구자들은 어째서 기존의 연구자료들에만 매달려 있으려 하는가? 새로운 자료들을 발굴해 내서 그것들을 연구자료로 사용하려 하지 않고 있는가? 또 그들은 한국인 자신들의 비평기준을 마련해서 그것들을 가지고 한국의 문화와 외국의 문화를 비평하려 하지 않고 있는가? 그들은 삼인칭 복수의 시각을 취해 연구대상의 특징을 파악하려는 입장을 취하지 않고 전지전능자의 입장을 취해 연구대상의 특징을 파악하려 하는가? 그들은 어째서 연구를 이론 도출의 단계에까지 끌어내지 못하고 비평단계에서 끝내버리고 마는가? 한국인에 의해서 글로벌 시대에 적합한 문화연구의 방법론이 제시되지 못하는 이유는 무엇인가?

그것은 다음과 같은 두 가지 측면에서 논의될 수 있을 것으로 생각된다. 첫째는 앞에서도 언급했듯이 한국의 문화연구자들은 한국의 정치적 현실이 바뀌어야 학문다운 학문이 가능해 질 것이라는 생각을 해 오고 있다. 그들의 그러한 생각은 학문이나 연구가 자신들의 인격수양이나 인격도야의 수단 정도는 될지 모르지만 자신들의 현실세계의 개혁수단까지는 결코 될 수 없다는 생각에서부터 나온 것으로 생각된다. 한국의 그러한 학문관은 근대 이전으로 말할 것 같으면 한국인의 정신세계의 일부를 구성하고 있는 도교적 세계관으로부터 나온 것이고, 근대 이후로 말할 것 같으면 외세의 식민지 체험을 통해 형성된 것으로 고려된다. 그러나, 근대 이후 서구로부터 들여온 학문관은 현실세계를 개혁해 갈 수 있는 가장 이상적 수단이 다름 아닌 바로 학문이고 연구라고 하는 사상에 입각된 것이다. 현재 우리는 그러한 학문관을 지닌 근대 서구인들에 의해 확립된 연구정신과 연구방법의 물결을 타고 연구들을 행해가고 있다. 그럼에도 불구하고 우리는 아직까지도 학문이란 다름 아닌 현실세계의 가장 이상적인 개혁수단이라는 생각을 확실히 받아들이지 못하고 있다고 하는 것이다.

둘째는 현재 한국의 문화연구자들이 그러한 학문관을 받아들이지 못해왔던 것은 결국 우리가 우리 자신들의 삶에 대해 지나치게 소극적 입장을 취해 왔었기 때문이라고 밖에는 이야기되지 않는다. 한국인들은 역사적으로 어려운 시대를 살아오면서 자신들의 삶이 너무 힘겨웠던 탓으로 자신들의 삶을 자신들의 손으로부터 놓아 버린 면이 없지 않았다고 생각된다. 다시말해 자신들이 자신들의 삶을 포기해 버린 나머지 자기 자신들의 삶에 대한 주인의식을 갖지 않아 왔었다는 점이 있었다고 하는 것이다.

한국인들은 근대이후 나의 삶은 완전 나의 것이다라고 하는 사상을 확실히 받아들이지 못했다. 이제부터 우리는 자신의 삶에 대해 확고한 주인의식을 확립해 가야 할 것이라 생각된다. 예컨대 봄이 와서 날씨가 화창해지면 봄옷으로 갈아입는 것이다. 없으면 어떠한 식으로든지 봄옷을 마련해 봄날의 의미를 만끽하는 것이다. 몸으로 봄을 느낄 줄 모르는 사람은 자신의 몸의 주인이 될 수 있는 자격이 없는 인간이다.

인간들은 안락한 상태에 처해 있기를 갈망하는 자만이 그 상황에 적합한 옷을 만들어 입어 왔다. 그러나 현재 한국인들은 구시대의 산물이라 할 수 있는 형식이라고 하는 겨울옷을 완전히 벗어 던져버리지 못하고 있다. 그것은 지난 겨울의 혹한이 두려워 봄의 화창함을 향유하지 못하는 것과도 같다. 어떠한 형태로든지 간에 혹한에 대한 부정적 의식으로부터 벗어난 인간들만이 어떠한 형태로든지 간에 자신들의 부적합한 현실을 개조해 간다. 인간들이 자신들의 부적합한 현실을 개조한다는 것은 자신들의 부적합한 현실을 구성하는 것들을 폐기하고 새로운 자료들을 구해서 그것들을 가지고 자신들에게 적합한 현실을 구성해 간다는 것을 의미한다.

우리는 우리의 삶들의 완전한 주인들이다. 그렇기 때문에 우리는 우리가 우리의 삶에 대해 확실한 주인의식을 갖는다는 것이 당연한 일인 것이다. 그것이 당연한 것인데도 불구하고 우리는 그 당연한 것을 당연한 것으로 생각해오지 못했다. 따라서 우리는 우선 무엇보다도 우리 자신들의 삶, 한국민족, 동아시아, 우리 인류 등에 대해서 확실한 주인의식을 갖는 것이 급선무이다.

한국의 문화연구자들은 자신들의 연구가 자신들의 현실개혁의 가장 이상적 수단이라고 하는 확고한 신념을 가질 때만이, 또 자신들의 삶을 구성하는 모든 것들에 대한 확실한 주인의식을 가질 때만이, 자신들의 삶을 백분 실현시켜 가려는 입장을 취할 때만이 우리들의 연구상의 문제점들이 극복될 수 있을 것으로 생각된다.

본인은 한국의 문화연구자들이 문화연구를 그러한 신념에 입각해 행해 갈 때만이 금후 유럽 연합과 미주 연합 등에 대응해 갈 수 있는 동아시아 연대의 기초가 구축될 수 있고, 그러한 구축에 기초한 세력균형을 통해서만이 우리가 바라는 이상적인 글로벌리즘을 실현시켜 나갈 수 있을 것이라 생각된다.

주

1) 이 문제는 「글로벌화와 로칼화」의 차원에서 다음과 같이 보다 구체적으로 논해질 수 있다.

소련 소멸(1991) 이후의 선진 각국들의 문화에 대한 관심은 보다 구체적 형태를 취해 두 가지 방향으로 전개되어 나왔다. 하나는 전지구적 차원의 인류문화에 대한 관심이었고, 다른 하나는 자신들이 소속해 있는 지역문화에 대한 관심이었다.

인간들의 글로벌 문화에 대해 관심은 냉전기 자본주의 진영의 주축을 이루어왔던 영미·독·불 등의 국민들을 통해 형성되어 나왔다. 그러나 어떤 형태로든지 자신들 중심의 글로벌화(globalization)를 주도해 가야한다는 생각을 갖고 있는 과거의 자본주의 진영의 주축을 이루었던 이들 국가들은 글로벌화에 대해 서로 다른 두 가지 입장을 취해 나왔다. 하나는 국가적 규모들을 기본 단위로 형성되었던 기존의 자본진영 및 공산진영 규모의 경제 등이 미국을 주축으로 해서 세계 규모의 경제로 재편됨으로써 성립된 입장이다. 그러니까, 그것은 한 마디로 과거에 자본진영을 주도해 왔던 미국을 중심으로 한 글로벌화의 입장을 의미한다. 다른 하나는 그러한 미국중심의 글로벌화에 대해 반대입장을 취하는 유럽지역의 국가들에 의해 형성되어 나온 입장이다. 소련 소멸 이후 비 구미 국가들에 있어서의 자신들의 지역문화에 대한 관심은 유럽지역 국가들의 경우처럼 미국중심의 글로벌화에 반대입장을 통해서 형성되어 나왔다고 볼 수 있다. 그들의 글로벌화에 대한 기본적 입장은 글로벌화가 풍토, 기후, 지정학적 위치 등이 서로 다른 지역들의 인간들에 의해 이루어진 지역문화에 대한 양성화와 그것의 국제화를 통해 이루어져야 한다는 입장이다.

그러한 글로벌화와 그러한 글로벌화의 한 방법으로서의 로칼화의 입장들은 보다 효과적으로 미국중심의 글로벌화를 견제함과 동시에 로칼문화의 글로벌화의 한 방법으로 유럽공동체(EC)라고 하는 단계를 거쳐 유럽연합(EU)과 같은 형태를 취해 나왔던 것이다. 미국중심의 글로벌화에 반대하는 유럽국가들이 그러한 식으로 나오게 되자, 현재 미국은 유럽에서는 영국, 아시아에서는 일본 등과의 공동전략을 취해 자신들 중심의 글로벌화를 추진해 나가는 한 편, 유럽연합에 맞서 아메리카 연대의 형성과 같은 준비를 통해 로칼화를 추진해 가고 있다.

2) 이 문제는 「이데올로기에서 문화로」라고 하는 관점에서 다음과 같이 보다 구체적으로 논해질 수 있다.

우리들은 지난 2세기 반 동안 근·현대 문화를 통해 우리 자신들의 삶을 실현시켜 나왔다. 그런데 그러한 근·현대문화를 통해 형성된 우리들의 사고방식과 생활방식은 단적으로 말해 18세기 중엽 이후의 영미·독·불·로 등의 서구인들에 의해 제시되어진 것들을 통해 형성되어 나왔다고 말할 수 있다.

서구인들은 산업혁명을 통해 자신들의 삶을 종교중심의 삶에서 산업중심의 삶으로 전환시켜 경제적 삶을 영위하게 되었고, 또 그들의 그러한 경제적 삶은 생산을 통해서 얻은 이윤의 분배방식의 차이로 야기되어 나온 자본주의와 공산주의라고 하는 정치적 이데올로기의 대립을 통해 정치적 삶을 살아오게 됐던 것이다. 그러나 그들의 그러한 경제적 정치적 삶은 산업혁명(1762년 제니 방적기 발명 등으로 시발)으로부터의 2세기 반인 1960년대 후반에 있었던 프랑스의 지식혁명(1967) 등을 계기로 그 이론적 기반이 붕괴되기 시작됨으로써 일대전기를 맞게 되었다.

당시의 J. 데리다 등과 같은 학자들은 정치적 대립구조와 연계되어있던 당시의 사회적 현상을 언어적 현상을 통해 파악해 보려는 입장을 취하게 됨으로써 당시의 지식인들의 관심을 이데올로기에서 문화쪽으로 몰아갔던 것이다. 그 결과 그동안 이데올로기라고 하는 시각에서 사회현상을 분석해 왔던 당시의 학자들은 문화라고 하는 측면에서 당시의 사회적 현상을 파악해 보려는 입장을 취하게 됨으로써 구조주의자에서 소위 후기구조주의자로 전환해 나오게 됐던 것이다.

이렇게 해서 1960년대 말에 형성되어 나온 후기구조주의는 그 다음의 7·80년대를 통해 문화연구(Cultural Studies)의 경우처럼 문화라고 하는 입장에서 사회적 현상을 파악하려는 시각을 확립시켜 나감에 따라 결국은 정치적 이데올로기에 의해 지탱되어 왔던 소련 등과 같은 정치체제를 붕괴시켜 나갔던 것이다.

3) 소련 소멸 이후 유럽지역이나 아메리카 지역에 대응될 수 있는 동아시아인들의 글로벌화 전략은 다음과 같다.

동아시아는 유라시아 대륙의 동단에 위치해 있는 지역으로 유라시아 대륙의 서단에 위치하는 유럽지역과 분명히 대응되는 지역이다. 사실상 지난 18, 19세기는 유라시아의 서단 지역인 유럽중심의 세기였고, 20세기는 유럽지역과 동아시아지역 사이에 위치해 있는 북아메리카 중심의 세계였다. 그러나 21세기는 동·서의 많은 학자들에 의해 동아시아 중심의 세기로 진단되어 지고 있다. 이처럼 현대 우리는 이러한 역사적 전환기에 있다. 21세기의 문턱에 처해있는 지금은 이번의 미국 테러 사건을 통해서도 알 수 있듯이 북미중심의 세계이다. 그러나 그러한 동아시아 중심의 세계는 앞으로 아마도 아·태 중심이라 하는 북미와 동아시아 중심의 세계라고 하는 단계를 거쳐 구체화되어 나갈 것으로 기대된다.

그러면 북미중심의 세계에 처해있는 지금, 동아시아는 어떤 식으로 북미 및 동아시아 중심의 세계를 구축해 가고 있는 것인가? 앞에서도 언급했듯이 소련 소멸 이후 미국은 그 전년 걸프전의 승리를 발판으로 해서 자신들 중심의 글로벌화를 추진시켜 나가고 있고, 이에 대응해 유라시아의 서단지역은 유럽공동체의 단계를 거쳐 유럽연합의 형태를 취해 유럽의 로칼화를 통한 글로벌화를 실현시켜 나가고 있다. 그러나 유라시아 서단의 경우는 미국쪽에 위치해 있는 일본에 의해 미국중심의 글로벌화 전략이 받아들여짐으로써 그것에 입각한 아시아에서의 일본중심의 로칼화가 추진되어 지고 있는 정도이다.

그러면 우리는 여기에서 미국중심의 글로벌화에 입각한 아시아에서의 일본중심의 로칼화 추진이 동아시아중심의 세계구축을 위한 아·태 중심의 세계건설 쪽으로 나가는 과정으로 파악해도 무방한 것인지를 검토해 볼 필요가 있는 것이다. 한·중·일 중심의 동아시아는 유사이래 공통된 문화적 체험을 행해온 지역이다. 고대에는 서쪽에 인접해 있는 오리엔트 지역으로부터 철기문화를 받아들였고, 중세에는 서남쪽에 위치해 있는 인도지역으로부터 불교문화를 받아들였다. 근세에는 남유럽지역으로부터 기독교문화를, 근대에 와서는 서유럽의 산업자본주의 문화를 받아들였다. 그런데 동아시아는 근세 말 서구의 근대산업자본주의 문화를 받아들이는 과정에서 일본은 제국주의 국가로 전환해 나와 근대서구열강들의 대열에 끼여들어 한국을 식민지국으로, 중국을 반식민지국으로 만들어 갔고, 그 결과 한국과 중국은 한동안 각각 일본의 식민지국으로 전락해 있었던 것이다. 대전 이후의 현대로 들어와서는 북한과 중국은 공산주의 국가로 전환되어 유라시아 서쪽의 소련과 연결되어 있고, 한국과 일본은 자본주의 국가의 형태를 취해 미국과의 우호적 관계를 갖게 되었다. 이와 같이 동아시아에서의 서로 상반되는 이데올로기에 기초한 정치적 역학관계는 소련이 소멸된 이후의 현재까지도 그대로 유지되고 있다. 이러한 상황 하에서의 미국 중심의 글로벌화에 입각한, 아시아에서의 일본중심의 지역화는 사실상 지난한 것으로 여겨진다.

한·중·일의 동아시아 지역의 글로벌화 전략은 유럽국가들의 경우처럼 근·현대로 들어와서 서로 다른 역사적 체험을 해왔다는 점에서 어떤 국가나 지역 중심의 글로벌화라고 하는 미국식보다는, 유럽연합의 경우처럼 국가들간의 연합을 통한 글로벌화라고 하는 유럽식이 더 실현가능성이 큰 것으로 여겨진다. 유럽연합의 경우처럼 동아시아에서의 지역적 연합이라고 하는 형태를 취한 글로벌화란 서쪽의 대륙으로 이어지는 유라시아 서단의 유럽연합과 동쪽의 바다로 이어지는, (금후 곧 형성될) 아메리카연대 등에 대응해 갈 수 있는 동아시아 연대 등과 같은 기관을 설립해서 유럽연대, 아메리카연대 등과의 역학적 관계의 형성을 통한 글로벌화를 의미한다.

그러나 동아시아에서의 이러한 지역화를 통한 세계화도 현 상황 하에서는 결코 쉬운 일이 아니다. 그러면, 동아시아인들은 어떻게 하면 동아시아 연대를 구축해 그것을 통해서 글로벌화를 추진시켜 나갈 수 있을 것인가? 현재 동아시아 연대의 구축에 가장 큰 걸림돌이 되는 것은 지난 2세기 반 동안 전 세계를 지배해 왔던, 자본주의라든가 공산주의, 민족주의 등과 같은 이데올로기들의 대립들이라 할 수 있다. 현재 동아시아 지역의 인간들은 자신들의 이러한 이데올로기의 그물들에 꽁꽁 얽혀매져 있다. 그러한 관계로 유럽지역의 국가들과 같은 그러한 연합은 거의 불가능한 상태이다. 그러면 동아시아인들은 어떤 식으로 그러한 이데올로기의 그물들로부터 빠져나올 수 있는 것인가?

유럽의 경우는 앞에서도 언급했듯이 1960년대 후반으로 들어와 지식인들의 관심이 그러한 이데올로기들로부터 지식혁명이라 일컬어지고 있는 5월 혁명 등을 통해 문화쪽으로 전환해 나오기 시작하였다. 그것이 그들의 주된 연구대상으로 받아들여짐에 따라 그간 그들을 얽혀매고 있었던 이데올로기의 그물들이 소멸되어 나감으로써 90년대로 들어와서「유럽공동체」,「유럽연합」등과 같은 지역화와 그것을 통한 글로벌화가 실현되어 나왔던 것이다. 이러한 점을 감안해 봤을 때, 현재 동아시아인들이 구시대의 생존수단들에 얽혀있음으로 인해 새로운 시대에 걸맞게 자신들의 삶을 백분 실현시키지 못하고 있다는 것은 그동안 동아사이의 지식인들이 지식인으로서의 사회적 역할을 제대로 해오지 못했다는 것은 아닌가라는 생각을 해보지 않을 수 없다.

동아시아 삼국은 근대화 과정에서의 침략국과 피침략국으로 양분됨으로써 어쩌면 현재로서는 연대 불가능한 그러한 늪 속으로 빠져버리고 말았다. 그렇지만 그 이전의 동아시아 삼국은 다같이 성리학을 치정이론으로 해서 정치가 행해졌던 국가들이었다. 기본적으로 치정자가 학자의 이론을 받아들여 그것을 가지고 정치를 해가던 지역이었다. 그러나 근대 이후 여러 학문분야의 이론들이 서구로부터 들어오는 바람에 동아시아 지역의 학자들은 사회적 측면에서 말할 것 같으면 한 마디로 무용지물이 되고 말았다. 그러자, 그들은 어쩔 수 없이 우선 서구로부터 들어오는 서적들의 번역사업에 종사해 가게 되었고, 다음 단계에 가서는 서구로 나가서 서구학자들의 이론을 배워와서 본국에 소개하는 일에 종사해 오게 됐다. 그러다가 그들은 근래에 와서 자신들이 서구에 나가 그곳의 학자들로부터 배운 것이라든가, 서구로부터 들여온 서적들이나 서구인들에 의해 국내에 소개된 서구의 이론들을 받아들여 그것들을 가지고 자국에서 행해지는 여러 문화적 현상들을 논해가기에 이르게 됐던 것이다.

그러나 학자들의 본분은 동서고금을 막론하고 자신들이 처해있는 현실세계에서 일어나는 여러 현상들을 자료로 해서 인간들에게 유용한 어떤 이론들을 도출해 내는 일이라 할 수 있다. 그렇다면 현재 동아시아 학자들의 경우는 어떠한가? 그들은 어떤 식으로 자신들의 사회와 연결되어 있는가? 또 현재 그들은 어떤 식으로 자신들의 연구를 수행해 가고 있는가? 본인은 한국의 학자들이 현재 자국과 타국의 문화를 어떻게 연구해 가고 있는지에 대한 고찰을 통해서 그 연구상에 있어서의 문제점과 그 극복방안을 제시해 봄으로써 우리들의 동아시아 연대 구축의 걸림돌이 되고 있는 이데올로기들의 그물들을 해소시켜 보고자 하는 것이다.

4) 근대 이전 한자문화권에서의 문화란「무력통치」의 대립개념으로서의「문치교화」(文治敎化)의 의미로 쓰여졌다. 서구에서는 문화인류학이 등장하기 이전 문화(culture)의 의미는「경작」,「개발」, 정신적「계발」등의 의미를 거쳐「교양」

(敎養) 등의 의미로 쓰여졌었던 것이다.

5) 「시인의 보석」의 논자는 "Donald J. Munro, *The Concept of Man in Early China*, Standford, 1969, 33면"으로부터, <天地가 합하고, 해와 달이 빛나고, 네 계절이 순서를 따라 바뀌고, 별들이 행로를 따라 운행하며, 강물이 아래로 흐르고, 만물이 번창하며, 사랑과 미움이 순치(馴致)되고 기쁨과 미움이 제자리를 지키는 것―이 모든 것이 礼에 의한 것이다>라고 순자는 말했다라고 하는 문장을 인용했다. 그리고 나서 그는 Donald Munro의 순자의 그러한 말에 대한 해석으로부터 아이디어를 취해, 「이것은 자연이 인간적 윤리규범을 따른다는 것이지만 거꾸로 인간이 윤리규범의 예감을 갖는 것은 여러 자연현상의 암시로부터라고 말할 수도 있다. 그리고 이 암시는 위의 예에서도 보듯이 대체로 맑고, 밝고, 온화하고 정연한 것, 도도한 것에 대한 것이었다. 이것은 시인들이 어느 시대에 있어서나 관심을 가져온 것들과 일치하는 것이다」라는 식으로 말하고 있다. 또 그는 "Edward F. Edirger, *Ego and Archetype*, (Penguin Books, 1973), p.207"로부터, <완성된 인격으로서의 인간의, 가장 범상하고 가장 불유쾌한 일 가운데에서도 의미와 가치를 지각할 수 있는 능력>이라는 문장을 끌어내서 「한 해설가가 설명하듯이 이 빛나고 단단한 돌」은 그러한 능력을 나타낸다는 식으로 논하고 있다. 〔『시인의 보석』(민음사, 1993), 115면과 129면 참고〕

21세기 세계 속의 한국 문화

서 론

21세기란 2000~2099년까지의 100년간을 가리킨다. 앞으로 3년 반이면 그 시대에 진입한다. 시간의 흐름이란 인간의 의지나 욕망과는 무관한 것처럼 느껴진다. 지구의 자전으로 인해 시간의 한단위인 밤과 낮이 만들어지고, 그것의 공전으로 인해, 봄·여름·가을·겨울이 도래하여 한해가 만들어진다. 이와 같이 시간의 흐름을 만들어가는 지구의 공·자전은 사실상 인간의 욕망이나 의지와는 무관한 차원에서 이루어진다. 그렇기 때문에 인간에 있어서의 시간의 흐름이란 그것들이 인간과 무관한 것처럼 느껴지는 것이다. 그러나 사실은 그렇지 않다. 밤낮의 변화를 통해 이루어지는 하루나 계절의 변화를 통해서 이루어지는 한해는 인간의 감각에 의해 발견되어, 인간에 의해 그것들의 이름들과 의미들이 부여된 것들이기 때문이다.

인간은 그러한 하루나 한해를 끝내고 그것들을 반성한다. 또 인간은 그러한 반성들을 통해서 또 다른 한해를 맞이하여 그것들을 구상해간다. 사실상 인간의 역사나 문화는 개개인들의 그러한 과거에 대한 반성들과 미래에 대한 구상들을 동력으로 해서 전개되어 나왔다. 이와 같은 측면을 생각해 볼 때 현재 우리에게 있어서의 21세기의 도래라고 하는 문제는 과거에 대한 구상이라는 문제로 집약될 수 있다. 그런데

21세기를 맞는 이 시점에서의 그것들은 한 세기에서 다음 세기로 넘어 올 때의 경우와는 사정이 다르다. 현재 우리에게 있어서의 21세기란 21세기의 시작임과 동시에 2천 년대의 시작이기도 하기 때문이다.

21세기의 도래가 우리에게 어느 정도 부담스럽게까지 느껴져 오는 것은 아마도 우리가 그것을 21세기의 진입으로 인식하기보다는 2천 년대의 진입으로 인식하려 들기 때문일 것이다. 그러한 의미에서 우리는 지난 1세기에 대한 역사적 회고를 통해서 앞으로의 2천 년대의 첫1세기로서의 21세기를 구상해야 한다는 입장이 취해진다. 그러면 우선 세계사적 측면에서 21세기는 우리에게 어떤 형태로 도래할 것인지를 고찰해 본다. 그 다음으로 그것을 토대로 그러한 형태의 도래에 대하여 우리가 취해야 할 자세에 대해서 논하기로 한다.

1. 21세기 세계 속의 동아시아

21세기는 동아시아 중심의 세계가 도래할 것이다라는 말이 각 분야에서 나오고 있다. 이러한 류의 말들은 1960년대 이후 서구의 지성들로부터 나오기 시작하였다. 1960년대 이후의 「서에서 동으로」의 현상을 서구의 한 지성은 다음과 같이 언급하고 있다. "「양이 극에 달하면 음을 위해 물러난다.」는 중국의 옛 격언을 예증하는 거대한 진화운동이 우리 눈앞에 펼쳐지고 있다. 1960년대와 1970년대는 일련의 광범한 사회운동을 낳았고, 그들은 모두가 동일한 방향으로 가고 있는 듯하다 ……. 이리하여 현대물리학의 세계관과 동양 신비주의의 세계관 사이의 심오한 조화를 깨닫는 것이야말로 바로 보다 큰 문화적 전환을 펼 수 없는 한부분이다. 왜냐하면 거기서부터 우리들의 사상, 지각과 가치관을 밑바닥에서부터 뒤바꾸게 될 새로운 실재관이 출현되기 때문이다.”[1]

그는 「서에서 동으로」라는 문화적 전환의 이유를 다음과 같이 파악하고 있다. “서양문화는 꾸준히 양(陽) 또는 남성적 가치와 태도를 선호해 왔고, 그와는 상보적으로 대립되는 음(陰)을 가벼이 보았다. 서양인들은 융합보다는 자기주장, 종합보다는 분석, 직관보다는 합리적 지식, 종교보다는 과학, 협동보다는 경쟁, 보전보다는 확장 등에 편중해 왔다. 이와 같은 일방적인 방법은 이제 극히 위험한 단계, 즉 사회적·생태학적·도덕적 그리고 정신적 차원의 위기에 도달하였다”,라고[2] 말하고 있다.

사실상 서구인들은 18세기 후반부터 19세기 전반까지의 산업혁명을 통해 축적한 과학기술을 가지고 19세기 후반부터 여러 측면에서 동아시아를 공략해 왔다. 그 과정에서 그들은 「서양은 문명, 동양은 문화」라는 사실을 자각하게 되었다. 이와 같은 점을 감안해 볼 때 앞에서 예시한 「서에서 동으로」의 전환은 서구인에 있어서는 「문명에서 문화로」의 전환을 의미한다고도 볼 수 있다. 다시 말해서 문화에 대한 관심이 깊어짐으로써 자신들이 추구해온 문명의 한계성에 대한 자각이 일기 시작했다는 것이다. 그동안 문명의 토대를 이루는 과학기술과 그것을 통해 형성되어 나온 합리주의적 사고는 정치와 경제적 면에서의 눈부신 발전을 일으켜 왔다. 그러한 이유로 인해, 「서양은 문명, 동양은 문화」라는 말이 오르내리는 시대에 있어서의 우위를 확보하였다. 이러한 점들을 고려해 볼 때 서구인에 있어서의 「동으로」의 전환은 정치·경제에서 문화로의 전환을 의미한다는 것이다.

서구에서의 이와 같은 전환은 다음과 같은 세 가지 역사적 사실들에 대한 체험들이 계기가 되어 이루어진 것으로 이해된다. 첫째는 앞에서도 언급했듯이 산업혁명 이후의 서구인들의 동양체험으로 볼 수 있다. 둘째는 인간과 물리적 세계와의 관련양상을 설명해 내는 학문 중의 하나라 할 수 있는 물리학이 18세기 후반의 뉴톤 역학을 토대로 해서 성립된 고전물리학으로부터 탈피해 나와 20전반의 아인슈타인의 상대성이론과 하이젠베르크의 양자역학을 토대로 하여 현대 신물리학으로 전환해 나옴으로써이다. 셋째는 1950년대 말의 미소의 인공위성 발사를 통한 대기권 밖으로의 우주진출로써이다.

동양적 사유체계란 동양인의 세계관이나 자연관을 기초로 해서 성립된 것으로서 인간이 처해 있는 세계나 자연은 항상 변화해가는 존재이고, 인간도 그러한 세계나 자연을 이루는 한 구성요소로서 항상 세계나 자연과의 조화를 추구해가며 변화해가는 존재라는 인식을 토대로 성립된 것이다. 아인슈타인의 상대성이론은 예컨대 인간이 날아가는 비행기를 볼 경우, 그것을 정지된 지점에서 보고 있는 것이 아니라, 우주공간을 이동해 가는 지구의 한지점에서 그것을 보고 있는 것이며, 또 시속 30만km를 달리는 빛을 통해서 그것을 보고 있다는 사실이 고려됨으로써 성립되어 나온 이론이다. 이렇게 볼 때 그의 상대성이론은 변해가는 존재가 변해가는 존재 속에서 변해가는 존재를 인식한다는 동양적 사유를 통해서 파악된 이론으로 이해된다. 하이젠베르크의 양자역학은 원자핵 주위를 돌고 있는 전자들을 기술해내는데 있어서 공간속에서 독립적으로 존재하는 입자들로 파악하려는 고전물리학적 시각을 폐기하고 기(氣)와 같은 에너지나 그러한 에너지장(場)의 변화과정이나 혹은 그것들의 작용 등으로 파악함으로써 성립되어 나온 이론이다. 다시 말해서 그것은 그 전자들에 대한 관찰을 통해서 그것들의 특성이 파악됨으로써가 아니라, 그 관찰대상들에 대한 관찰자의 경험이 정리되어 인식됨으로써 성립되어 나온 이론인 것이다. 이 경우, 우리에게 인식되어 나온 것은 관찰대상과 관찰자와의 관계 속에서 만들어진 것으로서 관찰대상의 속성과 관찰자의 속성과의 합작물로 이해될 수 있다. 불교나 유교와 같은 동양사상이 인간의 인식의 한계성이 고려됨으로써 인간과 자연, 혹은 주체와 객체와의 조화관계를 추구하려는 입장이 취해졌다는 것을 고려해 볼 때, 하이젠베르크의 양자역학이론도 동양적 사유를 통해서 성립되어 나왔다고 이해할 수 있다.

서구인은 인공위성의 발사를 통한 대기권 밖으로의 우주진출을 계기로 대기권 밖의 우주의 한 지점으로부터 지구상에서 생존해 있는 인류를 인식하게 됨으로써 우선 동과 서의 대립적 입장을 해체시키고 화해의 분위기로 전환해 나왔고, 지구상에서의 인간과 생물, 생물과 무생물 등과의 관계를 대립적으로 파악해 왔던 입장들을 버리고 생태학적 측면에서 그것들의 관계를 종합적으로 파악하고, 상보적 관계로 그것들을 인식하려는 입장을 취하게 되었다. 이와 같은 현상은 예컨대, 『노자』(老子)의 '인간은 땅(地)의 법칙에 의거해 살아가고 땅은 하늘(天)의 법칙에 의거해 존재해 있으며, 하늘은 도(道)의 법칙에 의거해 존재한다. 그리고 도는 자연(自然)의 법칙에 의거한다.' 와 같은 문장을 통해서 알 수 있듯이, 현대 우주 물리학자들에 의해 취해지는 자연관은 동아시아의 자연관과 깊게 관련되어 있다.[3) 즉, 동아시아인은 하늘의 밖의 어떤 공간에 존재해 있으면서 하늘아래의 땅과 그 안의 인간을 지배한다는 도(道)나, 그 도의 밖에서 존재한다는 자연을 통해서 하늘·땅·인간 등의 관계를 파악하려 했던 것이다. 이러한 점들을 감안해 볼 때 인공위성 발사를 계기로 해서 서구인들에게 성립되어 나온, 우주론적 시각은 동아시아의 자연관과 같은 맥락의 것으로 이해된다는 것이다.

이상과 같이 파악해 볼 때 서구인은 산업혁명이래 동아시아를 정치·경제적으로 공략해 오면서 동아시아의 문화를 받아들여 결국 정치·경제로부터 동양이 우위를 차지했던 문화로 전환해 나왔다고 할 수 있다. 반면 동아시아의 경우는 산업혁명을 통해 일으킨 과학기술문명을 가지고 자신들을 공략해 온 서구로부터 그동안 많은 것을 배워 오면서, 자신들이 인간에 있어서의 가장 가치 있는 것으로 생각했던 문화적 행위를 보류해 두고, 정치적·경제적 행위를 우선적으로 행해옴으로써 이제 일본을 위시로 해서 서구에 대하여 경제적 우위를 차지할 수 있는 입장에 처하게 되었다. 이렇게 볼 때 서구인이 동양에 대하여 정치적·경제적 우위를 획득했던 것은 다름이 아니고 결국은 동양인의 경우처럼 문화적 삶을 실현하기 위함이었고, 동아시아인의 경우도 그동안 근대서구와의 접촉을 가져온 이래 정치적·경제적 삶을 살아온 것은 근대 서구의 동아시아 침략 이전에 영위해 왔던 문화적 삶을 재생시켜 보기 위해서였던 것으로 파악된다. 이상과 같이 파악해 볼 때 21세기는 동아시아 중심의 세계가 될 것이라는 말은 우선 일차적으로는 서구인들이 정치적·경제적 삶을 추구함으로써 결국 동아시아가 정치적·경제적 측면에서의 주도권을 장악하게 된다는 말로 해석된다. 그러나 그러한 말에는 금후 동아시아가 세계의 정치·경제권을 장악하게 되면 그 다음 단계에서 정치적·경제적 삶을 지양하고 과거의 자신들의 삶의 스타일인 문화적 삶을 추구해 갈 것이라는 의미가 내포되어 있다.

이상과 같은 측면에서 파악해 볼 때, 결국 그동안 인류의 존재양식을 주도해 온 유라시아의 양단에 위치한 서구인과 동아시아인은 21세기로 나아가서는 정치적·경제적 삶의 방식을 추구해 갈 것으로 이해된다.

2. 동아시아 속의 한국문화

인간에 있어서의 문화적 삶이란 어떠한 삶인가? 그것은 한마디로 말해 인간이 구체적인 대상들과의 접촉을 통해서 취해지는 느낌들을 음미해가면서 살아가는 삶이라 할 수 있다. 그러한 느낌들을 음미해 가면서 이 지상에 존재해 있다는 사실에 대한 경이를 향유해가는 삶을 의미한다. 인간에 있어서의 그러한 삶이 가치 있는 삶이라면 왜 인간이 그동안 그러한 삶을 살아오지 못했을까? 한국인은 그러한 삶을 희구해 왔으면서도 왜 그러한 삶을 실현해오지 못했던 것인가? 그것은 한마디로 동아시아에서의 한국의 지정학적 위치 때문이었던 것으로 고찰된다.

동아시아는 지구상에서 가장 큰 유라시아대륙의 동단에 위치해 있다. 그동안 동아시아인은 유라시아나 다른 지역들과의 끊임없는 접촉을 통해 자신들의 삶의 양식을 변화시켜 나왔다. 예컨대 우선 선고대에서는 BC 4천년 경부터 말(馬)에 의해 유라대륙 북방의 초원지대를 횡단하는 스텝로(路)를 통해서 슈메르인의 메소포타미아지역 문화와 접촉을 가져 왔다.[4] 그다음 고대로 들어와서의 BC 1700년경부터의 히타이트족에 의한 철기사용 경부터는 마차에 의한 동아시아 사막지대의 오아시스로(路), 즉, 좁은 의미의 실크로드를 통해서 접촉을 가져 왔다. 중세 이후에서는 범선에 의한 홍해・페르시아만・인도・동남아시아 화남의 남해로(路)를 통해서도 접촉을 가져 왔다. 르네상스 이후는 나침판을 설치한 범선에 의해서 역시 남해로를 통한 접촉이 이루어졌다. 근대로 들어와서는 기차에 의한 유라시아북방의 초원지대와 증기선에 의한 서로의 인도양・태평양과 동으로의 대서양・태평양을 통해 접촉이 이루어졌다. 현대로 들어와서는 인공위성에 의해 동아시아는 전지상의 모든 나라들과 동일공간에서의 동시적 삶을 실현하게 되었다.

이와 같이 동아시아는 다른 문화권들과의 접촉을 통해서 여러 형태의 문화를 형성해 왔다. 우선 말에 의한 유라시아북방 초원지대의 스텝로를 통해 서와의 접촉이 이루어졌던 선고대에는 흑룡강(아무르강) 중류를 중심으로 소위 흑룡강문화가 형성되어 나와 한동안 그것이 동아시아문화를 대표했던 것으로 추측된다. 이렇게 볼 때 당시의 동아시아의 문호는 유라시아북방 초원지대였던 것으로 이해된다. 그 지역을 관문으로한 외부와의 접촉을 통해서 흑룡강의 지류인 송화강 유역 일대에서 그것이 형성되어 나와 황허지방에까지 퍼져나갔을 것으로 고찰된다. 그 시기가 BC 12세기 주(周)의 성립 이전인지 BC18세기 은(殷)의 성립 이전인지 BC 21세기중반의 하(夏)의 성립 이전인지 확실치 않다. 신석기시대에 형성된 이 흑룡강문화는 중석기시대의 유라시아의 한대와 온대의 경계지방에서 형성되어 나온 빗살무늬문화권과 세석기문화권을 기초로 해서 형성되어 나온 것임에는 틀림없다. 그러나 그 후 고대로 들어와서 마차에 의한 중앙아시아 사막지대의 오아시스로가 개척됨으로써 중석기시대이래 온대지방에서 형성되었던 채색토기문화권을 기초로 해서 황허문화가 형성되어 나온다. 그때부터의 동아시아문화는 황허상류지방으로 귀착된다. 그 다음은 AD40년경부터의 중세로 들어 와서 인도의 쿠샨왕조 등의 성립으로 인도문화가 번성해 나와 남해로가 개척됨으로써 화남지방의 장강을 중심으로 장강문화가 형성되어 나온다.

이렇게 해서 동아시아는 1세기로 들어와서 세 강의 유역들을 중심으로 세 문화권을 확립시켜, 그 후 그 문화권을 기초로 해서 자신들의 문화를 전개시켜 나갔다. 세 문화권의 특징은 우선 기후적 측면에서 파악해 보면 흑룡강문화권은 온대지방의 북부에서, 황허문화권은 온대지방의 중부에서, 장강문화권은 온대지방의 남부에서 각각 형성되어 나왔다. 지리적 측면에서는 흑룡강문화는 초원지대의 스텝로를 통해서는 이집트문명과 직접적으로 연결되어 있고, 황허문명은 실크로드를 통해서 메소포타미아와 인도문화와 직접적으로 연결되어 있고, 장강문화는 남해로를 통해 인도문화와 직접적으로 연결되어 있다. 종교적 측면에서는 흑룡강문화는 인신(人神)의식을 기초하에 샤마니즘과 조상숭배사상을 형성시켰고 황허문화는 천신(天神)의식을 기초로 해서 유교문화를 확립시켰다. 장강문화는 자연신(自然神)의식을 토대로 해서 도교(道敎)를 확립시켰다.[5] 여기에서 우리가 말하려는 한국민족은 흑룡강문화를 토대로 해서 형성된 민족이다. 흑룡강문화를 배경으로 해서 나온 민족이다. 이에 대해서 중국민족은 황허문화권을 배경으로 해서 나왔고, 일본민족은 남방의 장강문화를 배경으로 해서 형성된 민족이다. 다시 말해서 한국민족은 북부의 흑룡강문화를, 중국민족은 중부의 황허문화를, 일본민족은 남부의 장강문화를 주축(主軸)으로 해서 확립된 민족이라는 것이다. 민족(民族)이란 같은 조상으로부터 나온 혈연집단을 핵으로 해서 형성된 인간집단을 말한다. 한국민족이 흑룡강문화권을 주축으로 해서 확립된 민족이라고 하는 말은 우선 한국민족의 출신이 흑룡강문화권이라는 말이고, 그 다음으로 한국민족의 생활양식의 기초가 흑룡강문화권을 토대로 해서 형성되어 나왔다는 것이다. 그러면 흑룡강문화권이란 말에서의 흑룡강문화란 말의 의미는 무엇인가? 그것은 흑룡강유역의 일대를 중심으로 해서 생존해온 인간들의 생존양식을 가리킨다. 흑룡강유역 일대를 중심으로 해서 생존해 오던 인간들이 그들의 생활양식을 가지고 송화강상류를 타고 올라와 압록강, 대동강, 유역으로 넘어옴으로써 한반도가 흑룡강문화권의 일부로 편승되었던 것이다.

일본민족이 남부의 장강문화권을 주축으로 해서 형성되었다는 것은 일본민족의 원류가 장강문화권으로부터 나왔다는 것을 의미한다. 현대 일본인의 조상은 BC 2백년 경에 큐슈지방으로부터 시작되었다고 하는 야요이(弥生)문화를 일으켰던 인간들로 보고 있다. 그런데 큐슈지방의 북부는 쓰시마, 한국의 남부지방과 연결되어 있고 서부는 장강 하구를 바라보고 있다. 남부는 큐슈열도와 연결되어 대만, 필리핀의 북부와 연결되어 있다. 일본민족의 원류를 찾는 과정에서의 남방설은 대개 다음과 같다.[6] 우선 현대 일본인의 조상은 야요이문화가 형성되기 이전의 조몬(縄文)문화의 주역인 아이누족과 장강하구의 상해(上海)지방으로부터 건너간 인간들과의 혼혈인간들이라는 입장을 취하는 학자들, 즉, 일본과 중국측의 학자들에 의한 설이다. 다음으로 야요이문화 이전의 조몬문화를 일으킨 주역인 아이누족이 남방계라는 입장을 취한 학자들에 의한 설이다. 일본에서의 조몬문화는 BC 3천년경 현재 간토(関東)지방에서부터 출현한 것으로 보고 있다. 그런데 그것의 출현내력은 대개 다음과 같이 파악되고 있다. 현재 아이누족의 설화에 소인(小人) 고로폿쿨이라는 인물이 나오는데, 학자들은 그들을 현재 알래스카에서 살고 있는 에스키모와 닮은 인종으로 보고 있다. 그 인종이 일본열도가 대륙에서 떨어져 나가기 전에 북쪽의 흑룡강 하구에서 사할린으로 해서 홋카이도로 들어갔고, 아이누족이 중국 장강이남 지역에서 큐슈열도를 타고 오키나와로 해서 큐슈로 들어갔다. 그래서 그들은 남하·북상해 나가서 간토지방에서 부딪히게 되어, 결국 아이누족의 승리로 끝났고, 그들의 충돌지점에서 아이누족에 의해 조몬문화가 형성되어 나와, 그것이 일본의 전국으로 퍼져 나갔다는 것이다. 그 다음 그러나 BC 2백년 경 중국대륙에서 진(秦)이 전국을 통일하는 과정에서 중국민족과 중국에 인접해 있던 민족이 정치적·경제적 이유 등으로 동으로, 남으로 이동해 나가 대륙으로부터 일본의 큐슈지방으로 건너가서 그곳의 아이누족과의 혼혈이 이루어지게 되었다. 그래서 그 혼혈족이 이제는 순아이누족을 남북으로 몰아내고 현재의 일본을 건설하게 되었다고 하는 것이다. 이렇게 볼 때 일본민족은 남부의 장강문화를 주축으로 해서 북부의 흑룡강문화권과 중부의 황허문화권으로부터 직접·간접적으로 영향을 받아 오며 일본문화를 전개시켜 나왔다. 중국민족의 경우는 중부의 황허문화권을 주축으로 해서 북부로부터의 흑룡강문화권과 남부로부터의 장강문화권으로부터 직접적 영향을 받아 오며 한족(漢族) 중심의 중국문화를 전개시켜 나왔다. 이에 대하여 한국민족은 흑룡강문화권을 주축으로 해서 황허문화와 장강문화의 영향을 받아 오며 전개해 나왔던 것으로 이해된다.

이와 같이 한국문화의 원류가 흑룡강 문화권으로부터 찾아 질 수 있다는 면에서 한국민족에 있어서의 흑룡강문화권을 기초해 해서 형성된 문화를 한국 원문화(原文化)라 명명해 볼 수 있다. 이러한 원문화에 대하여 황허문화권이나 장강문화권으로부터 받아들인 유교문화나 불교문화 등을 우리는 외래문화(外來文化)라 해 볼 수 있다. 그런데 동아시아문화의 기초를 형성하는 이와 같은 문화권들은 앞에서도 언급한 바와 같이 동아시아 밖의 다른 문화들과의 접촉들을 통해서 형성되어 나와, 그 후 다른 문화권들과 다양한 접촉을 통해서 전개해 나갔다. 이 경우 황허문화권은 고대 이후 근세까지 오리엔트로부터의 철기문화와 인도로부터의 불교문화를 장악하고 있었기 때문에 황허문화권이 상하로 인접한 두 문화권을 지배해 오게 되었다. 그로 인해 동아시아에서의 황허문화권은 상하 두 문화권에 대하여 지배적 위치에 서게 되었고, 다른 두 문화권은 황허문화권에 대하 여 피지배적 위치에 서게 되었다.

지배자들의 문제해결방법은 자신들에게 지배를 당하는 인간들이나 자신들에게 권력을 행사하는 인간들과의 원활한 관계를 통해서 문제를 해결하려 한다. 그러나 피지배자들의 그것들은 자연의 법칙이나 신(神)을 통해서 문제를 해결하려 한다. 이러한 과정에서 황허문화권에서는 인간과 인간과의 관계를 중요시했고, 흑룡강문화권에서는 신과 인간과의 관계를, 장강문화권에서는 자연과 인간과의 관계를 중시했다. 그 결과 지배적 위치에 섰던 황허문화권에서는 하나의 지배윤리로 인간과 인간관계를 중시하는 유교문화가 성립되어 나왔다. 피지배적 위치에 놓여왔던 흑룡강문화권과 장강문화권에서는 피지배윤리로 인간과 신과의 관계를 기초로 해서 형성된 샤머니즘사상과 인간과 자연과의 관계를 기초로 해서 성립된 도교사상이 각각 형성되어 나왔던 것이다.[7]

현재도 흑룡강문화권의 샤머니즘사상을 기초로 해서 형성되어 나온 한국민족은 조상신의 지배를 받아가며 살아가고 있고, 장강문화권의 자연신 사상과 그것을 기초로 해서 형성된 도교사상을 토대로 해서 형성된 일본민족은 천황(天皇)의 지배를 받아가며 살아가고 있다.[8] 이 경우 흑룡강 문화권에서의 샤머니즘을 기초로 형성된 조상신 숭배사상은 황허문화권으로 유입해 들어가 BC 12세기에 성립된 주대(周代)에 가서 천(天)사상을 형성시켰다. 당시의 천사상은 한자 「天」자의 어원이 「大」와 같은 사람의 모습으로부터 취해진 것으로서 「天」의 의미는 대인(大人), 요인(要人), 즉 사후 하늘에서 거주하는 선왕(先王)들을 지칭했던 것으로 이야기되고 있다.[9]

이와 같이 주대(周代)에 형성된 천(天)사상은 춘추시대로 내려와서

위대한 조상들의 도움을 받아 나라를 다스려가는 왕을 천자(天子)라 칭하게 됨으로써 지배사상으로 전환해 나오게 되었던 것이다.[10] 그후 또 그것은 일본으로 건너가서 천황(天皇)사상으로 변형되어 나왔다. 일본의 천황사상의 경우는 흑룡강 문화권의 인신(人神)사상과 황허문화권의 천(天)사상이 결합되어 일본인을 지배하는 지배사상으로 정착화되어 나왔던 것이다.

이상과 같이 동아시아 문화의 기본구조를 파악해 볼 때, 그러면 그 동안 한국문화는 이러한 기본구조를 바탕으로 해서 어떻게 전개되어 나온 것인가?

3. 한국민족의 특성

지배체계로서의 황허문화에 대한 피지배체계로서의 흑룡강 문화권내의 한국문화는 피지배체계로서의 장강문화권내의 일본문화보다 훨씬 더 그 특성을 드러내고 있다. 그것은 우선 아마도 흑룡강문화를 주도해온 퉁구스족이나 한국민족이(황허문화권을 주도해온 한(漢)민족에 대하여) 이민족(異民族)이었지만, 장강문화를 주도해온 민족은 동일민족이었다는 점이 한민족에 의해 고려되어져왔었기 때문이었을 것이다. 그 다음으로 일본민족이 장강문화를 주도해온 한민족에 대하여는 이민족이기는 하지만 지리적 측면에서 장강문화권으로부터 일찍이 완전히 독립해 나갔기 때문이었을 것이다.

「일본」(日本)이라는 명칭은 일본에서 7세기 후반 경부터 정식국호로 사용되었다. 그런데 이 명칭은 쇼토쿠타이시(聖德太子, 574~622)가 중국의 수(隋)나라 왕에게 보내는 국서(國書)에서 「해가 뜨는 지역 나라의 태자가 해가 지는 나라의 왕에게」라는 문장에서부터 유래된 것으로, 이 명칭 역시 황허문화권의 수를 중심으로 해서 바라보았을 때 느껴지는, 일본의 특성을 취해서 붙어진 것이다. 「조선」(朝鮮)이란 명칭도 한나라의 사마천의 『사기』(史記, BC 91)의 「조선전」(朝鮮傳)에서 발견되듯이 황허문화권의 시각에서 바라보았을 때 느껴지는 특성을 취해서 붙여진 이름이다. 그러나 일본의 경우 그것은 일본이 중국에 대해서 대등한 위치를 취해보려는 입장에서 사용되어진 것으로도 해석될 수 있다. 그러나 한국의 경우에서의 그러한 입장이 아니었다.

일본의 건국신화는 일본의 천황가에 의해 만들어진 『고지키』(古事記, 712)를 통해 전해지는데, 그것은 중국 황허문화권의 천사상과 흑룡강문화권의 인신사상이 결합되어 나타난 천황사상의 기초정립과정에서 성립되어 나온 것으로 파악된다. 그것에 의하면 일본민족을 다스리는 천황가의 원조는 아마테라스 오미카미(天照大神)라고 하는 태양신(太陽神)이다. 그런데 그는 여신(女神)이다. 그 여신은 자신이 지니고 있던 칼을 샘물에 넣어 씻은 다음 그것을 씹어서 뱉어서 딸과 아들을 만들어 냈다. 그렇게 해서 태어난 아들은 왕으로 군림하게 된다. 그 여신의 딸·아들도 어머니와 비슷한 행동을 통해서 자손을 갖는다. 그러다가 그 자신들이 서로 결혼을 해서 자손을 갖게 되는데, 초대천황인 진무(神武)천황은 그 자손들 중의 하나이다. 현재 일본에서는 일본 최대의 진구(神宮)인 미에켄(三重県) 이세시(伊勢市)의 이세진구(伊勢神宮)에서 이 천황가의 원조 아마테라스 오오미카미를 모시고 있다. 일본인은 그 진구에서의 아마테라스 오오미카미를 모신 곳을 우치노미야(內宮)라고 하고, 도유케(豊受)를 모신 곳을 소토노미야(外宮)이라고 말하고 있다. 그런데 이 진구에서의 소토노미야에서 모시는 도유케라고 하는 신은 일본의 옛부터 내려오는 토속신이고 우치

노미야에서 모시는 아마테라스 오오미카미는 외부에서 온 신으로 알려져 있다. 이렇게 볼 때, 일본민족을 다스리는 천황가는 천사상이나 조상신 숭배사상을 믿는 문화권으로부터 들어간 것임에 틀림없다. 그렇다고는 해도 살펴본 바와 같이 건국 신화의 경우에서는 황허문화권에 대하여 종속적 입장을 취하고 있지는 않다. 그러나 한국의 경우는 건국신화의 경우에서까지 황허문화권에 대하여 사대적 입장을 취하고 있다.

현재 한국인은 고조선의 건국신화인 단군신화를 한국민족의 건국신화로 받아들여왔다. 그래서 현재 한국인의 대부분은 자신들이 고조선을 건국한 단군의 자손으로 생각하고 있다. 이 신화에 의하면 한국민족은 천상(天上)을 다스리는 상제(上帝)의 서자 (庶子)와 쑥과 마늘을 먹고 여자로 변신한 곰과의 사이에서 태어난 단군에 의해서 개국된 조선(朝鮮)이라고 하는 나라의 백성으로 되어 있다.[11] 이 신화가 수록된 책은 고려 충열왕 때 쓰여진 『삼국유사』(三國遺事, 1285)와 『제왕운기』(帝王韻紀, 1287)이다. 이것들은 모두 우리나라의 역사를 단군(檀君)으로부터 시작하고 있는데, 이기백(李基白)은 그의 『한국사신설』에서 그것을 원의 속국이었던 그 당시 「원(元)과의 관계에서 일어나는 민족적 고민이 단일 민족으로서의 자각과 민족의 시조(始祖)에 대한 관념의 반영」이었을 것으로 풀이하고 있다.[12]

조지훈(趙芝薰)은 그의 『한국문화서서설』에서 보다 구체적으로 단군신화의 출현에 대하여 다음과 같이 말하고 있다. 「단군숭배사상이 고조되기 시작한 것은 고려의 충렬왕 무렵부터이니 이때부터 단군은 개국의 신인(神人)으로 추앙되었다. 당시 고려는 원나라에 압박되어 한 제후국(諸侯國)으로 되었으나 우리조상은 미개한 몽고인의 나라보다는 더 오랜 문화국으로 천손(天孫)임을 자랑하였다. 다시 말해서 민족의식의 자각이 국조(國祖)추앙으로서 민족적 존중의 대상과 긍지를 찾았던 것이다」라고.[13] 그러면, 당시의 몽고족의 압박 하에서의 당시의 우리 선조들의 그러한 생각이나 입장이 지금으로 말할 것 같으면 어떠한 것이었는지에 관해서 좀 더 깊게 생각해보기로 하자.

우선 이 단군신화는 고조선의 건국신화이다. 역사에서의 고조선은 BC 700년대 전반 한반도에서의 청동기사용과 더불어 북부 송화강유역의 부여(夫餘), 압록강 중류지역의 예맥(濊貊)과 함께, 요하와 대동강 유역에서 성립해 나온 일종의 부족연맹국이다. 고조선은 부여, 예맥 등과 같은 것들과 함께 흑룡강 문화권내의 것들이었다. 그런데 그 중에서 고조선이 당시 청동기 문화가 발달된 황허문화권에 가장 근접해 있었던 탓으로 가장 선진적 위치에 있었던 것으로 알려지고 있다. 그러나 BC 4세기 말에 와서는 요동으로 침입해 오는 황허문화권의 세력에 밀려 쇠약해가다가, 황허문화권에서의 진(秦)이 한(漢)으로 교체되는 과정에서 일어난 정치적 혼란의 여파를 타고 위만(衛滿)이 동쪽으로 망명해 와서 고조선을 점령해 고조선을 다스려갔다. 그 후 한은 위씨조선을 멸망시키고 그곳에 한사군(漢四郡)을 설치해서 그곳을 다스려갔다. 이와 같은 역사적 사실을 통해서 단군신화를 접근해 볼 때 그것은 황허문화권의 인간들이 흑룡강문화권의 일부인 한국민족에 의해서 세워진 나라들을 간접적으로 지배해가기 위해서 황허문화권내의 인간들에 의해서 쓰여졌거나, 그렇지 않으면 황허문화권에 의탁해서 자신들의 문제를 해결해 보려는 한국의 사대주의자들에 의해 쓰여진 신화로 해석된다.[14]

그 이유는 다음과 같다. 첫째, 이 단군신화가 들어있는 『삼국유사』의 「위만조선」편에 은대의 상제(上帝)사상, 주대의 천(天)사상, 춘추시대의 「天子」사상 등에 입각해서 황허문화권의 왕이 천상의 상제로 또는 천제의 아들, 즉 천자(天子)로 파악되었다는 것.[15] 둘째, 황허문화권의 왕손으로 하여금 황허문화권에서 흑룡강문화권으로 내려가 그곳의 동이(東夷), 즉 곰이나 호랑이와 결코 다를 바 없는 동쪽의 미개인들을 다스리는 것으로 파악했다는 것. 셋째, 동쪽의 미개인을 다스릴 왕을 상제의 서자로 설정해서 황허문화권의 왕보다 한 단계 더 격화시켰다. 문제는 그 정도에서 끝난 것이 아니다. 넷째, 그 신화를 만든 황허문화권의 인간이나 한국의 사대주의라는 조선의 왕을 자신들의 문화권의 왕의 서자와, 여자로 변신한 곰과의 사이에서 태어난 자로 세워놓았다는 것. 다섯째, 이 곰은 자기네 문화권의 인간의 말을 잘 듣는 동물로 그려져 있는 것.[16] 여섯째, 마늘은 BC. 2세기경 이란 지방으로부터 실크로드를 통하여 황허강 문화권으로 들어와 한반도에 이르게 되었다는 것. 이러한 것들을 고려해 볼 때, 황허문화권의 인간이나 사대주의자는 흑룡강문화권의 일부를 차지하는 한국민족의 왕이 자신들의 왕과 혈연을 맺고 있어 자신들을 배반하지 않고 곰처럼 자기들의 말을 잘 들을 수 있는 자이기를 원했던 것으로 이해된다.

사실상 그동안 한국민족의 왕들은 황허문화권의 인간들이 신화 속에서 원했던대로 황허문화권의 왕들에게 그대로 처세해 왔고, 그러한 왕들에 의해 다스려졌던 한국민족도 황허문화권의 인간들에 대해서 곰처럼 시키는대로 참아오며 비굴한 태도를 취해 왔었던 것이다. 약자로 자처한 한국민족이 강자로 인식된 황허문화권의 인간들에 대해서 곰과 같은 그러한 태도를 취해온 것은 강자를 통해서, 약자로 인식되는 자신들의 문제를 해결해 보려는 의타적 습성 때문이다. 한국민족은 그동안 강자로 인식된 황허문화권에 인접해 생존해 오면서 완전히 의타적 존재가 되고 말았다. 다시 말해서 한국민족에 있어서의 의타적 태도는 이제 강자들과 더불어 살아갈 수 있는 유일한 생존방식으로 굳어져 버리고 말았다. 예컨데 한국은 근대화 과정에서 처음에는 가장 강하다고 생각했던 서쪽의 중국만을 믿고 있었다. 그러다가 중국이 청일전쟁에서 패배하자 중국을 버리고 북의 러시아를 선택했었다. 그러나 러시아가 노일전쟁으로 패하게 되자, 그때서야 동의 일본을 받아들였다. 그러나 그 후 일본이 미국에 패하자, 다시 한국은 남의 미국에 몸을 던졌다. 이제는 미국이 어느 나라에 패배한다 해도 기댈 곳이 없지 않은가. 시계바늘을 따라서 서북동남으로 한 번씩 다 몸을 던져 보았기 때문이다.

그렇다면 그동안 우리의 삶은 어떠했는가? 우리의 삶은 체념과 패배주의로 일관되어 왔었고 철저한 의타적 생활로 엮어져 왔다.[17] 의타적 삶이란 아무리 해도 열을 다 누릴 수 없는 삶이다. 일곱정도를 차지하는 삶은 기껏해야 먹고 자고 입는 정도의 삶이다. 나머지 셋을 강자로부터 취해야만이 인간다운 삶, 즉 느끼며 살아가는 문화적 삶을 살 수가 있는 것이다.

결 론

한국민족이 이와 같은 의타적 삶을 살게 된 이유는 결국 누구의 탓인가? 무엇 때문인가? 그것은 한마디로 흑룡강문화권이 피지배문화권으로 전락한 이래 한국이 서의 중국과 동의 일본에 싸여 다른 문화권들과 직접적으로 접촉할 수 있는 통로를 가져오지 못했기 때문이다. 고대의 오리엔트문화권으로부터의 철기문화는 중국의 실크로드로 들어왔고 중세의 인도로부터의 불교문화의 유입통로도 중국에 의해 장악되었다. 근세의 유럽 르네상스문화의 유입통로도 역시 중국에 의해 철저히 장악되었다. 근대로 들어와서 서구의 산업혁명을 통해 일어난 공업문화의 동진통로도 마찬가지로 중국과 일본에 의해 장악되었다. 그동안 우리를 둘러싸고 있는 중국과 일본은 인접문화권들로부터 새로운 문화들을 받아들여 그것들을 가지고 한국을 침입해 왔던 것이다. 그로 인해서 한국은 동아시아에 새로운 문물이 전래될 때마다 고조선으로부터의 준왕의 탈출, 몽고의 난, 임진왜란, 한일합방 과 같은 민족적 수난을 당해야 했었다. 한국은 그러한 수난의 모면방법의 하나로 문호장악자에 의탁해서 새로 들어온 것들을 구걸해 가며 취해오는 과정에서 그러한 의타적 습성이 몸에 베어버리고 말았던 것이다. 그러나 이제는 사정이 달라졌다. 인공위성시대가 도래한 것이다. 이제는 인공위성만 띄우면 어떠한 정보도 다 취할 수 있는 시대가 되었다. 따라서 우리는 이제 인공위성이라고 하는 입방관문을 확보하게 된 것이다. 그동안 인접하는 타민족으로부터 우리민족이 수난을 당해 온 것은 소수민족이기 때문이 아니다. 열등한 민족이기 때문도 아니다. 단지 그것은 비동아시아 문화권들과의 직접적 접촉통로를 보유하고 있지 못했기 때문이다. 원래 한국의 민족성이 의타적이었던 것은 결코 아니었다. 고대 오리엔트로부터 철기문화가 실크로드를 통해 황허문명권에 들어오기 이전까지만 해도 우리민족은 유라시아 북방의 초원지대를 말을 타고 달리며 생활해 왔던 용맹스런 민족이었다.

이제 인공위성시대를 맞이해서 우리민족이 취해야 할 자세는 우선 우리의 단군신화와 같은 황허문화중심의 신화들을 통해 형성된 우리들의 상상체계를 해체시켜야한다. 그리고나서 그동안 단절되고 망각되었던 흑룡강문화의 체계를 정립시켜 그것을 가지고 동아시아중심의 세계화를 추진해 가야 한다. 유라시아의 동단으로부터 일본을 장강문화권으로 빼내서 저 남방의 장강문화권의 일부로 접속시키고 유라시아대륙의 동단의 주인으로서 유라시아 동단의 상상체계를 확립시켜야 한다. 단군신화 속의「곰」상상체계를 해체시키고 환웅의 말을 듣지 않은「호랑이」상상체계를 정립시켜야한다. 죽을 때는 말없이가 아니고, 죽을 때는 자신의 추한 모습을 보이지 않기 위해 어떤 누구도 오를 수 없는 킬리만자로의 산정으로 올라간다는 호랑이 이미지 체계를 정립시켜야 한다. 황허문화권에 의해서 유린되어 사대주의자로 전락한 고조선, 위만조선, 삼한, 삼국, 신라, 고려, 조선, 대한민국으로 이어지는 우리민족의 혈통을 해체시켜버리고 부여(夫餘), 고구려, 통일신라, 고려 등으로 이어지는 우리민족의 체통을 확립시켜야 한다.

그래야만이, 우리민족은 21세기로 진입해 들어가 정치적·경제적 삶의 허구성을 극복하고 동아시아 중심의 세계화를 추진해 가는 주역으로서 전 세계인들에 의해 감명 깊게 받아들여질 수 있는 새로운 문화적 삶의 형태를 창조해 나갈 수 있을 것으로 고찰된다. 인간에 있어서의 문화적 삶이란 자신들의 피와 세포 저 깊은 곳에 사장된 각종 체험들의 형상을 끌어내서 그것들을 가지고 자신들의 생명체계를 추구해 가는 삶이며 그러한 생명체계를 구성하는 형상들 속에 끼어 있는 때 묻은 관념들을 털어내고 그것들과의 접촉들을 통해서 그것들의 의미를 알아가며 느껴가는 그러한 삶을 의미한다. 21세기 동아시아 중심의 세계는 그러한 삶들로 엮어질 것을 기원한다.

주

1) 프리초프 카프라『현대물리학과 동양사상』(이성범 외 역, 범양사 출판부, 1994),
    18~19면.
2) 상동서, 18면.
3)『老子』「25章」象元:人法地, 地法天, 天法道, 道法自然.
4) 長沢和俊『東西文化의 交流』(민병훈 역, 민족문화사, 1993), 13~16면에서「실
    크로드」참고.
5) 졸저『21세기문화이론 影響과 內發』(태진출판사, 1994), 63~77면 참조.
6) 상동서, 69~70면.
7) 도교 교의의 중심은 신선(神仙)사상에 있고, 노자(老子)를 최고의 신으로 해서
    받들고 있다.
8) 마츠시마 다카유키(松島隆裕)는『동아시아 사상사』(조성을 역, 한울아카데미,
    1991)「신선사상과 불로장생, 음양오행을 말하는 민간차원에서의 도교의 사상과
    신앙은 깊이 일본 사상의 기저를 형성하였다」(60~61면)라고 언급하고 있다.
 9) H.G 크릴『孔子 인간과 신화』(이성규 역, 지식산업사, 1994), 132면.
10) 상동서 132면.
11) 은나라 사람들은 공통의 조상신에게 제사를 지내며 공동체의 정신적 지주로서
    '帝'를 생각하고 있었다. 제는 上帝, 天帝라고도 하며「天」에 해당되는 존재로 여
    겼다. 제는 은나라 사람들의 세계관에서는 최고신이며 눈에 보이지 않는 두려운
    신이기도 했다. (『동아시아사상사』, 31면)
12) 이기백『한국사신설』(일조각, 1985), 202면.
13) 조지훈『한국문화사서설』(탐구당, 1976), 236면.
14)『삼국유사』의「고조선」「위만조선」「북부여」「동부여」「고구려」의 왕가의 시
    조가 천제로 되어 있다.
15) 천자사상은 천을 대행자인 천자(天子)를 통해서 인간세계를 다스린다는 사상이다.
16) 곰이 생식하는 북방 유라시아, 북 아메리카 북부에는 현재까지도 곰제(熊祭)가
    행해진다. 미국의 민속학자 A. I. Hallowell에 의하면 그 곰제 때 행해지는 각종의
    노래나 취언(呪言)들의 내용을 분석해 보면 놀랄 정도의 유사성이 발견된다고 한
    다. 그러한 유사성의 하나는 곰이 곰으로 가장된 인간으로 그려져 있다고 하는
    것이다. 곰은 사냥꾼에 의해 살해됨으로써 모피(毛皮)로부터 해방되어 본래의 모
    습으로 되돌아갈 수가 있는데, 곰 자신이 그것을 희망하고 있다고 하는 것이다.
17) 정종화『한국 전통사회의 정신문화 구조양상』(고려대 출판부, 1995), 207면.

사대성인(四大聖人)들의 동시적
출현 요인에 대한 고찰

서 론

　본 연구는 칼 야스퍼스(Karl Jaspers, 1883~1969)의 역사의 주축형성시대론에 대한 고찰을 통해서 사대성인(四大聖人)의 동시적 출현요인을 규명하는데 그 목적을 둔다.

　우리는 초·중등 교육 과정에서 소크라테스, 예수, 석가, 공자를 사대성인(四大聖人)이라 배웠다. 이들 중 소크라테스(470~399, BC)는 서구의 그리스에서 BC 5세기 후반에 살았던 사람이며, 예수(BC 4~AD 29)는 오리엔트의 팔레스티나 지방에서 AD 1세기에 살았던 사람이다. 석가(566~486BC)의 경우는 인도의 히말라야 산맥 아래의 네팔 지방에서 BC 6세기 후반에서 5세기 초반에 살았으며, 공자(551~479, BC)는 중국의 산동성 지방에서 BC 6세기 후반에서 5세기 초반에 살았던 사람이다.

　그동안 우리는 그들이 서로 다른 지역에서 거의 같은 시기에 출현했다는 사실을 이상하게 생각하는 사람들을 많이 보았다. 그러나 그들이 어떻게 해서 그렇게 비슷한 시기에 출현하게 되었는지에 대해서 설득력 있는 이유를 제시한 사람은 아직 보지 못했다. 내 자신도 그들의 동시출현에 대하여 중등학교 시절부터 이상하게 생각해 왔다. 기회가 있을 때마다 역사 선생님들에게 물어 보았으나 그들도 나처럼 이상하게 생각하고는 이었지만 그것에 대한 어떤 입장을 가지고 있지 않았다. 그래도 나는 그 문제를 던져버리지 않고 그 후 줄곧 그 문제를 역사 교수들에게 가지고 가서 그들의 입장을 타진해 보았다. 그러나 그들도 거기에 대한 자신들의 견해를 밝히려 들지 않았다. 그러는 과정에서 나는 이 문제를 제기하는 사람들을 많이 접해 왔다.

사대성인의 동시출현에 대한 것을 문제로 제기하는 사람들은 주로 크리스트교 신자들었다. 그들의 기본 입장은 유일신인 하나님에 의해서 인간과 세계가 창조되었다는 것이다. 따라서 사대성인의 동시 출현도 인간과 세계의 창조주인 하나님의 계시의 하나로 이해해 보려는 입장을 취한다. 그러나 이 문제에 대한 그들의 고민은 이들 성인들 중에서 하나님의 아들 예수가 제일 늦게 출현했다고 하는 사실을 어떻게 이해해야 하는가에 대한 것이다. 하나님이 예수를 가장 늦게 출현시킨 이유는 무엇일까? 크리스트교 신자들은 그 뜻을 알지 못하겠다는 의미에서 사대성인의 동시출현에 대한 확실한 입장을 제시하지 못하는 것 같다.

이 문제에 대하여 비크리스트교 학자들 역시 확실한 입장을 밝히지 못하는 것은 다음의 두 가지 이유 때문인 것 같다. 하나는 그들의 동시 출현 문제를 우연으로 보고 싶지만, 그들이 학자인 한 그것을 우연한 것으로 해 버리면, 무지한 자로 인식되어버릴 가능성이 있기 때문인 것으로 추측된다. 다른 하나는 당시 그들이 출현한 4문화권을 하나의 시각으로 바라볼 수 있는 안목을 길러오지 못했던 까닭에 무어라 말 할 입장이 아니었기 때문에 것으로 이해된다.

그러나 이 성자들의 동시출현 이유에 대하여 심각하게 문제를 제기한 사람이 있다. 독일의 역사철학자 칼 야스퍼스가 바로 그 사람이다.

그러면 우선 이 문제에 대한 그의 견해를 파악해 보고, 그것에 대한 본인의 입장을 제시한 후, 그것을 통해서 사대성인의 동시적 출현 원인을 규명해 보고자 한다.

1. 칼 야스퍼스의 역사의 주축형성시대론

야스퍼스는 그의 저서 『역사의 기원과 목표』에서 BC 500년을 중심으로 한 BC 800년에서 BC 200년 사이의 기간을 세계사의 「차축시대(車軸時代, die Achsenzeit) 보다 알기쉽게 풀어서 말해보면, 주축형성시대라 규정지었다.[1] 그 이유는 그 시기에 중국에 서는 공자(孔子)와 노자(老子, BC 5세기 후반) 등이, 인도에서는 석가가, 이란에서는 조로아스터교의 개조 짜라투스트라(Zarathustra, BC 630~553)가, 팔레스틴에서는 엘리아(Elias)와 아사야(Jesaias, BC 700년대 후반) 등의 예언자들이, 그리스에서는 시인 호머(Homer, 800년대), 철학자 헤라클레이토스(Herakleitos, BC 500년대 후반), 플라톤(Platon, BC 427~347) 등이 출현하여 우리들이 오늘날까지 사유하고 사유 체계와 세계 종교 등의 토대를 형성시켰기 때문이라는 것이다.[2] 아놀드 J. 토인비는 그의 유고 『인류의 어머니되는 지구』에서 야스퍼스가 지적하는 이 시대를 「영적 생활의 새출발」기로 잡고 있다.[3] 그는 그동안 인류가 「집단적 인간의 힘을 둘러싼 비안간적 자연과 인간과의 투쟁에 있어서 저울추가 상당히 인간의 쪽으로 유리하게 작용하기」시작한 시점이라고 말하고 있다.[4]

야스퍼스의 이 「주축형성시대」의 개념은 「모든 역사란 그리스도로부터 와서 그리스도에게도 되돌아가는 것이고, 성자(聖子, Gottesohn)

의 출현은 세계사의 기독교적 구조를 위한 우리들의 서력기원(西曆紀元)이 그 증거가 되는 것이다.」라고 말하는 헤겔의 역사관을 기반으로 하여 성립된 것으로 파악된다.[5] 그러나 그는 헤겔의 그리스도 중심의 역사관을 송두리째 받아들이지는 않았다. 그는 헤겔의 그러한 역사관에 대하여 다음과 같은 입장을 위해 자신의 「주축형성시대」의 개념을 정립시켰다. 즉, 「기독교의 신앙이란 하나의 신앙이지 인류 전체의 신앙은 아닌 것이다.」「만일 헤겔이 말하는 그러한 세계사의 축이 존재한다면, 아마도 그것은 크리스트교인들에게는 물론이고 그 이외의 많은 사람들에게도 타당할 수 있는 것으로서 경험적으로 발견될 수 있을지 모른다.」[6] 이러한 생각을 가지고 세계사의 축을 찾아본 결과 그는 그것이 「기원적 약 500년경으로 BC 800년과 BC 200년 사이에 이루어진 정신적 과정 속에 존재하는 것 같다」라는 견해를 갖게 된다. 그래서 그는 「이 시기가 우리에게는 가장 심오한 역사의 기점으로 되어 있다. 오늘날 살고 있는 우리 인간이 바로 그때부터 살기 시작한 것이다」라고 하였다. 그래서 그는 이 시기를 「주축형성시대」라 부르기로 했다는 것이다.

이와 같은 측면에서 야스퍼스가 「주축형성시대」라고 하는 개념을 쓰게 된 경위를 파악해 볼 때, 그것은 구가지 측면에 주목되어진다. 우선 하나는 그가 세계의 역사를 헤겔의 경우처럼 서국의 크리스트교 문화를 중심으로 해서 보려는 시각을 지양하고, 전세계의 크리스트교 문화, 오리엔트 문화, 인도문화, 중국문화 등을 하나로 수렴해 보려는 전지구적 차원의 시각을 취해 세계의 역사를 파악해 보려 했다는 점이다. 다른 하나는 그가 세계의 역사를 인류의 정신계발과정으로 파악했다는 점이다. 이와 같은 측면에서 파악해 볼 때, 야스퍼스가 말하고 있는 주축형성시대란 현재 세계사의 주축을 이루는 서구 문화권,

오리엔트, 문화권, 인도 문화권, 중국 문화권 등에 있어서의 인간들의 정신적 세계의 성립기를 의미한다고 볼 수 있다.

야스퍼스는 역사의 기원을 이와 같은 정신적 세계의 성립기 즉, 그의 용어로 말하면 주축형성시대로 파악하였다. 그것은 서구의 다른 역사가드의 경우처럼 그도 인간의 역사를 전개시켜 나가는 원동력이 인간의 정신력이나 정신적 의지라고 생각하고 있기 때문이다. 서구 역사가들의 이와 같은 입장은 인간의 정신력이나 정신적 의지에 의해 일어나는 것들만이 역사나 역사적 사건이고 인간을 감싸고 있는 세계의 변화에 의해 일어나는 것들은 역사가 아니라는 입장이기도 하다. 서구 역사가들의 이러한 역사관은 크리스트교의 세계관을 토대로 해서 형성된 것으로 파악된다. 첫째, 크리스트교에서 원래의 인간은 신으로부터의 이탈로 인해 얻은 원죄를 가진 존재인데 그것 역시 신의 재림으로 사해질 수 있다는 입장이다. 둘째, 신이 인간을 창조할 때 인간에게 자신의 영혼 일부를 불어 넣었고, 육체는 자신이 인간을 위해서 만든 자연을 구성하는 흙으로부터 취했다는 입장이다. 이와 같은 측면에서 파악해 볼 때 크리스트교의 역사는 신으로부터의 이탈로 인해 타락된 인간의 영혼이 정신으로 계발되어 나옴으로써 자신의 타락된 영혼을 신의 경지로 계발시켜 나가는 과정으로 이해된다.

야스퍼스는 그러한 입장에서 주축형성시대의 인간과 시대적 특징을 다음과 같이 그려내고 있다. 중국 · 인도 · 서양이라고 하는 세 세계의 주축형성시대로 들어옴으로써 자신들이 하나의 전체 속에 존재해 있다는 사실을 비로소 깨닫게 되었다. 그리고 그들은 세계의 공포성과 자신들의 무력함을 경험하여 그것들로부터의 해방과 구원을 희구하게 되었고 자신들의 최고의 목표를 설정하게 되었다. 인간들의 그러한 정신적 활동은 자신들의 반성을 통해서 성립되어 나왔다. 그들에 있어서의 그러한 반성적 각성은 다시 한 번 자기 의식을 알게끔 하였고 그 경우에 있어서의 사유는 참 사유로 향했다. 그러한 과정에서 일어나는 인간의 정신적 투쟁들이 인간에 있어서의 정신적 세계를 창출하게 되었던 것이다. 그것을 계기로 인간에 있어서의 신화적 시기는 끝나게 되었다. 그리스·인도·중국의 철학자들은 그들 자신들의 확고한 통찰을 통해서 자신과 세계와의 관계를 파악하려 했다는 점에서 비신화적이었다. 그들은 경험을 통한 합리적 사고를 가지고 신화나 자신들과의 투쟁을 선언해 갔다. 이렇게 해서 처음으로 철학자들이 존재하게 되었다. 철학자들은 인간 자신과 전체 세계와의 관계를 대립적으로 선정해서 자신과 세계와의 관련성의 기원(Ursprung)을 자기 속에서 발견했다. 그들은 자기들의 과거나 과거의 경험 속에서 그것을 보다 체계적으로 발견해가는 과정에서 되풀이되어 나타났던 지속적인 정신적 상태가 이미 이전에 존재했다는 것을 깨닫게 되었다. 그들은 그러한 깨달음을 계기로 지속적인 정신적 상태가 내재된 자신들의 과거를 사유하는 인간 즉, 역사적 인간으로 전환해 나왔던 것이다.[7]

그러면 어떻게 해서 인류의 역사에 이와 같은 주축형성시대가 도래하게 되었는가? 우선 이 문제에 대한 야스퍼스의 입장은 다음과 같다. 이러한 주축형성시대의 도래에 대해 그가 가진 관심의 초점은 「어째서 상호 상이한 세 지역에서 동일한 사실이 발생 하였는가?」라는 문제에 있었다.[8] 그는 이 문제에 대한 자신의 입장을 밝힘에 있어서 우선 이 문제에 대한 다른 학자들의 의견들을 소개하고 그것들에 대한 자신의 견해를 제시했다. 야스퍼스는 자신이 지적하는 역사에 있어서의 주축형성시대가 실제로 존재한다는 입장을 피력해 온 사람들로서 라소(Lasaux), 폰 쉬트라우스(V. von Strauß) 등을 들고 있다.

라소는 그의 저서 『역사철학의 새로운 시도』(1856)에서 다음과 같이 지적했다는 것이다.[9] 「거의 같은 시기였던 기원전 6세기에 페르시아에서는 짜라투스트라가, 인도에서는 석가가, 중국에서는 공자가, 유태인들 가문에서는 많은 예언자들이, 로마에서는 누마(Numa) 왕이, 그리스에서는 최초의 철학자들과 민중종교의 개혁자들이 등장했다는 사실이 우연이라고만은 할 수 없을 것이다.」 폰 쉬트라우스의 경우는 그이 저서 『노자(老子) 해설서』(1870)에서 다음과 같이 이야기하고 있다는 것이다.[10] 중국에서는 노자와 공자가, 이스라엘에서는 예레미야, 다니엘 등의 예언자들이, 그리스에서는 탈레스, 헤라클레이토스 등이, 페르시아에서는 짜라투스트라의 옛 교리를 개혁하고자 하는 사람들이 나타났고, 인도에서는 석가가 나타나 불교의 교주가 되었다. 야스퍼스는 이상의 사람들이 주축형성시대의 존재 사실을 지적해 왔지만, 대부분의 사람들은 그러한 사실들에 대하여 다음과 같은 입장을 취해 이의를 제기해 왔다고 하였다.[11] 그러한 입장이란 첫째, 「공통성이란 가상적일 수 있다」는 것과 둘째, 주축형성시대와 같은 것은 하나의 「가치 판단의 결과」일 수 있다는 것, 셋째, 어떠한 「전세계적인 평행도 아무런 역사적 특성을 가지고 있지 않다」라는 입장이다. 그러나 야스퍼스는 그러한 이의들을 제기하는 자들에 대하여 다시 한 번 주축형성시대의 존재 사실에 대한 자신의 입장을 피력한다. 즉, 「서로 아무런 접촉이 없는 평행적 사실들이 동시에 대두하게 되었다고 해야 할 것이다. 근원적으로 상호 분리되어 있는 많은 일들이 있지만 결국 그러한 것들은 동일한 목표에 이르는 것처럼 보인다.」[12] 이어서 야스퍼는 「세계사 속에서 놀라운 동시성을 지적할 수 있고 많은 다른 평행적 사실들을 지적할 수 있다」는 입장을 제시하면서, 그러나 그러한 「평행 관계들은 주축형성시대의 평행관계와 같은 엄밀한 동시성을 가지지 못했고」「오직 현존하는 유형의 유사성일 뿐이었고, 정신적인 운동의 유사성은 아니었다」는 입장을 취했다.[13]

그렇다면 어떻게 해서 그러한 주축형성시대가 도래했는가? 야스퍼스의 말을 빌어 표현한다면「어째서 상호 상이한 세 지역에서 동일한 사실이 발생하였는가?」야스퍼스가 이러한 사실에 대하여 우선 확실히 해두고자 하는 것은 서구, 인도, 중국이라고 하는「이 세 지역의 문화들이 근원적으로 서로 알지 못하였다」라고 하는 점이다. 그 다음으로 그는 그럼에도 불구하고 주축형성시대의 도래라고 하는 사실이 일어난 것은「수수께끼와 같은 것」이고, 그것이야말로「역사적 비밀」이라는 입장을 취했다.[14]

야스퍼스는 주축형성시대가 도래하게 된 이유에 대하여 우선 마이어(E. Meyer)의 견해를 소개한다. 즉 야스퍼스는 마이어가 사실상 4대 강 유역들에서의 주축형성시대의 도래를 가능케 했던, 고애의 동시적 출현 이유를 인간의 생물학적 발전의 측면이라 파악하려 했다는 것이다. 그의 견해에 대하여 야스퍼스는 우선「인간 종족의 발전이란 그 자체가 어떤 것을 논증할 수 있는 실재적 사실이 아니」라는 점에서 부정적 입장을 취했다.[15] 그리고 야스퍼스는 주축형성시대가 동시적 시원(始原)을 가진다는 것은 고대 문화의 발생 문제와는 전혀 다른 심층적 상황처럼 보인다는 입장을 취해 그의 견해를 받아들이지 않았다. 다음으로 그는 주축형성시대의 도래 이유에 대한 라소와 쉬트라우스의 견해들을 소개한다. 라소는「오직 인류의 생명과 민족들의 생명을 내적이고 실질적으로 통일시키고, 또 그것들을 동시에 움직여가는 인류 전체 생명의 동요 내에서 그 근거를 찾을 수 있다.」는 입장이라는 것이다.[16] 쉬트라우스의 경우는「그러한 현상은 그 원인을 통일적 근원에 의한 인류의 전체적 유기체에서 찾아볼 수 있지만, 그러나 그것은 2차적이고 정신적인 능력의 작용을 전제로 하고 있다」고 하는 입장이라는 것이다.[17] 이것들에 대한 야스퍼스의 견해는「그들의 공통된 약점이란 그들이 전체 역사에 의한 유사한 공통성을 추상화하여 그러한 역사적 사실의 일회성을 주축형성시대의 유사현상으로 평준화시키고 있다는 사실에 있다」는 것이었다.[18]

야스퍼스는 이어서 생의 철하자 카이절링(G. Keyserling)과 사회과학자 베버(M. Weber, 1864~1920)의 견해를 제시했는데, 그것들은 다음과 같다. 카이절링은「세대로부터 세대에로 인간은 동일한 방식으로 그리고 동일한 방향을 변화되어 나타난다. 그래서 역사의 전환기에서 동일한 의미의 변화는 거대한 공간과 서로 완전히 다른 민족들을 다 포괄한다.」고 그의『기원에 관한 저서』에서 말하고 있다는 것이다.[19] 이에 대한 야스퍼스의 입장은 한 마디로 그의 그러한「표현은 또 다시 수수께끼를 바꾸어 쓴 것 뿐」이라는 것이다.[20] 베버의 경우는 고대 문명의 단계에 처해 있던 중국·인도·서양에 전투마차를 모는 중앙아시아 출신의 기마 민족들이 침입해 들어감으로써 세 영역에서 그러한 유사한 결과를 낳게 되었다는 입장이다. 이에 대한 야스퍼스의 견해는「기마 생활의 인간적 특성에서 단순하게 인과적으로 설명함으로써 독특한 설득력을 갖」고 있기는 하지만,「기마 민족의 출현이 어느 정도로 결정적인 역할을 하였는가 하는 문제에 대해서는 단언하기 어렵다」는 것이다.[21]

야스퍼스는 주축형성시대의 도래 이유에 대하여 이상과 같은 학자들의 의견 제시를 통해서 결론적으로 다음과 같이 자신의 의견을 밝히고 있다. 즉,「무엇이 세계사의 주축으로 되었는지를 충분히 파악할 수 있는 사람이란 아무도 없다. 그러한 정신적 개화의 사실은 다양한 관점에서 확정할 수 있고 그 의미를 해석해 낼 수 있을 것이다」그러한 의미에서 「나는 이 문제를 그냥 개방해두고자 하며」그렇게 함으로써 나는 「우리들이 전혀 상상할 수도 없는 새로운 인식의 발단 명제들을 가능케 하는 여지를 남겨두고자 한다」 「비밀에 대한 경이 그 자체가 앞으로 연구되어야 할 출발점으로서 풍부한 인식 작용이다. 그러나 모르기는 하지만 그것이 모든 우리들의 목표이기도 하다」[22]

2. 야스퍼스의 주축형성시대론과 사대성인의 동시적 출현론

이상에서 파악해 본 바와 같이 야스퍼스의 주축형성시대론은 다음과 같은 세 가지 점을 주축으로 해서 성립된 것으로 이해된다.

우선 하나는 「서로 상이한 세 지역에서 동일한 사실이 동시에 일어났는」데 특히 그러한 동시성이 대단히 정확하다는 것」에 대한 인식이다.[23] 이 경우 「서로 상이한 지역」이란 중국·인도·서양의 그리스를 말한다. 야스퍼스에 있어서의 이 「서로 상이한 지역」이란 중국·인도·서양의 그리스를 말한다. 야스퍼스에 있어서의 이 「서로 상이한 지역」에 대한 문제는 그가 「이 세 지역의 문화들이 근원적으로 서로 알지 못하였다」고 생각한 데서부터 나온 문제이다.[24] 「동일한 사실」이란 단적으로 말해서 중국의 유교, 인도의 불교, 그리스의 철학들과 같은 현대인의 정신세계를 지배하고 있는 철학과 종교가 성립되어 나온 사실을 가리킨다. 「그러한 동시성이 대단히 정확하다」는 것은 특히 석가와 공자의 나이가 15세 차이밖에 되지 않는다는 인식을 바탕으로 해서 나온 것으로 파악된다.

다른 하나는 「그러한 동시성이 인간 존재의 정신사적 발전에 깊이 관련되어 있다는 의식이다.[25] 다시 말해서 인류의 정신이 야스퍼스가 이야기하는 주축형성시대, 즉 5세기를 기점으로 각 문화권에서 동시에 성립되어 나왔다고 하는 의식이다. 야스퍼스의 이러한 의식은 인간의 역사를 정신사적 차원에서 파악하려는 입장을 토대로 해서 성립된 것으로 보인다.

마지막 하나는 야스퍼스의 이와 같은 주축형성시대론이 크리스트교적 역사관을 토대로 해서 성립되었다는 점이다. 야스퍼스는「마치 내가 분명하게 말하지 않고도 신성의 관여를 증명하려고 하는 것처럼 보일 수도 있을 것이다. 그러나 결코 그렇지는 않다. 왜냐하면 그러한 것은 가상의 인식을 요하는 위험한 모험일 뿐만 아니라 신성에 대한 일종의 모독일 수 있기 때문이다」라는 입장을 취해서, 자신이 의식적으로 크리스트교의 역사관을 가지고 이 주축형성시대론에 접근했다는 비난을 피해 보려는 인상을 주고 있다.[26] 그는「기독교적 계시신앙의 초월적 역사는 창조·몰락·계시의 단계, 예언, 하느님의 아들 출현, 그리고 구원과 최후 심판이라는 과정」으로 보았다.[27] 또한 이러한 역사는 역사적 인간 집단의 신앙 내용으로서 아무런 훼손 없이 지속되어 왔다고 말하고 있다. 그는 그러한 것을 감안해서 주축형성시대의 도래, 보다 구체적으로 말해서 서로 상이한 지역에서의 인간 정신의 동시적 개화를 신의 인간에 대한 어떤 계시로 보려는 입장인 것 같다. 그렇지만 그는「계시란 역사적 특수 신앙의 형태」이기 때문에 주축형성시대의 도래 이유를 인간이 인간으로서 알 수 있는「경험」을 통해서 파악해야 한다는 입장을 취한 것 같다.

야스퍼스는 자신이 계시적 사건으로 생각하고 있는 것을 인간적 경험으로 이해해야 한다는 입장을 취해 그 사건의 발생 이유를 파악하려 했기 때문에 답이 나올 리 없다. 자신이 추구하려는 답이 나올 수 없다는 입장에서 논리를 세워 그것을 전개시켜 나갔기 때문에 주축형성시대 도래 이유를 제시한 모든 사람들의 의견을 부정해버리고 말 있다. 그렇다고 해서 주축형성시대의 도래 이유에 대한, 베버 등과 같은 견해가 전적으로 타당하다는 것은 아니다. 본인의 입장에서 말하면, 야스퍼스가 동시성의 정확성 등 자신의 입장을 주장해가는 과정에서 타당성이 없는 것으로 생각해버린 것들이 서로 상이한 지역에서의 인간 정신의 동시적 개화를 설명해내는 데 있어서 상당한 타당성을 확보하고 있는 시각들로 판단된다.

우선 야스퍼스에 의해 제시된 베버의 입장을 재음미해 보자. 베버는 「그러한 역사적 전환은 인도 유럽계의 기마 민족들에 의해 이루어졌다」고 하였는데, 그의 그러한 입장은 당시의 사회적 변화의 측면에서 그러한 역사적 전환의 원인을 파악하려는 것이다. 즉 베버는 당시의 사회적 변화를 가져온 요인을 말의 등장으로 파악했다. 말의 등장으로 인해 교통 수단이 발달되자 그동안 한 번도 내왕이 없었던 지역들 사이에 내왕이 이루어짐으로써 각 지역의 인습이 타파되고 개인적 의식이 자각되어 나옴으로써 사회적 변화가 일어났다는 것이다. 베버는 그러한 변화가 인간의 의식을 변화시켜 역사적 전환을 가져오게 되었다는 입장이다.

야스퍼스에 의해 소개된 카이절링의 견해는, 「세대로부터 세대에로 인간은 동일한 방식으로 그리고 동일한 방향으로 변화되어 나타난다. 그래서 역사의 전화기에서 동일한 의미의 변화는 거대한 공간과 서로 완전히 다른 민족들이 다 포괄한다」라고 하는 것이었다. 인류에 있어서 정신의 동시적 개화 현상에 대한 카이절링의 이와 같은 견해는 그러한 역사적 전화를 문화 현상의 측면에서 접근한 것으로 이해된다. 즉, 카이절링은 지구상의 모든 인간들은 동일한 방향으로 변화해나가기 때문에 동시적 개화 현상이 충분히 일어날 수 있다는 입장이다.

쉬트라우스의 경우는 그러한 「원인을 어떤 통일적 근원에 의한 인류의 전체적 유기체에서 찾아 볼 수 있지만, 그러나 그것은 고차적이고 정신적인 능력의 작용을 전제로 하고 있다」는 입장이다. 라소는 「인류의 생명과 민족들의 생명을 내적이고 실질적으로 통일시키고, 또한 모든 민족을 함께 움직이는 인류 전체 생명의 동요 내에서 근거를 찾을 수 있을 것」이라는 입장이다. 그들의 이러한 입장들은 생태학적 입장으로 이해되고 어떻게 보면 신학적 입장으로도 이해된다. 이상과 같이 그들은 서로 다른 문화권에서의 인간 정신의 동시적 개화 현상에 대한 원인을 파악하는 데 있어서 서로 다른 측면에서 접근을 시도했다. 그 결과 그들은 그것에 대해서 서로 다른 이야기를 할 수밖에 없었다. 본인이 보기에는 야스퍼스의 경우도 그러한 사람들 중의 한 사람이다. 그는 그 문제를 크리스트교의 형이상학적 측면에서 접근했던 것이다.

그렇다면 과연 우리가 그의 주축형성시대론에서 받아들일 수 있는 부분은 어떠한 것일까? 우선 그의 주축형성시대론은 다음과 같은 세 측면에서 주목된다고 말할 수 있다. 하나는 현재 우리의 정신세계의 주축을 이루는 석가나 공자 등이 거의 동시에 출현 했다고 하는 사실을 주목했다는 점이다. 다른 하나는 서명『역사의 기원과 목표』가 말해주고 있듯이 석가와 공자 등이 출현한 시기를 인간 정신사의 성립기로 보았다는 것이다. 즉 인간이란 자신이 경험한 과거를 회고하고 반성하는 과정에서 스스로를 자각해가고, 그러한 자각을 통해서 정신을 형성해가는데, 역사란 바로 그러한 정신 세계적 성립기의 동시적 토대 이유란 현재로서는 알 수 없는 하나의 「비밀」로 보아야 한다는 것이고 그러한 「비밀에 대한 경이 그 자체가 앞으로 우리가 연구해가야 할 출발점」임과 동시에 「풍부한 인식 작용」으로서, 「그것이 바

로 우리들 모두의 인식목표이기도 하다」라고 하는 점이다.[28]

이와 같이 야스퍼스가 석가와 공자 등의 동시 출현 현상을 현대인의 정신세계의 성립과 관련시켜 생각했다면, 그는 현대인의 정신세계 성립의 주축을 이루었던 사람들 중의 하나로 이야기되는 그리스의 소크라테스나 팔레스틴의 예수에 관해서 어떻게 생각했는가? 어떻게 생각했기에 그의 주축형성시대론에서 그들을 한 번도 거론하지 않았던 것인가?

현대 우리가 타고 있는 역사의 주축들 중의 하나는 고대 그리스 문명을 시발로 해서 성립되고 전개해 나온 유럽과 아메리카의 서구 문명이다. 그러한 서구인의 정신세계가 성립되는 과정에서 소크라테스와 예수 등의 역할은 절대적이었던 것이다. 소크라테스는 서구 철학의 있어서의 관념 철학과 로고스(말)에 의한 관념 철학의 탐구법인 관념 변증법의 기초를 세운 자이다. 단 그는 인간의 있어서의 관념적 세계를 열어가는 방법과 귀납법의 창시자이기도 하다. 그의 제자 플라톤의 이데아의 세계도 소크라테스의 관념론의 통해서 성립된 것이다. 예수는 자신의 「부활」을 통해서 인간들에게 영적 세계의 존재를 확인시켜 줌으로써 인간들이 정신적 세계의 존재를 발견할 수 있도록 해 주었던 자로 서구인들에게 인식되어 왔다. 그럼에도 불구하고 야스퍼스가 그의 주축형성시대론에서 그들을 거론하지 않았던 것은 그가 「석가와 공자의 동시적 출현의 정확성」을 중시한 나머지 그들보다 1세기 정도 늦은 소크라테스와 무려 5세기나 늦은 예수의 경우를 거론하면, 그들을 동시적 출현의 정확성이 희석되어버릴 가능성이 있을 것으로 생각되었기 때문인 것 같다.

소크라테스와 예수는 현대 우리들에게 사대성인의 한 사람으로 일컬어지는 인물들인데 석가, 공자와 더불어 사대성인으로 불리워지는 이유는 그들이 우리들에게 이상적(理想的) 인간들로 평가되기 때문이다. 즉, 현대 우리가 추구해가는 하나의 이상적 인간상의 모델을 제시해 주었기 때문이다. 그들이 그러한 모델이 될 수 있는 그것은 정신적 측면에서의 탁월성이 이정되기 때문이다.

이러한 측면에서 생각해 볼 때 야스퍼스의 주축형성시대의 명제는 다름 아닌 사대성인의 동시적 도래 이유에 대한 물음의 문제로 볼 수 있다. 그러면 우선 그들이 성립시킨 인간의 정신적 세계란 어떤 것인가에 대한 이해를 위해 그들의 업적을 파악해 보기로 한다.

소크라테스(470~399, BC)는 아테네의 번영이 시들기 시작했던 시기에 살았던 철학자다. 원해 그리스에서의 철학은 자연에 관한 고찰로부터 출발하였다. 그것이 하나의 철학으로 성립되어 나온 것은 아테네 지방의 이오니아인계의 식민지인 소아시아 지방의 미레토스 지방 사람들로부터였다. 그들은 물을 만물의 근원으로 생각했던 탈레스(624~546, BC), 한정되지 않은 것을 만물의 근원으로 생각했던 아크시만도로스(610~546, BC), 공기를 만물의 근원으로 생각했던 아나크시메네스(595~528경, BC) 등이다. 우리는 현재 그들을 이오니아 학파의 미레토스 학파라 말하고, 그들이 자연의 통일적 근원적 원리를 탐구했다. 하여 자연철학이라고도 말하고 있다. 이와 같이 아테네의 동쪽 바다 건너 소아시아 지방에서 성립된 자연철학은 그 후 남이탈리아 지방의 엘레아 등으로 전파되어 나가 BC 6세기경에 『자연에 관해서』라는 저서를 통해서 로고스를 생각할 수 있는 것만이 존재한다는 말을 한 파르케니데스를 창시자로 해서 수(數)를 만물의 근원으로 생각한 피타고라스 등에 의해 엘레아 학파가 성립되어 나왔다. 그러한 과정에서 그리스의 철학은 페르시아전쟁(492~479, BC)을 계기로 자연철학에서 인간철학으로 전환해 나온다. 그러한 전환은 페르시아전쟁 후 BC 5세기 후반에서 4세기 초에 걸쳐서 아테네를 중심으로 해서 나타난 소피스트(Sophist)의 철학을 시발로 해서 싹트기 시작했다. 소피스트들의 사업을 개척한 자로 소피스트의 제1인자라고 할 수 있는 프로타고라스(500~430, BC)의 「인간은 만물의 척도다」라는 말이 그것을 단적으로 말해주고 있다. 그에 의하면 지식은 상대적인 것이고 선악·진위의 보편적 기준은 없다. 진실이라는 것은 따져서 진실이라고 생각되는 것이다. 그러므로 진실이라고 믿게 하는 변론술에 중점을 두었던 것이다.[29] 따라서 소피스트들에 있어서는 「하늘 위의 별이 문제가 아니라 가까운 인간이 문제」였던 것이다.[30] 소피스트들의 이러한 입장은 자연을 논할 때 그것을 의식해서 논하는 이간을 고려해 넣은 입장이다. 당시의 자연철학자들은 소피스트들의 그러한 입장들을 받아들여 인간의 차원에서 즉, 인간을 축으로 해서 자연이나 인간과 자연과의 관계를 논하게 됨으로써 인간론 철학으로 전환해 나왔다는 것이다.

여기에서 본인이 논하고자 하는 것은 소피스트들의 그러한 입장을 받아들여 인간철학을 확립시킨 자가 바로 소크라테스라는 것이다. 그는 우선 지식에 있어서의 당시의 소피스트의 상대주의에 대해서 반대한다는 입장을 취해서 객관적 진리의 실제를 주장하고 나섰다. 또 그는 자신이 마음으로 깨닫거나 몸으로 터득한 것을 가지고 상대를 선행(善行)토록 이끌어 가는 일종의 숙련된 능력이라 할 수 있는 덕(Virtus)이란 다름 아닌 바로 지(知)라고 주장했다.[31] 그래서 그는 상대방과의 대화를 통해서 상대의 무지를 자각시켜 나가는 대화법을 창안했다. 즉, 인간이 인간들로 구성된 사회 속에서 인간으로 살아가기 위해서는 덕이 있어야 된다. 그런데 그 덕이란 객관적 진리가 실재한다는 것을 마음으로 깨닫고 터득해서 알게 될 때만이 얻어질 수 있다는 것이다. 인간이 어떤 것을 마음으로 깨닫고 몸으로 터득하는 경우란 어떤 주체적인 것과의 접촉을 통해서만이 가능하다. 인간에 있어서 구체적인 것이란 한 마디로 말해서 다름 아닌 자연물이고 자연 현상이다. 따라서 소크라테스에 있어서의 객관적 진리란 인간의 경험을 통해서 취해지는 자연의 법이나 원리를 의미하는 것이다. 그는 인간을 통해서 답해지지 않는 자연의 법칙은 진리가 아니라는 입장을 취했다. 인간이 자연과 사회 속에서 자신의 삶을 실현해가기 위한 하나의 방법으로서 자연과 인간과 사회와의 이상적 관계를 정립해 보려는 철학자였던 것으로 파악된다. 즉 자연과 인간과 사회와의 이상적관계 정립이란 자연과 사회에 대한 인간의 경험을 토대로 해서 나온 귀납법적 사고로 취해지는 인간의 지(知)를 통해서만이 가능하다는 것을 주장했던 자였다. 이 경우에 있어서 지란 인간의 정신적 활동을 통해서 이루어지는 것으로서 야스퍼스의 입장에서 말할 것 같으면 소크라테스야말로 그의 죽음이 단적으로 말해주고 있듯이 삶의 문제에 대한 해결방안으로서 인간들에게 정신적 삶을 살 것을 역설했던 자였던 것이다.

이와 같은 측면에서 파악해 볼 때 소크라테스는 인간을 축으로 해서 사물을 파악하려는 입장을 정립해서 인간에게 드러나는 자연의 원리를 객관적 진리로 파악하고자 했던 자였다. 그리고 그의 기본적 입장은 그것을 통해 사회를 구성하는 인간들의 정신세계를 창조해 가려는 입장이었다. 다시 말해서 소크라테스는 자연의 일부인 인간이 자연으로부터 분리되어 나오고, 사회의 일원인 인간이 사회로부터 분리되어 나오게 됨으로써 인간에게 새로운 문제가 야기되어 나오자, 인간의 관점에서 파악한 자연의 원리를 토대로 해서 자연과 인간과 사회와의 이상적 관계를 정립하려 했던 것이다.

　　그렇다면 소크라테스 시대의 인간들은 어떠한 이유 때문에 자기 자신들로 구성된 사회로부터 자신들이 분리되어 나오게 되었던 것인가? 일반적으로 말해서 인간에 있어서의 사회란 자신들의 한계성을 자각한 개개인들이 자신들의 한계성을 극복해서 보다 행복해질 수 있는 하나의 방법으로 만들어진 인간 집단이다. 그런데, 한 인간 사회의 한 구성원이 됨으로서 되기 이전보다 더 불행해졌다라고 생각될 때 그는 자신이 처해있는 사회로부터 벗어나기를 희망한다. 인간들에 있어서의 그러한 희망들이 커짐으로써 인간과 사회와의 사이에 괴리가 되는 것이다. 우선 소크라테스(492~479, BC)가 종전된 분위기 속에서 태어났고, 그의 생의 후반을 27년간의 펠로폰네소스전쟁 속에서 살았던 사람이다. 페스사아전쟁은 아테네, 스파르타 등의 폴리스 구가들로 구성된 그리스민족과 6세기 중엽 전 오리엔트를 통일한 아케메너스왕조의 페르시아제국과의 대결전이었다. 이 전쟁은 동과 서의 첫 충돌이라는 점에서 커다란 의의를 갖는다. 그리스민족의 승리로 전쟁이 성립되었고, 그로 인한 상공업의 진전으로 노예제가 발전했다. 예컨대 당시 아테네의 시민이 15만 정도였는데 노예는 10만 정도로 추산되고 있다.[32] 사실 페르시아전쟁은 일종의 식민지 쟁탈전이었다. 그라스는 BC 750년경에서 BC 550년경 사이의 약 200년 동안에 걸쳐서 지중해 연안으로부터 흑해연안에 걸쳐 식민지 활동을 전개시켜 왔다. 그러한 과정에서 전 오리엔트를 점령한 페르시아제국이 서방으로 진출해서 소아시아의 그리스 식민지에 압박을 가하는 과정에서 그 동서의 첫 충돌이 일어났던 것이다. 펠로폰네소스전쟁은 아테네와 스파르타의 승리로 귀결됨으로써 소크라테스가 살고 있던 아테네의 황금시대는 지나가고 그 후 장기간의 폴리스 상호간의 전쟁으로 그리스민족이 쇠퇴해가게 되었다.

이와 같이 소크라테스가 살았던 시대는 이민족간의 투쟁과 동족간의 투쟁으로 인한 민족적 대립의 문제와 지배자인 시민과 피지배자인 노예와의 계급적 갈등 문제 등으로 인한 사회적 모순이 심각했던 시기였었다. 이러한 사회적 모순을 야기시킨 신분상의 갈등과 민족적 대립은 결국은 동족간의 전쟁과 이민족간의 전쟁으로 인해 야기되었고, 또 그러한 전쟁은 민족들의 대이동으로 인해 야기된 것이었다. 예컨대 펠로폰네소스전쟁의 승자가 되었던 스파르타는 BC 12세기경 철기를 가지고 들어온 도리아인의 남하로 인해서 생겨난 것이고 그 전쟁에서 패자였던 아테네는 도리안인의 남하하기 이전에 그리스 반도에 들어왔던 이오니아에 의해 설립된 폴리스이다. 민족의 대이동은 한 민족이 다른 민족보다 혹은 그전보다 강한 무기를 손에 넣게 되면 그것을 가지고 이민족을 침입해가는 과정에서 이루어진다. 침략을 당한 민족은 다른 지연으로 도망쳐가게 되며, 그러한 과정에서 민족들을 자신들이 살던 지역을 떠나 또 다른 자연환경을 가게 되며, 그러한 과정에서 민족들은 자신들이 살던 지역을 떠나 또 다른 자연환경을 접하게 된다. 이 과정에서 인간들은 자연으로부터 분리해 나오게 된다. 뿐만 아니라 인간들은 이전보다 더 편리한 도구를 만들어 그것을 이용하게 됨으로써 새로운 차원에서 자연과의 관계를 맺지 않으면 안된다. 인간에게 자연을 정복하기에 더 편리한 도구가 발명될수록 인간은 자연으로부터 그만큼 더 자유로와진다. 그렇지만 인간이 자연으로부터 자유로와지면 질수록 인간과 자연과의 거리는 멀어진다.

인간이 지구상에서 인간으로 존재해 있는 한 사회적 존재로서 어떠한 형태로든지 자연 속의 한 존재로서 그것들과의 조화관계를 유지해 가지 않으면 안 된다. 그러나 인간이 사화와 자연으로부터 분리해서 나오면 나올수록 그것들과의 조화관계를 추구하기란 더 어려워진다.

그래도 인간은 어떠한 형태로든지 그러나 어려움을 극복하고 조화관계를 추구해 가야 하기 때문에 그만큼 더 포괄적이고 보편적인 정신적 세계가 요구된다고 하는 것이다. 예컨대 노예나 이민족이 존재하는 사회에서 존재하려면 그들 과 더불어 살아가는 과정에서 야기되는 문제와 부딪히며 살아가야 한다. 따라서 인간에게는 그들이 존재하지 않았던 시대보다도 그들의 문제들을 소화해낼 수 있는 더 포괄적인 정신적 세계가 요구된다. 즉, 더 많은 지식과 인개가 요구되는 것이다. 현재 우리가 문제시하는 사대성인들 중의 한 사람이라 일컬어지는 소크라테스의 정신적 세계는 바로 이러한 과정에서 성립해 나온 것이다.

그렇다면 예수의 경우는 어떠한가? 즉 예수(BC 4~AD 29)의 정신의 어떻게 성립되어 나왔는가? 예수는 당시 로마제정의 지배하에 있었던 북팔레스티나 지방의 유태인(헤브라이인) 출신이었다. 그는 30세를 전후해서 요르단강에서 세례자 요한으로부터 세례를 받고 공적 활동을 시작했다. 그는 당시 자신들이 믿고 있는 민족종교인 유태교가 율법주의적이고 독선적이라는 사실을 깨닫고 신분이나 계급 또는 민족을 초월한 신의 사랑과 만인의 영혼 구제를 설파해 나갔다. 어떻게 생각하면 지배민족과 피지배 민족과의 대립적 상황하에서 「원수를 사랑하라」, 「오른뺨을 갈기면 왼뺨을 내놓아라」와 같은 말 등은 피지배민족 자신이 지배민족의 박해로부터 살아남기 위한 하나의 방법일지 모른다. 지배민족의 대한 피지배민족의 그러한 태도는 결국은 지배민족의 정신을 지배하게 된다는 점에서 의미가 부여된다. 그러나 여기에서 말하는 예수의 사랑은 인간을 다른 인간에 대한 사랑이 아니다. 모든 인간에 대한 신의 사랑이다. 피지배자인 예수가 당시의 지배자에게 말하려 했던 것은 지배자인 내가 아무리 피지배자인 나를 핍박한다 하더라도 결국 신은 너를 사랑할 것이라는 점이다. 예수의 그러한 말은 물론 피지배자에게도 해당된다. 이처럼 예수는 피지배민족이나 지배민족 모두에게 받아들여질 수 있는 말을 했던 자이다. 그러한 의미에서 그의 정신은 피지배민족이나 지배민족의 정신보다도 더 보편성이 갖추어진 정신이다. 그의 정신은 사회적 측면에서 파악해볼 때 피지배민족과 지배민족과의 대립적 갈등의 극복과정에서 성립되어 나왔다. 그래서 그것은 인간에 대한 신의 사랑의 발견을 계기로 전인류의 세계적 종교로 전환해 나왔다. 예수가 말하는 인간에 대한 신의 사랑은 신에 대한 인간의 속죄를 통해서만 신으로부터 인간에게 전달되는 사랑이다. 다시 말해서 인간에 대한 신의 사랑은 신에 대한 인간의 속죄를 통해서만 인간이 신으로부터 발견해갈 수 있는 사랑이다. 예수는 자신의 육체적 죽음과 정신적 부활을 통해서 당시의 사람들에게 정확히 말해주었다. 당시 그의 육체적 죽음은 죄인들에 구제를 위한 희생적 죽음으로 이야기되고 있다. 그러나 그는 그러한 육체적 죽음을 통해서 정신적 부활을 하게 된다. 예수의 희생적 정신은 유태교인의 정신이기도 하다.

당시의 유태민족을 지배했던 민족은 라틴민족이다. 라틴민족은 인도유럽계의 그리스 민족인 도라인이 철기를 가지고 BC 12세기경 그리스본토로 이주해 들어간 적후인 BC 11세기경 같은 철기를 가지고 이탈리아 중부로 들어가서 정착하게 된 민족이다. 피지배민족인 유태민족은 약 500년간 나라를 잃고 노예 신분으로 떠 돌아다녔던 민족이다. 원래 유태민족은 다음과 같이 성립하였다. BC 2천년경 북샘족의 일파의 헤브라이인이 메소포타미아 북부로부터 시리아 지방을 거쳐 BC 18세기경에 가나안(팔레스틴) 지방에 도착해서 당시 북방민족인 힉소스지배하의 이집트로 들어갔다. 그곳에서 BC 13세기경 민족적 지도자 모세의 인도하에 이집트를 탈출해 나왔다. 그러한 과정에서 유태인 사이에는 일종의 동신동족(同神同族) 의식이 형성되어 나왔다. 그들은 팔레스타인 남부에서 여호와라고 하는 신을 믿으며 정착생활을 시작했다. 그때까지만 해도 그들은 족장들이 이끄는 부족들의 형태를 취하고 있었는데 당시 에게해 방면에서 철제무기를 가지고 쳐들어온 펠리시테인으로부터의 공격을 받은 사건을 계기로 해서 베냐민 부족의 사울이 왕으로 선발된다. 사울은 종교적 지도자와 군사적 지도자와의 중간단계에 속한 인물이었다. 완전한 군사적 지도자로서의 왕은 다윗왕(1002~962, BC) 부터인데 다윗왕을 정점으로 이스라엘왕국이 성립된 셈이다. 그러나 그 후 이스라엘왕국은 BC 721년 앗시리아에 함락되어 지배를 받아오다가 다시 이집트의 지배를 받게 된다. 그러다가 BC 586년 신바빌로니아에 의해 함락되어 결국 이번의 경우는 유태인들의 대다수가 포수(捕囚)되어 바빌로니아로 압송된다. 그러한 압송을 계기로 유태민족은 유태교단으로 전환되어 나왔다. 유태민족이 이국에서 망국의 비운을 품고 교단으로 뭉쳐서 생존해가는 과정에서 제2의 이사야라고 하는 예언자들의 출현이 이루어졌다. 그의 「세계의 구제는 정치적 변혁에서 오는 것이 아니라 속죄(희생을 제공하든지 대가를 바치든지 하여 죄과를 속한다는 뜻)를 통해서 온다」는 구제관의 성립과 예루살렘에서의 제2의 신전건립(BC 450~AD 1) 등을 통해서 유태교가 확립되어 나왔다. 이 제2의 이사야의 경우에 있어서의 속죄란 신에게 뽑힌 자의 고난이 죄과를 속한다는 것으로서 그의 그러한 속죄론에 의해서 예수는 희생적 죽음을 치렀던 것이다. 예수의 정신은 인간에 대한 신의 사랑을 기초로 해서 성립된 것으로서 지배민족과 피지배민족과의 사회적 갈등과 나라를 잃고 포수로 이국을 떠도는 인간들의 존재론적 비애를 극복해 낼 수 있는 정신이다. 이렇게 볼 때 예수는 인간이 자신의 신체와 유기적으로 맺어져 있는 특수한 자연환경, 즉 고향이나 고국으로부터 떨어져 나와 외지에서 살아가는 인간들이나 민족적 갈등을 느끼면서 살아가는 인간들의 문제를 인간들로 하여금 「인간에 대한 신의 사랑」바로 그것에 대한 자각을 통해서 해결해 갈 수 있는 방법을 제시한 사람으로 이해된다.

그렇다면 인간에게 있어서 인간에 대한 신의 사랑을 자각한다는 것은 무엇인가? 크리스트교에 있어서의 신은 인간과 세계의 창조주로 되어 있다. 그러한 신이 인간을 사랑한다라는 확신이 인간에게 있다면, 일단 이 사회 속에서나 세계 속에서 살아가는 인간에게 일어나는 어떠한 문제도 능히 극복될 수 있다. 우주만물을 창조한 신이 인간을 사랑하기 때문에 인간은 자신의 죽음도 받아들일 수 이따. 사회적 불평등도 받아들일 수 있고, 사회적 불평등을 야기 시키는 인간들도 사랑할 수 있다는 것이다. 다시 말해서 신이 인간인 나를 사랑하기 때문에 내가 인간을 사랑할 수 있는 것이다. 따라서 인간과 사회를 구성하는 타자와의 관계 속에서 일어나는 문제는 인간의 인간에 대한 사랑을 통해서 해결될 수 있고 사회와 자연으로 이루어지는 세계와 인간과의 관계 속에서 일어나는 문제는 인간에 대한 신의 사랑을 자각하는 것을 통해서 풀려질 수 있다.

석가(566~488, BC)의 해탈은 어떻게 성립되어 나왔는가? 석가가 태어났을 당시의 인도도 심각한 사회적 변동기에 처해 있었다. 우선 당시 인도는 소크라테스나 예수 시대의 경우와 마찬가지로 신분상의 갈등이 극심했던 것을 고찰된다. 당시 석가가 살던 시대는 아리안인에 의해 지배되었던 사회였다. 원해 아리안인(Aryans)은 인도·유럽어족의 일파로 중앙아시아의 고원지대를 원주지로 했던 민족이다. BC 2천년 전후부터 남하하기 시작해 일부가 1천5백년 경에 인도의 서북지방에 침입해 들어오게 된다. 1천년경이 되면 간지스강 상류에 이르게 되고 BC 800년경부터는 철기를 사용해서 물벼재배를 통해 농업사회를 완성시킨다. 이러한 경제발천을 배경으로 사제(司祭) 계급과 왕후가 활약해서 BC 9세기경에 종교의 형태로 성립된 여러 성전이 편찬되고 행정제도, 징세제도 등이 정립되고 카스트제도가 성립되어 나왔다. BC 600년경에는 정치·사회·경제의 중심이 석가가 살았던 간지스강 중류 쪽으로 이동해 나와 각 지역에 도시가 형성되어 도시를 수도로 한 부락연합의 국가가 성립되어 서로 투쟁하게 된다.[33] 그러다가 BC 4세기경 16대국이라 총칭된 당시의 유력국가들 중에서 마가다국이 북인도를 통일한다. 이와 같이 인도는 석가가 살았던 BC 6세기~BC 5세기로 들어와서 도시가 성립되어 나오고 상공업이 발달되고 화폐의 사용 등이 행해짐에 따라서 그 이전 확립되었던 바라문교의 제식(祭式) 지상주의와 그것에 토대한 엄격한 신분제도에 대해서 새로운 종교가 성립되어 나왔다. 그것들의 하나가 바로 석가에 의한 불교이다.

석가는 한 소도성국(小都城國) 왕의 장남으로 태어나기는 했지만 아리안인은 아니었다. 석가족 출신이었던 석가는 비아리안인으로서 「리그·베다」의 아리안에 대항했던 이크슈바크왕의 후예라고 이야기되고 있다.[34] 그렇지만 그는 비아리안계 종족 소왕들의 경우처럼 기본적으로는 아리안 문화를 수용해 왔다. 16살에 결혼해서 아들 하나를 두었다. 부친으로부터 왕의 자리를 물려받기로 되어있었지만 자기의 나라가 항상 인접국으로부터 간섭을 받아야 하는 것과 카스트제도를 앞세워 신분상의 문제를 거론 하는 아리안인들에 대해서 불안을 느끼고 있었다. 그러던 중 생노병사 등의 인생의 실존적 문제, 인생의 목적에 대한 문제 등을 생각하게 되었다. 그는 당시의 수행자(修行者)들이 생각했던 것처럼 인간의 가치는 생득(生得)한 혈통이나 지위에 있는 것이 아니라 바로 수행에 있다고 생각한 나머지 29세에 출가해 수행길 오른다. 처음에는 당시 수행자들이 지키던 생활습성에 따라 수행생활을 하였다. 그러나 그는 자기 스스로의 길을 터득하여, 다시 혼자 산림으로 들어가 6년간 고행(苦行)에 들어갔다. 이 경우의 고행이란 일체의 곡물(穀物)을 삼가고 물과 나무열배만으로 생명을 연맹해가면서 한 마음으로 좌선(坐禪)에 들어가는 것을 말한다. 그런데 이 경우 단곡행(斷穀行)이란 자비(慈悲)를 실천해가는 상징적 행위로 해석되고 있다. 당시 석가에 있어서는 곡물이 문제가 되었다. 그것이 인간의 자비심을 저해하는 요인이라 생각했기 때문이다. 자비란 자(慈)와 비(悲)의 병립어로서 불교에서 「자」란 자기와 같은 처지에 처해 있는 인간에게 이익과 안락을 가져다 주기를 원하는 마음이다. 다시 말해서 남이 자기보다 더 행복하게 되었을 때 기뻐하는 마음이다. 「비」란 자기와 같은 처지에 있는 인간으로부터 불이익과 고통을 제거시켜 주려는 마음이다. 다시 말해서 남이 자기보다 더 불행하게 되었을때 슬퍼하는 마음이다.

　석가는 이와 같은 의미가 내포된 자비의 고행을 행하게 된다. 그 결과 그는 6년만에 35세의 나이로 대오(大悟)하여 불자(깨달은 자)가 된다. 그의 대오는 자비와 해탈이었다. 그 후 80세까지 교화(敎化)의 여행을 떠나게 된다. 그의 고행은 자기 혼자만의 해탈을 위한 것이 아니고 세상의 모든 사람을 위한 자비의 수행이라는 점에 있어서 당시의 다른 수행자들과 달랐다. 자비란 인간이 자신이 처해 있는 사회에 대해 취해야 할 기본적 입장으로, 한마디로 말해서 자기보다 못한 처지에 있는 인간들은 말할 것도 없고 자기와 같은 처지에 있는 인간들에게도 베푼다는 의미이다. 남을 위해서 살아가기 위한 삶을 살아가려면 어떠한 세계관을 가져야 하며 남을 위해 그러한 자비를 실천하기 위해서는 어떤 마음의 자세를 가져야 하는가? 이러한 물음에 대해서 석가는 다음에 있어서의 해탈이란 삼라만상의 세계에 대해 인간이 취해야 할 기본 자세이다. 이 세상의 모든 것들은 인간들에게 고통(苦)을 갖다주는 것들이다.(一切皆苦) 그런데 그것들은 항상 변해가는 것들이어서 이 세상에는 영원한 것이라고는 하나도 없다.(諸行無常) 그러한 변화 속에도 법칙이 있기는 하지만 그것들 속에 나라는 것이란 있을 수 없다.(諸法無我) 따라서 「나」를 버리기만 하면 이 세상이야말로 열반(涅槃)으로서 맑고 조용한 곳이다.(涅槃寂靜) 해탈이란 바로 이 경지에 이른 상태를 의미한다. 즉 해탈이란 번뇌의 속박으로부터 벗어나 자주적 자유의 생활을 얻을 수 있는 경지로서 이러한 경지를 열반이라 하는데 인간은 바로 이러한 열반의 경지에 이르렀을 때만이 자비의 마음이 생긴다는 것이다. 또 그러한 경지에 처해있을 때만 이 속세에서 살아갈 수 있다는 것이다.[35]

이상이 사법인으로서 자비를 행해가는 자의 세계관이다. 다음은 팔정도로서 그러한 세계관을 가지고 자비를 행해가는 자의 마음가짐이다. 팔정도에 있어서의 「정」(正)의 의미는 「남을 위해서 바른 일을 행한다는 의미이다. 인간은 우서 정견(定見), 정사(正思), 정어(正語), 의 세 측면에서 이성(理性)을 단련시켜야 하고, 다음으로 정업(正業), 정명(正命), 정정진(正精進)의 세 측면에서 의지(意志)를 단련시켜야 하고, 정념(正念), 정정(正定)의 두 측면에서 정서(情緒)의 단련(鍛鍊)을 시켜야 한다는 것이다.

이상과 같은 측면에서 석가의 정신을 파악해 본다면, 석가는 당시의 아리안족 중심의 브라만교의 세계관과 인생관을 타파하고 카스트 제도의 비아리안족 출신의 산업에 종사하는 파이야 계급과 노예계층인 수드라 계급까지도 다 받아들일 수 있는 세계관과 인생관을 확립해서 당시의 인간의 정신적 세계를 확립시킨 자이다.

공자(孔子, 551~479, BC)의 중심사상은 인(仁)과 도(道)이다. 공자 이전에도 이 말들이 쓰이기는 했다. 그러나 그것들은 인의 경우 「둘, 사람, 대인(對人)」, 도의 경우 「길」의 의미로 쓰였을 정도였다. 그러다가 공자가 그것들에 대해여 관심을 갖게 됨으로써 그 이후 그것들이 사상을 나타내는 용어로 취급되었던 것이다.[36] 어원적으로 해석해 볼 수 있는 「仁」의 의미는 「사람은 둘」혹은 「사람이 둘」이라는 뜻이다. 「사람은 둘」이나 「사람이 둘」의 의미를 좀더 풀어보면 원래 사람이란 둘이 있을 때 비로소 사람이 될 수 있다는 뜻이 될 수 있다. 사람을 가리키는 인(人)의 어원도 둘이 서로 기대야만 사람이 된다는 뜻이라는 것을 감안해 볼 때 「仁」의 의미는 「서로 둘이 기대야 사람이 된다」의 뜻으로도 해석될 수 있다. 이렇게 「仁」의 의미가 「둘이 모여서 만드는 어떤 하나」, 측 「사람」을 가리키는 말이라 한다면, 그것의 중심적 의미는 「사람됨」혹은 「둘이 하나가 되기 위해서 취해야 할 자세」 등으로 파악된다. 다시 말해서 사람이 「둘이 하나가 되기 위해서 취해야 할 자세」 등으로 파악된다. 다시 말해서 사람이 사람이 되기 위해서 취해야 할 자세로 이해된다. 그러나 자세란 「人」의 어원이 말해주고 있듯이, 상대방이 일어나거나 서 있을 수 있도록 버티어 주고 자신도 일어나거나 서 있기 위해서 상대방에게 기대는 자세이다. 간단히 말해서, 내가 남이 일어날 수 있도록 도와주고 자신도 일어나기 위해서 상대방으로부터 도움을 받는 자세이다. 이것이 인간됨의 자세라고 것이다.

공자는 이와 같이 쓰이는 「仁」을 윤리는 덕목들이 기초가 심적 상태로 파악해서, 「극기복례」(克己復禮)로 설명해냈다. 즉 내 멋대로의 자기를 누르고 사회적 규범인 예를 따르는 일을 「仁」이라 했던 것이다. 또 그는 이것을 한 마디로 「사람을 사랑하는 것」이라고 했다.[37)] 또 공자는 「仁」의 실천방법을 다음과 같이 말했다. 「仁者는 자기가 일어서려고 원하면 먼저 남을 일으켜 주고 자기가 성공하려고 하면 먼저 남이 성공토록 돕는다. 이처럼 자기가 속으로 원하는 것으로부터 다른 사람을 대하는 행동의 방향을 찾는 것이 바로 仁의 실천 방법이다」[38)] 이와 같이 공자에 있어서의 「仁」이란 사람들로 이루어지는 사회 속에서 사람들이 취해야 할 기본적 자세는 자기보다는 남을 우선적으로 배려해야 하는 것이라는 사상이다.

그렇다면 공자에 있어서의 도(道)란 무엇인가? 공자 이전에는 이것이 대게 「길」의 의미로 쓰였다. 그러나 『논어』에 와서 그것은 일반적으로 「행동의 지침」의 의미로 쓰이게 되었다.[39)] 공자는 「아침에 道를 듣는다면 저녁에 죽어도 여한이 없을 것이다」라는 말을 했다고 한다.[40)] 이처럼 공자는 「道」를 중시하였다. 「道」란 사람에 의해서 만들어진 길이다. 그것은 한 사람에 의해서 만들어진 것이 아니다. 많은 사람들이 같은 장소로 다니는 과정에서 만들어진 것이다. 그것은 전 시대의 인간들에게도 당대의 인간들에게도 다 소용된다. 남녀노소에게도 빈부귀천에게도 다 소용된다. 이처럼 「道」란 하늘 아래 모든 인간들에 의해서 만들어져서 그들 모두에게 공평히 소용되는 길이다. 「道란 개인이나 국가 혹은 천하 모두가 행동하고 인도되어야 할 방식이다」[41)] 이와 같이 공자에게 인식된 「道」란 과거와 현재를 일관하는 모든 계층의 인간들과 모든 나라들을 일관하는 하나의 원리이다. 한 마디로 말해서 그것은 인간들로 구성된 사회와 그 사회가 처해 있는 천지(天地)를 일관하는 법칙이다. 그것은 인간을 통해서 찾아낸 자연의 법칙이자 역사의 원리이다.

이와 같은 측면에서 고찰해 볼 때 공자에 있어서의 인(仁)이란 기본적으로 사회속에서 한 개인이 취해야 할 태도이고, 도(道)란 하늘과 땅 사이에서 모든 인간들로 이루어진 사회라고 하는 집합체가 취해야 할 자세이다. 이 경우 사회라고 하는 집합체의 중추는 천자이고 천자를 보좌하는 군자들이다. 따라서 국가 사회를 구성하는 모든 인간들이 취해야 할 기본 자세가 인이라고 한다면 도란 그러한 인간을 이끌어가는 천자나 군자가 취해야 하는 기본자세이기도 하다.

그렇다면 공자가 이와 같은 인과 도를 중심으로 유교사상을 성립시키게 된 이유는 무엇인가? 공자는 사회적, 정치적으로 격변하는 시대에 태어난 자이다.[42] 우리는 주(周)의 동천(東遷) 시점(770)부터 진(晉)이 한(韓)·위(魏)·조(趙)로 분할된 403년까지를 춘추시대(春秋時代)라 부르고 있다. 이 춘추시대는 황하 중류의 중원지방을 처지하고 있던 주의 여러 봉후(封侯)들과 양자강 중류를 차지하고 있던 초(楚)와의 대결이 행해졌던 시대였다. 공자는 이 시대 중엽에 살았는데, 바로 그 무렵 철이 전래되어 외세 정복과 농업 생산에 철제품이 사용되어 농업, 상공업이 발달하게 되고 국가들간의 정복산업이 더 치열화되었다. 그러자 기존의 사회적 정치적 질서가 붕괴되고 윤리가 완전히 땅에 떨어지고 말았다. 「누가 문을 통하지 않고 밖으로 나갈 수 있겠는가?」라는 탄식이 나오는 사회적 상황속에서 그의 인과 도의 사상이 나왔던 것이다.[43]

공자는 기존의 전통적 가치체계가 붕괴되어가는 사회적 상황 속에서 인을 통해서 하늘과 땅 사이의 사회를 구제하려 했던 것이다. 그는 인과 도의 사상을 토대로 「수기치인」(修己治人), 「수신제가치국평천하」(修身齊家治國平天下)의 사상 등을 성립시켰다. 우리는 공자가 노(魯) 나라에 전해지는 주(周)의 전통문화를 배워서 노의 건국자 주공단(周公旦, 무왕의 동생)을 이상의 인물로 해서 천명(天命) 사상에 근거한 정치이론을 전개시켜서 주의 봉건제도를 유지시키려 노력했다는 점을 들어서 그를 보수주의자나 반동가로 몰아버릴지 모른다. 그러나 그는 고대문화의 부활을 위해 노력한다고 자처한 사람이 아니다.[44] 그는 당대의 문란한 사회질서를 확립시키기 위해서 이전의 사상을 끌어내서 그것을 당대의 사회에 적용될 수 있는 것으로 만들었다. 그가 과거로부터 끌어낸 천명사상이란 인간 중에서 덕(德)이 많은 자가 천의 명령을 받아서 천의 대리인 천자가 되는데, 만일 천자가 폭정을 행해 덕이 없으면 천명이 혁명에 의해서 다른 유덕한 자에게 내려진다는 사상이다. 천명이 은(殷)에서 주(周)로 넘어온 것은 은왕의 폭정 때문이라는 것이다. 공자가 이 천명사상에서 끌어낸 것은 덕(德)의 개념이다. 덕이란 실제 자신의 경험을 통해 몸으로 체득한 것, 혹은 도를 행했을 때 얻어지는 것 등의 의미이다. 이와 같이 인간에 있어서의 덕이란 인간 자신이 어떤 도리를 행했을 때 나오는 기쁨에 대한 경험을 의미한다.

앞에서 언급한 것처럼 인(仁)이 사람을 사랑하는 것, 혹은 남의 입장을 먼저 배려하는 것 등의 의미라면, 인간에 있어서의 그러한 태도란 그냥 나오는 것이 아니고 남에게 어떤 도리를 행했을 때 나오는 기쁨들에 대한 경험을 통해서 성립된다. 그러한 의미에서 그의 인 사상은 덕을 핵으로 하는 천명사상으로부터 나왔다고 말할 수 있는 것이다. 이처럼 공자는 인(仁)이 그전의 천명사상에 내재된 덕으로부터 나왔다고는 하지만 인이 덕 그 자체는 아니다. 공자는 당대 인간들의 이기심을 잘 파악해서 덕의 실천방법까지 강구해 냈는데 그것이 바로 인인 것이다. 공자는 인간의 역사적 체험을 인간에 대한 보다 근원적 고찰을 통해 당대의 혼돈된 사회적 질서를 개혁해서 모든 계층의 인간들이 다같이 즐기며 살아갈 수 있는 이상적 사회의 질서체계를 확립시켜 보려 했던 자였다.

이제까지 우리는 사대성인의 중심사상들과 그것들의 성립배경을 간단히 고찰해 보았다. 그 결과 우리는 다음과 같이 정리해 볼 수 있다. 우선 그들은 각각 서로 다른 문화권들에서 태어난 자들이다. 그들이 태어난 시기는 예수를 제외하면 약 1세기 정도의 차이는 있지만 그래도 어느 정도 비슷한 시기의 사람들이다. 그런데 그들이 처해 있었던 사회는 노예들이 많아 계급적 갈등이 심각했다. 이민족이나 인접국들과의 전쟁이 자주 일어나서 민족적 갈등도 심각했다. 계급적 갈등이나 민족적 갈등은 새로운 무기와 새로운 생상 도구의 등장으로 인한 빈번한 전쟁의 발발과 농업 생산의 발달로 인해 야기되었다. 당시의 사회는 전통적인 도덕적 질서의 면에서의 붕괴일로의 사회였다. 당시의 전통적인 도덕적 질서란 자연이나 신 중심의 세계관, 즉 형이상학적 세계관에 입각한 도덕적 질서였다. 그들의 기본적 입장은 자연의 일부를 구성하는 존재로 생각되던 인간을 자연으로부터 끌어내거나, 신의 하수인이나 노리개감으로 생각되어 오던 인간을 신으로부터 떼어내서 인간을 축으로 해서 인간과 사회, 인간과 자연 혹은 신 등과의 관계들을 정립하려는 것이었다. 사회란 인간들로 이루어진 집단이다. 이 인간집단과 인간과의 관계는 윤리적 측면에서 맺어지는 관계이다. 세계란 사회와 자연 혹은 신 등으로 구성된 집합체이다. 이 집합체인 세계와 인간과의 관계는 도덕적 차원에서 맺어지는 관계이다. 인간에 있어서의 자연이란 우리가 감지 할 수 있는 자연물이나 그것들을 일관하는 질서로 이루어진 것이고, 인간에 있어서의 신이란 자연에 대한 총체적 경험의 정신적 산물로 파악될 수 있다. 우리에게 그러한 자연이나 신과의 관계는 종교적 차원에서 맺어지는 관계이다. 그들은 인간을 축으로 해서 그와 같은 윤리적, 도덕적, 종교적 관계를 재정립하여 새로운 삶의 방법을 확립시키려했다.

소크라테스는 인간과 사회와의 윤리적 관계를 덕(virture)을 통해서, 인간과 세계와의 도덕적인 관계를 지(知)를 통해서, 인간과 자연이나 신과의 관계를 진리를 통해서 문제를 신의 인간에 대한, 바로 그것에 대한 인간의 자각을 통해서 해결하려는 입장을 취했다. 석가는 윤리적 문제는 자비와 팔정도를 통해, 도덕적 종교적 문제는 해탈과 삼법인(三法印)을 통해서 해결하려는 입장이었다. 공자는 윤리적 문제는 인(仁)을 통해, 도덕적 종교적 문제는 도(道)를 통해서 해결하려 했던 것이다.

3. 사대성인들의 동시적 출현 요인

인간은 항상 자신과 자신이 처해 있는 세계와의 보다 이상적인 관계를 추구해왔다. 사대성인들의 경우에 있어서도 그러한 의지가 그들의 정신세계들을 창출하였다. 인류의 역사 속에서 그들의 출현은 자신과 자신이 처해 있는 세계와의 관계를 보다 이상적 차원에서 추구해 보려는 의지에 의해 창출된 정신적 세계를 발판으로 해서 이루어졌다. 그렇다면 그들의 그러한 의지는 어떻게 생겨난 것들인가? 인간들은 누구나 자신들의 생활환경을 가지고 있다. 그들은 그것들과의 구체적인 관계를 통해 생활을 영위해 간다. 그런데 생활환경의 변화가 초래된다면 인간들은 그것들과 새로운 관계를 정립해야 한다. 사대성인들에 의해서 정립된 윤리적, 도덕적 질서체계는 기존의 생활환경에 변화가 생겨 그것과의 새로운 관계를 정립해야하는 과정에서 성립되어 나왔던 것이다. 그렇다면 그들의 생활환경에는 어떠한 변화가 있었던 것인가?

앞에서 지적한 바와 같이 우선 노예들이 많아졌다. 노예들을 중심으로 피지배계층이 형성되어 나왔고 그 노예들을 부리는 계층을 중심으로 지배계층이 형성되어 나왔다. 노예들이 생겨나게 된 것은 주로 전쟁으로 인해서이다. 정복한 민족이나 나라가, 정복당한 민족이나 나라의 사람들을 노예로 만들어 부려먹었다는 것이다. 경제적 이유에 의한 경우도 있었다. 새로운 상품이 만들어지고, 그것이 구매되는 과정에서 상공업이 발달되고, 또 그것이 생산도구로 이용됨으로써 농산물 생산이 증대됨에 따라서 빈부의 격차가 심해지게 되었다. 그 결과 극빈자가 노예로 전락되어 생산과정에 투입되었던 것이다.

그렇다면 전쟁은 어떻게 일어나게 되었으며, 경제구조를 변화시킬 수 있었던 상품은 무엇이었던가? 전쟁이란 기본적으로 양자간에 행해지는 것인데 어느 한 쪽이 공격을 받는 것으로부터 시작된다. 공격을 가하는 쪽은 승산이 있다는 판단에 따라서 공격을 가하는 경우가 많다. 그러한 판단은 여러 가지 이유들이 근거가 되어 행해지는데, 자신들이 소유하고 있는 무기가 상대방의 것보다 우수하다고 생각되었을 때 승산이 있다는 판단은 쉽게 내려진다. 예컨대, 일본은 한반도로부터 3세기경에 철이 전래되자, 그것으로 무기를 만들어 4세기경에 한반도를 공격해 보려고 가야(伽倻)에 접근해 왔었던 것으로 무기를 만들어 4세기경에 한반도를 공격해 보려고 가야(伽倻)에 접근해 왔었다. 16세기 후반에 와서는 근데 서구 세력과의 접촉을 통해서 입수한 철포를 가지고 16세기 말 한반도에 침입해 들어와 임진왜란을 일으켰었다. 19세기 후반 일본에 근대 서구세력으로부터 근대식 무기가 유입되자 일본 국내에는 정한론(征韓論)이 대두되었다. 그로부터 약 30년 후 일본은 결국 한국을 점령하게 되었던 것이다.

민족이동의 문제도 이와 같은 측면에서 파악해 볼 수 있다. 어떤 강력한 무기를 소지한 민족이 어떤 지역으로 공격해 가면 그 지역의 민족은 공격을 피해 다른 지역으로 이동해 가게 된다. 앞에서도 언급했듯이 이러한 공격과 피신의 과정에서 민족이동이 일어나게 된다. 대표적인 민족이동으로 4세기경의 게르만 민족의 대이동을 들 수가 있는데 그 경우에 있어서도 중앙아시아의 스텝 지대에 웅거하고 있던 유목민족인 훈족(흉노족)이 서방으로 이동하여 고트족을 압박하게 되자 고트족은 그 훈족에 쫓겨 남하하게 된다. 고트족의 남하를 계기로 게르만 민족의 대이동이 시작되었던 것이다.

그 이전의 오리엔트 지역으로부터 서쪽으로의 이동과 동쪽이란 지역으로의 이동, 더 나아가서 이란 지역으로부터 동북의 중앙아시아와 동아시아로의 이동과 동남쪽의 인도와 동남아시아로의 이동 등도 그러한 측면에서 파악된다. 동이나 철은 특수한 지역들을 제외하고는 지구상의 어디에서나 쉽게 발견할 수 있는 금속물들이다. 이러한 금속물들은 돌과 함께 오래전부터 사용되어 왔다. 인류가 최초로 사용한 금속은 원소의 상태로 자연 속에서 발견되는 자연금, 자연동, 자연철 들이었다. 이집트에서는 BC 5천년 경에 이미 자연금과 자연동이 사용되었던 것으로 고찰되고, 메소포타미아 지역에서는 BC 5천년 경에 지구에 떨어진 운철 등의 자연철이나 연철(鉛鐵 : 불려서 단련된 쇠)과 같은 인조 철 등이 사용되었던 것으로 증명되고 있다.

인류에 있어서 최초의 합금(合金)으로 알려진 것은 동(銅)과 주석(朱錫)을 합쳐서 만든 청동(靑銅)이다. 이것이 쓰여지기 시작한 것은 BC 3천년 경부터이다. 이 청동의 합금·주조 기술은 BC 4천년 경말 시리아 또는 메소포타미아 북부지방에서 발명된 것으로 되어 있다.[45) 이 청동은 주로 무기·집기·장식품 등의 제작으로 사용되었다. 그런데 주지할 만한 것은 바로 이 청동기들의 사용을 계기로 해서 문자의 발명, 고대 국가의 성립 등이 이루어졌다는 것이다. 상왕국(上王國)의 메소포타미아지방에서의 슈케르인에 의한 울. 우르크 등의 도시국가들의 건설과 설형문자 사용, 이집트에서의 메네스 왕에 의한 통일왕국 건설과 상형문자 사용이 그것이다. 역사사상으로 어느 지역을 말론하고 고대국가는 혈연으로 맺어진 부족국가나 부족 연맹국의 해체를 통해서 이루어진 것으로 되어 있다. 그것들의 해체란 그것들 중에서 가장 강한 자가 나타나 다른 부족국가들의 정복을 통해서 이루어진다. 따라서 고대국가가 혈연에 의한 것이 아니고 지역을 토대로. 왕을 중심으로 해서 국가가 성립되어 나왔다는 것은 그 성립과정에 반드시 전쟁이 있었다는 것을 의미한다. 민족들의 이동이 있었을 가능성도 있다.

유럽지방에서의 청동기 사용은 메소포타미아지역보다 5백년 정도 늦은 BC 2천 5백년 경 크레타섬 북쪽으로부터 이야기되고 있다. 그곳에서 청동기 사용이 시작됨으로써 미노스 왕에 의한 해상왕국(海上王國)이 성립되었고, 선상문자(線上文字)가 쓰여 졌다. 인도지역의 경우는 역시 유럽지역의 경우처럼 메소포타미아지역보다 5백년 뒤늦은 BC 2천5백년 경에 인더스강 상하류 지역에서 청동기가 사용됨으로써 모헨조다로 하라파 등의 도시국가가 성립된다. 일종의 상형문자라 할 수 있는 문자도 쓰여진다.[46] 중국의 경우는 메소포타미아지역보다 약 1천년이 늦고, 인도지역과 유럽지역보다 5백년 늦은 BC 2천년 경부터 청동기가 사용되기 시작되어 하왕조(下王朝, 약 2050~1550, BC)가 성립되어 나왔다. 그 다음의 은왕조(殷王朝, 약 1800~1100, BC)에 와서는 청동기 사용이 일반화되어 청동기 문화가 꽃피게 된다. 중국에서 자연동, 자연철 등으로 만든 금속이 사용된 것은 BC 3천5백년에서부터 BC 2천년 경으로 이야기되고 있다.[47] 이 자연동, 자연철 등이 사용되고 있던 소위 금석병용기시대는 중국의 역사에서 국가 출현을 암시하는 전설의 시대로 소위 삼왕오제(三王五帝)가 다스렸다는 시대에 해당된다. 문자사용은 은왕조를 전후해서 갑골분자가 사용되었다.

이상과 같이 청동기의 사용은 시리아나 메소포타미아 북부지역에서부터 시작되어 서로는 유럽지역으로, 동으로는 인도 중국 등의 지역으로 전파해 나간 것으로 파악된다. 그렇다면 이 청동의 합금과 주조술은 어떻게 그것으로부터 동서로 전파해갔던 것인가?

시리아와 메소포타미아 북부지역은 각 지역에서 성립된 문명들의 충돌지역이다. 동남으로 이집트, 아라비아, 북으로는 중앙아시아, 중국 등으로 연결되어 있다. 이상이 육로를 통한 연결이라면 해로를 통한 연결은 동으로는 지중해, 서로는 유프라·티그리스강, 북으로는 흑해와 카스피로 되어 있다. 이와 같이 이 지역은 육·해로를 통해서 각 지역으로부터 모여든 문명들의 접촉지역이다. 인간은 외부와의 다양한 접촉으로 인한 다양한 자극을 통해 문화를 창출해 왔다. 인간이 많은 다양한 접촉으로 인한 다양한 자극을 통해 문화를 창출해 왔다. 인간이 많은 다양한 것들과 접촉을 하게 되면 그만큼 보편적이고 합리적 사고가 형성되어 나온다는 것이다. 시라아나 메소포타미아 북부에서 지구상 최초로 청동의 합금술과 청동기의 주조술이 발명되었다는 것은 그곳이 그러한 지정학적 환경 위치에 처해 있던 곳이기 때문인 것으로 파악된다. 청동의 합금·주조술의 발명이란 바로 청동제 무기와 도구의 제작을 의미한다. 인간이 땅 될 더 많은 인간들이 필요하게 된다. 그러한 욕구들의 충족방법의 하나는 인접국들을 공격하는 것이다. 게다가 남보다 더 훌륭한 무기를 갖게 되면 그것으로 인접국들을 공격하기도 한다. 청동의 합금술과 청의 주조술은 이와 같이 인접국들을 공격해 가는 과정에서 각지로 전파해 나갔던 것으로 이해된다.

그러한 과정에서 청동의 합금술이 발명된 지역으로부터 조금 북쪽에 위치한 흑해남단 지역인 소아시아 지방에 BC 1600년경 인도유럽어족의 히타이트인에 의해 히타이왕족이 건설되었다. 이 지역은 BC 2천년 경부터 연철(鉛鐵), 즉 자연철을 물에 담가 두드려 만든 인조철이 생산되어 왔던 지역이었다. 그래서 그 왕국은 이미 소아시아 지역에 들어와 동쪽에서 자리 잡고 있던 루위아(Luwia)라고 하는 유목민들로부터 말과 전차(戰車)에 대한 지식을 얻게 된다. 히타이트왕국은 BC 1400년대 이후의 신와조로 들어와서 침탄(Cementation)이라 불리우는 철의 표면경화의 처리법을 발명하여 철로 농기구, 무기 등의 이기(利器)를 만들어냈다. 그래서 히타이트왕국은 그 철제 무기를 가지고 오리엔트의 대부분의 지역을 점령하고 이집트와 대립해 갔다. 그러다가 1200년경에 와서 해상으로부터 바다의 민족이라 불리워지는 민족의 내습으로 멸망하게 된다. 히타이트족은 철의 야금술의 발명 후, 엄중한 철의 국가 통제와 기술의 국외유출을 경계해 왔었다. 그 결과 히타이트민족에 의해 발명된 철의 야금술과 주조술은 한동안 히타이트민족에 의해 독정되었다. 그러나 히타이트 제국의 멸망을 계기로 철의 야금술은 각지로 전파해 나가기 시작했다.

철은 침탄제강법의 발명으로 인해 비로소 금속기로서 청동보다 우위를 획득하게 되었다. 철이 청동보다 우위에 놓일 수 있는 것은 무엇보다도 그 원료가 어디에서나 손쉽게 획득될 수 있다는 점에 있었다. 그러한 이유로 철의 야금과 주조술은 각 지역들로 전파되어나가서 무기와 농업생산의 도구를 만들어 내어 각 지역의 상공업을 발전시키고, 농업혁명을 일으키고, 문자를 통일시키고, 사호와 국가 체제를 확립시켜 나갔던 것이다.

소아시아 지방을 비롯한 메소포타미아, 시리아, 이집트, 이란 등의 오리엔트 지역에 철의 야금술이 전파된 것은 피타이트제국이 멸망한 BC 1200년~1100년경으로 이야기되고 있다.[48] 서쪽으로 서구 그리스의 경우는 히타이트민족의 본거지였던 소아시아 지역과 에게해를 끼고 인접해 있는 지역으로 오리엔트의 다른 지역들과 거의 같은 시기인 BC 1000년경에 전파되었다. 스파르타르 건설한 도리아인이 펠로폰네소스반도로 남하 BC 1000년경에 전파되었다. 스파르타르 건설한 도리아인이 펠로폰네소스반도로 남하하는 과정에서 전파되었다.[49] 아시아대륙 동북쪽에 위치한 중국의 경우는 춘추시대(771~403, BC) 초기로 보는 설도 있고,[50] 춘추시대 중기인 BC 550년경으로 보는 입장도 있다.[51]

이상에서 제시한 시점은 철기의 야금 주조술의 전래시점이다. 각 지역은 이상의 전래시점을 기점으로 새서 철기시대로 들어가게 되었다. 각 지역들은 철기의 야금·주조술의 전래를 계기로 우선적으로 새로운 정치적 체제를 확립시킨다. 다음으로 새로운 상공업과 농업생산 체제를 확정시켜 나갔으며 그 다음으로 사회적 질서체계를 확립시켜 나갔다. 끝으로 새로운 윤리·도덕적 체계를 확립시켜 나갔다.

그동안 철기를 독점하고 있던 히타이트 제국의 멸망을 계기로 오리엔트 지방에 철기가 급속히 전파해 나감으로써 오리엔트 지방은 BC 1200~1100년경에 걸쳐 일대 전환기를 맞이하게 된다. 오리엔트 지방의 소아시아 지역에서는, 히타이트제국이 멸망하자 프르기아 왕족이 서부에서 건설되어 나왔다. 시리아에서는 샘계의 페니키아인(가나안), 아랍인 등이 항해, 무역 등을 발전시켜 나갔다. 그러한 과정에서 통상상의 필요로 인해 오리엔트 문자가 간략화되어 페니키아인에 의한 표음문자가 고안되어 나왔고, 아랍어가 전오리엔트의 국제상업어로 성립되어 나왔다. 팔레스타인에서는 BC 1000년경 다비드왕에 의해서 예루살렘에 헤브라이 왕국이 세워졌고, BC 760년경에 와서 대예언자 이사야가 출현하였다. 메소포타미아지방에서는 BC 1100년 앗시리아가 전차로 바빌로니아르 정복하였다. 철기문화의 전래 후 이란지역에서는 새로운 농경문화가 일어났고, 특히 이란고원에 위치한 반농반목의 정착민 사회에서는 선악이원론을 최초로 논리화시킨 조로아스터교를 창립한 짜라투스트라(630~553, BC)가 출현했다.

서구의 경우 그리스는 BC 1000년경 철기시대로 들어와서 우선 BC 800년경에 그리스 본토에 폴리스국가를 세웠고, 다음 단계로 외지에 식민지(植民地)를 건설했다. 그 다음으로는 귀족·평민·노예라는 사회적 신분제도와 화폐경제를 확립하였다. 그 다음 단계에서 그리스는 인간을 축으로 한 윤리·도덕적 체계를 세워 나갔는데 그것의 일익을 담당한 자가 바로 소크라테스였던 것이다. 이와 같은 과정들은 철기문화의 전래와 그것의 일반화 과정에 의한 과정에 의한 것으로서 다음과 같이 그 철자가 설명될 수 있다. 우선 철기문화는 철제무기나 철제도구 혹은 그것을 만든 기술자들의 형태로 전래된다. 그 다음으로 그것들을 손에 넣은 자들이 중심이 되어 새로운 차원의 국가를 건설한다. 다음으로 보다 강력한 국가적 체제를 확립하기 위해서 무기를 생산하고 윤택한 생활을 위해 생활도구나 농기구 등을 만들어 내며, 그것들을 사고파는 상업도 발달하게 된다. 철제무기를 생산해서 그것을 가지고 이민족을 침략하여 잡아온 사람들을 노예로 만들고, 철기나 농산물 등의 생산이나 판매가 활발히 행해지는 과정에서 혈연과 빈부의 격차로 인해 사회적 신분제도가 형성되어 나왔다. 그러자 그 다음 단계로 가서는 그러한 사회에 알맞은 새로운 윤리와 도덕과 종교가 요망되었던 것이다. 인도지방의 경우도 철문화가 전래된 BC 800년경을 기점으로 해서 갠지즈강 유역을 중심으로 새로운 도시문명이 건설된다. 농업생산이 대폭 증대되고 상공업이 발달하여 도시가 건설되었고, 그것들의 연합형태를 취해서 국가가 형성되어 나왔는데, BC 700년경이 되면 16국의 분립이 이루어지고 석가가 출현한 BC 500년대로 와서는 16국 중의 하나인 마가다국이 최강자로 부상해 나와 간지스강 유역을 통일하게 된다. 그러한 과정에서 인도는 인도아리안 중심의 바라문교의 편협성을 지양하고 통일된 세계에 걸맞는 윤리적·도덕적·종교적 체계를 세우려 했는데 그가 바로 석가였다.

중국의 경우는 철기문화가 오리엔트지방으로로부터 북방의 적(狄), 서방의 융(戎) 등의 침입과정에서 전래되어 들어옴에 따라 주(周)의 동천(東遷)이 이루어지고 그것을 계기로 춘추시대(春秋時代, 770~403, BC)가 도래하였다. 원래 주는 은이 황하중류에서 번성하고 있을 무렵 서방의 위수(衛戍) 분지에서 자리를 잡아 서방 황하상류에 살던 융인(戎人)과의 밀접한 관계를 가지고 그들로부터 청동제의 신예무기를 전달받아 BC 1100년경 주를 멸망시키고 서안(西安) 부근의 호경(好京)에 도읍을 정했었다. 그 후 주는 주와가가 동방의 영토를 관리하기 위한 하나의 방법으로 가장적 입장을 취해서 주와가의 공신들과 은이래의 각 지방의 군장(君葬)들에게 우선 주왕가의 권위를 인정케한 다음 그들에게 영토(封土)를 주어 영토방위를 담당시켰다. 그렇게 되자, 주의 왕가는 쇠퇴하게 되고 제후들은 영토확장을 위해서 인접국을 침입하는가 하면 변경 개혁에 주력해 가게 되었다. 그러한 과정에서 유력한 제후가 나타나 주왕가를 받들어 가면서 그 권위를 이용하여 다른 제후들을 거느려 외세의 침략을 막아나갔다. 공자의 윤리적 도덕적 사상은 이와 같은 봉건주의 체제가 확립되어 가는 과정에서 성립되었던 것이다.

이상과 같이 파악해 볼 때, 서구의 소크라테스, 인도의 석가, 중국의 공자 등의 출현은 BC 1200년경 오리엔트지방으로부터 철기문화가 각 지역들에 전래되어 그것이 그 지역에서 일반화되어가는 과정에서 이루어진 것으로 파악된다. 그러면 예수의 경우는 왜 다른 성인들보다 뒤늦게 출현한 것인가? 서구의 그리스에 철기문화가 도래한 것은 BC 1000년경이고 소크라테스가 출현한 것은 그로부터 약 500년 후인 BC 800년경이고 석가가 태어난 시점은 그로부터 약 250년 후인 BC 500년대 중반경이다. 중국에 그것이 도래한 것은 춘추시대 초기이고 공자가 출현한 것은 그로부터 약200년 후인 BC 500년대 중반이다. 이상과 같은 점들을 고찰해 볼 때 다이 것들이 특징적으로 파악된다. 첫째, 각 지역에서 철기문화의 전래 시점과 성인들의 출현 시점과의 관계는 각 지역에서 철기문화를 받아들일 민족 집단의 크기와 기존의 문화적 진보상태 등광의 문화적 관련 속에서 이루어진 것으로 이해된다. 그리스지역의 경우는 철기문화의 발생지인 소아시아지역으로부터 인접해 있는 곳이기 때문에 철기문화가 오리엔트 지역을 제외하고는 가장 일찍이 전래된 곳이다. 그렇지만 그리스지역은 인도의 갠지즈강 유역이나 중국의 황하강 유역 등과 비교해 볼 때 협소한지역이고 또 그 집단의 크기나 조직의 면 등에 있어서도 씨족이나 부족 집단 상태에 있었고 기존의 문화적 진보상태의 측면에 있어서도 거의 원시상태였었다. 그러한 이유로 당시 그리스에 철기문화가 들어갔다. 하더라도 그것이 하나의 문화로서 정착되는 데 있어서는 인도나 중국 지역의 경우에 있어서보다 장기간이 소요되었다. 그러나 인도의 간지스강 유역이나 중국의 황하유역의 경우는 청동기문화의 세계를 받아 고대국가의 체제를 갖추고 있었고 고대민족국가 차원에서의 윤리적·도덕적·종교적 질서체계가 확립되어 있었다. 그러한 이유로 인해서 철기문화의 전래와 그것의 정착과정에서 즉각적으로 문화적 충동이 야기되었고, 또 그것의 극복과정이 형성되어 나왔던 것이다.

이상과 같은 관점에서 파악해 볼 때 우리는 사대성인의 한 사람이라 일컬어지는 예수가 어째서 다른 성인들보다 뒤늦게 출현했는지에 관한 문제를 풀 수 있다. 더 나가서 석가나 공자보다 100~200년 먼저 출현한 오리엔트의 팔레스타인 지방의 이사야나이란지방의 조로아스터의 개보 짜라투스트라가 왜 사대성인에 끼어들 수 없는지에 관한 문제도 풀 수 있게 된다. 예수가 출현 한 곳은 오리엔트 지역이다. 예수는 그 지역의 유태민족 출신이다. 오리엔트지역에 철기문화가 파급된 것은 BC 1200~1000년경으로 유태민족의 경우는 BC 1000년경 철기문화와의 접촉을 계기로 초대 사울왕에서 제2대 다비드왕에 이르는 과정에서 예루살렘에 헤브라이 왕국이 성립되어 나왔다.[52] 그러나 그 왕국은 왕위 쟁탈전을 둘러싼 대대적 내전과, 같은 샘족이지만 종교가 다른 페니키아인과의 대립 등으로 인해 결국 앗씨라아제국의 각 지역으로 흩어지게 된다. 헤브라이족의 대예언자 이샤야(Isaiah)의 출현은 헤브라이왕국이 앗시리아제국의 공격을 받아 멸망해 가는 시점에서 이루어졌다.

이사야는 신(神)의 성성(聖性)과의 접촉을 계기로 속죄를 체험하고 신의 엄격한 심판의 말을 국가와 국민에게 전달할 예언임무를 위임받았던 것으로 전해진다. 그는 귀족계급들의 자유농민에 대한 토지, 가옥의 경제적 수탈행위를 엄격히 비판했고, 국가의 대한 불신행위라 비판하였다. 또 그는 정의를 가지고 국가를 다스리고 전쟁을 없애고 평화를 가져올 왕을 하나님이 자신들에게 주신다는 약속을 했다고 이야기했다. 그 후 헤브라이인들은 BC 586년에 신바빌로니아에 의해 함락되어 다시 포수되고, 신바빌로니아로 압송되어 박해를 받게 되는데, 그 과정세서도 제2의 이사야가 출현해서 제1이사야의 사상을 토대로 속죄관을 성립시켰다. 그로부터 500년경 후에 그러한 속죄관을 토대로 해서 예수의 출현이 이루어졌던 것이다. 이러한 측면에서 파악해 볼 때 제1이사야와 제2이사야, 예수는 헤브라이민족이 타민족에게 박해를 당하는 과정에서 출현한 자들었다는 점에 있어서 공통점이 인정된다. 그러나 제1이사야와 제2이사야의 목표는 헤브라이민족의 구제에 한정되어 있었지만, 예수의 경우에 있어서 구제대상은 헤브라이민족의 물론 자신들을 박해하는 타민족들까지 포함되어 있었다고 하는 점이 다르다. 제1이사야나 제2이사야가 현대 성인으로 추앙되지 않는 이유는 그들의 인간구제 작업이 자신들의 민족에 한정되어 있었기 때문이고, 이에 반하여 예수의 경우에 있어서는 그것이 자기민족을 박해하는 타민족에게까지 적용되었기 때문인 것으로 파악된다. 이렇게 볼 때 예수가 다른 성인들보다 늦게 출현한 것은 설혹 헤브라이민족이 다른 민족들보다도 일찍이 철기문화와 접촉을 갖기는 했지만, 헤브라이민족이 인도의 석가나 중국의 공자가 출현한 민족들에 비해 소수민족인데다가 그 민족이 처해 있던 지역도 지중해 동안에 한정되어 있었고, 그나마 그 민족이 살던 그곳도 타민족들에게 점령되어 오리엔트 지방을 유랑해 다녀야 했기 때문에, 인간과 자연을 토대로 한 관계가 정립되어 나오는 데 있어서 인도나 중국, 그리스의 지역들보다 더 긴 시간이 필요했었던 것이다.

결 론

사대성인들의 동시출현이나 칼 야스퍼스의 인류역사에서의 주축형성시대의 도래는 결국 오리엔트 소아시아지방에서의 히타이트민족의 철의 야금술 발명에 의한 것으로 이야기될 수 있다. 소아시아지방의 히타이트민족에 의해 철의 야금술이 발명되어 그것이 남으로는 팔레스타인지방으로, 서로는 그리스지방으로, 동으로는 인도지방으로, 중국으로 전파해 가자 그것이 전파된 지방에 철기 문화가 형성되었고, 새롭게 형성되어 나온 문화가 기존의 문화와 충돌하여 가치체계 혼돈의 극복과정에서 출현했던 것이다.

석가나 공자와 같은 성인들이 거의 같은 시기에 태어난 것이 칼 야스퍼스와 같은 사람들에게 왜 문제가 되었던 것인가? 우선 야스퍼스의 경우는 「어째서 상호 상이한 사람들에게 왜 문제가 되었던 것인가? 우선 야스퍼스의 경우는 「어째서 상호 상이한 세 지역에서 동일한 사실이 발생하였는가?」[53]라는 그의 물음을 통해서 알 수 있듯이, 성인들이 출현하기 이전 「세 지역」간의 문화적 영향관계가 전혀 없었던 것으로 생각해 버린 나머지 현재의 우리들로서는 알 수 없는 「그러한 비밀」을 만든 어떤 주체가 존재하고 있음을 인정해 보려고 했기 때문인 것으로 파악된다. 야스퍼스는 「교통할 수 없는 먼 거리에 떨어져 있으면서도 상호적 공통의 사실이 대두하였던 것이다」라는 말을 함으로써, 확실히 세 지역들 간의 영향관계를 부정하고 있다.[54] 또 그는 「주축형성시대가 동시적 시원(始原)을 가진다는 비밀은 그러나 이제 우리들에게는 고도문화의 발생문제와는 완전히 다른 심층적인 상황처럼 보인다」라고 말하고 있듯이,[55] 그러한 성인들의 출현이 청동기시대나 그 후의 철기시대의 도래와도 관련성이 없다는 입장을 취했다. 야스퍼스는 성인들의 동시적 출현이 지역간의 영향관계로 인한 현상도 아니고 그 이전의 역사적 산물의 결과도 아닌 것 같다는 입장을 취해서 그러한 주축형성시대를 도래케 한 「동시적 시원」의 주체가 존재한다는 관념에 빠져 있었기 때문에 그들의 동시적 출현이 문제가 되었던 것이다. 야스퍼스에 있어서의 주축형성시대라는 명제에 대한 검토 목적은 주축형성시대의 도래이유를 규명하는 데 있지 않았다. 그의 목적은 첫째, 주축형성시대를 도래케 한 그러한 성인들의 동시적 출현 사실을 자료로 해서 역사 속에 「비밀」이 존재하고 있다는 사실을 드러내 보이는 데 있었고 둘째, 그러한 「비밀」을 밝혀가는 작업을 역사의 목표로 삼자는 주장을 하려는 데 있었다. 이와 같은 측면에서 파악해 볼 때 야스퍼스는 성인들의 동시적 출현이 현재의 우리 인간으로서는 알 수 없는 신의 어떠한 의도에 의해 이루어졌다고 이해했던 것으로 판단된다. 한마디로 말해서 현재 우리로서는 알 수 없는 신과 같은 어떤 초월적 존재의 조작에 의한 것으로 보았다.

그렇다면 우리는 야스퍼스의 이와 같은 입장을 어떻게 받아들일 수 있을까? 인간에 있어서 신과 같은 어떤 초월적 존재란 무엇인가? 다시 말해서 인간에 있어서의 신비란 무엇인가? 인간은 우주, 자연, 사회 등으로 구성된 세계속에서 살아가고 있다. 즉, 그러한 세계를 일관하는 질서를 통해서 살아가고 있다. 그런데 인간에게 있어서 세계를 일관하는 질서란 인간이 처해 있는 세계에 대한 경험을 통해서 자각된다. 우리는 우리 인간들의 경험을 통해 자각된 세계를 일관하는 질서에 대한 정보를 지식이라 말하고 있다. 세계에 대한 경험들의 결과로서 취해진 그러한 지식들은 우리 신체의 뇌부분에 인지되어 축적되는데 우리는 그러한 경험을 통해 취해진 총체적 지적 작용을 정신이라 말해 볼 수 있다. 인간의 세계를 일관하는 질서들의 하나하나는 인간의 총체적 지적 작용을 통해서 발견되어 뇌에 축적된다. 그래서 그것은 보다 포괄적정신세계를 이루어가게 된다.

이와 같은 측면에서 파악해 볼 때 인간의 세계체험 과정이 인간의 정신세계를 산출해 냈고, 또 그것을 통해서 신이라고 하는 관념을 창조해 냈다고 할 수 있다. 그렇다면 관념이 서로 상이한 지역들에서 성인들을 동시적으로 출현시켰다는 말은 결국은 무엇을 의미하는 것인가? 그것은 다름 아닌 각 지역에서의 인간들의 세계체험의 결과가 성인들을 동시적으로 출현시켰다는 말과 같은 의미의 것으로 이해될 수 있다. 다시 말해서, 각 지역들에서 인간들의 세계체험의 과정이 비슷하기 때문에 비슷한 시기에 비슷한 인간들이 출현했다는 것으로 이해될 수 있다는 것이다. 야스퍼스는 주축형성시대를 도래케 한 인간의 세계체험 과정에서 각 지역들 간의 영향의 문제는 전혀 고려하지 않았다. 오히려 그는 인간의 세계체험이 형성되어 나오는 과정에서 세계를 구성하는 지역들간의 영향은 전혀 존재하지 않았던 것으로 생각했다. 그는 세계의 각 지역과 그 지역에 처해 있는 인간들 간의 자극과 반응 관계만을 생각했던 것이다. 이렇게 볼 때 그의 주축형성시대에 대한 명제는 자극을 주는 세계는 다른데 어떻게 해서 인간의 반응은 비슷한가에 대한 의문을 중핵으로 해서 성립되었다고 볼 수 있다.

야스퍼스의 주축형성시대론을 고찰해 볼 때 인간의 역사가 신과 같은 어떤 초월적 존재에 의해 주관된다는 것이 그의 역사관이었던 것으로 파악된다. 야스퍼스가 말한 초월적 존재의 실체가 과연 어떠한 것인가를 이해해 보고자 했을 때, 인간의 세계체험의 결과가 인류의 역사를 이끌어간다는 말은 옳은 말이다. 인간의 세계체험의 결과는 각 개인들, 즉 각 지역에 살고 있는 인간들의 세계체험들이 종합화되어 그것이 항상 새로운 시작들을 만들어감으로써 이루어진다. 이 경우 인간들의 세계체험들의 종합은 인간 개인들이나 그 개개인들이 처해 있는 지역간의 상호교류들을 통해서 이루어진다. 인간의 세계체험의 결과는 그러한 개체들 간의 상호작용의 과정을 거쳐서 이루어지고, 또 그러한 과정들을 통해서 항상 새로운 시작들을 만들어간다고 할 수 있다. 그런데 야스퍼스의 역사관은 이 종합을 통한 새로운 시작이라고 하는 과정을 고려하지 않았다는 데에 문제가 있는 것으로 판단된다.

야스퍼스의 그와 같은 역사관은 당시 일반화되어 나왔던 자연발생설에 대한 반동으로부터 나온 역사관이다. 왜냐하면 그는 서로 영향을 전혀 받지 않은 지역들에서 동시적으로 유사한 현상이 일어난 사실을 근거로 해서 자연발생설을 배격하고 창조설의 입장을 옹호해 보려 했기 때문인 것으로 파악된다. 원래 서구에서의 자연발생설은 창조설에 대한 반발로 나온 입장이다. 이 경우 창조설은 신이나 어떤 초월적 존재가 인간, 지구, 우주 등과 같은 만물을 창조했다는 입장이다. 이에 대하여 자연발생설이란 어떤 현상이 신이나 초월적 존재에 의해 만들어진 것이 아니고 자연현상에 의해서 주관된다는 입장이다. 예컨대, 지구의 어느 지역이든지 수목이 성장해가고, 또 그 속에는 생물들이 자라고 있다. 그러한 현상은 궁극적으로 결코 우리가 이해할 수 없는 대자연의 법칙을 통해서 일어난다는 입장이다.

그러나 이와 같은 창조설과 자연발생설에 대하여 반기를 들고 나온 또 하나의 입장이 있다. 영향설이 그것이다. 영향이란 어떤 사물이 어떤 다른 사물과의 접촉을 통해서 변화해가는 현상을 말한다. 어떤 사물은 인접하는 다른 사물과 접촉을 통해서 변화해간다. 접촉이 없는 한 변화란 있을 수 없다.

우리가 처해 있는 지구상에서 일어나는 현상들 사이의 평행관계난 동시성의 문제는 이상과 같이 세 종류의 학설로 설명되어 왔다. 야스퍼슨 인류역사에 있어서의 주축형성시대의 도래나 성인들의 동시적 출현현상에서 존재하는 평행관계를 창조론의 입장에서 설명하였다. 그러나 폰 쉬트라우스의 경우는 자연발생설의 입장에서 설명하였고, 본인의 경우는 그것을 영향론의 입장에서 설명하였다.

본인이 여기에서 말하고자 하는 것은 우리가 앞에서 언급했듯이 야스퍼스의 창조설을 인간의 세계체험과정, 즉 경험론의 입장에서 받아들여 본다면, 야스퍼스의 역사의 주축형성시대론이나 본인의 사대성인의 동시출현론은 경험론, 자연발생설, 영향설 중의 어느 것으로도 다 설명될 수 있다고 하는 것이다. 단지 문제는 그것을 어떤 것으로 보다 설득력있게 설명할 것인가 하는 점이다. 본인은 지구가 서로 다른 우주공간을 이동해가는 과정에서 우주공간속의 물질들과의 접촉과정을 통해서, 그것들로부터 영향을 받아 지상의 모든 현상들이 일어난다는 입장을 취한 과정학을 이론적 토대로 해서 성립된 영향론으로 그것을 설명하는 것이 가장 바람직하다고 생각했기 때문에 그것을 가지고 설명했던 것이다.

주

1) 원서명 : *Vom Ursprung und Ziel der Geschichite*, R. Piper & Co. , Verlag, München, 1949.
   번역본 : 백승균 역, 『역사의 기원과 목표』, 이화여자대학교 출판부, 1987.
2) 칼 야스퍼스, 『역사의 기원과 목표』(백승균 역, 이화여자대학교 출판부, 1987), 21~22면.
3) 아놀드 J. 토인비, 『세계사 - 인류와 어머니되는 지구』(강기철 역, 도서출판 일념, 1991), 198면.
4) 상동서, 196면.
5) 상동서, 20면.

 6) 상동서, 21면.

 7) 상동서, 21~26면.

 8) 상동서, 40면.

 9) 상동서, 33면.

10) 상동서, 상동면.

11) 상동서, 33~36면.

12) 상동서, 36면.

13) 상동서, 39면.

14) 상동서, 40면.

15) 상동서, 41면.

16) 상동서, 42면.

17) 상동서, 43면.

18) 상동서, 상동면.

19) 상동서, 상동면.

20) 상동서, 상동면.

21) 상동서, 45면.

22) 상동서, 47~48면.

23) 상동서, 40면과 42면.

24) 상동서, 40면.

25) 상동서, 42면.

26) 상동서, 48면.

27) 상동서, 49면.

27) 상동서, 48면.

28) 상동서 48면.

29) 김성준 외 감수, 『세계문화사대계 2 : 문명의 발생』(대학사, 1979), 329면.

30) 상동서, 상동면.

31) L. F. 스톤『소크라테스의 비밀』(편상범 外 역, 과학아카데미, 1996), 79면.

32) 鈴木俊 外編『世界史ハンドブック』(東京 : 朝倉書店, 1965), 51면.

33) 中原興茂九郎 外『西アジアインド史』(創元社, 1970), 134면.

34) 상동서, 상동면.

35) ヤスバース, 『仏陀と竜樹』(峰島旭雄 訳, 理想社, 1981), 53~55면.

36) H. G. 크릴, 『孔子, 인간과 신화』(이성규 역, 지식산업사, 1994), 142~144면.

37)『論語』, 顔淵篇「樊遲問仁子曰愛人」

38) 상동서, 雍也篇「夫仁者己欲立而立人 己欲達而達人 能近取譬 可謂仁之方也

己」

39) H. G. 크릴 『孔子, 인간과 신화』, 142면.

40) 『論語』, 里仁篇「子曰朝聞道 夕死可牟」

41) H. G. 크릴, 『孔子, 인간과 신화』, 142면.

42) 상동서, 130면.

43) 『論語』, 雍也篇「子曰 誰能出不由戶 何莫由斯道也」

44) H. G. 크릴, 『孔子, 인간과 신화』, 130면.

45) 鈴木俊 外編 『世界史ハンドブック』(東京 : 朝倉書店, 1965), 17면.

46) 상동서, 96면.

47) 朴元鎬 編, 『中國의 歷史와 文化』(고려대출판부, 1992), 6면.

48) 潮見浩, 『東アジアの初期鉄器文化』(東京 : 吉川弘文館, 1979), 2~3면.

49) ソビエト科学アカデミー版, 『世界史古代3』(東京 : 商工出版社, 1960), 819면.

50) 具塚茂樹 外, 『中国の歴史原始ふら春秋戦国』(東京 : 講談社, 1974), 305면.

51) 李春植, 『中國史序說』(敎保文庫, 1992), 78면.

52) ソビエト科学アカデミー版, 『世界史古代3』(東京 : 出版社, 1960), 657~658면.

53) 칼 야스퍼스, 『역사의 기원과 목표』, 40면.

54) 상동서, 31~32면.

55) 상동서, 42면.

한국과 일본의 언문일치운동과 그 의미

서 론 : 한국과 일본의 언문일치운동의 재고 의미

본 연구는 한국과 일본 등의 근대화 과정에서 행해졌던 언문일치운동의 실상을 고찰해서 그것의 의미를 재검토해 보는 것을 목적으로 한다.

언문일치운동이 한국에서 최고조에 달했던 것은 1910년대 후반이었다. 일본의 경우는 그 보다 30여 년이 빠른 1880년대 후반이다. 당시의 언문일치운동이란 한마디로 말해, 글로 적는 말(文語)을 입으로 하는 말(口語)에 일치시키려 했던 운동을 가리킨다. 그러한 운동 결과 현재 우리는 언어란 말과 글로 이루어진 것으로 인식하고 있다.

당시의 사람들이 그러한 운동을 일으켰다는 것은 그 운동을 일으켰던 사람들이 글 중심보다는 말 중심의 언어관을 받아들였다는 것을 의미하고, 그 이전의 사람들은 글 중심의 언어관을 지니고 있었다는 것을 의미한다. 따라서 현대 우리가 일반적으로 사용하고 있는 언문일치의 문장은 근대화 과정에서 행해졌던 언문일치운동의 결과로서 취해진 것으로서 글(文)보다는 말(言) 중심의 언어관에 입각해 확립된 것이라 할 수 있다.

이제 동아시아인들은 그러한 운동을 통해 글 중심의 언어에서 말 중심의 언어로 전환해 나왔다고 말해 볼 수 있다. 그런데 동아시아인들에게 그러한 말 중심의 언어관을 가져다주었던 서구인들에게는 지난 20세기 초부터 언어가 기호의 하나로 파악되어 기호론(semiotics)적 입장에서 언어가 연구되어 나왔고, 또 20세기 후반부터는 그 기호론에 입각해 문화기호론(semiotics of culture)이 확립되어 나왔다. 문화기호론에서는 청각보다는 시각이 더 강조됨에 따라, 다시 말해서 청각을 통한 전달보다는 시각을 통한 전달이 더 강조됨에 따라 문화기호의 하나인 언어에 있어서도 청각적인 면보다는 시각적인 면이 강조됨으로써 청각중심보다는 시각중심의 언어관이 형성되어 나오고 있는 것으로 고찰된다.

그렇다면 한국과 일본의 근대화 과정에서 행해졌던 언문일치운동은 이 시점에서 어떤 의미로 해석될 수 있는 것인가? 본인은 본고를 통해 이 문제를 고찰해 보고자 한다.

본인이 여기에서 논하려는 언문일치운동은 한국과 일본에서만 일어났던 것은 아니다. 중국에서도 당시 그러한 운동이 일어났었다. 또 그러한 언문일치운동은 그로부터 3, 4백년 전에 서구문화권에서도 일어났었다. 본인은 이러한 점을 감안해서 우선 보다 객관적으로 언문일치운동의 본질을 규명해 보기 위한 방법으로, 지금까지의 민족이나 국민문화연구 차원의 시각을 폐기하고 동아시아 내지 글로벌 차원의 시각에서 한국과 일본에서의 언문일치운동을 접근해 보기로 한다.

최근까지의 언문일치운동은 문학이나 언어현상의 측면에서 연구되어 왔다. 본인은 그것을 글로벌적 관점에 입각해 문화적 현상의 측면에서 접근하기로 한다. 또 본인은 한국과 일본과의 비교는 물론, 중국과의 비교를 통해서도 그 공통점과 차이점을 파악해 보고, 더 나아가서는 서구와의 비교를 통해서도 그것들을 고찰해 보기로 한다. 그 다음 그런 것들에 대한 고찰을 토대로 근대화 과정에서 행해졌던 한국과 일본 등에서의 언문일치운동의 의미를 재고해 보기로 한다.

1. 한국의 언문일치운동의 성립과 전개양상

1) 한국에서의 언문일치운동 이전의 문체들의 존재양상

한국인들이 현재 자신들의 생각이나 감정의 표현수단으로 사용하고 있는 문장은 그 문(文)의 종류의 차원에서 파악해볼 것 같으면, 국문(國文), 국한혼용문(國漢混用文), 그리고 한문(漢文)·영문·일문·불문 등과 같은 외국어문 등이라 할 수 있다. 그러나 근대 이전에는 한문, 이두, 국한문, 국문에 의해 그들의 생각이나 감정 등이 기록되었다. 그것들이 그들의 표기수단으로 성립되어 나온 과정은 대략 다음과 같다.

중국의 황하 쪽으로부터 한반도에 한문이 전래되기 이전까지는 한민족은 자신들의 생각과 감정을 표현해 낼 어떤 문자를 갖고 있지 못했다. 그러다가 한반도인들은 중국으로부터 한자가 전래됨으로써 그것으로 자신들의 생각과 감정을 표현해 가게 되었던 것으로 고찰되고 있다.

한문이 중국으로부터 한반도에 전래된 것은 위만조선(衛滿朝鮮, 194~108, BC) 경부터로 보고 있다. 현존하는 최고의 것으로는 위만조선이 망하고 낙랑이 설립된 BC 108년경에 쓰여진 고조선(古朝鮮)의 뱃사공 곽리자고(霍里子高)의 아내 여옥(麗玉)의 작으로 알려진 한시 「공후인」(箜篌引), 중국 대륙에서의 전한(前漢)이 후한(後漢)으로 전환해 나왔을 무렵 한반도에서는 고구려 유리왕(瑠璃王, 19~18, BC)때의 한시 「황조가」(黃鳥歌)로 알려져 있다. 고구려 국초(國初)에 『유기』

(留記) 100권이 쓰여진 것으로 전해지고 있다.

중국이 한대(漢代)에서 6조(六朝, 212~589)로 전환해 나왔을 무렵, 고구려에는 372년에 태학(太學)이 세워져 유교교육이 행해졌고, 동년에 중국의 전진(前秦)으로부터 불경(佛經)이 전해졌다. 또 백제에서는 근초고왕(近肖古王, 346~375)때 『서기』(書記)가 쓰여졌다. 그 후 신라에서는 진흥왕 6년(545년)에 『국사』(國史)가 편찬됐던 것으로 되어있다. 한반도에서 중국으로부터 한자를 본격적으로 수입해 쓰기 시작했던 것은 현존 향가 중 가장 오래된 것으로 알려진 진평왕대(眞平王代, 579~632)의 「혜성가」(彗星歌) 이후로 파악되고 있다.

이와 같이 한국인들은 BC 2세기 말경부터 한자·한문을 받아들이기 시작해 6, 7세기부터는 그것들로 본격적으로 수입해 한문(漢文)으로도 자신들의 의사를 기록해 갔다. 이 경우 한자(漢子)란 중국의 황하유역지방에서 BC 18세기 경부터 시작되는 은(殷)의 갑골문자(甲骨文字), BC 12세기부터의 주(周)의 금석문자(金石文字)와 대전(大篆), 진(秦, 진시황의 전국통일과 문자통일 BC 221, 멸망은 BC 202)의 소전(小篆), 전한(前漢, BC 221~AD 8)의 예서(隷書)와 후한(AD 8~222)의 해서(楷書) 등을 거쳐서 현재의 형태로 고정되어 나왔다. 한문이란 기본적으로 한나라 시대의 인간들에 의해 쓰여지던 말이 한자로 기록된 문장체를 가리킨다.

한국인에서의 한문은 이상과 같은 점을 감안해 봤을 때, 6, 7세기 경부터 본격적으로 쓰여지기 시작되었던 것으로 고찰된다. 그리고 그것은 15세기 중반 한글이 창제된 후에도 갑오경장까지 사대부(士大夫)의 대표적 표현수단이 되어 왔었다. 그 다음 한문이 한반도에서 쓰여지는 과정에서 초기에는 구결(口訣)이 달려 사용되었다. 구결이란 한문에 붙여진 우리말 토씨이다. 그러다 그 구결이 달린 한문으로부터 이두(吏讀)라고 하는 표기법이 성립되어 나왔다. 이두란 한자의 음과 훈(訓, 새김, 의미)을 빌어, 우리말 형태부분은 그것의 음을, 그 음의 의미부분은 그것의 새김을 취해 우리말을 적어냈던 표기법을 가리킨다. 한문(漢文)이 고관(高官)들이 쓰는 문장이라면 이두(吏讀)는 서리(胥吏)들이 읽고 쓰는 문장이었던 것으로 알려져 있다. 그것의 성립은 고구려 초부터로 파악되고, 향가「혜성가」의 성립 전후를 기해 확립된 것으로 고찰된다. 그리고 그것은 이와 같이 이두 표기가 6세기를 기해 확립되어 나와 당시 신라인들의 말들을 토씨까지 다 기록해 내게 됨으로써 고려시대로 들어와서는『균여전』(均如傳, 1075)에서와 같이 그것이 향찰(鄕札)이란 명칭으로 불리워지게 되었다.[1] 또 그것이 그 시대로 들어와서는 공문, 관용문 등의 문체로 정착되어 나왔다. 그 후 이조시대에 들어와서 한글창제를 계기로 쇠퇴하기는 했지만 그래도 당시 소송문, 고시문(告示文), 보고서 등의「관부의 공사문서(公私文書)」에서 19세기 말까지 사용되었던 것으로 고찰된다.[2] 이 경우 이두(吏讀)와 향찰(鄕札)을 구분해 본다면,「전자는 준(準)국문체이나 후자는 순(純)국문체」라 할 수 있다.[3]

국한혼용문의 경우는 한글 창제 이후에 형성된 문장체인데, 그 기원은 구결이 붙여진 한문과 그것으로부터 출현된 이두(吏讀)로부터 찾을 수 있다. 국문(國文)은 한글창제를 계기로 순수 한글로 쓰여진 문장을 가리키는데 그것은 한글창제 이전에 쓰여져 왔던 향찰 계열의 문장이라 할 수 있다. 구어문(口語文)을 의미하는 언문(諺文)이라 했다.

한국인들은 일본어 문장이나 영어 문장을 본격적으로 접하기 전인 19세기 말까지 이상과 같이 한문, 국한혼용문, 국문으로 자신들의 생각과 감정을 표현해 왔었다. 한국인들은 그 후 20세기로 들어와서 이들 외에 일본어, 영어 등으로도 자신들의 생각과 감정 등을 표현해 가기에 이른다.

19세기 후반 한국이 근대의 서구와 일본의 문물을 접하기 직전, 한국인들에 있어서의 대표적 문체는 역시 한문이었다. 근대 이전 한국사회를 주도해 갔던 사람들은 사대부(士大夫)들이었다. 그들의 일반적 의사소통문들은 한문이었다. 이두, 향찰은 주로 서리, 중인 출신들에 의해 사용되어졌었다. 한글 창제 이후에도 계속 사용되었고, 갑오경장 때까지도 사용되었다. 국한혼용문은 한글창제 이후 성립되어 나와, 특히 한시나 한문 등을 번역해 내는 데 본격적으로 사용되어 나갔었고, 그 후 차츰 이두·향찰문체를 몰아내고 그의 사용영역을 확대시켜 나가, 영·정조 이후에 와서는 거의 전적으로 이두·향찰의 자리를 차지해 가게 되었던 것이다. 반면 국문은 주로 일반 서민들과 궁중여성들에 의해 사용되어 왔던 글이었다.

2) 언문일치운동의 발단과 국한혼용문

한국인들은 강화도 조약(1876) 이후 근대 일본과 서구의 문물을 직접적으로 접하게 됨으로써 일본과 서구의 언문일치문들을 접하게 된다. 한국인들은 그것을 계기로 그때까지 그들의 가장 대표적, 공적 표현수단으로 여겨져 왔던 한문을 버리고 그들 사회의 서민들이나 여성들이 사용해 왔던 '국문'을 전용하자든가, 국한혼용문장을 채택하자는 주장들이 제기되었다.

그러한 주장들이 나오게 된 것은 당시의 한국인들이 공적으로 사용하고 있는 한문 등과 같은 문어(文語)들이 그것들을 사용하고 있는 한국인들의 구어(口語)와 유리되어 있었던 관계로 문어를 통한 의사전달이 구어(口語)를 바탕으로 한 언문(諺文)을 통해 의사전달을 행해

가는 서민이나 부녀자 층에까지 원활히 이루어지지 않고 있었기 때문이었던 것이다. 그러한 언문일치운동은 「한성순보」(漢城旬報, 창간 1883. 10)의 국한문체 채용의 시도를 통해 그 분위기가 형성되었고, 그 후 「한성순보」의 후신 「한성주보」(漢城周報, 창간호 1886. 1. 25 발행) 등을 통해 실시되었다.

이러한 언문일치운동의 발단으로서의 공문에서의 국한문체 사용의 최초의 시도는 조정의 관보 「한성순보」를 창간할 당시 그 관보창간을 주관했던 박문국(博文局)의 주사(主事) 강위(姜瑋)에 의해 쓰여졌던 미발표 창간사를 통해서였다. 그러나 그것이 미발표 창간사로 끝나고 말았던 것은 당시 활자미비의 문제도 있었지만, 수구파의 반대가 그 주된 원인이었던 것으로 알려져 있다.[4]

강위는 강화도 조약(1876. 2) 참석 이후 일본과 중국을 드나들었던 인물이다. 그가 창안했던 국한문체는 한문체에 궁중소설(宮中小說)의 구두언어(口頭言語)적 문장들을 섞은 것이었다. 그가 그러한 국한문체를 창안해 시도했던 것은 관보가 한문체로 쓰여지면 사대부 계급에게는 좋을지 모르나, 신문의 본래 목적인 민중을 각성시킨다는 것과는 거리가 멀기 때문에 서민(庶民)과 사대부 층이 함께 읽을만한 국한혼성문이 필요하다고 생각했기 때문이었던 것이다.

그로부터 3년 후 「한성순보」의 후신 격인 「한성주보」가 국한혼용체를 취해 창간되어 나오게 됨으로써 언문일치운동의 근대적 기점이 설정되기에 이르렀던 것이다. 「한성주보」가 국한혼용체를 취해 창간되어 나오게 된 경위를 살펴보면 다음과 같다.

「한성순보」의 창간은 일본의 민중교육의 선각자인 동시에, 일본에서 근대 「국가주의(nationalism)의 원형(原型) 제출자」로 지목되고 있는 후쿠자와 유키치(福沢諭吉, 1834~1901)와 깊게 관련되어 있다.[5] 강화도 조약 체결(1876) 이후 한국은 몇 차례에 걸쳐 일본에 수신사를 파견해 가고 있었는데, 제3차 수신사는 조정에서 개화파로 알려진 박영효(朴泳孝, 1861~1943), 김옥균(金玉均, 1852~1893) 등에 의해서 1882년 8월에 행해졌었다. 그 전해에 고종의 특명으로 일본에 다녀왔던 김옥균은 한국의 빈약은 일반대중의 기술교육의 부재와 상층계급 인사들의 무지와 몰지각에 그 원인이 있다고 깨달은 나머지, 조선을 구하려면 민중을 교육시키는 것밖에 없다고 주창해 갔었다. 박영효는 그런 주창을 하는 김옥균과 동행해 일본에 건너가 후쿠자와 유키치를 만났다. 그들은 후쿠자와로부터 개화문명과 국정개혁 등에 관한 의견을 듣는다. 그때 그들은 그로부터 「국내 민중을 계몽시키려면 신문을 창간해야 한다」는 이야기를 듣게 된다.[6] 귀국 후 박영효는 한성판윤(漢城判尹)이 되어 신문창간을 착수하였고, 후쿠자와의 추천으로 이노우에 가쿠고로(井上角五郎, 1860~1938) 등이 한성에 나타나게 됐던 것이다. 그 결과 총리아문(總理衙門) 박문국(博文局)에서, 임오군란(1882) 후 조선정부의 고문이 된 이노우에 가쿠고로를 주재(主宰)로 하고, 강위(姜瑋) 등을 주사(主事)로 해서 한국 최초의 근대적 신문이었던 「漢城旬報」가 창간되었던 것이다.

그러나 그것은 그 이듬해인 1884년 갑신정변(甲申政變)으로 수구파들이 박문국사(博文局舍)를 습격해 불을 질러버림으로써 더 이상 신문을 낼 수 없게 되었다. 갑신정변 중 박문국사는 물론, 일본공관도 소실되는 동시에 일본인 다수도 사살당했던 탓으로 일본은 그 책임을 물어 그 이듬해인 1885년 1월 한국과 한성조약을 체결한다. 조약체결은 내한한 일본의 외무경(外務卿) 이노우에 가오루(井上馨)에 의해서 행해졌고, 그 현장에 일본의 「지지신포」(時事新報)의 기자를 겸하고 있던 이노우에 가쿠고로(井上角五郎)도 나타났었다.[7] 그 후 이노우에

가쿠고로는 박문국 주재(主宰)라는 이름을 가지고 신문부활에 힘써가
게 된다. 그는 민중계몽과 국가발전을 위해서는 신문이 다시 나와야
한고, 복간될 경우 한국인의 글인 한글로 쓰여져야 한다고 당시의 지
도자들에게 호소해 갔다.

그 결과 그는 당시 외아문협변(外衙門協辨) 김윤식의 주선으로 고종
의 윤허(允許)를 얻어냈다. 그리고 나서 그는 일본에서 새로 기계와
활자를 구입해 그해(1885년) 12월 복간활동을 개시하여, 김윤식을 총
재로 해서「한성주보」(漢城周報, 창간호 1886년 1월 25일)가 국한문혼용
체를 취해 창안되었던 것이다.

그런데 일본인 이노우에 가쿠고로에 있어서의 한국인 고유의 한글
문장이란 국한문혼용체를 말하는 것이었다. 그 이유는 다음과 같다.
우선 당시 한국에서는 중국의 한나라 시대의 말이 기초가 되어 성립
된 한문이 공적 문장으로 통용되었고,「국한혼용문」,「국문」 등이 사
적 문장으로 쓰여지고 있었기 때문이었다. 두 번째로 일본에서는 한
국의「국한혼용문」에 해당되는「화한혼용문」(和漢混用文)이 헤이안(平
安)시대에 성립되어 나와 그 때 이래 공적 문장으로 통용되어 왔었기
때문이었다. 따라서 당시 이노우에 가쿠고로가「한성주보」의 문체로
채택한「국한혼용문체」는 설혹 그것이 한국인의 입장에서 보면 일본
의「화한혼용문체」로부터 모방된 것이었다 하더라도, 당시 이노우에
가쿠고로로서는 중국의 한문에 눌려 사적 문체로밖에는 그 역할을 행
해가지 못하는 한국의「국한혼용문체」로 생각했던 것이었다.[8]

사실상 강위는 한문으로 쓰여진「한성순보」가 발행되어 가는 도중
에도 국한혼용문에 의한 기사체(記事體)를 연구해 갔었다. 그는「환관
(宦官)을 통해 내인(內人)들이 소장하고 있던 여러 언문(諺文)서적들을
입수해 그것들을 참고로 해서 국한혼용문의 새 문체를 만들어 보았

던」[9] 이노우에 가쿠고로는 강위에 의해 연구되어 만들어진 그 국한문혼용문체를 「한성주보」의 기사체로 채용했던 것이다.

이와 같이 한국에서의 언문일치운동은 일본인의 주도하에 행해졌던 「한성주보」의 국한문혼용문체 채용을 계기로 해서 시발되었다. 「한성주보」의 국한문혼용문 채택 이후의 국한문혼용문체는 당시 민씨일파인 수구세력의 압력에 의해 1888년 박문국이 폐지됨으로써 「한성순보」도 폐간되어 더 이상 일반화되어 나가지 못했다.

그러다가 청·일전쟁을 계기로 한국에 몰려들었던 일본인들이 한국에 정착해 1894년 일문 신문 「한성신보」(漢城新報)를 창간하였고, 이어서 1895년 1월 22일부터는 국문판 「한성신보」를 격일간으로 발행해 간다.[10] 그것과 때를 같이 해, 1881년 도쿄에 유학한 유길준(俞吉濬, 1856~1914)의 『서유견문』(西遊見聞, 1895)이 국한혼용문으로 간행되어 나와 널리 읽혀지게 됨으로써 국한혼용문은 한층 더 일반화되어 나왔다.

유길준은 1880년 일본으로 건너가 게이오기쥬쿠(慶応義塾)를 거쳐 도미, 워싱턴·보스턴 대학 등에서 수학하고, 유럽 각국을 거쳐 1884년에 귀국했다. 그는 귀국 이후 갑신정변으로부터 화를 당해 6년간의 구수(拘囚)생활을 겪으며 『서유견문』을 저술한다. 그가 본서 저술 시 국한문체를 택한 것은 본서를 일반 민중들에게 널리 알려서 민중의 지혜를 계발하기 위함이었던 것으로 되어있다.

3) 언문운동의 전개와 국문 운동

한편, 한국에는 갑오경장(甲午更張, 1894)을 계기로 신식교육이 일어남에 따라 국자보급운동이 일어났고 또 그것은 국어운동, 국문운동으로 발전되어 나갔다. 그 전까지만 해도 한국인들은 자신들이 쓰고 있던 한국말을 방언(方言), 이언, 언어(諺語), 속어(俗語)라 했다. 그러나 갑오경장을 계기로 한국인들은 자신들이 쓰고 있는 한국어를 국어(國語)라 부르게 되었고, 그것을 한글로 기록해 온 언문(諺文)도 국문(國文)이라 일컫게 되었다.[11]

그러한 국어·국문 운동들은 그동안 순 한문으로만 쓰였던 당시의 관보(官報)와 공사문서(公私文書)들이, 갑오경장이 일어나 그 해 11월에 모든 법령과 칙령이 국문을 본(本)으로 해서 한문부역(漢文附譯) 혹은 국한문(國漢文)을 혼용해 발표된다는 규정이 제정됨으로써 국한문으로 쓰이게 되었고, 그 이듬해에 가서는 고종의 교육입국칙서가 국한문으로 내려짐에 따라 그 칙서에 의거해 소학교령이 발포되어, 학교교과에 국어가 주요과목으로 부과되어 국어교과서가 편찬됨으로써 한층 더 구체화되어 나왔던 것이다.

그러한 분위기 속에서 미국에서 망명생활을 하다 1894년에 귀국한 서재필(1866~1951)이 한국 최초의 순 국문판 신문인 독립신문을 창간해 민중의 독립정신 고취에 전력을 다해갔다. 언문일치운동의 실천 수단으로서의 「독립신문」은 순한글 표기, 띄어쓰기 실행이라는 측면에서 국한문혼용체를 채택한 「한성순보」와는 달리 또 다른 차원에서 언문일치운동에 획기적 기여를 하게 되었다. 그 후 순한글 표기는 『혈의 누』(血의 淚, 1906)를 효시로 해서 나타난 신소설류에 의해 더욱 일반화되어 나왔다. 물론 신소설의 경우, 「독립신문」이 행했던 띄어쓰기까지는 취하지 않은 것으로 봐서, 순한글로는 쓰였으나 띄어쓰기가 행해지지 않은 『홍길동전』의 전통을 이어받은 것이 틀림없다. 이렇게 국문이 널리 쓰여지게 됨에 따라, 국문이 바르게 쓰여져야 한다는 필요성이 제기되어 이봉운(李鳳雲)의 『국문정리』(1897), 지석영의

『신정국문』(新訂國文, 1905), 주시경의 『대한민국문법』(1906), 유길준의 『대한문전』(大韓文典, 1908) 등이 쓰여져 나왔다. 그들의 그러한 노력은 쓰는 법이 하나로 통일되어 있어야 만이 국민들로부터 나오는 국력이 쉽게 유기적으로 결속될 수 있다는 뜻에서 행해져 나왔던 것이다.

그 다음 한국의 그러한 국어·국문 운동은 한일합방(1910)을 기해 또 하나의 전기를 맞이하게 된다. 그동안 외국어였던 일본어가 「국어」(國語)가 되고 「조선어는 일본어의 방언이다」라는 견해가 형성되어 나옴으로써 한국인들의 「국어」는 언어교육의 대상으로부터 멀어져 갔다.[12] 그러한 상황에서 총독부 학문부는 일본어의 방언으로서의 조선어 정책의 일환으로 1912년 4월, 「경성어를 표준으로 하고 표기는 표음주의에 의한다」는 등의 「보통학교용 언문철자법」을 확정시킨다. 그 결과, 「"·"를 사용하지 않고 "ㅏ"로 한다」, 「받침은 'ㄱㄴㄹㅁ ㅂㅅㅇㄲ ㄻ ㄼ 10가지에 한한다」, 「된소리는 "된ㅅ"으로 한다」 등의 것이 규정되어 실시되어 가게 된다.[13]

4) 언문일치운동의 확립과 속어문운동

국문을 바르게 쓰기 위한 방법의 하나로서 일찍이 국문법 연구에 착수한 이봉운의 경우에 있어서 「문법이란 글이 말과 다르게 표기하는 규칙」으로 규정하였다.[14] 그 후 국문법론자들은 당시의 우리말의 법칙을 국문법으로 규정해 가게 된다. 그러한 움직임은 『혈의 누』(1906) 등과 같은 신소설의 창작, 안국선(安國善)의 『연설법방』(演說法方, 1907)의 출간 등으로부터 출발되었던 것으로 고찰된다. 『연설법방』은 자신의 생각을 설득력 있게 피력하려면 연설자가 어떤 사명감을 가지고 있어야 하고 청중에 대해 어떤 자세를 가져야 한다는 것을 논하고 있다. 신소설은 앞에서도 언급했듯이 『홍길동전』 등과 같은 순국문 소설의 계열로부터 출현된 것으로서 설혹 그것들이 글로 쓰여진 것이기는 하나 작자가 독자에게 이야기를 해 가는 서술 형식을 취해 쓰여진 것으로 고찰된다.

그 후 논자들의 말에 대한 관심은 최남선의 「소년」(1908. 11~1911. 5), 『시문독본』(1916) 등을 통해서 구어(口語)에 대한 관심 쪽으로 확장되어 나왔다. 「소년」(少年)은 한국 최초의 잡지이다. 2차에 걸쳐 일본 유학을 행했던 최남선이 귀국해 창간한 월간 계몽지이다. 당시 19세의 최남선은 창간호 「소년」에 「해에게서 소년에게」 등과 같은 한국 최초의 신체시의 발표를 통해 당시 한문투의 문장을 지양하고 구어체를 적극적으로 받아들여 구어체 문장을 성립시켜 나갔다. 후자의 『시문독본』에서의 「시문」(時文)이란 당시의 시대적 감각을 잘 드러낼 수 있는 문장을 의미하는 것으로서 그러한 문장이란 당시의 일반인들이 쓰고 있는 말들을 기록한 문장을 가리킨다.

이와 같이 언문일치의 추진자들의 언문일치의 문장 작성의 한 방법으로서의 일상어에 대한 관심은 당시의 도쿄 유학생들로부터 본격적으로 시작되었던 것으로 고찰된다. 예컨대 그것은 1904년 도쿄 유학을 떠났다가 3개월만에 돌아와 2년 후에 재차 도일해 그대로 얼마 못 있고 다시 귀국해 그 이듬해 출판사를 차려 『소년』을 간행했던 최남선을 비롯하여, 이광수(李光洙, 1892~1950), 최승구(崔承九, 1892~1917), 김동인(金東仁, 1900~1951) 등을 통해서 이루어졌다.

이광수는 1905년 도일해 그 해 11월에 귀국했었는데, 다시 그 이듬해 도일해 1910년에 귀국한다. 그는 정주 오산학교 교원으로 있으면서 그 해 구어체의 새 문장으로 단편 『무정』을 「대한홍학보」에 발표하고, 최남선의 「소년」에도 구어체로 글을 발표해 갔다. 그러한 상황

속에서 1914년 4월에 도쿄에서 조선 유학생 학우회 기관지 「학지
광」(學之光, 1930년 4월 종간, 연 2회)이 창간됐다. 보성전문학교를 거쳐
1910년에 도일해 게이오대 예과 과정을 수료한 시인 최승구(1892~
1917)는 「학지광」 제2호(1914. 9)의 「정감적 생활의 요구」(情感的 生活
의 要求), 「남조선의 신부」(南朝鮮의 新婦) 등을 통해서 거의 완벽한
구어체 문장을 형성시켜 나갔다.

구어체(口語體)문장이란 기록자가 처해있는 당시 일반인들의 일상
생활의 말을 그대로 기록해 낸 문장을 말한다. 이에 대해 구어체 문장
의 대립적 개념이라 할 수 있는 문어체(文語體)문장은 기록자가 처해
있는 시점을 기준으로 해서, 그 이전 시대의 인간들의 말을 기록한 문
장들이다.[15] 따라서 구어체와 문어체와의 가장 큰 차이는 단정의 표
현과 시제(時制)의 표현으로부터 나오는 것이라 할 수 있는데, 한국어
에서의 그것들은 문말(文末)표현을 통해서 이루어진다.

그런데 본인이 여기에서 주장하고자 하는 것은 구어체의 확립을 가
능케 했던 그러한 단정과 시제의 표현이 이청원(李青原)도 주장하고
있듯이, 「학지광」에 게재된 최승구의 그러한 글들을 통해서 이루어지
기 시작되었다는 것이다. 또 그렇게 해서 확립된 구어체 문장은 1916
년에 다시 도일해 유학 중이던 이광수가 구어체로 쓴 장편 『무정』을
1917년 1월 1일부터 「매일신보」에 연재해 감으로써 더욱 일반화되어
나왔다. 그러다가 1919년 2월 김동인에 의해 한국 최초의 종합문예동
인지 「창조」(創造, 창간호에서 제7호까지는 도쿄에서, 제8호와 제9호는 서
울에서 간행)가 창간되어 그의 단편소설 『약한자의 슬픔』 등이 구어체
로 쓰여지게 됨으로써 구어체가 완성되어 나왔던 것이다.

이렇게 해서 한국에서의 현대 언문일치체문장은 그것이 한문체로
부터 벗어나서 국한혼용문체로, 또 국문사용운동, 속문사용운동 등을

통해 확립되어 나왔던 것이다.

2. 일본의 언문일치운동

1) 용어 「언문일치」의 성어와 언문일치운동의 성립배경

「언문일치」(言文一致)라는 말의 성립은 하기의 문장을 통해서 행해졌던 것으로 고찰되고 있다.[16]

> 언어와 문장과를 일치시켜 보려면 작성한 문장을 낭독해, 듣는 자로 하여금 즉시 이해할 수 있게 하고, 듣는 자로 하여금 즉시 이해할 수 있게 하려면, 일상생활 속에서 쓰는 말을 이용하지 않을 수 없다. 일상생활 속에서 쓰는 말을 가지고 문장을 만들면 그것이 곧 언문일치가 된다.(하선 본 논자)[17]

상기의 인용문은 간다 다카히라(神田孝平, 1830~98)의 「문장론을 읽다」(文章ヲ読ム, 「도쿄학사회원 잡지」<東京学士会院雑誌> 17권 1호, 1885년 2월)에 나오는 문장이다. 간다 다카히라는 한적, 난학을 배워 1862년에 「반쇼시라베쇼」(藩書調所)의 교수가 됐던 계몽적 관료학자이자 양학자였다. 그는 『경제소학』(経済小学, 1867)의 번역을 통해 서양경제학을 일본에 처음으로 소개했던 학자였고, 메이지 초에 형성되었던 계몽적 지식인 단체 「메이로쿠샤」(明六社)에 참가하기도 했던 학자였다. 그의 「문장론을 읽다」는 그 전년 1884년경부터 일기 시작한 소위 서구화 만능주의의 바람을 타고 새롭게 제기된 속어(일상생활 속에서 사용되는 口語) 문장사용운동의 발단 과정에서 쓰여진 문장이다.

당시 일어났던 속어문장 사용운동은 「언문일치」라는 말을 성립시켰을 뿐만 아니라 그로부터 일년 후에는 모즈메 다카미(物集高見)로 하여금 『언문일치』(1886. 3)라고 하는 저서를 출판케 했고 그로부터 2년 후에는 후타바테이 시메이(二葉亭四迷)의 『부운』(浮雲, 1887. 6~88. 8), 야마다 비묘(山田美妙)의 『풍금운률일절』(風琴調一節, 1887. 7~9) 등을 통한 근대언문일치에 소설문체의 확립까지 이어져 나갔던 것이다.

그런데, 당시 일본에서의 그러한 언문일치체문장을 쓰자는 주장은 근 20여 년 전 에도 바쿠후(江戶幕府)의 양서역관(訳官)이었던 마에시마 히소카(前島密)가 쇼군 도쿠가와 게이키(将軍 徳川慶喜)에 건백(建白)한 「한자 폐지에 관한 의논」(漢字御廃止之議, 1867. 12)에서부터 시작되었던 것으로 이야기되고 있다.[18] 그렇다면 당시 일본에서 그러한 주장은 어째서 제기되어 나왔던 것인가? 우선 이 문제부터 검토해 보기로 한다.

일본에서는 「언문일치」의 성어(成語) 시점으로부터 이미 백 여 년 전 경부터 화란어와의 접촉을 통해서 언문일치의 장점에 관한 이야기가 논의되어 왔었다.[19] 오쓰키 겐타쿠(大槻玄沢, 1757~1827)의 『난학입문서』(蘭学階梯, 1783)에 「화란어의 문장이 사리(事理)를 일상어로 쉽고 자세히 설명해 냄으로써 화란의 문명을 급속도로 발전시켰다」는 의견이 제기되어 있다. 이처럼 서구의 문장들을 접해 오던 일본의 양학자들은 서구의 문장들이 일상생활 속에서 쓰는 말들로 기록된 것이라는 사실을 그 당시부터 발견하게 되었고, 그들은 그러한 발견을 계기로 일본의 문장이 그들의 경우와 다르다는 것을 알게 되었던 것이다. 다시 말해서 서구의 문장어들은 서구인들이 일상생활 속에서 쓰는 말과 같은 말들인데 일본의 문장어들은 그렇지 않고, 문장 속에서 쓰는 말들과 일상생활 속에서 쓰는 말들이 다르다는 것이다. 그렇다면 당시 일본인들은 문장어로 쓰던 말들은 어떤 말들이었던 것인가?

일본인들이 문자로 자신들의 의사를 기록하기 시작했던 것은 한자가 일본에 전래됨으로써였다. 일본에 한자·한문이 전래되어 일본인들이 배우기 시작했던 시점은 5세기 초로 이야기되고 있다.[20] 한자·한문이 일본인에 의해 사용되기 시작된 것은 그로부터 2세기후인 7세기 초의 스이코 덴노(推古天皇, 592~628)로 고찰된다. 그런데 일본인들이 그것을 최초로 사용해 갔던 방법은 『17조 헌법』(十七条憲法, 604), 『삼경의소』(三経義疏, 610년대) 등의 경우처럼 그들의 사상을 한문으로 기록함으로써였다. 일본인들의 한문만을 통한 자신들의 사상, 감정의 표현은 예컨대 「간쿄지 로반메이」(元興寺露盤銘, 596) 등과 같은 금석문(金石文) 등에서부터 발견되는 변체한문(變體漢文), 다시 말해 일본어 어순에 따라서 한자를 나열한 부분이 많은 한자로 된 문장이나 『고지키』(古事記, 710)와 『니혼쇼키』(日本書紀, 720) 등에서와 같이 정식의 한문으로 행해졌었다. 그러다가 그 후 일본인들은 한문을 통한 자신들 사상, 감정들의 표현 경험을 기초로 해서 한자로부터 음(音)을 빌려서 그 음으로 당시의 자신들의 말을 표현해 가기도 했고, 한자로부터 훈(訓)을 빌려서 당시 자신들의 말을 표현해 가게 되었다.

그러한 과정에서 만요가나(万葉仮名)표기가 형성되어 나왔고, 한문을 일본어로 읽어 내는 과정에서 형성된 한문훈독체(漢文訓讀體)라든가 일본어를 한문으로 기록해 가는 가정에서 형성된 기록체(記錄體) 등과 같은 변체한문체 등도 형성되어 나왔다. 그런데 이런 문장들은 전부 한자로 쓰여진 것들이다. 따라서 한자의 음과 훈으로 당시 일본인들의 말을 기록해 간다는 것은 여간 어려운 일이 아니었다. 그래서 일본인들은 9세기 중반 경에 와서 한자의 약자를 가지고 가타카나를 만들어 내고 그것의 초서를 가지고 히라가나를 만들어 내서 그것으로 당시 그들의 말을 기록해 가기에 이르렀다. 그렇다고 해서 나라(奈良)

시대에 쓰이던, 한문, 변체한문이 완전히 없어진 것은 아니었다. 예컨 대, 『고킨와카슈』(古今和歌集, 905)가 편찬됐던 10세기 초의 일본에서 는 한문, 변체한문, 가나문 등으로 쓰여진 문장들이 병존해 갔었다. 그로부터 1세기후인 『겐지모노가타리』(源氏物語, 11세기 초)가 나온 11 세기 초에 와서는 가나문이 완성되었고, 또 『겐지모노가타리』(源氏物 語), 『곤자쿠 모노가타리』(今昔物語) 등이 성립되어 나와 가나문의 요 소와 한문훈독의 요소가 혼합된 화한혼효문(和漢混淆文)도 성립되어, 『헤이케이 모노가타리』(平家物語)가 나온 11세기 말에 가서는 그것이 확립되어 나옴으로써 현재 일본인들이 일반적으로 쓰는 문장이 이루 어져 나왔던 것이다.

이렇게 볼 때, 화한혼효문은 한문, 변체한문, 가나문 등이 기초가 되어 성립된 문장임을 알 수 있다. 그런데 한문이란 기본적으로 한 (漢)대의 문장이란 뜻으로 한(漢)나라의 문자, 즉 한자(漢字)로 쓰여진 문장의 의미이다. 이렇게 볼 때 일본에 있어서의 한문(漢文)이란 일반 적으로 「한자로 쓰여진 문장」의 의미로 쓰이고 있다. 그러나 사실 보 다 구체적으로 말하자면 중국의 한나라시대의 인간들의 구어(口語)를 기초로 해서 성립된 문장이다. 야마토(大和), 나라(奈良), 헤이안(平安) 시대에 걸쳐 일본인들에 의해 읽혀졌던 한적들은 6조(六朝)를 거쳐 당대(唐代)에 걸쳐 쓰여진 것들로서 특히 6조에서 당까지의 것들은 당시 유행했던 사육병려문(四六騈麗文)으로 쓰여진 것들이다. 병려문 이란 6조 이전의 고문(古文)에 대해 대구(對句)를 중심으로 한 문장으 로 4자와 6자가 자주 쓰였다고 해서 사육문이라고도 불리워진다. 중 국은 당대(唐代)로 들어와 병려문을 버리고 6조 이전의 고문(古文)을 쓰자는 운동이 일어남으로써 당대로 들어와서 고문에 의한 문장들이 많아졌었다. 따라서 병려문과 고문이 일본의 문장에 커다란 영향을

끼쳤던 것으로 고찰되고 있다.[21]

가나문의 경우는 그것을 쓴 사람들, 보다 구체적으로 말해 헤이안 시대의 귀족사회, 특히 궁정여성의 일상 구어를 기초로 해서 성립된 문장이다.[22] 따라서 화한혼효문에는 한문투와 헤이안시대의 귀족들의 구어적 특징이 내재되어 있다. 따라서 가마쿠라시대(鎌倉時代, 1185~1333)로 들어와서 가나문과 가나문의 문법에 기초해 성립되어 나왔던 화한혼효문은 가마쿠라시대의 인간들의 일상구어와 차이가 생겨남으로써 그 후부터의 화한혼효문은 문어문(文語文)으로 취급되기에 이르렀던 것이다.

이렇게 확립되어 나온 한문, 가나문, 화한혼효문(和漢混淆文)은 바쿠후 말(幕府末), 메이지 초에 대표적 문장어들로 사용되고 있었다. 이들 문장들은 나라, 헤이안시대의 귀족들의 일상구어, 6조 이전의 고문, 6조 이후의 병려문 등을 기초로 해서 형성됐던 것이지만, 에도시대 이후 대륙으로부터의 신유교서적과 청대의 백화문이 일본어로 번역되는 과정에서 에도시대 이전과는 또 다른 문장어로 변환해 나온 것이었다. 이것은 바로 바쿠후 말, 메이지 초 당시의 일본인들의 문장어가 당시 그들의 일상구어와는 달랐다는 것을 의미한다. 그런데, 그들은 일상구어로 쓰여진 서구인들의 문장들을 접해 그것들을 번역해 가는 과정에서 구어와 문어가 서로 다른 상황에서 행해 가는 자신들의 언어활동으로부터 불편을 느끼게 됨으로써 일상구어를 기초로 해서 새로운 문어를 만들어 내자는 의견들이 나오게 되었던 것이다.

2) 언문일치운동의 발단과 전개양상

현재 우리는 일상생활 속에서 쓰는 말을 구어라 하고 문장 속에서 사용하는 말을 문어라 한다. 언문일치운동이 일어나기 이전의 바쿠후 말, 메이지 초에는 구어와 문어가 일치되어 있지 않았었다. 바쿠후 말에서 메이지 10년까지의 일본의 문장계(文章界)에는 천황의 부친인 상황(上皇)이 국정을 행해 갔던 인세이기(院政期, 1086~1321) 이래 언문이도(言文二途)의 구습을 이어받아, 한문, 가나문(和文), 화한혼효문(和漢混淆文) 등이 있었다. 또 화한혼효문의 경우, 한문훈독체, 아속절충체(雅俗折衷體), 구문직역체(歐文直譯體), 화한양조화체(和漢洋調和體) 등의 비구어적문체(非口語的文體)가 공존해 있었다. 앞에서 언급한 바와 같이 당시 일본인들이 문장속에서 쓰던 말들의 어휘들이나 어법들(문법)은 한문으로부터, 그리고 헤이안시대(平安時代, 794~1185) 교토의 귀족들이 일상생활 속에서 쓰던 구어로부터 취해진 것들이었다.

그러한 상황에서 일본의 양학자들은 구어와 문어가 일치되어 있는 서구의 문장들을 번역해 가는 과정에서, 또 그것들의 일치로부터 오는 효과를 인식한 나머지 그들 자신들이 사용하고 있는 구어와 문어와의 차이로부터 오는 불편을 자각하기에 이른다. 그러한 자각해 가는 과정에서 앞에 이미 지적한 바와 같이 에도 바쿠후(江戸幕府)의 양학자, 마에시마 히소카(前島密)가 쇼군에게 한자를 전폐하고 가나문자를 전용하자는 의견을 건의하기에 이른다. 또 그가 한자 전폐와 가나문 전용의 필요성을 건의했던 것은 일본이 서구의 국가들처럼 문명국이 되기 위해서는 우선 무엇보다도 국민들을 교육시켜야 할 필요성을 절감했던 것이고, 그러기 위해서는 「사민」(士民)들에게나 통하는 한자를 폐지하고 모든 국민들이 「간이(簡易)하게 배울 수 있는」 가나문자를 전용해야 한다는 것이었다. 그는 그 문장에서 「구담」(口談)과 「필기」(筆記)가 같아져야 한다는 입장도 피력하고 있다.

그러한 의미에서 일본의 「언문일치」 연구자들은 일본에서의 언문

일치운동의 시발로 파악하고 있다.[23] 마에시마 히소카의 그러한 주창에 이어서 언문일치의 문장을 실천에 옮긴 사람은 후쿠자와 유키치(福沢諭吉, 1834~1901)를 비롯한 「메이로쿠샤」(明六社) 그룹인 양학출신의 진보적 계몽사상가들이었다. 우선 후쿠자와 유키치는 『학문의 권유』(学問のすすめ, 1872) 등의 개화계몽서(開化啓蒙書)를 통해서 귀로 들어서 이해되기 쉬운 일상어를 사용해 「세속 통용의 속문」을 성립시켰다. 또 거의 같은 시대의 가토 히로유키(加藤弘之, 1836~1916)는 『교역문답』(交易問答, 1869)과 『진정대의』(真政大意, 1870) 등을 통해서 「올시다」(デゴザル) 담화체를 성립시켰고, 니시 아마네(西周, 1829~1897)도 로마자 전용의 언문일치설을 주창하면서 「올시다」(デゴザル) 체로 『백일신론』(百一新論, 1875)을 저술해 갔다. 그 후 시미즈 우사부로(清水卯三郎)도 「히라가나의 설」(平仮名ノ説)을 「메이로쿠잡지 제7호(明六雑誌 第七号, 1874. 5)에 게재해 히라가나 전용의 구어문을 제창하고서, 화학입문서 『물질분해의 단계』(ものわりのはしご, みずほや刊, 1874, 봄)의 번역을 통해 가나언문일치를 시도했다. 그는 그 단행본에서 「이다」(である)를 사용하게 된다.

메이지 혁명이 일어난 10여 년경부터는 문명개화의식이 싹트기 시작해 약 2, 3년 동안은 학력이 떨어지는 일반서민, 여자, 어린애들도 이해될 수 있는 담화체의 문장들, 예컨대, 「이옵니다」(でございます), 「입니다」(であります), 「했습니다」(ました), 「입니다」(です), 「이다」(だ), 「올시다」(でござる)체의 문장들로 쓰인 「소신문」(小新聞)들이 여기저기로부터 발행되어 나왔다.

그 후 메이지 12년경부터 자유민권운동이 고조되어 나오는 과정에서 여기저기로부터 민권신장을 위한 연설, 학술강연, 정담(政談) 등이 행해지게 되어, 그것들을 그대로 속기(速記)해서 신문 등에 게재해 가게 되었다. 그러한 과정에서 메이지 12년경부터는『조카이하란』(情海波瀾, 1879)을 비롯한 정치소설이 쓰여지게 되고, 또 자유, 개진당 등과 같은 정당이 성립되어 나와 그들의 정치적 입장을 대변해 가는 기관지들이 설립되고 또 각 정당들이 정치소설을 자신들의 정강의 선전 수단으로 동원해 갔다.

그러한 과정에서 1884년경에 와서는 서구화의 열기가 절정에 달한 상황에서 모든 것들을 개량해야 한다는 기운이 일기 시작해「가나의 사정」(かなのくわい, 1883. 7)이 결성되고 그로부터 2년 후에는「로마자회」(羅馬字会, 1885. 1) 등이 결성되어 국자(國字)개량운동을 일으켜 갔다. 그러한 상황 속에서「가나의 사정」측의 중심멤버인 미야케 베이키치(三宅米吉)가 기관지「가나의 사정」(かなのくわい, 1885~86)에「속어를 싫어하지 마라」(ぞくごをいやしむな) 등을 발표해 속어, 즉 일상구어의 가치와 효능을 강조하면서 중류사회의 일상생활 속에서 사용되는 구어가 일반국민의 문장어로서 최적이라는 입장 등을 제시했다. 그러한 과정에서 앞에서 언급한 바와 같이 간다 다카히라(神田孝平)에 의해 1885년「언문일치」(言文一致)의 성어가 이루어졌고, 모즈메 다카미(物集高見)에 의해 단행본『언문일치』(言文一致, 1886. 3)가 저술되었다. 언문일치운동에서의 그러한 획기적 사건들을 계기로 해서 후타바테이 시메이에 의한 최초의 언문일치 소설『부운』(浮雲, 1887)이 간행되어 나왔던 것이다.

당시 일본에서의 언문일치운동의 그러한 기세는 1889년(메이지 22년 2월)「대일본제국헌법발포」(大日本帝国憲法発布)를 계기로 서구화 개량사조가 후퇴하고 국수보존사조가 부상함에 따라 언문일치운동의 기세가 한풀 꺾인다. 그 바람에「아속절충체」(雅俗折衷體) 내지「일한양삼체」(和漢洋三體)에 의한 비언문일치문이 신문, 잡지, 소설 등에 쏟아져 나왔다. 그러한 과정에서 청일전쟁(1894~95)이 일어났고, 그것이 승리로 끝나자 일본에 산업혁명기가 시작되었다. 각 분야에서의 공업화가 활기차게 행해졌다. 그러한 정치적 상황에서 문학분야에서도 서구로부터 전래된 사실주의문학이 뿌리를 내려 나갔다.

한편, 우에다 가즈토시(上田万年, 1867~1937)가 당시 독일에서 국가적 차원에서 국어개량운동이 행해져 나갔고, 또 그것이 최고조에 달했던 분위기 속에서 언어학을 연구하고 1894년 6월에 귀국해, 정부를 향해 표준어에 의한 국어통일을 주창했다. 당시 독일에서는 국어운동의 일환으로 국어순화운동이 한창이었다. 당시 독일에서 행해졌던 국어순화운동 등과 같은 국어운동이 우에다 가즈토시에 의해 소개되자, 일본의 문부성은 그로부터 얼마 후, 다음과 같은 입장을 취해 나왔다. 「외국어가 국어 속에서 우월한 위치에 놓이게 되면 국어의 자주적 권력이 위협을 받게 된다. 국어 속에서 외래어를 제거하는 것은 자주적 사상, 애국적 정신의 발로라고 하는 당연한 귀결을 가져올 것이다. 국어가 국민을 결속시키는 열쇠이고 국민정신의 교양에 없어서는 안 되는 존재이고, 그것이 국가국민의 통일에 중요한 관계를 갖고 있는 것은 말할 필요도 없다. 따라서, 이 국어의 요소에 국어의 순정을 오손시키는 비국가적인 것, 국민정신의 도야에 불편한 것이 있으면, 국가적 차원에서 애국적 정신의 차원에서 자주적으로 이 운동에 임하지 않을 수 없다.」[24] 그는 또 그러한 주창을 통해 소설가들에게도 세련된 언문일치문장을 요구해 갔다.[25] 그러한 요구를 계기로 해서 우선 「국어」(国語)의 문제가 국가적 차원에서 인식되어 나왔고 언문일치운동이 새로운 차원에 재연되어 나왔다. 우선, 오자키 고요(尾崎紅葉, 1868~1903)가 『두 아내』(二人女房, 1891. 8~92. 12)에서 1892년 1월분부터 언문일치체를 채택하여 「이다」(である)조를 시도해 갔다. 그러다가 『다정

다한』(多情多恨, 1896)에 와서 「이다」(である)조의 언문일치체가 성공을 거두게 됨으로써 우에다 가즈토시의 그러한 요구에 답하게 된다.

그 후의 언문일치운동은 다음과 같이 전개되어 나갔다. 우선 우에다 가즈토시가 「국어연구회」(国語研究会, 1894. 11)를 발족시켜서, 교육계에 표준어를 제정해서 언문일치의 문장을 이용할 것을 주장해 갔다. 그러자, 당시 내셔널리즘의 구현을 교육목표로 삼고 있던 몬부쇼(文部省)에서는 1903년 발행의 「국정 보통소학독본」에 표준어 교육도 겸해 상당부분 구어체를 채용해 전국적 보급을 행해 갔다.[26] 또 그는 1898년 5월에 신진언어학자들과 「언어학회」를 설립해 「언문일치」라고 하는 호칭 대신에 「구어체」(口語体)라고 하는 새로운 명칭을 사용해 근대의 구어문체의식을 확립시켜 나갔다.

또 다른 한편으로의 언문일치운동은 이전 서구로부터 전래된 사실주의와 당시 전래된 자연주의의 물결을 타고 전개되어 나갔다. 우선 「호토토기스」(ホトトギス, 1897 창간)를 본거지로 해서 마사오카 시키(正岡子規, 1867~1902)와 다카하마 교시(高浜虚子, 1874~1969)에 의한 사실(寫實)적 묘사에 입각한 사생문(写生文)이 언문일치의 입장을 취해 구어체를 수립, 보급해 갔고, 시마자키 도손(島崎藤村, 1872~1943)의 『파계』(破戒, 1906)를 비롯한 자연주의 소설들이 일상어를 사용해 인생의 진실을 추구해 감으로써 언문일치 문장을 확립시켜 나갔다. 그 결과 1908년경에 가서는 모든 소설들이 언문일치체의 문장으로 쓰여져 나오게 됐던 것이다.

3) 「である」(이다)조의 보급과 언문일치 문자의 확립

일본의 언문일치체 연구에 가장 큰 업적을 쌓은 야마모토 마사히데

(山本正秀)는 일본의 근대 구어문체 형성의 과정을 논함에 있어서 1900년에서부터 1909년까지를 확립기로 보고 있고, 1910년에서부터 1946년까지를 완성기로 보고 있다.[27] 그의 그러한 입장은 「である」조의 보급률을 기준으로 해서 성립되어 나온 것으로 고찰된다.

우선 그가 일본의 근대 구어문체의 완성기를 1946년까지로 본 것은 그 해 칙서(勅書)의 문장, 서간문의 일부가 마지막으로 「ナリ」(됨), 「タリ」(임), 「ベカラズ」(해야 함), 「候, そうろう」(있사 옴)조를 폐기하고, 「である」(이다), 「ます」(합니다)조의 구어문을 채용했기 때문이었다. 그러니까 일본내의 모든 문장이 「である」조로 쓰여지게 됨으로써 일본의 근대 구어체 문장이 완성되었다고 하는 것이다. 그랬다면 확립기에 있어서의 「である」의 보급상태는 어떠했었는가?

앞에서 언급했듯이 메이지 시대로 들어와서 「である」문장을 쓰기 시작한 자는 화학입문의 역서 『물질분해의 단계』(ものわりのはしご, 1874)에서의 시미즈 우사부로(淸水卯三郎)로 고찰되고 있다. 그 후 그것은 모즈메 다카미(物集高見)에 의해 언문일치의 필요성을 논한 단행본 『언문일치』(1886. 3)에서 「であります」(입니다)와 함께 사용되어졌다. 1890년대로 들어와서 오자키 고요(尾崎紅葉)가 『두 아내』(二人女房, 1891. 8~92. 12)를 게재해 가는 도중인 1892년 1월부터 「である」를 시도해 갔다. 그 후 그는 『근방여자』(隣の女, 1893)에서부터 『다정다한』(1896)에 이르기까지 「である」조로 작품을 써 나갔다. 그러자 그의 뒤를 따라서, 당시의 히로쓰 류로(広津柳浪, 1861~1928), 사가노야 오무로(嵯峨の屋お室, 1863~1947), 가와카미 비잔(川上眉山, 1869~1908), 다야마 가타이(田山花袋, 1871~1928), 고스기 덴가이(小杉天外, 1864~1952), 이즈미 교카(泉鏡花, 1873~1939), 시마자키 도손(島崎藤村) 등도 「である」로 써 가기 시작했다.

그러한 파급은 청일전쟁(1894~94)을 전후해,「겐유샤 동인」(硯友社同人)의 공명을 얻어,「だ」체로『부운』을 써냈던 후타바테이 시메이(二葉亭四迷)에게도 영향을 미쳐 그도『짝사랑』(片恋, 1896),『부초』(浮草, 1897) 등을「である」체로 번역해 냈다. 이렇게 해서 1890년대 말의 일본 근대소설은「である」체를 중심으로 한 언문일치 문장의 소설들이 60%이상을 넘게 되었다.[28] 신문분야에서의「である」체는「요로즈초호」(万朝報, 1892년 창간)의 기자였던 고토쿠 슈스이(幸徳秋水, 1871~1911)에 의해 일반화되어 나왔다고 말할 수 있다. 그 당시부터 그는 사회주의에 경도되어 있던 자로서 자유민권사상의 계몽에 커다란 역할을 행해 왔던 잡지「마루마루친분」(団々珍聞)의「차설」(茶説)란(1897년 7월 30일자)에「である」조의 언문일치체로「아키야마 참사관을 영접한다」(秋山参事官を迎ふ)를 발표했다. 그는 그것을 계기로 1901년 4월까지「である」또는「だ」조로 무려 37편의 논설을 썼고,「요로즈초호」 게재의 사설도 1899년 3월까지 10여 편 이상「である」또는「だ」조의 언문일치체로 썼던 것으로 고찰되고 있다.[29] 그후, 그의 영향을 받은 사회주의자 사카이 도시히코(堺利彦, 1871~1933)도 언문일치에 열중한 나머지「である」조를 기조로 한 언문일치체로 단행본『언문일치 보통문』(言文一致 普通文, 1901. 7) 등을 저술해 갔다. 또 나쓰메 소세키(夏目漱石, 1867~1916)도「영국의 문인과 신문잡지」(1899. 4)에서부터 평론을「である」조로 쓰기 시작했던 것으로 고찰된다. 이러한 상태에서 언문일치운동은 확립기(1900~1909)로 접어든다.

우선 국어개량운동을 주도해 가는 우에다 가즈토시(上田万年)가 1898년 5월, 그의 신진 언어학자를 회원으로 해서「언어학회」를 설립해 1900년 2월에 기관지「언어학잡지」(言語学雑誌, 1900. 2~1902. 9)

를 발행한다. 그 잡지에 게재된 논문들은 태반이 「である」조의 언문일치체로 쓰여져 있다. 본 「언어학잡지」에는 언문일치를 정확히 행해가라는 성원과 지도의 문장들이 많이 게재됨으로써 근대 구어문체 형성사에 커다란 역할을 행해 갔다. 이러한 분위기 속에서 1900년 3월에 유력한 교육자, 학식자들에 의해 언문일치의 연구와 실행 및 보급을 목적으로 「언문일치회」가 창설되어 매월 1회 대회를 개최해 갔다. 1901년 1월 제1회 언문일치 공개연설회 개최 때는 천 여 명의 청중이 모였다. 그러한 대회, 강연회의 성과는 언문일치 조사실행을 위해 국어조사회를 설립토록 국회에 청원서를 제출했고, 제3회 전국연합 교육회에는 「소학교 교과의 문장은 언문일치의 방침에 의할 것」이라고 하는 의안을 제출해 가결시켰다. 그 결과 1903, 4년도에 몬부쇼(文部省)가 편수발행한 국제보통소학독본이 경체(敬體)로는 「です」조를, 평상체(平常體)로는 「である」조를 채택하게 되었다.

이와 동시에 문학계에서는 마사오카 시키(正岡子規)가 신문 「일본」(日本, 1900. 1~3)에 「서사문」(叙事文)을 발표해 「사생문」(写生文)을 제창해 갔다. 그 후 하이쿠(俳句) 잡지 「호토토기스」(ホトトギス)의 공동편집인 시키와 다카하마 교시(高浜虚子)는 「호토토기스」를 통해 언문일치주의의 사생문을 창도해 갔다. 그러한 과정에서 나쓰메 소세키(夏目漱石)가 「호토토기스」에 「である」조의 언문일치체로 『나는 고양이다』를 연재해 가게 된다. 그 결과 그 작품을 통한 소세키의 출현은 사생문에서 소설로의 길을 개척해 교시(虚子), 데라타 도라히코(寺田寅彦) 등을 비롯한 많은 소설가를 탄생시켰다. 이렇게 해서 「호토토기스」의 사생주의로부터 나온 작가들은 노일전쟁(1904~5) 이후 『파계』(破戒, 1906)의 시마자키 도손(島崎藤村)을 비롯한 자연주의 작가들의 언문일치 문체확립에 커다란 영향을 미쳤다. 자연주의 작가들의 구어문체의 한 특징은 그들 모두가 「である」조의 언문일치체를 채택했다고 하는 것이다. 그 결과, 다야마 가타이(田山花袋)의 『시골교사』(1909) 등에 의해 「である」조를 기조로 한 근대구어문체가 확립되어 나왔던 것이다.

그렇다고는 해도 근대 구어문체가 완성기로 접어든 것은 1910년대 이후의 일이다. 그것은 다음과 같은 두 가지 점 때문이었다. 우선 하나는 자연주의 문학자들의 문체가 100% 구어문체라고는 하나, 그것들이 일본문학의 옛 전통을 이어 받은 한문투를 완전히 탈피하지 못한 구어문체였다는 점이다. 그러한 구어문체는 1910년에 창간된 「시라카바」(白樺)를 중심으로 해서 모인 소위 시라카바파에 의해 일본문학의 전통적 한문투로부터 완전히 벗어난 구어문체가 만들어짐으로써 언문일치문체의 완성기가 도래되었던 것이다. 다른 하나는 「요미우리 신문」(読売新聞), 「도쿄 니치니치 신문」(東京日日新聞), 「도쿄 아사히 신문」(東京朝日新聞) 등의 대신문에서는 1910년 이전까지는 「である」조의 어구체를 전혀 받아들이지 않았었다는 점이다. 그러나 그것들이 「である」조로 전 지면을 메우게 된 것은 1920년대 초로 접어들어서였던 것이다.

일본의 근대화 과정에서 일어났던 언문일치운동에 있어서의 「である」체란 과연 어떠한 것인가? 스기모토 쓰토무(杉本つとむ)는 「である」는 중세에 성립되어 16세기 교토(京都)를 중심으로 퍼져 있었는데 국학자와 한학자 등이 18세기에 걸쳐 중국의 고전을 번역해 내는 과정에서 사용했고, 또 19세기에 와서 나가사키(長崎)의 난학자들에 의해 사용되어 오다가 요코하마(横浜)로 옮겨지게 됐던 것으로 고찰해 내고 있다.[30] 그는 「<である>는 문장어로서 실로 <근대어의 표장>(近代語の標章)으로서 표준적 일본어의 문장체로서 정좌(正座)를 차지해 현대에까지 살아가고 있는 것이다」라고 말하고 있다. 「である」에 대한 쓰토무의 고찰과 그것에 대한 그의 입장을 자료로 해서 논자의 차원에서 언문일치운동과 「である」를 관련시켜 그것의 본질을 파악해 보면 다음과 같이 논해질 수 있다. 「である」는 16세기경에 교토인들의 구어였다. 그런데 18~19세기에 중국의 고전, 서구의 화란서적 등이 일본어로 번역되는 과정에서 일본의 문장어로 정착되어 나왔다. 그런데 메이지의 언문일치주의자들이 그것을 자신들의 문장어로 가져다 쓰게 되었다라고 하는 것이다. 그렇다면 메이지의 언문일치주의자들이 그것을 자신들의 문장어로 가져다 썼던 이유는 무엇이었던가? 이 물음은 그들이 언문일치를 어떤 것으로 인식하고 있었는가의 물음과 직결되어 있다고 할 수 있다.

메이지의 언문일치주의자들에 있어서의 언문일치운동의 목표가 언문일치운동의 초기 단계에서 그러했듯이 기존의 문어체를 담화체로 전환시키는 것에 두어지지 않고 자신들이 구어를 문장어로 전환시키는 것에 두어졌다고 한다면, 그들이 목표로 설정했던 근대 구어체 문장이란 전근대 문어체가 근대 구어 문장체로 전환해 나오는 과정에서 형성된 담화체의 형식으로부터 탈피해 나옴으로써 모든 인격체들로부터 해방되어 필자로서 취할 수 있는 고유의 위치에서 쓰여진 문장을 의미한다. 그러한 점에 있어서 언문일치체 문장으로서의 「である」조 문장은 근대 구어체로서 완성된 문장이라 할 수 있을 것이다. 문장이란 필자가 독자들에게 자신의 생각을 전달하기 위해 만들어 낸 것이다. 이 경우 독자들은 왕과 같은 존재일 수도 있고, 서민들일 수도 있다. 노인들일 수도 있고, 어린이들일 수도 있다. 따라서 필자는 그러한 자기의 모든 독자들에 대하여 평등하고, 동등한 입장을 취할 수가 있다. 그는 그렇게 하는 것이 가장 합리적일 수 있는 것이다. 필자의 그러한 입장을 표현해 낸 말이 바로「である」조의 문장이라 할 수 있다. 이렇게 볼 때 언문일치체의 확립은 근대적 자아의 확립과도 깊게 관련되어 있다고 말할 수 있다.

3. 중국과 서구의 언문일치운동

1) 중국에서의 언문일치운동의 성립과 전개양상

중국에서의 한·일의 언문일치운동에 해당되는 것은 백화문(白話文)운동이다. 현재 중국의 백화문운동의 연구자들은 호적(胡適, 1891~1962)의「문학개량추의」(文学改良芻議,「新青年」, 1917. 1)를 백화문운동의 발단으로 보고 있다.

「문학개량추의」에서 호적은 이런 내용의 말을 하면서 언문일치의 필요성을 주창했다. 현재 중국인이 일상생활 속에서 사용하지 않는 문어(文語)에 의해 쓰여지는 작품이란「죽은 문학」(死文學)이다. 현재 우리가 일상생활 속에서 사용하는「백화」(白話)로 쓰이는 작품만이 「산 문학」(活文學)이 되는 것이다라고.[31] 그리고 그는 서구의 경우 라틴어문학으로부터 구어(口語)에 기초한 여러 민족어 문학이 형성되어 나왔다는 입장을 제시하면서 백화문학이야말로 바른 길을 걸어가는 문학이라는 주장을 피력하였다. 당시 미국 유학 중이었던 그는 이어서 그 다음「신청년」2월호에 백화시(白話詩) 8편을 발표했다.

한편,「신청년」의 편집인 진독수(陳独秀, 1879~1942)도 호적의 백화시와 함께「문학혁명」(1917. 2)을 발표하여 백화문 사용을 통한 문학혁명을 제창해 갔다. 호적은 그 해 즉시 귀국해 북경대교수로 취임한다. 그리고 나서 그는「신청년」의 편집에 참가하게 된다.「신청년」

은 그 다음해(1918) 1월부터 전적으로 백화문을 채택한다. 이렇게 해서 백화문운동은 진독수가 제시한「문학혁명」을 이론으로 해서 문학혁명이라고 하는 차원에서 전개되어 나갔던 것이다.

이 백화문운동에서의「백화」(白話)란 문언(文言)이나 문어(文語)에 대한 개념이다. 문언이나 문어란 문장 속에서 쓰이는 말이다. 이에 대해 백화란 일상생활 속에서 쓰는 말이다. 백화문(白話文)이란 당시 자신들의 일상생활 속에서 입으로 쓰는 말을 사용해서 쓴 문장을 말한다. 그런데, 당시의 중국인들은 자신들이 입으로 사용하고 있는 말을 사용해서 문장을 쓰지 않았었다. 그러한 운동이 일어났을 당시 그들은 고인들이 사용했던 문장 속의 말을 사용해서 문장을 써 갔던 것이다. 따라서 당시의 백화문운동이란 자신들이 글로 자신들의 생각이나 감정을 표현해 가는데 있어서 옛 고인들이 사용했던 말들이 아닌, 현재 자신들이 입으로 사용하고 있는 말을 가지고 자신들의 생각과 감정을 표현해 가자는 운동이었다고 할 수 있다.

그러면 당시 중국인들에 있어서의 문언 내지 문어란 어떤 것이었던가? 중국에서도 문자사용을 통한 자신들의 의사를 표현해 가기 시작했었을 당시에 있어서는 일상생활 속에서 입으로 하는 말들을 사용해 자신들의 생각과 감정을 한자로 표현해 갔었다. 당대의 민간가요를 수집해서 한자로 적어낸『시경』(詩經)과『초사』(楚辭), 공자와 그의 제자의 대화를 기록한『논어』(論語) 등은 다 그러한 것들이고,『주역』(周易),『상서』(尙書),『예』(禮),『춘추』(春秋) 등의 성립도 그러한 차원에서 이루어졌던 것으로 이야기되어 지고 있다. 한대로 들어와서 고전(古典)이 중시되고, 또 칙서(勅書), 율령(律令) 등과 같은 문(文)이 통일된 전국의 통치 수단으로 쓰여지게 되었다. 특히 전한의 무제(武帝)는 BC 136년 5경박사(五經博士)를 두어 학관(學官)을 세워 유가(儒家)의

5경을 가르치고 배우게 함에 따라 5경과 같은 고전에 쓰여진 말들이 중요시되었던 것이다.

그러다가 6조(六朝)로 들어와서 사육병려문이 유행함에 따라 대귀(對句) 등이 만들어지는 과정에서 문장이 어구(語句)의 조탁(彫琢)과 수사(修辭)적 기교로 흘러버려 결국은 구어(口語)와의 거리가 점점 벌어지게 되었고, 당대(唐代)로 들어와서는 그러한 병려문에 반대해 고문(古文)운동이 시작되어 결국은 문어와 백화와의 거리는 한층 더 넓혀지게 되었다. 상황이 그렇게 전개되어 나가자 소설까지도 문어로 쓰여지기에 이르렀다. 이렇게 해서 중국에서는 백화와 문어가 6조와 당대로 들어와서 분리되기에 이르렀던 것이다. 문어란 풍부한 어휘, 간결한 문법, 세련된 수사법을 기초로 해서 성립되어 있는 언어라 할 수 있다. 그러한 의미에서 그것은 유학자들이 자신들의 논리적 사고를 서술해 가는데 있어서 편리한 수단일 수 있었던 것이었다.

그렇다고 해서 그 후의 모든 문장이 다 문어로 쓰여진 것은 아니었다. 유학자들이 문어로 문장을 써 가자, 일반 민중을 상대로 불교의 교리를 전파시키려는 승려들의 경우는 구어(口語)로 자신들의 생각을 적어서 그것을 가지고 민중들에게 설교를 행해 갔다. 그들이 구어로 자신들의 생각을 적어놓은 것이 현재 변문(變文)이라 불리워지고 있다. 이렇게 해서 중국에서는 당대이후부터 상류층 사회를 중심으로 해서는 문어가, 서민층을 중심으로 해서는 백화가 각각의 표기수단으로 확립되어 문어문과 백화문이라고 하는 두 개의 흐름이 형성되어 나왔던 것이다.

송대로 들어와서 불자(佛者)들의 변문에 이어 유자(儒者)들의 어록(語錄)도 백화로 쓰여져 강설(講說)의 대본인 화본(話本)이 쓰여져 나와 백화로 쓰여진 소설들이 나오게 되었다. 한편 문학장르의 측면에서 말할 것 같으면 송대로 들어와서 문어로 쓰여지는 시(詩) 장르로부터 백화구어(口語)적 표현이 많은 사(詞)가 운문형태를 취해 파생되어 나왔고, 원대(元代)로 들어와서는 서민층으로부터 대화부분이 당시의 구어로 쓰여진 곡(曲, 元曲)이라고 하는 새로운 문학형식으로 성립되어 나왔다. 명·청대로 들어와서는 7, 80%가 백화로 쓰여진, 『수호전』(水滸傳), 『서유기』(西遊記), 『유림외사』(儒林外史), 『홍루몽』(紅樓夢) 등이 출판되어 나왔다.

이렇게 볼 때 호적이 『문학개량추의』에서 중국문학의 전통성이 문어문에 있는 것이 아니고 백화문에 있다고 하는 말도 그 나름대로 정당성을 지닌 말이다. 호적의 백화문 사용주창 이전에는 그러한 움직임이 없었던 것인가? 그렇지 않다. 중국에서 백화와 문어와의 차이를 자각하고 그 거리를 좁혀보려는 노력은 첫째로 태평천국의 난 때 홍수전(洪秀全)의 지시에 의해 홍인간(洪仁玕, 1822~1864)에 의해 발포(發布)되었던 뜬구름 잡는 문장과 교언을 경계해야 한다고 주장한 「계부문교언유」(戒浮文巧言諭, 1861)로부터 시작되었다 할 수 있다. 홍인간은 그 발포문에서 문체의 개량방침을 제시하고 「고전 속의 말만을 쓰지 말고, 사람들이 단번에 알 수 있는 명확 투명한 말을 써야 한다」는 입장을 제시했다.[32] 두 번째로는, 그로부터 20여 년 후 청일전쟁 이후 일본과 직·간접적으로 접촉을 갖고 있던, 변법유신파(變法維新派)에 의해 행해졌다. 예컨대, 황준헌(黃遵憲, 1848~1905)은 그의 문장 「잡감」(雜感)에서 「내 손은 내 입을 베낀다」는 입장을 취해 그의 시(詩) 속에 속어를 끌어들였다.[33]

구정량(裘廷梁, 1857~1943)은 「백화는 유신(維新)의 근본」이라 생각한 나머지, 「백화를 숭배하고 문언을 폐기해야 한다」는 구호를 제기했다. 또 진영곤(陳榮袞)은 신문은 백화문을 해야한다고 주장했고,

왕조(王照)는 자신이 제정한 관어(官語)의 자모(字母)를 밝히고 북경인의 말을 베껴야지 문언을 베껴서는 안 된다는 입장을 제시했었다. 이처럼 그들은 통속적으로 평이한 문장을 적극적으로 주장했던 것이다. 양계초(梁啓超, 1873~1929)는 당시 문단을 장악하고 있던 동성파(桐城派)의 고문(古文)에 도전해 「신문체」를 제정했다. 설혹 그것이 문언문이기는 했지만 그래도 토속어, 외국어 문법 등이 섞인 백화문 쪽으로 진일보된 문장이었다. 그러한 주장들이 있었던 결과 당시 백화문 신문은 10여종이, 백화문 교과서는 50여종이, 백화소설은 1500여종이 이미 나와 있었다.

그러나 당시 호적의 경우처럼 문언문을 백화문으로 교체해야 한다는 중대한 변혁의 필요성을 자각하고 그것을 주장하고 나왔던 사람은 없었던 것이다. 호적의 그러한 주창이 백화문운동에 불을 붙일 수 있었던 것은 물론 그의 주창이 설득력 있는 논리적 근거를 수반하고 있었기 때문이기도 했지만, 무엇보다도 그것이 시기적으로 적절했었기 때문이었던 것으로 고찰된다. 즉, 첫째, 과거제도가 폐지되었고, 둘째, 1911년 신해혁명이 일어나 봉건황제를 제거했고, 셋째, 1916년 자칭 황제라 칭했던 원세개(袁世凱)를 제거한 후였기 때문이었다.

세 번째는 국어운동을 통해서였다. 중국에서의 국어운동은 민국(民國)설립 10여 년 전인 1902년, 동성파(桐城派)의 한 사람인 오여윤(呉汝綸)이 일본의 학계를 시찰하고 귀국하고서부터 시작되었다. 그는 일본이 도쿄어를 국어의 표준어로 삼아서 국어운동을 일으켜 가는 것을 보고 감명을 받고 돌아와서 북경어를 중국의 표준국어로 삼아 국어통일을 행해가야 한다는 입장을 주창해 갔다. 그렇게 출발된 중국의 국어운동은 민국설립 이후 주로 북경어를 표준으로 한 「한음통일」(漢音統一) 정책을 추진해나갔다. 그 결과 북경어를 중심으로 한 「국음」(國

晉)통일운동은 1916년 발족된「중화민국 국어연구회」의 회원들은 4년간에 걸쳐 1만2천 여 명까지 불려나갔던 것이다.

중국에서의 이「국어운동」은 1900년대 초에서 중화인민공화국의 설립(1949) 시점까지 행해진 운동이다. 이 국어운동은「언문일치」와「국어통일」이라는 양대 구호 하에 행해져 나갔다. 그러나 이 운동은 1900년대 초에서부터 호적의 백화운동 전 까지는 한 음운차원에서의 통일에만 역점을 두었던 탓으로 그 사이에는 언문일치에는 그렇다할 영향을 끼치지 못했다는 것이 일반적 지적이었다. 그러나 본인이 파악하기에는 호적의 언문일치주창이 일시에 백화운동으로 성립되어 나와 문학혁명의 중핵이 되어 5.4운동으로 전환해 나올 수 있었던 것은 그동안 국어음 통일차원에서 행해져 왔던 국어운동이 그 정신과 조직적 차원에서 그것을 뒷받침해 주었었기 때문이었던 것으로 고찰된다.

그렇다면 호적의「문학개량추의」에서 시작해 진독수의 문학혁명을 거쳐 발전해 나왔던 백화문운동은 그 후 어떻게 전개돼 나갔던 것인가?

「신청년」이 전면적으로 백화문을 사용하게 되자, 그 해 5월 노신(魯迅, 1889~1927)이「신청년」에 백화문으로『광인일기』(狂人日記)를 발표함으로써 문예방면에서 백화문운동의 초석을 세워놓았다. 그것을 계기로 그 해 말 이대쇠(李大釗, 1889~1927), 진독수 등이「매주평론」(每週評論)을, 그 다음 1919년 1월에는 북경대생들이「신조사」(新潮社)를 결성해서 월간「신조」(新潮)를 창간해 모두들 백화문을 채택해 갔다. 그리고 노신은「잡감록 57호」(雜感錄57号)를 통해 그 백화문이 현대중국구어를 기초로 한 것이라야 한다는 것을 주창해 갔다. 그러나 그러한 백화문운동은 쉽게 진행됐던 것은 아니었다. 임서(林紓,

1852~1924) 등과 같은 고문파(古文派)들이 반기를 들고 나왔고, 당시 북경대 총장 채원배(蔡元培, 1868~1940) 등과 같은 학계 인사들도 반박하고 나왔다. 그렇기는 했지만 1919년 반제반봉건(反帝反封建)의 5.4운동의 폭발은 백화문운동을 맹진케 하여, 일년 내에 400여종에 달하는 백화문신문들이 창간되었고 그 다음 1920년에는 북양(北洋)정부의 교육부 명령으로 초등학교 교과서가 백화문으로 쓰여졌고, 창조사(創造社) 등과 같은 백화문 지지의 문학단체들이 연이어 생기게 되었다. 반제반봉건의 입장을 취하고 있던 공산당과 국민당도 문언문에 대한 반대입장을 표명함에 따라 「향도주보」(向導週報)와 상해의 「민국일보」(民國日報)도 백화문 사용 쪽으로 기울게 되었다.

1921년 이후에는 문학계에 있어서는 노신의 중편소설 『아큐정전』(阿Q正伝, 1921)의 발표, 곽말약(郭沫若) 시집 『여신』(女神, 1921)의 출판 등을 계기로 백화문에 의한 작품창작이 더 많아지게 되었다. 그러나 다른 방면에 있어서는 역사적 상황으로 인해 제2차세계대전 까지는 정부의 공문이나 신문 등이 문언을 포기하지 않았다. 모든 방면에서 백화문을 채택하기까지는 1949년 중화인민공화국의 수립까지를 기다려야 했었던 것이다.[34]

2) 서구의 언문일치운동

이 분야의 연구자들은 르네상스 시기(13~16세기)를 서구에서의 언문일치운동기로 파악하고 있다. 그 이유는 다음과 같다. 이탈리아의 시인 단테(1265~1321)가 라틴어로 『속어론』(俗語論)을 집필한 시기는 1303~5년경으로 이야기되고 있다. 그가 그것을 집필한 이유는 문학을 라틴어로부터 해방시키기 위한 의도 하에서였던 것으로 고찰되고 있다. 그는 이미 이탈리아어로『신생』(新生, 1293)을 집필해 입증해 보였으며,『속어론』집필 직후 또 하나의 입증을 위한 시도로『향연』(饗宴)을 집필한다. 그리고 나서 그는 이탈리아어로『신곡』(1307~21) 집필에 착수한다. 그 이전까지만 해도 이탈리아에서의 문필활동은 라틴어로 행해져왔었다. 그러나 단테의 그러한 시도를 계기로 페트라르카(F. Petrarca, 1304~74)도 이탈리아의 토스카니지방의 구어(口語)로 속어 서정시집『칸소니에레』(Cansoniere, 1350)를 출판한다. 보카치오(G. Boccaccio, 1313~75)도 단테를 따라 이탈리아어로『데카메론』(1349)을 출판한다. 이들의 이러한 시도를 통해 이탈리아에서는 라틴어에 의한 작품집필이 이탈리아어에 의한 집필로 서서히 전환해 나왔다. 이탈리아에서 이러한 현상이 일어났던 것은 그 당시까지 이탈리아에서는 문어는 라틴어였고 구어(口語)는 이탈리아 지방의 말이었기 때문이었다.

이탈리아에 있어서의 그러한 차원에서의 문어와 구어와의 분리는 케사르, 키게로, 베르길리우스, 호라티우스 등이 활약했던 고전기(古典期, BC 1세기~BC 2세기) 이후부터로 고찰된다. 고전기에도 문어라틴어와 속어라틴어와의 차이는 어느 정도 있었다. 그 차이는 그리스 식민지에 살았던 라틴민족의 일부가 라틴어로 그리스의 비극들과『오딧세이』등을 번역해 내는 과정에서 그리스어의 문법과 단어들을 기초로 해서 문어라틴어가 성립되어 나옴으로써 생기게 되었다. 그러나 당시의 문어라틴어나 속어라틴어와의 차이는 대단했던 것은 아니었다. 그것들의 차이가 크게 벌어지게 됐던 것은 4세기에서 6세기에 걸쳐서 일어난 로마제국영내로의 게르만민족의 대이동 이후였다. 그 후 그 차이는 서로마제국의 멸망(476), 구로마제국영토 내에서의 게르만족의 일파인 프랑크족에 의한 프랑크왕국의 건설(5세기말), 프랑크왕족의 분할(511), 분할된 영토들을 기반으로 한 이탈리아, 프랑스왕국,

독일왕국 등의 성립과 그것을 통한 영어, 이탈리아어, 프랑스어, 독일어, 스페인어 등과 같은 민족어들의 성립에 의해 확립되었던 것이다.[35] 다시 말해서 서구인들은 라틴민족이 예컨대 이탈리아민족으로 구체화되어 나와서 이탈리아어를 구사하는 이탈리아민족이 단테의 경우처럼 자기 민족의 말로 작품을 쓰게 된 시점에까지 라틴민족의 말, 특히 문어 라틴어로 자신들의 사상과 감정을 기록해 왔다고 하는 것이다.

이탈리아인이 그때까지 습관적으로 기록어로 사용해 왔던 라틴어를 버리고 자신들의 구어로 작품을 창작했던 것은 뿌리를 같이 하는 라틴민족의 후손들이나 게르만민족의 일파인 앵글로색슨 등과 비교해보면 상당히 늦었던 것이다.

프랑스의 경우는 이미 11,12세기 전후부터 시작되었던 것으로 고찰되고 있다. 『롤랑의 노래』(1050년경), 『여우이야기』(1074~77), 『장미이야기』(前編, 1230년경) 등이 그 예들이 될 것 같다. 독일은 이미 칼대제의 치세(768~814)부터로 볼 수 있다. 당시 칼대제는 기재어로서 라틴어를 배척하고 독일어 사용을 장려해 갔었다. 그 결과 『빌디 블란트의 노래』가 고대고지(古代高地) 독일어로 쓰여져 나왔다. 그 후 10세기 후반의 신성로마제국 시대에 와서는 다시 라틴어가 중요시되어 독일어로의 창작이 쇠퇴되었었는데, 다시 12세기 말경부터 독일어에 의한 창작이 서서히 행해지게 되었다. 그러다가 이탈리어로부터 시작된 르네상스 사조를 타고 루터에 의해 라틴어 성서가 독일어로 1522년에 번역되어 나옴으로써 독일어의 통일이 촉진되어 나갔다.

영국의 경우는 상황이 이들과는 좀 달랐다. 브리타니아 섬이 BC 54년에 로마의 명장 케사르에 의해 점령되자, 그 후의 영국은 5세기 초까지 로마의 지배 하에 있었다. 그러나 5세기 초 게르만족의 일파

앵글로색슨족의 침입으로 그 섬은 그들의 손아귀로 들어갔다. 그러나 그들은 그 후 크리스트교에 개종되어 라틴문화에 유입되어 기록어로서 라틴어를 사용해 가게 된다. 그러한 상황에서 고대 영어로 영웅서사시 『베울프』(701년경)가 쓰여졌고, 886년에 알프레드 대왕은 라틴어 문헌을 영어로 번역해 내기도 했다. 또 1000여 년경에는 라틴어 문법이 영어로 쓰여지기도 했다. 그러다가 1066년에 노르만민족이 잉글랜드에 침입해 들어와 잉글랜드가 그들 손에 떨어지자 영국의 지배계층은 그로부터 3세기 동안 프랑스어를 공용어로 써 갔고, 영어는 하층계급에 의해 쓰여져 갔었다. 그러한 상황에서 잉글랜드의 의회가 1362년 프랑스어를 말하는 습관을 깨고 영어로 개회사를 행하게 됨으로써 영어가 본래의 지위를 획득하게 되었다. 한편 그러한 상황에서 잉글랜드 지방에까지 밀려든 르네상스 사조를 타고, 초서(G. Chaucer, 1340~1400)에 의해 중세영어로 『캔터베리 이야기』(1393~1400) 등이 쓰여져 나왔던 것이다. 이상과 같이 서구에서의 언문일치 운동은 로마시대에서부터 르네상스이전까지 문어로 사용해오던 라틴어를 버리고 당시 자신들이 쓰고 있는 구어를 문장어로 써가기 시작함으로써 발단되어 나왔다.

그러나 서구인들의 그러한 전환은 18세기 말에 와서야 비로소 완성되어 나왔던 것으로 고찰된다. 서구에서의 그러한 전환은 신성로마제국의 후예들로 자칭해 갔던 독일인들에 의해서 이루어졌다. 독일의 경우, 예컨대 1740년에 행해진 총 출판물은 753건이었다. 그런데 그 중에서 라틴어로 쓰여진 것인 209건이었다. 독일에서는 18세기 전반까지만 해도 3권 중에서 1권이 라틴어로 쓰여졌던 것이다. 그러던 것이 1800년에 와서는 25권 중 1권 정도가 라틴어로 쓰여져 나왔다.[36] 서구인들이 르네상스 시기에 자신들의 구어를 문장어로 쓰기로 했던 그러한 조처를 취하게 되었던 것은 다음과 같은 측면에서 그 이유가 파악될 수 있다. 로마제국이 크리스트교를 국교로 받아들인 이래 크리스트교 문화를 받아들여 갔던 서구인들은 신과 말과 이성을 같은 차원에서 인식하게 됨으로써 성서가 라틴어로 쓰여져 있다는 의미에서 성령을 담은 라틴어를 신성시해 갔던 것이다. 그 결과 그들은 성스럽다거나 중요하다고 생각됐던 것을 라틴어로 기록해 갔던 것이다. 그러다가 서구인들은 13세기 후반까지 지속됐던 십자군전쟁을 통해서 타문화들과의 접촉을 계기로 자신들이 믿어오던 크리스트교를 상대적으로 인식해 가기에 이른다. 그러한 과정에서 그들은 라틴어에 대한 인식도 상대화되어 자신들의 시대, 자신들의 지역, 자신들의 욕망을 중심으로 해서 세계를 인식하게 되었고 그 차원에서 자신들이 사용하고 있는 언어도 인식하게 되었다. 그 결과 그들은 크리스트교가 로마의 국교로 받아들여지기 이전 문어와 구어의 차이가 별로 존재하지 않았던 시대로 돌아가서 그 당시 차원에서의 언어사용의 문제를 생각해보자는 입장을 취하게 되었던 것이다. 이렇게 해서 서구인들은 3세기라고 하는 르네상스기를 통해서 로마인들의 구어였던 라틴어를 버리고 자신들의 구어를 문장어로서 받아들여 갔던 것이다. 그러면 그렇게 서구에서 출발했던 언문일치운동의 르네상스이후 어떻게 전개되어 나갔던 것인가?

영어의 경우, 칵스톰(William Caxtom, 1422~1491)이 영국 런던에서 인쇄소를 차려놓고 책을 대량으로 출판한 1475년으로부터 25년경 전부터 전 영국인들은 일상용어로 영어를 쓰게 됐을 뿐만 아니라 모든 공문서를 비롯하여 의회의 모든 기록들은 영어로 기록해 가기 시작했었다.[37] 칵스톰이 인쇄소를 차려서 책들을 출판하기 시작했을 때 사용되었던 언어는 영국의 동중부 방언(East Middle Dialect)이었다. 그런데 그 방언으로 출판된 서적들이 사방으로 팔려나감에 따라 그 방언이 지역적 방언과 차이가 줄어들면서 그 동중부 방언이 영어의 표준어로 자리잡게 되었다. 그러한 과정에서 영어 속에서 문어체(literary style)가 새로 등장해 나왔다. 영어는 그것을 계기로 해서 1500년대 이후의 초기 현대영어의 시대로 전환해 나온다. 그러나 발음이나 철자법이 현재와 같은 상태로 굳어진 것은 후기 현대 영어의 시대가 시작된 1700년대 이후의 일이다. 즉, 초기 현대 영어 시대 이후, 윌리엄 틴달(William Tyndal)의 영역성서 출판(1526), 영국 최초의 음성학자 존 하트(John Hart)의 『정자법』(*An Orthographic*) 저술(1569), 윌리엄 불로커(William Bullokar)의 최초의 영문법서 『간결 영문법』(*Brief Grammar for English*) 저술, 로버트 카우드리(Robert Cawdrey)의 최초의 영어사전 『테이블 알파벳티컬』(*A Table Alphabeticall*) 출판(1604) 등을 통해서였다. 그렇게 해서 1755년 영국에서 최초로 사전다운 사전이라 할 수 있는 닥터 사무엘 존슨(Dr. samuel Johnson, 1709~84)의 『영어사전』(*A Dictionary of the English Language*)의 출간(1755)을 계기로 해서 영어가 현재의 상태로 완전히 굳어졌던 것이었다.

 그 다음 유럽은 1700년대 말의 프랑스대혁명과 1800년대 초의 나폴레옹전쟁을 계기로 일반 시민층을 기초로 해서 근대 주권국가가 형성되어 나왔다. 르네상스 이후의 예컨대 단테와 같은 인문주의자들은 당시의 성직자들과는 달리 고대 라틴민족들이 쓰던 라틴어로 자신들의 생각과 감정을 기록할 것을 거부하고 당시 라틴민족과는 다른 이탈리아 민족이 사용하는 이탈리아 말로 기록해 가려는 노력을 시도했던 것이다. 이에 대하여 18세기 중반 이후에 산업혁명의 분위기를 타고 형성된 근대 산업사회의 유럽인들은 프랑스 시민혁명을 전후해 자신들이 일상생활 속에서 사용하고 있는 자신들 나라의 말들, 그 중에서도 특히 시민들이 일상생활 속에서 사용하는 말들을 사용해서 그들의 생각과 감정들을 글로 기록해 가려 했다. 다시 말해서 르네상스기의 인간들은 신과 내통하는 성직자로서의 입장이 아니라 신에 대한 인간으로서의 입장을 견지하려는 인문주의자의 입장에서 자신들이 사용하고 있는 언어를 가지고 자신들의 생각을 기술해 가려 했었고, 18세기의 유럽인들은 봉건사회를 구성하는 성직자, 기사, 귀족 등과 같은 한 멤버로서가 아니라 시민사회를 구성하는 평등한 한 시민의 입장에서 자신의 말들로 자신의 문제의식들을 기록하려 했었던 것이다.

그러한 과정에서 유럽인들에게는 1800년대 초의 나폴레옹전쟁을 계기로 시민들의 의식 속에서 내셔널리즘이 형성되어 나옴으로써 자신들을 하나의 집단으로 묶고 있는 언어의 도구성이 강조되어 나왔다. 플로리언 쿨르마스(Florian Coulmas)가 그의 저서 『언어와 국가』 (*Sprache und Staat*)에서 행하는 다음의 언급도 참고해 볼 수 있다. 「언어와 내셔널리즘」과 관련시켜, 「프랑스 혁명이래, 언어와 한 국민과의 관련은 중요한 정치이념화 되었다. E. 렘베르그(Eugen Lemberg)는 두 권에 걸친 내셔널리즘에 관한 책(1964) 속에서, 프랑스 혁명 이후 성립된 근대 유럽 국가들은 무엇보다도 언어상의 사회공동체로서 자기의식에 눈떴다고 서술하고 있다. 이 정치이념을 독일에 도입한 역할을 한 자가 헤르더이고, 그의 독일 귀족의 프랑스 심취에 대한 통렬한 비판이었다. 유명한 『인도주의 촉진을 위한 서간』 속의 <언어와 국민>의 문제에는 반복해 중요한 역할이 주어져 있고, 끊임없이 자국어의 경멸에 대한 논박이 제시된다.」[38] 그것이 강조되는 상황 속에서 자신들이 사용하고 있는 언어의 표준성과 통일성이 강조되고 또 자신들을 하나로 묶고 있는 자신들의 언어가 자신들이 소속해 있는 국가를 구성하는 국민들의 정신을 계발시켜 나가고 국민들의 문화를 전파시켜 나가는 수단으로 인식됨으로써 그것의 연구와 교육이 활발히 행해지게 되었던 것이다.[39] 예컨대 1871년에 출발한 독일제국은 그 이듬해「제1조 … 모든 공사의 교육시설에 관한 감독은 국가에 위임된다」는「학교감독법」을 공포하고, 1876년에는「일반적 제규정」을 공포해, 「민중학교」와「중간학교」등을 통해 국민교육을 실시해 갔다. 그 경우, 예컨대「민중학교」에서는 주당「종교4, 독일어11, 산수·기하 4」, 「중간학교」에서는 4, 5, 6등급의 경우 주당「종교3, 독일어12, 산수5」 등의 비율로「독일어」교육에 중점이 두어졌던 것이다.[40]

이렇게 해서 유럽인들에게는 19세기의 낭만주의, 사실주의, 자연주의 시대를 통해 자신들이 쓰는 구어(口語)가 국어(national language)로서의 의식이 확립되어 나옴으로써 그들에게 그들이 사용하고 있는 구어(口語)에 기초한 새로운 문장체가 확립되어 나왔던 것이다. 그러한 확립은 서구에서의 리얼리즘의 완성이라 일컬어지고 있는 19세기 후반의 도스토예프스키, 톨스토이 등에 의한 것으로 고찰되고 있다.

4. 한·중·일과 동서에서의 언문일치운동의 특징

1) 한·중·일에서의 언문일치운동의 특징

앞에서 고찰한 바와 같이, 한국에서의 언문일치운동은 한국보다 먼저 서구 근대 문명을 받아들였던 일본과의 접촉을 통해 발단되었다. 접촉이 행해졌던 당시 한국에는 한문, 국한혼용문, 국문 등이 존재해 있었다. 당시 한문은 사대부계층과 관리들에 의해 공문으로 쓰여졌었고, 국한혼용문은 주로 중인계급 들에 의해 쓰여졌었다. 국문은 주로 사대부층의 아녀자(兒女子) 층에 의해 쓰여졌었다. 사대부층이나 관리들이 주로 쓰고 읽는 글들은 한시, 산문, 공문서 등으로서 한문으로 쓰여진 것들이고, 아녀자들이 쓰는 것들은 소설, 수필, 일기 등으로서 한글로 쓰여진 것들이다.

그런데, 한국은 근대 일본과의 접촉을 계기로 우선 일본의 경우를 본받아 한문 대신에 국한혼용문을 공문으로 쓰자는 입장이 일본인과 관계를 가져왔던 인간들과 일본인들에 의해 제기되어 국한혼용문 사용이 시도되었다. 그러한 상황에서 한국은 일본을 통해 미국으로 나가서 그곳의 문물들을 흡수해 돌아온 미국유학생들의 귀국을 계기로 국문운동이 전개되어 나왔다. 또 그 국문운동은 국어의 표기법, 음운, 문법 등의 통일을 역점에 둔 국어운동으로 전환해 나갔던 것이다.

그러나 그러한 운동들을 통해서 나온 국한혼용문이나 국문들은 한문체를 기초로 해서 형성되어 있었던 한국 고래의 국한혼용문과 언문(諺文) 등의 흐름을 타고 형성되어 나왔었기 때문에 당신의 일반서민들이 쓰던 구어(口語)와는 거리가 먼 것들이었다. 그래서 당시의 인간들은 그러한 문장들을 당시 일반 서민들이 쓰던 구어를 통해 재구축해 나가야 한다는 속어운동으로 전개되어 나갔다. 이와 같이 한국에서의 언문일치운동은 근대 일본과의 접촉을 계기로 발단되어 왔고, 한문폐지와 국한혼용문운동 국문운동과 국어운동, 속문운동이라고 하는 3단계를 통해 행해져 나왔고 또 그것은 민족적 정체성을 확립시키고 국력을 결집시키고 평민 중심의 사회를 형성시키기 위한 목적으로 행해졌던 것이다.

그렇다면 한국의 언문일치운동을 발단시켰던 일본의 경우는 어떠했는가? 일본에서의 언문일치운동은 서양서적들을 번역해 가다가 언문일치화 된 서구어 문장들의 장점을 발견한 난학자(蘭學者)들에서부터 18세기 말부터 태동되었다고 볼 수 있다. 그 다음 그것은 메이지 혁명 직전에 양학자에 의한 「한자 폐지」의 건백으로 발단되어 나와서 근대 서구의 계몽사상과 접촉을 가졌던 사람들에 의해 속문운동으로 전개되어 나왔다. 계몽사상가들의 그러한 속문운동은 정치, 사회계에서의 1880년대 전반기의 민권운동, 1880년대 후반기의 서구화 운동의 물결을 타고 전개되어 나갔고 1880년대 말에 와서는 문학계에서의 사실주의 운동, 1890년대 말에 와서는 정치사회계에서의 사회주의 운동과 교육계에서의 국어운동, 1900년 초 년대 후반에 와서는 문학계에서의 사생문운동과 자연주의 운동, 1910년대에 와서는 정치사회계에서의 자유, 개성주의에 입각한 다이쇼 데모크라시의 물결 등을 타고 전개되어 나갔던 것이다.

메이지 혁명 직전 서양서 역관 마에시마 히소카가 한자 폐지를 건백했을 당시, 일본에는 대별해서 한문, 화한혼효문, 가나문 등의 3종이 존재해 있었다. 당시 한문은 주로 한학자와 승려, 관리 등이 사용했었다. 관청의 공용문, 법령문, 칙서 등도 한문으로 쓰여졌었다. 가나문은 와카(和歌), 일기 등에서 사용되었다. 화한혼효문은 에도시대 이전에는 모노가타리(物語), 특히 설화, 군기물 등에 사용되어 왔는데, 주자학을 받아들인 에도시대에 와서 성립된 하이카이(俳諧), 오토기조시(お伽草子)이후의 문학장르 등에서 사용되어져 왔었다. 그러다가 메이지 혁명을 계기로 관청의 공문이 화한혼효문으로 전환해 나옴에 따라 근대 일본의 대표적 문장은 화한혼효문으로 정착되어 나왔다. 그러나 문제는 그 화한혼효문을 구성하는 단어들과 문법이 기본적으로 한대와 6조시대의 한문, 헤이안시대의 구어, 에도시대 일본에 전래된 중국 백화문 등으로부터 취해진 것이라고 하는 것이다. 따라서 일본의 언문일치운동의 핵심은 화한혼효문의 단어와 문법을 당시 시민들이 일상생활 속에서 쓰는 단어들과 구어 문법으로 바꾸어 가지는 것이었다 할 수 있다.

　그러면 일본이 그동안 사용해 오던 문어를 버리고 당시 일반 시민들이 일상생활 속에서 사용하고 있는 구어를 기초로 해서 새로운 문장어를 구축하려 했던 이유는 과연 무엇이었던가? 우선 무엇보다도 일본인들은 서구인들의 발전된 문명이 그들의 언문일치 문장과 결코 무관치 않다는 생각을 하고서, 일본이 서구의 문명국들과 대등한 관계를 만들어가기 위해서는 문장에 있어서도 일본인들도 그들처럼 언과 문이 일치된 문장을 사용해야 한다는 생각이 강했었기 때문이었다. 따라서 당시 일본인의 언문일치운동은 국가를 구성하는 국민들의 언어통일의 문제를 다루어 가는 국어운동의 일환으로서도 행해져 갔던 것이다.

　중국의 언문일치운동은 일단 세 단계를 거쳐서 행해갔다고 볼 수 있다. 우선 중국은 청일전쟁(1894~5)에서 패배하자 일본의 승리가 자기들보다 빨리 서구문물을 받아들였기 때문이라 판단하고 일본의 서구 문물의 수입방식에 관심을 가져가게 된다. 그 과정에서 중국의 일부 지식인들은 일본의 메이지유신을 모방해서 변법유신을 일으켜 언문일치를 주창해갔다. 당시 중국에서 공적으로 사용되었던 문장은 문어문이었다. 당시 중국에는 문어문 외에도 백화문(白話文)이 있었으나 그것은 주로 소설, 희곡 등의 문장으로 사용되어 왔었다. 변법유신의 주체자들의 그러한 주창은 제대로 실천되지 못했었다. 그러다가 5. 4 문화운동 직전 호적과 진덕수 등을 통해 미국, 프랑스 등의 서구 문물과의 접촉을 계기로 또 한번 언문일치운동이 일어났다. 그것은 그전과는 달리 당시 5. 4운동의 핵심이 되었던 문학운동의 물결을 타고 퍼져나갔다. 그 다음 그것은 20년대 초 중국에서의 공산주의 운동을 통해서 전개되어 나갔던 것이다. 이상과 같이 한·중·일 삼국에서 언문일치 운동이 제일 먼저 일어난 나라는 제도적 측면에서 근대·서구화를 가장 빨리 단행한 일본이다. 따라서 일본보다 근대화가 늦은 한국과 중국에서의 언문일치운동은 일본의 언문일치운동의 영향하에서 발단되었다. 그렇게 일본의 언문일치 운동의 영향하에서 발단된 한국과 중국의 언문일치 운동은 서구의 언문일치 문장들과의 직접적 접촉을 계기로 해서 한층 더 발전되어 나갔다. 한국에서의 언문일치는 탈한문운동, 국문운동, 속문운동이라고 하는 세 단계를 거쳐 이루어졌다. 그러나 일본의 경우는 속문운동을, 중국의 백화문운동을 통해 행해져 나왔다.

한국에서의 언문일치체는 결국은 국한혼용문으로 확립되었었다. 그러나 1960년대 이후 30여 년 간 군사정권 하에서의 언문일치체 문장은 국한혼용문에서 국문체문장으로 전환되어 나와 90년 이후부터는 국문체 문장으로 정착되어 나왔다. 그러나 일본의 경우는 메이지유신을 계기로 공문으로 받아들여진 화한혼효문이 일관되게 언문일치체 문장으로 유지되어지고 있다. 한국의 언문일치 운동에는 민족의 정체성 확립의 의식이 강하게 작용했다. 이에 반해 일본의 경우에는 서구와의 동일이라고 하는 의식이 강하게 작용했던 것으로 고찰된다. 한편 중국의 경우에는 봉건적 요소의 청산이라고 하는 사상이 짙게 작용했던 것으로 파악된다. 한국에서의 언문일치운동의 발단은 일본에서의 1880년대 중반에 일어났던 서구화운동의 물결을 타고 행해졌고, 중국의 경우는 1890년대 후반에 일어나 국어운동의 영향하에서 행해지게 되었다. 한국과 중국에서의 언문일치체문장의 확립은 일본의 언문일치체 문장이 다이쇼 데모크라시를 통해서 완성된 1920년대로 들어와서였다.

중국문화권에서 산출된 한자가 문어적 요소를 짙게 가지고 있다면,

이에 대한 한국 문화 속에서 나온 한글이나 일본인들에 의해 만들어진 가나는 구어(口語)적 요소를 강하게 가지고 있다 할 수 있다. 그러나 근대이래 한국의 언문일치체 문장은 문어적 요소가 짙은 한자를 배제해 가는 쪽으로 나가고 있고 일본의 언문일치체 문장은 일관되게 한자와 가나와의 혼효입장을 유지해 가려는 입장을 취해 가고 있다. 이러한 차이는 어디로부터 연유되어 나오는 것인가?

동아삼국에서의 언문일치 운동은 근대 서구의 언문일치 된 문장들과의 접촉을 계기로 발단되어 나왔다. 그것은 메이지 혁명(1868) 직전에 일본에서 발단되어 나와 그로부터 50년 후인 1920년대에 들어와서 완성되어 나왔다. 언문일치 운동은 소수에 해당되는 귀족들이나 상류층 중심의 사회를 다수에 해당되는 일반 평민들 중심의 사회로 전환시켜 타민족과에 대항해 갈 수 있는 국력을 집결시켜 가기 위한 목적 하에서 행해져 왔다. 이런 면에서 그러한 운동을 일으켜 갔던 에너지원은 민족주의, 민주주의 등에 대한 의식들이었다고 고찰된다.

또 그 운동은 동아시아 삼국에서의 각 국민들의 표준어를 정하고 발음과 표기상의 통일성을 추구하는 국어운동과 맞물려 전개되어 나갔다. 이연숙 박사가 동아시아에서 가장 먼저 일어났던 일본의 언문일치 운동과 관련시켜 국어(國語)운동을 「분명히 「국어(國語)」를 일본의 문화적 엘리트의 독점물로 부터 해방시켜 국민 전체의 언어표출을 커버할 수 있을 언어적 통일로서 파악하는 한, 문장어와 구어의 타협은 불가결한 것으로서 요구된다.」라고 말하고 있듯이, 일본의 경우뿐만 아니라 한국과 중국의 언문일치운동도 그러한 목적 하에서 행해졌던 것이다.[41]

2) 동·서양에서의 언문일치운동의 특징

이상과 같이 동아시아 삼국에서의 언문일치운동은 동아시아에서의 근대화가 시작되는 단계에서 서구의 언문일치화 된 문장들과의 접촉을 계기로 발단되어 나와 50여 년간의 기간을 통해 지속되어나간 결과, 그 결실을 맺게 되었다. 동아시아 삼국에서의 언문일치운동은 결국 중국의 한나라 시대를 전후해 형성된 한문을 기초로 하고 있다. 당시 자기들의 문어문을 버리고 당시 자신들이 일상생활 속에서 사용하고 있는 말들을 기초로 해서 새로운 문장을 만들어 쓰자는 운동이었다 할 수 있다. 이에 대하여 동아시아삼국의 언문일치 운동을 발단시켰던 서구인들의 문장들은 르네상스 이후 6백여 년 간의 언문일치 운동을 통해 언문일치화 된 것들이었다. 그들의 언문일치 운동은 제 일 단계에서 인문주의자들이 중심이 된 르네상스 운동을 통해서 라틴어를 버리고 자국어를 사용하자는 자국어 사용운동으로 출발하였다. 그들이 그러한 운동을 통해 자국어로 자신들의 사상과 감정을 글로 표현해 가게 되자.

그 다음 단계에 가서는 그 나라의 귀족이나 성직자가 쓰는 말들을 중심으로 해서가 아니고 자기 자신들이 쓰는 말을 중심으로 해서 그 나라의 언어를 통일시켜 보려는 운동으로 전개되어 나갔다. 자기 자신들이 살고 있는 지역의 말이나 자기 자신들이 처해있는 사회계급의 인간들이 사용하고 있는 말들을 중심으로 해서 자기 민족의 언어들의 발음, 문법, 표기 등을 통일시켜 보려는 노력들이 행해졌던 것이다. 그러한 노력들은 절대주의 국가, 다시 말해서 군주국가 하에서의 일로서 대개 17~19세기의 3세기간에 행해져 나왔었다. 그것들은 그 나라의 문법서 편찬, 서적편찬, 서적출판 등을 통해서 구체화되어 나왔었던 것이다.

다음의 세 번째 단계에서는 시민혁명을 통해 군주국가가 국민국가로 전환해 나온 후 국가의 국민성이 계발되고 그 국민성의 통일이 추구되고 그것의 우월성이 강조되는 상황에서 언문일치 운동이 행해졌었다.[42] 이러한 상황에서의 언문일치 운동은 19세기 초부터 말까지의 1세기간에 걸쳐 행해졌다고 볼 수 있다. 그런데 그것은 자신들이 쓰고 있는 언어사랑, 언어보호, 언어순화, 언어연구 등과 같은 소위 「국어운동」으로 구체화되어 나왔던 것이다. 예컨대 독일의 경우, 프러시아의 대두에 의해 보불전쟁에서 승리를 거두고 여기에서 점점 독일제국이 탄생하게 되었는데, 그 과정에서의 민족적 결속력이란 「종교도 정치도 모두 힘이 될 수 없었고 그 국어에 의해서만이」 가능했던 것이다.[43] 독일제국 성립 후에는 헤르만·리게르 박사에 의해 1885년 「일반독일어협회」(후에 「독일국어협회」로 개칭)가 설립되었고, 그 다음해는 월간 기관잡지가 창간되어 나왔다. 그 창간사에는 독일국어협회의 설립취지를 「국어순화운동」으로 삼고, 그 운동의 핵심을 「1.국어로부터 불필요한 외래문자를 제거하고, 그 순화를 촉진한다. 2.모국어의 진수와 특성에 대해 안전과 회복에 최선을 다한다. 3.그렇게 해서 일반국민의식을 강화한다」로 삼았던 것이다.[44] 당시의 이러한 「국어애호, 국어존중, 국어지상」의 사상은 차차 각 방면으로부터 환영을 받아 국민에게 고하는 황제의 칙어도 완전 순수 국어 본위로 행해졌던 것이다.[45]

그러한 「국어운동」은 다른 한편으로는 시민계급의 구어에 기초한 근대 문장어의 확립운동으로도 구체화되어 나왔던 것이다.

이상과 같이 동서양에서의 언문일치운동의 특징을 파악해 볼 때 우선 동아시아에서의 언문일치 운동은 동아시아보다 6세기 말 빨리 언

문일치화 된 서구의 문장들을 번역해 내는 과정에서 발단되어 나왔
다. 그것은 그것이 절정에 달했던 1900년을 전후한 20년간의 동아시
아인에 있어서나, 1400년을 중심으로 한 전후의 200년간의 서구인에
있어서나 언문일치운동이란 이전의 인간들이 쓰던 말과 글을 가지고
당대 자신들의 생각과 감정을 표현해 내려는 입장을 버리고, 당대 자
신들이 쓰는 말을 사용해 문장을 만들어서 그것을 가지고 당대 자신
들의 사상과 감정을 표현해 내자는 운동이었다.

이와 같이 동아시아에서나 서구에서의 언문일치운동의 핵심은 당
대의 자신들의 말로 자신들의 사상과 감정을 표현해 내자는 것이었
다. 이 경우 서구인들에 있어서의 자신들의 사상과 감정이 담긴 말들
을 표현해 내려는 문자는 로마자였다. 로마자란 배우면 누구나 다 단
기간에 알 수 있는 표음문자이다. 따라서 그들에 있어서의 표기상의
문제는 결코 존재하지 않았다. 그러나 동아시아인들 특히, 한국인이나
일본인의 경우에 있어서는 난해한 한자로서가 아니라 로마자 못지않
게 쉬운 자기민족의 글자인 한글이나 가나로 표해해 내야 한다는 문
제가 내재되어 있었다. 어떻게 보면 어려운 것을 버리고 쉬운 것을 취
한다는 측면에서 문제가 될 것 같지 않지만 그러나 당시 그들에게 있
어서는 결코 그렇지 않다. 자신들의 문자인 한글이나 가나를 천시하
고 한문을 숭상해 온 한국인과 일본인들에 있어서는 일대의 의식전환
을 일으키지 않을 수 없었던 문제였다.

반면 서구인들에 있어서의 언문일치 운동은 라틴어라고 하는 라틴
민족이 사용해오던 문어문장으로부터 그들의 표기수단인 로마자를
취해 그것으로 자신들의 생각과 감정이 담긴 자신들의 말을 기록해
가는 것이었다. 그러니까 라틴어라고 하는 하나의 외국어로부터 표기
수단인 로마자를 취해서 그것으로 자신들의 말들을 기록해 가는 것이

었다. 그들의 그러한 행위는 결국은 편리를 위해 권위를 버리고 신성을 무시하는 것임에 틀림없다. 그러한 면에 있어서 그들이 언문일치 운동을 행해 가는 데 있어서는 가치관의 일대 전환이 필요했었던 것이다.

동서양의 언문일치 운동에 있어서의 이상과 같은 차이에도 불구하고 그것은 다음과 같은 측면에서 공통점을 지닌다. 우선 동서양의 언문일치 운동은 유교에 기초한 한자문화로부터 동아시아인들의 민족문화를 해방시키고, 크리스트교에 기초한 로마자 문화로부터 서구인들의 민족문화를 해방시켜내는 일을 행했다고 할 수 있다. 민족들이 사용해 오던 고유의 언어를 가지고 자신들의 사상과 감정을 글로 표현해냄으로써 민족의 정신과 정서를 확립시켜 나갔고 그 민족들이 사용해 오던 말들을 통일시켜 자신들의 하나의 생존단위로서 민족이라는 하나의 집단을 재구성시켜 나갔던 것이다. 인간들의 「속어」에 대한 관심이 어떤 단계에 와서는 국민의식을 각성시켜 나갔고, 결국에 가서는 내셔널리즘을 형성시켜 나갔던 것이다. 그래서 B.R.앤더슨(Benedict R. Anderson)과 같은 학자가 지적하고 있듯이 언문일치운동이야말로 「내셔널리즘의 기원」으로도 받아들여질 수 있는 것이다.[46]

B.R.앤더슨은 「19세기는 유럽과 그 인접주변지역에서 속어의 사전편찬자, 문법학자, 언어학자, 문학자의 황금시대다. 이들 전문적 지식인의 정력적 활동은 1770년부터 1830년에 걸쳐서의 남북아메리카의 상황과는 완전히 대조적으로, 19세기 유럽에 있어서의 내셔널리즘의 형성이 중핵적 역할을 행해냈다」고 지적하고 있다.[47] 그러한 언문일치운동이 일어나기 이전 동서양은 모두 봉건사회였었다. 봉건사회란 계급사회이며, 극소수의 상류층을 점유하는 귀족 승려중심의 사회였다. 그러나 언문일치 운동은 그러한 극소수의 귀족중심의 사회를 대

다수의 하류층 중심의 사회로 전환시키는 역할을 행해 나왔다. 당대의 가장 많은 사람들이 그들의 일상생활 속에서 사용하는 말들을 가지고 당대의 인간들의 생각들을 표현해 냄으로써 그들 중심의 세계를 형성시켜 나갔던 것이다. 다시 말해서 언문일치운동은 군주 중심의 사회체제를 붕괴시키고, 시민중심의 사회체계를 성립시켜나가는 역할을 행해 갔던 것이다. 그것은 그 차원에서 뿐만 아니라 국민 각자가 자기들의 말로 자기들이 지닌 문제의식을 끊임없이 표현해내서 그것들을 문장으로 정리해가게 함으로써 국민들로 하여금 자신들의 근대적 자아를 확립시켜 나가게끔 했던 것이다.

결 론 : 한국과 일본의 언문일치 운동의 의미 재고

현재의 시점에서 고찰해 볼 때 100여 년 전에 한국과 일본 등의 동아시아에서 행해졌던 언문일치 운동은 어떠한 것으로 해석될 수 있을 것인가?

우선 역사적 사회적 측면에서 고찰해 보면 다음과 같이 해석 될 수 있다. 동서를 막론하고 고대 왕조국가는 철기와 문자의 발명을 계기로 성립되어 나왔다. 철기를 재빨리 손에 넣은 부족집단이 다른 부족들보다 더 강한 무기를 가지고 인접지역을 통일해 혈연관계로 맺어진 집단을 지역을 중심으로 해 맺어진 국가라고 하는 집단으로 전환시켜 나왔던 것이다. 그러나 인접 지역의 다른 부족들을 점령해 지역을 기초로 해서 왕조국가를 성립시킨 집단은 무력만으로 자기들이 점령한 지역의 다른 집단들을 다루어 갈 수가 없었다. 그 결과 문자를 만들어서라든가 통일시켜서 그것을 가지고 멀리 떨어져 있는 지역의 집단들까지도 지배해 가게 되었던 것이다.

이 경우 로마제국이나 한나라의 경우처럼 지배적 위치에 있던 집단의 인간들은 자신들이 쓰던 말을 자신들에 의해 만들어졌거나 정리된 문자로 기록해 내서 그것을 피지배층의 인간들에게 읽혀가게 했던 것은 당연했었다. 다시 말해서 지배계층의 인간들의 말을 로마문자나 한자로 표현해 내서 그것들을 피지배층의 인간들에게 읽혀가게 했던 것이다. 따라서 피지배층의 인간들로서는 자신들이 쓰고 있는 말 그 외에도 지배층 인간들의 말을 알아야 했었다. 고전 라틴어와 한문이 바로 이렇게 해서 성립되어 나왔던 것이다. 이렇게 볼 때, 지배층의 인간들에 있어서의 글이란 자신들 중심의 사회를 유지시켜가고 피지배층의 인간들을 다스려 가고 지배해 가는 수단이었다. 이에 대하여 피지배층의 인간들에 있어서의 글이란 그것이 좋든 나쁘든 지배층의 인간들과의 관계를 유지해 가는 수단이었던 것이다.

그러나 르네상스 시대로 들어와서 그동안 피지배층을 형성하고 있던 인간들은 지배층의 인간들로부터 표기수단인 문자말을 빌려서 그것으로 자신들의 말을 표기해 내기에 이르렀다. 그 결과 피지배층의 인간들은 자신들이 쓰는 말을 그 사회에서의 의사소통의 가장 강력한 수단으로 만들어 냄으로써 그러한 활동을 통해 서구의 사회를 자신들 중심의 사회로 만들어 버렸다. 자기들 중심으로 돌아가게 되자 그동안 피지배자의 위치에 서 있던 인간들은 자신 중심의 사회를 만들게 된다. 그것이 바로 그동안 피지배 상태에 처해 있던 인간들에 의해 건설된 근대 시민국가였던 것이다. 이렇게 서구의 피지배층의 인간들은 자신들의 말들을 알파벳문자로 기록해내서 새로운 문장어를 만들어 내 그것을 가지고 자신들의 생각과 감정을 표현해 냄으로써 문어와 구어를 일치시켜냈던 것이다. 그래서 그들은 문어와 구어가 일치되어 있는 문장을 가지고 그러한 식으로 근대시민국가를 형성시켜서 이제 동아시아로 전진해 나왔다. 당시까지도 동아시아 국가들로서는 고대의 왕조 국가의 사회체제를 취하고 있었다. 그들이 서구의 근대 시민국가의 문물들을 접하자, 그들은 자신들의 문물이 그들보다 뒤떨어졌다는 것을 알게 된다. 그 원인들 중의 하나가 자신들의 국력집결의 방법에 있어서 문제가 있다는 것을 깨닫게 된다.

그 결과 동아시아의 각 국들은 국력집결의 한 방법으로 자신들의 생각을 기록해 가는데 있어서 그들 자신들에게 부담을 주지 않는 문자를 취해내고 또 그것에 의한 표기체계를 정리해내서 그것으로 그동안 피지배적 위치에 있었던 대다수의 국민들이 일상생활 속에서 쓰는 말을 기록해 내서 서구의 경우처럼 언문일치의 문장을 만들어 냈던 것이다. 이렇게 볼 때 서구에서나 동아시아에 있어서의 언문일치 운동이란 결국은 근대국가를 성립시킨 시민 세력들이 고대 왕조국가를 형성시킨 주체세력들의 구어에 기초해서 성립되어 나왔던 문장어를 폐기하고 자신들의 구어에 기초한 문장어를 확립시켜나갔던 운동이었다 할 수 있다. 고대의 문어가 한 지역과 그 지역의 인간들의 사고와 감정을 통일 시켜갔듯이, 근대의 구어문장도 근대 국민국가의 인간들의 「의식구조를 변화시켜」 그것을 하나로 통일시켜나갔던 것이다.[48]

다음으로 동아시아에서의 언문일치 운동은 문화적 측면에서 파악해 볼 때 다음과 같이 해석 될 수 있다. 위에서 파악한 것을 가지고 동서의 언문일치 운동을 고찰 해볼 때 그것은 크게 말해 다음과 같은 두 단계를 통해 행해졌다고 말해 볼 수 있다. 첫 단계는 봉건국가시대에서의 문장을 통한 의사전달 시대에서 봉건국가가 시민국가로 전환해 나오는 과정에서의 구어(口語)를 통한 의사 전달시대로의 전환단계이다. 두 번째 단계는 시민국가시대에서의 구어를 통한 의사전달

시대에서의 구어에 기초해 형성된 문장을 통한 의사전달 시대로의 전환단계이다. 다시 말해서 우리가 논하고 있는 언문일치 운동은 귀족들의 문장중심시대에서 시민들의 구어중심시대를 거쳐 다시 그 구어에 기초해 형성되어 나온 문장중심시대로 단계를 통해 소멸되었다고 하는 것이다. 그래서 이미 오래 전부터 우리는 우리들의 구어에 기초해 확립된 문장이 모든 커뮤니케이션 수단들의 중심적 위치를 점유하고 있는 시대를 살아가고 있다.

현재 우리는 「청각 우위」시대를 벗어나서 「시각 우위」시대를 살아가고 있는 것이다.[49] 한 시대 인간들의 커뮤니케이션의 수단으로 각광을 받았던 라디오는 구어를 의사전달의 수단으로 발전시켜나가는 과정에서 발명된 것이다. 또 의사전달의 수단으로서의 구어의 한계성이 또 다른 의사전달의 수단으로서 문장이라고 하는 형식을 창출해냈다. 그러했듯이 라디오 문화를 기초로 해서 커뮤니케이션 수단의 하나로 성립되어 나온 TV문화는 라디오 문화의 한계성이 자각됨으로써 형성되어 나왔음에 틀림없다. 의사전달의 한 수단으로서의 말의 본질은 청각성에 있다. 이에 대하여 글의 경우는 시각성에 있다. 현재 우리는 영화, 컴퓨터, 등이 제시하는 영상물이 우리의 일생생활 속에서의 중요한 의사전달수단의 하나로 인식되어지고 있는 시대에 처해 있다. 우리가 이 시점에서 일세기전 근대 서구문물의 영향을 받아 일으켰던 언문일치운동을 통해서 시각적 기초체계를 버리고 청각적 기호체계를 취했었다는 사실은 어떻게 해석될 수 있을 것인가?

언어의 본질이 한정된 시간과 공간을 넘어서 인간과 인간사이에 행해지는 의사전달에 있다고 한다면, 인간에 있어서의 시각적 체험이 청각적 체험보다 훨씬 더 많은 언어적 역할을 행해왔고, 또 그럴 것이라는 것은 자명한 사실이다. 따라서 언어의 본질은 청각보다는 시각에 기초해 있다 할 수 있다. 현재 인간에 있어서의 의사전달의 최고의 수단은 언어(言語. Language)이고, 그것은 순수 우리말로는 「말」이라는 의미이다. 말이란 인간이 입을 통해서 만들어내는 소리의 일종이다. 이렇게 볼 때 말이란 청각을 통해서 존재하는 것으로 생각된다. 그러나 반드시 그렇지만은 않다. 어떤 소리가 말로서 존재하려면 그 소리를 만든 인간이 그 소리를 듣는 인간에게 자신이 전달하려고 하는 의미가 전달되었을 때만이 가능한 것이다. 그런데 그 소리가 그것을 듣는 인간에게 어떤 의미를 전달하려면 그것을 듣는 인간이 그 소리를 듣고 어떤 이미지를 만들어야 한다는 것이다. 청자가 소리를 듣고 어떤 이미지를 만들 때만이 그 이미지를 통해서 소리가 의미를 전달할 수 있다는 것이다. 따라서 우리는 모든 말은 어떤 이미지를 함유하고 있다고 말 할 수 있다. 이렇게 볼 때 의사전달의 수단으로서의 말의 본질은 청각성에 있는 것이 아니고 시각성에 있다고 말할 수 있다는 것이다.

우리가 언어의 본질을 청각성으로부터가 아니고, 시각성으로부터 찾으려 할 때 가장 걸림돌이 되는 것들 중의 하나는 현재 우리가 쓰고 있는 글보다 말이 더 먼저 만들어졌다고 알려져 있다고 하는 사실이다. 예컨대 말은 돌이나 불 등과 같이 구석기 시대에 만들어진 것이지만, 현재 우리가 쓰는 문자는 철기 시대에 와서야 만들어졌다고 하는 것이다.

그러나 엄격히 말해서 이러한 생각은 잘못된 생각이다. 현재 우리가 쓰고 있는 말이 언제부터 어떠한 집단에 이런 통일된 형태로 존재하게 된 것은 극히 최근의 일이다. 그러한 통일은 문자가 발명되고 그것의 통일이 이루어 그것에 의해 말이 기록되어진 이후의 일이다. 현재 우리가 쓰고 있는 말은 글에 의해 다시 말해 문자에 잡힌 말에 의해 통일되어 나온 것이다.

구석기 시대에 한 인간이 새나 동물의 경우처럼 어떤 소리를 내서 다른 인간에게 어떤 의사를 표현했다고 한다면, 그 인간은 분명 어떤 손짓을 만들어 자신의 의사를 상대방에게 전달도 했던 인간이 있을 것이다. 또 눈 속의 어떤 발자국을 보고 그 발자국이 인간의 것인지 동물의 것인지도 인식해 낼 수도 있었던 존재였음에 틀림없었다.

이렇게 볼 때 인간이 어떤 문자를 만들어 쓰기 이전에는 손짓과 같은 어떤 동작이나 일종의 그림 문자와 같은 것 등으로 의사전달을 행해 왔었다. 인류의 역사에는 문자시대 이전 긴 그림문자 시대를 가지고 있었던 것이다.

청각은 소리를 통해 만들어지고 그 소리는 공기를 통해 진행해간다. 그러나 시각은 빛을 통해 만들어지고 빛은 공기가 없는 진공을 통해서도 진행해간다. 이러한 점을 감안해 봤을 때, 인간에 있어서의 의사전달의 수단으로서의 시각은 청각보다 훨씬 더 그 역사성이 깊다고 하는 사실이다.

끝으로 언어관적 측면에서 동아시아의 언문일치 운동의 의미를 파악해보면 다음과 같이 논해질 수 있다. 동아시아의 언문일치 운동을 발단시켰던 서구의 언문일치 문장은 르네상스 운동이나 고대로마제국의 성립 등과만 관련되어 있는 것이 아니다. 사실상 그것은 BC 3천여 년 전 메소포타미아 지역을 점령해서 그곳에서 상형문자의 일종인 설형문자(楔形文字)를 만들어서 지구상에서 아마도 최초로 문자문화를 일으킨 수메르인이나 그로부터 BC 2천여 년경 이집트 지역에서 상형문자를 만들어서 문자생활을 행했던 고대 이집트인의 언어관까지도 연관되어 있다 할 수 있다. 그 양 지역의 상형문자들은 그 두 지역을 드나들면서 무역을 행해오던 페니키아인의 손에 의해 BC 1200

여 년경에 와서 하나의 표음문자로 전환해 나왔다.[50]

그 후 그것은 페니키아의 상인들을 통해 고대 그리스 쪽으로 전달되어 그리스 문자의 모체가 된다. 그 다음 그리스 문자는 로마인들에 의해 받아들여져 로마문자로 변형되어 나왔던 것이다. 이와 같이 수메르 인과 고대 이집트인의 표의 문자가 표음문자로 전환해 나왔던 것은 샘족으로 수메르인을 정복시킨 아카드인의 후예인 페니키아인에 의해서였다. 그런데 샘족은 크리스트교의 모체인 유태교를 성립시켰던 집단이다. 서구의 크리스트교 문화권의 언어관은 바로 이 샘족의 언어관에서 유래되었던 것이다. 이렇게 볼 때 서구인들의 문자는 이미 BC 1200여 년 전에 시각기호인 표의문자에서 청각기호인 표음문자로 전환해 나왔다고 하는 것이고 그 때이래 줄곧 서구의 크리스트교 문화권의 인간들은 청각에 기초한 언어관을 소유해왔다고 하는 것이다.

이에 대하여 동아시아의 경우는 어떠한가? 우선 중국은 상형문자로 출발한 한자를 상형문자의 상태로 줄곧 유지시켜 왔다. 한국의 경우도 중국으로부터 전래되어 온 한자를 15세기 중반까지 그대로 써오다가, 표음문자의 일종의 한글을 만들어 한자와 더불어 써오게 되었다. 일본의 경우는 한국보다는 6세기가 빠른 9세기 중반에 한자를 기초로 해서 표음문자의 일종인 가나를 만들어 한자와 함께 써 가게 되었다. 이와 같이 한국과 일본에 중국의 표의문자로부터 표음문자를 만들어 냈다고는 하지만 한국의 경우는 한국사회를 주도해 갔던 사대부 층의 인간들에게는 쓰여지지 않았고, 일본의 경우도 당시의 사회를 주도해 갔던 사람들에게는 가나문 보다는 한문에 의해 자신들의 의사가 표현되었다. 그러다가 한국과 일본은 근대 이후의 언문일치 운동을 계기로 가능한 한 자신들의 표음문자인 한글과 가나로 자신의 생각과 감정을 표현하려는 쪽으로 전환해 나왔던 것이다.

언문일치 운동이후 그래도 일본의 경우는 화한혼효문으로 자신들의 의사를 표현해 내려는 쪽으로 방향을 잡았다. 그러나 한국은 초기에는 국한 혼용문과 한글문, 양쪽 모두를 사용해 오다가 근대로 들어와서는 주로 한글문을 사용해 가는 쪽으로 방향지워지고 있다. 요는 그러한 현상이 근대 언문일치 운동을 계기로 한국인과 일본인이 시각기호관을 포기하고 청각기호관을 취하게 됨으로써 도래되는 현상이라 할 수 있다고 하는 것이다. 시각 기호로서의 문자의 한계성이 다양한 영상들을 의사소통의 수단들로 창출해내가고 있는 이 시대에 표의 문자문화의 전통을 만들어 왔던 우리가 표음문자사용만을 고려해 간다는 것이 결국 무엇을 의미하는지를 재고 해봐야 할 것으로 고찰된다.

<u>주</u>

1) 한국인이 한문을 사용해 가는 과정에서 구결, 이두, 향찰 등의 표기법이 성립되어 나왔던 것은 한국어가 중국어와 전혀 다른 종류의 언어이기 때문이었다.
「세계의 언어를 형태상으로 분류해 보면 고립어(孤立語, Isolated Language), 부착어(附着語, 혹은 요착어<膠着語>, Agglutinative Language), 굴절어(屈折語, Inflectical Language)의 3종류로 분류될 수 있다고 독일의 비교언어학자 어거스트 쉴라이쳐(August Schleicher, 1821~1868) 같은 언어학자 등에 의해 제안되었다. 그들에 의하면 고립어는 일명 단음절어(Monosyllabic Language)라고도 하여 중국어와 같은 언어를 말하는 것인데 중국어는 한 말, 한 말이 일음절어로 되어 있고, 동시에 어사(語詞)의 형태에 아무런 어법적인 관계를 보일만한 변화가 표현되어 있지 않다. 따라서 단어를 취해서 보면 품사를 분별하기 어렵고 다만 文을 이룸에 있어 그 文中의 위치에 따라 단어의 성격이 구별된다. 그럼으로 이를 열위어(列位語, Position Language)라고도 한다. 그럼으로 이 고립어는 일어일음절(一語一音節)인 관계로 동음어(同音語)가 대단히 많아 그 의미를 구

별하기 위하여 성조(聲調)의 구별을 이용한다. 그래서 일명 또 성조어(Tone Language)라고도 한다.

　다음 부착어는 독립된 존재의 자격이 없는 허자(虛字), 즉 형식어가 뜻을 보이는 독립어인 실사(實辭), 즉 개념어의 앞이나 가운데나 혹은 뒤에 붙어서 어법상의 관계를 보이는 언어를 말하는 것이다. 그리하여 그 허사의 실사에 붙는 위치에 따라 앞에 오면 접두사(接頭辭), 뒤에 오면 접미사(接尾辭), 가운데 오면 삽입사(Infix)라 한다. 일본어는 이 부착어에 속하며 조사 혹은 조동사를 실사의 밑에 달아 붙여서 말의 뜻을 변경하여 간다.

　끝으로 굴절어는 뜻을 나타내는 성분과 어법상의 관계를 나타내는 성분이 매우 밀접하게 결합되어 있는 말을 가리킨다. 그런데 개념어에 혼합 혹은 밀착된 성분은 어법상의 관계를 나타내기 때문에 말의 내부에서 그 음을 변화시키거나 혹은 밀착된 부분의 어미를 움직여서 말의 의미를 변경시킨다. 이를테면 영어의 stand가 과거로 될 때는 stood가 된다. 또 see는 saw(過)-seen(過分)이 되고, 또 look은 looked(過, 過分)가 되는 것과 같은 것이다.

　고립어에 속하는 언어는 중국어, 安南語, 싸이암語, 미얀마語 등이고, 부착어에 속하는 언어는 한국어를 위시해 일본어, 우랄알타이어족, 드라비다어족 등이다. 굴절어에 속하는 언어는 Indo-European 어족(語族)이 대부분이다.」(趙潤濟, 『國文學槪說修正版』〈探求堂, 1973〉, 14~15면).

2) 金性洙, 『鄕歌 및 韓國借字考』(청록출판사, 1980), 141면.

3) 상동서, 152면.

4) 崔埈, 『韓國新聞史』(일조각, 1960), 17면.

5) 中內敏夫 『日本敎育のナショナリズム』(第三文明社, 1985), 142면.

6) 상동서, 14면.

7) 「지지신포」(時事新報), 1882년 3월 1일 게이오기쥬쿠〈慶応義塾〉출판사로부터 창간된 일간신문. 후쿠자와 유키치의 지도 하에서 「추구할 것은 국권신장 하나밖에 없다.〈求める所は国権興振の一点にあるのみ〉」는 입장에서 창간된 신문. (창간사 참고) 1995년 「산케이신문」〈産経新聞〉에 합병.

8) 여증동, 「19세기 "한자-한글 섞어 쓰기" 줄글에 대한 연구」(『한국언어문학15집』, 1977, 4면 참조.

9) 崔埈, 『韓國新聞史』 28면.

10) 이에 앞서 각 개항지에 진출한 일본인들은 부산에서 「朝鮮時報」(旬刊, 1881년 12월 10일 창간), 인천에서 「朝鮮週商報」(週間, 1889), 목포에서는 「木浦新報」(旬刊, 1898. 8) 등의 일본문(日本文) 신문들이 나타났다.(崔埈, 『韓國新聞史』,

28면 참고).

11) 金敏洙, 『韓國語學史』(一潮閣, 1964), 95면.

12) 世界敎育史硏究會 編, 『朝鮮敎育史』(講談社, 1975), 252면.

13) 金敏洙, 앞의 책, 118면.

14) 조동일, 『한국문학통사 제 4권』(지식산업사, 1986), 239면.

15) 구어체의 성립은 구어의 주체가 확립됨으로써 행해져 나왔다고 할 수 있다. 보다 구체적으로 말해서, 그것은 우선 문장을 기록해 내는 인간이 말을 행하는 인간의 입장을 취해서 그의 입장에서 사물을 인식해서 그 인식된 사물을 자신의 말로 표현해 냄으로써 행해지게 되었던 것이다. 이러한 점을 감안해 볼 때, 구어체의 성립은 말을 행하는 자가 사회의 주체로 확립되어 나옴으로써 이루어졌다고 볼 수 있다는 것이다. 그런데 말을 행할 수 있는 주체의 확립은 다음과 같은 두 종류의 언어표현과 밀접히 관련되어 있다. 하나는 말을 행하는 주체의 입장에서 어떤 사물들의 유무를 판단해 내는 「이다」와 「하다」와 같은 단정의 표현이고, 다른 하나는 그 단정의 시점을 기점으로 한 시제(時制)의 표현이다.

16) 山本正秀 「言文一致体」(『岩波講座 日本語10文体』, 岩波書店, 1977), 311頁.

17) 言語ト文章トヲ一致セミメント欲セハ作ル所ノ文章ヲ読シ聞ク者ヲシテ直ニ了解ス可カラシムヘシ聞く者ヲシテ直ニ了解セシメント欲スレハ平生説話ノ言語ヲ用ヒサル可ラス平生説話ノ言語ヲ以テ文章ヲ作レハ即チ言文一致ナリ

18) 山本正秀 「言文一致体」, 329頁.

19) 상동서, 319頁.

20) 『니혼쇼키』(日本書紀, 720)의 오진 덴노(応神天皇) 16년 조항에 「왕인(王仁)이 백제로부터 건너 오자, 태자 우지노와키이랏코(菟道稚郎子)가 그를 스승으로 해서 제전적(諸典籍)을 배웠다」로 되어 있고, 『고지키』(古事記, 712)의 오진 덴노(応神天皇) 조항에는 「백제로부터 와니키시(和迩吉師)와 논어 10권, 천자문 1권, 도합 11권이 공진(貢進)됐다」로 되어 있다.

21) 大曾根章介 「漢文体」(『岩波講座日本語 10文体』, 岩波書店, 1977), 55頁.

22) 峰岸明 「記録体」(『岩波講座日本語 10文体』, 岩波書店, 1977), 203~204頁.

23) 「口舌にすれは談話となり筆記にすれは文章となり口談筆記の両般の趣を異にせさる様には佐渡事に奉存候」(前島密 「漢字御廃止之説」, 1867年 12月)

24) 文部省 「外来語問題に関する独逸における国語運動」(文部省, 国光印刷株式会社, 1918), 2頁.

25) 우에다 요로즈(上田万年, 1868~1937)는 1885년 도쿄제국대학(현재 도쿄대학)의 문학부에 입학해 영국의 어용(御雇) 외국인 교사 참버라인에 사사(師事)한다.

참버라인은 당시 도쿄제국대학에서 언어학·국어학을 담당하고 있었다. 그는 1889~93년에 걸쳐 독일유학을 마치고 귀국 후 1894년부터 제국대학교수로 임명되어 「박언학」(博言学, 언어학)을 담당한다. 그 후 그는 일본의 국어정책을 결정하는 중추적 역할을 행해 간다. 언문일치운동과 관련된 그의 기본적 입장은 「국어」(国語)의 표준말을 정하는 것과 관련된 것으로서 표준말의 기준은 「도쿄지방에서 당대의 일반시민들이 쓰는 구어」로 해야 한다는 것이며 그것이 문장어가 되어야 한다는 것이었다.(倉島長正 『「国語」と「国語辞典」の時代 上』＜小学館, 1997＞ 5~10頁).

26) 中内敏夫 『日本教育のナショナリズム』(第三文明社, 1985), 20頁.

27) 山本正秀 「言文一致体」, 320頁.

28) 山本正秀 「言文一致体」, 332頁.

29) 상동서, 334頁.

30) 杉本つとむ 『近代日本語の成立と発展』(八坂書房, 1998), 405~410頁.

31) 黃曼君 主編 『中國近百年文學理論批評史(1895~1990)』(湖北教育出版社, 1997), 237面.

32) 張炯 外 周編 『中華文學通史 第五卷 近現代文學編』, 華芝出版社, 1995, 131面.

33) 상동서, 441面.

34) 中國大百科全書總編輯委員會 《言語文學》編輯委員會編 『中國大百科 《言語文學》』(中國大百科全書出版社出版發行, 1988), 「白話文運動」 參考.

35) 현재 언어학자들은 서구인들의 언어는 인도·유럽어(Indo-Europena)족이라 한다. 그런데 이것은 크게, (1)게르만어계, (2)라틴어계, (3)슬라브어계로 3분된다. 영어와 독일어는 (1)게르만어계에 속하고, 프랑스어와 이탈리아어는 (2)라틴어계에, 러시아어, 폴란드어, 체코어 등은 (3)슬라브어계에 속한다. (市河三喜他 編 『世界言語概説 (上卷)』 ＜研究社, 2000＞, 10~15頁)

36) Michael Townson, *Mother-tongue and fatherland*, Mancherster University Press, New York, 1992, p.82.

37) 조성식, 『영어발달사』(한국문화사, 1994), 106면.

38) フロリアン・クルマス 『言語と国家』(山下公子 訳, 岩波書店, 1987), 44~46頁.

39) Hans Henrich Hock & Brian D. Joseph, *Language History, Language Change, and Language Relationship*, Mouton de Gruyter:Berlin·New York, 1996, pp.331~333.

40) 世界教育史研究会 編 『ドイツ教育史 II』(講談社, 1977), 36~37頁.

41) イ・ヨンスク 『「国語」という思想』(岩波書店, 1996), 23頁.

42) 피테(J. G. Fichte)의 「독일국민에게 고한다」 *Redem an die duesche Nation*(1807), 마코레이(T. Macaulay)의 「교육에 대한 각서」 *Minute on Education*(1835) 등 참조.

43) 加茂正一 『ドイツの国語醇化』(独逸文化協会, 1944), 180~181頁.

44) 상동서, 188면.

45) 상동서, 196면.

46) ベネディクト・アンダーソン『増補 想像の共同体』(白石さや他 訳, NTT出版, 1997), 77頁.

47) 상동서, 124~125면.

48) 주 L과 동일서. 전게서, 165면.

49) L W.J オング『声の文化と文字の文化』(桜井直文・他 訳, 藤原書店, 1999), 243頁.

50) ルイ= ジャンカルボェ『文字の世界史』(前島和也 訳, 河出言新社, 1998), 109~122頁.

일본인의 언어관

서 론

인간에 있어서의 언어란 무엇인가?라는 물음에 대해, 많은 사람들이 언어란 커뮤니케이션의 수단이다라는 대답을 해 왔다. 그렇다면 인간은 언어를 매개로 해서 어떻게 커뮤니케이션을 행해 가는가? 이 물음은 언어가 어느 민족의 언어인가에 따라 그 대답이 다소 달라질 수 있다.

그 대답의 차이는 과연 어디로부터 기인하는 것인가? 그것은 결국 그 언어를 사용하고 있는 민족들의 언어관의 차이에 기인한다고 볼 수 있으며, 또 그 언어관의 차이는 그 언어 주체의 인생관과 그것의 기초를 이루는 세계관 등의 차이들에 기인한다고 볼 수 있다.

그러한 의미에서 우리가 커뮤니케이션의 수단으로서의 일본어의 특징을 근본적으로 파악해 보려면 우선 무엇보다도 그것을 사용하는 일본인들의 가치관 내지 세계관이 어떠한 것인지를 고찰할 필요가 있다. 그러한 고찰은 분명히 인간들이 어떤 종류의 도구를 어떻게 사용해야 어떠한 목적을 가장 효과적으로 실현시켜 갈 수 있을 것인가 등의 대답까지도 제시해 줄 수 있는 것이다. 그것뿐만이 아니다. 그것은 인간에 있어서의 삶이란 어떤 것이며 그것은 어떻게 실현되고 있는 것인가, 등에 대한 문제들에 관해서 일가견을 갖게 해 준다.

근현대 일본인의 가치관 내지 세계관은 일본이 근세에서 근대로 넘어오는 과정에서 자신들의 유일종교로 받아들여 갔던 신도(神道)와 깊게 관련되어 있다. 그런데 일본의 신도는 「천황」(天皇)이라는 용어 그 자체가 중국의 도교로부터 나온 것을 보아도 알 수 있듯이,[1] 대륙의 노장 사상을 배경으로 해서 나온 도교로부터 영향을 받아 형성되어 나온 것으로 고찰되고 있고, 우리가 신도에 내재된 정치성을 배제시키고 세계관의 측면에서 논해 볼 경우 신도는 「자연」사상을 기초로 해서 성립해 나왔다는 면에서 중국에서 성립된 도교와 동일한 관념체계라 할 수 있다.

본 연구는 우선 근현대 일본인이 중국의 도교와 동일한 관념체계로 파악되는 신도와 어느 정도 깊게 관계되어 있는지를 고찰해 보고, 그 다음으로 신도와 도교에 대한 본질적 이해를 기초로 해서 그것들의 본질과 일본인의 언어관과의 관련성을 파악한 후에, 그것을 기초로 하여 일본어의 특성을 이해해 보는 것을 목적으로 한다.

1. 메이지 유신과 신도(神道) 교육

1) 근대 서구 자본주의 세력의 동진

일본의 역사가들은 서구의 「모던 에이지」(the modern age)를 「근세」와 「근대」, 「현대」로 나누어 일본에서의 「근세」의 시점을 도쿠가와 바쿠후(德川幕府)의 성립 시점(1603)으로, 「근대」의 기점을 메이지 유신(明治維新, 1868)으로, 「현대」를 전후(1945년 이후)로 각각 파악하고 있다. 일본의 역사가들의 이러한 시대 구분은 그들의 뇌리 속에 서구의 「모던 에이지」가 3단계로 나뉘어질 수 있다고 하는 생각이 내재되어 있기 때문인 것으로 파악된다. 신 중심보다는 인간 중심의 사고가 인간 사회를 지배해가기 시작한 14세기부터 16세기에 걸친 르네상스기, 인간의 육체가 처해 있는 물리적 세계의 질서가 인간을 지배해가기 시작한 근대 산업혁명과 근대 시민혁명 이후의 시기, 인간의 의식세계가 인간을 지배해 가기 시작한 20세기 이후의 시기 등으로 3등분될 수 있고, 또 그것들이 일본의 바로 그러한「근세」,「근대」,「현대」에 각각 대응될 수 있다고 생각되었기 때문이다.

사실상, 서구의 그러한 시기들은 일본의 그것들과 다음과 같이 대응될 수 있다. 14세기에서부터 16세기에 걸친 유럽의 르네상스기의 문화가 인도, 동남아 등을 거쳐 일본에 도래한 것은 16세기 중반의 일이다. 1543년 다네가시마(種子島)에 철포의 전래(1543), 가고시마(鹿兒島)에 자비에르 등에 의한 성경 전래(1549)가 그 한 예들이다. 16세기 중반 이후 일본의 규슈(九州), 시코쿠(四国) 지방의 한(藩)들은 근세 서구의 세력들과의 해상무역을 통해 그들의 그러한 르네상스 문화를 받아들여 부(富)를 축적해 갔고, 그러한 과정에서 영주(領主)가 크리스트교로 개종(改宗)한 자도 나오게 되었다. 그러자 일본은 무로마치 바쿠후(室町幕府)에서 오다 노부나가(織田信長, 1534~82)와 도요토미 히데요시(豊臣秀吉, 1536~98)가 지배하던 아즈치·모모야마 시대(安土·桃山時代, 1573~1603)를 거쳐 도쿠가와 이에야스(德川家康, 1542~1616)에 의해 세워진 에도 바쿠후(江戸幕府, 1603~1868)에 와서 쇄국정책을 취해 갔다.

에도 바쿠후의 쇄국정책은 에도 바쿠후가 서남지역의 도자마한(外樣藩)을 중심으로 해서 확장되어 나가는 크리스트교 세력들의 차단 등을 통해서 중앙집권적 권력을 확립시켜 나가기 위한 일환으로서 취해진 것이다. 에도 바쿠후는 제2대 도쿠가와 히데타다(德川秀忠, 1579~

1632)가 쇼군에 오른 1616년부터 금교를 백성들에게까지 적용시키고, 자유무역을 인정하지 않고 나가사키(長崎)와 히라토(平戶)에 한정시킴으로써 일본 백성들과 외부 세계와의 관계를 차단시켜 갔던 것이다. 대신, 일본은 임진왜란(1592), 정유재란(1598)을 통해 조선으로부터 이퇴계의 주자학을 받아들여 그것을 치정이론으로 해서 중농주의 정책을 취해 갔던 것이다. 그 결과 일본의 서남지역의 도자마한들은 바쿠후 하에서 정치적으로 소외되었을 뿐만 아니라 경제적으로도 빈곤한 상태를 면치 못했던 것이다.

그러한 상황은 근 2세기 동안 지속되어 나갔다. 그러다가 18세기 말에 접어들어, 18세기 후반 영국에서부터 시작된 근대 서구의 산업 자본주의 문화가 인도, 중국, 일본으로 밀려들게 된다. 당시 근대 서구의 산업자본주의 문화는 두 가지 점에 있어서 당시 타지역의 국가들에게는 위협적이었다. 하나는 그들이 보유하고 있었던 선박들이다. 산업혁명을 통하여 만들어진 것들이었기에 완전히 기계화된 것들이었다. 다른 하나는 그들의 정신들이 프랑스 대혁명(1789) 등과 같은 시민혁명과 나폴레옹전쟁(1800~1814) 등을 통해 형성된 시민정신과 내셔널리즘 등으로 무장되어 있었다고 하는 것이다.

중국의 청은 그들과의 아편전쟁(1840~42)을 통해 반식민지 상태로 떨어지고 말았다. 그 소식을 접한 일본의 바쿠후는 덴보개혁(天保改革, 1841~43)을 통해 바쿠한(幕藩)의 개혁을 통해 바쿠한 체제를 더욱 강화시켜 나갔다. 그러한 과정에서 페리호와의 내항(1853)이 행해져, 그 이듬해 미국을 위시한 서구 열강들과의 화친 조약을 통해 2세기 이상의 쇄국정책이 막을 내렸던 것이다. 일본은 개국 5년 만에 서구 5개국들과의 불평등 통상조약 체결(1858)을 통해 결국 세계 자본주의 시장으로 말려 들어가게 됐던 것이다.

2) 존왕양이 운동(尊王攘夷運動)의 성립

존왕양이 운동의 직접적 계기는 1858년에 행해졌던 미일통상 불평등조약의 위칙 조인(違勅調印)이었다. 바쿠후(幕府)의 제일 중요한 임무는 국방(國防)이었고, 바쿠후가 외국과 어떠한 조약을 맺으려면 사전에 천황(天皇)으로부터 재가를 받아야 하는 것으로 되어 있었다. 그러나 바쿠후는 서구의 열강들이 워낙 강해 그들과 싸우지도 못하고 그들의 요구를 들어줘 버림으로써 문호 개방이 이루어졌고, 불평등 조약이 체결되어 버렸다. 게다가 바쿠후는 천황으로부터 재가를 받지도 않고 그들과 불평등 조약을 체결해 버리고 말았던 것이다.

그러자, 외세를 막아내지도 못하고 천황의 재가없이 외세와 불평등 통상조약을 체결한 바쿠후에 대해 비난이 쏟아져 나왔다. 또, 바쿠후를 그러한 쪽으로 몰아갔던 외세에 대해 적개심을 갖게 되는 것은 두 말할 필요가 없었다. 이렇게 해서 일본에서는 안세이(安政) 5개국 통상조약 체결(1858)을 계기로 해서 존왕양이 운동이 일어나기 시작했었던 것이다.

그러나 일본에서는 그 이전에도 존왕양이 운동의 이론은 이미 오래 전부터 형성되어 있었다. 그러한 이론을 주도했던 그룹이 국학자들과 미토(水戶)학파들이었다.

에도 바쿠후에서의 국학의 성립은 근세 이전 대륙으로부터 들어왔던 불교와 근세 이후 역시 대륙으로부터 들어왔던 주자학에 대한 반발로부터 이루어졌었다. 그러한 반발은 이미 가모노 마부치(賀茂真淵, 1697~1769)에서부터 시작되었다. 그는 『관사고』(冠辞考, 1757)를 통해 「가라코코로」(漢心)를 비판하였고, 『국의고』(国意考, 1765)를 통해서 유불의 「미치」(道)에 대한 「고도」(古道)를 주장해 갔던 것이다. 그의 그러한 입장은 그의 제자 모토오리 노리나가(本居宣長, 1730~1801)에 와서 신도(神道)로 확립되어 나왔다. 신도란 『고지키』(古事記, 712)나 『만요슈』(万葉集, 760년 경) 등의 일본 고전에 내재된 일본인들의 고유한 감정, 사상을 끌어내서 그것을 기초로 해서 확립시킨 가치 체계를 가리킨다. 따라서, 일본의 고전에 내재되어 있는 일본인들의 고유한 감정·정신·사상 등을 가지고 일본인들의 고유한 가치체계를 확립시켜 나갔던 국학자들에게 있어서는 서구로부터 전래된 난학(蘭學)이나 양학 등은 당연히 배척되어야 할 것들이었다. 그러한 의미에서 국학자들은 대륙으로부터 주자학을 받아들여 그것을 정학(正學)으로 삼아가는 바쿠후에 대해 대립적 입장을 취하지 않을 수 없었고, 『고지키』(古事記)에 나타나 있는 신(神)들의 후손으로 이야기되는 천황을 받들지 않을 수 없는 입장을 취했던 것이고, 일본의 것도 아니고 동양의 것도 아닌 서구의 것들에 대해 배척해 간다는 것은 당연한 것이었다.

미토학파의 경우는 『大日本史』의 편찬과정에 황도(皇道) 사상이 확립되어 나왔고, 바쿠후의 쇄국정책을 근간으로 한 대외정책 등에 대해 덴보(天保)개혁(1841~1843) 등을 통해서 적극적 입장을 취해 나갔다. 특히, 후기 미토학파의 중심적 인물 아이자와 세이시사이(会沢正志斎, 1781~1863)는 「존왕」을 위한 「양이」를 설파한 『신론』(新論, 1825)을 저술해 많은 존양지사(尊攘志士)들에게 영향을 끼쳤다. 이와 같이 미토학파는 존왕양이의 이론을 만들어서 존왕양이의 입장을 취해 가고 있었던 것이다.

그러나 그러한 존왕양이론에 근거한 안세이(安政) 5개국 조약 체결 이후의 존왕양이 운동은 일본인들로 하여금 2가지 것을 발견케 했다. 하나는 바쿠한제(幕藩制)에 입각한 지방분권 국가를 해체시키고 천황제에 입각한 통일국가의 가능성을 발견케 했다는 것이고, 다른 하나는 사쓰에(薩英)전쟁(1863)과 4개국 연합함대의 시모노세키(下関) 포격사건(1864) 등을 통해서 양이(攘夷)의 불가능성을 증명시켰다고 하는 것이다. 존왕양이 운동은 4개국 연합 함대의 시모노세키 포격 사건을 계기로 소멸되었다.

3) 메이지유신과 황도교육(皇道敎育)

서남지역에 위치에 있는 도자마한, 예컨대 사쓰마(薩摩), 조슈(長州), 히젠(肥前), 시코쿠(四国) 등의 여러 도자마한(藩)들은 사쓰에전쟁(1863)과 4개국 연합함대의 시모노세키 포격사건(1864) 등을 계기로 양이의 불가능성을 완전히 체득하고 양이를 행해 가는 인간들을 투옥시켜 갔다. 그들이 그러한 입장을 취하게 됐던 것은 자신들의 힘으로는 결코 감당할 수 없는 서구세력의 요구를 일단 들어주고, 서구세력들의 요구를 들어주지 않으려는 바쿠후를 무너뜨리고, 천황을 내세워 자신들이 정권을 장악한다는 쪽으로 방향을 잡았기 때문이었다.

그들의 그러한 생각들은 존왕양이 운동과 공무합체 운동의 후퇴에 이어 도바쿠(倒幕) 운동으로 구체화되어 나왔다. 존왕양이 운동은 바쿠후에 대해서 대립적 입장을 취하면서 바쿠후의 대외정책에 대해 비판적인 입장을 취해 온 도자마한(外樣藩)의 무사들이 중심이 되어 행해져 왔었다. 이에 대해 공무합체(公武合体) 운동은 미토한과 같은 친반(親藩)의 무사들이 행해 온 운동이었다. 도바쿠 운동은 전자의 경우는 무력 도바쿠의 입장을 취해 나왔지만 후자는 무력 대결은 피해야 한다는 쪽이었다. 또, 전자는 천황제 국가에서 보여지는 중앙집권 체제의 실현, 이에 대해 후자는 한체제(藩體制)를 온존시킨 봉건연방제를 주장했다.

그러한 입장이 양분되어 있다가 사쓰초 동맹(薩長同盟, 1866)을 계기로 무력 도바쿠(討幕) 노선을 택하자 그들이 정세를 주도해 나가게 된다. 그러다가 1867년 12월 도바쿠파는 그 해 10월에 이미 행해졌던 대정봉환(大政奉還, 천황이 바쿠후에게 주었던 정권을 바쿠후가 다시 천황에게 반환하는 행위)과, 사쓰초 도바쿠 파의 도바쿠 밀칙(討幕密勅) 등을 배경으로 해서 왕정복고(王政復古)를 선언한다. 그 결과 바쿠후를 대신하는 천황 정부인 메이지 신정부가 성립되어 나왔던 것이다.

이와 같이 메이지 정부는 천황이 바쿠후 정권 하에서 정치적 실권을 갖은 정부로서 그의 배후에는 우선 조정(朝廷)이 있고, 그 다음으로 존왕파들이 있다. 존왕파들은 과거 대륙으로부터 받아들인 주자학을 정학(正學)으로 취해 민과 관과의 윤리적 관계를 정립시켜 나가는 과정에서 사회적·문화적으로 소외되었던 신도주의자들 내지 국학자들로 이루어졌었고, 또 바쿠후가 쇄국정책을 취한 후 중농주의 정책을 취해가는 과정에서 정치적·경제적으로 소외당해 갔던 도자마 세력들로 이루어졌다. 메이지 천황 정부는 우선 조정을 통해 인선(人選)을 행해갔는데 조정으로서는 황도(皇道)주의를 추구해 가는 국학자들을 그들의 정치적 브레인들로 받아들여 메이지 정부를 출범시켰다. 정부 기관에 종사하게 된 그러한 황도주의 국학자들은 우선 천황의 조신(祖神)을 아마테라스 오미카미(天照大神)로 하는 신도(神道)를 국교로 해서 만들어 가는 작업에 착수했다.

우선 존왕파들에 주도되었던 신정부는 1868년 1월에 진기사무과(神祇事務科)를, 그 다음 달에 진기사무국(神祇事務局)을 설치했다가 그 해 4월에는 진기칸(神祇官)으로 개정했다. 그러다가 1869년 7월에는 국정을 총괄하는 관청인 태정관(太政官)과 나란히 제정일치의 이념 하에서 진기(神祇), 즉 하늘의 신과 땅의 신에 관한 사항을 관할하는 중앙관청인 진기칸(神祇官)을 둔다. 신정부는 동월 진기칸 내에 신도의 국교화 정책에 근거한 국민교화정책의 일환으로 센쿄시(宣教使)를 설치한다. 그 다음 해인 1870년 1월에는 「대교선포의 칙」(大教宣布ノ詔)이 내려진다. 즉 「천황중심주의의 신도교의」(天皇中心主義の神道教義)를 선포케 했던 것이다. 그리고 나서 그 해 4월부터 센쿄시는 심득서(心得書)를 정해 황도주의에 근거한 국민교화운동을 개시했다. 그러다가 1871년(明治4)에 와서는 진기칸이 진기쇼(神祇省)로 격하됐다가, 그 다음 1872년(明治5)에 와서는 교부쇼(教部省)의 설치로 인해 그것이 폐지된다.

교부쇼가 설치되자 내부에 새로이 교도직(教導職)이 설치되고, 그 교도직에 의해 「3조의 교칙」(三条ノ教則)이 제정되고 신불합동의 포교기관인 대교원(大教院)의 설치 등을 통해 일대국민교화운동이 전개되었다. 그러나 불교세력의 반발 등으로 인해 1875년(明治8) 5월에 가서 대교원이 폐지된다. 1877년(明治10) 1월에 가서는 교부쇼도 폐지되어 종교행정은 내무성 사지국(社寺局)으로 이동된다.

메이지(明治) 신정부는 신도를 국교화시키기 위한 또 하나의 방법으로 신불분리(神仏分離) 정책을 취해나갔다. 한마디로 말해, 메이지 시대의 신불분리 정책이란 유신정부가 제정일치의 이념에 근거해서 취했던 종교정책을 가리킨다. 메이지 초까지만 해도 신불습합(神仏習合)의 형태를 취해 존속해 왔던 신도는 불교에 종속된 형태였었다. 그러나 신정부는 신도에 연결시켜 천황의 절대적 지위를 확립시켜 가려는 입장이었기 때문에, 바쿠후 세력과 연결되어 있는 불교 세력에 타격을 가해 신도와 불교를 분리시켜 신도를 불교보다 우위에 올려놓지 않으면 안되었다. 그래서 신정부는 우선 메이지(明治) 원년 3월에 진기칸(神祇官)을 재흥시켜 전국의 모든 진자(神社)를 진기칸에 귀속시킨다는 정책을 취하는 한편, 신불혼합을 금하는 「신불판연령」(神仏判

然令)을 내려, 진자를 관리하는 승려들을 환속(還俗)시켰다. 이후 신정부는 폐불훼석(廢佛毁釋)운동을 일으켜 갔다. 그 운동은 복고신도가, 지방관 등에 의해 행해졌고 1870~71년에 가서 피크에 달했다. 신정부는 그러한 관행을 통해 천황숭배를 중심으로 한 진자신도를 창출해 갔고, 불교세력에 그러한 타격을 가해서 불교를 천황제 국가에 종속시켜 감으로써 국가신도체제의 기초를 구축해 갔다. 그러자 그 후, 불교 세력은 하는 수 없이 천황제 국가에 종속하는 호국(護國)의 불교로서의 길을 걷기 시작하게 된다.

이상과 같이 신도의 국교화 운동은 바쿠후 말기부터 제정일치를 주장해 왔던 국학파 계열의 황도주의자들에 의해 주도되어 나왔다. 그러나 그들의 그러한 운동은 교부쇼(教部省)의 폐지(1877, 明治10)로 쇠퇴되기 시작되었다. 그렇다면 신정부는 신도의 국교화 정책을 관장해 오던 교부쇼를 폐지시켰던 것인가?

신정부가 진기칸(神祇官)이나 교부쇼를 통한 신도의 국교화 정책은, 그 행정적 정비의 측면에서는 이미 1871(明治4)년을 기해서 끝나게 되어, 1871(明治4)년 진기칸이 진기쇼로 격하되었고, 그 다음 해에 가서는 진기쇼가 폐지되고 대신 교부쇼가 설치되어, 그 기관을 통해 민간을 상대로 한 신도의 국교화 정책이 수행되어 나갔다.

한편, 신정부는 그 전년 진기칸을 진기쇼로 격하시키면서 양학파 계열의 황도주의자들을 기용해 몬부쇼(文部省)를 설치해, 그 기관이 관장할 학교 교육들을 통해 신도를 국교화시켜 나간다는 입장을 취하게 된다. 신정부는 도덕 교육과 같은 의미로 쓰였던 「수신교육」(修身教育)을 통해서 신도의 국교화 정책을 실현시켜 나갔다. 일본의 공교육에 「수신」이라는 교과가 등장한 것은, 몬부쇼가 설치된 그 다음 해인 1872(明治5)년의 학제제정에서부터였다. 그러나 그것이 학교의 교육 현장에서 실제로 행해지기 시작되었던 것은 1879(明治12)년 천황의 이름으로 나왔던 「교학성지」(敎學聖旨) 이후부터였다.

그 다음 1880(明治13)년의 「개정교육령」에서부터는 그간 읽고 쓰고 셈하는 것들과 관련된 교과들의 뒤에 놓여져 있던 수신 과목이 전 교과의 선두에 놓이게 된다. 그것을 그때부터 수신 교육이 중시되었다는 것을 의미한다. 그 다음 수신교육은 1890(明治23)년 발표된 교육칙어(敎育勅語)를 통해 한층 더 강화되어 나갔다.

이상과 같이 신정부는 정부의 종교 관할 행정기관을 설치해 그 기관을 통해서 일반 대중들에게, 『고지키』에 나타나 있는 태양신 아마테라스 오미카미(天照大神)를 조신(祖神)으로 하고 일본의 천황들을 그 후손으로 하는 신도 사상을 주입시켜 나갔을 뿐만 아니라 학교 교육 행정의 담당 기관을 설치하여 그것을 통해 학생들에게 신도 사상을 주입시켜 나갔던 것이다.

그 결과 대부분의 근대 일본인들은 신도를 자신들의 종교로 받아들여 그것을 통해 자신의 삶을 실현시켜 나가게 되었고, 신도주의 사상에 입각해서 사물들의 질서를 파악해 가게 되었던 것이다. 그렇다면 신도란 무엇인가? 그것은 일본인들에게 어떻게 형성되어 나온 사상인가? 이 문제를 집중적으로 논해 보기로 한다.

2. 도교(道敎)와 신도(神道)

1) 중국의 도교와 일본의 신도

(ㄱ) 중국에서의 도교

현재 우리에게 도교는 유교에 대립 내지 대응되는 관념체계로 알려져 있다. 유교(儒敎)는 공자(孔子, 551~479, BC)를 시조(始祖)로 해서 성립되어 나와 맹자(孟子, 372~289, BC)와 순자(荀子) 등에 의해 확립되어 한(漢)의 무제(武帝, 141~87, BC)에 의해 국교로 받아들여졌다. 유교는 인애(仁愛)를 근본으로, 「수신·제가·치국·평천하(修身·齊家·治國·平天下)『대학』(大學)」의 도(道)를 문제시하는 일종의 윤리학·정치학이다.

유교의 시조로 알려진 공자는 철기사용이 일반화되어 나오는 과정에 도래된 춘추시대의 사회적 혼란 속에서 나타났던 제자백가(諸子百家)들 중의 한 사람으로서 예(禮)의 재건을 통해 사회적 질서회복을 주장해 갔다. 그런데, 그는 예질서 재건의 기초를 인간 속에서 추구해 냈다고 하는 것이다. 즉, 그는 선왕(先王)의 치적(治跡)의 기록을 정리한 『시경』(詩經), 『서경』(書經)을 경전으로 해서 배워야 하고, 또 예질서를 지탱하는 도덕적 심정으로서의 인(仁)을 계발해 가야 한다고 주장해 갔던 것이다. 유교의 「유」(儒)란 제정교(祭政敎)의 일치를 통한 지배의 역사를 정리해 가는 것을 의미한다. 공자는 그 전통의 전형(典型)을 주공(周公)의 성덕(聖德)에 의해 제작되었다고 하는 예(禮)라 생각했고, 자신이 최초로 예를 논하게 된 자라고 말하고 있다. 그 예는 효제도덕(孝悌道德)을 근간으로 하는 종족의 조직규정이다. 이 지배층의 단위체인 종족의 계급적 중첩이 봉건제이고, 이 중첩이 예의 원칙에 의해 일관된다. 봉건제의 정점에 군림한 주왕조는 천(天)의 덕(德)을 체득한 자로 되어 있기 때문에, 예는 천에 유래한다고 하는 것이다. 공자 자신도 「한평생 천에 기도하며 살아갔던」자였다.[2] 이와 같이 유교는 천의 덕을 체득한 자 즉 천자(天子)를 정점으로 한 위계질서를 통해 인간의 삶을 실현시켜야 한다는 입장을 제시하는 인간사회 중심의 관념체계의 일종이다.

유교가 추구하고 있는 도덕적 인간이란 앞에서 논한바와 같이 수신(修身)해서 제가(齊家)하고 그렇게 해서 치국(治國)해 평천하(平天下)하기 위해 정진해 가는 인간이다. 이처럼 유교는 자기에서부터 출발해 사회로 자연으로 자신의 도덕적 존재영역을 확장시켜 나가는 가치체계이다. 그러한 의미에서 유교는 인간중심적 사고체계이다. 이에 대해 「자연의 질서」로 규정될 수 있는 「도」(道)를 중요시하는 도교는 유교의 인간중심과는 반대로 자연중심적 사고체계라 할 수 있다. 『노자』(老子)는 후세에 도교의 최고의 경전으로 받아들여졌는데 그 중핵을 이루는 제25장 「상원」(象元)은 우리들에게 「인법지(人法地) 지법천(地法天) 천법도(天法道) 도법자연(道法自然)」을 말해주고 있다. 이것은 도교가 「자연」의 모든 것의 기초를 이루고 있다는 것으로서 자연중심의 사고체계라는 것을 단적으로 말해주고 있는 부분이다.

도교는 유교의 경우처럼, 교조(敎祖)가 존재하지 않는, 중국의 자연환경과 그 속에서 살아 온 중국인들 사이에서 만들어진 중국 고유의 종교이다.[3] 따라서 우리가 도교를 유교와 비교해 논해 볼 것 같으면 유교는 도교적 사고를 배경으로 해서 형성되어 나온 것으로서 도교적 사고가 좀더 인간중심 쪽으로 전환 발전시켜진 것이라 할 수 있다. 이렇게 볼 때 도교는 유교의 모체로써 그 시각이나 입장의 면에서 유교와 대립되는 면을 가지고 있음과 동시에 그 시각이나 입장의 구성요소적 측면에서는 유교와 유사성이 많다는 것이 지적될 수 있다.

도교적 사고와 유교와의 가장 큰 차이는 다음과 같이 논해질 수 있다. 도교적 사고는 자연중심적인데 반해 유교는 공자가 문제해결의 방법을 앞의 예(禮)의 경우에서처럼 인간 속에서 찾으려 했던 것과 같이 인간중심적이라고 하는 것이다.

서구의 경우, 소크라테스는 당시 메소포타미아의 북부지역으로로부터 그리스로 전래된 철기문화가 일반화되어 나갔던 시기에 출현했던 소 피스트들 중의 한사람이었다. 당시의 소피스트들은 기존의 자연철학 으로부터 문제해결을 찾으려 했던 것과는 달리 소크라테스는 「너 자 신을 알라」의 명구가 말해 주고 있듯이 「자연」이 아니라 「인간」속에 서 찾으려 했던 것이다. 그러한 점에 있어서 중국의 도교는 고대 그리 스의 자연철학에, 유교는 소크라테스의 철학에 각각 대응된다고 볼 수 있다. 또, 인도의 브라만교와 메소포타미아 지역의 유태교는 도교 적 사고에, 인도의 불교와 동방의 크리스트교는 유교에 각각 대응될 수 있는 것들이라 할 수 있다.

공자시대의 원시유교의 사상적 배경으로 존재해 있던 당시의 「도 교」는 현재 우리에게 알려진 도교와는 다른 형태로 존재해 있었다. 중국의 도교는 서민층을 통해서 나온 중국의 고유의 종교라는 점을 감안해 볼 때, 그것은 어느 지역의 경우와 마찬가지로 자연신앙을 기 초로 해서 형성되어 나왔다고 볼 수 있다. 고대인들에 있어서의 「자 연」에 대한 생각은 여러 가지 형태로 나타나 있다. 자연을 이루는 삼 라만상은 천(天)에 의해 지배된다고 하는 천사상(天思想), 무상(無常) 한 자연 속에서도 불로장생(不老長生)할 수 있다는 신선사상(神仙思 想), 「인법지, 지법천, 천법도, 도법자연」(人法地, 地法天, 天法道, 道法自 然)이라 한 노장자(老莊子)의 도가(道家)사상, 자연이 어떤 규칙을 통 해 무한히 변화하는 존재라고 하는 역(易)과 음양오행설(陰陽五行說), 초능력을 불러일으킨다고 하는 도가(道家)사상 등이 그 대표적인 것 들이다.

「도교」는 AD 1세기 인도로부터 서북지방을 통해 불교가 들어와서 그것이 전파되는 과정에서 상기의 여러 자연신앙들이 결합되어 2세 기경에 태평도(太平道), 오두미도(五斗米道)의 형태로 나타났었고, 또 그것들은 경전과 교단을 가진 불교로부터 강한 영향을 받아 5세기 초에 도교의 교단과 경전 등이 형성되어 나왔다. 또 교조로서 노자가 신격화되어 현재 우리가 이야기하는 중국의 민족종교로 확립되어 나왔던 것이다.

이와 같이 중국에서의 도교는 자연종교를 기초로 해서 형성되어 나온 중국인의 고유종교로서 도교적 사고를 배경으로 해서 성립되어 나온 유교가 인간중심의 관념체계인데 반해 자연중심의 관념체계이다. 그것은 외부로부터 불교가 전래해 들어와서 그것이 전파되어 나오는 과정에서 그 불교로부터 영향을 받아 발전되어 나왔던 것이다.

(ㄴ) 일본의 신도

도교가 교단, 교조, 경전 등을 가진 종교로 발전되어 나오게 된 것은 5세기였는데, 그것이 한반도에 전래된 것은 「송서」(宋書)의 백제전(百濟傳)에 의하면 450년으로 되어 있다. 그것의 일본전래는 5세기 후반의 유야쿠초(雄略朝) 경부터로 파악되고 있다. 백제로부터 일본에 전래된 도교는 우에다 마사아키(上田正昭)가 그의 저서 『고대의 도교와 조선문화』에서 「사실, 왜국(倭國)의 원신도의 세계를 검토해 가면, 예상을 넘어 도교적 신앙이 중층(重層)해 있음을 알 수 있다」라고 말하고 있듯이,[4] 일본의 토속신앙과 결합해, 「사람들의 기본적 사유 형성에 기여」해,[5] 결국은 현재 일본고유의 민족종교로 알려진 신도(神道)로 성립되어 나왔던 것으로 파악된다. 그 후 신도는 6세기 전반 백제로부터 불교의 전래를 계기로 불교와의 대립적 관계를 취해 나갔다. 헤이안시대로 들어가서 신불습합(神仏習合)의 형태를 취해 발전해 나갔다.

「신도」(神道)라고 하는 말은 『역경』(易經)의 관괘(觀卦)의 상전(象

傳)에,「천의 신도(神道)를 보니, 사시사철 틀림없이 성인(聖人)이 신도로 가르침을 준비해 그렇게 해서 천하를 지배해간다」라고 하는 문장을 초출(初出)로 한다.[6] 이 경우「신도」의 의미는「天地의 活動」을 가리키는 말이다. 그 후「신도」란 말은 도가(道家)라든가 불교의 영향 하에서 종교적 의미를 갖게 되어, 주술(呪術), 선술(仙術)과 같은 의미로도 사용되는 경우가 적지 않았다. 일본에서 일본의 토착신앙을 신도로 부르게 된 것은 중세에 와서도 일반화되어 나오지 않았다. 그것은「가미(カミ)그 자체」혹은「가미(カミ)의 작용」의 의미로 자주 사용되었다. 그것이 토착신앙으로 사용되기 시작했던 것은 서구의 크리스트교 문화의 일본 도래를 계기로 확립되어 나온 중세말의「요시다 신도」(吉田神道) 이후였던 것으로 고찰된다.

근세로 들어와서의 신도(神道)는 배불(排仏)정책 속에서 다음과 같이 두 흐름을 형성해 갔다. 하나는 불교와 분리되어 나와 대륙으로부터 들어온 유교의 천제(天帝)사상과 결합해 황도(皇道)사상을 형성해 존왕사상의 이론적 근거를 만들어 갔고, 다른 하나는 신불습합(神仏習合)의 형태를 지속시켜 나갔다. 근대로 들어와서는 메이지 정부를 출범시킨 존왕주의자들이 천황을 정점으로 한 강력한 통일국가를 건설하기 위한 방법으로 배불운동을 통한 신불분리(神仏分離)정책을 추진시켜 신도(神道)를 국교화(國敎化) 시켜나갔던 것이다. 이 과정에서 근세 중기 이후, 근세 초 대륙으로부터 들어 온 주자학에 대해 대립적 입장을 취해서, 고대에 전래해 들어 왔던 유교적 입장에서『고지키』(古事記, 712),『니혼쇼키』(日本書紀, 720) 등에 나타나 있는「고도」(古道)와 같은 일본의 고유사상을 연구해 갔던, 모토오리 노리나가(本居宣長) 등에 의한 소위 복고신도(復古神道)가 계발된다.

2) 신도(神道)와 천황(天皇)

중국에서 유교(儒敎)가 한 무제 이후 국교로 받아들여졌던 것은 유교 속에 내재되어 있는 천(天)사상이다. 메이지 정부에 의해 신도(神道)가 국교로 받아들여졌던 것도 사실은 그 속에 천(天)사상이 내재되어 있었기 때문이었다.

천(天)사상이란 천(天)이 자연의 질서를 지배한다는 의미에서 자연의 질서를 기초로 해서 성립된 도교(道敎)와 관련되어 있다. 위정자들은 도교의 그러한 천(天)사상을 정치에 끌어들여 그것을 기초로 해서 유교를 창안해 냈던 것이다. 그것은 바로 19세기 말의 제국주의 시대에 제국주의자들이 생물진화론을 사회진화론으로 전환시켜 국민들을 식민지쟁탈전에 끌어들였던 것과도 같은 것이었다 할 수 있다. 메이지 정부가 국교로 받아들였던 신도는 모토오리 노리나가(本居宣長, 1730~1801)의 복고신도(復古神道)에 기초한 것이다. 그에게 있어서의 신도(神道)란 『고지키』(古事記)에 전해지고 있는 황조신(皇祖神) 아마테라스 오미카미(天照大神), 즉 태양신의 후손들인 천황(天皇)들의 사적(事跡)을 그대로 도(道)의 출현으로 파악하고, 그와 같은 신들을 하사받은 일본을 세계의 어떤 나라들과도 비교될 수 없는 나라로 믿고 황조신의 자손대대의 천황들에게 절대복종해야 한다는 신념이다.

이렇게 볼 때, 모토오리 노리나가의 신도(神道)관을 받아들였던 근대 일본인들에 있어서의 신도(神道)는 자연의 현상들을 지배해 가는 태양의 후손들이 바로 일본의 정치적 정점을 이루어 온 천황들로서 그들을 현현 신들로 믿는 종교였던 것이다.

3) 신도(神道)와 도교의 본질

메이지 정부가 神道를 통해 근대 일본인들의 의식 속에 주입시키려 했던 것은 인간세계에서의 천황이 이 자연 속에서의 태양에 해당되는 존재로서 천신(天神)으로부터 다카아마하라(高天原)의 통치를 명령받은 아마테라스 오미카미(天照大神)의 직계후손이라고 하는 관념이었다.

이 관념은 모토오리 노리나가의 복고신도(復古神道) 이후 신도(神道)의 교전(教典)으로 사용되는 『고지키』, 『일본쇼키』의 신화로부터 도출되어진 것으로서, 사실상 기기신화(記紀神話)의 정수(精髓)를 이루는 내용이다. 『고지키』와 『일본쇼키』에 나타나 있는 신화는 구니노도코타지(國常立)를 비롯한 「천신칠대」(天神七代), 아마테라스 오미카미(天照大神)를 비롯한 「지신오대」(地神五代), 「진무텐노(神武天皇)를 비롯한 인간신」으로 되어 있다.

이 기기신화(記紀神話)의 기본골격은 다음과 같은 두 가지 점을 명확히 이야기해 주고 있다. 하나는 일본은 천신들에 의해 다스려져 왔고, 또 그 천신들로부터 통치권을 위임받은 지신들에 의해 다스려 오다가, 통치권이 그의 후손들인 천황들에게 넘겨져, 지금까지 그들에 의해 다스려 내려왔다고 하는 것이다. 또 그들은 천신의 구현체들로서 그들의 말이야말로 천신의 말이나 다를 바 없다고 하는 것이다. 일본인은 천신에 의해 선택된 나라이고, 신들에 의해 다스려져왔기 때문에 신국(神國)이라고 하는 것이다. 따라서 천황의 말만 잘 들으면 일본은 천하를 지배해 갈 수 있다고 하는 것이다. 다른 하나는 인간이 살고 있는 지상(地上)은 천(天)에 의해 다스려진다. 즉 천이 지(地)를 지배해 간다는 것이다. 그런데, 이 천(天)을 지배해 가는 것은 천신(天神)이었는데 그 천신이 자신의 통치권을 지신(地神)인 아마테라스 오미카미(天照大神)에게 위임했다고 하는 것이다. 그리고 천신으로부터 일본의 통치권을 위임받은 아마테라스오미카미는 태양신으로 되어 있다고, 그 태양신의 후손들이 진무(神武)천황 이후의 역대 천황들이라고 하는 점이다.

신도의 기초를 이루는 이상의 두 가지 점은 지상에서 일어나는 인간의 모든 사회적 사건은 말할 것도 없고 이 천상, 지상에서 일어나는 모든 물리적, 생물학적 현상들까지도 천신에 의해 지배된다고 하는 것이다. 그렇다면 천신이란 어디에 어떻게 존재해 있는가? 그것은 태양을 통해 현현(現顯)하고 태양에 의해 변화해 가는 자연현상을 통해 현현한다고 하는 것이다.

신도(神道)는 일본인들로 하여금 그것을 사실로 받아들여 그것을 통해 자신들의 존재를 실현시켜가라는 종교사상의 일종이다. 이렇게 볼 때, 신도는 천, 천(天)속의 태양, 지상 등으로 이루어진 자연을 통해 자신들의 삶을 실현시켜 가는 인간들을 양산해 온 관념으로 고찰된다. 자연을 통해 자신의 삶을 실현시킨다고 하는 삶의 태도는 자연이야말로 자신의 주체이고, 자신은 자연의 한 객체 내지 그 종속물이라고 하는 도교적 사상에 그 뿌리가 주어진 것이라 할 수 있다.

다시 말해서, 인간은 자연 속의 존재이고, 자연의 일부이고, 또 인간은 자연의 객체에 지나지 않는다는 사상이 바로 신도와 도교의 핵심 사상이다. 신도와 도교가 다른 점이 있다면, 신도는 일본인들이 접하고 있는 일본의 자연을 기초로 하고 있지만 도교의 자연은 중국인들은 물론 전지구상에 존재하는 모든 인간들이 접하는 자연으로서 자연을 구성하는 구체적 요소들보다는 자연의 질서 내지 원리를 가리킨다고 말할 수 있다. 신도가 자연 속의 구체적 대상인 태양을 일본인 자신들이 현현신(現顯神)으로 섬겨 온 천황의 조신(祖神)으로 하고 있다는 점, 또 그것이 유교의 경우처럼 정치성을 띠고 있다는 점 등에

있어서는 도교와는 분명히 다르다. 노리나가(宣長)도 『구즈의 꽃』(くず花)의 하권(下巻)에서 「자연을 존중한다」(自然を尊た)는 면에 있어서는 「신도」(神の道)가 노장(老莊)철학과 같지만, 그것이 「신(神)의 도(道)」(神の道)를 따르려 않고 「자연의 도」(自然の道)를 따르려 한다는 점에 있어서는 도교(道教)와 다르다는 말을 하고 있다. 노리나가(宣長)에 있어서의 자연은 「신을 위한 자연」(神のための自然) 즉, 「덴노 지배의 자연」(天皇支配の自然)이었던 것이다.[7] 그래서 야마시타 히사오(山下久夫) 같은 학자는 그의 자연을 「가두어진 자연」(閉じこめられた＜自然＞)이라 말하고 있다.[8]

신도는 인생관이나 세계관 등과 깊게 관련되어 있는 인식론적 측면에 있어서는 도교의 틀을 벗어나지 못했다. 따라서 근현대 일본인의 언어관의 특징을 파악함에 있어서 그것을 「신도」보다는 「도교」라는 이름 하에서 고찰하는 것이 정치적 측면으로부터 벗어나서 보다 객관적으로 일본어의 특성이 파악될 수 있을지도 모른다. 그러한 관념 속에서 살아가는 일본인들은 자신의 존재를 주관해 가고 있다고 생각되는 자연을 통해서 사회라고 하는 인간세계를 인식하고 자연을 통해서 자신을 생각하는 그러한 인식구조를 가진 인간들이라 할 수 있다.

일본인들, 특히 근대 일본인들은 여러 측면의 교육을 통해 그러한 신도사상을 받아들여, 그것을 통해 사물을 인식해 가게 되었던 것이다.

3. 근현대 일본인의 언어관과 언어표현의 특징

1) 인식의 주체와 인식대상

이상에서 고찰한 바와 같이 근대 일본인은 「화혼양재」(和魂洋才)에서의 「화혼」(和魂) 정책의 일환으로 취해졌던 종교 및 교육정책 등을 통해 계발된 신도적 사고를 통해 자신들의 삶을 실현시켜 나갔다.

근대 일본인들의 신도(神道)적 사고란 앞에서 논한 바와 같이 자기 자신들을 천황의 신민(臣民)들로 생각하고 자신들이 처해 있는 땅을 천황의 조신(祖神), 「태양신」이라 생각해 생물학적으로는 태양신, 사회적으로는 그의 후손인 천황들을 통해서 자기 자신들의 삶과 세계를 인식해 가려는 사고이다.

그러한 사고는 분명 그러한 사고를 행해 가는 인간의 언어를 지배한다. 인간들에 있어서의 언어행위란 인간 자신들이 표현해 내고자 하는 어떤 관념이 자신들에게 떠올랐을 때 그것을 표현해 낼 수 있는 어떤 음성이나 시각매체를 찾아내서 그것을 통해 자신들의 관념을 표현해 내는 행위이다. 이 경우 인간에 있어서의 표현해 내고자 하는 어떤 관념은 언어표현의 주체가 표현상대에 대하여 어떤 입장을 취하느냐에 따라 달라진다. 예컨대 내가 내 입장에서 파악된 어떤 대상의 특징은 나와 의견충돌을 빚고 있는 상대방이 파악한 그것의 특징과 분명히 다르다. 다시 말해서 어떤 입장에서 사물을 인식하느냐에 따라 그것이 달리 인식된다는 것이다.

신도적 사고를 행해 가는 근대 일본인의 경우는 「천」(天), 「태양」, 자연 등의 시각에서 인간과 세계와 자신을 인식해 갔다는 것이다. 이 경우 일본인들에 있어서의 「천」, 「태양」, 자연 등과 같은 존재들은 인간과 세계와 자신들을 지배해 가는 것들로 인식된 존재들이었다. 일본인들에 있어서의 그것은 신적 존재이고, 전체이고, 가장 중요한 존재, 중심적 존재, 문제인물 등과 같은 것으로 인식된다. 근대 일본인들은 자신들이 그것들 속에서 존재해 있는 존재 그것들에 종속해 있는 존재 등으로 인식해, 그것들을 통해서 인간, 세계, 자신 등을 인식해 갔다고 하는 것이다.

예컨대, 일본의 근대 문학작품 속의 장면들은 주인공이나 아니면 시점인물 혹은 중심인물 등을 통해서 제시되어진 것들로서 그것들에 의해 수렴된다. 일본인들에 있어서의 그들의 주택의 일부를 구성하는 정원은 자연계를 상징하는 것으로서 일본인들은 그것을 통해서 자신이 처해 있는 공간과 자기 자신을 의식하며 살아간다. 대화의 경우에 있어서도 화자는 상대방인 청자의 입장에 서서 청자에게 자신이 하고 싶은 이야기를 한다. 청자의 입장을 고려해 가면서 자기의 욕망을 제시해 간다. 그 상대가 자신에게 중요한 존재이면 존재일수록 더 확실하게 자신의 입장을 죽이고 상대의 입장에서 자신이 말하고자 하는 것을 하려 한다. 그 경우, 그들의 대화가 문장으로 쓰여졌을 때, 그 문장에는 주어가 생략된다.

일본인들에 있어서의 천(天)은 대낮의 구름이나 한밤의 별들 혹은 달을 통해서 그들에게 감지된다. 하늘의 태양은 눈부신 햇빛에 의해서, 그리고 아침동산으로 떠올라서 서산으로 떨어지는 모습을 통해서 감지된다. 자연은 밤낮과 춘하추동 등을 통해 끊임없이 변화해 가는 존재로 감지된다. 일본인들은 그러한 천, 태양, 자연을 통해 자신들의 존재를 인식해 왔던 것이다. 이 경우, 일본인들에 있어서의 자신들을 지배해 가는 그러한 존재들의 특징이 「변화」나 「변동」으로 느껴지는 한, 그것들을 통해서 존재해 간다고 생각되는 자기 자신들이나 인간 사회에 대한 관심은 자연 변화나 변동에 그 초점이 맞추어 질 수밖에 없다. 그러한 이유로 인해 일본어는 동사중심의 문장일 수밖에 없는 것이다.

노모토 기쿠오(野元菊雄)는 「주어에 관하여 논하는 사람은, 영어 등은 모든 사고방식이 자기중심적이며, 그로 인해, 자와 타의 대립이 강하게 인식된 결과, 문장은 주어중심의 형태를 취하는데 비하여, 일본어에서는 자와 타의 대립은 희미하며, 주어는 있어도 없어도 지장이 없는 경우가 많아서, 오히려 술어중심의 표현이 된다[9]」라고 말하고 있다.

2) 일본인의 의사소통 방법

대화의 경우, 화자가 상대방인 청자에게 자신의 생각을 전달하고, 또 그로부터 그것에 대한 대답을 들어 보려 할 경우, 근대 일본인들의 경우는 화자는 우선 자기의 입장을 없애고 상대방 속으로 들어가서 상대방과 일체가 된 상태에서 상대방에게 자신의 생각을 드러낸다. 상대방으로부터 자신이 드러낸 어떤 생각에 대한 대답을 듣는 경우에 있어서도 화자는 청자 속에 들어가서 그와 일체가 되어 그로부터 나오는 대답을 이해해 보려 하게 된다. 이 경우 청자 역시 화자가 청자의 입장을 고려해서 말하고 있다는 것을 생각함과 동시에 화자의 속으로 들어가서 화자와 일체가 되어 화자의 말을 듣는다는 것이다.

근대 일본인들이 근대소설을 읽을 경우에 있어서도 마찬가지였다. 그들은 우선 자신의 입장을 없애고 소설 속으로 들어가서 주인공 혹은 작중인물과 일체가 된 상태에서 소설을 읽어 나갔다. 그들은 그런 식으로 소설을 읽어감으로써 소설읽기를 통해 소설세계를 간접적으로 경험해 감으로써 자신들의 경험세계를 넓혀갔던 것이다.

근대 일본인들의 이와 같은 의사소통의 방법은 신도(神道)에 기초를 제시했던 도교(道敎)의 이론화에 기여한 『장자』(莊子)의 「추수편」(秋水篇) 등에서부터 이미 시작되었다 할 수 있다.

> 장자(莊子)가 혜자(惠子)와 함께 호수(濠水)에 있는 다리 위에서 놀고 있었다.
>
> 장자 왈, "피라미가 나와 조용히 놀고 있네. 이것이야말로 저 물고기의 즐거움이네."
>
> 혜자 왈, "자네가 물고기도 아닌데 어떻게 물고기의 즐거움을 아는가."
>
> 장자 왈, "그렇다면 자네는 내가 아닌데, 어떻게 내가 물고기의 즐거움을 모르는 것을 아는가."
>
> 혜자 왈, "본디 나는 자네가 아니니 자네를 모르네. 마찬가지로 자네도 본디 물고기가 아니니 자네가 물고기의 즐거움을 모르는 것은 확실하지."
>
> 장자 왈, "그러면 그 근본으로 올라가 보세, 자네가 나에게 처음에 무어라고 말했느냐 하면, '자네가 어찌 물고기의 즐거움을 아는가'라고 말한 것은 이미 내가 그것을 안다고 여겨 물은 것이네. 나는 지금 이 호수의 다리 위에서 저 호수 밑의 물고기와 일체가 되어 마음으로 통해서 그 즐거움을 알고 있는 것이 되네."[10]

이 「추수편」은 피라미를 보고 그 피라미에 관해 말하는 장자의 경우처럼 화자가 어떤 대상을 논할 때는 그 대상 속에 들어가 그 대상의 입장에서 그 대상과 일체가 되어 그 대상을 논할 필요가 있다는 것을 말해 주고 있다.

그런데 화자가 청자에게 자신의 생각을 말한다는 것은 무엇을 의미하는 것인가. 그것은 화자가 청자 속에 들어가 그와 일체가 되려 하지만 완전히는 일체가 될 수 없다는 생각이 들기 때문에 일체화 된 상태로 나가기 위한 방안으로 화자가 청자에게 말을 하게 되는 것이다. 불일치 부분을 없애기 위해 말을 행하게 된다는 것이다. 그러나 도교·신도 문화권 인간들의 경우 대화를 행할 때 상대방의 입장에서 이야기를 하고 또 상대방의 입장에서 말을 경청해 보려 하기 때문에 비(非) 도교·신도 문화권의 인간들보다 불일치 부분이 훨씬 적다는 것이다. 따라서 도교·신도 문화권의 인간들의 대화에서 사용되는 말들은 비도교·신도 문화권의 인간들의 말보다 훨씬 더 기호적·암시적일 수 있다고 하는 것이다. 상대방이 상대방 속에 들어가서 상대방과 일체가 되어 상대방의 입장에서 대화를 해갈 경우, 말 같은 것은 필요 없을 지도 모른다. 이심전심으로 의사소통을 행해 간다든가, 암시적 수법을 써서 행해 갈 수 있는 것이다.

3) 전달매체의 특징

상대 속에 몰입해 들어가 상대와 대화를 행한다고 했을 경우, 사실상, 두 사람에게는 말이 필요 없을지 모른다. 이심전심(以心傳心)이 가능하기 때문이다. 「이심전심」의 경우에 있어서의 전달매체는 「심」(心), 즉 「마음」이다. 신도적 사고를 행해 가는 근대 일본인들의 경우, 마음으로 자신들의 생각을 상대방들에게 표현해 가려 했다는 것이다. 이렇게 볼 때, 근대 일본인들에 있어서의 말은 「마음」이다라는 말을 할 수 있다. 또 이것을 기초로 해서 말은 「마음의 거울」이다라는 말이 나왔다. 마음이 통한다라는 말이 있는데 이것은 말이 통한다는 의미이다. 「서구인들에 있어서의 언어는 도구에 지나지 않으나 일본인에게는 정신이라는 것과 관련되어 있다」라는 말이 나온다.

일본인들에 있어서의 언어는 마음이다라는 생각은 언어는 심령(心靈)이다라는 관념을 형성시켜 나왔다. 끝내는 그러한 관념이 모토오리 노리나가(本居宣長) 등에 의해 「고토다마」(言靈)론으로 정리되어 나왔던 것이다. 현재 일본에서 일반적으로 알려진 「고토다마」(言靈) 사상은 입으로부터 나온 말은 어떤 형태로든지 간에 알게 모르게 현실에 어떤 영향을 끼치는 영력(靈力)을 갖고 있다는 사고이다.[11] 또는 「어떤 말을 소리로 내면 그 말의 내용이 실현된다고 하는 생각」을 말한다. 예컨대, 「"비가 온다"라고 말하면 실제로 비가 온다고 하는 생각」을 말한다.[12]

음성으로서의 말이 실제상의 어떤 일이나 사건으로 발전되어 나간다. 이 경우를 보더라도 말이 어떤 영력을 지니고 있다고 하는 것이다. 인간의 말 자체가 어떤 영력을 지니고 있다는 생각이 강하면 강할수록, 말은 조심스럽게 사용된다. 예컨대, 결혼식 같은 곳에서는 「헤어진다」 「끊긴다」 등과 같은 말은 의식적으로 사용되지 않는다는 것이다.

말이 「마음」이라 했을 때, 그것은 말에 행하고 그것을 듣는 주체들의 마음을 의미한다. 또 말이 그들의 마음인 한, 그것은 말을 행하고 그것을 듣는 주체들의 마음을 드러내는 거울이기도 하다. 근대 일본인들은 자신들의 말이 타자들에게 자신들의 마음을 드러내 보이는 거울이라는 의식을 가지고 언어활동을 행해 왔던 것이다. 그래서 고토다마 사상에 젖어있는 일본인들은 자신의 의지라든가 감정을 남에게 적극적으로 드러내는 「고토아게」(言擧げ)와 같은 행위를 되도록이면 삼간다. 왜냐하면 그러한 행위는 나쁜 결과를 가져온다고 하여 터부시되고 있기 때문이다.

신과의 신뢰 관계는 언어의 차원보다는 무언의 차원에서, 즉 마음 속에서 이루어지기 때문에 고토아게는 신과의 일체감을 해체시킨다는 의식이 고토다마 사상을 믿는 일본인들에게는 존재한다.

일본인에 있어서의 이 고토다마 사상은 우선 인간의 가슴이나 머리 속에는 영(靈)이 존재하는 어떤 공간이 있다는 것을 믿었고, 그 영이 입을 통해 음성의 형태를 취해 몸밖에 나온 것이 다름 아닌 바로 말이라고 믿었던 사상을 의미한다. 이 경우, 영이 존재하는 몸속의 어떤 공간을 마음(心) 혹은 정신(精神)이라 생각했고, 마음이나 정신이 영들로 이루어진 것들로도 생각되었다. 이렇게 봤을 때 영이란 인간의 생각 그 자체로서 인식될 수 있었다 할 수 있다.

일본인들의 언어관의 하나인 고토다마관(言靈観)은 그들이 신도사상, 그것의 기초를 이루는 도교사상에 의해 지탱되어 있다고 볼 수 있다. 가와무라 미나토(川村湊)는 현대 일본인들의 언어표현과 관련시켜 다음과 같이 말하고 있다.

「「고토다마」라고 하는, 현대에서는 완전히 사어(死語)가 되어버린 말을 접한 것은 신비적 언어관, 언어의 절대주의가 의장(儀裝)을 바꾸어 우리들의 사회에 나타나 있어, 그것은 어떤 술어를 사용한다 하더라도 「고토다마」라고 하는 말과 본질적으로는 다르지가 않다,라고 하는 생각이 들었기 때문이다. 고바야시 히데오(小林秀雄), 에도 쥰(江藤淳), 요시모토 다카아키(吉本隆明)라고 하는 현대의 문예 비평가들의 언어관의 본질적 부분에, 「고토다마」라고 불러도 좋을 언어에 관해서의 사유가 내재되어 있는 것은 아닐까」[13]라고. 또 가와무라 미나토는 언어관은 고토다마의 「가모노 마부치(賀茂真淵)라든가 모토오리 노리나가(本居宣長)를 원류로 해서 후지타니 미쓰에(富士谷御杖, 1768~1823), 히라타 아쓰타네(平田篤胤, 1776~1843), 다지바나 모리베(橘守部, 1781~1849), 스즈키 아키라(鈴木朗, 1764~1837) 등과 같은 국학자들에 계승되어, 고이즈미 야쿠모(小泉八雲, 1850~1904), 야나기타 구니오(柳田国男, 1875~1962), 오리쿠치 시노부(折口信夫, 1887~1953) 등의 문학자들에까지 흘러내려오는 것은 아닌가」[14]라고 말하고 있다.

결 론

국제회의 석상에서나 어디에서나 일본인들은 다른 나라 사람들에 비해 말수가 적다. 그 이유는 무엇일까? 반면 일본인들은 다른 어느 나라 사람들보다도 글들을 많이 쓴다. 예컨대, 소설가나 문학평론가의 경우 다른 어느 나라 작품들을 써낸다. 일본인들만큼 일기나 수필을 착실히 써 가는 국민들도 없다. 지금도 일본의 젊은이들은 전화로 전달할 수 있는 말을 편지로 전달하는 경우가 많다. 일본인들은 말수가 적은데 이처럼 글쓰기는 왜 그렇게 좋아하는 것일까? 그것은 분명히 그들의 언어관의 특징과 결코 무관치 않다.

우리가 앞에서 고찰해 본 바와 같이 일본인에 있어서의 말이란 마음속의 생각이나 느낌을 음성으로 표현해 낸 것을 의미한다. 우리가 말을 이런 식으로 정의해 볼 경우, 이 말과 관련된 글은 인간의 마음속의 느낌이나 머릿속의 생각을 문자로 표현해 낸 것으로 정의될 수 있다.

대표적 표음문자라 할 수 있는 영어·불어·독일어 등의 서구어의 경우, 글이란 말을 문자로 표현해 낸 것으로 인식된다. 이 경우 말이란 생각이 음성으로 표현된 것이라 인식되지 않고, 말=생각 다시 말해서 말=로고스로 인식되고, 또 로고스=신(神)으로만 인식되었던 것이다. 그러나 일본인의 경우에 있어서는 생각이 음성을 통해 말이 되었고, 또 그것이 문자를 통해 글이 되었다고 인식된다는 것이다.

여기에서 우리가 일본인들에 있어서의 언어 의식을 서구인들의 그것과 대조해 생각해 볼 때, 일본인들에 있어서의 음성화되거나 문자화되기 이전의 생각이란 서구인들에 있어서는 로고스나 신에 해당되는 말 바로 그것에 해당되는 것이라 하지 않을 수 없다. 다시 말해서,

서구인의 언어관과 대조시켜 파악해 볼 때 일본인에 있어서의 생각이 야말로 언어 그 자체라 하지 않을 수 없다는 것이다. 현재 서구인들은 음성화 됐거나 문자화된 생각만을 언어로 파악하고 있다. 다시 말해서 음성화되지 않은 생각이나 문자화되지 않은 생각은 언어로 생각하지 않는다는 것이다. 그러나 일본인의 경우는 사실상 생각 그 자체를 언어로 인식하고 있다고 하는 것이다.

본론에서 논의된 것처럼 일본인에 있어서의 생각이란 인간의 마음이나 두뇌 속에 존재해 있는 것으로서 영적 존재의 성격을 지닌 것으로 인식된다. 그렇다면 일본인들에 있어서의 생각은 어떻게 존재하게 됐으며 그것이 존재하는 마음이나 두뇌는 어떻게 형성되어 나오게 되었던 것인가? 그것은 바로 일본인들이 근대 이후 자신들의 종교로 받아들였던 신도와 결코 무관치 않다고 하는 것이고, 또 근대 이전 그들의 중국의 노·장 철학자들이 행해왔던 자연 중심적 사고도 결국 무관치 않다고 하는 것이다. 인간이 자신들의 삶에 대한 의지나 욕망을 완전 버리지 않고 자연이나 사회의 종속적 존재로서 자신의 삶을 영위해 가려하는 한 인간에게는 마음, 정신, 두뇌와 같은 것들을 만들지 않을 수 없고, 또 그것들 속의 생각들이나 느낌을 만들어 가지 않을 수 없는 것이다. 그러한 과정에서 만들어지는 마음이나 두뇌, 그들의 생각들 특징들은 그들의 종교나 세계관 등과 같은 것들과 깊게 관련되어 있는 것이다.

이러한 관점에서 생각해 볼 때, 일본인의 언어관은 그들의 신도·도교적 삶의 자세와 깊게 관련되어 있다는 것으로 고찰된다는 것이다.

고대에 일본인들은 대륙으로부터 도교, 유교, 불교 등의 종교와 그와 관련된 문화를 받아들이면서, 대륙의 그것들에 압도된 나머지 강대한 대륙에 대립해 자기들의 생각을 갖게 되었고, 또 그러한 생각들을 저장해 둘 마음이나 두뇌를 만들어 갔다. 근세로 들어와서는 대륙으로부터 주자학이 들어와 그들의 생활을 지배해 갔다. 그러자 그들의 일부는 그러한 주자학에 대립해 자기 자신들을 지탱해 갈 수 있는 사상을 만들어 갔고, 그것들을 비축해 둘 수 있는 내면의 세계를 구축해 갔던 것이다.

일본인들은 근대 서구 자본주의 국가들에 문호를 개방 당함으로써 근대로 들어섰다. 근대 이후, 그들은 근대 서구 자본주의 국가들로부터의 안전과 그들과의 평등을 유지해 가기 위한 방법으로 그들과 끊임없는 투쟁을 행해가야 했다. 그러한 상황에서 그들은 원래는 그들이 터부시해 왔었던 「고토아게」(言挙げ)를 저질러 갔다. 그 결과 그들은 결국은 패전과 같은 상황을 맞이하게 됐던 것이다. 다시 말해서 그들은 그간 마음속에 비축해 놓았던 생각이나 사상 등을 음성화시켜 그들이 그러한 생각이나 사상들이 그대로 실현될 것으로 믿어 감으로써 연거푸 자기들의 생각이나 사상들을 육성화 시켜 그것들의 실현을 그대로 믿어갔던 것이다. "우리는 그들과 싸워서 이길 수도 있다"라는 생각을 "우리는 그들과 싸워 이긴다"라고 음성화하면 실제 이겨가게 된다고 믿어버리고 말았던 것이다. 일본인들이 자기들의 생각들이 음성화되면 그것들이 그대로 실현된다고 믿었던 것은 어디까지나 그들이 그들의 고토다마 언어관에 감싸여 있었기 때문이었던 탓으로, 그들의 그러한 생각들이 음성화됨으로서 그것들이 실제로 현실화되는 것과는 완전 별개의 문제였었던 것이다.

주

1) 福永光司 『道敎と古代日本』(人文書院, 1990), 9~11면.

2) 赤塚忠他 編著 『中國文化叢書3 思想史』(大修館書店, 1967), 31면.

3) 窪德史他 編著 『中國文化叢書6 宗敎』(大修館書店, 1967), 31면.

4) 上田正昭 『古代の朝鮮と朝鮮文化』(人文書院, 1993), 16면.

5) 千田稔他 『道敎と東アジアー中国・朝鮮・日本』(人文書院,1989), 8면.

6) 원문「觀天之神道、而四時不忒、聖人以神道設敎、而天下服矣」

7) 山下久夫 『本居宣長と「自然」』(沖積舍, 1988), 268면.

8) 상동서, 319면.

9)「主語をめぐって論ずる人は、英語などはすべての考え方が自己中心的であって、そのため、自他の対立が強く意識され、その結果、文は主語中心の形をとるのに対して、日本語では自他の対立はぼやけて、主語なんかあってもなくてもさしつかえない場会が多いし、どうしても述語中心の表現になるといっている」 野元菊雄 『日本人と日本語』(筑摩書房, 1978), 33면.

10) 莊子與惠子, 遊於濠梁之上. 莊子曰："儵魚出遊從容. 是魚樂也." 惠子曰："子非魚, 安知魚之樂?" 莊子曰："子非我, 安知我不知魚之樂?" 惠子曰："我非子, 固不知子矣. 子固非魚也. 子之不知魚之樂全矣." 莊子曰："請循其本. 子曰：'女安知魚樂云者.' 旣已知吾知之而問我. 我知之濠上也."(『老子・莊子』<張基槿・李錫浩 譯, 三星出版社, 1992>, 363면 참고.

11) 鎌田東二 編著 『神道用語の基礎知識』(角川書店, 1999), 265면.

12) 井沢元彦 『言霊』(祥伝社, 1993), 12면.

13) 川村湊 『言霊と他界』(講談社, 1990), 307면.

14) 상동서, 308면.

일본의 메이지 혁명과 일본 근대문화

서 론 : 일본근대문화와 메이지 혁명

일반적으로 일본에서의 메이지 혁명은 일본이 서구의 근대 산업자본주의 세력의 침략으로부터 살아남기 위해서 일으킨 혁명으로 이야기되고 있고, 그 혁명 정신의 실천과정에서 성립되어 나온 일본 근대문화는 메이지 혁명 정신의 실현 수단으로 고찰되고 있다. 그 메이지 혁명 정신과 그것의 실현 수단으로서의 근대 일본문학과는 내적으로 어떻게 관련되어 있는 것인가?

일본 근대문화의 특징은 무엇인가? 전시대의 문학과는 어떻게 다른가? 또, 그러한 특징은 어떻게 형성되어 나왔는가? 이러한 물음들을 일본의 근대문화를 연구해 가는 자들, 그 이전이나 그 이후의 문학을 연구해 가는 자들에게 항상 제기되는 물음들이다. 그뿐만 아니다. 일본의 근대문화작품들의 주제를 보다 효율적으로 파악하려는 자들이나 문학과 시대와의 관련성에 대한 이해를 통해서 문학의 본질을 파악하려는 자들에 의해서도 끊임없이 제기되어 온 물음들이다.

우리는 이러한 문제들에 대한 하나의 입장을 갖기 위한 방법들의 하나로 메이지 혁명정신을 파악해볼 수도 있다. 그것은 일본 근대문화가 메이지 혁명을 기점으로 해서 성립된 것으로 되어 있기 때문에 일본 근대문화의 사상의 메이지 혁명사상을 기반으로 해서 성립되었고 여겨지기 때문이다.

일본에서의 메이지 혁명 발발은 1868년의 일로 기록되어 있다. 그러나 그 혁명을 발발시킨 에너지자원으로서의 혁명정신은 이미 그 이전에 형성되어 있었고, 또 그것은 혁명발발이후 다양한 형태로 구현되어 나왔다. 이러한 점들을 고려해 볼 때, 메이지 혁명의 발발과정, 그 혁명정신의 전개양상 등에 대한 파악을 통해서 이루어 질 수 있다.

본인은 이러한 점들을 고려하여 우선, 메이지 혁명의 발발과정과 그 혁명을 일으킨 혁명정신의 형성과정으로 파악하고, 그 다음으로 그것들을 자료로 해서 메이지 혁명의 기본적 정신과 그 전개양상을 파악해서 그것을 기초로 해서 일본근대문화의 사상적 배경을 이해해 보기로 한다.

1. 메이지 혁명의 발발과정

1) 에도바쿠후(江戸幕府)의 정치체제와 대정봉환(大政奉還)

메이지 혁명을 어느 시점에서 어느 시점까지로 볼 것인가에 대한 입장은 다양하다.[1] 시발점을 페리호내항(1853)으로 보는 자들도 있다. 종료시점의 경우는 빠르게는 한(藩)을 폐하고 겐(県)을 세운 1871년(M22)으로 보는 자들도 있다. 이러한 점들을 감안하여 본인은 메이지 혁명기를 혁명정신의 형성기, 군사적 발발기, 혁명정신의 구현기로 나누어 고찰하기로 한다.

우선 우리들에게 있어서의 일본의 메이지 혁명은 서구에서의 프랑스 대혁명에 대응되는 시민혁명으로 알려져 있다. 서구에 있어서의 시민혁명이란 전제군주국가를 타도하고 근대시민국가를 산출시킨 혁명을 가리킨다. 일본의 경우도 메이지 혁명을 계기로 해서서 바쿠한제 국가에서 천황제 국민주의 국가로 전환해 나왔다. 그러면 우선 메이지 혁명세력들이 어떻게 바쿠한제 국가를 타도하고 천황제국민국가를 건설했는지 그 군사적 발발과정부터 고찰하기로 한다. 메이지 혁명이 발발하기전의 일본의 정치형태는 바쿠후제(幕府制)였다. 어떠한 정치형태였는지에 대해서부터 논해가기로 한다.

일본은 7세기 중반의 다이카 가이신(大化改新, 645) 등을 통해서 율령제(律令制)를 확립시켜 중앙집권적 관료국가를 성립시켰다. 이 경우의 중앙집권적 관료국가(中央執權的 官僚國家)는 지금으로 말해 고대천황제(古代天皇制)라고 하는 통치형태를 취하고 있었다. 일본에서는 5~6세기경에 와서 야마토지방(大和地方, 현재 나라켄)의 부족장(部族長)들이 연합체를 형성하여 타지역을 그들의 세력 하에 부속시켜 갔다. 그러한 과정에서 그 부족연합체 권력을 장악하는 자가 장이 나오게 되어 그가 오키미(大王)라 불리워지게 된다. 그 후 7세기로 들어와서 일본이 대륙의 수(隨, 589~618)로부터 국가의 제도와 문화를 수입해오는 과정에서 국권과 왕권이 강화될 필요성이 요청됨에 따라서 야마토정권을 장악하고 있던 오키미가 덴노(天皇)로 불리워지게 된다. 또, 「일본」(日本)이라고 하는 국호도 성립되어 나온다.

일본에서의 천황가의 천황은 이러한 과정을 통해서 형성되어 나왔다. 고대천황제란 바로 이러한 과정을 통해 부상한 천황이 국가의 주권자가 되어 그가 직접 국가의 권력을 총괄하고, 그의 직속관료들이 소임 된 정치적 권력을 행사해 가는 정치형태를 말한다. 즉, 고대천황제국가는 천황을 유일한 공권력으로 하는 전제국가이다.[2)]

7세기 중반에 확립된 이와 같은 통치체제는 8세기 초에서부터 시작된 나라시대(奈良時代, 710~794)와 8세기 말에 시작된 전기헤이안

시대(前期平安時代, 794~858)를 통해 더욱 강화되어 나왔다. 그러다가, 그것은 9세기중엽 후기헤이안시대(858~1185)를 도래케 한, 셋칸(摂関)·간바쿠(関白) 등과 같은 셋쇼정치(摂政政治)의 성립을 계기로 붕괴되기 시작한다. 그래서 그것은 결국 12세기 말 가마쿠라 바쿠후(鎌倉幕府, 1185~1333)의 성립을 계기로 바쿠후정치라고 하는 새로운 정치체제로 전환해 나왔다.

셋쇼정치란 국가의 주권자인 천황이 너무 어리거나 병약해서 정무가 제대로 행해지지 못할 때 천황의 인척이나 측근중의 한사람에 의해 천황의 정치적 권력이 행사될 수밖에 없는데, 이 경우, 천황의 인척이나 측근중의 한 사람에 의해 천황의 정치적 권력이 행사되는 정치체제를 가리킨다. 이와 같은 정치형태는 12세기 말에 와서 결국 바쿠후정치형태로 귀결되어 나왔던 것이다. 바쿠후정치란 국가권력의 소유자인 천황이 외세의 침입을 막아낼 수 있는 자에게 자신의 통치권을 주어서 그로 하여금 국가를 통치해가도록 한 정치형태를 가리킨다.

천황은 이와 같은 바쿠후정치의 통치형태를 취해 가마쿠라·무로마치·에도시대의 근 7백여 년간의 일본을 통치해 왔다. 그러는 과정에 일본에 페리호가 나타나 외국에 대해 쇄국정책을 취해 나온 일본에게 군사적 과시를 통해서 문호개방을 요구해 왔다. 그러자, 천황으로부터 정권을 위임받아 국정(國政)을 수행해오던 바쿠후(幕府)정부는 외세에 대항해 싸워봤댔자 승산이 없음을 판단한 나머지, 천황과의 충분한 협의도 없이 미국을 비롯한 서구열강들의 요구를 들어줘버리고 만다. 그러자, 천황 쪽의 조정(朝廷)과 바쿠후를 구성하는 한(藩)들의 일부로부터 외세와 천황에 대한 바쿠후의 그러한 처세에 대하여 비난이 일기 시작했다. 바쿠후는 외세의 침입으로부터 일본을 보호하기 위해서는 외세가 아무리 강하더라도 그 외세와 싸웠어야 했다. 그렇지 못할 경우는 지체없이 천황으로부터 위임받는 정치적 권위를 마땅히 조정에 반환해야 했다. 이것이 그동안 바쿠후에 대하여 부정적 입장을 취해오던 정치적 세력들의 일반적 생각이었다. 그러나 바쿠후는 이것도 저것도 하지 않고, 정권유지의 한 방법으로 외세가 요구하는 문호개방을 단행해버리고 말았던 것이다. 바쿠후의 그러한 처세는 1854년 그들과의 통상조약(안세이 5개국조약) 등, 두 차례에 걸쳐서 저질러졌다.

그 조약은 서구열강으로부터의 안전유지의 한 방편으로 맺어진 것이었기 때문에 불평등조약이 되지 않을 수 없었다. 일본의 서구열강들과의 그러한 불평등조약체결의 결과는 일본 민족 전체에게로 떨어져 내렸다. 서구열강들에 대하여 쇄국정책 입장을 취하고 있던 조정의 공경(公卿) 등 주의 일부가 바쿠후정부를 구성하는 한(藩)들 중의 도자마한(外樣藩)들이 연합하여 바쿠후정부로 하여금 정권을 천황에게 반환케 했다. 바쿠후로 하여금 천황으로부터 부여받은 정권을 다시 천황에게 되돌려 줄 것을 요구하는 세력들 중에서도 정권이 천황에게로 되돌아가게 하는 방법을 놓고 두 그룹으로 양분되었다. 한 그룹은 바쿠후타도의 중심은 조슈·사츠마한이였다. 그들은 바쿠후타도를 통해 정권반환을 이루어내기 위해 이미 조정의 교토로 병력을 이동시키기 시작했고, 비상상적인 것이기는 했지만, 바쿠후타도를 위한 비밀 칙서(勅書)를 조정내의 동조분자를 통해서 천황으로부터 받아냈던 것이다.[4]

바쿠후타도의 거사가 행해지기 전에 후자의 제안을 받아들여 쇼군(將軍) 스스로가 대정봉환을 단행했다. 바쿠후가 그러한 입장을 취한 것은 다음과 같은 이유가 있었기 때문이다. 우선, 그해 1월에 쇼군직에 오른 게이키쇼군은 자기자신으로서는 쇼군자리를 탐하지 않는 자였다. 다음으로 쇼군이 대정봉환 제안을 거절할 경우 바쿠후타도자를 통해 그것이 행해질 것이라 예상하고 있었기 때문이다. 그 다음 쇼군이 대정봉환을 행한다하더라도 바쿠후 직할영지(幕府直轄領地)가 가장 큰 한(藩)의 영지의 7배나 되기 때문에, 쇼군자신이 국정의 전 책임을 져야할 부담으로부터 벗어나면서도 정치적 권한을 계속 유지시켜 나갈 수 있다고 생각했기 때문이다.[5] 게이키쇼군은 이러한 점들을 감안해서 후자의 입장을 취하고 있던 도사한(土佐藩)의 제안을 받아들여 그해 9월 16세의 나이로 천황에 오른 메이지 천황에게 정권을 반환한다. 우리는 이것을 대정봉환(大政奉還)이라 말하고 있다. 그때가 1867년 11월 9일의 일로서 토막밀칙이 내려진 바로 그 날이었다.

2) 보신(戊辰)전쟁과 왕정복고(王政復古)

1867년 11월 14일, 에도바쿠후 제15대 도쿠가와 게이키 쇼군에 의해 정권이 천황에게 반환되자, 조정이 그 다음 15일 그것을 받아들임으로써 대정봉환이 이루어졌다. 그 후 천황은 쇼군으로 하여금 조정에서 다이묘회의(大名会議)를 소집하여 그것을 주재(主宰)토록 함으로써 한 번 더 쇼군에게 국정을 위임했다. 그러나 이제 그의 소집에 응하는 번은 소수에 불과했다. 이와 같은 사태추이를 일단 관망해오고 있던 토막파, 사츠·조슈군대가 히젠(肥前)·도사(土佐)한 등의 도자마한들의 도움을 받아, 1868년 1월 3일 교토의 궁정(宮廷)을 점령하여 「왕정복고」를 선언했다. 그리고 나서 그들은 게이키 쇼군으로 하여금 천황에게 내대신직(內大臣職)과 납지(納地)를 반환할 것을 요구했다. 토막파가 선언한 이 경우의 왕정복고는 다음과 같은 점에 있어서

쇼군에 의해 행해진 이전의 「대정봉환」과 차이를 보인다.

쇼군에 의한 대정봉환은 도쿠가와 바쿠후 건설시 천황으로부터 정치적 권위만을 인정받았다는 이유 등으로 토막파에 의한 왕정복고의 선언은 정권은 물론 그 정권의 근원이 되는, 바쿠후의 영지(領地)까지를 천황에 반환해야 한다는 것이었다. 왜냐하면, 바쿠후의 직할지난 바쿠후를 구성하는 한주(藩主)들의 모든 영지는 원래 천황의 것이라고 생각하는 입장을 취하고 있었기 때문이다. 게이키 쇼군으로서는 대정봉환시 자신의 영지까지 천황에 반환할 생각은 없었다. 그는 자신의 직할 영지를 천황에게 내놓지 않기 위한 하나의 방법으로 그로서는 그러한 식의 대정봉환을 단행했던 것이다.[6]

그러나 서구의 자본주의와 사회주의 사상에 대한 지식을 가지고 있던 토막파들은 게이키 쇼군의 속셈을 어느 누구보다도 뻔히 잘 들여다보고 있었다. 따라서 토막파가 주장하는 진정한 왕정복고란 바쿠후가 천황으로부터 위임받은 정치적 권위에서 나오는 것이 아니라 정치적 권력의 원천이라고 하는 것이 그가 소유하고 있는 토지로부터 나오기 때문에 바쿠후가 소유하고 있는 모든 토지가 원주인인 천황에서 반환됨으로써 이루어질 수 있다는 것이었다. 토막파의 그러한 왕정복고 선언에 대하여 게이키로서는 어쩔 수 없이 그 결과를 받아들이지 않을 수 없다. 그래서, 그는 일단 덴노군으로 임전한 토막파와의 충돌을 피하기 위해 자신의 군대를 거느리고 교토에서 오사카로 물러났다.[7]

게이키 쇼군의 출신한인 미토한(水戶藩)이 토쿠가와가(德川家)의 방계한(傍系藩)이기는 하지만, 오랫동안의 친덴노한(親天皇藩)으로서 존왕(尊王)적 입장을 견지해온 한이었던 이유도 있었다. 그러나 도쿠가와 바쿠후군은 토막파의 그러한 군사반란을 게이키 쇼군의 경우처럼 그냥 받아들이지 않았다. 우선 에도에서 바쿠후군은 불법행동을 하는 로닌(浪人)들이 모여드는 사츠마한 저택을 습격해서 그것을 파괴해 버렸다. 한편, 오사카의 바쿠후군은 아이즈(会津)한을 비롯한 도쿠가와 방계한들 군대와 연합하여 교토로 진군해 나갔다. 그러한 교토 남쪽의 도바(鳥羽)·후시미(伏見)에서의 토막파 군대와의 치열한 교전 끝에 패배함으로써 1월 24일 토막파 군대에게 교토를 내주게 된다. 그 다음 5월에 가서는 게이키 쇼군의 항복결심을 받아들여, 에도성를 지키고 있던 가쓰 가이슈(勝海舟, 1823~99)가 교토에서 에도로 진군해 온 토막파 군대로 하여금 미토에 가서 침거케 하고 그의 후계자가 도쿠가와 가문의 영수(領首)로서 바쿠후 직할영지의 1할 차지할 수 있도록 하는데 혁명군과 합의함으로써 이루어졌던 것이다. 그러나 바쿠후 지지자중에는 쇼군이 결정을 받아들이지 않고 7월 14일 우에노(上野)공원일대에서 토막과 군대와 싸움을 벌였고, 도쿠가와의 방계한인 아이즈한은 그해 11월까지 저항해 갔다. 또 에노모토 다케아키(榎本武揚, 1836~1908)는 8척의 바쿠후군함을 가지고 에도만을 빠져나가 하코다테(函館)를 점령하게 홋카이도 전지역을 통제해 가다가 결국 1869년 5월에 가서야 항복하게 된다.[8] 이렇게 해서 혁명군은 결국 1년 6개월만에 전 일본을 장악하게 된다. 혁명군은 군사적 도발의 성공을 통해서 그들의 왕정복고 선언의 결실을 취하게 되었던 것이다.

혁명군들의 그러한 군사적 도발은 그들이 사전에 천황으로부터 비공식적 이기는 했지만 그 전년 11월 8일 토막밀칙(討幕密勅)을 받아 내놓음으로써 합법성을 확보하고 있었다. 따라서 그러한 군사적 도발이 합법적인 것이었기 때문에 그것을 통해서 이루어진 왕정복고의 선언도 합법적인 것이었다. 1868년 1월 3일의 혁명군들에 의한 왕정복고의 선언이 합법적인 것이라면, 그 이후의 토막군(혁명군)에 대한 바쿠후군의 군사적 저항은 완전히 불법적인 것이었다. 이렇게 볼 때 토막파의 왕정복고의 선언시점이 바로 바쿠후가 무너지고 메이지정부가 탄생한 시점으로 파악된다.

3) 5개조 서문(五箇條の御誓文)의 발표와 그 내용

신 정부는 이렇게 해서 1868년 1월 3일(음력 1867년 12월 9일) 혁명군에 의한 왕정복고의 선언을 기점으로 출범했다. 그 후 신 정부는 관군(官軍)이 된 혁명군이 구바쿠후군(旧幕俯軍)을 토벌해 가는 과정에서 국시(國是)의 대기초(大基礎)를 세우기 위한 한 방법으로 유신정부의 기본방침을 제시하는 「5개조의 서문」을 제정하여 공포했다. 공포는 에도성(江戸城)총공격의 전날인 1868년 4월 6일(음력, 3월 14일) 행해졌다. 신정부가 이 서문을 공포한 것은 천하에 신 정부의 기본방침을 제시하는 것으로 신정부가 그 시점에서 그것을 공포한 것은 일차적으로 신 정부를 세운 토막파가 대정봉환을 창도한 공의정체론파(公議政体論派)를 누르고 모든 정치세력을 자신들 아래로 결집시키기 위해서였다.

게이키 쇼군의 대정봉환이래 국정의 주도권을 장악하고 있는 정치적 그룹은 공의정체론자들이였다. 공의정체론이란 바쿠말(幕末) 바쿠한체제(幕藩体制)의 국가권력을 현실에 맞게 고쳐보기 위해서, 1861년대 제기된 공무합체론(公務合体論) 등을 토대로 해서 대정봉환 이후 만들어진 국가권력의 한 구상안이다. 이 안(案)에서의 국가권력은 바쿠후의 쇼군을 정점으로 해서 바쿠후의 쇼군, 조정의 공경, 한정부의 다이묘(大名)들이 다 같이 국정에 참여하는 형태의 것이었다. 그런데 바로 이 공의정체론에 대하여 토막파가 반대입장을 취함으로서 공의 정체론을 실효를 거두지 못해왔다. 이것에 대한 토막파의 반대는 쇼군을 정점으로 해서는 조정과 한정부가 결합 할 수는 없다는 것이다. 토막파의 입장은 바쿠후가 정권을 내놓고 일개의 한번으로 내려온 다음 조정의 천황을 정점으로 해서 한정부들이 모여야 한다는 것이었다. 토막파의 그러한 입장은 바쿠후가 천황에게 권력을 내놓고 한으로 내려가면 자신들이 조정을 장악해 왕정복고의 선언을 탄행했던 것이다.

사실은 「5개조 서문」의 공포도 그들의 그러한 의도에서 행해진 것이었다. 본서문의 작성은 고의 정체론파, 유리 기미마사(由利公正, 1829~1909)가 작성하고 후쿠오카 다카치카(福岡孝弟, 1835~1919)가 가필한 것을, 공경(公卿) 산죠 사네토미(三条実美, 1837~91)와 조슈한 무사 기도 다카요시(木戸孝允, 1833~77)의 정리로 이루어졌다. 본서문의 발포는 천황이 본서문의 국시를 지킬 것을 천신과 지신에게 맹세하고, 또 공가(公家)·다이묘(大名)·백관(白官)이 본 국시를 지킬 것을 천황에게 서약하는 의식(儀式)을 통해 행해졌다.

제1조는 「널리 회의를 마련해서 모든 일을 공론으로 정할 것이다.」(広く会議ヲ興シ万機公論ニ決スベシ)이다. 제2조는 「상하가 마음을 하나로 해서 활발히 국정을 수행한다.」(上下心ヲ一ツニシテ盛ニ経綸ヲ行フベシ)이다. 제3조는 「문무관에서 서민에 이르기까지 모두 자기의 뜻을 이루게 할 것이다」(官武一途庶民ニ至ル迄各其志ヲ遂げ人心ヲ倦マザラシメン事ヲ要ス)이다. 제4조는 「옛 부터 내려오는 좋지 못한 인습을 타파하고 천하의 공도(公道)를 바탕으로 삼는다」(旧来ノ陋習を破リ天地ノ公道ニ基クベシ)로 되어있고, 제5조는 「지식을 세계에서 구하여 황기(皇基)를 진흥시킨다」(智識ヲ世界ニ求メ大ニ皇基ヲ振起スベシ)로 되어 있다.

제1조, 「널리 외의를 마련해서 모든 일을 공론으로 정할 것이다」라는 것은 그동안 구바쿠후는 서구열강들과의 우호나 통상조약체결시의 경우처럼 조정이나 한들의 의견을 수렴하지 않고 자기 멋대로 국정을 수행해왔는데 본 신정부는 각한들의 의견을 충분히 수렴해서 국사를 수행해 나갈 것이라는 의미이다. 이렇게 볼 때, 제1조는 국정을 대한 각한들의 정치적 참여가 평등할 것이라는 말이다. 제2조는 「상하가 마음을 하나로 해서 활발히 국정을 수행한다」라는 것은 그동안 조정과 바쿠후, 바쿠후와 한정부가 서로 협력해 오지 못했는데, 앞으로는 천황과 한정부가 서로 협력해서 활발히 국력을 신장시켜 가보자라는 말로, 천황과 국민간의 협력을 강조하고 있다. 제3조의 「문무관에서 서민에 이르기까지 모두 자기의 뜻을 이루게 할 것이다」란 것은 모든 국민들이 사회적, 정치적, 경제적 교육적 측면에서 공평한 대우를 받게 될 것이라는 이야기를 하고 있다. 제4조 「예로부터 내려오는 좋지 못한 인습을 타파하고 천하의 공도를 바탕으로 삼는다」는 말은 모든 일을 합리주의적 입장을 가지고 대처해 가야한다는 말이다. 제5조의 「지식을 세계에서 구해서 황기를 진흥시킨다」는 말은 서구의 과학적 지식을 받아들여 국력을 신장시켜 간다고 하는 말이다. 이렇게 볼 때, 본 「서문」에는 평등사상(제1조, 제2조, 제3조), 합리주의사상(제4조, 제5조), 민족주의사상(제2조, 제5조)이 내포되어 있는 것으로 고찰된다.

2. 메이지 혁명세력의 형성과정

1) 양이운동(攘夷運動)과 존왕운동(尊王運動)의 성립과정

이상과 같은 메이지 혁명정신의 본질은 무엇이며, 또 그것은 어떻게 형성되어 나왔는가? 앞에서도 언급한 바와 같이 메이지 혁명의 주체세력은 토막파이다.

따라서 메이지 혁명정신의 본질과 그의 형성과정에 대한 파악은 메이지 혁명의 주체세력인 토막파의 형성과정에 대한 파악은 메이지 혁명의 주체세력인 토막파의 형성과정에 대한 고찰을 통해서 이루어질 수 있다. 그런데 토막파는 안세이 5개국 통상조약 이후 성립되어 나온 존양파(尊攘派)를 기초로 해서 형성되어 나왔고, 또 그 존양파는 중국의 아편정쟁(1841~2)의 물결을 타고 형성되어 나온 양이론자와 존왕론자를 중핵으로 하여 성립되어 나왔다. 그러면 양이파론과 존왕론의 어떻게 형성되어 나왔는지부터 보다 구체적으로 고찰해 보기로 한다.

메이지 혁명전의 도쿠가와바쿠후의 정치체제를 우리는 바쿠한체제(幕藩体制)라 한다. 바쿠한의 「바쿠」는 「바쿠후」(幕府)로부터 취해진 것이다. 「바쿠후」란 말은 가마쿠라 바쿠후의 성립(1192) 이후 쓰여지기 시작된 말이다. 원래 그것은 8세기 말 아이누의 정벌(征伐) 이후 유력한 장군에게 붙여지곤 했던 세이타이쇼군(征夷大将軍)의 집무처를 가리켰던 말로 쓰여지기 시작되어 그 후 천황으로부터 정권을 위임받은 세습적 군사집권자인 쇼군의 집무처로 알려지게 됨으로써 현재의 의미로 쓰여지게 되었던 것이다. 그 다음 바쿠한의 「한」(藩)은 원래 도요토미 히데요시 이후 도쿠가와정부의 조대를 구성하는 군사(軍士)들을 부양하는 지방행정의 자치단위를 가리켰다. 그러다가 그것은 바쿠후를 구성하는 지방자치지구로 발전해 나온다. 그래서 바쿠후란 말은 교토의 천황의 집무처인 조정에 대하여, 천황으로부터 정권을 위임받은 쇼군의 한의 우두머리인 다이묘(大名)를 다스리는 곳으로 정착해 나왔다.

도쿠가와바쿠후는 임진왜란, 정유재란을 통한 대륙진출의 실패를 계기로 하여 그 전에 받아들인 중세인도의 불교문화와 근세 서구의 크리스트교문화를 배척하고 근세 동아시아의 유교문화를 받아들이는 과정에서 성립되어 나왔다. 바쿠후는 265개(초기는 295개)의 한들을 총괄하는 정부이다. 한들은 1백만석(石)에서 1만석에 이르기까지의 크고 작은 한들로 이루어졌다. 또, 그것은 도쿠가와바쿠후에 대하여 세 개의 서로 다른 정치적 입장들을 갖은 한들로 구성되어 있었다. 하나는 도쿠가와바쿠후성립 이후 도쿠가와장군의 방계(傍系)자손들에 의해 지배되어 가는 한들이다. 우리는 이런 한들을 심판(親藩)이라 한다. 다른 하나는 도쿠가와바쿠후성립 이전부터 도쿠가와가문을 주군으로 섬겨오다가 도부가와가 장군이 되자 다이묘가 된 자에 의해 지배되는 한들이다. 이런 한들은 후다이(譜代)라 한다. 나머지는 하나는 바쿠후성립 이전에 도쿠가와가문과 동격이었으나, 도쿠가와가문이 정권을 장악하자 그 정권을 인정함으로써 다이묘가 된 자들의 자손에 의해 지배되는 한들이다. 이런 한들을 도자마한(外樣藩)이라 말하고 있다. 즉, 도자마한은 도쿠가와 가문이 바쿠후를 여는 과정에서 바쿠후에 동조했던 자들의 자손들에 의해 지배되는 한들을 가리킨다.

따라서 바쿠후의 심반과 후다이한들과는 우호적 관계가 취해지지 않을 수 없었다. 그렇지만, 바쿠후의 도자마한들과의 겉으로는 어떨지 모르지만 속으로는 결코 우호적일 수 없다. 물론 도사(土佐)한 등과 같은 한들과는 한이 위기에 직면해 있었을 때 바쿠후로부터 도움을 받았던 적이 있어 원만한 관계를 유지해 올 수 있었다. 그러나 서부혼슈의 조슈한(長州藩)이나 규슈남부의 사츠마한(薩摩藩) 등과는 쭉 적대적 관계를 취해 나왔다. 도자마한들은 지리적으로 외국과의 해상무역을 통해서 경제적 부를 축적해 갈 수 있는 곳에 위치해 있는 한들이다. 그러나 도쿠가와바쿠후는 그들의 강해지는 것을 저지시키기 위한 방법의 하나로 중상주의 정책을 철회하고 중농주의정책을 취했다. 대륙으로부터 유교를 받아들이고 도자마한들을 통해서 들어온 크리스트교를 탄압해간다. 또 바쿠후는 쇄국정책을 취해 도자마세력과 서구세력과의 관계를 차단해간다. 또 바쿠후는 쇄국정책을 취해 도자마세력과 서구세력과의 관계를 차단해간다. 그뿐만 아니라, 바쿠후는 도자마한들이 국내무역을 통해서 취한 이익금들에 대하여 막중한 세금을 부과해 그것들을 수탈해 갔다.

바쿠후의 쇄국정책을 도자마한들과 근세서구세력과의 접촉을 차단시켜, 도자마세력의 경제력 증간을 억제시키려는 데 그 목적이 있었을 뿐만 아니라, 그러한 접촉을 통해 일어나는 크리스트교나 평등사상들로 인해 야기되는 바쿠후체제의 계층적 질서의 붕괴를 막으려는 데도 그 목적이 있었다. 그러한 과정에서 동아시아대륙의 신유교인 주자학을 기초로 해서 확립된 바쿠후는 중화사상(中華思想)의 입장에서 도자마한들이 접촉하는 서양을 「이적」(夷狄)으로 규정짓고 바쿠후 자신의 정치적 이념의 기초를 이루는 「중화」(中華)와 이적의 서양과의 차별을 만들려는 소위 중이사상(中夷思想)을 확립시켜 나갔다. 중이사상이란 중국과 서양은 같은 외국이라 하더라도 분명히 다르다. 다른 점은 중국은 본받을 만한 한 나라이고 서양은 본받아서는 안 된다는 사상이다. 일본에서의 이와 같은 중이사상은 1820~1830년대에 바쿠후의 쇄국론자들을 통해 나왔다. 그렇게 해서 성립된 중이사상은 보다 더 강경한 쇄국주의자들에 의해 양이론(攘夷論)으로 발전해 나왔다. 그러나 쇄국론들을 통한 바쿠후의 그러한 주장은 서구세력들이 줄기차게 일본의 문호를 노크하는 상황에서 일본의 장래를 걱정하는 민족주의자들에게는 먹혀 들어가지 않았다. 그들 민족주의자들 중에서 특히 바쿠후의 방계한들 중의 하나이고 천황가와 밀접한 관계를 맺어온 미토한(水戶藩)은 17세기후반에 성립된 국학(國學)의 일본중심주의 사상을 이어받아 존왕론(尊王論)을 주장해 갔다.

그러한 과정에서 일본에, 중국이 서구열강과의 아편전쟁(1840~42)을 통해 서구의 반식민지로 떨어져버리고 말았다는 뉴스가 전해진다. 그러자, 서구세력의 침입로에 위치한 직면한 나머지 양이론을 들고 나온다. 이와 같이 양이론은 서구세력의 일본침략가능성이 가시화되어 군사적 관심이 전면에 드러난 상황에서 서남의 도자마한들의 무사들 사이로부터 해방론(海防論)의 일환으로 발생한 사상이다. 그러한 상황 속에서 발생한 양이론은 그 후 서구열강들과의 군사적 대항의식이 고조되는 과정에서, 양이의 한 방법으로 서양열강의 정세를 적극적으로 파악할 필요성이 있다는 주장이 나왔고, 더 나가서 우수한 서양의 군사과학기술을 섭취할 필요성이 있다는 주장도 나오게 된다. 그러한 주장들을 통해 구체화되어 나왔던 양이론을 페리호내항(1853) 이후 쇄국이 위험수준에 달했다는 것이 간파됨에 따라 양이적 개국론으로 발전해 나왔던 것이다.

2) 존양운동(尊攘運動)의 성립과 전개

1858년 7월 미일통상조약이 천황 허락없이 미국과 바쿠후사이에서 조인되었다. 조약이 천황의 칙허없이 조인되자, 바쿠후에 대한 비난이 반대파들로부터 일기 시작했다. 그것이 천황의 칙허없이 조인된 배경은 대략 이렇다. 1853년 쇼군직에 오른 13대 도쿠가와 이에사다(德川家定)는 원래 허약체질이어서 위기에 대응할 능력이 없고, 또 아들도 없어 후계선정문제가 제기되었다. 후계문제들 둘러싸고, 조정·미토한·도사한을 하나로 한 그룹과 후다이한과의 사이에서 전쟁이 일어났다. 전자의 경우는 바쿠후의 독재를 막고 제웅번합의제(諸雄藩合議制)를 만들어 서구세력에 대항해 가야하는데 그러기위해서는 영명(英名)높은 히토츠바시 요시노부(一橋慶喜, 水戸藩主, 徳川斉昭의 제7남, 一橋藩主의 양자)가 적합하다는 입장이었다. 후자는 바쿠후독재의 한 방법으로 현쇼군과 혈연적으로 더 가까운 도쿠가와 요시토미(徳川慶福)가 마땅히 되어야한다는 입장이었다. 그런 정쟁과정에서 후다이한(譜代藩인 히코네한(彦根藩))출신 이이 나오스케(井伊直弼, 1815~60)가 다이겐로(大元老, 위기를 당했을 때만이 임명되는 바쿠후의 이사총리직)로 임명됨에 따라, 그가 옹호하려던 도쿠가와 요시토미가 제14대 쇼군으로 오르게 되었다.

전자의 히토츠바시파는 바쿠후로 하여금 쇄국정책을 유지케 해 바쿠후의 무능력을 스스로 드러내게 함으로써 어떻게 해서든지 바쿠후로부터 정권을 뺏어내려는 입장이었다. 이에 대하여 후자의 경우는 서구열강에 대하여는 개방정책을 취하는 대신 국내정책에 대해서는 강경노선을 취해간다는 입장이었다.

그러한 후계문제가 진행되는 과정에서 이이 나오스케가 다이겐로로 임명되기 전 1855년 아베 마사히로(阿部正弘, 1819~57)의 후임으로 다이로(大老)에 오른 홋타 마사요시(堀田正睦, 1810~64)는 미국영사 해리스로부터 개방을 강요받고 몇몇의 다이묘에게 조약에 관해 의견을 나누어 본 결과, 그들의 대부분이 개방반대의 입장임을 확인하고, 천황의 허락을 받고자 교토로 내려갔다. 그러나 조정은, 후계문제에 대해서 조정과 다른 입장을 가지고 있고, 또 많은 다이묘들이 홋타의 개방정책에 대해 부정적 입장임을 확인하고 승인거절의 입장을 취해버린다. 그러한 과정에서 1858년 4월 이이가 다이겐로로 들어섰던 것이다. 그래서 그는 바쿠후를 장악한 다음, 그해 6월 조정의 허가나 다이묘들의 찬성 없이 해리스통상조약에 조인하고 같은 달 6월에는 쇼군의 후계자를 나이 13세의 소년으로 정해버린다. 그러자, 계승문제에 실패한 미토한주 도쿠가와 나리아키(德川斉昭, 1800~60) 등이 이이를 실각시키기 위한 전초단계로, 우선 바쿠후에 대하여 위칙조인(違勅調印)의 책임을 추궁한다. 그러한 과정에서 이이의 그러한 행위란 존왕도 양이도 아니라는 미토한주, 나리아키의 주장이 계기가 되어 미토한의 무사들을 위시해서 존양사상을 가지고 있던 무사와 공경들이 이이의 위칙조약조인 비난운동을 일으켜갔다. 그러자 이이는 자신이 조정을 무시한다는 사실을 명백히 하기 위해, 조정에서 그를 불렀으나 가지 않고, 로쥬(老中)를 보내 바쿠후를 무시하는 몇몇 공경들을 체포하고 천황으로부터 통상조약에 대한 재가를 얻어낸다.[9]

그러자 그의 그러한 처사에 대하여 조정·미토한·도자마한들로부터 격렬한 비난이 일기 시작하였다. 그들의 그러한 움직임에 대하여 이이는 1859년 단호한 억압정책을 써서, 미토한주, 그의 아들 케이키, 도사한의 다이묘 등에게 칩거(蟄居)명령을 발하고, 몇몇의 공경들을 처벌해갔다. 그러한 과정에 그러한 처사를 행하는 그를 암살하려는 음모가 행해졌는데, 그것이 발각됨에 따라 이이는 그 음모설과 관련된 자들을 처형해버리고 말았다. 역사에서는 이 사건을 「안세이의 대옥」(安政の大獄)이라 말해지고 있다. 그러다가 이이는 쇼군의 성으로 향하다가 1860년 3월 미토한의 무사들에 의해 암살되고 만다. 후세에 이 사건을 「사쿠라다몬가이의 변」(桜田門外の変)이라 일컬어지고 있다.

이와 같이 천황의 재가없이 해리스통상조약이 조인된 것이 계기가 되어 바쿠후의 외교정책에 반대론을 펴온, 미토한과 조정으로부터, 천황을 숭배하고 이적을 몰아내자는 「존왕양이」의 구호가 터져나왔다.

그러한 구호는 현실적으로 서구열강으로부터 군사적 위협을 자각한 양이론자들과 그동안 도쿠가와바쿠후에 대하여 은밀한 원한을 품어 온 도자마세력들, 특히 조슈와 사츠마한들의 하급무사들에 의해 열렬히 받아들여졌다.[10] 또 개국에 의한 국내경제의 혼란, 특히 물가폭등 등으로 인해서 농민, 도시민, 하급무사들 등을 통해서도 퍼져갔다.[11] 그러다가, 1862년부터는 서남의 사츠마, 조슈, 도사한 등의 무사들을 중심으로 전개되어 나갔다. 당시의 그들을 존양운동의 목표는 교토에 상경해서 그들이 조정의 의사(意思)를 좌우해 가는 쪽으로 조정의 분위기를 만들어 가는 것이었다. 그러한 식으로 전개되어 나갔던 과정에서 교토의 조정에서는, 기존의 양이론에 입각해서 바쿠후와 조정이 합심해서 붕괴해 가는 바쿠후를 재건해보려는 움직임이 일어났다.

당시의 조정의 분위기는 이러한 식으로 형성되어 나갔는데, 그 과정에서 그러한 움직임을 중심으로 해서 형성되어 나온 공무합체론(公武合体論者)들이 존양론자들 교토로부터 추출시켜버린, 소위 「8월18일 정변」(1863)이 일어났다. 조슈한의 무사들은 이것에 대한 보복으로 그 다음 7월에 교토로 상경해서 쿠테타를 일으키려다가, 아이즈(会津)와 사츠마한의 무사들에 의해 저지된다. 이 사건을 우리는 「긴몬노헨」(禁門の変)이라 말하고 있다. 이어서 조슈한은 그 다음 8월에, 전년 5월에 외국 군함이 조슈한으로부터 받은 포위공격의 보복의 일환으로 4국함대로부터 조슈한에게 포복을 가함으로써 발생한 시모노세키(下関)포격사건을 계기로 「존왕양이」에 있어서의 「양이」가 전혀 현실성이 없는 것임을 실지에서 체험하게 된다.

3) 토막운동의 성립과 전개

4국 연합함대(영국·프랑스·네덜란드·미국)는 조슈한을 쑥대밭으로 만들어 놓고, 조슈로부터 해협의 무방비화에 대한 동의를 받은 다음 바쿠후에 대하여는 도저히 지불할 수 없을 정도의 배상금(3백만불)을 청구해왔다. 그리고 나서는 배상금 지불을 연기해준다면서 무역상에서 여러 제한을 없애줄 것을 요구해 왔다. 그래서 바쿠후는 종전에 20%였던 관세를 5%로 인하하는 등의 새로운 협정을 그들과 맺어야 했다. 바쿠후는 긴몬노 헨(禁門の変), 4국 함대포격사건 등을 일으킨 조슈한을 더 이상 방치해 둘 수 없다고 판단한 나머지, 시모노세키전쟁 직후인 8월에 조슈정벌을 감행한다. 그러자, 그동안 조슈한정부를 장악해 왔던 개혁파가 신임을 잃고 한정부로부터 추출되고 보수파가 한정부를 맡는다. 보수파는 당시 바쿠후군의 참모격의 인물로 조슈를 지배해서 군사적으로 강력해지는 것을 원치 않았던 사츠마의 사이고 다카모리(西郷隆盛, 1827~77)의 중개로 토벌군이 제시하는 관대한 조건을 받아들임으로써 위기국면을 모면해 갔다. 조슈한이 그들의 조건을 받아들이자 토벌군은 곧 해산한다. 그러나, 조슈의 개혁파들은 보수파와 토벌군과의 그러한 약속들을 무시하고 평민과 하급무사를 동원해서 소총부대를 편성하여 보수파 군대와의 대결을 통해서 3월에 한정부를 점령해버렸다. 이 내란과정에서 과격파의 리더로 부상한 인물이 기도 다카요시(木戸孝允, 1833~77)와 다카스기 신사쿠(高杉晋作, 1839~67)였다. 한정부를 점령한 혁명세력의 목적은 조슈한이 존양을 통해서 국사에 있어서의 지도권을 장악해야 한다는 것이었다.

그 무렵 바쿠후는 조슈정벌을 성공적인 것으로 평가하고 그 여세를 몰아 조정을 통제하려는 움직임을 보였다. 그러자, 당시 사츠마한의 영향권 하에서 움직이던 조정은 바쿠후의 행정회의에서 후다이다이묘의 지도권을 용인하기를 거부하였다.[12] 조정이 이렇게 나오자, 바쿠후는 자신의 권위를 재확인 시켜 주기 위한 하나의 방법으로, 제2차 조슈정벌령을 발해놓고 쇼군 자신이 병력을 거느리고 1865년 6월 제2차 조슈정벌에 나선다. 바쿠후의 이와 같은 출병에 대하여 사츠마는 조슈와 연합하면 바쿠후에 대적해볼만 하다는 생각을 갖고 조슈를 바쿠후타도의 동맹자로 결정해, 당시 사츠마를 지배해 가던 사이고와 오쿠보 도시미치(大久保利通, 1830~78)가 도사한출신의 로닌(浪人)으로 조슈와 사츠마에 망명해있던 나카오카 신타로(中岡慎太郎, 1838~67) 등의 중개로 사츠마한은 조슈한과 군사동맹의 밀약을 맺는다. 사츠마는 조슈가 조정의 신임을 회복하는데 힘쓰기로 하였고, 만일의 경우 천황중심의 국가를 설립할 수 있는 기회가 올 경우 서로 협력해 갈 것을 약속한다. 그 후 바쿠후군은 1866년 8월에 조슈의 국경까지 진출해서 조슈공격을 개시했다. 그 과정에서 그 다음 9월에 쇼군 이에모치(家茂)가 병사한다. 바쿠후군은 10월까지 조슈한의 토벌작전을 계속했으나 사츠마한 등으로부터 호응을 얻지 못하고 오히려 조슈한에 패하여 결국 철수하지 않을 수 없게 된다.

바쿠후에서는 1867년 1월에 게이키가 쇼군직에 오르고, 조정에서는 고메이천황(孝明天皇, 1831~66)이 그 직후 동월에 36세로 사망하고 그 뒤를 이어 동월 메이지천황이 등위한다. 고메이천황의 사인(死因)은 천연두로 되어 있지만 독살설을 제시하는 자들도 있다. 고메이천황은 존왕양이 열망했지만 토막까는 반대했던 인물이었다. 그렇기 때문에 만일 독살설이 받아들여진다면, 그것은 다시 조정을 지배하고 있던 사츠마한이 양이에서 토막으로 전환해 나오는 과정에서 사츠마의 토막지지자에 의해 행해졌을 가능성이 크다. 이와 같이 토막운동은 사츠·조슈한의 동맹성립이후 본격적으로 추진되어 나갔다.

  그동안 조슈한은 은밀히 토막을 추진해왔다. 이들의 두 세력이 손을 잡고, 쇄국론에 기초한 존양의 입장에서 개국론에 입각한 존양론의 입장으로 전환해 나옴으로써 영국을 중심으로 한 외국세력의 일부로부터도 지지를 얻게 된다. 사츠마·조슈한의 그러한 움직밍에 잔뜩 긴장한 바쿠후는 1867년 11월 도사한이 제시하는 대정봉환을 추진해서 프랑스의 도움을 받으려했다. 그러한 과정에서 토막까지는 반대해오던 고메이천황이 사망하고, 16세로 천황직에 오른 메이지천황하에서 그동안 사츠마한의 영향 하에 있던 조정이 토막파의 제의를 받아들여 대정봉환이 이루어진 날 토막밀칙을 내린다.

  한편, 민중 층에서는 개항에 의한 경제변동에서의 농민층의 궁핍, 조슈출병으로 인한 바쿠후의 민중수탈강화 등으로 인해 바쿠후정권에 대항해서 1867년 1월, 빈농과 소작인 층에 의한 민중들의 그러한 움직임과 맞물려 조정은 토막밀칙을 내렸고, 바쿠후는 대정봉환을 단행했던 것이다.[13] 그 후 민중들은 1867년 1~2월에 최고조에 달했던 그「요나오시잇키」의 여세를 몰아서 그해 9월에서부터 그 다음해 5월까지「에쟈나이카 오도리」라고 하는 대중난무(大衆亂舞)를 통해 민중봉기를 일으켜갔다. 토막밀칙을 받은 토막파는 민중들의 이러한 분위기를 이용해서 1868년 1월에 조정을 점령해서 왕정복고를 선언함으로써 토막을 수행해냈던 것이다.

3. 메이지 혁명정신과 그 전개양상

1) 서구화와 민족주의

  메이지 혁명정신은 토막파의 토마의지를 통해서 찾을 수 있고, 또 그러한 토막파의 토막의지는 존양파의 사상을 기초로 해서 나왔다. 또, 존양파의 그러한 사상은 존왕론과 양이론을 통해서 성립되어 나왔다.

이 존왕론과 양이론은 어떻게 성립되어 나왔는가? 앞장에서 고찰해본 바와 같이 그것들은 중국에서 일어나 아편전쟁의 물결을 타고 부상한 것들이다. 중국에 있어서의 아편전쟁이란 중국이 근대 서구열강들에 대하여 쇄국정책을 취해가려다가 중국을 반식민지상태로 서구열강들의 동아시아 침략 바로 그것이었다. 일본은 근대 서구열강들의 침략을 받아 쑥밭이 되자 중국을 더 이상 종주국으로 섬길 수 없음을 분명히 자각한 나머지 자신들이 천황을 내세워 그를 중심으로 해서 자강해 갈 수밖에 없다는 입장이 성립되어 나오는 과정에서 형성되어 나왔다. 이와 같은 존왕론이 대륙의 주자학을 사상적 기반으로 확립된 바쿠후에 대하여 대립적 입장을 취한 자들로부터 나왔다면, 양이론의 경우는 바쿠후옹호론자들로부터 나온 사상이다. 즉, 설혹 서구열강들이 중국보다는 강하다 하더라도 그래도 그들은 어디까지나 이적(夷狄)이다. 따라서 일본은 그들과 상대해서는 안 된다는 것이었다.

이와 같이 메이지 혁명정신의 기초를 이룬 사상들은 서구열강들의 일본침략을 계기로 해서 성립되어 나왔다. 또 그것들은 어떻게 하면 서구의 침입으로부터 일본이 안전을 유지해 갈 수 있느냐에 대한 문제해결의 한 방법으로서 취해진 사상이다. 그러한 해결방법이란 일본이 대륙으로부터 벗어나서 일본의 천황을 중심으로 굳게 뭉쳐서 서구열강들의 침략을 막아내야 한다는 것이었다. 그러나, 그들의 이러한 입장은 페리호의 내항을 계기로 해서 국방을 맡고 있는 자들의 차원에서 다소 흔들리게 된다. 왜냐하면, 서구열강의 군사력이 너무 강하기 때문에 그들과 도저히 대결할 수 없다는 것을 확인했기 때문이다.

그래서 바쿠후는 우선 일본이 그들의 침략으로부터 살아남기 위해서는 문호를 개방해서 그들과 타협해가지 않으면 안되며 그 다음, 그러한 타협기간을 통해서 하루 빨리 그들로부터 그들의 우수한 군사력과 같은 것들을 배워야 한다는 입장을 취했다. 바쿠후는 그러한 취지에서 문호를 개방했던 것이다. 그러나, 문호개방이후 물가폭등 등으로 인해 국내 경제가 혼란에 빠져 그 영향이 농민, 도시민, 하급무사들에게 미치게 되었다. 그러자, 그들과 친천황파, 반바쿠후파로부터, 문호를 개방해서 그들로부터 안전을 유지해나가려는 것보다는 천황을 중심으로 해서 굳게 뭉쳐서 그들을 배척해가는 것이 더 좋다는 주장이 나왔던 것이다. 이러한 주장을 주도해가는 친천황파와 반바쿠후파의 기본적 생각은 다음과 같은 친천황파의 경우, 바쿠후가 그동안 자신들의 존립기반으로 취해왔던 대륙문화체계를 버리고 일본문화체계를 존립기반으로 받아들여 그것을 기초로 해서 국력을 강화시킨 다음 문호를 개방해야 한다는 입장이었다. 반막파의 경우 대륙문화체계를 존립기반으로 한 바쿠후는 일본문화체계를 존립기반으로 해서 국력을 강화시킬 능력이 없기 때문에 서구열강들에 대하여 잘 알고 있는 우리 도자마 세력에게 정권을 넘기고 물러나라는 입장이었다.

바쿠후는 이들이 이러한 입장들을 제시해도 그것들을 무시한 채 서구열강들에게 문호를 개방해 놓고 불평등 조약을 체결당하는 등 계속 당해가고 있었다. 결국 서구열강들과 관계를 가져왔던 반바쿠후세력들이 대륙문화체계를 기반으로 해서 존립해 왔던 바쿠후를 타도하고 그로부터 정권을 뺏어서 일본문화체계를 기반으로 해서 존립해 온 천황에게 그것을 돌려 준 다음, 그들 자신이 바쿠후를 대신해 천황을 보좌해서 천황에게 주어진 국권을 행사해 갔다. 반바쿠후세력들의 존립기반은 서양이었다. 16세기 후반 근세서구의 일본 도래가 계기가 되어 결국 도쿠가와바쿠후정권이 세워졌고 그 정권설립이후 도자마세력들은 중앙정부로부터 도외시 당해 나왔다. 그러나 이제 그들은 도쿠가와바쿠후 성립이전의 자신들의 서양문화에 대한 체험을 토대로 해서 근대서구문화를 받아들여 일본의 국권을 강화시켜 갈 수 있다는 입장을 취했다.

그들의 그러한 입장도 사실은 바쿠후가 서구로부터의 안전을 유지해가기 위한 방법으로 개항을 추진했던 것처럼, 서구로부터 위협을 모면해가고 장차 그들과의 대등한 관계를 수립하기 위한 한 방법으로 개방정책을 추진해 나갔던 것이다.

이러한 측면에서 파악해 볼 때, 메이지 혁명의 추진세력들에 있어서의 메이지 혁명이란 바로 서구열강들의 일본침입으로부터 일본민족이 살아남기 위한 하나의 방법으로서의 서구화혁명으로 파악된다. 이렇게 볼 때, 일본에 있어서의 메이지 혁명을 기점으로 해서 출발한 서구화운동이란 민족주의운동의 한 구체적 형태로 이해된다. 메이지 혁명이후 일본의 모든 정책은 정치, 경제, 교육, 문화 등의 모든 면에 있어서 서구화정책이었다. 바로 그것은 일본이 서구의 것들이 자신들이 서구의 강자들로부터 안전을 유지해가고 장차 그들과 평등한 관계를 만들어 가기 위해서였던 것이었다.

2) 산업화와 합리주의

당시 일본인들에 있어서의 서구화란 무엇인가? 산업화(産業化)라는 말은 영어의 'industrialization'이 일본어로 번역된 말이다. 공업화(工業化)로도 번역되었다. 일본의 많은 근대문화자들은 일본의 근대화를 공업화로 파악하고 있다. 그것은 일본의 근대화가 서양화이고 그 서양화의 핵심이 공업화라는 인식에서 비롯된 것으로 여겨진다.

일본의 메이지 혁명세력들이 메이지 혁명을 일으켜 바쿠후를 타도하고 그로부터 정권을 탈취한 것은 앞에서 이미 고찰한 바와 같이 정권욕 때문만은 아니다. 정권욕 이전에 서구열강들의 침략으로부터 민족을 구제해 보자는 민족주의로부터 발로된 것을 파악된다. 앞에서 언급한 바와 같은 메이지 혁명세력들은 서구의 침략으로부터 일본을 구제하기 위한 한 방법으로 서구화를 추진했다. 이 경우 일본인들에게 있어서의 자신들을 구제하기 위한 한 방법으로서의 서구화란 다름 아닌 일본에 대한 서구의 군사력 위협으로부터 일본을 지키기 위한 방법으로서의 서구화이다. 따라서 이 경우에 있어서의 서구화란 일본이 서구열강들의 경우처럼 강력한 군사력을 갖는 것이었다. 당시 서구열강들의 군사력이란 근대산업혁명을 통해서 만들어낸 무기 보유를 통해서 취해진 것이다. 바쿠후가 1854년 미국과 어쩔 수 없이 미일화친조약을 맺어 문호를 개방하고 1858년 또 통상조약을 맺게 된 것은 그들의 군사력들 도저히 당해낼 수 없었기 때문이었고, 그 후 메이지 혁명세력의 근간을 이루었던, 조슈한의 무사들이 1864년 4국 연합함대포격체험을 기점으로 해서 존양에서 토막으로 완전히 돌아선 것도 자신들의 양이입장 자신들과 일본을 자멸시키는 길일뿐이라는 사실을 자각했기 때문이었다. 따라서 그들에 있어서의 문호개방은 곧 서구화이고 그 서구화는 바로 서구열강의 경우처럼 강력한 군사력을 구비해가는 것이었다.

당시 일본인들에 있어서 서구와 같은 강력한 군사력을 구비해간다는 것은 우선 서구로부터 함대들을 구입하는 것이었다. 그 다음은 그것들의 제조 기술을 배워오고, 그것들의 자료들을 만드는 기술들을 배워오고 또 그것들을 만드는 공장들을 건설하는 것이었다. 끝으로 그 기계들을 다룰 수 있는 기술자들을 길러내는 것이었다.

이와 같이 일본에 있어서의 초기의 서양화는 공업화였고, 또 그 공업화는 철공업, 조선공업 등과 같은 군수공업(軍需工業)으로 시작했다. 그 다음, 군수공업을 중심으로 한 공업화는 서구와의 무역불균형을 야기시켜, 농민, 도시민, 하급무사들의 불만을 해소해 가기 위한 조처로서 방직공업(紡織工業)을 중심으로 해서 전개되어 나갔고, 그 다음은 기계공업을 중심으로 해서 전개해나갔다.

작은 의미의 공업화란 제조(製造)상의 기계화, 즉 상품생산에 있어서의 기계화를 의미하는데, 바로 그것이 공업화의 본질을 가리키기도 한다. 그러한 의미에 있어서의 공업화란 자본주의와 밀접한 관계를 갖는다. 우린가 흔히 말하고 있는 자본주의란 근대산업자본주의를 말한다. 그 근대산업자본주의란 보다 많은 생산을 통해서 보다 큰 자본을 축적해 보려는 경제방식이다. 보다 많은 상품을 생산해야만 이 보다 큰 자본을 축적할 수 있는데 보다 많은 상품을 생산할 수 있는 가장 좋은 방법은 생산과정을 기계화시키다 많은 상품을 생산할 수 있는 가장 좋은 방법은 생산과정을 기계화시키는 방법이다. 그러한 의미에서 산업화와 자본주의와는 밀접하게 관련되어 있다는 것이다. 우리가 자본주의를 도입해 그것을 통해서 자신의 삶을 실현시켜가기로 한 이상, 우른 우선 자본을 축적해야가고, 그러기 위해서는 보다 많은 상품을 만들어야 한다. 그러기 위해서는 생산과정을 공업화해야 한다. 그래서 일본인들이 문호를 개방해서 서구의 산업혁명과 시민혁명을 통해서 나온 자본주의체제를 받아들여 온 자본주의화과정은 공업화과정이라는 것이다. 그런데 인간에 있어서의 공업화란 인간을 둘러싸고 있는 자연물들 속에 내재하는 물리적 법칙들을 끌어내서 그것들을 적극적으로 이용해 가는 과정을 말한다. 이 경우 물리적 법칙이란 자연물들로 둘러싸인 인간의 감가들에 의해 잡혀진 법칙들이다. 그런데, 우리는 인간이 인간자신을 둘러싸고 있는 자연물들에 대한 감각적 체험들을 토대로 해서만이 가장 의롭게 말하고 있다. 서구인에 있어서의 특히 산업혁명이후의 그들의 삶은 그러한 합리주의적 삶으로 특징지워진다. 근대서구의 산업문화를 받아들여 산업화를 추진해온 일본인들의 삶도 그렇다.

이상과 같은 측면에서 파악해 볼 때 일본인들에게 있어서의 서구화란 공업화를 의미하는 것이고, 그러한 공업화를 중핵으로 해서 자본주의가 발달해 나왔다. 일본인들은 그러한 자본주의체제를 추구해 나오는 과정에서 합리주의적 사고를 형성시켜 나왔던 것으로 고찰된다.

3) 평등화와 사회주의

근대세구세력이 무력행사를 통해서 일본에 문호개방을 강요한 것은 일본으로서는 부당한 것으로밖에 받아들여지지 않았다. 그렇지만 일본으로서는 막아낼 힘이 없었기 때문에 그들의 요구를 들여주지 않으면 안되었다. 문호를 개방 당한 후, 통상조약의 체결 시에도 일본은 그들과 불평등조약을 체결하지 않을 수 없었다. 메이지 혁명세력들을 바쿠후가 서구열강들에 대하여 그러한 비겁한 태도를 취한 데 격분하여 존양운동이며 토막운동을 일으켜 나가다가, 결국 명치혁명을 일으켜 정권을 탈취했던 것이다.

이와 같이 메이지 혁명은 일본과 서구열강과의 불평등관계를 메이지 혁명 후 바쿠후에 의해 서구와 맺어진 불평등조약을 개선해 가기 위한 하나의 조처로서 취해진 혁명이다. 메이지 혁명세력들은 메이지 혁명 후 바쿠후에 의해 서구와 맺어진 불평등조약을 개정해 보기위해

무던 애써갔다. 우선 1871년(메이지4) 11월 혁명정부는 메이지 혁명시 조정에서의 토막파의 거두로 혁명정부 수립의 중심적 인물인 이와쿠라 토모미(岩倉具視, 1825~83)를 단장으로 불평등조약개정을 위해 서구에 사절단을 파견한다. 그러나 그들은 뜻을 이루지 못한다. 그래서 그들은 다시 1887(메이지20)에 와서는 사회일각에서 서구화주의에 대한 비난이 쏟아져 나올 정도로 서구화주의의 분위기를 조성해서 조약개정협정 성립의 분위기를 만들기까지도 한다. 이와 같이 메이지 혁명의 정신에는 민족적 평등에 대한 의지가 내재되어 있다.

메이지 혁명의 정신에는 그뿐만 아니라 한(藩)차원에서의 평등추구의 의도도 내재되어 있다. 도자마한들의 의식에는 도쿠가와바쿠후가 설립되어 이전 도쿠가와가문(德川家門)도 다른 큰 가문들에 비하면 보잘것없는 존재에 불과했었는데, 바쿠후설립이후 천황으로부터 통치권을 이양 받아 일본의 전국을 다스려오게 되었다는 의식이 있다. 바쿠후는 전국을 통치해오면서 자신의 방계한들이나 후다이한들에 대해서는 대우를 해주면서 도자마한들에 대하여는 배타적 입장을 취해왔었다. 바쿠후의 제한(諸藩)에 대한 이러한 불평등한 처우에 대하여 그러한 의식을 갖고 있는 도자마한들은 줄곧 불만을 가져왔다. 도자마한들이 중심이 된 메이지 혁명세력들의 바쿠후타도도 그간 바쿠후의 한들에 대한 불평등정책에 그 한 원인이 있었던 것으로 파악된다.

메이지 혁명세력들은 바쿠후의 정치적 권위가 천왕으로부터 위임받은 정권 소유로부터 생긴 것이 아니라, 그가 천황으로부터 부여받은 영지로부터 생긴 것이라는 생각을 하고 있었다. 그래서 메이지 혁명세력의 중핵을 이루었던 조슈·사츠마한은 바쿠후로부터 정권만을 반환하는 대정봉환(大政奉還)을 일종의 정치적 쇼라 생각한 나머지 무시해버리고 만다. 그리고 나서, 그들은 조정을 점령해 왕정복고를 선언해 놓고 바쿠후로부터 영지반환을 요구했던 것이다. 다시 말해서 메이지 혁명세력들은 그들에게 있어서 땅이란 곧 정치적 권력이요, 땅의 크기가 곧 정치적 권력의 강도라는 것을 알고 있었다. 그들의 그와 같은 지식은 서구의 사회주의자들이 자본가들과의 평등한 관계를 추구하기 위한 하나의 방법으로 땅이나 기계와 같은 자본을 공유화해야 한다는 입장들을 취하고 있다는 정보들로부터 취해진 것으로 파악된다.

메이지 혁명세력들은 메이지 혁명을 일으켜 놓고 과거 자신들이 바쿠후로부터 받았던 소외감을 일소시키기 위한 하나의 방법으로 1869(메이지2)년, 판적봉환(版籍奉還)을 단행한다. 조슈의 기도 다카요시(木戶孝允)와 사츠마의 오쿠보 도시미치(大久保利通) 등은 원래 토지(版)와 인민(籍)은 천황의 것이니까 천황에게 반환해야 한다고 사츠마·조슈·히젠(사가)의 4한주(藩主)를 설득시켜 그들로 하여금 천황에게 반환신청을 내게 했다. 그들이 그것을 받아들이자, 다른 한들도 그들을 따랐다.

혁명세력들의 판적봉환의 단행은 정치적 권력의 근원인 토지를 국유화한다는 생각에서 비롯된 것이다. 그러한 의미에서 혁명세력 사상은 토지의 사유화를 반대하고 그것의 공유화를 주장하는 사회주의적 사상에 기초하고 있었다고 볼 수 있다. 그들의 그러한 생각은 과거, 제일 큰 번보다도 7배나 더 큰 토지를 소유해서 그것을 정치적 권력의 근원으로 삼아 다른 한들을 지배해 왔던 바쿠후의 그러한 처사에 대한 보복으로 취해진 것으로 판단된다. 이와 같이 공경과 한주와 무사의 레벨에서 행해졌던 이와 같은 혁명이 발발해 갈 수 있도록 분위기를 조성해 갔던 민중들의 경우도 「세상 바로 세우기」(世直し) 「아무렴 어때」(ええじゃあないか) 등과 같은 민중봉기를 통해, 개방으로부터 온

경제적 파탄과 과세로부터 온 경제적 불평들을 타파해 나가려했다.

혁명 후 메이지정부가 조슈·사츠마한을 중심으로 한 한벌정부로 전환해 나오다 메이지 혁명정신의 초석을 이루었고 평등화사상과 그 것을 중핵으로 하는 사회주의적 사상이 그러한 한벌정부에 대하여 민권운동을 일으켜 감으로써 사회적 경제적 평등을 추구해나갔다.

결 론 : 일본 근대문화의 사상적 배경

이상과 같이 일본에서 근대화의 기점으로 취급되는 메이지 혁명정신에는 민족주의사상, 합리주의사상, 사회주의사상이 내재되어있다. 민족주의사상은 일본이 근대 서구산업자본주의 세력의 침략으로부터 안전을 추구해나가는 과정에서 형성되어 나온 사상이다. 합리주의사상은 일본이 서구로부터의 안전을 추구해 가는 한 방법으로서 근대서구의 산업자본주의의 문화를 받아들여 그것을 추구해나가는 과정에서 형성된 사상이다. 사회주의사상은 일본이 근대서구의 산업자본주의 문화를 접하는 관정에서, 또 그것을 받아들이는 과정에서 성립된 사상이다.

일본의 근대문화는 메이지 혁명을 기점으로 출발한다. 일본의 근대가 그러한 메이지 혁명정신의 실현과정이라면, 일본의 근대문화는 메이지 혁명정신을 구성하는 민족주의, 합리주의, 사회주의를 사상적 배경으로 해서 성립되어 나왔다고 할 수 있다. 그리고, 그것은 그러한 사상들의 실현수단이라 할 수 있다.

이상과 같은 측면에서 파악해 볼 때, 일본의 근대문화는 다음과 같은 3레벨의 문화들로 구축되어 나온 것으로 상정된다. 하나는 민족주의사상 차원의 문화이다. 다른 하나는 합리주의사상 차원의 문화이고,

나머지 하나는 사회주의사상차원의 문화이다. 민족주의사상 차원의 문화란 민족주의의식을 촉발시키고 민족주의사상을 계발시켜 나가는 수단으로서의 문화를 의미한다. 합리주의 차원의 문화란 합리주의적 사고를 형성시키고 합리주의사상을 계발해 가는 수단으로서의 문화를 가리킨다. 사회주의사상 차원의 문화란 사회주의사상을 고취시키고 계발시켜가는 수단으로서의 문화를 말한다.

일본의 모든 근대문화는 민족주의사상의 추구수단으로 파악된다. 설혹 그것이 합리주의사상 차원의 문화라 하더라도 합리주의사상의 추구를 통해서 민족주의사상을 추구한다는 것이고, 또 그것이 사회주의사상 차원의 문화라 하더라도 사회주의사상의 추구를 통해서 합리주의사상을 추구하고, 또 그 합리주의사상의 추구수단으로 해서 민족주의사상을 추구해가는 수단이라고 하는 것이다. 일본의 근대문화에 있어서의 민족주의사상의 추구수단으로서의 문화는 일본의 전통적 가치체계내지 상상체계를 추구해나가는 문화다. 그러한 작품들은 일본의 전통적 가치체계내지 그것과 관련된 상상체계의 근원으로서의 물, 나무, 산 등과 같은 자연물들이나 자연을 구성하는 요소로서의 인간, 특히 여인 등을 노래하고, 그것들과의 구체적 접촉을 통해서 취해진 미적 감정들을 기술한 것으로 특징 지워진다.

이러한 민족주의사상의 계발수단으로서의 합리주의사상과 또 그러한 합리주의 사상의 추구수단으로서의 문화란 산업화되어 가는 자본주의 사회 속에서의 어떠한 형태로든지 간에 자신의 존재를 정립하고 그러한 존재를 주관해 가는 자아를 확립해 보려는 인간들의 모습을 그려간 것으로 특징 지워진다. 사회주의사상의 추구수단으로서의 문화란 사회적 이상, 사회적 정의, 경제적 평등 등을 추구해 가는 인간들의 모습을 그려 나가는 것으로 특징 지워진다.

주

1) 『일본 근대사론』, 153~157면.
2) 『일본 근대사론』, 13면.
3) 『동양문화사(下)』, 26면.
4) 상동서, 상동면.
5) 『일본 민중운동사』, 29면.
6) 『동양문화사(下)』, 26면.
7) 상동서, 262면.
8) 『동아시아 문학사(下)』, 243면.
9) 상동서, 244면.
10) 『親日本史』, 165면.
11) 『동아시아 문화사(下)』, 257면.
12) 『日本民衆運動史』, 21면.
13) 『일본민중운동사』(22~23면), 『신일본사』(168~169면) 등 참고.

동아시아 연대와 일본문화의 역할

서 론

일본의 문화는 21세기 동아시아에서 어떤 역할을 할 수 있을 것인가, 또 그것은 어떤 역할을 해야 할 것인가? 현재 우리는 동아시아연대의 필요성을 절감하고 있다. 이 동아시아 연대를 위해 일본의 문화는 어떤 역할을 해갈 것인가? 본인은 본고를 통해 이 문제를 체계적으로 논해보고자 한다.

본고에서 말하는 일본의 문화란 예컨대 일본인들의 정치적·경제적·교육적 행위 등과 같은 것을 끊임없이 실현시켜 나가는 가치체계를 가리킨다. 이렇게 볼 때, 현재 한·중과 일본간에 문제가 되고 있는 일본인들의 역사교과서 개악도 분명 일본인들의 가치체계를 이루는 그들의 문화적 행위의 한 소산임에 틀림없다. 그렇다면 일본인들의 그러한 문화적 행위들은 동아삼국 연대의 필요성이 요청되는 글로벌시대에서 어떠한 역할을 행해갈 수 있을 것인가? 본인은 본고를 통해서 이러한 문제를 논하고자 하는 것이다.

지난 90년대 초부터 동서의 많은 학자들은, "21세기는 아시아·태평양시대다", "21세기는 동아시아시대다"라는 견해들을 제시해 왔다. 이러한 말들은 한 마디로 21세기에 가서는 아시아·태평양지역, 동아시아지역이 전지구상에서 정치, 경제, 문화적으로 주도적인 역할을 행해 가게 될 것이라는 것을 의미한다.

사실상 지난 19세기는 유라시아의 서단에 위치한 유럽이, 20세기는 그 너머의 북아메리카의 미국이 각각 전 세계의 정치, 경제, 문화적 주도권을 행사해 왔다. EU와 미국이 지난 2세기 간 전지구상의 주도권을 장악해왔으니까, 금세기에 와서는 태평양과 유라시아 대륙의 동쪽에 위치해 있는 이쪽 동아시아가 자연히 그 주도권을 행사해 가게 될 것이라는 의미는 결코 아니다. "21세기는 동아시아시대이다"라는 등의 말에는 이런 상태대로 동아시아인들의 노력이 꾸준히 지속될 경우라고 하는 전제가 내포되어 있다고 할 수 있다.

그러나 이번의 역사교과서 개악 등과 같은 일본인들의 그러한 문화적 행위는 동아시아시대 도래의 전제라 할 수 있는 동아시아연대를 역행시켜 가는 행위로서, 모든 동아시아인들뿐만이 아니라 글로벌시대를 열어가려는 지구상의 모든 인간들의 지탄의 대상이 되지 않을 수 없다. 그렇다면 일본인들의 어떠한 문화적 행위들이 동아시아 연대를 추진시켜갈 것인가?

이 문제에 대한 접근의 한 수순으로 우선 현재 세계 속에서의 동아시아의 정치, 경제, 문화적 상황에 대한 체계적 이해가 요구된다.

1. 세계 속의 동아시아

1) 글로벌 시대의 도래와 동아시아의 현황

1990년대로 들어와서, 지난 2세기 동안 전세계를 주도해 온 서구의 선진국들은 결국은 지역적 연합의 형태를 취해 글로벌 세계를 열어간다는 입장을 취해 나아가고 있다. 유럽 여러 나라들의 유럽연합

(EU)의 결성이 그 한 예이다.

지난 반 세기동안 세계는 미·소에 의해 주도되어 왔었다. 그러다가, 1991년 초의 미국의 걸프전 승리, 그 해 말의 소련해체 등을 계기로 세계는 미국에 의해 주도되게 되었다. 그 후 전 세계를 주도해 가는 위치에 서게 된 미국은, 그 주도권 행사의 파트너로 세계 제2의 경제대국이 되어있는 일본을 자신들 편으로 한층 더 끌어들여 갔다.[1] 미국이 그런 식으로 나가자, 유럽공동체(EC)는 1993년 미일에 대항해가기 위한 방법의 하나로 유럽연합(EU)으로 전환해 나오게 됐던 것이다.

유럽연합이란 유라시아대륙의 서단에 위치해 있는 국가들이 유럽이라고 하는 하나의 지역적 특성과 문화적 특성을 발판으로 해서 형성한 하나의 정치적, 경제적, 문화적 연합체이다. 유럽국가들이 미일에 대항해 그러한 식으로 나오게 되자, 미일은 어떠한 식으로든지 간에 EU를 포함한 전지구를 주도해 나갈 수 있는 방안을 한층 더 구체적으로 강구해 가게 된다. 여기에서 첫째로 미국은 냉전기 동안 자신들의 파트너였던 일본을 자신들에 의해 주도되어온 국제연합 속으로한 단계 더 깊숙이 끌어들여 일본으로 하여금 아시아 지역을 관리케해가면서 그동안 자신들이 부담해 왔던 국제연합 운영금의 상당액을일본으로 하여금 부담케 한다는 입장을 취해 나왔다. 둘째로 미국은일본으로 하여금 아시아를 관리토록 하고 일본과 EU는 직접 관리해간다는 방식을 취해, 자신이 전 세계를 주도해 간다는 입장을 취했다.

미국의 이와 같은 입장에 대해 일본은 다음과 같은 세 가지 이유로인해 소극적 입장을 취해 나오고 있다.[2] 우선 첫째는 냉전체제 하에서 세계 제2위로 도약한 일본 경제가 냉전의 해체로 인해 버블 경제로 변환되어 나옴에 따라 일본이 국제연합 운영금을 낼만한 경제적 여유가 없어졌기 때문이었다. 둘째는 메이지유신 이래 일본의 근대화 목표는 서구의 압력으로부터 벗어나는 것이었고, 전후 일본의 미국과의 공조 목적도 일본 자신이 미국의 산하에서 벗어나는 것인데, 일본이 냉전체제가 해체된 이후까지도 미국에 의해 주도되는 상황에 처해 있게 되는 것은 결코 받아들여질 수 없다는 것으로 생각되었기 때문이었다. 셋째 일본은 적당한 시기에 그동안 있어왔던 미국과의 공조관계를 청산하고, 지역적으로나 문화적으로 쉽게 연계될 수 있는 동아시아 국가들과 어떠한 연합형태를 취해서 그것을 토대로 대(對)세계전략을 펼쳐볼 수 있는 가능성이 있다는 생각도 해 볼 수 있었기 때문이었다.

그러한 이유들로 인한, 미국의 전 세계 관리 방침에 대한 일본의 소극적 입장은, 현재 미국의 대 EU와 대아시아전략을 더욱 강화시켜 가고 있다. 이러한 틈새를 타고 EU는 대미일과 대아시아에 대한 전략을 더욱 강화시켜 가고 있음에 따라 그동안 상당부분 미국 산하에서 움직이고 있는 한·중·일로서는 잠정적으로 미국과의 공조관계를 유지해가면서 다른 한편으로는, EU의 경우처럼 하나의 지역적 문화적 특성에 기초한 동아시아 연합을 결성시켜 가지 않을 수 없는 상황에 처하게 됐다. 그러나, 이번 일본의 역사교과서 개악과 그에 대한 한·중의 대응의 경우를 보더라도 현재로서는 EU의 경우처럼, 동아시아 연합의 결성이 당분간은 그리 쉽게 실현될 것 같지 않을 것 같다. 그 이유는 다음과 같다.

2) 20세기 세계 속의 동아시아

유라시아의 동단에 위치한 한·중·일은 설혹 민족적 측면에서는 달랐지만, 19세기 초까지만 해도 심적 레벨에서는 선·불(仙·仏)교적 의미체계 등으로, 행위적 레벨에서는 유교적 가치체계 등으로 일관되어 있던 하나의 거대한 인간 집단이었다. 그러나, 18세기 중엽이후 유럽에서 일어났던 산업화 세력이 19세기 초부터 대양을 건너 동아시아로 밀려들어서 동아시아를 그들의 상품시장으로 만들어 감에 따라, 동아시아는 새로운 길을 모색하지 않으면 안되었다. 우선, 일본의 경우는 그들이 서구의 산업화 세력들의 식민지 상태로의 전락을 모면하기 위한 방안으로 재빨리 동아시아 사회로부터 벗어나서 동아시아적 가치체계를 버리고 서구의 산업화 세력들의 삶의 방식을 받아들여 서구의 그룹에 편승해 들어갔다. 그렇게 해서 일본은 서구세력들과 손잡고 동아시아의 한국과 중국을 침략해 자기의 식민지로 만들어 버렸다. 그리고 나서는 동아시아를 발판으로 해서 대서구전을 일으켜 갔던 것이었다.

이와 같이 일본은 서구의 근대화 세력의 동진을 계기로 근대서구와 동아시아에 대해 그러한 입장을 취함으로써 한·중·일로 이루어진 동아시아로부터 분리해 나와서 한·중으로 이루어진 동아시아와 적대적 관계로 들어가게 되었던 것이다.

그 후 일본은 패전을 계기로 서구의 근대세력의 맹주로 부상한 미국의 관리 하에 놓이게 되었고, 그러한 상황 하에서의 전 세계는 미국을 중핵으로 한 자본진영과 소련을 중심으로 한 공산진영으로 양분됨으로써 결국 동아시아는 이제 자본주의 국가 대 공산주의 국가라고 하는 정치체제의 차원에서 중국·북한 대 일본·남한으로 양분되어 나왔던 것이다. 그 결과 새 세기에 접어든 현재까지도 동아시아는 첫째로 정치체제의 측면에서 자본진영 대 공산진영의 형태로 양분되어 있고, 둘째로 과거 일본의 한·중 침략으로 인해 국민들의 정서적 측

면에 있어서도 한·중 대 일본으로 양분되어 있는 실정이다. 셋째로
는 우선 지금까지도 일본이 미국의 손아귀에서 완전히 빠져나오지 못
한 상태에 처해 있고, 다음으로 해방 이후의 친미세력들과 이전의 친
일세력들의 수중에 한국사회가 들어가게 됨으로써 결국 동아시아가
냉전체제의 기틀 속에서 아직까지도 미국에 우호적 입장을 취하고 있
는 일본·남한과 비우호적 입장을 취하는 중국·북한으로 양분되어
있는 것이다.

　이와 같이 유라시아의 동단에 위치한 동아시아의 한·중·일은 서
구의 근대화 세력이 동진해 오기 이전에는 유·불·선교를 기틀로
한, 하나의 집단사회였었다. 그러나, 서구의 근대화 세력의 동진을 계
기로 이상과 같이 이중삼중의 차원에서 양분된 상태에 처하게 된 것
이다. 그러나, 현재 동아시아의 동쪽 바다너머의 미국은 미국대로 자
신들 중심의 세계전략을 펼쳐나가고 있고, 동아시아의 서쪽과 연결되
어 있는 유라시아 서단의 EU는 미국의 세계전략에 맞서 자신들 중심
의 세계전략을 취해 가면서 유라시아의 동쪽을 공략해 오고 있다. 이
러한 상황에서 지역적으로, 문화적으로 결속되어 있는 동아시아는 어
떠한 형태로든지 유럽지역 국가들의 경우처럼 동아시아연합과 같은
것을 결성해서 그들의 세계전략에 대응해 가지 않을 수 없는 상황에
처해 있다. 우리는 그러한 대응을 통해서만이 지구상에서의 지역 간
의 정치적, 경제적 균형을 유지시켜, 20세기 동아시아에서 일어났던
그러한 불행한 사태들의 재발을 방지해 갈 수밖에 없다는 입장을 취
하지 않을 수 없는 상황에 놓여 있는 것이다.

3) 금후 세계 속의 동아시아

금후 동아시아의 운명은 한·중·일의 결속이 이루어지지 않을 경우와 이루어졌을 경우라고 하는 두 경우가 상정된다. 우선 한·중·일의 결속이 이루어지지 않을 경우 금후 동아시아의 운명은 다음과 같이 구체화되어 나올 것으로 고찰된다. 금후의 전 세계는 한동안 미·일·남한 중심의 세계와 EU 중심의 세계로 양분되어 나올 것으로 생각된다.

이 경우, 미·일·남한 중심의 세계는 미국을 선두로 해서 일본, 남한으로 서열화된 세계가 될 것이다. 다시 말해서 이 세계에서는 일본이 남한을 주도해 가고 미국이 일본을 조절해 가게 될 것이다. 따라서 이 경우, 동아시아 속의 한국은 우선 남·북으로의 분단적 상황이 유지되어 가고, 다음으로 일본과 미국에 의해 조절되어 갈 상황에 처해 있게 될 것이다. 일본의 경우는 현재와 같이 미국의 주도 하에 처해 있게 될 것이다. 그것뿐만이 아니다. 이 세계 속의 인간들은 현재의 경우처럼 심각한 문화적 갈등을 느껴가게 될 것이다. 다음의 동아시아의 일부를 구성하는 중국과 북한은 현재의 경우처럼 미·일·남한 중심의 세계와 EU 중심의 세계 속에서 그들에 의해 주도 당해 가는 존재로 계속 남아 있게 될 것이다.

다음 금후 한·중·일의 결속이 이루어졌을 경우 동아시아의 운명은 다음과 같이 전재될 것이다. 첫째, 동아시아는 현재 전 세계를 주도해 가는 태평양 너머의 미국과 그에 대항해 가기 위해 이루어진 유라시아 서단의 EU 등과, 대항해 갈 수 있는 세력으로 부상해 나오게 될 것이다. 동아시아는 서쪽으로는 유라시아대륙을 통해 EU로 연결되어 있고, 동쪽으로는 태평양을 통해 미국으로 연결되어 있는 지점에 위치해 있음으로 해서 해양성과 대륙성에 대한 동시적 체험을 통해 금후 세계전략을 성공적으로 펼쳐나갈 수 있는 지정학적 위치를 점유하고 있는 관계로, 금후 언젠가는 정치적 측면에서나 경제적 측면에서 전 세계를 주도해 나갈 수도 있다는 것이다. 둘째, 동아시아가 정치적, 경제적 측면에서 주도권을 행사해 가게 되면, 미국이나 유럽연합의 인간들에 의해 동아시아의 삶의 방식과 가치체계 등이 송두리째 받아들여지는 분위기가 형성되어 결국 문화적 측면에서도 동아시아가 전 세계를 주도해 나가게 될 것이라고 하는 것이다. 셋째, 동아시아인이 삶의 방식과 가치체계가 전 세계인들의 그것들을 주도해 가게 될 경우, 동아시아인의 그것들이 전 세계인들에 의해 연구되어 짐으로써 서구의 근대문화에 의해 단절된 동아시아의 전근대문화가 복원되어 나와 결국 근대이전의 동아시아인들의 삶의 경우처럼 전 세계인들에게는 문화적 삶이 실현될 것이다. 이와 같이 금후의 전 세계는 문화적 삶을 추구해 왔던 동아시아인에 주도됨으로써, 금세기가 문화의 세기로 전환되어 나가게 될 것이다.[3)]

2. 동아시아 연대의 전제와 일본의 역할

1) 정치적 차원

사실상 일본은, 전후 세계를 자본주의 진영과 공산주의 진영으로 양분시켜 자본주의 진영의 맹주로 군림해 가는 미국과의 공조관계를 취해 가는 과정에서 미국에 이어 세계 제2의 경제대국으로 부상해 나왔다. 그러나, 메이지유신 이후 근대화와 전후의 현대화 등을 추진해 나왔던 일본의 일차적 목표는 근대화, 현대화된 서구세력들로부터의 안전과 평등을 유지해 가는 것이었고 그의 이차적 목표는 그동안 자신들을 짓눌러왔던 서구세력들을 언젠가는 반드시 제압해 보겠다는 것이었다.

일본이 서구세력들을 제압해야겠다는 생각을 하게 됐던 것은 서구세력들이 그들의 지역적, 문화적 공통점을 발판으로 해서 연대를 모색해서, 그들 각국들로부터의 안전과 평등을 유지해 가려는 일본을 위협해 왔기 때문이었다. 그 결과, 일본은 그 제일차적 목표와 이차적 목표를 동시에 실현시켜 볼 생각으로 지역적, 문화적 특성을 공유하고 있는 한국과 중국을 침략해 일본중심의 동아공영권을 만들어 그것을 발판으로 해서 대서구전을 감행해 봤던 것이다. 그러나, 결국 일본의 패전으로 끝났다. 그 결과 일본은 전후 서방의 맹주격인 미국의 대 동아시아 진입의 발판 역할을 해주면서 미국의 보호를 받아온 결과 세계 제2의 경제대국으로 성장해 나왔던 것이다.

이렇게 볼 때 이 시점에서 한 가지 분명히 말할 수 있는 것은 일본이 이러한 상태를 지속시켜 가는 한, 우선 그의 일차적 이차적 목표였던, 미국이나 EU 등과의 평등관계를 결코 만들어 갈 수 없으며, 또한 동아시아의 한·중과도 선린우호 관계를 만들어 갈 수 없다고 하는 것이다.

일본은 근대 초 서구의 근대세력들이 동진해 왔을 때, 한·중과 공조체제를 취해 그들의 동진에 대응해 가야 했었다. 그러나 일본은 그러한 입장을 취하지 않았다. 오히려 일본은 동아시아를 버리고 서구를 받아들인다는 입장을 취해, 결국 서구열강들과의 공조체제를 통하여 한·중을 침략해 왔던 것이다. 그 후의 일본의 대 동아시아 정책은 기본적으로 지금까지도 그 선상에서 행해지고 있다고 말할 수 있다.

본인은 일본이 미국이나 EU와 대결해 가려면 우선 한·중과의 공조체제를 취해야 한다고 생각한다. 그러한 공조체제를 취하기 위해서는 우선, 일본은 미국의 산하로부터 벗어나야 한다. 다시 말해서 일본은 미국의 대 동아시아 전략의 발판역할을 포기해야 한다. 둘째 일본은 지역적 문화적 특성을 기틀로 해서 한·중과 선린우호관계를 확립시켜 가야한다. 일본이 이 시점에서 그러한 관계를 확립시키려면 우선 무엇보다도 미국과 EU에 대한 한·중·일의 공동대응이라고 하는 실리에 기초한 한·중과의 확고한 신뢰구축이 요구된다. 그러한 신뢰구축은 기본적으로 다음과 같은 두 가지 것들에 대한 국민적 차원에서의 반성과 그에 대한 응분의 책임이 전제된다. 우선 일본은 미국이 전후 동아시아에서 냉전체계를 구축시켜 가는데 있어서 그의 발판 역할을 수행해감으로 인해 그 결과 동아시아가 자본주의 진영의 일본·남한과 공산주의 진영의 중국·북한으로의 양분이 이루어져 그 상태가 지금까지 지속되어 오고 있다는 것이다. 그러한 의미에서 동아시아에서의 이러한 양분에 대한 책임이 일본에게도 분명히 있다는 것을 인정하고, 일본이 동아시아의 이러한 양분 극복을 위해 적극적이고 실질적 역할을 행해 주어야 한다는 것이다. 다음으로는 근대화 과정에서 일본이 동아시아로부터 떨어져나가 서구의 근대화 세력과 손잡고 한·중을 침략해 복속시켰다는 역사적 사실에 대해 한국과 중국에 대한 사죄차원에서만 끝내지 말고 동아시아의 한·중국인들이 일본의 그러한 사죄를 마음으로 받아들일 수 있도록 자국의 젊은이들에게도 자세히 알려 주어야 한다는 것이다.

2) 경제적 차원

서구의 근대세력들이 동아시아에 몰려왔던 것은 제1단계에서는 그들의 상품시장을 개척하기 위한 것이었고, 그들이 제국주의 국가들로 전환해 나온 제2단계에서는 식민지 개척을 위한 것이었다. 보다 구체적으로 말해, 서구의 근대세력들은 동력을 발명해 산업혁명을 일으켜 수공업을 기계공업으로 전환시켜서 상품들을 대량으로 생산해서 그것들을 판매하기 위한 시장 개척목적으로 동아시아로 몰려왔던 것이다.

일본은 1854년 미·일화친조약, 1858년 미·일수호통상조약 체결 등을 통해 서구의 근대세력들에게 문호를 개방당해 그들과의 불평등한 통상을 행해 갔었다. 일본은 그 과정에서 그들과의 그러한 관계가 지속될 경우 얼마 못 가서 자신들이 그들의 식민지로 떨어져 버릴 가능성이 있다는 것을 깨닫게 된다. 일본은 그러한 자각을 계기로 적극적「양재」(洋才) 수입을 통한 산업화 정책의 추진을 위해 메이지유신을 단행했었던 것이다. 일본은 메이지유신의 단행을 출발점으로 해서 서구의 근대세력을 뒤쫓아가면서, 서구세력들이 서아시아, 인도, 동남·동북아시아의 여러 나라들에 대한 경제적 침략을 행해갔듯이 자신들도 일차적으로 동아시아의 한·중에 대해 경제적 침략을 행해갔던 것이다. 그 결과, 일본은 청일전쟁과 노일전쟁을 승리로 이끌 수 있었고, 결국에 가서는 서구의 맹주였던 미국을 상대로 전쟁을 일으켜 볼 수 있었다. 미국과의 대결에서 패하기는 했지만, 그래도 그 후 세계가 자본진영과 공산진영으로 양분되는 과정에서 미국으로부터 과거의 전쟁 수행능력을 인정받아 자본주의 진영에서의 제2의 경제대국으로 부상하게 됐던 것이다.

이렇게 볼 때, 일본이 세계 제2의 경제대국으로 부상하게 된 배경에는 동아시아의 한·중의 막대한 직·간접적인 희생이 있었던 것이다. 일본은 우선 이 사실을 자인해야 할 것이고, 다음으로 한·중의 그러한 희생에 대한 보상을 어떠한 형태로든지 치러야 할 것이다.

현재 강대국들이 약소국들을 지배해 가는 형태는 과거의 경우와 같은 군사적 지배가 아니고, 경제적 지배의 형태이다. 현재 한국의 경제는 일본의 경제와 종속적으로 맞물려 있다. 예컨대, 일본의 요코하마항에서 빨강모(赤帽 : 수하물 운반인)가 한나절만 스트라이크를 일으켜도 한국의 남부지방의 공장들이 일주일간이나 가동되지 않는다는 말이 있다. 그 정도로 한국의 경제는 사실상 일본 경제의 예속 하에 놓여 있다는 것이다. 현재 한국의 대일무역 적자는 연간 근 100억 불에 근접해 있다. 그러한 적자폭은 금후 점점 더 커질 것이다.

일본은 이러한 점들을 감안하여 우선 어떠한 형태로든지 간에 한국의 대일무역 적자폭을 대폭 줄여가야 할 것이고, 두 번째로 일본의 첨단과학기술을 한국·중으로 이전시키는데 적극적 입장을 취해야 할 것이다. 셋째로 일본은 유라시아철도 건설에 적극적 입장을 취해야 하고, 동아시아인들은 그 철도의 동단 종착지가 일본이 될 수 있도록 해야 할 것이다. 그 철도 건설은 우선 무엇보다도 동아시아 지역의 경제적 평준을 대폭 앞당기게 될 것이다.

3) 문화적 차원

일본은 근대이전까지는 동아시아 삼국이 문화적 측면에서 하나의 공동체였다는 사실을 전 국민적 레벨에서 진지하게 받아들여야 할 것이다.

근대 이래 동아시아인의 삶을 지배하고 있는 근대산업자본주의란, 사실은 17, 18세기 유럽에서 확립되어 나왔던 프로테스탄트 정신에 기초해 형성되어, 발전되어 나온 사상이다. 그 사상으로 무장한 서구의 근대세력이 19세기 초 이래 동아시아로 밀려들어옴으로써 동아 삼국인들은 문화적 갈등에 휩쓸리게 되었다. 그 결과, 동아 삼국의 인간들은 그 문화적 갈등을 극복해 나오는 과정에서 대다수의 사람들이 고향을 떠나야 했고, 어떤 사람들의 경우는 고국마저 떠나야 했다. 그 과정에서 그들의 가정은 무참히 파괴되었다. 어떤 사람들은 광인들로 전락했고, 또 어떤 사람들은 자살을 감행하지 않을 수 없었다. 또 어떤 사람들은 전쟁을 일으켜야 했고, 또 어떤 이들은 전쟁에 참가해 목숨을 잃어야 했다. 그러한 상황에서 자신들의 동료나 친구들, 심지어는 가족들까지도 살해해야 할 경우에 직면하게 되기도 했었다.

19세기 이래로 동아 삼국인들이 겪어온 그러한 불행들은 서구의 근대세력의 동진에 기인한 것으로 고찰된다. 우선 일본이 근대이후 한·중국을 침략했던 것은 서구의 근대세력의 동침으로부터 자신들이 살아남기 위해서였던 것으로 그 근본적 원인은 서구의 근대세력의 동진에 있었던 것이다. 이와 같은 시각에서 생각해 볼 때 동아삼국은 근대 이후에도 사실은 하나의 공동운명체였었다. 이제 우리는 이러한 사실을 이 시점에서는 용기있게 드러내야 할 것으로 생각된다.

19세기 이전 동아 삼국이 하나의 동일한 가치체계로 일관되어 있던 공동운명체였다는 사실은 일본인 어떤 누구에게도 다 받아들여질 수 있다. 중국은 명(1368~1644) 이후, 불교를 배척하고 송의 주희 등에 의한 신유학(주자학)을 관학으로 받아들여, 그것을 바탕으로 국가의 윤리체계를 확립시켜 나갔고, 한국의 경우는 조선(1392~1910) 이후, 일본은 도쿠가와 바쿠후(德川幕府, 1603~1868) 이후 각각 배불(排仏)의 입장을 취해 신유학을 치정이론으로 받아들여 그것에 기초한 국가의 도덕적 체계를 확립시켜 갔던 것이다. 14세기 후반이후 동아 삼국이 취했던 그러한 입장은 사실은 십자군전쟁(1096~1291) 종결을 기점으로 일어났던 유럽의 르네상스(14~16세기) 이후 행해졌던 서구의 근세구교세력들의 동진과 결코 무관한 것이 아니었다. 르네상스 운동의 분위기 속에서 서구의 근세 크리스트교 세력은 동진정책을 취해 갔고, 이에 대해 동아 삼국은 형식과 체계를 중시하는 신유교 사상을 받아들여 종족중심주의 및 복고주의 입장을 취해 쇄국주의 정책을 취해갔었던 것이다.[4]

이와 같이 동아 삼국은 근대성립 이전의 근 4세기 동안 서구의 근세 크리스트교 세력의 동진에 대한 대응 방식의 측면에 있어서도 사실은 하나의 공동운명체였던 것이었다. 그 이전의 2천년동안에도 동아 삼국은 외래 문물에 대해 같은 입장을 취해옴으로써 적어도 문화적 측면에서만은 하나의 공동체였었다.

중국이 서아시아의 지역으로부터 청동기와 철기 문명을 받아들였던 것은 BC 21세기~BC 8세기 사이였었다. 중국은 그것을 받아들여 고대 국가를 확립시키고, 농업혁명을 일으켰다. 그리고 나서 농경사회의 확립을 위해 그 사회의 윤리적 기반으로서의 유교사상과 그 전달 수단으로서의 문자체계를 확립시켰다. 이와 같이 서아시아로부터의 청동기와 철기 문명의 도래를 계기로 해서 중국에서 확립되어 나왔던 청동기·철기 문물들이 한반도에 전래해 왔던 것은 BC 7세기에서 AD 4세기 사이의 일이고, 일본의 경우는 BC 3세기~AD 7세기이다.

그 후 동아 삼국은 AD 1세기경에 중국의 북부지역을 통해 남아시아로부터 불교문화를 받아들였다. 불교는 그렇게 해서 동아시아로 들어와 4세기에는 한반도 쪽으로, 6세기에는 일본으로 전파해 나간다. 이와 같이 동아 삼국은 AD 1세기~AD 6세기에 외부로부터 불교를 받아들여 그 후 그것을 통해 자신들의 내면세계를 다스려 갔던 것이다. 이상과 같이 동아 삼국은 역사의 성립이래 문화적 측면에서 하나의 공동체로 존속해 왔었던 것이다. 그것뿐만이 아니었다.

언문일치 운동이 제일 먼저 일어난 나라는 제도적 측면에서 근대·서구화를 가장 빨리 단행한 일본이다. 따라서 일본보다 근대화가 늦은 한국과 중국에서의 언문일치운동은 일본의 언문일치운동의 영향하에서 발단되었다. 그렇게 일본의 언문일치 운동의 영향하에서 발단된 한국과 중국의 언문일치 운동은 서구의 언문일치 문장들과의 직접적 접촉을 계기로 해서 한층 더 발전되어 나갔다. 한국에서의 언문일치는 탈한문운동, 국문운동, 속문운동이라고 하는 세 단계를 거쳐 이루어졌다. 그러나 일본의 경우는 속문운동을, 중국의 백화문운동을 통해 행해져 나왔다.

한국에서의 언문일치체는 결국은 국한혼용문으로 확립되었었다. 그러나 1960년대 이후 30여 년 간 군사정권 하에서의 언문일치체 문장은 국한혼용문에서 국문체문장으로 전환되어 나와 90년 이후부터는 국문체 문장으로 정착되어 나왔다. 그러나 일본의 경우는 메이지유신을 계기로 공문으로 받아들여진 화한혼효문이 일관되게 언문일치체 문장으로 유지되어지고 있다. 한국의 언문일치 운동에는 민족의 정체성 확립의 의식이 강하게 작용했다. 이에 반해 일본의 경우에는 서구와의 동일이라고 하는 의식이 강하게 작용했던 것으로 고찰된다. 한편 중국의 경우에는 봉건적 요소의 청산이라고 하는 사상이 짙게 작용했던 것으로 파악된다. 한국에서의 언문일치운동의 발단은 일본에서의 1880년대 중반에 일어났던 서구화운동의 물결을 타고 행해졌고, 중국의 경우는 1890년대 후반에 일어나 국어운동의 영향하에서 행해지게 되었다. 한국과 중국에서의 언문일치체문장의 확립은 일본의 언문일치체 문장이 다이쇼 데모크라시를 통해서 완성된 1920년대로 들어와서였다.

중국문화권에서 산출된 한자가 문어적 요소를 짙게 가지고 있다면,

이에 대한 한국 문화 속에서 나온 한글이나 일본인들에 의해 만들어
진 가나는 구어(口語)적 요소를 강하게 가지고 있다 할 수 있다. 그러
나 근대이래 한국의 언문일치체 문장은 문어적 요소가 짙은 한자를
배제해 가는 쪽으로 나가고 있고 일본의 언문일치체 문장은 일관되게
한자와 가나와의 혼효입장을 유지해 가려는 입장을 취해 가고 있다.
이러한 차이는 어디로부터 연유되어 나오는 것인가?

　동아삼국에서의 언문일치 운동은 근대 서구의 언문일치 된 문장들
과의 접촉을 계기로 발단되어 나왔다. 그것은 메이지 혁명(1868) 직전
에 일본에서 발단되어 나와 그로부터 50년 후인 1920년대에 들어와
서 완성되어 나왔다. 언문일치 운동은 소수에 해당되는 귀족들이나
상류층 중심의 사회를 다수에 해당되는 일반 평민들 중심의 사회로
전환시켜 타민족과에 대항해 갈 수 있는 국력을 집결시켜 가기 위한
목적 하에서 행해져 왔다. 이런 면에서 그러한 운동을 일으켜 갔던 에
너지원은 민족주의, 민주주의 등에 대한 의식들이었다고 고찰된다.

　또 그 운동은 동아시아 삼국에서의 각 국민들의 표준어를 정하고
발음과 표기상의 통일성을 추구하는 국어운동과 맞물려 전개되어 나
갔다. 이연숙 박사가 동아시아에서 가장 먼저 일어났던 일본의 언문
일치 운동과 관련시켜 국어(國語)운동을 「분명히 「국어(國語)」를 일본
의 문화적 엘리트의 독점물로 부터 해방시켜 국민 전체의 언어표출을
커버할 수 있을 언어적 통일로서 파악하는 한, 문장어와 구어의 타협
은 불가결한 것으로서 요구된다.」라고 말하고 있듯이, 일본의 경우뿐
만 아니라 한국과 중국의 언문일치운동도 그러한 목적 하에서 행해졌
던 것이다.[41)]

동아 삼국은 혈연적 측면에서도 하나의 공동체적 성격을 지니고 있다. 현재 전지구상의 인간은 세 개의 인종으로 대별되는데, 동아시아 인들은 그 중의 하나인 몽골로이드(mongoloid)에 속한다. 그런데, 이 몽골로이드는 크게 두 집단으로 나뉘어질 수 있는데, 하나는 중국어, 티벳어 등의 지나어족(支那語族, Sino-Tibentan)계열의 언어를 사용하는 집단이고, 다른 하나는 몽고어, 일본어 등의 알타이어족계의 집단이다. 현재 중국은 56여 개의 민족으로 이루어졌는데 그중 한족(漢族)이 약 94%를 차지하고 있다. 현재 이 분야의 전문가들은 한족의 원류를 하(夏)왕조가 성립된 BC 21세기 경부터 황허 중·하류지방을 중심으로 한 화북의 땅에서 살고 있었던 민족으로 보고 있다.[5] 전문가들은 이 민족의 원류를, 중국에서 최초로 신석기 문화를 일으킨 앙소인(仰韶人)으로 보고 있고, 또 앙소인의 원류를 지나어계열의 언어를 사용하는 몽골로이드에서 찾고 있다.[6] 그런데, 그 민족은 BC 18세기에 와서는 은(殷)왕조를, 그 후 BC 12세기에 와서 서주(西周)를 성립시켰다. 그 후 그 민족은 북방의 다른 민족과 융합해서 BC 8세기에 동주(東周)를, BC 3세기에 와서는 진(秦)을 성립시켜 전 중국을 통일시켰고, 그 후는 수·당·송 등을 성립시켜 나가다가, 중국에 원을 성립시킨 알타이어족의 몽고족에 점령당한다. 그 과정에서 지나어계열의 한족은 알타이어족의 몽고족과 융합되고, 그 후, 몽골로이드의 일파로 알타이어족을 사용하는 퉁구스족으로부터 갈려나온 만주족에 의해 다시 중국에 청이 성립되어 나오는데, 그 과정에서도 한족 속으로 많은 만주족들이 흡입된다.

이와 같이 한민족이 황허중·하류를 통해서 발전해 나온 민족이라면, 한국 민족은 몽골로이드의 일파인 퉁구스족으로부터 분리해 나와 북방의 흑룡강 상·중류를 통해서 성립된 민족이라 할 수 있다. 그 지역을 통해서 성립된 한국 민족은 우선, 흑룡강 상·중류에서 송화강 쪽으로 내려와 춘추전국 시대 이전에 이미 한반도로 들어왔을 것으로 추정되고 있다.[7] 그 후 한국 민족은 춘추전국 시대에서부터 한 대에 이르는 사이에 황허지역으로부터 한반도 쪽으로 넘어온 한족과 융합된다. 그로부터 1천년경 후 고구려가 신라와 당에 멸망함에 따라 고구려의 일부 유민들은 결국 당, 거란, 여진 등에 흡수되어 나중에 한족에 흡수된다.

현대 일본 민족은 BC 3~AD 7세기 사이에 한반도로부터 건너간 한국민족과 그 당시 일본에 살고 있던 조몬인과 융합되어 형성되어 나온, 조몬인의 후예들로 보고 있다.[8] 보다 구체적으로 말하면, 현대 일본인은 조몬인, 조몬 시대 말기에 들어간 한국민족, 고분시대와 야마토 시대에 들어간, 한족과 한국 민족의 혼혈인등으로 되었다는 것이다. 이와 같이, 한민족에는 한국민족과 일본민족의 원류라 할 수 있는 몽고족과 그 일파인 퉁구스족이 섞여 있으며, 한국민족에도 많은 한족이 섞여 있고, 일본민족의 경우도 한족, 한국민족이 섞여 있는 것이다.

이상과 같이 문화적 측면과 인종적 측면에서 일본은 동아시아의 한·중국과 동질성을 지니고 있다. 일본을 비롯해 한·중·일 삼국이 EU, 미국 등에 대응해 가기 위해서는 우선 무엇보다도 이상과 같은 동질성을 회복해 그것을 기틀로 해서 동아시아의 연대를 적극 추진해 간다고 하는 것이다.

3. 동아시아 연대의 목표와 일본의 역할

1) 동아시아 연대의 목표

동아 삼국이 연대를 해야 할 일차적 목적은, 근대이전 동아시아와는 다른 가치체계를 추구해 왔고, 또 근대이후 동아시아인들에게 불행을 가져다주었던 서구의 세력들이 유럽연합 등과 같은 형태를 취해, 이전과는 또 다른 방식을 취해 동아시아 지역의 국가들을 공략해 올 가능성을 저지시켜 가기 위함이라 생각할 수 있다.

앞에서도 논한 바와 같이 유럽연합이 결성된 이유들 중의 하나는 우선 경제적 차원에서 세계가 미·일 중심으로 편성되어 나가는 것을 막기 위해서였다. 유럽의 국가들이 그와 같이 연합을 결성해서 세계가 미·일 중심으로 편성되어 나가는 것을 막아보려 했던 것은 다음과 같은 이유 때문으로 고찰된다. 즉, 근대산업자본주의 사회를 형성시킨 장본인은 자신들이었고, 또 그들 자신들이 19세기의 1세기 간 세계를 제패(制覇)해 왔었다 그런데, 20세기 초 미국의 부상으로 지난 20세기 전반에는 서구가 미국 중심으로 편성되어 나갔고, 제2차 세계대전 종전 이후부터는 세계가 미·소 중심으로 재편성되어 나가다가, 걸프전을 계기로 해서는 세계의 모든 질서가 완전 미·일 중심으로 확립되어 나가고 있는 것이 확인되기 때문이다. 이렇게 볼 때, 20세기 초부터 서서히 세계의 주도권 장악 준비를 꾀해 오던 미국이 20세기 후반에 와서 서구의 주도권을 장악하고 나서 일본을 자신들의 파트너로 끌어 들였던 것은 이미 그 시점부터 자신을 중심으로 한 아시아·태평양의 블록화를 기획했었다는 것이었고, 이에 대하여 유럽의 국가들은 미일의 그러한 블록화에 대응해 간다는 목적 하에서 유럽연합을 결성했던 것으로 이해된다.

이와 같이 생각해 볼 때, 동아시아인들에 있어서의 동아시아 연대의 필요성은 우선 일차적으로 미국중심의 글로벌화나 언제라도 가시화 될 수 있는 유럽연합의 횡포 등을 저지시켜갈 수 있는 어떤 장치 구축의 필요성을 의미한다.

그런데, 이와 같은 측면에서 파악된 동아시아 연대의 필요성은 기존의 근대산업자본주의 세력이 추구해온 정치나 경제적 가치를 주축으로 세계를 파악해 봤을 때의 경우이다. 그러나 현대산업자본주의 세력들 속에는 기존의 정치적, 경제적 중심의 삶보다는 문화적 중심의 삶을 추구하려는 입장을 취한 자들이 존재하고 있다. 1960년대 말경부터, 서구에서부터 그러한 입장을 취하는 자들에 의해 생산중심의 삶이 지양되고 소비중심의 삶이 추구되어 나옴으로써 후기산업사회라는 용어가 만들어지게 됐다. 그러한 사회적 분위기 속에서 사상적 측면에서 후기구조주의, 예술적 측면에서는 포스트모더니즘 등과 같은 용어들이 나오게 됐던 것이다.

그런데 소비중심의 후기산업사회를 지탱시켜주는 사상적 배경은 어떤 민족중심이니 유럽의 크리스트교 문화권 등과 같이 어떤 한 지역문화권 중심의 사상 같은 것들로 되어 있지 않다고 하는 것이다. 바꾸어 말해서, 그것을 지탱시켜 주는 사상은 어떤 민족중심이나 어떤 문화권 중심의 사상이 아니고 모든 민족들에 의해 받아들여지고, 모든 문화권의 인간들에 의해 받아들여 질 수 있는 어떤 사상이라고 하는 것이다.

그런 사상이란 어떤 사상인가? 지구상에 존재하는 모든 인간들에게 쉽게 이해되어질 수 있는 사상이란 지구상의 모든 인간들이 공통적으로 체험해 온 어떤 대상을 다룬 사상이지 않으면 안 된다. 지구상의 모든 인간들에 있어서의 공통된 체험대상은 두 말할 필요도 없이 그들이 처해 있는 자연계이다. 그들에 의해 일반적으로 받아들여 질 수 있는 사상이란 그들이 자신들에 의해 공통적으로 체험되는 이 자연계에서 자신들의 존재의미를 최대한 실현시켜보려는 의식을 통해 만들어진 사상일 것이다. 인간의 그러한 의식을 통해 이 지구상에서 일어나는 모든 현상들을 우리는 문화라 이름 붙여 볼 수 있다.

옛 부터 동아시아인들은 이 자연계 속에서 자신들의 존재의미를 백분 실현시켜 보기 위한 방법들로 여러 가지 것들을 생각해 왔다. 그것들 중의 하나는 인간이 이 자연계 속에서 자신들의 존재의미를 백분 실현시켜 가는데 있어서 이 자연계 속에서의 인간과 인간과의 조화관계의 확립에 최대의 가치를 두었던 사상이다. 이것이 다름 아닌 바로 유교사상이다. 다른 또 하나는 인간과 인간과의 조화 관계의 확립이란 인간이 존재해 있는 자연계와 인간과의 조화관계의 확립에 기초한다는 의미에서 인간과 인간과의 조화관계의 확립보다, 인간과 자연계와의 조화관계의 확립이 더 중요하다고 하는 사상이다. 이 사상이 바로 노장사상, 혹은 그것에 기초해 확립된 도교사상이다.

동아시아인들은 BC 1천년대로 들어와서 서남아시아 지역으로부터 철기문화를 받아들여 새로운 농경사회를 형성시켜 나왔다. 그들은 그 과정에서 야기되어 나온 새로운 사회적 문제를 극복해 가기 위한 방법으로서 이상과 같은 사상들을 확립시켰던 것이다. 동아시아인들은 그로부터 5세기가 지난 AD 1세기 경부터 불교사상을 받아들인다. 불교사상이란 서남아시아지역으로부터 남부아시아지역에 철기가 전파해 나가는 과정에서 성립되어 이 지구상에서 인간들이 다른 인간들이나 자연 등과 조화관계를 확립시켜 가려면 인간들이 그것들에 대한 자신들의 욕망이나 집착을 버려야 한다고 하는 사상이다. 인간들이 인간이나 자연 등과 같은 타자들과의 조화관계를 확립시켜 가는데 있어서 그것들에 대한 자신들의 어떤 욕망이나 집착을 버려야 한다는 이유는 인간과 자연이 항상 변화해 가는 존재들이기 때문이라는 것이다. 동아시아인들은 AD 1세기 이래 이상과 같은 3종의 사상들을 기초로 해서 이 지구상에서의 자신들의 존재의미를 백분 실현시켜왔던 것이다.

동아시아인들이 자신들의 존재의미의 실현방식으로 확립시켜 왔던 이상과 같은 사상들은 인간들의 공통된 체험 대상인 자연에 기초해 확립된 사상들로서, 이 자연계 속에 처해 있는 모든 인간들에게 쉽게 받아들여질 수 있는 사상들이다. 이처럼 근대이전 동아시아인들에 의해 추구되어 왔던 동아시아의 전통문화 속에는 이 자연계 속의 모든 인간에 의해 쉽게 받아들여질 수 있는 보편성이 내재되어 있다. 그러한 의미에서 동아시아의 전통문화는 금후 글로벌 문화가 구축되어 나가는 과정에서 커다란 영향을 끼칠 것으로 고찰된다. 금후의 글로벌 문화는 동아시아의 전통문화에 기초해 확립될 것이라는 전망까지도 해볼 수 있다.

그러한 의미에서 동아시아인들에 있어서의 동아 연대의 의미란 미국이나 EU에 대한 하나의 대응체제의 구축을 위한 동아시아 지역화에만 있는 것이 아니다. 그것은 다각적 노력을 통해서, 전지구적 레벨에서의 보편성이 내재된 동아시아의 전통문화를 복원시켜 그것을 초석으로 해서 금후의 글로벌 문화를 확립시키는데 있다고 할 수 있을 것이다.

2) 동아시아 속의 일본문화

동아시아 속의 한국과 일본은 중국이 서남아시아로부터 철기문화를 받아들이는 과정에서 형성된 유교와 도교를 받아들이고, 그 다음 단계에는 중국이 남부 아시아로부터 받아들여 중국화시켜 놓은 불교를 받아들여 자신들의 문화적 기틀을 형성시켰다. 이 경우, 한국인들은 중국에서 지배층들이 받아들였던 유교를 가지고 자신들의 문화적 기틀을 세우게 됐고 일본의 경우는 중국에서 피지배층들이 받아들였던 도교(道敎)를 가지고 자신들의 그것을 세워가게 된다.

그것은 동아시아에서의 다음과 같은 역사적 상황을 통해서였다. 동아시아에서의 구석기, 중석기, 신석기문화가 외부와의 영향관계 속에서 이루어졌다면, 그것은 분명히 시베리아 초원과 연결되어 있는 동아시아의 저 중앙에 위치해 있는 몽고지방과 관련되어 있고, 또 몽고지방으로부터 출발하여 동쪽으로 흘러가는 흑룡강과도 관련되어 있었다. 그러한 의미에서 동아시아에서의 구석기 시대는 저 시베리아지역과 연결되어 있는 동북지역의 흑룡강 유역을 통해 도래했다고 하는 것이다.

동아시아의 동북지방은 구석기 문화의 특징과 다음과 같이도 연결되어 있음을 알 수 있다. 현재 퉁구스족 등과 같은 북아시아의 여러 종족들의 민간신앙은 샤머니즘으로 알려져 있다.[9] 샤머니즘이란 현재 샤먼이라고 불리는 인간이 신령(神靈), 정령(精靈), 사령(死靈) 등과 같은 초자연적 존재들과의 직접적 접촉이나 교류 등을 통해서 영감을 얻어 어떤 존재들의 미래를 예상해 보고, 복(福)을 구해보고, 병을 고쳐 보려는 것 등과 같은 종교적 태도를 가리킨다. 그런데, 현재 우리가 북아시아 지역은 물론 중국, 한국, 일본 등에서 볼 수 있는 샤머니즘의 원시적 형태란, 스위스 출신의 심리학자로 어린이의 정신발달과정 등에 대한 연구를 통해 발생론적 인식론 연구에 크게 기여한 J. 피아제(Jean Piager, 1896~1980)의 설을 받아들여 보면, 프리애니미즘

내지 애니미즘의 형태로 파악된다.[10] 피아제에 의하면 어린이들은 자기들이 어떤 물건을 잡아 당겼을 때 그것이 잘 끌려오지 않는 경우를 경험하게 되는데, 그들은 그러한 경험들을 통해 만물이 정령을 지닌 존재들로 인식하게 된다는 것이다. 그런데 원시인들도, 사물들을 그렇게 인식하는 어린이들의 경우처럼, 만물을 그런 존재로 인식했던 단계가 있었다는 것이다. 그 다음 어린이가 그러한 많은 경험들을 통해 어떤 단계에 이르게 되면 식물이나 동물의 경우처럼 생명을 지닌 것들만이 정령을 지닌 존재들로 인식하게 되는 단계로 전환해 나온다는 것이고, 그 경우처럼 원시인들도 어떤 단계에 와서는 생명체는 정령을 지닌 존재라는 애니미즘의 단계로 발전해 나왔다는 것이다. 그러나 샤머니즘의 경우는 인간만이 영혼을 갖고 있다는 입장이다. 이렇게 볼 때 샤머니즘은 발생론적 인식론의 측면에서 애니미즘이 한 단계 더 발전되어 나온 형태로 파악된다.

원시인들의 사고는 구석기 시대가 신석기 시대로 전환해 나오는 과정에서 프리애니미즘 단계에서 애니미즘단계로의 획기적 전환을 겪었을 것으로 고찰된다. 그 이유는 원시인들이 그간의 이동생활을 청산하고 어떤 한 곳에서 정착해 농경생활을 하게 됨으로써 자신들의 식생활에 필요한 식물이나 동물 등과 같은 생명을 갖은 존재들에 대해 한층 더 지대한 관심을 갖게 되었고, 때에 따라서는 그것들이 영적(靈的) 존재들로까지 인식되어질 수도 있었기 때문이었다. 또 그들의 동·식물들에 대한 그러한 경외감은 그 단계에서 머물러 있었던 것이 아니라, 식물에 생명을 부여해 주는 냇물, 그 수원지가 있고, 또 동물들이 서식하는 산, 동·식물들에게 물을 뿌려주는 하늘 등에까지도 퍼져나갔던 것이다. 그래서 신석기 시대의 인간들은 생명이 있는 동·식물이나 그것들의 생명들을 주관하는 위치에 있는 산이나 하늘과 같은 자연물들을 신성(神聖)한 존재로 인식하게 되었던 것이다.

철기시대로 들어와서는 인간들이 철기를 이용하여 보다 효과적으로 식물을 재배해 가고 동물을 양육해 갈 수 있게 되고, 또 철기들로 그것들에 생명을 부여해주는 물, 산 등과 같은 자연물들을 효과적으로 다루어 갈 수 있게 됨에 따라 인간이야말로 만물의 영장(靈長)이라는 생각을 할 수 있게 됐었던 것이다. 인간의 그러한 사고는 철기시대로 들어오면서 형성되어 나왔고, 또 그것은 결국 샤머니즘 사상을 성립시켜 냈다는 것이다.

중국에서의 유교나 인도에서의 불교가 앞에서도 지적했듯이 철기 문화의 형성 과정에서 성립되어 나왔다면, 도교 사상의 기초가 되었던 노장사상이나 신선(神仙)사상은 신석기 문화를 통해서 확립되었던 기존의 애니미즘사상, 그러니까 정령이나 혼령 사상을 기초로 해서 성립되었던 사상들이었고, 또 그것들은 유교사상에 대해 대립적 입장을 취하고 있던 인간들에 의해 형성되어 나왔던 사상이었다 할 수 있다.[11]

한대로 들어와 중국의 유교는 관학으로 받아들여져 지배자들의 지배사상으로 확대되어 나왔고, 그러한 상황 속에서 노장사상은 피지배자들과 민간의 생활철학으로 확립되었다. 그러다가 AD 1세기에 인도에서 중국의 서북지역으로 들어온 불교가 전국으로 퍼져 나가는 과정에서 한나라는 AD 3세기에 세 나라로 분열되어 나와 결국 6조 시대(六朝時代, 222~589)로 넘어갔던 것이다. 6조 시대의 많은 왕가들은 불교를 보호해 갔던 탓으로 불교가 유교의 자리를 차지하여 4세기 중엽에서부터 8세기 말까지 중국에 불교시대를 도래케 했다.[12]

이와 같이 불교가 6조를 통해 번성해 나가자, 후한 말에 노장사상, 신선사상 등과 같은 피지배자들과 민간의 생활 철학을 기초로 해서 도교(道敎)가 성립되어 나왔다. 그래서 그것은 불교와 상생(相生)적 내지 대립적 입장을 취해가게 됐다. 그 결과 북위(北魏)에서는 국교로, 당에 와서는 왕실의 종교로까지 받아들여지게 되었던 것이다.

이상과 같이 파악해 볼 때, 한반도에서의 고대국가의 성립과 그 문화적 배경의 형성은, 중국에서의 전국 시대(BC403~BC221) 경부터 후한대(AD25~222)까지의 경우 지배층에서는 유교가, 피지배층에서는 노장사상이 각각 일반화되어 나가는 과정에서 그 여파가 인접지역인 한반도에까지 미침에 따라 그것들로부터 영향을 받아 이루어졌다고 볼 수 있다. 이에 대해 일본에서의 고대국가와 그 문화적 배경의 성립은 야마토시대(大和時代, AD4~7세기)에 이루어졌던 것으로서, 당시 중국 대륙에서는 지배층에서는 유교를 버리고 불교를 받아들여갔고, 피지배층에서는 노장사상과 신선사상을 기틀로 해서 도교를 성립시켜 갔었다. 한반도의 경우도 당시는 중국대륙으로부터 그러한 영향을 받아 유교보다는 불·도교에 관심이 더 모아져 갔던 탓으로, 일본에서의 고대국가와 그 문화적 배경은 당시 대륙으로부터 그러한 영향을 받아 유교보다는, 도교 내지 불교의 영향 하에서 이루어졌던 것으로 고찰된다.

일본에 불교가 들어갔던 것은 538년으로 되어 있다. 도교는 불교의 경우처럼 기록에는 확실히 나타나 있지 않지만, 그 도교적 요소의 일본 전파는 불교보다 빠른 5세기 후반 경부터로 이야기되고 있다.

일본열도에 신석기 문화의 성격이 짙은 야요이(彌生)문화가 BC 3세기 경부터 성립되어 나왔던 것은 한반도인의 일본이주에 의한 것이었다. 당시 한반도에서 일본으로 이주해 갔던 사람들은, 철기문화와 유교사상에 물들어 있었던 당시 중국인들이 한반도 쪽으로 남하함에 따라 그들에 밀려서 한반도를 떠났던 사람들이었다. 따라서 그들의 사고는 신석기시대의 인간들의 사고로서 애니미즘적 사상에 기초해 있던 것이었다. 한반도로부터 3세기경부터 일본에 건너가 3세기 말경부터 고분문화를 일으켰던 인간들은 유교문화를 배경으로 해서 중국 대륙이나 한반도에서 지배적 위치에 있었던 인간들에 쫓겨 한반도를 떠났던 자들로서, 설혹 그들이 유교문화의 세례를 받았다고는 하더라도, 유교사상에 대립적 입장을 취했던 노장사상이나 신선사상에 젖어 있던 인간들이었다. 그 후의 이주자들도 한반도에서 유교나 불교문화를 배경으로 해서 나온 지배자들에 밀려 한반도를 떠난 자들로서, 유교나 불교보다는 노장사상, 신선사상, 샤머니즘 계열의 도교적 사상에 경도되어 있던 인간들이었을 것으로 고찰된다.

일본 고분시대의 야마타이(耶馬台)의 우지(氏)들이나, 그들의 우두머리였다고 이야기되고 있는 야마타이의 여왕 히미코(卑弥呼)와 같은 자들은 한반도로부터 건너갔던 인간들의 사고로부터 도교적 사상체계의 요소들을 받아들여 자연, 특히 자연의 생식력을 숭배의 대상으로 했던 야요이인들의 종교적 정치적 사고를 논리화 시켜나갔고, 그러한 논리들로 무장된 자들에 의해 성립되어 나왔던 야마토 조정(大和朝廷)은 대륙으로부터 들어온 도교적 사상체계를 주축으로 원시신도(原始神道)를 형성해 그것을 통해 나라를 다스려 갔던 것이다. 그러나 야마토 조정은 그 후 다이카카이신(大化改新, 645), 진신의 난(壬申の乱, 672) 등과 같은 정치적 사건 등을 계기로 해서, 신도를 멀리하고 대륙의 불교사상을 받아들여 그것을 통해 국가의 사상적 기반을 확립시켜 나갔다.[13]

이렇게 해서 일본에서는 고대국가가 확립되어 나왔던 7세기 중반부터 지배층에서는 불교가 정치적 우위를 차지해 가게 되었고, 그 상황 하에서 서민층으로부터는 신불습합(神佛習合)이 행해져 갔던 것이다. 이렇게 해서 일본에서의 고대국가의 문화적 배경은 도교적 사상

과 그것의 일본화된 형태라 할 수 있는 신도사상을 기틀로 해서 성립
되었던 것이다.

일본에서의 지배층의 불교화와 피지배층의 신불습합화는 다이카카
이신 이후 1천여 년간 계속되었다. 그러다가 에도 바쿠후(江戸幕府,
1603~1868)의 성립을 계기로 일본의 지배층은 불교를 버리고 대륙으
로부터 들어온 신유교를 받아들여 간다. 일본역사에 있어서의 에도시
대란 기존의 불교적 가치체계를 지양하고 신유교적 가치체계를 일반
화시켜 나갔던 시대라 할 수 있다. 바쿠후의 주도 하에 유교적 가치체
계를 일반화되어 나가는 과정에 에도시대의 중기로 들어서서 교토의
진자(神社)의 신관(神官), 가타노 아즈마로(荷田春満, 1699~1736) 등을
선두로 한 국학자들에 의해 대륙으로부터 건너온 유교, 불교사상을
버리고 일본고유의 사상이라 할 수 있는 신도(神道)를 부활시키고자
하는 입장이 제기 되었다.[14] 그 후 그러한 입장은 에도 중·후기를
통해 일반화되어 나와서, 말기에 가서는 존왕양이(尊王攘夷)의 사상을
성립시켰고, 결국 메이지 혁명의 논거로 받아들여졌다.

메이지 혁명의 중핵인 화혼양재(和魂洋才)에 입각해 행해졌던 일본
의 근대화의 일면은 일본문화 속에 내재된 도교사상에 기초한 신도적
의미체계를 확립시켜 가는 것이었다. 이렇게 봤을 때, 근대 이후의 일
본의 문화도 도교적 가치체계로 일관된 것으로 이해된다.

이상과 같이 일본문화를 고찰해 봤을 때, 동아시아 속에서의 일본
의 문화는 애니미즘, 노장사상, 신선사상, 샤머니즘 등의 요소가 내포
된 도교적 가치체계를 기초로 해서 성립되어 나와 그것을 주축으로
해서 전개되어 나왔음을 알 수 있다.

3) 동아시아 연대의 목표실현과 일본문화의 역할

동아시아문화 속에서의 이상과 같은 특성을 지닌 일본문화는 금후 동아 연대의 목표실현을 위해 어떠한 역할을 할 수 있을 것인가?

일본문화를 일관하는 도교적 특성이나 그것을 기초해서 형성된 신도사상의 본질은 어떤 것인가? 우선, 이 문제부터 논해보기로 한다.

앞에서 언급한 바와 같이 도교사상을 기초로 해서 성립되어 나왔던 신도사상이란 만물은 다 영적(靈的) 존재라는 관념을 중핵으로 하는 프리애니미즘, 생명을 갖은 존재들은 다 영적 존재다라고 하는 사상, 인간의 작위(作爲)보다는 사물의 자연(自然)을 강조하는 노장사상, 불로장생(不老長生) 하는 신선(神仙)이 존재한다고 하는 사상, 인간은 불멸하는 혼령(魂靈)을 갖은 존재라고 하는 샤머니즘, 자연을 구성하는 만물들은 스스로 생성, 변화, 발전, 소멸해 가는 존재들이라고 하는 도교사상 등으로부터 영향을 받아 성립된 사상이다. 이 신도사상에 영향을 끼친 사상들 속에 내재되어 있는 공통적인 요소들은 자연(自然)과 혼령(魂靈)이라고 하는 것이다. 도교에서의 「도」(道)는 스스로 생성, 변화, 발전, 소멸해 가는 자연의 법칙을 의미하고, 프리애니미즘과, 애니미즘에서의 「영」(靈), 신선사상에서의 「신」(神), 샤머니즘에서의 「혼」이나 「영」 등은 초월적 존재를 의미한다. 이렇게 볼 때, 신도의 「신」(神)은 영(靈)이나 혼(魂) 등으로부터 나온 관념이고, 신도의 「도」(道)는 도교에서의 자연의 법칙인 「도」(道)로부터 취해진 것으로 고찰된다. 이렇게 볼 때, 일본의 문화는 자연이 변해 가는 법칙을 중요시하고 만물들 속에는 어떤 영적 존재가 내포되어 있다는 사상을 주축으로 해서 형성되어 나온 문화로 파악될 수 있다. 이와 같이 일본문화의 특징은 변해 가는 자연의 법칙을 통해 어떤 것을 사고해 가고,

인식의 대상에 어떤 초월적 요소가 내재해 있다는 생각을 가지고 자신들의 삶을 실현시켜 가려는 입장을 통해서 형성되어 나왔다고 볼 수 있다.

변해 가는 자연의 법칙을 통해 어떤 것을 사고한다는 것은 전지구상에 공평히 적용되어지는 자연의 질서를 주축으로 해서 어떤 것을 과학적으로 이해해 간다는 것이다. 이것은 바로 자연의 질서로 일관된 전 지구를 통해 지구상에서 일어나는 모든 현상들을 파악한다는, 본인의 용어로 말할 것 같으면 과정학적 입장을 의미한다. 우리의 인식의 대상인 인간이나 동·식물 등과 같은 생명체나 혹은 물이나 바위 등과 같은 무생물체에 어떤 초월적 존재가 내재되어 있다고 하는 사고는 어떻게 생각해 보면 비과학적 사고인 것처럼 생각될지 모르지만, 그러나 다른 한편으로 생각해 보면, 그것이야말로 인간의 인식대상에 대한 인식적 한계성의 자각을 통한 사고라고 하는 의미에서 과학적 사고라 할 수 있다. 일본문화의 특성을 창출해 온 일본인들의 이와 같은 사고들이야말로 결국은 인간 자신의 입장에서가 아니라 처해 있는 자연의 입장에서 자연과 인간과의 관계를 확립시켜 보려는 사고임에 틀림없다.

현재 우리들이 노력해 보려는 동아시아 연대는, 제2차 세계대전 직전 일본이 시도했었던 대동아공영권의 구상 때의 경우처럼 동아시아 속의 어떤 한 민족을 중심으로 한 연대도 아니고, 또 동아시아지역 중심의 세계를 구축해 보기 위한 연대도 아니다. 그것은 전지구적 차원의 연대에 목표를 둔 동아시아 지역의 연대를 의미하는 것이다. 앞에서 파악한 일본인들의 그러한 사고들이야말로 전지구적 차원의 연대를 위한 동아시아지역의 연대모색의 기초를 제시할 수 있는 특성을 지니고 있는 사고라 할 수 있다. 모든 인간들이 자신들의 존재 기반으로 인식하고 있는 자연을 통해 자연 속의 인간을 생각한다고 하는 일본인의 사고는, 과학적 차원에서 접근해 보면, 사랑이나 인(仁)을 강조하는 어떤 민족들의 사고보다도 이 지구상의 모든 민족, 모든 인간집단을 다 포용해 갈 수 있는 특성을 지닌 사고로 규정될 수 있다.

결 론

현재 일본의 대중문화 개방을 감행한 한국 정부는 여러 어려운 정치적 상황에 처해 있다. 우선 일본과 관련해서 현정부가 당면한 문제는 역사교과서 왜곡 문제이다. 미국과의 관계에 있어서는 중국, 북한, 러시아 등이 강력히 반대하고 있는 미국의 국가미사일방어(MND) 체제의 구상에 대한 한국 정부의 입장 문제이다. 북한과는 민족 통일의 분위기를 조성하는 과정에서 야기되는 여러 대내외적 문제들이다. 이 문제들 외에도 경기 침체, 경제 위기 도래 가능성의 문제 등도 있다.

현정부가 당면하고 있는 이와 같은 문제들은 본인의 주제인 동아시아 연대의 문제와 직간접적으로 연계되어 있다. 또 이러한 문제들의 해결방안 모색은 금후 동아시아의 연대문제에 대해 일본측이 어떤 입장을 취해 가는가의 문제와 직결되어 있다. 현재 지식인들의 일부를 제외한 대다수의 일본인들은 동아시아 연대의 문제에 대해 두 가지 입장을 가지고 있는 것 같다. 우선 하나는 우리가 미국이나 EU를 상대해 갈 수 있는 동아시아 연대의 필요성을 절감하고 있지 않을 뿐 아니라 그러한 동아시아 연대의 가능성에 대해서도 지극히 부정적인 입장을 취하고 있다는 것이다. 다른 하나는 1980년대 이후 그들의 막강한 경제력을 배경으로 해서 부상한 신보수주의자들의 일부가 일본

중심의 동아시아 연대를 획책하려 한다는 것이다.

동아시아 연대에 대한 일본의 이와 같은 입장은 동아시아의 근대화 과정에서 형성되어 나온 것이다. 앞에서도 지적했듯이 일본은 근대화·현대화 과정에서 생존전략 방법의 하나로 동아시아 쪽을 떠나 근대화 과정에서는 유럽 쪽으로, 현대화 과정에서는 미국 쪽에 가있게 되었다. 현재 한국정부가 앞에서 언급한 그러한 문제들을 직면하게 된 것은 다름이 아니라, 한 마디로 말해 동아시아 쪽에 있어야 할 일본이 현재 미국 쪽에 서 있기 때문이라고 하는 것이다.

역사교과서의 왜곡 문제만 해도 그렇다. 금후 일본은 자신과의 정치적 결탁 관계에 있는 미국을 백그라운드로 해서 앞으로 한국과 중국에서의 경제적·문화적 주도권을 행사해 가려는 의도 하에서 행해지는 것으로 밖에는 이해할 길이 없다. 그렇지 않고서야 잘못된 역사적 사실을 자국의 청소년들에게 가르치지 말아야 할 이유가 하나도 없지 않은가. 미국의 국가미사일방어체제 구상과 그것에 대한 한국측의 입장문제의 경우도 결국은 일본이 현재 미국의 군사력의 보호 하에 들어가 있음으로 인해 미국의 그러한 구상이 행해지게 됨으로써 발생된 것이다. 북한과의 통일 문제를 해결해 가는 과정에서 일어나는 최근 한·미간의 외교적 마찰도 미국이 일본과 연합해서 동아시아에서의 기존의 냉전체제를 유지시켜 가려는 입장을 고수해보려 하기 때문에 야기되고 있는 것이다. 현재 한국의 경기침체와 IMF와 같은 경제위기 도래의 가능성에 대한 불안감의 문제도 사실은 미국이 일본을 파트너로 삼아 글로벌시대의 정치적 주도권을 장악해 가려는 입장을 취하고 있기 때문에 발생되는 문제이다.

인간들의 끊임없는 노력에 의해 이제 인류의 역사는 글로벌시대의 창출 쪽으로 방향 지워졌다. 그러한 새 시대의 도래를 계기로 일본은 미국 쪽에서 동아시아 쪽으로 되돌아와서 자신을 동아시아의 일부로 인식해 동아시아를 우치(內)로 생각하고 미국 쪽과 EU 쪽 등을 소토(外)로 보려는 입장을 취해야 할 것이다. 그리고나서 일본은 자신들의 정신 속에 묻혀있는 도교적 가치체계를 적극 계발해 가는 것이다. 현시점에서 일본인들이 동아시아문화의 토대를 이루는 도교적 가치체계를 계발해 간다는 것은 일본과 한·중을 일관해 오던 상상체계이며 의미체계이며 생명체계를 드러내서 그것을 통해 자신들을 동아시아인들의 일부로 인식해 보겠다는 것이고, 자연의 질서사상을 기초로 해서 확립된 도교적 가치체계를 통해서 동아시아 연대를 모색한다는 것은 자연의 질서에 의해 일관된 전 지구를 주축으로 해서 글로벌문화를 구축해 가는 작업을 행해 가는 것이라 할 수 있을 것이다. 그것이야말로 금세기가 요청하는 지구적 시민사회 건설과 글로벌 문화 창출을 행해 가는 일이 될 것이다.

　제2차 세계대전 직전 일본은 도교사상을 기초로 해서 형성되어 나왔던 신도(神道)를 사상적 배경으로 해서 대동아공영권을 구상해 그것을 군사적 기반으로 해서 대미전(對美戰)을 일으킨 적이 있었다. 당시 일본은 그 전쟁을 치르는 과정에서 무수한 한국인과 중국인들을 희생시켰다. 우리는 당시의 대동아공영권을 동아시아 연대의 한 형태로 생각해 볼 수 있다. 그러한 형태의 동아시아 연대란 다름 아닌 바로 일본 중심의 동아시아 연대로서 그것이야말로 우리가 가장 경계해야할 동아시아 연대의 한 형태이다. 당시의 그러한 동아시아연대가 일본인들에 의해 행해질 수 있었던 것은 우선 무엇보다도 당시의 일본인들이 일본민족 및 일본문화와 동아시아와의 관련성을 사실대로 이해하지 못했었기 때문이었다. 따라서 금후 우리는 과거의 그러한 역사적 체험을 살려 지역과 문화를 공통적 기반으로 하는 하나의 공동체 구축을 위한 기초단계로서의 동아시아연대를 구상하자고 하는 것이다. 그러한 구상을 위한 기초적 작업은 우선 무엇보다도 일본인과 일본문화가 다른 동아시아와 어떻게 관련되어 있으며, 또 그것들이 지구상의 다른 지역과 어떻게 관련되어 있는가에 역사적 진실을 규명해 가는 것이라 할 수 있다.

주

1) 伊藤誠「グローバリゼーションと日本・アジアの経済危機」(情況出版編集部 『グローバリゼーションを読む』, 情況出版株式会社, 1999) 95~97頁.

2) 河合隼雄[監修]『日本のフロンティアは日本の中にある』(東京, 講談社, 2000), 29~30頁.

3) 김채수『21세기 문화이론 과정학』(교보문고, 1996), 78~79면.

4) John K. Fairbank etc. *East Asia*, Houghton Mifflin Company, 1978. pp.208~209.

5) 沈福偉『中西文化交流史』(人海人民出版社, 1988), 3頁.

6) 李春植『中國古代史의 展開』(藝文出版社, 1987), 24면.

7) 李基白『改訂版 韓國史 新論』(一潮閣, 1988), 11頁.

8) 日沼頼夫「ATLウイルスと日本人の起源」(埴原和郎 編『日本人と日本文化の形成』, 東京, 朝倉書店, 1993), 362頁.

9) ミルチャ・エリアーデ『ジャーマニズム』(堀一郎 訳, 冬樹社, 1974), 638頁.

10) Jean Piager, *The Construction of Reality in the Child*, London : Routledge & Kegan Paul Ltd., 1968, pp.350~357.

11) 任継愈 主編『中国道教史』(上海人民出版社, 1990), 8~9頁.

12) 松島隆裕 他『概説東アジア思想史』(彬山書店, 1982), 57~60頁.

13) 上田正昭『古代の道教と朝鮮文化』(人文院, 1993), 9~10頁.

14) 竹岡勝也『国学史概説』(岩波書店, 1960), 28~30頁.

일본문화연구의 방법론

서 론

본인은 『21세기 문화이론 과정학』(교보문고, 1997)을 통해 21세기 문화연구의 한 일반방법론으로서 「과정학」이라고 하는 것을 학계에 내놓은 바 있다.[1]

본 기조발표는 과정학이 어떠한 형태로 금후 일본문화연구의 개별방법론으로서 활용될 수 있을 것인지, 또 그것이 어떤 식으로 그 개별연구의 방법론을 제시할 수 있을 것인지에 대한 고찰을 목적으로 한다.

연구의 방법은 연구의 목적이 무엇이고 연구대상이 무엇이냐에 따라 달라진다고 볼 수 있다. 따라서, 우리들의 일본문화연구의 방법은 우리들의 일본문화연구의 목적이 무엇이며 일본문화의 특징이 무엇인가에 따라서 달라질 수 있는 것이다.

이 경우, 본인에 의해 제시된, 21세기 문화연구의 한 일반방법론 「과정학」이 어떤 식으로 일본문화연구의 개별방법론의 기초를 이루게 될지에 관한 고찰은 우선 무엇보다도 현재 우리들에게 있어서의 연구란 무엇이고 문화와 문화연구란 무엇인가에 대한 정확한 개념파악 작업을 전제로 한다.

그러면 우선 그러한 개념파악들을 행하고서 우리들의 일본문화연구의 목적이 무엇인가를 파악해 보고, 그 다음으로 일본문화의 특징이 무엇인가를 고찰해 본 다음, 끝으로 그것들을 토대로 해서 본인이 21세기 문화연구의 방법론으로서 정립시킨 「과정학」이 어떤 식으로, 또 어느 정도 일본문화연구의 방법론의 기초를 제시해 줄 수 있는 것인지를 고찰해 보기로 한다.

1. 일본문화의 연구목적

1) 우리란 누구이며 연구란 무엇인가?

우리가 일본의 문화를 연구해 가는 목적은 무엇인가? 우선 이 문제부터 고찰해 보기로 하겠다. 「우리가 일본의 문화를 연구해 가는 목적은 무엇인가?」에서의 「우리」란 누구인가? 한국의 일본문화 연구자들인가, 아니면 일본이나 한국에서 일본문화를 연구해 가는 자들인가? 아니면 이 지구상에서 일본문화를 연구해 가는 인간들 전체를 말하는 것인가? 이 문제부터 논해보기로 하겠다.

본인은 얼마 전 경주에서 개최됐던 시마자키 도손(島崎藤村, 1872~1943) 문학의 국제 심포지엄에 참석한 적이 있다. 그 국제 심포지엄에서 기조 발표를 했던 시마자키 도손 학회의 한 회원이었던 일본인 교수가 이런 말을 해서 청중들로부터 여러 질문들이 터져 나왔던 것을 기억한다.

그 시마자키 도손의 일본인 연구자의 말은 그가 얼마 전 파리에서 개최되었던 한 일본문학회에 참석했는데 그 때 프랑스인이 발표한 시마자키 도손의 『하카이』(破戒, 1906)론을 듣고 외국인의 도손 문학의 이미지와 도손 문학의 본질과의 즈레(ずれ), 즉 엇갈림이 얼마나 큰지를 실감했다는 것이었다. 그의 발표가 끝나자, 청중으로부터 "그렇

다면 도손 문학의 본질이란 과연 무엇인가? 혹시 도손 자신이 생각했었던 문학 바로 그것을 말하는 것은 아닌가? 아니면 일본인들이 연구해 온 도손 문학의 전체를 말하는 것인가?"라는 질문이 청중으로부터 나왔다. 그러자 그 일본인 기조 발표자는 그 질문을 받고 당황해 한 나머지 그렇다할 입장을 보이지 않았다.

얼마간의 토론 끝에 도손 문학의 본질이란 결국 이 지구상의 모든 도손 연구자들이 행해 온 도손 연구의 축적물에 의해 만들어지는 것이라고 결론지어졌던 것으로 기억된다. 보다 구체적으로 말해 도손 문학의 본질은 일본의 도손연구자들은 말할 것도 없고 이 지구상의 모든 도손 연구자들을 비롯한 도손 문학을 접해 온 모든 독자들이 도손 문학을 통해서 창출해낸 모든 「이미지들」의 축적물들에 의한 것이라고 하는 것이다.

도손 문학이 일본인들에 의해서만 연구되고 읽혀졌던 시기가 있었다. 그 시기에 있어서의 도손 문학의 본질은 분명히 일본인들에 의해 만들어 졌었다. 그러나 지금은 많은 외국인들에 의해서도 도손 문학이 읽혀지고 연구되어 가고 있는 실정이다. 그렇기 때문에, 그것이 설혹 일본이 근대화되어 가는 역사적 상황 속에서 일본인, 도손에 의해 쓰여진 것이라 하더라도, 도손 문학의 본질은 일본인들뿐만 아니라 그것에 관심을 가지고 있는 외국인들에 의해서도 만들어지고 있는 것이다. 이제 도손 문학연구의 시스템은 지구상의 참가자들에게 활짝 열려있는 시스템으로서 그 시스템을 통해 파악되는 도손 문학의 본질은 「글로벌적 규모로 참여하는 인간들의 기여에 좌우」되고 있는 것이다.[2] 따라서 도손 문학은 더 이상 일본의 것일 수 없고, 전 지구상의 모든 나라의 것이 되었다고 말할 수 있는 것이다.

이 경우를 통해서도 알 수 있듯이 「우리가 일본문화를 연구하는 목적은 무엇인가?」에서의 「우리」란 이제는 일본문화를 연구하는 「한국인」만도 아니고 「일본인」만도 아니다. 일본문화를 연구해가는 한국인과 일본인은 말할 것도 없고 이 지구상에서 일본문화를 연구해 가는 우리 모두를 가리키고 있는 것이다. 보다 구체적으로 말해서, 「우리가 일본문화를 연구하는 목적은 무엇인가」에서의 「우리」는 일본문화에 관심을 갖게 된 나머지 그것을 연구해 가는 이 지구상의 모든 인간들을 가리키는 것으로 볼 수 있다는 것이다. 1년 전 동 연구소 주최의 「경계를 넘어서」를 주제로 한 국제학술 심포지엄의 종합토론에서 김우창 선생은 「일본문학을 일본이외의 관점에서 연구하는 것은 일본문학의 참모습을 확인하는데에 필수적인 과정」이라고 지적한바 있다. 현재 우리가 취하고 있는 글로벌적 관점이야말로 김우창 선생이 지적한 「일본이외의 관점에서」 일본문화를 연구하는 가장 이상적 관점이라 할 수 있다.

그러면 「일본문화의 연구 목적」에서의 「연구」란 무엇인가에 대해서 고찰해 보기로 하겠다. 국립 국어연구원 편 『표준 국어대사전』(1999년 초판)에서의 「연구」(研究)는 「어떤 일이나 사물에 대하여 깊이 있게 조사하고 생각하여 진리를 따져 보는 일」로 설명되어 있다. 일본의 『국어 대사전』(国語大辞典. 小学館. 1981)에서는 「사물을 깊게 생각하기도 하고, 자세하게 조사하기도 해서 진리를 분명히 하는 일」[3]로 되어 있다. 『랜덤 하우스 영어사전』(1987)에서의 「연구」로 번역되는 "research"는 「사실들, 원리들, 적용 등을 발견하고 고안하기 위해, 어떤 대상에 대한 꾸준하고 조직적인 조사나 혹은 탐구를 행해 가는 것」[4]으로 설명되어 있다. 모로바시(諸橋)의 『대한화사전』(大漢和辞典, 1975)에서의 「연구」(研究)는 「조사해 철저히 규명하다」(調べきわめる)로 되어 있다.

이상과 같이 한·일·영·한(韓日英漢) 사전들 속의「연구」항목이 말해주고 있듯이,「연구」란 한마디로 연구자가 어떤 대상을 철저히 조사해서 그 대상으로부터 자신이 알고자 하는 어떤 질서를 파악해 내는 일로 정리해 볼 수 있다. 예컨대 우리는 물리학에서의 태양계 연구, 생물학에서의 박쥐 연구나 소나무 연구, 사회학에서의 교육제도 연구, 인문과학에서의 언어 연구, 등 다양한 방면에서의 연구 사례들을 접할 수가 있다. 이러한 연구들은 우선 예컨대 태양계, 박쥐, 소나무, 교육제도, 언어, 등의 각 연구대상을 구성하는 요소들과 그것들의 관련성 등의 파악을 통한 연구대상에 내재해 있는 어떤 질서들의 파악 등으로 시작된다. 그래서 그것들은 그 연구 대상과 그것이 처해 있는 어떤 상황과의 관련성 파악, 예컨대 태양계와 그것이 처해있는 우주속의 은하계 등과 같은 존재들과의 관련성의 파악이라든가, 박쥐와 그것의 서식지와의 관련성의 파악 등으로 발전된다. 또 그러한 연구들은 연구자들과 연구대상들과의 관련성들에 대한 파악으로 전개되어 나간다.

이상과 같이, 인간에 있어서의 연구행위란 그들의 관심 대상의 특성 규명, 그 관심 대상과 그것이 처해있는 세계와의 관련성 규명, 그 관심대상과 그것에 관심을 갖는 인간들과의 관련성의 규명 등을 통해서, 관심대상을 통한 인간 자신들의 생명체계를 규명해 가고, 또 그것을 창출해 가는 행위라 규정될 수 있는 것이다.

2) 문화란 무엇이며, 일본문화란 무엇인가?

문화에 대한 학문적 접근은 19세기 후반『원시사회』(1871)의 저자 E. B. 타일러(Tylor, 1809~1882) 등과 같은 문화 인류학자들에 의해 출발되어[5], 20세기 중반『친족의 기본구조』(1947)의 저자 C. 레비스트로스(Lévi-strauss, 1908~1991) 등과 같은 구조주의자들에 의해 발전되어 나왔고, 또 그것은『그라마톨로지』(1967)의 J. 데리다(Jacques derrida, 1930~2004) 등의 후기 구조주의자들에 의해 전개되어 나왔다.

당시 사회진화론의 영향 하에 있었던 문화 인류학자들은 민족의 비교연구를 통해 문화의 본질, 그 기원, 그 전개양상 등을 규명하려 했던 민족학(Ethnology)적 측면에서 문화에 대한 학문적 접근을 시도해 갔었다. 그들에 의해 파악된 문화에 대한 개념은 어떠한 민족의「생활방식」으로부터 출발해서 자연에 대한 대립적 개념으로 파악되어 나온 나머지 자연이나 자연의 일부로 인식되었던 사회에 대한「적응체계」로 파악되어 나왔다.

20세기 중반으로 들어와 현상학, 실존주의 등을 배경으로 해서 나온 피터 버저(Peter L. Berger, 1920~) 등과 같은 문화연구자들에 의해 문화에 대한 개념은「관념 체계」의 일종으로 정리되어 나왔다.[6] 관념 체계란 인식 체계란 말로도 표현될 수 있는데, 언어학을 기초로 해서 성립되었던 신화 연구로 출발한 레비스트로스, 마리 더글러스(Mary Douglas, 1921~) 등과 같은 문화인류학자들에 의해 그것은 인간의 인식을 통해 사회적 구조나, 건축 등과 같은 예술작품 등의 인공물들의 구조들이 만들어진다는 의미에서「구조체계」라고도 불리어졌고, 또 그것은 결국 인간의 정신작용에 의해 행해지는 인간의 행위들의 결과들로부터 만들어진 것들로서, 인간의 어떤 정신적 일면들을 상징한다는 의미에서「상징체계」로 개념화 되어 나왔다.[7] 그 후 문화에 대한 연구는 구조주의가 후기구조주의로 전환되어 나오는 과정에서 어떤 법칙성을 추구하는 과학이 아니라 의미를 찾아내는 작업이라는 의미에서「의미체계」내지「기호체계」로도 개념화 되어 나왔고,

또 그러한 의미 작용이나 기호 작용이 인간들의 상상을 통해 이뤄지고 그러한 상상 작용이 가치에 기초해 행해진다는 의미에서, 그것은 포스트 모더니즘운동을 통해「상상체계」내지「가치체계」로도 개념화 되어 나왔던 것이다.[8]

이러한 개념들을 근거로 해서 우리가 문화란 무엇인가에 관한 문제를 논해 볼 때, 문화란 다름이 아니라 인간이 현재 자신이 처해 있는 어떤 상태를 향유해 가면서 현재보다 좀 더 가치 있는 어떤 상태를 확보해 보기 위해 자신들이 처해 있는 자연적 환경을 개발해 가고, 사회적 환경을 개선해 가며, 더 나아가서 자신의 정신과 의식을 계발시켜 나가려는 의지 작용 내지 그 의지 작용의 산물들을 총칭하는 것이라 할 수 있다.

그러면「일본문화」에 있어서의「문화」의 의미가 그러하다면「일본문화」란 어떻게 이해 될 수 있는 것인가?

앞에서 파악한 문화에 대한 기본적 개념을 토대로 해서 문화현상을 일으켜 가는 기본적 요소를 파악해 볼 것 같으면, 우선 어떤 의식작용을 통해 문화현상을 일으켜 가는 주체로서의 어떤 구체적 인간이나 인간집단의「의식상태」를 들 수가 있다. 그 다음 문화적 가치 실현을 통해 행해지는「문화적 현상」을 들 수가 있고, 끝으로 그것이 행해지는「외적환경」을 들 수 있다.

이 경우 문화현상을 일으켜 가는「주체」로서의 인간의 의식상태란 몇 백만년 전부터 이 지구상에 존속해 온 존재들의 의식상태이다. 경우에 따라서 그것은 이 지구상에서의 그러한 존재들의 존재양식을 이어 받아 현재 이 지구상에 존재하고 있는 전 인류의 의식상태일 수도 있고, 어떤 한 특정 문화권, 예컨대 구미의 크리스트교 문화권이라든가, 동아시아의 유불도 문화권의 인간들의 의식상태일 수도 있다. 또 문화현상을 일으켜 가는 「주체」로서의 인간의 의식상태란 그들의 집단 단위를 한 두 단계 더 낮추어서 말 할 것 같으면, 그러한 각 문화권을 구성하는 어떤 특정한 민족, 예컨대 한민족(韓民族)이라든가 일본민족 등일 수도 있고, 어떤 특정한 인간집단, 예컨대 김치 문화라 했을 경우 김치 문화를 계승 발전시켜 온 인간집단이라든가, 바캉스 문화라 했을 경우 바캉스 문화를 이루어 가는 인간 집단의 의식상태일 수도 있는 것이다.

다음으로 앞에서도 언급했듯이 인간의 문화적 행위가 자신들이 현재 처해 있는 상태를 보다 더 가치 있는 상태로 전환시켜 보려는 의지를 통해 이루어진다는 점을 감안해 봤을 때, 인간의 문화적 행위는 우선 자신들이 현재 처해 있는 상태가 어느 정도 가치 있는 상태인가에 대한 판단을 통해 이루어지고, 그러한 판단은 현재 자신들에게 주어진 문화를 향유해 가는 과정에서 행해진다. 그러한 의미에서 인간의 문화적 실현은 미적 향유와 판단을 기초로 해서 행해지는 「현재」를 통해 이루어진다. 이 경우 「현재」란 개인이나 인간집단의 시간적 크기에 따라, 현시점, 오늘, 금세기, 모던 에이지(The modern age) 내지 현대 등으로 표현될 수 있고, 또 그것은 현재 인간이 처해 있는 철기 시대라든가, 인류가 이 지구상에 태어난 이후부터 지금의 시점까지인 현생대 등으로도 표현될 수도 있다. 현재 자신이 처해 있는 상태를 미적으로 향유하려 하는 인간들의 의지가 구석기 시대의 직립원인 이래 인간의 지구 체험을 통해 만들어진 각종 의식구조라든가 유전인자들의 작용 등을 통해 의식 무의식 적으로 작용해 간다는 것을 감안해 볼 때 현재를 현생대 등과 같은 단위로까지 확대시켜 볼 수 있는 것이다.[9]

끝으로 문화를 구성하는 3대 요소 중의 하나는 외적 환경이다. 이 경우 외적 환경이란 자연환경일 수도 있고 지구상일 수도 있다. 칸트도 일찍이 「지구의 물리적 조건은 인간 사회의 발전을 규정한다」고 말한바 있다.[10] 다시 말해서 「물리적 자연, 즉 외부환경은 문화의 기초를 이루고 인간사태의 토대를 이룬다」는 것이다. 인간은 자신이 처해 있는 자연 환경과의 이상적 관계를 추구해 나가기 위한 한 방안으로 집을 짓고, 옷을 만들고, 작물을 가꾸는 등의 문화적 행위를 행해 간다. 이 경우 인간들이 처해있는 자연 환경은 그들이 어디에 처해 있느냐에 따라 조금씩은 다 다르다. 또 그것은 그들이 어느 시점에 그곳에 처해 있느냐에 따라서도 조금씩은 다 다르다. 따라서 각 인간들의 자연환경에 대한 적응양식은 그들이 어디 어느 시점에 처해 있느냐에 따라 조금씩은 다 다른 것이다.

이렇게 볼 때, 일본 문화란 인간들이 일본열도에서 생존하기 시작한 이래 그곳의 특정한 자연적 환경 속에서 자신들의 삶을 좀더 가치 있게 실현시켜 보기 위한 의지들로 엮어진 행위들과 그 행위들의 산물들을 가리킨다고 볼 수 있다.

3) 우리가 일본문화를 연구해 가는 목적은 무엇인가?

「우리가 일본문화를 연구하는 목적은 무엇인가?」에서의 「우리」란 앞에서도 고찰해 본 바와 같이, 일본인들과 비일본인들로 되어 있다. 이 경우 「우리」로서의 일본인들이란 일본인들 자신들의 입장에 서 있는 일본인들이 아니다. 일본인들과 비일본인들로 구성된 인간집단의 입장에 서 있는 일본인들을 말한다. 우리로서의 비일본인들의 경우도 자신들의 입장에 서 있거나 일본인들의 입장에 서 있는 비일본인들이 아니다. 일본인들과 비일본인들로 구성된 인간집단의 입장에서있는 비일본인들을 말한다.

따라서, 「우리가 일본문화를 연구하는 목적은 무엇인가?」에서의 「우리」란 일본문화에 관심을 갖는 전 인류를 가리키는 말이라 할 수 있다. 그러한 우리가 일본문화를 연구하는 목적이 무엇인가?라는 말은 일본인을 포함한 「전 인류가 일본문화에 관심을 갖고 그것을 연구하는 목적이 무엇인가?」라는 말의 의미로 파악해 볼 수 있다.

이렇게 볼 때 우리가 일본문화를 연구하는 목적은 간단하다. 전 인류가 이지구상에서 일본문화를 이용해서 자신들의 삶을 보다 가치 있게 실현시켜 나가기 위해서다. 보다 더 근본적으로 말할 것 같으면, 그것은 이 지구상에 존재하는 인간들이 일본이라고 하는 특정한 자연환경 속에서 자신들의 존재의미를 실현시켜 나온 방식들에 대한 체계적 이해를 통해서 자신들의 존재의미와 생명체계를 창출해 나가기 위해서라 할 수 있는 것이다.

20세기 중반 이후 서구인들의 문화연구는 단절되어가는 자신들의 생명체계를 어떻게 극복해 갈 것인가, 또 그것을 어떻게 창출해 갈 것인가, 등에 대한 문제해결을 목적으로 해 왔다. 또, 구조주의자들의 구조에 대한 관심은 자신들의 생명체계의 일종으로서의 그것의 전모를 파악하려는 과정에서 형성되어 나왔고, 또 자신들에 의해 만들어진 구조를 해체해 가려 했던 것도 자신들의 생명체계로서의 보다 포괄적이고 근원적인 구조를 창출해 내기 위해서였다. 예컨대 그들이 후기식민지주의 등을 통해 타문화의 입장에서라든가, 식민지의 입장에서 자신들을 바라보려 했다는 이유도 따지고 보면 자신들과 과거 식민지국의 인간들과의 새로운 관계정립을 통해 새로운 차원에서의 자신들이 포함된 보다 포괄적인 인간집단의 생명체계를 창출해 가기 위해서였다.

20세기 중반이후 그들의 연구테마는,「상실」,「단절」,「구조」,「관계」,「비교」 등으로 시각화해,「이문화(異文化)와의 커뮤니케이션」,「타자」,「외부」,「중심」,「주변」,「연속」,「체계」,「월경」(越境),「공통점」,「차이점」,「보편성」,「개별성」,「탈구축」,「글로벌리즘」 등과 같은 것들로 전개되어 나갔다. 이러한 개념들은 서구인들이 자신들의 존재의미와 생명체계를 창출해 가기 위한 노력의 과정에서 생성된 것들이라 할 수 있다. 우리가 일본문화를 연구해 가기 위한 목적도 이상과 같이 서구인들이 자신들의 문화를 연구해 가는 목적과 결코 다를 바 없는 것이다.

2. 연구대상으로서의 문화와 문화연구의 방법

1) 연구대상과 연구 방법

연구의 방법은 연구 목적과 연구 대상의 특성에 따라 달라 질수 있다. 이 경우의 방법론이란 연구 목적이 무엇이냐에 따라 좌우되는 연역적 방법이나 귀납적 방법과 같은 일반 방법론 차원의 방법론을 의미한다.

어떤 연구가 연구 대상의 특수성을 드러내는 데 그 목적이 있다고 한다면 일반성을 전제로 한 구체성을 문제시 하는 연역적 방법론이 유효하다. 반면 연구가 연구대상의 일반성 내지 보편성을 드러내는데 목적이 있다고 한다면 특수성 내지 개별성을 전제로 한 일반성 내지 보편성 을 문제시하는 귀납적 방법론이 더 유효한 것이다. 예컨대 우리는 우리 자신들의 어머니의 죽음을 애도해 가다가 그의 죽음을 받아들여 보려는 방법의 하나로 "인간은 다 죽는다. 어머니도 인간이었

다. 따라서 그도 죽었다.”라고 하는 연역적 사고를 해보는 경우가 있
다. 이처럼 전제로부터 결론에 이르는 연역적 사고와는 달리 귀납적
사고는 자신들이 실제로 경험한 개별들로부터 하나의 보편성을 끌어
내기 위한 방법론의 일 예이다.[11]

앞에서 논해진 바와 같이, 예컨대 일본문화 연구의 목적은 이 지구
상의 모든 인간들의 존재 의미나 그들의 생명체계의 창출에 있다 그
러한 의미에서 일본문화는 일본인의 입장에서 연구될 것이 아니라 이
지구상의 모든 인간들의 시각에서 연구되어 져야 한다는 것은 당연한
일이다. 그뿐만이 아니다. 우리의 일본문화 연구의 목적이 일본문화를
일관하는 어떤 질서를 파악해 내는 것인 한, 설혹 우리가 일본인들이
라 하더라도 우리는 일본의 문화로부터 나와서 일본문화의 밖에서 일
본문화를 접근해가야 한다는 것은 지극히 당연한 일이다.

또 일본문화 연구의 궁극적 목적이 우리의 생명체계의 창출을 통한
인간으로서의 존재 의미의 향유에 있는 한, 우리의 일본문화 연구는
일본의 문화 현상이 행해지는 자연환경, 그 자연환경과의 관련을 통
해 일어나는 일본인들의 문화적 행위, 그것들을 일관하는 어떤 질서
를 파악하려는 인간 자신들 등으로 형성된 하나의 세계로부터 나와
서, 그 세계를 일관하는 하나의 질서를 파악하는 것으로 이루어 질 수
밖에 없는 것이다.

이와 같이 연구의 방법이 연구의 목적에 따라 달라질 수 있듯이 또
그것은 연구 대상의 특성에 따라서도 달라질 수 있다. 이 경우 우리는
연구대상의 특성과 관련된 방법론을 개별 방법론이라 한다. 연구의
대상이 예컨대 태양계라 한다면 태양계의 물리적 현상의 특성을 파악
해 내는데 적합한 방법론이 있다. 또 연구의 대상이 박쥐나 소나무 등
과 같은 생물이라면, 그것들의 생명현상의 특성을 파악해 내는데 적

합한 방법론이 있다. 연구대상이 교육제도 일 경우도 마찬가지이고 언어일 경우도 마찬가지이다. 연구대상이 어떤 사회제도라 한다면 그것을 통해 그 사회의 본질을 규명해 내는데 적합한 방법이 있고, 그것이 언어를 구성하는 어떤 요소라고 한다면 그 언어현상의 본질을 규명해 내는데 합당한 방법이 존재한다.

이렇게 볼 때 문화연구의 방법은 연구대상으로서의 문화가 어떠한 특성을 지니고 있는가에 대한 파악을 통해 이뤄질 수 있는 것이다. 그렇다면 연구대상으로서의 문화는 어떠한 일반적 특성을 지니고 있는 것인가?

2) 연구대상으로서의 문화의 특성

앞에서 논한 바와 같이 연구대상으로서의 문화는 문화적 행위를 행해가는 주체로서의 인간, 그 주체로서의 인간이 문화적 가치실현을 통해 일으켜 가는 문화적 현상, 그러한 문화적 행위가 일어나는 장소로서의 외적환경 등으로 이루어진다.

이 경우 문화적 현상을 일으키는 주체로서의 인간이란 보다 구체적으로 말해 그러한 문화적 현상을 일으켜가는 의지 내지 의식을 두고 말한다. 다음의 문화적 현상이란 문화적 가치를 실현시키는 인간의 정신작용 내지 의식작용, 사회적 현상 등과 같은 인간의 문화적 행위들, 즉 일들과 그것들의 결과로서 나타난 문화물들로 이루어진다. 외적환경 혹은 자연환경이란 이 지구상에서의 문화적 행위가 일어나는 장소의 사회적, 역사적, 지리적, 지형적, 지질학적, 지정학적, 기후적, 동·식물학적 특성 등으로 이루어진다.

이와 같이 연구대상으로서의 문화는 인간, 문화현상, 외적환경 등이 공시적이며 통시적 측면에서 유기적 관계를 통해 하나가 된 존재를 가리킨다. 예컨대, 건너편에 나지막한 야산이 있고, 그 아래 집들이 마을을 이루고 있다. 그 마을 앞의 밭에는 일을 하는 사람들이 있다. 이 경우, 우리는 마을 뒤의 야산이나 마을 앞의 전납을 지질이나 지형학적 측면에서 연구해 볼 수도 있고, 혹은 마을의 가옥들을 연구대상으로 해서 그 형태들의 특징과 그 형태들의 변모양생을 가옥사적 측면에서 연구해 볼 수도 있다. 또는 밭에서 일을 하는 인간들의 노래들을 연구해 볼 수도 있다. 아니면 야산의 경사도와 집들의 지붕의 경사도와의 관계를 연구해 볼 수도 있고, 밭둑의 형태와 밭에서 일하는 농부들의 의식구조와의 관련성을 연구해 볼 수 있다. 그러나 본인이 여기에서 주장하고자 하는 것은 그러한 연구는 엄격한 의미에서 문화론적 차원의 연구가 아니라는 것이다.

문화론적 측면에서의 연구대상은 예컨대, 의식적 현상으로서의 농부의 성격, 자연현상으로서의 야산의 경사, 문화적 현상으로서의 지붕의 경사 등으로 이루어진 어떤 하나의 전체를 가리킨다. 우리가 그것을 연구대상으로 잡는 것은 그 의식적 현상, 문화적 현상, 의식적 현상 등을 일관하는 어떤 질서를 파악해 그것을 통해 인간성의 본질을 발견해 가고 또 그것을 통해 우리의 생명체계를 창출해 가기 위해서이다.

이렇게 볼 때, 예컨대 김치연구와 김치문화연구는 확연히 다르다. 김치연구란 영양학적 측면에서의 연구를 의미하는 것으로 파악할 수 있다. 이에 대해, 김치문화연구란 문화론적 측면에서의 김치를 연구하는 것으로서 김치문화를 계승 발전시켜온 인간들의 의식세계의 특징, 그들이 처해 있는 자연환경의 특징, 김치를 담그는 방법 및 그것을 담글 때 소요되는 양념들 등의 유기적 관계를 연구한다는 것이다.

문화적 현상은 결국은 어떤 외적환경 속에 처해 있는 인간의 의식작용을 통해 일어난다고 볼 수 있다. 따라서 우리는 문화적 현상과 인간의 의식을 같은 것으로 파악해야 한다는 입장이 제기될지 모른다. 그러나 그것은 그렇지 않다. 왜냐하면, 인간의 의식현상은 자연환경과 사회적 환경 등과 같은 기존의 문화적 환경 등과의 구체적 접촉을 통해 끊임없이 일어나는 것들이고, 문화적 현상은 인간의 그러한 많은 의식작용들의 최종적 결과로서 일어난 것들이기 때문이다. 다시 말해서 인간의 의식적 현상은 인간의 두뇌 속에서 무수히 일어났어도 그 결과는 그 인간이 처해 있는 사회 속에는 존재하지 않는 것들이 얼마든지 많기 때문이다.

3) 문화연구의 방법

20세기 이후 서구인들의 의식을 지배해 왔던 사상들은 20세기 전반의 실존주의, 그 중반의 구조주의, 후반 전기의 후기구조주의, 그 후반 후기의 글로벌리즘 등으로 전개되어 나왔다. 이러한 것들은 서구인들이 인간의 본질을 파악하려는 하나의 시각이자 방법론들이었다.

앞에서도 논했듯이 서구에서의 학자들의 문화에 대한 관심은 19세기 후반에서부터였다.[12] 서구에서 문화를 연구대상으로 한 최초의 본격적 연구는 구조주의부터라 할 수 있을 것이다. 그러나 그것의 기초가 되었던 것은 20세기 전반의 실존주의이다. 실존주의란 크리스트교 문화를 기초로 해서 확립된 일직선적 역사관이 가져온 근대서구인들의 목적론적 삶의 의식이 해체되는 과정에서 성립되어 나왔다. 보다 구체적으로 말해서 실존주의는 일직선적 역사관에 입각한 크리스트교적 가치관을 공시적 세계관으로 재구축시키는 과정, 바꾸어 말해서 시간을 축으로 한 세계관에서 공간을 축으로 한 세계관으로 재구축시 킴으로써 크리스트교적 가치관으로부터 탈피해 나오려는 과정에서 성립되어 나온 사상이라 할 수 있다.[13]

20세기 중기의 구조주의는 이상과 같은 공시적 세계관에 입각해 형성된 실존주의 사상에 기초해 성립되어 나왔는데, 문화연구의 본격적 방법론으로서의 이 구조주의가 지향했던 사상은 당시 미·소를 대립 축으로 한 냉전체제를 기초로 해서 형성되었던 정치적 사회적 대립구조로부터 탈출하려는 유럽의 지성인들의 기대심리와 맞물려 있었던 것이다.

그 후 그러한 구조주의 사상은 1960년대 말부터 후기구조주의로 전개되어 나갔는데, 그 후기구조주의가 지향했던 목표는 크리스트교의 이원론적 세계관에 기초해 형성된 서구인들의 언어관의 해체와 그것을 통한 탈 유럽 중심주의에 있었다.[14] 다시 말해서 후기구조주의는 유럽이라고 하는 크리스트교의 문화권으로부터의 탈출을 통해 이슬람문화권 등과 같은 이문화권으로부터 자신들을 이해해 보는데 그 목표를 두었던 것이다.

그러한 입장은 그 후 1990년대 초의 걸프전(湾岸戰爭, 1990.8~1991.1)과 소련소멸(1991.12)을 계기로 전문화권적 시각으로부터 미국이나 쿠웨이트, 혹은 러시아 등과 같은 어떤 특정한 국가나 민족, 혹은 유럽문화권이나 이슬람문화권 등과 같은 어떤 특정문화권을 이해해보려는 입장이 성립되어 나왔다. 그래서 1990년대로 들어와서 그러한 입장이나 사상에서 행해지는 여러 국제적 현상들이 글로벌라이제이션(globalization) 또는 글로벌리즘(globalism)이라는 용어로 표현되어 나오기 시작됨에 따라, 현재 우리는 1990년대 이후를 소위 글로벌 시대란 말로 일반화 시켜 쓰고 있는 것이다. 현재 우리가 일반적으로 쓰고 있는 글로벌 시대란 전 지구적 시각에서 지구상의 어느 한 지점에서 일어나는 경제적 정치적 사회적 현상들을 파악해 가는 시대를 가리킨다.

이상과 같이 20세기 이후 서구인들에 있어서의 문화연구의 방법은 자신들 중심의 세계, 즉 자신들의 활동공간이나 시야가 확대됨에 따라서 기존의 자신들 중심의 세계 혹은 자신들의 관심대상으로부터 탈출해 나와 기존의 관심대상을 연구대상으로 해서 그것을 일관하는 어떤 질서를 찾아내는 식으로 전개되어 나왔던 것이다. 이렇게 볼 때 서구인들의 문화연구의 방법은 우선 인간 속에 빠져 있던 자신들이 인간으로부터 나와서 자신들의 연구대상으로 인간을 연구해 갔고, 사회에 빠져있던 자신들이 사회로부터 나와서 사회와 인간과의 관계를 연구해 가게 되었던 것이다. 그 다음 그것은 하나의 문화권을 단위로 해서 형성된 가치체계와 인간과의 관계를 연구해 가는 방향으로 발전되어 나가 전지구상을 구성하는 모든 문화권과 인간과의 관계를 규명하는 쪽으로 전개되어 나왔던 것이다. 이렇게 볼 때 서구인들의 문화연구는 그들의 활동범위가 넓어짐에 따라 그들에게 새롭게 등장하는 생활환경과 자신들과의 관계를 자신들과 자신들에게 새롭게 등장한 생활환경으로부터 나가서 또 다른 시각으로부터 문제시 해가는 식으로 이루어졌던 것으로 고찰된다.

서구인들의 이와 같은 문화연구의 접근 방식은 크게는 르네상스 시대 이후 서서히 일반화되어 나와서 산업혁명 이후 과학적 방법으로 확립되어 나온 귀납적 방법에 기초한 것이라 할 수 있다. 귀납적 방법의 핵심은 인간이 자기 자신과 자기 자신의 세계로부터 나와서 그것들의 본질을 보다 객관적으로 파악하려는 입장이라 할 수 있다. 인간의 관심대상에 대한 그러한 귀납법적 입장은 연구자가 연구대상의 영향권으로부터 벗어나서 비영향권에 위치해서 그 지점에서 연구대상을 측정함으로써 성립될 수 있는 입장인 것이다.

이러한 귀납적 방법으로 취해낸 자신과 자신의 세계에 대한 어떤 객관적 정보는 자신과 자신의 세계로부터 영향을 받지 않는 세계를 그것들의 영향권 내의 세계로 만들어 가는 하나의 전략을 제시해준다. 이렇게 봤을 때 귀납적 방법은 인간들이 자신들의 세계체험을 통해 취해낸 지식으로 자신들의 생활 무대를 확장시켜 나가는 하나의 방법, 다시 말해서 인간이 대자연을 자신들의 삶의 실현 공간으로 정복해 나가는 하나의 방법이라 할 수 있고, 또 그러한 방법론에 의해 행해지는 문화 연구의 행위야말로 인간들이 자신들의 존재의미를 실현시켜 갈 수 있는 활동무대를 확장 시켜 나가는 방법이라 할 수 있다.

3. 일본문화의 특성

일본의 문화는 한마디로 말해 일본인들의 세계체험들의 축적물 내지 그 축적 현상들이라 할 수 있다. 따라서 일본문화의 특성을 파악하려면, 우선 무엇보다도 일본인들이 선고대이래 어떤 식으로 세계체험을 행해 왔는지를 고찰해 볼 필요가 있다.

1) 자연 중심의 문화

현대 일본인의 출현은 조몬(繩文)문화가 대륙문화와의 접촉을 통해 야요이(弥生) 문화로 전환해 나온 BC 200여 년을 전후한 시점으로 파악되고 있다. 당시의 조몬문화는 BC 1만2천년 전 일본의 홋카이도가 대륙으로부터 분리되어 나온 이후 언제부터인가 일본열도에 살고 있던 조몬인들에 의해 형성되어 나왔던 문화를 가리킨다.

일본의 인류학자들은 현재 홋카이도 지방에 살고 있던 아이누족을 조몬인의 후예로 보고 있다. 한편, BC 200여 년 당시의 대륙문화는 BC 700여 년경 서방으로부터 철기 문화가 황허 상·중류 지방에 전래된 것을 계기로 농경사회가 형성되어 나옴에 따라 자연 중심의 도교적 세계관으로부터 인간 사회 중심의 유교적 세계관이 형성되어 나와 유교 사상에 입각해 형성된 문화였다.[15] 그 문화가 확대되어 나가는 과정에서 중국 전체가 통일되어 나왔는데, 그러한 과정에서 폭정 등으로 인한 정치적 망명 등이 행해짐에 따라 결국은 중국의 중원지방을 중심으로 해서 서에서 동으로, 북에서 남으로 인구의 이동이 행해졌던 것이다. 그러한 상황 속에서 한반도에서의 일본 규슈지방으로의 인구 이동이 행해졌는데, 그때 이동해 갔던 인간들에 의해 전래됐던 문화가 바로 농경문화였다.

농경문화란 목축과 벼 등의 재배를 주축으로 해서 형성되어 나온 문화이다. 인간이 목축이나 벼 재배 등을 행해가려면 물이 절대적으로 필요한데, 당시의 인간들은 물의 근원지를 대지에 비를 뿌리는 천(天)으로 인식했었다. 그래서 농경사회의 형성과 함께 천 숭배사상이 형성되어 나와, 결국 농경사회의 인간들은 자신들의 생명줄을 쥐고 있다고 볼 수 있는 천(天)을 통해 대지(大地)와 지상의 인간들을 의식해 가게 되었다. 이와 같이 일본 문화 속에서의 천 사상은 야요이시대로 접어들어 일본에 농경사회가 형성되어 나오는 과정에서 확립되어 나왔던 것이다.[16] 그런데, 일본에서의 그러한 천 사상은 그 후 농경사회가 발달되어 AD 200년대에 와서는 고분시대(혹은 야마토시대)가 도래하여 야마토(大和) 정권과 같은 고대국가가 형성되어 나옴에 따라 신도(神道)사상으로 정착화 되어 나왔다.

일본에서의 신도(神道)란 중국대륙으로부터 한반도를 거쳐 전래된 도교(道敎)로부터의 영향 하에서 성립되어 나온 것으로 보고 있다.[17) 중국에서의 유교가 자연계 중심의 사고체계에 반발해 나온 인간 사회 중심의 사상이라면 도교란 바로 자연계 중심의 사고체계를 바탕으로 해서 성립된 종교 사상이라 할 수 있다.

공자에 의한 유교도 천 사상에 기초해 확립된 사상이다. 그러나 그것이 도교와 다른 것은 유교가 인간 사회의 기초를 인식함에 있어서 인간이 처해 있는 지(地)의 기초를 이루는 천까지 밖에는 인식하려 들지 않는다고 하는 점이다.

이에 대해 도교의 경우는 도교의 최고의 경전으로 받아들여지고 있는 『노자』(老子)의 중핵을 이루는 제25장 「상원」(象元)이 「人法地, 地法天, 天法道, 道法自然」이라는 문구를 제시하고 있듯이 천의 기초를 이루는 도(道)와 그 도의 기초를 이루는 자연까지를 통해서 인간사회를 인식하려는 입장을 취하고 있다고 하는 것이다.[18) 이렇게 봤을 때 도교는 천까지만을 인식하는 유교에 비해 훨씬 덜 인간 중심적이라는 것이다. 일본의 문화가 자연 중심의 사고체계에 입각해 확립해 나왔던 것은 일본문화가 형성되어 나왔던 3세기부터 7세기 간의 야마토 시대에 대륙과의 본격적 접촉이 이루어졌었는데, 당시 중국대륙에서는 유교가 지배했던 4세기간의 한나라 시대(BC 202~AD 222)가 지나가고, 도교·불교가 지배했던 6조 시대(AD 222~589)가 되래해 있었기 때문이었던 것으로 고찰된다.

전체의식과 집단의식을 통해 형성된 일본인들은 우선 그러한 천 사상의 확립을 계기로 천을 통해 땅과 땅위의 인간사회를 인식하게 됨으로써 천에 기초한 대지와 인간사회와의 통일성이나 그것들로 구성된 어떤 전체에 대한 의식을 확립시켜 나갔던 것이다. 또 그들의 그러한 사고는 그 단계에 머물렀던 것이 아니고, 도교를 기초로 해서 확립되어 나왔던 신도적 사고, 즉 도(道)와 도의 기초를 이루는 자연을 주축으로 하는 사고에 입각해, 천(天), 지(地), 인(人)으로 구성된 어떤 전체에 대한 의식을 창출해 갔던 것이다.

일본인들의 그러한 전체성이나 통일성에 대한 의식은 한반도에서의 대가야(大伽倻)의 멸망(562) 이후 헤이안시대 이전까지의 2세기반 이상 한반도로부터 일본으로의 빈번한 집단적 이주, 그 집단들의 산자락과 들판 사이에서의 정착을 통한 촌락생활 등을 통해 집단의식으로 전환해 나왔다.[19) 그러한 집단의식은, 혈연이나 동일한 정치적 목적 하에 형성되어 나온 이주 집단, 그러한 집단들의 정착지나 사유지를 기초로 해서 형성되어 나온, 예컨대 아시카가(足利), 시마즈(島津), 다케다(武田) 등 성씨(名字)를 갖는 가문 등을 통해 심화되어 나왔다. 한편 와쓰지 데쓰로(和辻哲朗, 1889~1960)는 『풍토론』(1935)을 통해 산들이 많은 일본의 지형적 특성에 기인한 것으로 파악하고 있다. 또 에도시대로 들어와서 그것은 그러한 가문(家)들이 거대해져 한(潘)이라고 하는 집단으로까지 확대되어 나오게 된다. 그래서 에도시대 이후 메이지유신 전까지 일본인들은 자신들이 소속된 가문(家)과 한(潘)을 통해서 자신들의 삶을 실현시켜 나갔던 것이다.

2) 변화의식을 통해 형성된 문화

일본인들은 6세기 전반에 한반도로부터 불교를 받아들여 신불습합(神佛習合)의 형태를 취해 신・불국으로 전환해 나갔다. 일본은 6세기 전반에 불교를 받아들인 이래, 나라시대의 관료층, 헤이안시대의 귀족층, 가마쿠라시대의 무사층, 무로마치시대의 서민층을 통해 천여 년간 불교를 장려해 갔다.

그러나, 아쓰지·모모야마시대(1573~1603)에서 메이지유신(1868) 전까지 3세기간에 걸쳐 대륙으로부터 들여온 신유학이 도쿠가와바쿠후로부터 장려되는 과정에서 불교는 빛을 보지 못했다. 그러나 메이지유신을 기해 서구의 크리스트교에 대립되는 동양의 종교가 장려되는 과정에서 불교가 다시 움터나기 시작해 현재 일본은 불교국으로 인식되어 나오고 있다. 한국이 유교가 일반화된 나라라고 한다면 일본은 불교가 일반화된 나라로 인식되고 있다.

자연을 주축으로 한 신도적 사고의 핵심은 자연에 대한 의식 중에서도 자연의 변화 의식을 주축으로 형성된 사고라 할 수 있다. 불교적 세계관 또한 불교의 삼법인(三法印)의 제행무상(諸行無常)·제법무아(祭法無我)·열반적정(涅槃寂靜)이 말해주고 있듯이「제행무상」, 즉「모든 존재는 변하지 않는 것이 없다」고 하는 사상을 기초로 하고 있다.

불교는 자신의 존재가 처해 있는, 끊임없이 변화해 가는 세계를 통해서 자신들을 인식해 봄으로써 자신들이 마땅히 취해야 할 마음의 자세를 논한 사상이다. 이러한 측면에서 파악해 볼 때, 신도와 불교는 인간 존재의 모체를 이루는 것으로서의 변화해 가는 자연이나 세계를 통해 자신의 존재를 의식해 보려한다는 점에 있어서 공통점을 갖는다고 할 수 있다.

일본인들은 자연을 의식하기 시작한 이래 끝없이 변화해 가는 인간 존재의 토대를 통해 자신의 존재를 의식해 감으로써 자신과 자신이 처해있는 자연이나 세계와의 이상적인 관계를 이루어 나가는 과정에서 일어나는 제 문제를 해결해 보려는 신도적·불교적 입장을 취해왔던 것이다.

3) 자연과 인간과의 조화의식을 통해 형성된 문화

일본인들은 에도 바쿠후(江戶幕府)가 성립된 17세기 초까지, 일본 열도의 자연을 체험해 오던 과정에서 형성시킨 애니미즘 등과 같은 토속신앙을 기초로 해서 대륙으로부터 건너온 도교, 유교의 천 사상, 불교 등과 같은 사상들을 받아들여 기본적으로 자연중심의 세계관, 자연을 주체로 한 삶의 형태 등을 확립시켜 나왔다.

그러한 과정에서 일본인들은 임진왜란을 계기로 한반도로부터 신유교(주자학)를 받아들인다. 신유교란 천·지·인을 일관하는 질서를 이(理)로 파악하고, 그것들을 구성하고 있는 물질들의 본질을 기(氣)로 파악해 그것들을 가지고 인간과 인간세계에서 일어나는 모든 현상들을 설명해내려 하는, 인간과 인간사회 중심의 사상이었다. 그러나, 당시 그러한 인간 중심의 사상을 받아들여 가는 일본인들의 사고를 깊이 지배하고 있었던 관념은 앞에서 언급한 바와 같이 자연중심의 사상이었다.

앞에서 논한 바와 같이, 도교의 최고의 경전으로 받아들여지고 있는 『노자』(老子)의 「상원」(象元)에 「人法地, 地法天, 天法道, 道法自然」을 통해 도교의 세계관이 잘 제시되어 있다.

이 문구에 근거한 도교적 세계관은 하늘(天) 이쪽에 땅이 있고 그 위에 인간이 있는 것으로 되어 있고, 하늘을 넘어 저편에는 도(道)가 있고 그 너머에 자연이 있는 것으로 되어 있다. 그런데 도교는 하늘(天)을 경계로 해서 이쪽에 존재해 있는 세계, 즉 인간과 인간 세계의 시각으로부터 하늘 그 너머의 자연계를 바라보려는 유교적 세계관에 맞서서, 하늘너머의 자연계를 주축으로 해서 이쪽의 인간계를 바라보려는 세계관을 확립시켜 왔다. 그러한 의미에서 앞에서도 언급했듯이 도교적 세계관이나 그것으로부터의 영향 하에서 형성된 신도적 세계관은 자연 중심의 세계관이 되는 것이다.

이렇게 봤을 때 에도 초의 일본인들이 신유교를 받아들여 갔다는 것은 자연계 중심의 세계관을 가지고 인간사회 중심의 세계관을 받아들여 갔다는 말이 된다. 그 결과 그들은 그러한 과정에서 자연과 인간과의 조화를 추구해 가는 쪽으로 전환해 나왔다. 에도시대의 인간들은 자연중심의 입장에 서서 자신들의 세계관을 추구해 갔던 자들도 있었고, 인간중심에 서서 그것을 추구해 갔던 자들도 있었다. 그러한 과정에서 서로간의 영향을 주고받으며 두 입장의 조화관계를 추구해 가는 과정에서 국학 등과 같은 사상들이 성립되어 나왔던 것이고, 에도시대의 문학은 자연 중심의 의리와 인간중심의 인정과의 충돌을 통해 그것들의 조화를 강조해 갔던 것이다.

4) 안팎(內外)의 의식을 통해 형성된 세계관

일본은 19세기로 들어오면서 해외(海外)의 서구로부터 밀려오는 근대자본주의 세력들로부터 문호개방의 압력을 받아왔다. 그러다가 19세기중반으로 접어들어 일본은 해외로부터의 압력을 더 이상 견디어 내지 못하고 문호개방을 단행하게 된다. 일본은 그것을 계기로 해서 해외로부터 공업경제가 흘러들게 됨으로써 농업을 기반으로 확립돼 있던 서민경제가 파탄 지경에 이르게 된다.

그렇게 되자, 그동안 무라(村)나 한(藩)을 단위로 해서 집단을 형성해 나왔던 일본인들은 밖(外)의 세상으로 관심을 집중시키게 된다. 그 과정에서 일본인들은 기존에 자신들이 귀속해 있던 집단들인 한(藩)을 해체시키고 해외의 세력들에 대항해 갈 수 있는 하나의 국민국가라고 하는 집단을 형성시켜 나가게 된다. 일본인들은 기존의 그러한 집단의식을 기초로 해서 안과 밖이라고 하는 공간 의식을 형성시켜 나가게 된다.

사실상, 일본인들에게 그러한 안팎의식이 싹트기 시작했던 것은 18세기 중반 모토오리 노리나가(本居宣長, 1730~1801)를 전후로 고찰된다. 그 경우에 있어서의 안이란 그 자신이 처해 있는 일본 땅을 가리키고 밖이란 유교, 불교가 전래되어온 한반도, 중국대륙을 가리켰다. 그러나, 19세기로 들어와서 서구로부터 근대자본주의세력들이 일본근해에 나타나 통상을 요구해 옴에 따라 일본인에 있어서의 「밖」(外)은 대륙에서 서구로 전환해 나왔던 것이다.

메이지 유신 이후 근대 일본인들은 세계지도와 일본지도를 접하게 됨으로써 자신들이 바다로 둘러싸인 섬에 살고 있다는 사실을 일반적으로 의식해 가게 되었다.

그 결과 근대 일본인들은 자신들이 내지, 즉 바다안의 지역(海內地)인 섬에 살고 있는 인간들이라는 것을 의식해 가게 됨으로써 그 내지에서 바다 밖(海外)의 세계에 대한 의식을 강하게 갖게 되었던 것이다. 그 결과 일본인들은 해외의 서구로부터 인간 중심, 자기 중심 등의 사고방식을 받아들여 그것들을 기초로 해서 자신들이 처해 있는 우치(內)를 중심으로 바깥세상을 보려는 입장을 정립시켜 나갔다. 일본인들은 그러한 입장을 통해 자신들의 전통문화나 자신들의 민족의 시각에서 세계를 바라다보려는 시각을 확립시켜 나갔던 것이다. 이렇게 근대 일본인들에게는 안팎(內外)에 대한 공간의식이 형성되어 안팎(內外)에 대한 의식과 그것에 기초해 형성되어 나온 자기중심적 사고를 통해 문화적 행위를 행해 갔던 것이다.[20]

이상과 같이 일본문화는 선고대와 야마토시대에 형성된 자연중심의 사상, 야마토시대, 나라시대의 전체와 집단의식, 헤이안·가마쿠라·무로마치의 중세에 형성된 변화의식, 에도시대의 근세에 형성된 자연과 인간의 조화의식, 근대에 형성된 우치(內)와 소토(外)의식 등을 통해 확립되어 나왔다고 말할 수 있다. 그렇다면, 일본인들의 이러한 의식을 통해 형성되어 나왔고, 또 그러한 의식을 통해 행해지는 일본문화는 어떻게 연구되어져야 할 것인가? 일본문화는 어떠한 식으로 접근되어져야 그것의 특성이 제대로 파악될 수 있을 것인가?

4. 일본문화연구와 과정학

일본의 문화가 서구의 근대문화나 한국의 유교문화의 경우와 마찬가지로 인간을 중심으로 해서 형성되어 나온 문화가 아니고 자연을 중심으로 형성되어 나온 문화라고 한다면, 당연히 일본문화의 연구자들은 자연을 주축으로 해서 일본문화를 파악해야 한다. 연구자가 그러한 입장을 취하기 위해서는 우선 연구자가 인간이라고 하는 관념이나 자신이 처해있는 인간사회로부터 나와야 한다. 기왕이면, 자신의 생물학적, 물리적 토대를 제공하는 지구로부터도 나와야 한다. 그래서 연구자는 지구 밖의 우주의 시각으로부터 지구상의 한 지역인 일본에서 일어나는 문화현상을 파악해야 한다.

일본의 문화가 전체라는 의식이나 집단의식을 통해 형성된 것이라면, 부분이나 개인의 관점에서 일본의 어떤 문화를 파악할 것이 아니라 전체나 집단을 구성하는 어떤 부분이나 개인의 입장으로부터 나와서 전체나 집단의 관점에서 그것을 구성하는 어떤 것을 파악해야 할 것이다. 다시 말해서, 관심의 대상으로부터 나와서 그 관심의 대상을 구성하는 어떤 전체를 파악해, 그 전체를 통해 부분을 고찰해야 한다는 것이다.

일본문화는 대륙으로부터 전래된 불교와의 접촉을 계기로 해서 변화의식을 통해 형성되어 나왔다고 고찰되었다. 일본인들에 있어서의 변화의식이란 계절의 변화와 함께 철철이 변해가는 자연물들의 변화에 기초해 있다. 따라서 우리가 그러한 변화의식을 통해 형성된 일본문화를 파악하려면 지구가 중력과 온도가 다른 우주공간을 이동해 감으로써 지구상에 일어나오는 여러 가지 변화현상을 주축으로 해서 일본문화를 파악해야 한다는 입장이 취해진다.

일본문화는 에도시대로 접어들어 자연과 인간과의 조화에 대한 의식을 통해 형성되어 나왔다고 고찰하였다. 일본인들에 있어서의 자연과 인간에 대한 조화의식이란, 인간의 사회를 일관하는 인륜이나 도덕은 자연의 질서에 기초한다는 사상을 기초로 해서 성립되어 나온 사상이다. 따라서 우리가 자연과 인간과의 조화에 대한 의식을 통해 형성되어 나온 일본문화를 연구해 가려면 자연의 세계나 인간의 세계로부터 나와서 그것들을 하나로 볼 수 있는 어떤 우주론적 시각을 통해 일본문화를 분석해내야 한다는 것이다.

일본문화는 근대이후 안팎이라고 하는 공간의식에 기초해 안팎이라는 의식을 통해 형성되어 나온 것으로 고찰되었다. 그런 의식을 통해 형성된 일본문화가 객관적으로 연구되기 위해서는 연구자의 관점이 안팎의식이나 그것에 기초해 형성된 안과 밖의 대립적 시각, 안에 해당되는 일본의 전통이나 일본민족 중심의 의식으로부터 벗어나 현재 글로벌시대의 인간들이 취하고 있는 관점에 설치되어, 그 시점에 입각해 안팎 의식을 통해 형성된 일본문화를 검토해야 한다.

이렇게 볼 때, 일본문화의 연구는 지구가 우주공간을 이동해 가는 과정이라고 하는 원과정과 우주가 절대공간으로 팽창해 나가는 과정이라고 하는 대과정을 주축으로 해서 지구상의 여러 현상들을 파악하려는 과정학적 방법론에 의해 행해짐으로써 가장 객관적 성과가 도출되어질 수 있다고 생각된다. 그렇다면 과정학이란 어떤 것인가?

과정학(過程學, Processology)이란 본인이 졸저 『21세기 문화이론-과정학』(1997)을 통해 정립시킨 문화연구의 방법론이자 문화사상이다. 이 용어 또한 본인에 의해 만들진 것이다.

과정학이란 서구의 크리스트교 문화권을 배경으로 해서 나온 근대 산업자본주의가 창출해 낸 지나친 「목적」중심의 삶의 병폐를 극복해 보려는 입장에서 취해진 「과정」중심의 삶을 확립시켜 보려는 방법론 내지 사상을 가리킨다. 현대인이 그러한 자신들의 목적론적 삶의 병폐를 극복하기 위해서는 무엇보다도 자기중심적 시각으로부터 과감하게 벗어 나와야 한다. 이 경우 자기중심적 시각이란 자기라는 개인의 자기 중심적 시각 내지 자기 자신이 소속해 있는 집단, 예컨대, 가정, 회사, 민족, 문화권, 인종, 인류 등과 같은 집단 중심의 시각을 의미한다.

이와 같은 자기나 자기집단들을 통한 자기중심적 사고는 현재 인간 자신들은 물론, 인간이 처해 있는 지구까지를 파괴시켜 나가고 있는 실정이다. 따라서 우리가 그러한 자기나 자기집단을 중심으로 한 사고가 빚어내는 폐해를 극복해내기 위해서는 우선 무엇보다도 자기나 자기집단으로부터 과감하게 벗어나와 타자 내지 제삼자의 시각에서 관심의 대상을 바라다보아야 한다. 과정학은 그 구체적인 방법론의 일환으로 본인에 의해 정립되어 나온 것이다.

인간이 자신이나, 자신이 처해 있는 사회나, 자신이 소속된 민족이나 문화권 등과 같은 집단들로부터 벗어나기 위해서는 우선 무엇보다도 인간 자신으로부터 벗어나야 하고, 인간 자신이 처해 있는 사회, 국가, 민족, 문화권으로부터도 벗어나야 한다. 그러기 위해서는 인간이 지구상으로부터 벗어나 지구의 밖이나 우주 밖에서 지구상에서 일어나는 물리적, 생물학적, 사회적, 의식적 현상들을 파악해야 한다. 지구상에 존재하는 모든 것들에게 끊임없이 영향을 끼쳐가는 공동의 존재기반인 지구라고 하는 물체의 우주이동의 과정과 그 이동을 가능케 해가는 우주의 팽창과정을 설정해 그것들을 통해 지구상에서 일어나는 모든 현상들을 고찰해야 한다는 것이다.[21]

과정학은 차원이 다른 이상의 두 과정을 주축으로 해서 지구상의 자기와 자기의 소속단체를 인식해 가고, 또 그 두 과정들을 주축으로 해서 지구상에서 일어나는 모든 현상들과 그것들의 유기적 관계들을 파악할 때만이 그것들이 객관적으로 파악될 수 있다고 하는 사상을 기초로 해서 성립되어 나온 문화사상이자 문화연구 방법론으로 정리되어질 수 있다.[22]

사상사 및 방법론사적 측면에서의 과정학은 1950년대 이후의 구조주의, 1970년대 이후의 후기 구조주의, 1990년대 이후의 글로벌리즘, 그 다음으로 위치지워질 수 있는 것으로 고찰된다. 구조주의는 자본주의 진영과 공산주의 진영과의 대립 상황 속에서 형성되어 나오는 사상이나 방법론이었다. 그 다음의 후기구조주의는 그러한 양대진영의 대립과 그러한 이원론 대립축을 지탱시켜 온 서구의 그리스도 문화권 중심사상이 해소되어 가는 상황에서 형성되어 나왔던 입장이었다. 그 다음의 글로벌리즘은 지구상의 인간들이 미·소의 양대 진영의 대립이나 그 대립축을 지탱시켜 나왔던 서구의 크리스트교 문화권 중심의 사상으로부터 벗어나서 전지구적 시각에서 지구상에서 일어나는 문화현상들을 파악하려는 입장이다.

이와 같이 1990년대 이후의 글로벌리즘이 전지구적 시각을 통한 접근방법이라면 그 다음의 과정학은 지구의 우주공간의 이동과정과 지구의 그 이동을 가능케 하는 우주의 팽창과정을 주축으로 해서 지구상에서 일어나는 여러 현상들을 파악하는 입장을 가리킨다. 이상과 같이 과정학은 동아시아의 도교 등과 같은 자연 중심의 사상과 현대의 우주 물리학 등을 기초로 해서, 서구의 크리스트교 문화권의 인간들이 20세기 중반부터 추구해 왔던 구조주의, 후기구조주의, 글로벌리즘 등과 같은 사상이자 방법론들을 이어받아 성립된 입장이다

결 론

지구상에 존재해 있는 우리들이 일본문화를 연구하는 목적은 일본인들이 일본열도에서의 그들 자신들의 생활체험을 바탕으로 형성시킨 그들의 문화에 대한 체계적 이해를 통해서 우리들이 우리자신들의 생명체계를 창출해 가기 위해서이다.

우리들의 일본문화연구를 통한 보다 효과적인 생명체계의 창출은 앞에서 이미 논한 바와 같이 우선 무엇보다 일본문화의 특성을 제대로 파악할 수 있는 방법론의 구축을 통해라고 말할 수 있다. 우리가 본론을 통해 파악해 본 일본문화의 특성들은 자연중심의 문화, 개인이나 부분 우선이 아니라 집단이나 전체 우선의 문화, 변화의식을 기초로 하는 문화, 자연과 인간과의 조화를 중시하는 문화, 안팎 의식을 통해 구축된 문화 등으로 파악된다.

이러한 특성을 지닌 일본문화는 연구자가 자신들이 처해 있는 사회나, 국가나, 문화권이나, 지구 등으로부터 벗어 나와서 우주적 시각에

서, 온도와 중력이 다른 우주 공간을 끊임없이 이동해 가는 지구라고
하는 물체의 표면에서 일어나는 여러 물리적, 생물학적, 사회적, 의식
적 현상들을 파악하려는 과정학적 방법론에 의해 연구될 경우 최대의
성과가 산출될 수 있을 것으로 고찰된다.

이렇게 볼 때 일본문화의 특성을 파악하는데 적합한 일본문화연구
의 개별방법론은 본인이 제시한 21세기 문화연구의 일반방법론에 입
각해 성립시켜 갈 수 있을 것으로 고찰된다.

주

1) 졸고 「グローバリズム時代の人文科学 － 過程学」(赤祖父哲二 他 『文化のヘテ
ロロジー』, リーベル出版, 1995), 「東アジア文化と過程学」(筑波大学比較・理論
文学会編 『文学研究論集17号』, 2000) 等 参照.
2) T. スバイビ 『グローバリゼーションと世界社会』(岡本充弘訳, 三嶺房, 1999),
31頁.
3) 「物事を深く考えたり、詳しく調べたりして、真理を明らかにすること」(国語大
辞典、小学館).
4) "diligent and systematic inquiry or investigation into a subject in order to
discover or revise facts, theories applications. etc"
5) 「인류학에서는 문화를 최초로 정의한 사람이 E. B. 타일러였다는데 동의하고
있다」(크리스 젠크스 『문화란 무엇인가』 김윤용 역, 1996, 52면).
6) Robert Wuthnow, etc, *Cultural Analysis*, Routledge & Kegan Paul :
Boston, 1984, pp.8~11.
7) 크리스 젠크스 『문화란 무엇인가』(김윤용 역, 1996), 191면.
8) 상동서, 193면.
9) P. 부르디외(Bourdieu)의 「문화적 무의식」(cultural unconscious) E. 뒤르깽
(Durkheim)의 「집단의식」 등 참조.
10) A. 드보린(Deborin) 『칸트의 辨證法』(한정석 역, 경문사, 1992), 16면.

11) 앨런 차머스 『현대의 과학철학』(신일철, 신중서 역, 서광사, 1985), 41면.

12) 예컨대, 19세기 후반에 활약했던 역사 철학자, 「부르크하르트는 19세기의 산업주의·물질주의·민족주의·대중운동 등의 물결 속에서 역사의 세 가지 잠재력인 국가·종교·문화가 각각의 역사적 기능에 있어서 균형을 상실함으로써 위기가 일어나고 있다고 보았으며, 미래의 발전도 비관적으로 전망했다. 그러면서도 그는 유럽정신은 의식적인 노력을 통해 문화의 전승을 기필코 이룩할 것이라는 믿음에서 문화사에 집중했고, 이로써 역사에 대한 그의 깊은 신뢰를 보여주었다.」(야콥 브르크하르트 『세계사적 성찰』<이상신 역, 신서원, 2001>의 역자서문에서」

13) ハイデガー『存在と時間 上』(桑木務 訳、岩波書店、1977)の第一部、時間性へ向けての現存在の解釈、および存在についての問いの先験的見界としての時間の解明」参照

14) ジャック・デリダ『グラマトロジーについて』(足立和浩 訳、現代思潮社、1985)の「第一章書物のとエクリチュールの開始」参照

15) 유교적 세계관의 바탕을 이루는 공자의 사상체계는 천(天)에 대한 신앙을 기초로 해서 성립되어 나왔다. 그런데, 천(天)에 대한 신앙은 자연 중심의 도교적 세계관으로부터 나온 것이라 할 수 있다.(赤塚忠 他『中國文化叢書③思想史③』(大修館書店, 1967), 31頁, 참고)

16) 鎌田東二編著『神道用語の基礎知識』(角川書店、1990)、20頁.

17) 松田智弘『古代日本道教受容史研究』(人間生態學談話會、1988)、13頁.

18) 장기근 이석호 역, 『노자·장자』(삼성출판사, 1992), 90면.

19) 세키네 히데유키(関根英行)『韓國人과 日本人 에토스의 淵源에 관한 研究』(제이엔씨, 2001), 26~27면.

20) 牧野成一『ウチとソトの言語文化学』(アルク、1996)、13頁.

21) 일찍이 I. 칸트도 『판단력비판』의 서론에서 인간의 「판단력의 선험적 원리」란 다름이 아니고 지구의 우주공간이동 등으로 인해 끊임없이 변화해 가는 지구상에서의 유기적 관계를 통해 일어나는 「자연의 형식적 合目的性」의 원리라고 말하고 있다.(I. 칸트 『판단력비판』, 이석윤 역, 박영사, 1998, 34면)

22) 졸저 『21세기 문화이론 과정학』(교보문고, 1997), 157~200면)

ㅎ

기타

저자 김채수

고려대학교 문과대학 졸업
일본 쓰쿠바(筑波)대학 문예언어연구과 일반문학전공(문학박사)
미국 하버드대학 동아시아 언어문명과 포트스닥터과정 수료
홍콩 중문(中文)대학 객원교수 / 중국 북경(北京)대학 비교문학연구소 객원연구원
現 고려대학교 일어일문학과 교수(문예이론·일본근대문학 전공)

학술저서
『川端康成：文学研究における<死>の内在樣式』(東京, 教育出版センター, 1984)
『가와바타 야스나리 연구』(고려대학교출판부, 1989)
『영향과 내발』(태진출판사, 1994)
『동아시아문학의 기본구도 Ⅰ·Ⅱ』(박이정출판사, 1995)
『21세기문화이론 과정학』(교보문고, 1996)
『일본사회주의운동과 사회주의문학』(고려대학교출판부, 1997)
『일본문학 어떻게 연구할 것인가』(보고사, 2001)
『가와바타 야스나리의 「설국」 연구』(보고사, 2004)
『일본의 내셔널리즘과 글로벌리즘』(제이엔씨, 2005)

문화비평과 과정학

1판 1쇄 발행일 · 2005년 2월 25일

지은이 · 김채수
펴낸이 · 김흥국
펴낸곳 · 도서출판 **보고사**

등록 · 1990년 12월(제6-0429)
주소 · 서울시 성북구 보문동 7가 11번지
전화 · 922-5120~1(편집), 922-2246(영업) / 팩스 · 922-6990

www.bogosabooks.co.kr / kanapub3@chol.com

ISBN 89-8433-294-1

※ 잘못된 책은 교환하여 드립니다.
※ 2004년도 고려대학교 특별연구비에 의해 출판된 것입니다.

정가 25,000원